Frauenbewegung im Katholizismus

Reihe »Geschichte und Geschlechter«
herausgegeben von Gisela Bock, Karin Hausen
und Heide Wunder
Band 22

Gisela Breuer, Dr. phil., ist Sozialarbeiterin und Soziologin. Zuletzt war sie mehrere Jahre als Hochschullehrerin an der Alice Salomon-Fachhochschule, Berlin, tätig. Schwerpunkte ihrer Lehrtätigkeit sind Geschichte, Theorien und Methoden der Sozialarbeit und Sozialpädagogik.

Gisela Breuer

Frauenbewegung im Katholizismus

Der Katholische Frauenbund 1903–1918

Campus Verlag
Frankfurt/New York

Die Deutsche Bibliothek – CIP-Einheitsaufnahme

Breuer, Gisela:
Frauenbewegung im Katholizismus: der Katholische Frauenbund
1903–1918 / Gisela Breuer. – Frankfurt/Main; New York:
Campus Verlag, 1998
(Reihe Geschichte und Geschlechter; Bd. 22)
ISBN 3-593-35886-7

Das Werk einschließlich aller seiner Teile ist urheberrechtlich geschützt. Jede Verwertung ist ohne Zustimmung des Verlags unzulässig. Das gilt insbesondere für Vervielfältigungen, Übersetzungen, Mikroverfilmungen und die Einspeicherung und Verarbeitung in elektronischen Systemen.
Copyright © 1998 Campus Verlag GmbH, Frankfurt/Main
Umschlaggestaltung: Atelier Warminski, Büdingen
Druck und Bindung: Druckhaus Thomas Müntzer, Bad Langensalza
Gedruckt auf säurefreiem und chlorfrei gebleichtem Papier.
Printed in Germany

Inhalt

Einleitung 9

I Der katholische Frauenbund im Spannungsfeld
   zwischen Frauenbewegung, Katholizismus und Kirche 24

   1. Der Katholische Frauenbund als Teil der
      „allgemeinen Frauenbewegung" 24

   2. „Frauenfrage" und Katholizismus 32

   3. Die katholische Frauenbewegung im Kontext kirchlicher
      Herrschafts- und Autoritätsstrukturen 43

II Gründung und Entwicklung des Katholischen Frauenbundes 55

   1. Die Gründungsphase 56

   2. Kontrolle oder Unterstützung? Die Institution
      der Geistlichen Beiräte 63

   3. Aufbau der Organisation und programmatische Entwicklung 72

   4. Die Dezentralisierung der Organisation vor dem Hintergrund
      episkopaler Herrschaftsinteressen 84

   5. Die Entwicklungsphase 1912-1924 unter der Führung
      von Hedwig Dransfeld 89

III Weiblichkeit und Sittlichkeit: Zur Begründung konfessions- und
geschlechtsspezifischer Handlungslegitimität 95

    1. Emanzipation katholischer Frauen - ein Paradoxon? 95

    2. Zwischen Tradition und Moderne. Zum Konzept von
Weiblichkeit bei Elisabeth Gnauck-Kühne 104

    3. „Neue Ethik" und Reglementierung der Prostitution:
Ein Diskurs über „Sitte und Moral"... 111

    4. Die Politik des Frauenbundes zu Fragen der Sittlichkeit
im ErstenWeltkrieg 127

IV Frauenerwerbsarbeit zwischen binnenkatholischen Interessenkonflikten und Anpassung an die modernisierte Gesellschaft............ 136

    1. Zur Frage der Erwerbsarbeit katholischer Frauen 137

    2. Die Organisation katholischer Arbeiterinnen im Spiegel
des Gewerkschaftsstreits 142

    3. Die Politik des KFB in der Arbeiterinnenfrage 153

    4. Erwerbschancen durch soziale Arbeit: Aufbau und
Professionalisierung der Berufsberatung 159

    5. Fürsorgearbeit im Ersten Weltkrieg 165

V Kontroversen um die politische Schulung und die
Organisation katholischer Frauen 172

    1. Die Organisierung katholischer Frauen durch den
Volksverein für das katholische Deutschland 174

    2. Abwehr und Kontrolle des Politisierungsprozesses
katholischer Frauen durch Volksverein und Zentrum 183

    3. Politische Partizipationsforderungen im KFB: Eine
Diskussion zwischen Emanzipation und Anpassung 187

4. Ein fragwürdiger Ausgleich der Interessen:
   Die Politik der Fuldaer Bischofskonferenz.................................. 203

5. Katholikinnen in Partei und Parlament:
   Die politische Umbruchphase 1918/19.. 212

Zusammenfassung... 217

Anmerkungen.. 226

Verzeichnis der Abkürzungen.. 306

Quellen- und Literaturverzeichnis 307

Anhang 336

Personenregister.. 352

Sachregister... 355

Danksagung... 359

Einleitung

Die Geschichte der ersten Frauenbewegung[1] ist in zahlreichen Forschungsbeiträgen als Kampf um Frauenrechte und als Emanzipationsgeschichte dargestellt und analysiert worden. Eingefordert wurden das Recht auf Bildung und Arbeit sowie die gesetzliche und politische Gleichberechtigung. Emanzipieren wollten sich die Frauen aus familialen und gesellschaftlichen Abhängigkeitsverhältnissen mit dem Ziel, selbstbestimmt leben zu können.

Um die Jahrhundertwende griffen katholische Frauen den Diskurs der Frauenbewegung um Frauenrechte und Emanzipation auf und schufen 1903 mit der Gründung des „Katholischen Frauenbundes" (KFB) die organisatorische Basis einer katholischen Frauenbewegung. Für die Protagonistinnen dieser konfessionellen Frauenbewegung war von Beginn an klar, daß ihre Bewegung Teil der „allgemeinen Frauenbewegung" sein sollte, womit im wesentlichen der „Bund Deutscher Frauenvereine" (BDF) gemeint war. Die unterstellte religiöse Indifferenz der im BDF organisierten Frauen war für die Katholikinnen die Legitimation, eine gesonderte Frauenbewegung aufzubauen. Auf der Grundlage konfessioneller Orientierung wollten sie an der Lösung der „Frauenfrage" mitarbeiten, verbunden mit dem Ziel, die katholische Weltanschauung in die überkonfessionelle bürgerliche Frauenbewegung hineinzutragen.[2] Außerdem ging es darum, katholische Frauen über den häuslichen Wirkungskreis hinaus für die Übernahme öffentlicher und politischer Aufgaben zu motivieren und damit den Einfluß von Katholiken in der Gesellschaft zu stärken:

„Der modernen Frauenbewegung läßt sich *nicht Einhalt gebieten* ... Soll daher der Katholizismus nicht dauernd großen Schaden leiden, so ist es unbedingt notwendig, daß innerhalb jener Bewegung die *katholischen Grundsätze* nachdrücklichst zur Geltung gebracht werden ... Nur eine starke und umfangreiche katholische Frauenorganisation wird aber ihren Einfluß geltend machen können, daß in allen städtischen und staatlichen Einrichtungen der Religion der gebührende Platz eingeräumt wird ... Ohne Frauenbund wird der katholische Einfluß völlig ausgeschaltet, mit dem Frauenbund kann Großes erreicht werden."[3]

Die Gründung des KFB kennzeichnet einen bedeutsamen Wandel in der Tradition katholischer Frauenvereine. Diese wurden klerikal geleitet, waren religiös-caritativ ausgerichtet, wie die Mütter- und Jungfrauenvereine, oder engagierten sich im caritativ-sozialen Bereich, wie Kall am Beispiel der Dienstmädchen- und Arbeiterinnenvereine zeigt.[4] Eine Ausnahme bildete der 1885 gegründete „Verein katholischer deutscher Lehrerinnen". Er war im Gegensatz zu den kirchlichen Frauenvereinen weder einem Präses noch einem Beirat unterstellt. Lediglich ein geistlicher „Ratgeber" nahm an den Hauptversammlungen des Vereins teil.[5] 1903 stellte sich nun erstmals eine katholische Frauenorganisation bewußt in den überregionalen Zusammenhang der Frauenbewegung und formulierte im Gegensatz zu den kirchlichen Frauenvereinen Ziele, die über die spezifischen Arbeitsgebiete dieser Vereine hinausgingen. Der KFB wollte die katholischen Frauenvereine unter seiner Führung zusammenschließen. Er verband damit den Anspruch, grundsätzlich alle katholischen Frauen zu organisieren, und durchbrach so die Tradition der katholischen Vereine, die nach dem Prinzip der ständischen Zugehörigkeit strukturiert waren. Je nach Familienstand waren Katholikinnen in unterschiedlichen Vereinen organisiert, verheiratete Frauen in Müttervereinen, unverheiratete in Jungfrauenvereinen. Erwerbstätige Frauen schlossen sich in berufsständischen Vereinen zusammen.[6] Die Idee der standesübergreifenden Organisation war nicht völlig neu. Sie war bereits durch den „Volksverein für das katholische Deutschland" realisiert worden, der sich 1890 als „Gesamtorganisation" katholischer Männer konstituiert hatte.[7]

Die vorliegende Studie setzt an den eng miteinander verflochtenen Bezugspunkten „Frauenbewegung, Katholizismus, Kirche" an. Aufgezeigt werden die spezifischen Handlungsbedingungen katholischer Frauen zu Beginn dieses Jahrhunderts, die wesentlich durch die Bindung an Glauben und Kirche sowie durch die Zugehörigkeit zum Katholizismus bestimmt wurden. Als konfessionell gebundene Organisation mußte und wollte der KFB seine Politik und Programmatik im Kontext von Katholizismus und Kirche entwickeln. Das bedeutete, widersprüchliche Orientierungen integrieren zu müssen: Als Organisation der Frauenbewegung vertrat er Emanzipationsforderungen, die auf eine größere Unabhängigkeit und Selbstbestimmung von Frauen zielten, und als konfessionelle Organisation stellte sich der KFB in den Rahmen kirchlicher Ordnungs- und Autoritätsvorstellungen. Diese basierten auf einer hierarchischen Geschlechterordnung und begründeten die Führungsrolle des Mannes in Gesellschaft und Familie aus christlich-katholischer Perspektive als gottgewollt und unveränderbar.[8] Der Untersuchung liegt daher die Hypothese zugrunde, daß der katholischen Frauenbewegung ein nicht lösbarer Widerspruch immanent ist, da ein aktives katholisches Bekenntnis und Frauenemanzipation sich auszuschließen scheinen. Dies begründet das zentrale Erkenntnisinteresse dieser Arbeit, nämlich die Frage, wie die Frauen der Bewegung mit diesem Widerspruch umgingen und in welchem Maße sie trotz enger normativer und realer Grenzen emanzipatorische Forderungen entwickeln und durchsetzen konnten.

Die katholische Sozialpolitikerin Helene Weber[9] verweist deutlich auf die enge Verbindung zwischen KFB und Frauenbewegung, indem sie rückblickend feststellt, die Entwicklungsgeschichte der katholischen Frauenbewegung in Deutschland sei zugleich die Geschichte des Katholischen Frauenbundes.[10] Tatsächlich wurde der KFB sowohl in binnenkatholischen Zusammenhängen als auch von überkonfessionellen Verbänden seit seiner Gründung grundsätzlich als führende Organisation der katholischen Frauenbewegung anerkannt. Diese Akzeptanz, die überregionale Verbreitung und die Thematisierung der Frauenfrage in Publikationen und öffentlichen Versammlungen verschafften dem KFB einen breiten Wirkungskreis und einen herausragenden Stellenwert im Spektrum katholischer Frauenvereine. Mit seiner Politik setzte der KFB daher entscheidende Maßstäbe für die Diskussion und Verhandlung der Frauenfrage in der katholischen Öffentlichkeit. Die Studie konzentriert sich deswegen auf die Politik, Programmatik und Strategie des KFB und erhebt nicht den Anspruch, weitere katholische Frauenvereine systematisch unter dem Blickwinkel emanzipatorischer Frauenpolitik zu analysieren. Sie werden jedoch partiell in die Untersuchung einbezogen, sofern sich Schnittpunkte zum KFB ergeben. Dies trifft vor allem für den „Verein katholischer deutscher Lehrerinnen", den „Katholischen Fürsorgeverein" (KFV) und den „Verband katholischer Vereine erwerbstätiger Frauen und Mädchen" zu. Da führende Frauen dieser Vereine im KFB mitarbeiteten, kann angenommen werden, daß sie die Idee einer katholischen Frauenbewegung mittrugen und sich als Teil dieser Bewegung verstanden, ebenso wie die Frauenvereine, die sich dem KFB als Mitgliedsorganisationen anschlossen.[11]

Charakteristisch für den KFB ist, daß er sich zwei Bewegungen zuordnete: der „allgemeinen Frauenbewegung" und der katholischen Bewegung, die sich organisatorisch in Vereinen und Verbänden des sozialen und politischen Katholizismus manifestierte. Die katholische Bewegung hatte sich im Laufe des 19. Jahrhunderts im Kontext zunehmender Säkularisierung von Staat und Gesellschaft entwickelt. Vornehmlich ging es um die Verteidigung der Kirche gegen staatliche Eingriffe, aber auch um eine Stärkung der

Katholiken, die vor allem in Preußen seit der politischen Neuordnung Europas 1815 in eine Minderheitensituation geraten waren.[12] Einen wesentlichen Impuls erhielt die katholische Bewegung durch die Kulturkampfgesetzgebung Bismarcks, die darauf zielte, den Einfluß der katholischen Kirche zu begrenzen.[13] Die Konfrontation zwischen Staat und Kirche hatte die Herausbildung eines katholischen Milieus zur Folge, das durch eine starke Abgrenzung nach außen gekennzeichnet war. Nach innen stabilisierte sich das Milieu durch die Ideologie der „katholischen Einheit", die eine Interessenidentität aller Katholiken durch die Bindung an Kirche und Glauben suggerierte.[14] Nach dem Abklingen des Kulturkampfes versuchten unterschiedliche Kräfte des Katholizismus, die gesellschaftliche und kulturelle Isolierung der Katholiken, in die diese während des Kulturkampfes geraten waren, zu überwinden und die Katholiken in die bürgerliche Gesellschaft zu integrieren.[15] Die damit einhergehenden Konflikte, die vor allem im Gewerkschaftsstreit[16] deutlich zutage traten, verweisen auf den schwierigen Modernisierungs- und Demokratisierungsprozeß des Katholizismus zu Beginn des 20. Jahrhunderts, der wesentlich davon geprägt war, kirchliche Herrschafts- und Autoritätsansprüche zurückzuweisen. In diesem Prozeß erhob der KFB emanzipatorische Forderungen und versuchte, Ideen und Ziele einer Frauenbewegung im Katholizismus zu etablieren.

Um einen Erkenntniszuwachs über die emanzipatorische Entwicklung katholischer Frauen zu erhalten, werden in dieser Studie unterschiedliche Beziehungsebenen fokussiert: Für die Analyse der Beziehungsebene „Frauen - Kirche/Klerus" ist zu klären, welche Möglichkeiten katholische Frauen hatten, sich von klerikaler und kirchlicher Bevormundung zu emanzipieren. Der emanzipatorische Entwicklungsprozeß steht auch bei der Analyse des KFB als Katholizismusorganisation im Mittelpunkt der Betrachtung, sofern die Bezugsebene „KFB - Männerorganisationen" angesprochen wird. Hier geht es um die Klärung, inwieweit es den Frauen gelang, gegen männliche Führungsansprüche eigene Interessen zu artikulieren und durchzusetzen. Einen zentralen Stellenwert hat diesbezüglich die Kontroverse zwischen KFB und Volksverein um die Frage der politischen Organisation und Schulung katholischer Frauen. In dieser Auseinandersetzung werden Widersprüche und Brüche, die mit dem Emanzipationsprozeß und dem Prozeß der Politisierung einhergingen, besonders deutlich. Die Analyse dieser Kontroverse stellt daher einen Schwerpunkt dieser Arbeit dar.

Katholizismus und Frauenbewegung waren im Selbstverständnis des KFB nicht zu trennen. Da sich der Frauenbund aber auch an der überkonfessionellen Frauenbewegung orientierte, differieren die Forschungsfragen, je nach dem, ob die Politik des KFB im binnenkatholischen Kontext oder im Bezug zur überkonfessionellen Frauenbewegung betrachtet wird. Die eingangs formulierte Zielvorstellung, die Frauenfrage im Kontext konfessioneller Orientierung lösen zu wollen, führt so zu der Frage, ob der KFB im Unterschied zur „allgemeinen Frauenbewegung" konfessionsspezifische Positionen entwickelte.

Im binnenkatholischen Zusammenhang ist der Doppelcharakter des KFB - eigenständiger Verein und Teil der katholischen Frauenbewegung - von Bedeutung. Die Studie greift die Beziehung zwischen dem KFB und anderen katholischen Frauenvereinen auf und thematisiert den Führungsanspruch des KFB. Gefragt wird danach, in welchem Maße die Vereine vom Frauenbund beteiligt wurden, wenn es darum ging, Forderungen im Namen der katholischen Frauenbewegung zu entwickeln und zu artikulieren. Von Interesse ist schließlich, inwiefern der KFB den unterschiedlichen sozialen und materiellen Interessen katholischer Frauen gerecht werden konnte und ob es ihm gelang, seinen Universalanspruch, nämlich die Interessen aller Katholikinnen zu vertreten, zu realisieren.

Der Bezugsrahmen der vorliegenden Studie erfordert es, die Analyse auf der Basis unterschiedlicher Theorieansätze zu reflektieren und Forschungsergebnisse verschiedener Disziplinen einzubeziehen. Von Bedeutung waren vor allem Untersuchungen der sozialhistorischen Frauenforschung[17] und der sozialwissenschaftlich orientierten neueren Katholizismusforschung, auch wenn hier die Bedeutung von katholischen Frauen bzw. Frauenvereinen mehr oder weniger ausgeblendet oder bestenfalls als „Randerscheinung" des Katholizismus betrachtet wurde.[18] Dagegen ist die Geschichte der verschiedenen Frauenbewegungen im Kaiserreich recht gut erschlossen. Seit den 1980er Jahren sind zahlreiche Einzelstudien zu Handlungsbedingungen, Politik und Programmatik der überkonfessionellen bürgerlichen und der sozialdemokratischen Frauenbewegung erschienen.[19] Auch zu den konfessionellen Frauenbewegungen liegen zwei Monographien vor: Marion Kaplan hat bereits 1981 die Jüdische Frauenbewegung dargestellt, rund zehn Jahre später veröffentlichte Ursula Baumann eine umfassende Analyse der evangelischen Frauenbewegung.[20] Im Gegensatz dazu ist die katholische Frauenbewegung im Kaiserreich bisher nur in Aufsätzen überblicksartig aufgezeigt worden, sieht man einmal von der frühen Studie Hilde Lions ab.[21] Dennoch ist nicht zu verkennen, daß seit rund 15 Jahren das wissenschaftliche Interesse an der Geschichte katholischer Frauen gestiegen ist[22], wobei den Studien unterschiedliche Untersuchungszeiträume zugrunde liegen.[23]

Die Arbeiten von Kall und Hafner aus dem Jahre 1983 und die jüngeren Studien von Münster-Schroer und Wassenberg beziehen explizit die katholische Frauenbewegung im Kaiserreich ein. Alfred Kall untersucht in seiner Studie die Entwicklung des katholischen Frauenvereinswesens im 19. Jahrhundert und widmet ein Kapitel der Gründungsphase des KFB (1903/04). Das Verdienst Kalls besteht darin, daß er mit seiner materialreichen Studie die in der Forschung bis dahin vernachlässigten katholischen Frauenvereine ins Blickfeld rückte. Die im 19. Jahrhundert im Zusammenhang mit der katholischen Bewegung entstandenen Frauenvereine als Frauenbewegung zu qualifizieren, wie der Kirchenhistoriker mit dem Titel seiner Arbeit „Katholische Frauenbewegung in Deutschland" nahelegt, verkennt jedoch den Charakter von Frauenbewegungen. Eine Einordnung in den übergeordneten Kontext der Frauenbewegung ist erst zu Beginn dieses Jahrhunderts erkennbar. Dies wird auch in Kalls Studie deutlich, die bis zur Jahrhundertwende Fragen zum Zusammenhang von katholischen Frauenvereinen und Frauenbewegung nicht aufgreift.

Die Studie des Theologen Helmut Hafner rückt die katholische Frauenbewegung des Kaiserreichs am stärksten ins Blickfeld. Hafner untersucht die Bedingungen von Frauenemanzipation im Katholizismus aus theologischer Perspektive. Er analysiert neun Redebeiträge zur Frauenfrage, die im Zeitraum von 1887 bis 1912 auf den Katholikentagen gehalten wurden. Die Katholikentage repräsentierten als „Generalversammlungen der Katholiken" eine breite (männliche) Öffentlichkeit, was Hafner offenbar veranlaßt, die Reden als eine „Art Gesamtkonzeption des katholischen Frauenverständnisses im Wilhelminischen Kaiserreich" zu bewerten.[24] Die Reden vermitteln aber ausschließlich das „Frauenverständnis" von Theologen und Geistlichen und berücksichtigen andere Sichtweisen nicht. Sie lassen sich daher meines Erachtens weder als „Gesamtkonzeption" qualifzieren, noch kann aus ihnen abgeleitet werden, daß sie in der katholischen Öffentlichkeit mehrheitsfähig gewesen wären. Auch Hafners pauschale These, der Klerus sei trotz des deutlichen Androzentrismus und der orthodoxen theologischen Orientierung „frauenfreundlich" gewesen, kann ich nicht teilen. Dennoch sind die Ergebnisse für die vorliegende Studie von Bedeutung, da sie zahlreiche Hinweise zur Analyseebene „Frauen und Kleriker" enthalten. So hat Hafner beispielsweise deutlich die theologischen Voraussetzungen für den Emanzipationsprozeß katholischer Frauen herausgearbeitet und auf die Grenzen einer „katholischen Emanzipation"[25] im Kaiserreich verwiesen.

Erika Münster-Schroers analysiert in einer Lokalstudie die Lebens- und Arbeitsbedingungen von Frauen in der Kleinstadt Ratingen, die ein ausgeprägtes katholisches Vereinswesen aufwies. Die Autorin untersucht auch das parteipolitische Engagement von Frauen in der Zentrumspartei und dehnt diesbezüglich den lokalen Untersuchungsbereich auf den Wahlkreis Düsseldorf aus.[26] Im Kontext meiner Untersuchung sind vor allem die Erkenntnisse über das parteipolitische Engagement von Frauen interessant, weil sie teilweise die Aussagen meiner Analyse über die Politisierung katholischer Frauen für einen regionalen Bereich konkretisieren.

Hedwig Wassenberg befaßt sich in einer Studie mit Hedwig Dransfeld, einer der führenden katholischen Frauen. Wie auch in der vorliegenden Arbeit deutlich wird, übte Dransfeld einen bedeutenden Einfluß auf den Katholischen Frauenbund aus. Wassenberg hat sich auf die pädagogische Arbeit von Hedwig Dransfeld konzentriert, während ich Dransfelds Politik und theoretische Positionen in Bezug zur katholischen Frauenbewegung setze. Insofern haben die Arbeiten ergänzenden Charakter.[27]

Da Kirche und Klerus die Handlungsbedingungen katholischer Frauen maßgebend bestimmten, kommt der Beziehung zwischen Frauen und Kirche ein besonderer Stellenwert zu. Dabei betrachte ich Kirche als gesellschaftliche Institution, als „Amtskirche", und rücke deren Macht- und Herrschaftsinteressen ins Blickfeld. Die theoretische Fundierung dieser Perspektive bietet Max Webers herrschaftssoziologischer Ansatz. Nach Weber ist Herrschaft legitim, wenn die „Beherrschten" dem Willen der „Herrschenden" zustimmen.[28] Für die Analyse des Gefüges „Kirche und Gläubige" - Männer wie Frauen - sind die Mittel von Bedeutung, die eingesetzt werden, um „Herrschaft" durchzusetzen und zu stabilisieren. In Anlehnung an Max Weber zeigt Michael N. Ebertz auf, daß die katholische Kirche ihre Herrschaftsinteressen mittels „Bürokratisierung, Traditionalisierung und Charismatisierung" durchsetzte. Papstverehrung und die Förderung soziokultureller Frömmigkeitsformen, die sich vor allem im Marienkult und in der Pflege von Wallfahrten und Prozessionen manifestierten, sind daher auch vor dem Hintergrund der Herrschaftssicherung zu sehen, die angesichts zunehmender Säkularisierung an Bedeutung gewann.[29] Die vorliegende Studie basiert auf dieser Sichtweise und bewertet die Beziehung zwischen Frauen und Kirche - hier insbesondere zwischen Kirche und KFB - als Herrschaftsverhältnis.

Ebertz' Aufsatz ist einer der wenigen Beiträge zur soziologischen Katholizismusforschung, die 1980 neue Impulse erhielt. Autoren unterschiedlicher Wissenschaftsdisziplinen veröffentlichten Beiträge zum Katholizismus aus makrosoziologischer Perspektive und gingen damit über frühere religionssoziologische Untersuchungen hinaus, die sich überwiegend auf den Protestantismus konzentrieren oder sich im Rahmen einer „Kirchensoziologie" oder Kirchengeschichte bewegen, gesamtgesellschaftliche Bezüge jedoch mehr oder weniger außer acht lassen.[30] Gemeinsames Erkenntnisinteresse war, den Katholizismus als spezifische Sozialform soziologisch zu rekonstruieren und zu erklären. Dabei ließen sich die Autoren von dem Gedanken leiten, „daß der Katholizismus eine spezifische Antwort der katholischen Tradition auf die Herausforderung durch die neuzeitliche Gesellschaftsentwicklung darstellt."[31]

Dieser Leitgedanke findet seine Entsprechung in der jüngeren Katholizismusforschung, die den Katholizismus im Kontext gesellschaftlicher Modernisierung analysiert.[32] In den Forschungsbeiträgen wird deutlich, daß sich der Katholizismus zur Zeit des Kaiserreichs zwischen „Tradition und Moderne" bewegte, antimoderne und moderne Elemente zugleich enthielt. Antimodern war der Katholizismus insofern, als er sich gegen die Ideen der Aufklärung wandte:

„Gegen die Betonung der menschlichen Vernunft und des Fortschritts propagierte sie (die katholische Bewegung, G.B.) die Verbindlichkeit der göttlichen Ordnung und der Tradition des kirchlichen Lehramts. Gegen die Idee der Volkssouveränität hielt sie am göttlichen Ursprung der Staatsgewalt fest und am Anspruch der Kirche auf Gestaltung der öffentlichen Ordnung. Gegen die Tendenzen zur Herausbildung einer modernen Industriegesellschaft predigte sie die Einbindung in eine zeitlos harmonische ständestaatliche Ordnung. Gegen die Explosion der modernen Wissenschaften setzte sie auf die Weisheit der mittelalterlichen Scholastik. Und gegen den modernen Nationalismus entwickelte sie den Ultramontanismus, die absolute Bindung an den Papst in Rom."[33]

Zugleich verkörperte der Katholizismus eine moderne Bewegung, indem er sich der Organisationsform des Vereins bediente[34] und zur Durchsetzung seiner Interessen parlamentarische Mitspracherechte, Presse- und Meinungsfreiheit sowie die Versammlungs- und Vereinigungsfreiheit - als Mittel des modernen Rechtsstaates - nutzte.[35] Als moderne Bewegung wird der Katholizismus auch insofern qualifiziert, als er trotz der Selbstbindung an den katholischen Glauben verantwortliches politisches Handeln im Sinne der Aufklärung ermöglichte, verbunden mit einer zunehmenden Unabhängigkeit vom Klerus und von der kirchlichen Hierarchie.[36] Diese Erkenntnis bezieht sich auf die Männerorganisationen des politischen Katholizismus (Zentrumspartei, Volksverein, Christliche Gewerkschaften). Offen bleibt damit die Frage, inwieweit unter den Bedingungen kirchlich-klerikaler und männlicher Führungsansprüche katholische Frauen „verantwortliches politisches Handeln" entwickeln konnten.

Die enge ideelle und personelle Verflechtung der Katholizismusorganisationen, vor allem zwischen dem „Volksverein für das katholische Deutschland" und der Zentrumspartei, lassen eine eindeutige Trennung in einen sozialen und einen politischen Katholizismus nicht zu. Dennoch können Katholizismusorganisationen, die sich im vorparlamentarischen Rahmen mit der „Sozialen Frage" befaßten, eher dem „sozialen Katholizismus" zugeordnet werden, während im wesentlichen die Zentrumspartei als politische Interessenvertreterin der Katholiken für den „politischen Katholizismus" steht.[37] Die relative Gleichsetzung des politischen Katholizismus mit der Zentrumspartei führte dazu, daß sich Forschungsarbeiten auf parteipolitische und parlamentarische Zusammenhänge konzentrieren[38], so daß die Frauenbewegung als Teil der katholischen Bewegung bzw. des Katholizismus kaum beachtet wurde. Trotzdem teile ich die Auffassung Loths, den Begriff des politischen Katholizismus nicht auszuweiten, da dieser damit „inhaltsleer" würde.[39]

Um das politische Handeln von Frauen „sichtbar" zu machen, ist es weniger erforderlich, den Katholizismusbegriff auszuweiten, als die Perspektive zu ändern und die „Geschlechtsblindheit der Soziologie"[40] - wie auch die anderer Wissenschaften - zu überwinden. Dies haben die Ergebnisse der Frauenforschung seit den 1960er Jahren nachhaltig zum Ausdruck gebracht.[41] Für die vorliegende Untersuchung waren daher Forschungsarbeiten zur bürgerlichen Frauenbewegung relevant, die verdeutlicht haben, daß die Politik der Frauenbewegung im Kaiserreich nicht an politischen Handlungs- und Entscheidungsräumen von Männern gemessen werden kann.[42] Vielmehr haben Frauen mit dem Konzept der „Geistigen Mütterlichkeit" und im Kontext von „Sittlichkeit" politische Strategien in „weiblichen" Handlungsräumen entwickelt. Die politische Arbeit der katholischen Frauen wird daher nicht nur vor dem Hintergrund der besonderen katholischen Handlungsbedingungen gespiegelt, sondern auch in Bezug zu den politischen Strategien gesetzt, die die bürgerliche Frauenbewegung entwickelte.[43]

Doris Kaufmann hat mit ihrer Studie über das katholische Milieu in Münster erstmals Ansätze der neueren sozialhistorischen Frauenforschung mit der Katholizismusforschung verbunden.[44] Die Autorin bezieht „Geschlecht" als soziale Kategorie und Analysefaktor in ihre Untersuchung ein und hebt den zentralen Stellenwert des katholischen Milieus für die Handlungsbedingungen und -motivationen katholischer Frauen hervor. So vertritt sie überzeugend die These, daß das Interesse von Frauen, sich an religiös und kirchlich motivierten Aktivitäten zu beteiligen und in katholischen Frauenvereinen mitzuarbeiten, auch darin begründet lag, Kommunikationszusammenhänge herzustellen, die über den familialen Bereich hinausgingen.[45] Die

Zugehörigkeit zum katholischen Milieu beinhaltete somit für Frauen auch die Chance, Handlungsräume auszuweiten.

Der Milieubegriff dient Kaufmann als Mittel, das Handeln katholischer Frauen im konfessionellen Kontext zu erklären und zu verstehen. Sie stützt ihre Erkenntnisse auf den theoretischen Ansatz von Lepsius, der in einer Untersuchung über politische Parteien auf die handlungsleitende Bedeutung sozialer Milieus verweist.[46] Die Attraktivität des Begriffs, der seit der Arbeit von Lepsius Eingang in die Katholizismusforschung gefunden hat, mag darin begründet liegen, daß in ihm unterschiedliche Motivationsebenen für soziales und politisches Handeln zusammentreffen. Er baut auf der Erkenntnis auf, daß soziales Handeln und soziale Prozesse nicht allein mit divergierenden Interessen aufgrund der Klassen- und Schichtzugehörigkeit erklärt werden können. Vielmehr sind tradierte Denk- und Handlungsmuster von Bedeutung, in die soziokulturelle Orientierungen und religiöse Bindungen ebenso eingehen, wie regionale Traditionen und die wirtschaftliche Lage.[47] Der Milieuansatz bietet damit vordergründig den Schlüssel zu einem besseren Verständnis komplexer Zusammenhänge, erweist sich jedoch in der konkreten Analyse als schwierig: Spätestens mit dem Abflauen des Kulturkampfes wurde die heterogene Interessenstruktur im Katholizismus offenkundig, so daß nicht länger von einem geschlossenen Sozialmilieu, dem eine hohe Übereinstimmung im „Denken und Handeln" unterstellt wird, ausgegangen werden kann.[48] Vielmehr bildeten sich unterschiedliche Milieus heraus[49], deren divergierende Interessen nicht durch die gemeinsame konfessionelle Bindung ausgeglichen werden konnten. Der von Kaufmann in Anlehnung an Lepsius vertretene Milieubegriff birgt so die Gefahr, wegen seiner Komplexität diffus zu werden und damit eine differenzierte Analyse von Milieuzusammenhängen letztlich nicht zu ermöglichen.

Loth engt den Milieubegriff wieder ein, indem er die materielle Ebene stärker akzentuiert:

„Unter Sozialmilieu soll hierbei eine soziale Einheit verstanden werden, die sich durch eine relativ gleichartige Form materieller Subsistenzbegründung und zugleich durch ein Bündel gemeinsamer Werthaltungen, kultureller Deutungsangebote, politischer Regeln, historischer Traditionen und lebenspraktischer Erfahrungen von anderen Einheiten unterscheidet."[50]

Mit seinem Ansatz zeigt Loth eher einen Weg auf, Milieus genauer zu bestimmen, allerdings verweist er darauf, daß er die Vermittlungszusammenhänge nur der „Tendenz nach" berücksichtigt, da sie „theoretisch (nicht) hinreichend vorgeklärt sind".[51] Der Milieuansatz ist deswegen für die Binnenanalyse der katholischen Frauenbewegung nur bedingt von Nutzen, auch aus weiteren Gründen: Für den KFB muß bedacht werden, daß er als Gesamtorganisation aller katholischen Frauen unterschiedliche Milieus vereinigte und versuchte, „Fraueninteressen" *milieuübergreifend* gegen die männliche Dominanz im Verbandskatholizismus durchzusetzen. Um die Bedeutung der unterschiedlichen Milieugruppen im KFB und ihre Wechselwirkung erkennen zu können, müßten also die unterschiedlichen Milieus, die hier zusammentrafen, erst bestimmt werden. Dies ist im Rahmen dieser Arbeit nicht leistbar, auch deswegen nicht, weil die ausgewerteten Quellen eine Feinanalyse der Bestimmungsfaktoren sozialer Milieus nicht ermöglichen. Dennoch beziehe ich im weitesten Sinne den von Loth benannten Milieubegriff in die Untersuchung ein. Ich gehe davon aus, daß soziale Divergenzen auch durch das Zusammentreffen unterschiedlicher Milieugruppen entstehen. Für die Bewertung von Interessenkonflikten in der katholischen Frauenbewegung dürfte daher zumindest das Wissen um die Existenz unterschiedlicher Milieus von Bedeutung sein.

Ein weiterer Aspekt spielt für die Einschätzung und Bewertung des Frauenbundes eine Rolle. Der KFB agierte explizit als Organisation der Frauenbewegung, die „etwas in Bewegung setzen", verändern wollte. Die Veränderungsabsichten bezogen sich auf vier Ebenen: Katholische Frauen sollten motiviert werden, Handlungsräume auszuweiten, die Entwicklung der überkonfessionellen Frauenbewegung wollte man durch das Einbringen „katholischer Grundsätze" beeinflussen, im Katholizismus sollten Änderungsprozesse initiiert werden, um Frauen mehr Mitspracherechte zu sichern, und schließlich wollte der KFB durch die Mitarbeit in gesellschaftlichen Institutionen gesamtgesellschaftliche Entwicklungsprozesse mitbestimmen. Die Analyse greift somit die Frage auf, inwiefern der KFB bzw. die katholische Frauenbewegung als soziale Bewegung eingeordnet werden kann.

Der Politologe Joachim Raschke hat soziale Bewegungen im Kontext sozialen Wandels analysiert und eine Typologie sozialer Bewegungen entwickelt.[52] Trotz der jeweils spezifischen gesellschaftlichen und historischen Voraussetzungen von sozialen Bewegungen sieht Raschke in der Entstehung, der Struktur und der Entwicklung sozialer Bewegungen Gemeinsamkeiten. Er qualifiziert soziale Bewegungen als Politikform, die im Kontext gesellschaftlicher Modernisierung entstanden ist. Soziale Bewegungen verweisen auf das Widerstands- und Konfliktpotential einer Gesellschaft und zielen darauf, den Prozeß des sozialen Wandels zu beeinflussen. Das Ziel, die Gesellschaft strukturell zu verändern - oder im Falle einer Gegenbewegung den Veränderungsprozeß zu verhindern - ist somit das herausragende Merkmal sozialer Bewegungen.[53]

In der Typologie sozialer Bewegungen stellt Raschke weitere Merkmale heraus: Zur Unterstützung der Bewegung bzw. der Bewegungsorganisation erfolgt eine permanente Mobilisierung der potentiellen Bewegungsträger; im Gegensatz zu sporadischen politischen Aktionsformen zeichnen sich soziale Bewegungen durch eine gewisse Kontinuität über mehrere Jahre aus; soziale Bewegungen entwickeln eine hohe symbolische Integration, ein „Wir-Gefühl", das sich beispielsweise in spezifischen Umgangsformen manifestiert. Ferner bestehen in Bewegungszusammenhängen vielfältige und wechselnde Partizipationsformen, die nicht an die Mitgliedschaft in Bewegungsorganisationen gebunden sind. Organisations- und Aktionsformen sind außerdem nicht festgelegt, sie sind also variabel.[54] Ausgehend von dem Kriterium, daß die Organisation nicht die Bewegung definiert, sondern Teil der Bewegung ist, kann es nicht darum gehen, den KFB als eigenständige Bewegung zu qualifizieren. Vielmehr werden die aufgezeigten Bestimmungsmerkmale unter dem Aspekt betrachtet, daß sich der KFB als Teil von Bewegungen verstand.

Die vorliegende Untersuchung skizziert zunächst anhand der Bezugspunkte „Frauenbewegung, Katholizismus, Kirche" die spezifischen Handlungsbedingungen und -spielräume katholischer Frauen zu Beginn dieses Jahrhunderts. Aufgezeigt wird, daß der KFB mit seiner Gründung beabsichtigte, eine katholische Frauenbewegung aufzubauen, sich aber auch in den Kontext der überkonfessionellen bürgerlichen Frauenbewegung zu stellen. Gleichwohl war und blieb das Verhältnis zu den überkonfessionellen Frauenverbänden ambivalent, was beispielhaft an der Frage um die Mitgliedschaft des KFB zum BDF erörtert wird (Kap. I, 1). Im 2. Teil wird die Beziehung des politischen und sozialen Katholizismus zur katholischen Frauenbewegung bzw. des KFB thematisiert. Eingegangen wird auch auf die Situation des Katholizismus zu Beginn des Jahrhunderts, die wesentlich vom Gewerkschaftsstreit geprägt war. Der 3. Teil befaßt sich schließlich mit dem Bezugspunkt „Frauen - Kirche/Klerus" und geht auf kirchliche und theologische Positionen zur Frauenfrage und zum Verhältnis der Geschlechter ein.

Der KFB entwickelte ein beachtliches Engagement, um seine Organisation aufzubauen und eine konfessionell legitimierte Frauenbewegung im Katholizismus zu etablieren. Über Geistliche Beiräte nahm die Kirche Einfluß auf die Politik und Programmatik des KFB und kontrollierte die emanzipatorischen Bestrebungen katholischer Frauen. Deutlich wird dies an den Auseinandersetzungen um die Forderung der Frauen, als stimmberechtigte Mitglieder zu den Katholikentagen zugelassen zu werden (Kap. II, 2). Auch der

Gewerkschaftsstreit beeinflußte den Entwicklungsprozeß des KFB erheblich, wie vor allem an der Frage um die Dezentralisierung der Organisation nachgewiesen wird (Kap. II, 4).

In der vorliegenden Studie nimmt das Emanzipationsverständnis katholischer Frauen einen zentralen Stellenwert ein. Emanzipatorische Vorstellungen orientierten sich an Ideen der überkonfessionellen Frauenbewegung, wurden jedoch auch im Kontext von Religion und kirchlicher Bindung entwickelt (Kap. III, 1). Dabei kam Weiblichkeitskonzepten, die die Anforderungen einer modernisierten Gesellschaft mit tradierten und religiösen Orientierungen verbanden, eine wichtige identitätsstiftende Bedeutung zu (Kap. III, 2). Der zweite Schwerpunkt des Kapitels befaßt sich mit dem Sittlichkeitsdiskurs der überkonfessionellen Frauenbewegung und der Bedeutung von „Sittlichkeit" für das politische und soziale Handeln katholischer Frauen. Konkretisiert wird dies anhand von Fragen zu „Neue Ethik", Doppelmoral, Prostitution und Mutterschutz (Kap. III, 3). Abschließend wird der Frage nachgegangen, ob und wie sich die Haltung des KFB zu „Sittlichkeitsfragen" während des Ersten Weltkriegs veränderte (Kap. III, 4).

Bezogen auf die KFB-Politik zur Frauenerwerbsarbeit (Kap. IV) stehen die Arbeiterinnenfrage und die Qualifikation bürgerlicher Katholikinnen für die soziale Berufsarbeit im Mittelpunkt der Analyse. Da die Arbeiterinnenfrage nicht losgelöst vom Gewerkschaftsstreit gesehen werden kann, werden in die Untersuchung die binnenkatholischen Interessenkonflikte um die Frage der Organisation katholischer Arbeiterinnen einbezogen (Kap. IV, 1-3). Am Beispiel der Berufsberatung und der Fürsorgearbeit wird aufgezeigt, daß sich der KFB im Verlauf des Ersten Weltkriegs darauf konzentrierte, Frauen neue Erwerbsmöglichkeiten in der sozialen Arbeit zu eröffnen (Kap. IV, 4-5).

Nachdem sich Frauen ab 1908 auch in politischen Vereinen und Parteien organisieren konnten, bemühte sich vor allem der Volksverein um die Mitgliedschaft und politische Schulung von Frauen, was ab 1912 zu massiven Auseinandersetzungen zwischen Volksverein, katholischen Standesvereinen und Katholischem Frauenbund führte. Die Kontroversen werden im 5. Kapitel unter dem Gesichtspunkt der emanzipatorischen Entwicklung und Politisierung katholischer Frauen untersucht. In diesem Zusammenhang geht es auch um die Frage, inwieweit sich der KFB als Organisation der Frauenbewegung im Verbandskatholizismus behaupten konnte.

Für die vorliegende Studie wurden Quellenbestände mehrerer Archive ausgewertet. Die zentralen Quellen befinden sich im Archiv des „Katholischen Deutschen Frauenbundes" in Köln (AKDFB). Das AKDFB verfügt über umfangreiche ungedruckte Quellen (Protokolle, Korrespondenz etc.) und gedruckte Quellen (Zeitschriften und Publikationen des KFB und anderer katholischer Vereine) und dokumentiert vor allem die Politik des Gesamtverbandes. Darüber hinaus befindet sich im AKDFB ein Teilnachlaß von Elisabeth Gnauck-Kühne, der Begründerin der konfessionellen Frauenbewegung. Zum Zeitpunkt der Sichtung des Quellenmaterials waren die Bestände des AKDFB noch nicht systematisch erschlossen und geordnet.

Eine gute Ergänzung zu den im AKDFB archivierten Materialien bietet der Archivbestand des „Sozialdienstes katholischer Frauen" (SKF), der die „Geschichte des Katholischen Fürsorgevereins für Mädchen, Frauen und Kinder" (KFV) dokumentiert. Aufgrund der personellen Verflechtung des KFV mit dem KFB verfügt das Archiv des SKF über umfangreiche Quellen zum Katholischen Frauenbund und zu zeitgenössischen Fragen der Frauenbewegung. Dies trifft auch für das Archiv des „Deutschen Caritasverbandes" in Freiburg zu. Für diese Arbeit war jedoch die dort vorhandene Bibliothek bedeutender, da sie mit ihrem breiten Bestand zeitgenössischer Publikationen wertvolle gedruckte Quellen zur Frauenfrage und zur Geschichte der katholischen Frauenbewegung bereitstellt.

Für den Bezug des KFB zum Verbandskatholizismus waren die Nachlässe des Zentrumspolitikers Carl Trimborn (Historisches Archiv der Stadt Köln - HAStK) und Wilhelm Hohns, Direktor des Volksvereins (Stadtarchiv Mönchengladbach) aufschlußreich. Vor allem Protokollaufzeichnungen, Notizen und Korrespondenz zur Frage der Organisierung katholischer Frauen fundierten die Analyse der Kontroversen um die politische Schulung und Organisation katholischer Frauen. Bestätigt und ergänzt wurden diese Quellen durch das Archiv des Volksvereins, das zum Bestand des Zentralen Staatsarchivs Potsdam (DDR) gehörte.

Von Bedeutung war ferner der Bestand des Archivs der „Schwestern vom hl. Josef in Trier". Hier befinden sich umfangreiche Quellen zur Organisation katholischer Arbeiterinnen, die für die Analyse der Auseinandersetzungen im Kontext des Gewerkschaftsstreits berücksichtigt werden konnten.

Der Nachlaß der Zentrumspolitikerin Christine Teusch (HAStK) enthält relevante Quellen über die parteipolitische Arbeit von führenden Frauen des KFB seit dem politischen Umbruch 1918/19. Diese Zeitphase findet in der vorliegenden Studie lediglich ausblickartig Beachtung, so daß der Nachlaß Teusch nicht systematisch ausgewertet wurde. Der Nachlaß von Bischof Korum (Bistumsarchiv Trier) enthält nur spärliches Material zum KFB, erbrachte aber einige Hinweise zur Arbeiterinnenfrage.

Die Quellenbestände der kirchlichen Archive (Erzbischöfliches Archiv Freiburg, Historisches Archiv des Erzbistums Köln, Diözesanarchiv Limburg (DALim), Bischöfliches Zentralarchiv Regensburg, Diözesanarchiv Rottenburg) beziehen sich überwiegend auf die regionale Arbeit des KFB und dokumentieren die Politik des Gesamtbundes nur in Einzelfällen. Relevant waren einige wenige Quellen im Hinblick auf die analysierte Kontroverse zwischen Volksverein und KFB ab 1912 (DALim).

Kapitel I
Der Katholische Frauenbund im Spannungsfeld zwischen Frauenbewegung, Katholizismus und Kirche

Die führenden Frauen des Katholischen Frauenbundes teilten die Einschätzung der Frauenfrage mit der Mehrheit der bürgerlichen Frauenbewegung. Trotz der Übereinstimmung konnte sich der KFB nicht entschließen, dem Bund Deutscher Frauenvereine, dem Dachverband der überkonfessionellen bürgerlichen Frauenorganisationen, beizutreten. Die Orientierung an Zielen der überkonfessionellen Frauenbewegung und die gleichzeitige permanente Abgrenzung gegen den BDF spiegeln eine Ambivalenz wider, die in den spezifischen Handlungsbedingungen katholischer Frauen wurzelte. Der Bezug zu Kirche und Katholizismus hatte für den KFB Priorität, so daß er Interessenkonkurrenz zwischen Frauenbewegung, Katholizismus und Kirche ausgesetzt war.

1. Der Katholische Frauenbund als Teil der „allgemeinen Frauenbewegung"

Maßgebende Bedeutung für die Gründung des KFB hatte die Entwicklung der überkonfessionellen und evangelischen Frauenbewegung. 1899 hatten sich - rund 35 Jahre nach der Entstehung der ersten Organisation der Frauenbewegung, dem Allgemeinen Deutschen Frauenverein (ADF) - protestantische Frauen im Deutsch-Evangelischen Frauenbund (DEF) zusammengeschlossen[1] und damit den Anfang einer organisierten konfessionellen Frauenbewegung gesetzt.

Angeregt durch die Gründung des DEF ergriffen ab 1903 auch Katholikinnen die Initiative, um katholische Frauen, die in sozial-caritativen Vereinen arbeiteten, zu organisieren. Bereits im 1. Jahrgang der „Christlichen Frau", die der Caritasverband ab Oktober 1902 herausgab, hatte die in Würzburg lebende Emy von Gordon auf die organisatorischen Erfolge der evangelischen Frauen hingewiesen und die Zersplitterung des katholischen Vereinswesens beklagt.[2] Einige Monate später ging sie mit einem Artikel in der Kölnischen Volkszeitung in eine größere Öffentlichkeit und forderte die katholischen Frauenvereine auf, sich zusammenzuschließen.[3] Sie begründete ihre Forderung damit, daß die Vereine aufgrund ihrer Vereinzelung und fehlender Kompetenzen den wachsenden gesellschaftlichen Aufgaben nicht gerecht würden. Um die Leistungsfähigkeit der sozial-caritativen Frauenvereine zu verbessern, hielt von Gordon eine starke Organisation für unabdingbar. Neben der Forderung, die Vereine an moderne gesellschaftliche Verhältnisse anzupassen, formulierte Emy von Gordon ein zentrales Postulat der Frauenbewegung: Nicht allein der Mann habe die Öffentlichkeit für das Gemeinwohl zu beeinflussen, „sondern auch die Frau, sei es als Gehilfin des Mannes oder als selbständige Kraft".[4]

Die Initiative Frau von Gordons wurde von Emilie Hopmann, die einer bekannten Kölner Familie angehörte, entschieden unterstützt und rasch von weiteren Katholikinnen, die sich um die Jahrhundertwende in zahlreichen sozialen und caritativen Frauenvereinen engagierten, aufgegriffen. Durch ihre Tätigkeiten konfrontiert mit Fragen der Frauenbildung, Mädchenschulreform, sozialer und materieller Not der Frauen unterer sozialer Schichten, aber auch mit den unzulänglichen Erwerbsmöglichkeiten besonders für mittelständische Frauen, erkannten die Initiatorinnen der organisierten katholischen Frauenbewegung immer mehr die Notwendigkeit, auf die gesamtgesellschaftliche Entwicklung zu reagieren. Die Frauenfrage und die sich allmählich verändernde gesellschaftliche Stellung der Frau waren als Realität akzeptiert worden und zwangen nunmehr auch die Katholikinnen in eine größere Öffentlichkeit, wollten sie auf Einflußnahme nicht verzichten. Pauline Herber, die Vorsitzende des 1885 gegründeten Vereins katholischer deutscher Lehrerinnen, begründete den organisatorischen Zusammenschluß katholischer Frauen wie folgt:

„Wir wollen der katholischen Frau in der mächtigen Kulturbewegung der Frauenfrage den Einfluß sichern, auf welchen sie ein wohlerworbenes Recht hat. Die Frauenfrage wollen wir lösen im christlichen Sinne. Wir stellen uns in den Dienst der Kirche und gehen voran in der Lösung der Aufgaben, welche sie für die Menschheit hat."[5]

Mit der „Kulturbewegung" sprach Pauline Herber die überkonfessionelle bürgerliche Frauenbewegung an, die sich 1894 im BDF zusammengeschlossen hatte.[6] Die Vereinsgründung der evangelischen Frauen gab zwar den entscheidenden Impuls für die Organisationsbestrebungen der Katholikinnen, doch legten diese von Beginn an Wert darauf, Teil der „allgemeinen" beziehungsweise „modernen" Frauenbewegung, wie sie die überkonfessionelle bürgerliche Bewegung bezeichneten, zu sein und weniger Gegenbewegung, wie vereinzelt vertreten wurde.[7] Trotzdem grenzte sich der KFB gegen die überkonfessionelle Frauenbewegung wegen der ihr unterstellten religiösen Indifferenz ab, wobei mitunter recht pragmatische Gründe eine Rolle spielten. Dies wird besonders in einer Denkschrift deutlich, die der KFB anläßlich seiner Gründung verfaßte. Es ging nämlich auch darum zu verhindern, daß katholische Frauen zu überkonfessionellen Vereinen abwanderten. Selbst in ausgesprochen „katholischen Städten" wie Köln hatten sich bereits Katholikinnen dem ADF angeschlossen, der neben dem Allgemeinen Deutschen Lehrerinnenverein zu den mitgliederstärksten Vereinen im BDF gehörte. Man befürchtete, daß die „Arbeitskraft wie auch das Geld dieser Damen der katholischen Charitas verloren" ginge.[8] Die Verurteilung der „gemeingefährlichen Bestrebungen" des ADF und die Forderung Emilie Hopmanns, tatkräftig gegen die „überaus rege Propaganda" des ADF vorzugehen[9], hatte daher wohl neben der religiösen Dimension durchaus taktische Gründe.

Trotz gelegentlicher Angriffe gegenüber der überkonfessionellen Frauenbewegung lag es nicht in der Absicht des KFB, deren Verdienste prinzipiell zu diskreditieren. Vielmehr betonte man die positiven Ansätze und erklärte, daß die katholische Frauenbewegung „mit einigen Einschränkungen, mit Ablehnung einiger Auswüchse, die gleichen Pfade wie die Frauenbewegung im allgemeinen" gehe.[10] Tatsächlich arbeitete der KFB künftig punktuell mit dem ADF und anderen Organisationen der bürgerlichen Frauenbewegung zusammen. Die Generalversammlung des ADF, die im September 1903 in Köln stattfand, kommentierte man zwar noch recht zurückhaltend[11], doch sah der KFB schon wenige Jahre später im ADF die gemäßigte Richtung der Frauenbewegung vertreten, mit der Übereinstimmung in vielen Fragen bestehe.[12]

Was den Katholischen Frauenbund mit dem ADF und der Mehrheit der bürgerlichen Frauenbewegung verband, war die Ablehnung eines Emanzipationsverständnisses, das sich an männlichen Arbeits- und Lebenssphären orientierte. Auch die - im Gegensatz zum „radikalen Flügel"- moderate Vorgehensweise bei der Durchsetzung von Forderungen entsprach den Vorstellungen der Katholikinnen. Hatten sich die bürgerlichen Frauen zuvor auf Bildungsfragen, Frauenerwerbsarbeit und soziale Hilfstätigkeit konzentriert, so führten die politische Radikalisierung der bürgerlichen Frauenbewegung und der wachsende Einfluß des linken Flügels im BDF dazu, daß zunehmend „politisch brisantere Themen" aufgegriffen wurden.[13] Der radikale Flügel wurde von Frauen vertreten, die bisherige Tabuthemen, wie die Situation der Prostituierten und Fragen der Sexualmoral in die öffentliche Diskussion brachten und die offensiv das allgemeine politische Stimmrecht für Frauen forderten. Zwar setzten sich auch die „Gemäßigten" ab 1896 verstärkt mit der Stimmrechtsfrage auseinander, hielten jedoch ein offenes Eintreten für das Frauenstimmrecht für verfrüht.[14] Wenn auch die „Radikalen", wie sich ab 1896 einige Frauen selbst nannten, bis etwa 1908 die Politik des BDF stark beeinflußten, darf dies nicht darüber hinwegtäuschen, daß sie nur eine kleine Minderheit repräsentierten.[15] Die Mehrheit der bürgerlichen Frauenbewegung galt als „gemäßigt", wobei sich eine eindeutige Trennungslinie zwischen den „Radikalen" und den „Gemäßigten" nicht ziehen läßt. Dennoch unterschieden sich die Richtungen tendenziell in ihrem Selbstverständnis, in den Vorstellungen von Emanzipation und in der Frage der adäquaten Strategien und Mittel zur Durchsetzung der Emanzipationsziele. Vor allem an der Haltung zur Sittlichkeitsfrage und zur Begründung einer „Neuen Ethik" schieden sich die Geister in der bürgerlichen Frauenbewegung.

Die Positionen der Radikalen zur Ehe, zur unehelichen Mutterschaft, zur Reglementierung der Prostitution und zur Abschaffung der strafrechtlichen Verfolgung der Abtreibung (§ 218) standen konträr zu den Wertvorstellungen katholischer Frauen. In diesen Fragen stimmten die Katholikinnen wesentlich mit der gemäßigten Mehrheit der überkonfessionellen Frauenbewegung und mit dem DEF überein, wenn auch mit graduellen Unterschieden.[16] Dies galt auch für die Bewertung der rechtlichen Diskriminierung von Frauen. Besonders in der Stimmrechtsfrage befand sich die katholische Frauenbewegung in Übereinstimmung mit der gemäßigten Mehrheit der im BDF organisierten Frauen. Hintergrund der konträren Standpunkte war die unterschiedliche Einschätzung der Frauenfrage und ihrer Lösung. Die Radikalen verstanden die Frauenfrage ganz wesentlich als „Rechtsfrage"[17], die Gemäßigten bewerteten sie als „Kulturfrage". In diesem Zusammenhang ist bemerkenswert, daß es eine einmütige Abgrenzung katholischer Frauen gegenüber den Radikalen nicht gab. Die spätere Vorsitzende des KFB, Hedwig Dransfeld, bekundete sogar offen Sympathie mit der Taktik der „jüngeren Richtung", wie sie den radikalen Flügel bezeichnete:

„Prinzipiell wichen die beiden Richtungen anfangs kaum voneinander ab, nur die Taktik war grundverschieden. Während die Älteren durch zähes Streben und unermüdliche Arbeit von unten herauf die Einordnung moralisch erzwingen und durch die kleinen Rechte zu den großen weiterschreiten möchten, wirken die Jüngeren hauptsächlich durch Agitation und Propaganda, direkt auf die volle politische Mündigkeit der Frau lossteuernd, weil mit den großen ausschlaggebenden Rechten die kleinen von selbst gegeben oder bedeutend leichter zu erreichen seien. Diese Schlußfolgerung ist richtig, aber leider zeigen der Staat und die breite Öffentlichkeit für die zweite Kampfesweise so wenig Verständnis, daß sie praktisch kaum einen Erfolg verspricht."[18]

Was Hedwig Dransfeld für den Staat und die Öffentlichkeit konstatierte, galt mehrheitlich auch für die katholische Frauenbewegung. Mit der gemäßigten Mehrheit im BDF waren die Katholikinnen der Auffassung, daß die Lösung der Frauenfrage nicht über die Forderung nach gleichen Rechten für Frauen zu erreichen war. Dies qualifizierten die Gemäßigten als „bloße Gleichmacherei" ab, die die Wesensverschiedenheit der Geschlechter ignoriere. „Andersartig aber gleichwertig" lautete daher die Parole.[19] Diese Überzeugung war grundlegend für die gesellschaftliche Analyse, Politik und Programmatik der gemäßigten Richtung der überkonfessionellen Frauenbewegung, die das Konzept der „Geistigen Mütterlichkeit" zu ihrem Kernpunkt erhob.[20]

Das Konzept der „Geistigen Mütterlichkeit"

Katholische Frauen standen dem Konzept der „Geistigen Mütterlichkeit" aufgeschlossen gegenüber, wenngleich sie sich zur Begründung ihres eigenen gesellschaftlichen und politischen Handelns auf Elisabeth Gnauck-Kühne stützten, die um die Jahrhundertwende ein Weiblichkeitsbild aus christlich-katholischer Sicht entwickelt hatte.[21] Dennoch weisen die theoretischen Begründungen des Konzepts Parallelen zur Auffassung der Katholikinnen auf. Mütterlichkeit besaß nicht nur bei konfessionell gebundenen Frauen einen hohen Stellenwert, sondern auch bei radikalen Vertreterinnen wie Helene Stöcker und durchaus auch innerhalb der sozialdemokratischen Frauenbewegung. Es ging darum, Mütterlichkeit von der physischen Mutterschaft zu lösen und Mütterlichkeit als Metapher für spezifisch weibliche Eigenschaften und Fähigkeiten zu setzen, die über die Familie hinaus in gesellschaftlichen Bereichen zur Geltung gebracht werden sollten. Diese Idee wurzelte in den pädagogischen Reformideen Friedrich Fröbels, der mit seinen Vorstellungen über eine außerfamiliale Kindererziehung verdeutlicht hatte, daß mütterliche Erziehungskompetenzen nicht ausschließlich an die leibliche Mutterschaft gebunden waren. „Übet geistige Mütterlichkeit" wurde daher die Parole Henriette Schrader-Breymanns, die die Erziehungsgedanken Fröbels weiterführte und institutionalisierte, indem sie 1874 das Pestalozzi-Fröbelhaus in Berlin-Schöneberg als Kindergarten und als Ausbildungsstätte für Kindergärtnerinnen gründete.[22]

Wie die gemäßigte Mehrheit des BDF verstanden die Katholikinnen die Frauenbewegung als Kulturbewegung und konzentrierten sich - bedingt durch den Ausschluß von der politischen Öffentlichkeit - auf die scheinbar politikfreie Kulturebene. Den Anspruch, weiblichen Einfluß auf die Kulturentwicklung nehmen zu wollen, begründeten Katholikinnen ebenso wie nicht konfessionell agierende Frauen mit der um die Jahrhundertwende weit verbreiteten Kritik an der kapitalistisch-industriellen Gesellschaft. Indem Frauen als „Hausmütter" oder als „geistige Mütter" in der männlichen Welt „sittliche Impulse zur Geltung bringen" wollten und sollten[23], bestand die Chance, „Mütterlichkeit" strategisch einzusetzen und sich damit auch indirekt Zugang zum ausschließlich von Männern beanspruchten politischen Terrain zu verschaffen. „Geistige Mütterlichkeit" schien also geeignet, die ungleiche Machtverteilung zwischen den Geschlechtern auszugleichen, indem Frauen auf der Basis der geschlechtsspezifischen Arbeitsteilung über den familiären Binnenraum hinaus gesellschaftlichen Einfluß beanspruchten. Daß sie dies auf die kulturelle Ebene begrenzten, findet seine Begründung *auch* im „Wesen der Frau": Frauen schienen aufgrund ihres spezifischen Geschlechtscharakters prädestiniert dafür, „in der inhumanen Männerwelt durch Weiblichkeit mehr Humanität zu verwirklichen".[24]

Forderungen nach einer Ausweitung gesellschaftlicher und politischer Handlungsräume, sei es der Zugang von Frauen zum Universitätsstudium, die Beteiligung an für sie relevanten politischen und gesetzlichen Entscheidungen oder der Anspruch, bislang Männern vorbehaltene berufliche Positionen, etwa die Leitung von Mädchenschulen, zu besetzen, standen daher stets im Kontext der spezifischen Geschlechtscharaktere. Gesellschaftliches und politisches Handeln von Frauen wurde nicht um seiner selbst willen gefordert, sondern abgeleitet aus dem Selbstverständnis, die kulturelle und gesellschaftliche Entwicklung durch weiblichen Einfluß positiv gestalten zu wollen. „Geistige Mütterlichkeit" diente mithin dazu, sich in „Politik und Beruf" einzumischen, ohne die weibliche Identität aufgeben zu müssen.[25]

Zur Frage der Mitgliedschaft im Bund Deutscher Frauenvereine

Die Beziehung des KFB zur überkonfessionellen bürgerlichen Frauenbewegung war von Anfang an ambivalent. So stand die wiederholt erklärte Absicht, als Teil der „großen Kulturbewegung" im christlich-katholischen Sinne an der Lösung der Frauenfrage mitzuarbeiten, konträr zur permanenten Abgrenzung gegen den BDF. Am deutlichsten dokumentiert dies die andauernde Weigerung, dem BDF als Mitgliedsorganisation beizutreten. Dabei ist die praktizierte Abgrenzung zunächst durchaus verständlich, wurde die neue, konfessionell gebundene Organisation doch auch von seiten des BDF argwöhnisch betrachtet.

Während die Delegierte des Evangelischen Frauenbundes, Frl. von Feldmann, auf die Gemeinsamkeiten der konfessionellen Frauenorganisationen hinwies und die Gründung des KFB „freudig und aufrichtig begrüßte"[26], verhielten sich vor allem Vertreterinnen des linken Flügels im BDF skeptisch bis ablehnend. Ika Freudenberg sah im katholischen Glauben gar ein Hemmnis für die Ausdehnung der Frauenbewegung und lehnte die neue Organisation kategorisch ab.[27] Entschiedene Gegnerinnen der konfessionellen Verbände waren ferner Lida Gustava Heymann und Anita Augspurg, die wohl bekanntesten Frauenrechtlerinnen des linken Flügels. Heymann und Augspurg waren überzeugt davon, daß die konfessionellen Frauenorganisationen „den Kampf um Frauenbefreiung im eigentlichen Sinne" nicht führen konnten, da sie sich stets der Kirche und männlicher Autorität unterzuordnen hätten, unabhängig von der Glaubensrichtung.[28] Auch die Repräsentantin der gemäßigten Mehrheit der bürgerlichen Frauenbewegung, Gertrud Bäumer, vertrat noch vor der Gründung des KFB in dem 1901 herausgegebenen „Handbuch der Frauenbewegung" die Ansicht, daß „der Gedanke der Frauenemanzipation mit den Grundanschauungen der katholischen Kirche unvereinbar" sei.[29] Für die Wohlfahrtsarbeit der Frauenbewegung versprach sich Gertrud Bäumer jedoch fördernde Impulse vom Katholischen Frauenbund.[30] Tatsächlich lagen ja die Positionen des KFB und des gemäßigten Flügels des BDF nicht so weit auseinander, wie die konfessionelle und kirchliche Bindung des KFB vermuten läßt. Die partielle Übereinstimmung und Zusammenarbeit mit politisch gemäßigteren Organisationen der bürgerlichen Frauenbewegung führte trotzdem nicht dazu, daß der KFB dem BDF beitrat, auch dann nicht, als der Einfluß der „radikalen" Frauenrechtlerinnen allmählich zurückging. Selbst der 1908 erfolgte Beitritt des evangelischen Frauenbundes zum BDF stimmte die Katholikinnen nicht um, obgleich positiv hervorgehoben wurde, daß durch den DEF „in manchen strittigen Fragen die gemäßigte Richtung der Frauenbewegung über radikale Forderungen den Sieg davontrug".[31]

Was bewog nun die katholischen Frauen, sich dem BDF nicht anzuschließen, obgleich sie immer wieder betonten, Teil der Frauenbewegung zu sein und diese im christlich-katholischen Sinne beeinflussen zu wollen? Zunächst fällt auf, daß es im KFB keineswegs eine einheitliche Auffassung zum Anschluß an den BDF gab. Im Bericht über den Beitritt des DEF zum

BDF wurde sogar im Publikationsorgan des KFB, der „Christlichen Frau", dezent an die katholischen Frauenorganisationen, und damit auch an den KFB selbst, appelliert, „die Frage des Anschlusses" zumindest zu erörtern.[32] Die seit 1907 wiederholten Forderungen einzelner KFB-Mitglieder, sich dem BDF endlich anzuschließen, sowie gelegentliche Bemühungen des BDF selbst, den KFB zu gewinnen, wurden jedoch stets vom Vorstand und vom Zentralausschuß des Frauenbundes beharrlich zurückgewiesen.[33] Selbst einer Mitarbeit in Kommissionen des BDF stand der KFB äußerst skeptisch gegenüber und lehnte sie häufig ab. Da immer wieder Anfragen zur Zusammenarbeit gestellt wurden, stellte der KFB 1912 Richtlinien für die Mitarbeit in überkonfessionellen Verbänden auf. Der wesentlichste Punkt der Richtlinien war eine moderate Öffnung für die Mitarbeit auf privater Ebene. Dies war allerdings nicht in die freie Entscheidung der jeweiligen Frauen gestellt, sondern mußte durch die KFB-Zentrale genehmigt werden:

„1. Der Katholische Frauenbund hat zu prüfen, ob die Arbeit an sich den Zielen des Katholischen Frauenbundes nicht widerspricht.
2. Eine Mitarbeit *als Bund* kann auch bei grundsätzlicher Zustimmung zur Sache nur dann stattfinden, wenn der Katholische Frauenbund als Mitarbeiter genannt wird.
3. Wird diese Bedingung nicht zugestanden, so kann der Bund ein oder mehrere Mitglieder als Privatpersonen mitzuarbeiten veranlassen und seine Zweigvereine bitten, diese Privatarbeit zu unterstützen."[34]

Trotz dieser modifizierten Haltung, die grundsätzlich einen Beitritt zu überkonfessionellen Verbänden zugelassen hätte, verweigerte der KFB weiterhin einen Anschluß an den BDF. Das zentrale Argument war die in internen Diskussionen immer wieder artikulierte Furcht, als Minderheit katholische Positionen nicht durchsetzen zu können. Mag die Unsicherheit der Katholikinnen in den Anfangsjahren noch nachvollziehbar sein, so ist die anhaltende defensive Haltung des KFB in den späteren Jahren schwer verständlich. Noch 1912 legitimierte man die Entscheidung, dem BDF nicht beizutreten, mit der fehlenden Würdigung Hedwig Dransfelds durch die Repräsentantin der gemäßigten Richtung, Helene Lange. Man sah damit die Auffassung bestätigt, daß im BDF Minoritäten nicht genügend Beachtung fänden.[35]

Die Weigerung des KFB, sich dem BDF anzuschließen, spiegelt einen Konflikt wider, der in den spezifischen Handlungsbedingungen der katholischen Frauenbewegung wurzelt. Die Abgrenzung gegenüber der nicht konfessionell orientierten bürgerlichen Frauenbewegung diente auch dazu, die eigene konfessionell gebundene Bewegung zu legitimieren und das „katholische Moment" zu betonen. Zu überkonfessionellen Verbänden wurde daher aus taktischen Gründen Distanz gehalten, auch wenn eine Zusammenarbeit in der Sache, beispielsweise der Rechtsschutzberatung für Frauen, als sinnvoll erachtet wurde.[36] Als Teil der katholisch-sozialen Bewegung war der KFB auf die Anerkennung des katholischen Milieus und der Amtskirche angewiesen, weswegen die Frauen sich bemühten, Anlässe für Mißtrauen, wie die Zusammenarbeit mit überkonfessionellen Organisationen, zu vermeiden. Das zog eine vorsichtige, eher defensive Strategie der in der Bewegung engagierten Frauen nach sich, die vielfach zu einer Selbstbeschränkung und Unterordnung eigener Interessen unter eine konstruierte „katholische Einheit" führte.

2. „Frauenfrage" und Katholizismus

Auch wenn dem KFB sehr daran gelegen war, als Teil der „allgemeinen Frauenbewegung" anerkannt zu werden und er sich demzufolge partiell am BDF orientierte, waren aufgrund der konfessionellen Ausrichtung die binnenkatholischen Zusammenhänge letztlich entscheidend für Politik, Programmatik und Strategie des KFB. So ließ der Frauenbund von Anfang an keinen Zweifel daran, daß Katholizismus, Amtskirche und Glauben für ihn die richtungweisenden Kräfte waren: Gleich den Männern, die ihre „geistige Zentrale" im „Volksverein für das katholische Deutschland" hätten, sei es Aufgabe des Frauenbundes „Angriffe auf Glauben und Kirche" abzuwehren sowie die katholische Weltanschauung gegenüber den Liberalen und Sozialdemokraten zu vertreten.[37]

Die Situation des Katholizismus zu Beginn des Jahrhunderts

Die Gründung des KFB fiel in eine Zeit, in der die binnenkatholischen Konflikte, die den Katholizismus bis zum Ersten Weltkrieg beherrschten, bereits virulent waren. Kern der tiefgreifenden Auseinandersetzungen waren die polaren Haltungen zur modernisierten und säkularisierten Gesellschaft. Sie wurden offenkundig in der Frage, wie stark die Einflußnahme der Amtskirche auf politische, wirtschaftliche und soziale Prozesse sein sollte, und manifestierten sich im Gewerkschafts-, Zentrums- und Literaturstreit, die auf den schwierigen Demokratisierungsprozeß im politischen Katholizismus verweisen.[38]

Mit dem allmählichen Abklingen des Kulturkampfes in den 1880er Jahren hatten sich unterschiedliche Kräfte im politischen und sozialen Katholizismus zur Aufgabe gesetzt, die insbesondere durch den Kulturkampf verfestigte gesellschaftliche Isolation der katholischen Bevölkerung und deren Abwehrhaltung gegenüber dem preußisch-liberalen Staat und der bestehenden kapitalistischen Wirtschaftsform zu überwinden.[39] Dabei stießen sie auf die Widerstände integral gesinnter Katholiken, die sich für die Wiederherstellung einer traditionalen ständischen Gesellschaftsordnung einsetzten.[40] Allein der katholische Glaube und die katholische Kirche waren ihrer Einschätzung nach geeignet, die sozialen Probleme zu lösen. Demzufolge bekämpften sie massiv die Säkularisierung, die alle Lebensbereiche erfaßt hatte, und forderten die Stärkung kirchlicher Autorität. Allerdings wurden mit der Enzyklika „Rerum novarum" von Papst Leo XIII. 1891 die partielle Abkehr von einer rückwärtsgewandten ständischen Gesellschaftsordnung des Mittelalters kirchenoffiziell bestätigt und das bestehende Wirtschaftssystem sowie der liberale Staat grundsätzlich anerkannt.[41] Bischof Ketteler hatte zwar schon Ende der 1860er Jahre auf die Unumkehrbarkeit des kapitalistischen Wirtschaftssystems hingewiesen[42], doch setzte sich in Deutschland der Gedanke, gesellschaftliche Veränderungen unter Berücksichtigung katholischer Wert- und Ordnungsvorstellungen reformerisch durchzusetzen, erst nach dem Kulturkampf durch.[43] Gleichwohl suchten die Integralen weiterhin den Einfluß der Kirche im gesellschaftlichen und wirtschaftlichen Bereich zu stärken, ganz im Sinne der ultramontanisierten Kirche, wie sie sich im Laufe des 19. Jahrhunderts durchgesetzt hatte.

Ziel der Reformkräfte im Katholizismus war es, die offenkundige Unterrepräsentation der preußischen (männlichen) Katholiken in gesellschaftlichen Führungspositionen, auf der Verwaltungsebene wie auch in wissenschaftlichen und wirtschaftlichen Bereichen abzubauen. Zugleich ging es darum, den deutlichen Bildungsrückstand der katholischen Bevölkerung aufzuholen, wenngleich die Katholiken nur zögernd die während des Kulturkampfes erworbene „Ghettomentalität" aufgaben.[44] Der Überwindung des um die Jahrhundertwende häufig beklagten „Inferioritätsbewußtseins" der Katholiken wurde daher besondere Bedeutung beigemessen.[45] Auf theologisch-philosophischer Ebene versuchten Reformkatholiken wie Hermann Schell, Franz Xaver Kraus und Albert Ehrhard die geistige Enge des ultramontanisierten Katholizismus zu überwinden.[46] Wissenschaftlich und kulturell engagierte Persönlichkeiten wie Carl Muth wandten sich gegen klerikale Bevormundung und ultramontane Abschottungsversuche und schafften mit der Zeitschrift „Hochland" ein kulturelles Forum für die „katholische Intelligenz".[47]

Bei dem Versuch, die Katholiken in die bürgerliche Gesellschaft zu integrieren, gingen wesentliche Impulse vom politischen Katholizismus aus. Zentrumspolitiker, die in den 1890er Jahren gegen die bis dahin führende katholische Aristokratie im Zentrum eine „bürgerliche Hegemonie" durchgesetzt hatten[48], verfolgten mit der Gründung des „Volksvereins für das katholische Deutschland" durchaus parteipolitische Absichten und erhofften sich eine Stärkung des Zentrums. Damit verbunden war die partielle Unterstützung der wachsenden katholischen Arbeiterbewegung, die sich seit den 1890er Jahren in interkonfessionellen Gewerkschaften organisierte. Vor allem die Führungsgruppe des Rheinischen Zentrums um Julius Bachem und Carl Trimborn[49] hatte erkannt, daß den Forderungen der Arbeiter stärker Rechnung getragen werden müsse, und darauf hingewirkt, daß das Zentrum mehrheitlich die christliche, interkonfessionelle Gewerkschaftsbewegung akzeptierte.[50] Christliche Gewerkschaften, Volksverein und demokratisch orientierte bürgerliche Zentrumspolitiker wandten sich entschieden gegen den Anspruch der Amtskirche, wirtschaftliche und politische Prozesse mitzubestimmen und repräsentierten im Gewerkschaftsstreit die „Köln-Mönchengladbacher Richtung" im Gegensatz zur integral orientierten Richtung, die ihre Zentren in Berlin und Trier hatte.[51]

Volksverein und Gewerkschaftsstreit

Der Volksverein wurde 1890 auf maßgebliches Betreiben des Zentrumpolitikers Ludwig Windthorst von den katholischen Sozialpolitikern Franz Brandts und Franz Hitze in Mönchengladbach gegründet.[52] Verschiedene Versuche von integraler Seite, einen „antievangelischen Kampfesbund" zu gründen, scheiterten am entschlossenen Widerstand Windthorsts. Wichtiger, als mit einer neuen Organisation protestantische Angriffe gegen die katholische Kirche abzuwehren, war ihm die Schulung der katholischen Bevölkerung, um ein Gegengewicht zur Sozialdemokratie aufzubauen.[53] Als „Bollwerk gegen die socialistischen Umsturzbewegungen der Zeit"[54] sollte der Volksverein die Katholiken mit den Vorstellungen der christlichen Sozialreform und der parlamentarischen Arbeit des Zentrums vertraut machen. Indem man die katholischen Männer für den Volksverein und damit auch indirekt für das Zentrum zu gewinnen suchte, hoffte man außerdem, den Erfolg, den die Sozialdemokraten bei katholischen Arbeitern hatten, zurückzudrängen.[55]

Schulungs- und Bildungsarbeit, verstanden als Volksbildung, entwickelte sich daher zu einem zentralen Aufgabenbereich des Volksvereins. Zwar sollte sich die Volksbildung grundsätzlich auf alle Bürger beziehen, doch richtete sie sich vorrangig an die unteren sozialen Schichten. Als Zielgruppe nannte der Generalsekretär des Volksvereins, August Pieper[56], Volksschulabgänger, denen die Mittel für eine Weiterbildung fehlten. Mit der Idee der Volksbildung verband der Volksverein das Ziel, Klassengegensätze zu überwinden und damit den sozialen Frieden zu sichern. Die Arbeiter sollten zur Mündigkeit und Selbstverantwortlichkeit erzogen werden, bedurften dabei aber der „geistigen Führung", um mit der „Freiheit der Mündigkeit" auch umgehen zu lernen.[57] Diesbezüglich befand sich der Volksverein in Übereinstimmung mit dem Selbstverständnis des liberalen Bürgertums, nämlich soziale Mißstände auch durch Erziehung und Bildung überwinden zu wollen. Prälat Otto Müller, der ab 1903 die „Abteilung für soziales Vereinswesen" im Volksverein leitete, versuchte allerdings vergeblich, die „gebildeten Kreise" in größerem Maße für die Schulung des „Volkes" - wie für die Mitarbeit im Volksverein überhaupt - zu gewinnen.[58]

Neben der Absicht, mit einer katholischen Massenorganisation den sozialdemokratischen Einfluß in der katholischen Arbeiterschaft zurückzudrängen, war es ein zentrales Anliegen, die katholischen Männer zur aktiven politischen Mitarbeit zu motivieren. Deren Desinteresse an der Ausgestaltung der Sozialreform sollte überwunden werden, um damit auch den Einfluß der Katholiken im öffentlichen Leben zu stärken. Die Schulungsarbeit konzentrierte sich deswegen auf wirtschafts- und steuerpolitische Fragen sowie auf staatsbürgerliche Kenntnisse.[59] Die Zielvorstellung, daß die „christlichen Arbeiter ... befähigt werden (sollten), den Staat als selbständige und mündige Staatsbürger zu tragen"[60], verdeutlicht einmal mehr, daß der Volksverein seine Schulungsarbeit auf die Lebens- und Arbeitssituation von Männern ausrichtete. Bis zu seiner Auflösung durch die Nationalsozialisten 1933 verstand sich der Volksverein auch bewußt als Männerorganisation[61]; die vereinzelte Mitgliedschaft von Frauen im Volksverein, die nach Erlaß des Reichsvereinsgesetzes ab 1908 möglich wurde, änderte daran nichts. Obwohl dem Volksverein als führender Organisation für die katholische Volksbildung besondere Bedeutung zukam[62], darf nicht übersehen werden, daß es dem Volksverein keineswegs darum ging, auch katholische Frauen in die sich ausdifferenzierende Gesellschaft zu integrieren und sich für die bürgerlichen Rechte der Frauen einzusetzen. Das Bildungsangebot, das der Volksverein gelegentlich an die Ehefrauen und Töchter seiner männlichen Mitglieder richtete, bezog sich daher bis 1912 im wesentlichen auf den traditionellen Familienbereich. Erst als überdeutlich wurde, daß Frauen immer mehr in die politischen Bereiche drängten und der Anteil der erwerbstätigen Katholikinnen vor allem in der industriellen Produktion zunahm, bemühte sich der Volksverein um die staatsbürgerliche Schulung katholischer Frauen. Dies führte dann allerdings zu einer Interessenkollision mit dem KFB, da dieser den Anspruch erhob, die Schulung von Frauen selbst in die Hand zu nehmen.

Wegen seiner demokratischen Tendenz[63] und der Unterstützung der Christlichen Gewerkschaften[64], vor allem aber aufgrund der Versuche, kirchliche Herrschaftsansprüche in puncto Politik und Wirtschaft zu begrenzen, wurde der Volksverein während des Gewerkschaftsstreits wiederholt von integraler Seite attackiert. Die Integralen wandten sich im Gewerkschaftsstreit entschieden gegen die gemeinsame gewerkschaftliche Organisation katholischer und evangelischer Arbeiter, weil man die Interkonfessionalität als Angriff auf die kirchliche Autorität und auf den integralen Standpunkt, nämlich die Gesellschaft allein aus dem katholischen Glauben heraus zu erneuern, empfand. Die Interessen der Arbeiter, erklärte der Trierer Pfarrer Jakob Treitz als Gegner der Christlichen Gewerkschaften, „auch in materieller, wirtschaftlicher und gewerkschaftlicher Hinsicht", könnten „nur vom religiösen Standpunkt aus richtig betrachtet und gefördert" werden[65], mit anderen Worten: Der katholische Glaube und die katholische Kirche galten als die einzig möglichen Kräfte zur Lösung der sozialen Frage. Die Integralen favorisierten daher, die Arbeiter in berufsspezifischen Fachabteilungen der traditionellen katholischen Arbeitervereine zu organisieren. Die Anhänger der Christlichen Gewerkschaften verwarfen dagegen die unter klerikaler Leitung stehenden kirchlichen Arbeitervereine, als „Patronagensystem", das für die Lösung wirtschaftlicher Probleme ungeeignet sei.[66] Die Christlichen Gewerkschaften, die sich ab 1894 konstituierten und sich zum 1. Januar 1901 im „Gesamtverband der Christlichen Gewerkschaften" zusammenschlossen[67], sahen in der gemeinsamen Organisation katholischer und evangelischer Arbeiter die Chance, ein Gegengewicht zu den mitgliederstarken Freien Gewerkschaften zu etablieren.

Differenzen zwischen den Christlichen Gewerkschaften und den Fachabteilungen gab es aber nicht nur in bezug auf das Prinzip der Interkonfessionalität, sondern auch hinsichtlich ihrer Haltung zum Streik. Die Vertreter der wirtschaftsfriedlichen Fachabteilungen lehnten den Streik als Kampfmittel ab und setzten auf einen harmonischen Ausgleich der Klasseninteressen. Die Christlichen Gewerkschaften bejahten dagegen den Streik als letztes Mittel ausdrücklich und beteiligten sich auch wiederholt an Arbeitskämpfen, obwohl sie sich im Vergleich zu den Freien Gewerkschaften zurückhaltender verhielten.[68]

Der Streit um die „richtige Form" der Organisation katholischer Arbeiter wurde durch einen Hirtenbrief, bekannt als „Fuldaer Pastorale", ausgelöst. Fürstbischof Kopp von Breslau, einer der entschiedensten Gegner der Christlichen Gewerkschaften, ließ auf der Bischofskonferenz, die 1900 in Mainz tagte, das Hirtenschreiben verabschieden, ohne daß die Mehrheit der Bischöfe die Brisanz der Aussagen erkannt hatte.[69] Kopp kritisierte in dem Hirtenbrief das Grundsatzprogramm der Christlichen Gewerkschaften, bekannt als „Mainzer Leitsätze", die auf dem ersten Christlichen Gewerkschaftskongreß 1899 in Mainz verabschiedet worden waren[70], und wandte sich gegen die Trennung von Religion und Wirtschaft. Da die Kirche eindeutig „der Leitstern bei der Lösung der wirtschaftlichen Fragen" sei, forderte er die Stärkung der kirchlichen Arbeitervereine und der Fachabteilungen. Kopp verurteilte zwar in dem Pastoralschreiben nicht eindeutig die Christlichen Gewerkschaften, aber der Tenor seiner Kritik ermöglichte den integralen Kräften, das Hirtenschreiben als Aufforderung der Bischofskonferenz zu interpretieren, die Christlichen Gewerkschaften abzulehnen.[71]

Der bis zum Ausbruch des Ersten Weltkriegs andauernde Gewerkschaftsstreit[72] führte zu erbitterten Auseinandersetzungen zwischen der liberaldemokratischen „Köln-Mönchengladbacher Richtung" und der patriarchalisch-integralen „Berlin-Trierer Richtung", die von unglaublichen Intrigen seitens der Integralen begleitet waren.[73]

Die Tätigkeit des katholischen Frauenbundes wurde immer wieder von diesen binnenkatholischen Auseinandersetzungen beeinträchtigt, mitunter geradezu blockiert. Dies nicht nur, weil besonders die Kölner Zentrale des KFB mit der „Köln-Mönchengladbacher Richtung" identifiziert wurde, sondern auch, weil im Frauenbund selbst beide Richtungen vertreten waren.[74] Die Identifizierung der KFB-Zentrale mit der „Kölner Richtung" kristallisierte sich jedoch schon heraus, bevor die Frauen überhaupt inhaltliche Positionen zum Gewerkschaftsstreit entwickeln konnten. Familiäre Beziehungen zu führenden Persönlichkeiten der „Kölner Richtung" und das rege Interesse des Volksvereins an der geplanten Frauenorganisation, das auch durch die aktive Mitwirkung in der Gründungsphase durch seinen 2. Vorsitzenden, Carl Trimborn, offenkundig war, verfestigten die Zuordnung bereits vor der Konstituierung des KFB.

*Die Gründung des KFB vor dem Hintergrund
sozialreformerischer Bestrebungen*

Vereinzelte Initiativen zum Ende des 19. Jahrhunderts belegen das langsam wachsende Interesse an der Frauenfrage im Katholizismus. Die „Kölnische Volkszeitung", offiziöses Organ des Rheinischen Zentrums, führte 1899 die Rubrik „Aus der Frauenwelt" ein und bereitete durch die „ruhige und besonnene Erörterung aller einschlägigen Fragen" - so die rückblickende Einschätzung des Redakteurs Hermann Cardauns - den Boden für die Gründung des katholischen Frauenbundes vor.[75] Die Überzeugung, daß ein Zusammenschluß katholischer Frauen erforderlich sei, bedeutete allerdings nicht, daß Vertreter des Zentrums und des Volksvereins daran dachten, die Frauen organisatorisch an sich zu binden. Selbst wenn man von den bis 1908 bestehenden Restriktionen für die politische Arbeit von Frauen durch das Preußische Vereinsgesetz absieht, entsprach es nicht dem Selbstverständnis der Zentrumspartei, Frauen aktiv in die politische Arbeit einzubeziehen. Auch für den Volksverein stand die Organisation von Frauen zunächst nicht zur Diskussion. Gemeinsame Organisationen wären allerdings schon wegen der starren Geschlechtertrennung und aufgrund des hierarchischen Geschlechterverhältnisses nicht denkbar gewesen. Sie entsprachen indes auch in keiner Weise den Vorstellungen der Protagonistinnen der katholischen Frauenbewegung, die sich am Prinzip der Autonomie orientierten und eine Bindung an männliche Organisationen, vorsichtig argumentierend, ausschlossen:

„Also Arbeit der *Frau für die Frau* - aber nicht in selbstvermessener Abweisung männlichen Rates, männlichen Urteils, männlichen Schutzes. Jedoch die *Arbeit* muß die *ihre* sein. Sie muß dabei das Bewußtsein der Verantwortung haben, das Ideen weckt, das die Kraft stählt, Mut verleiht. Sind zudem nicht auch die besten der Männer durch die Angelegenheiten ihres Berufes und des öffentlichen Lebens schon überreich in Anspruch genommen? - Wir dürfen ihnen nicht lästig fallen, wir dürfen aber auch *ihre* Lasten nicht zu Hemmnissen für *uns* werden lassen."[76]

Die Gründung einer eigenständigen Frauenorganisation kam also den Vertretern des sozialen und politischen Katholizismus, die ein Aktivwerden der Katholiken in der Frauenfrage für unabdingbar hielten, entgegen. Sie versuchten allerdings zugleich, die beginnende Bewegung katholischer Frauen zu beeinflussen und teilweise für eigene Interessen zu instrumentalisieren. So hielten - namentlich nicht genannte - Zentrumspolitiker die Gründung des Frauenbundes „politisch für höchst wichtig", weil er mit dazu beitragen sollte, die Abwanderung katholischer Arbeiter zu den Sozialdemokraten zu verhindern.[77]

Das Interesse des Volksvereins und des Caritasverbandes am KFB stand auch im Kontext katholischer Sozialreform und der Bemühungen, den gesellschaftlichen Einfluß der Katholiken über katholische Wohlfahrtseinrichtungen zu stärken. Bereits Mitte der 1890er Jahre hatte Franz Hitze eine effizientere Organisation der katholischen Wohlfahrtsarbeit gefordert.[78] Gleich den Bemühungen des liberalen Bürgertums erhoffte man durch soziale Arbeit Klassengegensätze zu mildern und den sozialen Frieden zu sichern. Gleichzeitig glaubten katholische und liberale Sozialreformer, durch die Mitarbeit der Frauen des gehobenen Bürgertums die unteren sozialen Schichten kulturell beeinflussen und bürgerliche Werte wie „Fleiß und disziplinierte Arbeit" etablieren zu können.[79]

Die bürgerliche sozialreformerische Bewegung, die sich im letzten Drittel des 19. Jahrhunderts entwickelte, manifestierte sich in zahlreichen Aktivitäten und Vereinsgründungen. So schlossen sich beispielsweise 1872 im „Verein für Socialpolitik" die „Kathedersozialisten" um die bekannten Nationalökonomen Gustav Schmoller und Lujo Brentano zusammen, um durch sozialpolitische und staatliche Maßnahmen die Soziale Frage zu lösen und die Arbeiter in den bestehenden konstitutionellen Rechtsstaat zu integrieren. Der Volksverein schloß sich dem Verein an und regte seine Mitglieder dazu an, sich mit den nationalökonomischen Theorien der „Kathedersozialisten" auseinanderzusetzen.[80] 1881 folgte die Gründung des „Deutschen Vereins für Armenpflege und Wohltätigkeit", gleichfalls geprägt von der liberalen Orientierung der „Kathedersozialisten". Der Deutsche Verein, der sich als Interessenvertreter der Gemeindeverwaltungen verstand, verfolgte das Ziel, die Armenpflege neu zu organisieren und staatliche und private Armenfürsorge besser zu koordinieren, verbunden mit der Absicht, die steigenden Kosten für die Unterstützung der Armen durch eine „effizientere Kontrolle" einzudämmen.[81] Im Januar 1901 konstituierte sich schließlich unter Beteiligung von Brentano und Schmoller die „Gesellschaft für Soziale Reform", unterstützt von führenden Persönlichkeiten des Zentrums und des Volksvereins.[82]

Die Ausweitung fürsorgerischer Aufgaben und die Krise der Armenpflege führten dazu, daß Vertreter der sozialreformerischen Bewegung mit Unterstützung der bürgerlichen Frauenbewegung verstärkt um die Mitarbeit von Frauen warben. Die neue Sozialversicherungsgesetzgebung, insbesondere die Einführung der gesetzlichen Krankenversicherung 1883, das 1900 in Kraft getretene Bürgerliche Gesetzbuch und das 1901 erlassene Preußische Fürsorge-Erziehungs-Gesetz ermöglichten Frauen die Übernahme von Aufgaben, die bis dahin ausschließlich Männern zustanden, beispielsweise die ehrenamtliche Mitarbeit im Waisenrat oder die Übernahme einer Vormundschaft.[83] Hinzu kam, daß die männlichen Armenpfleger, die nach dem „Elberfelder System" ihre Tätigkeit ehrenamtlich ausübten[84], die Aufgaben ohne die Hilfe von Frauen nicht mehr bewältigen konnten, da immer weniger Männer bereit waren, ein solches Ehrenamt zu übernehmen. Das hinderte allerdings etliche Armenpfleger nicht daran, den Zugang der Frauen zur Armenpflege mehr oder weniger vehement zu bekämpfen. Die Armenpfleger drohten sogar zeitweilig, ihre Ämter niederzulegen, wenn Frauen zur Armenpflege zugelassen würden. Sie begründeten ihren Widerstand vor allem damit, daß Frauen ungeeignet für diese Tätigkeit seien: „das größere Mitleidsgefühl der Frau, ihre Weichherzigkeit und Vertrauensseligkeit (könne) sie leicht dazu verleiten ... falschen Vorspielungen Glauben zu schenken ... (und so) die schlechten Instinkte der Hilfesuchenden wie Faulheit und Liederlichkeit usw." wecken, wodurch die öffentlichen Gelder „unnötig stark in Anspruch genommen würden".[85] Die anhaltenden Versuche, die Mitarbeit von Frauen beharrlich mit allen nur denkbaren Einwänden über die Unfähigkeit und Inkompetenz von Frauen abzuwehren, verweisen darauf, daß die Sorge um die Finanzkraft der Kommunen ein nachrangiges Problem gewesen sein dürfte. Es ging vielmehr um die Verteidigung angestammter Besitzstände und die Furcht, Frauen könnten in weitaus größerem Maße in männlich besetzte Bereiche eindringen.[86]

Gegen unrealistische und rückwärtsgewandte Abwehrkämpfe männlicher Armenpfleger setzten Sozialreformer und Kommunalpolitiker gemeinsam mit Vertreterinnen der Frauenbewegung auf die Mitarbeit von Frauen. Bereits in den 1890er Jahren forderte Gustav Schmoller, gemeinsam mit Jeanette Schwerin und Minna Cauer sowie weiteren sozialpolitisch engagierten Persönlichkeiten, „Mädchen und Frauen der besitzenden Stände" dazu auf, sich sozial zu betätigen. Unter Mitwirkung der Leiter von Wohlfahrtsinstituten sollten Frauen in Kindergärten, Waisenhäusern, Volksküchen und Krankenanstalten praktische soziale Arbeit leisten.[87] Dem Aufruf folgten etwa 50-60 Frauen und Mädchen, die sich 1893 im Verein „Mädchen- und Frauengruppen für soziale Hilfsarbeit" zusammenschlossen und dort für ihre soziale, ehrenamtliche Tätigkeit theoretisch geschult wurden.[88] Die „Gruppen" fanden auch in katholischen Kreisen Beachtung, und Wilhelm Liese lobte ausdrücklich die überkonfessionelle bürgerliche Frauenbewegung für „ihr ununterbrochenes Drängen auf möglichst reiche Beteiligung der Frauen zumal der besseren Stände zur Linderung der sozialen Not".[89] Auch der Redemptoristenpater Augustin Rösler verlangte von den „höheren Töchtern", sich stärker mit sozialen Fragen zu beschäftigen und das „Romanlesen zu verkürzen".[90] Besonders starkes Interesse an der Mitarbeit von Frauen bekundete die 1897 von Lorenz Werthmann gegründete Wohlfahrtsorganisation der Katholiken, der „Charitasverband für das katholische Deutschland", war doch die praktische soziale und caritative Arbeit ohne die Hilfe von Frauen gar nicht denkbar.

Der Priester Lorenz Werthmann, der während seines Studiums in Rom bereits Franz Hitze kennenlernte und offenbar viele Anregungen von dem späteren Sozialpolitiker erhielt, arbeitete nach seiner Rückkehr nach Deutschland in sozial-caritativen Vereinen mit und setzte sich verstärkt mit sozialen Fragen auseinander. Mit führenden Männern des Volksvereins, die er anläßlich eines „Praktisch-sozialen Kursus", den der Volksverein in Freiburg abhielt, kennenlernte, stimmte Werthmann darin überein, daß die sozial-caritativen Tätigkeiten besser koordiniert und organisiert werden müßten. Aus dieser Überlegung heraus beschloß das ein Jahr später gegründete „Charitas-Comité", jährlich Caritastage abzuhalten, was schließlich auf dem 2. Caritastag in Köln zur Konstituierung des späteren Wohlfahrtsverbandes führte.[91] Trotz enormer Anstrengungen entwickelte sich der Caritasverband nur langsam[92], was den Wunsch Lorenz Werthmanns, den Katholischen Frauenbund organisatorisch an den Caritasverband zu binden, verständlich erscheinen läßt. Die Einschätzung einer Ordensschwester, wenngleich möglicherweise überzogen, bestätigt diese Annahme: Schwester Elisabeth mutmaßte, daß Lorenz Werthmann befürchtete, ein selbständiger Frauenbund könne der Caritas großen Schaden zufügen und der schwachen Organisation „den Todesstoß versetzen".[93] Der Versuch des Caritaspräsidenten, unterstützt durch Prälat Müller-Simonis, den Anschluß des KFB an den Caritasverband durchzusetzen, scheiterte am Widerstand der Gründerinnen. Sie empfanden die Forderung Werthmanns und Müller-Simonis' als Widerspruch zu ihrer Zielvorstellung, eine eigenständige Organisation der katholischen Frauenbewegung zu initiieren.[94]

Die Initiative Werthmanns, Frauen für die katholische Sozialarbeit, die sich ebenso wie die weltliche soziale Arbeit beständig ausweitete, zu gewinnen, spiegelt die Reaktion männlicher Katholiken auf den sozialen Wandel wider. Die gewachsene gesellschaftliche Bedeutung der Frauen war erkannt, so daß man sich einer stärkeren Beteiligung der Frauen an gesellschaftlichen Aufgaben nicht mehr verschließen konnte. Ganz im Sinne der bürgerlich-liberalen Sozialreformer definierten nunmehr auch die Katholiken die Mitarbeit der Frauen des Bürgertums und der neuen Mittelstände als Pflicht, wobei die sozial engagierten Männer ebenso wie die aktiven Frauen der katholischen Frauenbewegung sich dessen bewußt waren, daß Interesse und Motivation für die Übernahme sozialer Tätigkeiten vielfach erst geweckt werden mußten. Angeregt durch den Verein katholischer Lehrerinnen, zog Werthmann daher die Herausgabe einer neuen Frauenzeitschrift in Erwägung, obgleich ihm dies als riskantes Vorhaben erschien, da er befürchtete, daß die „weit verbreitete Interessenlosigkeit sowohl in der katholischen Männer- wie Frauenwelt" den Plan zum Scheitern bringen könnte.[95] Werthmann wurde nachhaltig von namhaften Katholiken wie Augustin Rösler und August Pieper unterstützt.[96] Pieper beabsichtigte vermutlich sogar, in der neuen Frauenzeitschrift ein „vollständiges Programm für eine katholische Frauenbewegung" aufzustellen, was Werthmann abwehrte. Dieser verband damit allerdings nicht den Gedanken, den Frauen die Programmentwicklung selbständig zu überlassen. Es schien ihm lediglich verfrüht, zum damaligen Zeitpunkt bereits Maßstäbe für die Frauenbewegung aufzustellen.[97] Nachdem der Caritasvorstand am 1. März 1902 der Herausgabe der Zeitschrift zugestimmt hatte, stand der weiteren Planungsarbeit nichts mehr im Wege.[98] „Die christliche Frau", wie die Frauenzeitschrift genannt wurde, rief gebildete Frauen zur „christlichen Frauentätigkeit" in Familie und Gesellschaft auf: „Gebt uns eine große Schar gebildeter christlicher Frauen, die sich zielbewußt sammeln um das Banner katholischer Prinzipien, und die Erhaltung und Erneuerung der christlichen Familie, die Reform der menschlichen Gesellschaft im christlichen Sinne ist gesichert!"[99]

Die gewünschte stärkere Beteiligung katholischer Frauen an sozialen und gesellschaftlichen Aufgaben wurde jedoch gleichzeitig als Bedrohung der bestehenden Ordnung empfunden. Vor allem befürchtete man, daß die Frauen ihren Familienaufgaben nicht mehr in dem gewünschten Maße nachkommen würden und daß die Katholikinnen Emanzipationsvorstellungen entwickeln könnten, die mit den katholischen Vorstellungen über das Geschlechterverhältnis nicht in Einklang zu bringen wären. Die Leserinnen der „Christlichen Frau" wollte Lorenz Werthmann daher an die „Berufspflichten in der Familie" neben ihren Pflichten auf „socialem und charitativem Gebiet" erinnert wissen[100], weswegen nicht versäumt wurde, immer wieder auf die Bedeutung der Frauen für die Familie „als ihrem ureigensten Boden" hinzuweisen.[101]

Die Versuche, emanzipatorische Bestrebungen in „geordnete Bahnen" zu lenken, kollidierten mit einem gesellschaftlichen Wandlungs- und Ausdifferenzierungsprozeß, der Frauen - wie am Beispiel der sozialen Arbeit verdeutlicht - größere Handlungsmöglichkeiten eröffnete. Dieser Entwicklung mußte Rechnung getragen werden, ohne indes das hierarchische Geschlechterverhältnis grundsätzlich in Frage zu stellen. Das führte zu einer mitunter verwirrenden Verknüpfung „moderner" Forderungen mit rückwärtsgewandten Ideologien. So wurde einerseits eine gewisse Anpassung an gesellschaftliche Veränderungen gefordert und unterstützt, andererseits aber mit Hilfe theologischer und naturrechtlicher Begründungen versucht, traditionelle Ordnungsvorstellungen aufrechtzuerhalten.

3. Die katholische Frauenbewegung im Kontext kirchlicher Herrschafts- und Autoritätsstrukturen

Die Feststellung Wilfried Loths, daß den eigenständigen sozialen und politischen Bewegungen im Katholizismus trotz der Beeinflussungsversuche der ultramontanen Kirche ein breiter Entwicklungsraum verblieb[102], trifft auf die katholische Frauenbewegung nicht zu. Sie unterlag anderen Bedingungen als die von Loth analysierten sozialen Bewegungen, die sich in den großen Männerorganisationen organisatorisch verdichteten. Wie deutlich wurde, wehrten sich der Volksverein, partiell das Zentrum und vor allem die Christlichen Gewerkschaften gegen die absolute Autoritäts- und Gehorsamsforderung der Kirche und versuchten, die kirchliche Autorität auf religiös-sittliche Fragen zu begrenzen. Die religiös-sittliche Dimension hatte aber gerade für die katholische Frauenbewegung, die sich keineswegs als politische Organisation verstand, Legitimationscharakter. Die Geistlichen, gleich welche Funktion sie innerhalb der Kirche einnahmen, schienen damit prädestiniert für Fragen der Frauenbewegung und mischten sich in deren Belange ein, wann immer sie ihre Interessen als „sittlich-religiöse Instanz" berührt sahen. Auf dem 1905 in Straßburg abgehaltenen Katholikentag formulierte Pater Benno Auracher eindeutig, daß es auch um die Kontrolle der Bewegung durch die Kleriker ging:

„Meine Herren, da heißt es doch die Augen offen haben; eine so gefährliche Bewegung (gemeint ist die überkonfessionelle bürgerliche Frauenbewegung, G.B.) muß man studieren. Und insbesondere wir Priester, die wir die allzeit wachsamen Hirten unserer Herden sein sollen, dürfen doch nicht zuwarten, bis es zu spät ist oder bis uns etwa die gut katholischen Frauen über die Bedeutung der Frauenbewegung aufklären; wir müssen, solange es noch Zeit ist, vorsehen und vorsorgen."[103]

Eine derartige klerikale Bevormundung auch nur ansatzweise zurückzuweisen, war für Frauen ungleich schwerer als für katholische Männer, da die Katholikinnen grundsätzlich kirchliche Herrschafts- und Autoritätsstrukturen, verbunden mit einer hierarchischen Geschlechterordnung, akzeptierten.[104]

Damit ist auf den Grundkonflikt der katholischen Frauenbewegung verwiesen, nämlich katholische Ordnungs- und Autoritätsvorstellungen mit emanzipatorischen Forderungen und sozialem Wandel in Einklang bringen zu wollen.

Theologisch legitimierte Geschlechterhierarchie

Leo XIII., der die katholische Kirche wieder zur religiös-sittlichen Weltautorität zu bringen suchte[105], formulierte in der Enzyklika „Rerum novarum" deutlich den Führungs- und Herrschaftsanspruch der Kirche:

„Ihr (der Kirche, G.B.) ganzes Arbeiten geht dahin, die Menschheit nach Maßgabe ihrer Lehre und ihres Geistes umzubilden und zu erziehen. Durch den Episkopat und den Klerus leitet sie den heiligen Strom ihres Unterrichtes in die weitesten Kreise des Volkes hinab, soweit immer ihr Einfluß gelangen kann. Sie sucht in das Innerste der Menschen einzudringen und ihren Willen zu lenken, damit sich alle im Handeln nach Gottes Vorschriften richten. Gerade in bezug auf diese innere Wirksamkeit, also an einem Punkte, auf den alles ankommt, entfaltet die Kirche eine siegreiche, ihr ausschließlich eigene Macht."[106]

Der Anspruch der katholischen Kirche, als „Vertreterin und Wahrerin der Religion" im göttlichen Auftrag zu handeln und damit ihre Forderung nach Gehorsam zu legitimieren[107], kann nicht losgelöst von der Durchsetzung des Ultramontanismus im 19. Jahrhundert gesehen werden.[108] Die „Wiederentdeckung" des Universalepiskopats, das dem Papst und der römischen Kurie innerkirchlich eine enorme Machtfülle sicherte, und die parallel verlaufende Durchsetzung der ultramontanen Strömung in Deutschland standen im Zusammenhang mit den historischen Veränderungen zu Beginn des 19. Jahrhunderts. Einschränkungen durch staatskirchliche Regelungen sowie die Minderheitensituation der Katholiken als Folge der politischen Neuordnung Europas durch den Wiener Kongreß[109], förderten nachhaltig das Bemühen der deutschen Katholiken, engeren Anschluß an Rom zu bekommen.[110] Gingen von der sich allmählich formierenden katholischen Bewegung anfangs Bestrebungen zur geistigen und kirchlichen Erneuerung aus, die auch von gemäßigten aufklärerischen Ideen getragen waren[111], so wurden die Reformansätze in dem Maße zerstört, wie sich die ultramontane Strömung durchsetzte. Maßgeblich unter den Pontifikaten Papst Gregors XVI. (1831-1846) und seines Nachfolgers, Pius' IX. (1846-1878), entwickelte sich ein Klima, das nachhaltig gegen Rationalismus und Aufklärung gerichtet war. In Deutschland trug der „Mainzer Kreis" entscheidend zur Durchsetzung des Ultramontanismus bei. Als vehemente Gegner der Französischen Revolution bekämpften die „Mainzer" unerbittlich „die katholische Aufklärung im Klerus, an den Lehrstühlen und in den Priesterseminaren. Sie schreckten nicht davor zurück, ihre Gegner beim Nuntius in München und in Rom anzuzeigen, sie mit massivem Druck einzuschüchtern oder das Kirchenvolk gegen sie aufzubringen", so die Charakterisierung der Politik der Mainzer, die Ute Schmidt in Anlehnung an Christoph Weber vornimmt.[112]

Seinen Höhepunkt fand der Ultramontanismus durch das 1. Vatikanische Konzil, das die kirchliche Autorität durch die Lehrsätze von der Unfehlbarkeit und vom Universalepiskopat dogmatisch bestätigte und damit innerkirchlich die Stellung des Papstes nachhaltig stärkte.[113]

Charakteristisch für den Ultramontanismus ist, daß er sich als „Bewegung gegen die Moderne" zu seiner Machterhaltung moderner Mittel bediente.[114] So sicherte die nach rational-bürokratischen Gesichtspunkten aufgebaute Organisation der römischen Kurie, daß sowohl kuriale Interessen als auch eine stärkere Kontrolle der kirchlichen Amtsträger durchgesetzt werden konnten. Begünstigt wurde dies zudem durch sich ständig verbessernde Kommunikationstechniken und Reiseerleichterungen.[115] Die katholische Kirche, so stellt Michael Ebertz fest, reagierte auf „ihre sozial-kulturellen und politischen Bedrohungen mit der technischen Solidarisierung qua Disziplinierung und Funktionalisierung nach dem Muster bürokratischer Organisation".[116] Zielte der kuriale Verwaltungsapparat eher auf die Disziplinierung kirchlicher Amtsträger, dienten Traditionalisierung und Charismatisierung wesentlich dazu, geistliche Herrschaft in der kirchentreuen Bevölkerung zu etablieren. Dabei oblag es in erster Linie dem Klerus, die Glaubensinhalte zu vermitteln, kirchlich gesetzte Normen durchzusetzen und ihre Einhaltung zu kontrollieren.[117] Die Präsenz des Klerus im katholischen Milieu verdeutlicht, wie stark kirchlich-klerikaler Einfluß im Alltag der Gläubigen über religiöse und kulturelle Handlungen, kirchliche Einrichtungen etwa im sozial-caritativen Bereich, der schulischen Sozialisation und in den zahlreichen Vereinen institutionell verankert war. Dabei war die soziale Beziehung zwischen Kirchenvolk und Klerus geprägt durch den autoritär-paternalistischen Habitus der Geistlichen. Der Vertreter der modernen katholischen Soziallehre, Oswald von Nell-Breuning, bewertet denn auch die Masse der katholischen Bevölkerung im 19. Jahrhundert als „Objekte der Hirtensorge", analog zu den „Untertanen des Obrigkeitsstaates", die sich „unter oberhirtlicher Führung als brauchbares Instrument der Kirchenpolitik erwiesen (hätten), niemals aber als Subjekte eigener Initiativen und Aktivität". Dies sei nur durch katholische Laien-Honoratioren, die über die entsprechende Bildung und materielle Unabhängigkeit verfügten, veränderbar gewesen:[118]

„Nach damaliger Vorstellung konnte ... alle Inspiration und Initiative nur den Weg von oben nach unten nehmen; der umgekehrte Weg von unten nach oben galt als mit der hierarchischen Struktur der Kirche unvereinbar; Kirche, das war ausschließlich die >>verfaßte<< Kirche, der Papst, die Hierarchie, der violette und mit Einschränkung der schwarze Klerus."[119]

Wie die sozialwissenschaftlich orientierte neuere Katholizismusforschung nachgewiesen hat, wurden allerdings „Initiativen und Aktivitäten" mit emanzipatorischen Ansprüchen jenseits der Honoratiorenschicht nur teilweise von dieser unterstützt, was besonders deutlich wird am Beispiel der katholischen Arbeiterbewegung und ihren Forderungen um eine stärkere politische Partizipation. Sofern ihr Handeln zudem den kirchlichen Herrschaftsanspruch tendenziell in Frage stellte, wurde die Arbeiterbewegung, und unterstützende Organisationen wie der Volksverein, konsequent durch die Verfechter der ultramontanen Kirche behindert. Bischof Korum von Trier, neben Fürstbischof Kopp der entschiedenste Gegner der Christlichen Gewerkschaften im deutschen Episkopat, brachte im Zusammenhang mit dem Gewerkschaftsstreit seine Position eindeutig zum Ausdruck: „Auch wenn die Gewerkschaften nur katholische Mitglieder aufwiesen, die Leitung aber einem Arbeiter zuwiesen, müßten wir sie bekämpfen. Alles kommt darauf an, daß die Geistlichen die katholischen Arbeiter in der Hand behalten."[120]

Was so unmißverständlich für katholische Männer formuliert wurde, galt erst recht für katholische Frauen und hier nicht nur bezogen auf die Arbeiterklasse, sondern universal für das ganze Geschlecht. Zusätzlich legitimiert wurde der Gehorsamsanspruch gegenüber den Frauen mit der als unumstößlich erklärten sozialen Ordnung der Geschlechter.

In der im Kaiserreich vorherrschenden theologischen Orthodoxie[121] galten die der Frau zugeschriebene Rolle beim Sündenfall und ihre vermutete nachträgliche Erschaffung als Beweis für die gottgewollte Unterordnung. Die Führungsrolle des Mannes in Familie und Gesellschaft wurde mithin aus der Schöpfungsgeschichte abgeleitet und stand offenbar nicht im Widerspruch zur „Ebenbürtigkeit" von Mann und Frau im Christentum, die gegen eine „entwürdigende Stellung der Frau im Judentum" stets behauptet wurde.[122] Theoretisch untermauert wurde die männliche Vorherrschaft durch das naturphilosophische Konzept Thomas von Aquins, das von der Zeugungslehre Aristoteles' beeinflußt ist. Wie Friedrich Heiler ausführt, entwickelte Thomas im 1. Buch der Summa Theologica die naturrechtliche Begründung der Unterwerfung der Frau unter den Mann:

„Nach Thomas ist der Mann das Prinzip und der Zweck der Frau, so wie Gott das Prinzip und der Zweck aller Kreatur ist ... Darum ist die Frau unvollkommener ... als der Mann. Der Zweck der Erschaffung der Frau ist einzig und allein das Gebären von Kindern. Die Teilnahme des Mannes am Zeugungsakt tendiert nach der Erzeugung eines männlichen Geschöpfes, denn jedes handelnde Wesen handelt auf ein sich selbst ähnliches vollkommenes hin ... Wenn dennoch ein weibliches Wesen geboren wird, so liegt das außerhalb der Tendenz der Natur; ein weibliches Wesen ist ... etwas Mangelhaftes und Zufälliges ... Die Frau ist natürlicherweise dem Manne unterworfen, weil von Natur der Mann die stärkere Unterscheidungskraft der Vernunft besitzt."[123]

Die 1879 erlassene Enzyklika „Aeterni patris" („Über die christliche Philosophie, die im Geiste des hl. Thomas ... in den katholischen Schulen wiederherzustellen ist")[124] stand ganz im Zeichen der neuscholastischen Schule.[125] Leo XIII. erklärte in der Enzyklika die naturrechtlichen Begründungen von Thomas zur kirchlichen Autorität und zu gesellschaftlichen Ordnungsvorstellungen lehramtlich für verbindlich, was zur Folge hatte, daß die von Thomas von Aquin begründete „Theorie von der Frau" bis in das 20. Jahrhundert wirksam blieb.[126]

Nicht unwesentlich für das Aufgreifen der Frauenfrage im Katholizismus war, daß auch einzelne Kleriker außerhalb der kirchlichen Hierarchie begannen, Frauenfrage und Frauenbewegung in der katholischen Öffentlichkeit, beispielsweise auf den Katholikentagen, zu thematisieren. Sie bewegten sich dabei allerdings - mit graduellen Modifikationen - in dem oben skizzierten Rahmen. Besonders die beiden Theoretiker Augustin Rösler und Viktor Cathrein, denen „Wegbereiterfunktion" für die katholische Frauenbewegung attestiert wird, konstruierten ein Frauenbild aus integral-katholischer Perspektive und bestätigten damit die kirchlich gesetzten Grenzen für die katholische Frauenbewegung.

Kleriker und Moraltheologen als Wegbereiter der katholischen Frauenbewegung?

Seit den 1890er Jahren hatten vereinzelt Geistliche in Publikationen und öffentlichen Reden auf den Katholikentagen zur Frauenfrage Stellung bezogen.[127] Die Katholiken hatten sich zwar mit der Sozialen Frage bereits auf dem 1. Katholikentag 1848 in Mainz befaßt[128], in der Frauenfrage waren sie jedoch rückständig, so jedenfalls die Auffassung der Frauenrechtlerin Elisabeth Gnauck-Kühne, auf die sich Pater Rösler, ein „führender Integralist"[129], in seiner Rede auf dem Katholikentag in Neiße 1899 bezog. Wurde in den ersten „Frauenreden" während der Katholikentage 1887 und 1898 die Frauenfrage noch ohne Einschränkung auf Glaubens- und Familienfragen reduziert[130], markierte die Rede des Redemptoristenpaters Augustin Rösler eine

„Wende im männlich-katholischen Denken über Frauenfrage und Frauenbewegung".[131]

Augustin Rösler hatte sich als erster Katholik im deutschsprachigen Raum systematisch mit dem Thema „Frauenfrage und Kirche" auseinandergesetzt und veröffentlichte 1893 seine erste Abhandlung über die Frauenfrage.[132] Er tat dies auf Veranlassung der österreichischen Leo-Gesellschaft, deren Vorstand beschlossen hatte, eine Gegenschrift zu August Bebels Buch „Die Frau und der Sozialismus" herauszugeben. Rösler lehnte die von Bebel geforderte soziale Gleichstellung der Geschlechter ab und ging davon aus, daß die angestrebte Emanzipation der Frau „traurige Folgen" habe, sie zerstöre die Familie, verdränge die Ehe durch die freie Liebe, beseitige den spezifisch weiblichen Charakter, schaffe Mutterwürde und Mutterrechte ab und vernichte letztlich die „historische Gesellschaft und ihre Gliederungen".[133] An der Ablehnung der völligen Gleichberechtigung von Mann und Frau hielt Rösler bis zu seinem Tode fest. Er begründete dies mit der gottgewollten Ordnung, die dem Mann die „Führerrolle" und entsprechende Aufgaben zudachte und folgerte, daß das

„Weib ... soweit es sich um die gemeinsamen Interessen der natürlichen Gesellschaft handelt, dieser Führung unterstellt (ist). Eine Gesellschaft mit zwei vollkommen gleichen selbständigen und von einander unabhängigen Oberhäuptern wäre ebenso ein Monstrum wie ein Mensch, der zwei Köpfe auf seinem Rumpfe trüge. Und darum kann das Weib in sozialer Beziehung nicht völlig unabhängig und gleichberechtigt neben den Mann treten; ohne Beeinträchtigung ihrer persönlichen Würde steht die Frau im natürlichen Gesellschaftsorganismus unter ihrem Manne. In dieser Stellung hat die Frau die Pflichten zu erfüllen und die Rechte zu beanspruchen, ohne welche die Gesellschaft zugrunde geht: die Rechte und Pflichten der Mutter. Wiederum ist es daher ein Frevel gegen das Wohl und den Bestand der Gesellschaft, wenn dieses Gesetz umgestoßen wird; wenn das Weib die absolute Gleichberechtigung in der Ordnung des öffentlichen Lebens erlangt, die Arbeitsteilung zwischen Mann und Weib beseitigen will und darüber seine Aufgabe als Mutter, sei es in rein moralischer oder zugleich somatischer Beziehung, zu erfüllen unterläßt."[134]

Entsprechend dieser Logik forderte Rösler die „führenden Männer" auf, möglichen Fehlentwicklungen der Frauenbewegung entgegenzuwirken.[135]

Röslers punktuelle Unterstützung frauenpolitischer Forderungen, wie die Zulassung zum Studium und die gleiche Bezahlung bei gleicher Qualifikation und Leistung[136], darf nicht darüber hinwegtäuschen, daß er für die Tätigkeit der Frauen im außerhäuslichen Bereich einen engen Rahmen setzte. Eine politische Betätigung oder gar das Wahlrecht für Frauen standen für Rösler außerhalb der Diskussion, die grundsätzliche Bejahung des Frauenstudiums beschränkte sich auf die Medizin und die Lehrerinnenausbildung. Rösler ging davon aus, daß Frauen eine geringere Befähigung zum logischen Denken hätten und eine „Erhöhung der menschlichen Leistungen insbesondere auf geistigem Gebiete" auch durch eine verbesserte Frauenbildung nicht zu erwarten sei.[137] Mit Thomas von Aquin war der Pater der Auffassung, daß der Mann aufgrund seines Verstandes und seiner Kraft der Frau überlegen sei.[138] Rösler ging damit von geschlechtsspezifischer Geistesleistung aus, verneinte aber zugleich eine intellektuelle Inferiorität, indem er die unterschiedlichen geistigen Fähigkeiten für gleichwertig erklärte.[139] Die damit verbundene Festlegung der Geschlechter auf spezifische Aufgabengebiete und der gleichzeitige Ausschluß der Frauen von „männlichen Bereichen", wie die der Politik und der Wissenschaft, nahm Rösler aus seiner Perspektive nicht als Benachteiligung wahr. Führende Frauen der katholischen Frauenbewegung empfanden Röslers Aussagen allerdings sehr wohl als Zuschreibung einer partiellen Minderwertigkeit, die sie nicht widerspruchslos hinnahmen. Insbesondere Hedwig Dransfeld und Elisabeth Gnauck-Kühne setzten sich kritisch mit Rösler auseinander, ebenso wie der Moraltheologe Joseph Mausbach, der aber trotz seiner Kritik an Röslers Hauptwerk mitunter zu ähnlichen Schlußfolgerungen kam und Rösler „in der Praxis ziemlich nahe stand", wie Hedwig Dransfeld zutreffend anmerkte.[140]

Wenn trotz des offenkundigen Androzentrismus und der orthodoxen Auffassung von der Ordnung der Geschlechter die Rede des Paters auf dem Katholikentag eine „Wende" markierte, wie Hafner konstatiert, dann deswegen, weil Rösler in einer breiten (männlichen) Öffentlichkeit der Frauenbewegung eine - wenn auch eng begrenzte - Existenzberechtigung einräumte. Zudem legte Rösler im Gegensatz zur Frauenrede Aengenvoorts auf dem vorjährigen Katholikentag Frauen nicht mehr ausschließlich auf Haus und Familie fest. Vielmehr verwies er darauf, daß für Frauen, die auf Erwerbsarbeit angewiesen seien, auch Erwerbsmöglichkeiten geschaffen werden müßten, die allerdings nicht mit dem „Prinzip der Mütterlichkeit" kollidieren dürften.[141]

Neben Augustin Rösler setzte sich in der Gründungsphase des KFB der Jesuitenpater und Moralphilosoph Viktor Cathrein[142] theoretisch mit der Frauenfrage auseinander und argumentierte, ebenso wie Rösler, im Kontext eines traditionellen Geschlechterverständnisses. Eine streng hierarchische Familienordnung mit gottgewollter Unterordnung der Frau stand für den Moralphilosophen ebenso außer Frage wie die eigentliche Bestimmung der Frau als Hausfrau und Mutter. Wirtschaftliche Gründe, eine den modernen Anforderungen nicht mehr genügende Frauenbildung und die „geistige Anarchie", die sich im Verlust einer einheitlichen christlichen Weltanschauung und abnehmender religiöser Bindung manifestierte, waren für Cathrein die

Ursachen der Frauenfrage. Er betonte daher den religiös-sittlichen Aspekt und war überzeugt, daß das Christentum über „Heilmittel für alle Schäden" verfügte, wenn nur seine „Lehren und Mahnungen" gehört und „seine Gnadenmittel" angewendet würden.[143]

Auch wenn Cathrein - voll in der Tradition des Neuthomismus - von der Überlegenheit des Mannes ausging[144], wies er wie Rösler und Mausbach die Behauptung, die Frau sei inferior oder minderwertig, von sich. Allerdings forderte der Jesuitenpater die freiwillige Unterwerfung der Frau und Gehorsam gegenüber dem Ehegatten. Diese Freiwilligkeit, nicht verstanden als alternative Handlungsmöglichkeit, beruht Cathrein zufolge auf „göttlicher Anordnung":

„Gewiß, die kluge Frau wird gutwillig sich dem Manne unterwerfen und dadurch das Familienglück begründen; aber auch wenn sie unklugerweise diese Unterwerfung verweigerte, bliebe doch die *Verpflichtung* zu derselben bestehen, denn diese Unterwerfung beruht unter Voraussetzung des Ehebundes nicht auf der Einwilligung der Frau, sondern auf der Anordnung Gottes."[145]

Moderater als Cathrein formulierte der Moraltheologe Joseph Mausbach[146] seine Vorstellungen über die Ordnung der Geschlechter. Beachtet man außerdem die partielle Kritik an den „ganz konservativen Gelehrten", wie Mausbach Cathrein und Rösler bezeichnete[147], entsteht vordergründig der Eindruck, als böte Mausbach eine Alternative zu den integral orientierten Theoretikern der Frauenfrage. So wurde Mausbachs 1906 veröffentlichte moraltheologische Abhandlung über die „Stellung der Frau" sogar von überkonfessioneller Seite als lobendes Beispiel im Gegensatz zur evangelischen Orthodoxie erwähnt[148], in Veranstaltungen des katholischen Lehrerinnenvereins und in Zweigvereinen des KFB galt Mausbach als einer der meistgesuchten Redner[149], und in zentralen Fragen, wie beispielsweise zur Wertschätzung der Familie und der Mutterschaft oder in Fragen der Vereinbarkeit von Ehe und Beruf, bestand Übereinstimmung in den Auffassungen zwischen dem Moraltheologen und katholischen Frauenrechtlerinnen.[150] Die folgenden Ausführungen zeigen allerdings, daß Mausbachs Vorstellungen über das Verhältnis der Geschlechter und die spezifischen Geschlechtscharaktere im Kern mit Rösler und Cathrein übereinstimmten und nur graduelle Unterschiede aufwiesen.[151]

Für Joseph Mausbach bestand Klarheit darüber, daß es keine Trennung zwischen den Zielen der Frauenbewegung und der Religion geben könne. Materielle Förderung und rechtlicher Schutz für Frauen sowie wissenschaftliche Aufgaben zur Lösung der Frauenfrage seien so sehr mit sittlichen und religiösen Fragen verbunden, daß der Frauenbund ohne die „Mithilfe der Religion" und die „Verwertung kirchlicher Hilfsmittel und Kräfte" die sozialen Aufgaben nicht bewältigen könne.[152] Eine Emanzipation der Frauen stand im Verständnis des Theologen nicht im Gegensatz zu den Grundanschauungen der katholischen Kirche, wie er mit Blick auf die Position der bürgerlichen überkonfessionellen Frauenbewegung zur Frage „Emanzipation und Kirche" ausführte. Vielmehr sei eine Emanzipation überhaupt erst durch die katholische Kirche ermöglicht worden. Emanzipation im Sinne Mausbachs bedeutete „Befreiung des Weibes aus der Stellung der Sklavin, Erhebung des Weibes zur vollen Menschenwürde, Anerkennung eines vollbefriedigenden, auch unabhängig vom Manne zu erreichenden Wirkungskreises und Lebenszieles" im Gegensatz zu einem Emanzipationsverständnis, das darauf ziele, „den natürlichen Unterschied der Geschlechter, die seelische Eigenart der Frau (und) die Heiligkeit und die Verfassung der christlichen Ehe" preiszugeben.[153] In seiner umfassenden Erörterung über die Stellung der Frau setzte sich der Moraltheologe detailliert mit diesen Kerngedanken auseinander und versuchte, die Frauenfrage mit der katholischen Sittenlehre in Einklang zu bringen.[154]

Grundlegender Gedanke in Mausbachs Ausführungen ist die von Paulus im Brief an die Galater ausgesprochene „Idee der Gotteskindschaft", die die Ebenbürtigkeit der Frau mit dem Mann eindeutig belege: „Ihr alle seid Kinder Gottes durch den Glauben in Christus Jesus ... Da ist nicht Jude noch Heide, nicht Knecht noch Freier, nicht Mann noch Weib. Denn ihr alle seid Eins ... in Christus Jesus."[155] Die Ebenbürtigkeit der Frau vor Gott bedeutete in der säkularen Welt nicht, daß Frauen gleiche Rechte und gleiche soziale Chancen zukamen. Lediglich eine „sittliche Gleichberechtigung" wurde zugestanden, verbunden mit der verbalen Wertschätzung der spezifischen Arbeitsleistung der Frau und einer ideologischen Verklärung der Mutterschaft.[156] Die unterschiedliche Stellung von Mann und Frau und ihre divergierenden Aufgaben lagen in der „Verschiedenheit der Geschlechter" begründet, wie Mausbach in Übereinstimmung mit zeitgenössischen Auffassungen darlegte:

„Die Verschiedenheit der Geschlechter berührt zwar nicht den tiefsten Seelengrund und die höchste Zielbestimmung; sie ist aber dennoch nicht eine bloß leibliche Verschiedenheit; sie durchwaltet und differenziert auch das Seelenleben, die Art des Denkens und Empfindens, des Handelns und Auftretens. Dadurch muß auch *die Sittlichkeit, die nach Ziel, Gesetz und Ideal dieselbe ist*, bei Mann und Frau *eine verschiedene subjektive Färbung und Eigenart* annehmen, wie der eine Sonnenglanz, wenn er durch verschieden gefärbte Gläser scheint, ein anderes Licht erzeugt ... Wollen wir die charakteristische Verschiedenheit der Geschlechter mit aufnehmen in das gemeinsame Ideal der vollkommenen Menschlichkeit, so können wir es nicht anders als durch die Formel: *das Wesen des Mannes besteht in echter Männlichkeit, das Wesen der Frau in edler Weiblichkeit*."[157]

Mit den unterschiedlichen Geschlechtscharakteren verband Mausbach grundsätzlich keine Höher- bzw. Minderbewertung der Geschlechter. Die Vergangenheit bewies seiner Meinung nach, daß die Frau im Christentum nicht „als Mensch zweiter Ordnung" galt, da ihr „in den höchsten Beziehungen, in der ‚Ordnung' der Sittlichkeit und des Heils volle Gleichheit mit dem Manne zuerkannt"[158] worden sei. So bedeutungsvoll dies in bezug auf die transzendentale Ebene des Glaubens sein mag, für das alltägliche weltliche Leben blieb diese Gleichheit ohne konkreten Nutzen. Mausbach bemühte sich ja sogar wiederholt nachzuweisen, daß faktisch die Frau in vielen Dingen unterlegen sei und in wesentlichen gesellschaftlichen Bereichen eben doch keine Ebenbürtigkeit bestand. Auch für die theoretischen Ausführungen von Möbius' frauenverachtendem Pamphlet über den „physiologischen Schwachsinn des Weibes" schien Mausbach punktuell eine gewisse Sympathie zu haben, wenngleich er letztlich Möbius' Einschätzung als Ergebnis einseitiger „physiologischer Betrachtung" bewertete.[159] Mausbach distanzierte sich von einer biologistischen Erklärung der unterschiedlichen Fähigkeiten und Eigenschaften der Geschlechter und wies darauf hin, daß eine Vererbung erworbener Eigenschaften nicht nachweisbar sei. Trotz dieser klaren Aussage verfiel er wenig später in eine widersprüchliche Argumentation, indem er behauptete, daß „das weibliche Geschlecht von der Natur für diese Einzelzwecke des Menschheitslebens minder günstig ausgestattet ist." Die gottgewollte Bestimmung der Frau für „das Amt der Gattin und Mutter" bedeute, daß Gott auch den Verstand dazu gebe, der notwendig sei, um das Amt auszuüben, „der durchschnittlichen Bestimmung der Frau (entspreche) auch ihre durchschnittliche geistige Begabung."[160]

Mausbach benutzte für die Bewertung der unterschiedlichen Tätigkeiten und Fähigkeiten der Geschlechter einen dichotomen Kulturbegriff. Die „geringere Kulturleistung der Frau" bezog er auf die männlichen Kulturleistungen, die er als die „höhere geistige Kultur", als „objektive" und „weltliche" bewertete. An dieser Kultur, die sich auf die Bereiche der Wissenschaft, Kunst, Technik und des Gewerbes bezog, hatten Frauen nur indirekt Anteil, indem sie familiäre Reproduktionsleistungen erbrachten. In der Familie war die Frau „Kulturträgerin", leistete dort „seelische und sittliche" Kulturarbeit. Bemerkenswerterweise begründete Mausbach das „Zurückbleiben der Frau" in den männlichen Kulturbereichen neben der naturrechtlichen Bestimmung auch soziologisch. Die Inanspruchnahme durch Ehe und Familie hindere daran, die gleichen Kulturleistungen wie der Mann zu erbringen. Dennoch war Mausbach grundsätzlich von der geringeren Denkleistung der Frauen überzeugt. Nur in Ausnahmefällen schienen Frauen, und dann überwiegend unverheiratete, zu „geistig-sozialer Kulturarbeit" fähig. Für die Mehrheit der Frauen sah der Moraltheologe „die eigentliche Heimat" nach wie vor in der Familie, die sie als Gattinnen und Mütter „hüten und pflegen" sollten:

> „Aus einem fast unabsehbaren Zeitraum und Material läßt sich so, wenn man nicht von aller Erfahrung absieht, das Fazit ziehen, daß auch bei Erweiterung der ‚freien Bahn' die Frau auf dem Gebiete der höheren geistigen Kultur nicht das Gleiche leisten wird wie der Mann. Das planmäßige Herbeischaffen und Aufbauen der Kenntnisse in der Wissenschaft, der Materialien in der großen Kunst, der Waren im Weltverkehr, vor allem aber die schöpferische, bahnbrechende Kraft des Denkens und Erfindens ist ein besonderer Vorzug des Mannes. Ich sage nicht, daß die Frau in dieser Sphäre ohne Verdienst ist; abgesehen von selbständigen Leistungen, auf die wir noch zu sprechen kommen, hat die Frau auch an den Schöpfungen des Mannes indirekt einen bedeutsamen Anteil durch persönlichen Einfluß, durch Ermutigung und Anregung, durch feinsinnige Kritik, durch verständnisvolle Mitarbeit - ich erwähne als neuestes Beispiel nur das Ehepaar Curie. Vor allem aber kann der Einfluß, den die Frau als Mutter auf das Aufblühen der Geistesanlagen ausübt, für die Entwicklung der großen Helden des Geisteslebens nicht hoch genug angeschlagen werden."[161]

Mausbachs Erörterungen basieren auf der Überzeugung von der Wesensverschiedenheit der Geschlechter, die einander ergänzen, aber gleichzeitig in einer hierarchischen Beziehung stehen. Alle Argumentation lief darauf hinaus, mit den spezifischen Geschlechtscharakteren die bestehende Arbeitsteilung und die damit verbundene prinzipielle Unterordnung der Frau zu legitimieren.[162] Hedwig Dransfelds kritische Bemerkung, daß Mausbach trotz seiner Kritik an Pater Röslers Werk über die Frauenfrage diesem sehr nahe komme, wird hier nachvollziehbar. In Übereinstimmung mit der Vertreterin der überkonfessionellen Frauenbewegung, Marianne Weber, schloß sich Dransfeld deren Kritik an, daß die Kulturentwicklung nicht „ausschließlich durch die Brille der einen Hälfte der Kulturmenschheit" bewertet werden könne. Nicht ohne ironischen Unterton mit Bezug auf den Monopolanspruch von Männern auf die Wissenschaft, erklärte Dransfeld, daß sie „Frauen unter bestimmten Voraussetzungen" für fähig halte, mit „spezifisch eigener und deshalb schöpferisch wissenschaftlicher Betätigung" kulturelle Leistungen zu erbringen, „wenn auch damit die ausgesprochene Priorität der wissenschaftlichen Leistungen des Mannes selbstverständlich nicht erschüttert" werde.[163]

Es dürfte deutlich geworden sein, daß die ideologischen Konstruktionen der Theologen von dem Bemühen getragen waren, die bestehende Ordnung der Geschlechter aufrechtzuerhalten und Veränderungen nur soweit zuzulassen, wie sie im Kontext sozialen Wandels unumgänglich waren. Die bestehenden Unterschiede hinsichtlich erweiterter Handlungsräume von Frauen waren gradueller Art und änderten nichts an der orthodoxen Überzeugung von der gottgewollten Unterordnung der Frau - diesbezüglich waren sich die katholischen Theoretiker der Frauenfrage trotz sonstiger Kontroversen[164] selten einig. Wenn dennoch die Bedeutung dieser Männer hervorgehoben wird und insbesondere Rösler und Cathrein „Wegbereiterfunktion" hinsichtlich der katholischen Frauenbewegung attestiert wird[165], dann weist dies darauf hin, daß die Unterstützung für die sich konstituierende Bewegung von eminenter Wichtigkeit war, da die Geistlichen der katholischen Frauenbewegung eine Existenzberechtigung zusprachen - sofern der Rahmen tradierter katholischer Ordnungsvorstellungen nicht in Frage gestellt wurde. Es kann ferner angenommen werden, daß die Geistlichen aufgrund der ihnen zugestandenen Autorität den Diskussionsprozeß um Frauenfrage und Frauenbewegung in binnenkatholischen Zusammenhängen zumindest angeregt haben. Zugleich setzten die Geistlichen aber theologisch begründete normative und reale Grenzen, nicht ohne Widerspruch, wie die Kritik Elisabeth Gnauck-Kühnes und Hedwig Dransfelds zeigte.

Kapitel II
Gründung und Entwicklung des Katholischen Frauenbundes

Die Analyse des Frauenbundes im ersten Jahrzehnt seines Bestehens macht die enormen Anstrengungen deutlich, die die Gründerinnen unternahmen, um die Organisation aufzubauen und eine führende Position unter den katholischen Frauenvereinen zu erlangen. Dieser Anspruch wurde offen artikuliert, wogegen der KFB die tradierten Strukturen und Arbeitsbereiche der Männerorganisationen des Katholizismus zunächst nicht in Frage stellte und im wesentlichen deren Führungsanspruch akzeptierte. In den ersten Jahren ging es den Protagonistinnen der katholischen Frauenbewegung auch darum, durch Öffentlichkeitsarbeit die Organisation überhaupt bekannt zu machen und Anerkennung im katholischen Milieu zu finden. Die Unterstützung durch führende Männer aus dem Katholizismus und vor allem durch die Amtskirche und durch Geistliche war daher unabdingbar.

Charakteristisch für die Arbeit der Kölner Zentrale war in den Anfangsjahren die enge Verbundenheit mit dem privathäuslichen Bereich der Vorsitzenden Emilie Hopmann. Die Vorstandssitzungen fanden überwiegend in ihrem Hause statt und hatten einen „gemütlich-familiären Zuschnitt".[1] Die allmähliche Ablösung von dieser Sphäre korrespondierte mit der Ausdifferenzierung der Arbeitsorganisation. Büroräume wurden angemietet[2] und ab 1909 tagte der KFB-Vorstand in öffentlichen Räumen.[3] Ebenfalls 1909 wurde erstmals auf Veranlassung der neugewählten Schatzmeisterin, Albertine Badenberg, der Haushaltsplan des KFB im Vorstand verhandelt.[4] Da sich die Arbeit immer mehr ausweitete und zunehmend spezifische Fachkenntnisse erforderlich wurden, konnte sie nicht mehr ausschließlich ehrenamtlich bewältigt werden. Ab 1912 wurden deswegen auch bezahlte Kräfte eingestellt.

Parallel zu den Versuchen, die Büroführung nach rationalen Gesichtspunkten zu organisieren und Arbeitsabläufe zu formalisieren, verlief der Prozeß, die Führung des KFB nach innen durch eine starke Stellung des Vorstands abzusichern und den Bund nach zentralistischen Gesichtspunkten aufzubauen. Diese Strategie kollidierte häufig mit Partikularinteressen von Zweigvereinen, so daß sich die Kölner Zentrale in den ersten Jahren stark darauf konzentrierte, sich gegenüber den Zweigvereinen Autorität zu verschaffen. Nur langsam löste sich die Zentrale von ihrem dirigistischen Führungsstil, wesentlich beeinflußt durch die spätere Bundesvorsitzende Hedwig Dransfeld. Sie setzte sich vehement für eine bessere Kooperation zwischen der Zentrale und den Zweigvereinen ein und forderte mehr Mitspracherechte der Zweigvereine.

Eine weitere Schwierigkeit durchzog nicht nur die Aufbauphase, sondern die Arbeit des KFB überhaupt. Der Universalanspruch, alle katholischen Frauen organisieren zu wollen, erforderte es, den heterogenen Interessen der Frauen und Frauenvereine Rechnung zu tragen. Erheblich voneinander abweichende Lebens- und Arbeitsbedingungen aufgrund unterschiedlicher sozialer Herkunft, verbunden mit enormen Bildungsunterschieden, mußten in die Politik und Programmatik der Organisation integriert werden, wollte man dem Selbstverständnis gerecht werden - ein kaum einzulösender Anspruch, wie die Analyse zeigen wird.

1. Die Gründungsphase

Bevor sich die Gründungsmitglieder des Katholischen Frauenbundes am 16. November 1903 im Kölner Caritashaus zur konstituierenden Sitzung zusammenfanden, waren auf mehreren Vorbereitungstreffen Zielvorstellungen und organisatorischer Rahmen des geplanten Vereins diskutiert worden.[5] Bereits Anfang August wurde in einem Schreiben an die Bischofskonferenz das Verhältnis zur Kirche klargelegt und um Unterstützung des Vorhabens gebeten:

„Ew. Eminenz,
gestatten sich die ganz gehorsamst Unterzeichneten beifolgende Denkschrift mit dem ergebensten Ersuchen zu unterbreiten, dieselbe der nächsten Konferenz der hochwürdigsten Herren Bischöfe in Fulda gnädigst vorzulegen ... als katholische Frauen wollen und werden wir nicht beginnen, ohne uns vorher der Billigung und des Segens dieser hochwürdigsten Herrn Bischöfe zu vergewissern ... Sollte der hochw. Episkopat geneigt sein, diese Gutheißung auszusprechen, so geht unsere weitere ehrerbietige Bitte dahin, uns einen geistlichen Beirat zu bezeichnen, welcher dem Vorstande des geplanten Bundes zur Seite stehen und im Sinne des hochw. Episkopates die Vereinigung mitbegründen, ausbauen und leiten würde."[6]

Die Antwort der Bischöfe wurde am 26. August 1903 anläßlich einer Sitzung mündlich übermittelt. Domkapitular Dr. Düsterwald teilte mit, „daß der gesamte Episkopat wohlwollend und abwartend der Sache gegenüberstehe und daß die Damen weiter arbeiten sollten."[7]

Trotz dieser Zustimmung wurde die Vereinstätigkeit zunächst durch den Kölner Kardinal Fischer blockiert. Er verweigerte die Erlaubnis zur Gründung und erklärte sein Befremden darüber, von der Gründung des Frauenbundes erst aus der Kölnischen Volkszeitung erfahren zu haben. Das Verhalten der Gründungsmitglieder, nämlich eine katholische Organisation ins Leben zu rufen, ohne zuvor die persönliche Erlaubnis des Diözesanbischofs einzuholen, widersprach offensichtlich dem Autoritätsanspruch des Kardinals. Der Präsidentin des KFB, Emilie Hopmann, teilte Fischer schriftlich mit, daß er „eine solche Ignorierung der kirchlichen Autorität" durch die „katholischen Damen der Stadt und Erzdiözese" nicht zulassen könne und werde.[8] Fischer gab ferner vor, selbst eine soziale und caritative Organisation in der Erzdiözese Köln einrichten zu wollen.[9] Wiederholte Versuche, den Kardinal umzustimmen, schlugen fehl, so daß der Vorstand des Frauenbundes beschloß, sich der Entscheidung Fischers zu fügen und die Tätigkeit in der Erzdiözese Köln vorläufig einzustellen.[10] Isabella von Carnap, die ab Januar 1904 die Stelle der Generalsekretärin im KFB übernehmen sollte, wurde daher zunächst aus taktischen Gründen beim Marianischen Mädchenschutzverein beschäftigt.[11]

Der Konflikt um die Anerkennung des Frauenbundes durch Kardinal Fischer macht die Widersprüche deutlich, die sich zwangsläufig aus dem Spannungsverhältnis zwischen Amtskirche und Frauenbewegung ergeben mußten. Einerseits mußten die Katholikinnen die Autorität Fischers akzeptieren, andererseits verstanden sie sich als Teil der überkonfessionellen Frauenbewegung und orientierten sich punktuell an deren Vorstellungen. So legte der KFB im Gegensatz zu den traditionellen kirchlichen Frauenvereinen Wert auf eine weibliche Leitung, allein schon deswegen, weil man befürchtete, mit einem Kleriker an der Spitze in der Frauenbewegung nicht akzeptiert zu werden. Nach außen hin sollte volle Selbständigkeit betont werden, weshalb das Verhältnis des Bundes zur kirchlichen Autorität zunächst nicht in die Satzungen aufgenommen wurde[12] und die Zugehörigkeit eines Geistlichen Beirates zum Vorstand des KFB unerwähnt blieb.[13] Wie wichtig es den Frauen war, ihre Autonomie unter Beweis zu stellen, zeigt auch die Versicherung, daß die Satzungen des KFB ohne Mitwirkung von Männern erarbeitet wurden. Dies hätte den Frauenbund „als minderwertig" gegenüber dem Allgemeinen Deutschen Frauenverein erscheinen lassen, wie man anläßlich der Gründung zu bedenken gab.[14]

Offiziell konnte die Kölner Zentrale des KFB ihre Tätigkeit im Juni 1904 aufnehmen, nachdem die kirchenbehördliche Anerkennung doch noch erfolgt war.[15] Für die Anerkennung hatte Fischer einige Satzungsänderungen verlangt, die den Einfluß der Kirche formal absicherten. In § 6 der neuen Satzungen war nunmehr erwähnt, daß ein Geistlicher Beirat dem Vorstand angehöre. Ferner wurde die konfessionelle Bindung des Vereins stärker betont. War in den ersten Satzungen von „christlicher Weltauffassung" die Rede, so hieß es in der modifizierten Fassung, daß sich der KFB an der „katholischen Weltauffassung" orientiere.[16] Damit sollte offenbar vermieden werden, daß sich der KFB interkonfessionell ausrichten würde, da dies zur Unterstützung der „Kölner Richtung" im Gewerkschaftsstreit beigetragen hätte.

Auf der 1. Generalversammlung des Frauenbundes im November 1904 in Frankfurt am Main wurde der Konflikt mit dem Diözesanbischof positiv gewendet. Der damalige Geistliche Beirat des KFB, Prälat Peter Lausberg[17], interpretierte in seiner Rede die Unterbrechung der Vereinsarbeit als Gewinn. Die erzwungene „Karenzzeit" habe eine intensivere Auseinandersetzung um Wesen, Ziele und Organisation des Bundes möglich gemacht. Auch sei die Stellung des Frauenbundes unter der Direktive der Kirche und des jeweiligen Diözesanbischofs deutlicher „zum Bewußtsein und Ausdruck" gelangt.[18]

Die Mahnung Elisabeth Gnauck-Kühnes an Minna Bachem-Sieger, die Zweite Vorsitzende des KFB, sich defensiv zu verhalten, um den Konflikt mit dem Kardinal nicht zu verschärfen, läßt vermuten, daß die Unterordnung unter die kirchliche Autorität von den Gründerinnen nicht so positiv empfunden wurde, wie die nachträgliche Bewertung durch Lausberg nahelegen möchte:

„Ich bitte Sie aber herzlich, Ihre köstliche Energie ... zu zügeln und noch nichts zu tun; es sei denn, immer wieder an die Herren Lausberg und Müller heranzutreten ... Die Herren L. und M. stehen der Sache wohlwollend gegenüber. Diese beiden Herren müssen Sie ganz festhalten, alles durch sie erreichen. Durch sie wird auch Em. (Eminenz, G.B.) gewonnen werden. Gehen Sie ohne die Herren vor, verlieren Sie einen starken Prozentsatz von katholischen Frauen ... Gehen Sie erst, gedeckt durch diese Herren, vor, dann gehört Ihnen auch die katholische Welt!"[19]

Während der Kontroverse um das Verbot des KFB hatten einige Katholikinnen bereits deutliche Kritik am Verhalten der Gründungsfrauen geübt und eine stärkere Beachtung kirchlicher Autorität gefordert. Marie Le Hanne, die die Gefangenenfürsorge für Mädchen und Frauen in Köln aufgebaut hatte[20], akzeptierte nicht, daß „die Damen ... sehr voreilig und eigenmächtig zur Hand" gingen, sich untereinander zum Vorstand wählten und die Satzungen drucken ließen, „ohne sie dem Herrn Erzbischof vorzulegen".[21] Auch die integral gesinnte Oberin der Josephschwestern, Mutter Gertrud[22], begrüßte das vorläufige Verbot der Organisation durch Kardinal Fischer. Sie verband damit die Hoffnung, daß die Bischofskonferenz klare Direktiven erteilen würde, damit die Katholikinnen in der Frauenbewegung wüßten, was sie als „notwendig, erlaubt, berechtigt, ersprießlich anstreben" und was sie als „Irrtum und Auswuchs" bekämpfen sollten.[23]

Führende Frauen der ersten Generation

Die Frauen der ersten Generation des KFB kamen ausnahmslos aus dem Bürgertum und - allerdings in geringerem Maße - aus dem Adel. Mit Ausnahme der Lehrerinnen waren sie nicht erwerbstätig, sondern engagierten sich ehrenamtlich in sozialen und caritativen Vereinen. Die Gründerinnen waren überwiegend verheiratet und meist Mütter mehrerer Kinder. „Die ersten Führerinnen mußten ... aus der Familie kommen und in Ehrfurcht vor der Kirche stehen", hieß es treffend in der Festschrift zum 25jährigen Bestehen des Frauenbundes.[24] Die Erste Vorsitzende des KFB, Emilie Hopmann, die bei ihrer Wahl 58 Jahre alt war, gab denn auch stets zu verstehen, daß sie die Arbeit des Frauenbundes zwar unbedingt unterstütze, doch letztlich ihrer Familie unterordne.[25] Wie sehr die familiäre und häusliche Arbeit Emilie Hopmanns die Anfangsjahre des Frauenbundes prägte, verdeutlicht folgende Begebenheit:

„Deutlich steht noch vor meinen Augen ein Bild dieser mütterlichen Hausfrau, ein wundervolles Beispiel für uns alle: die erste Generalsekretärin, Baronin Carnap und ich kamen zu Frau Hopmann, um Bundesangelegenheiten zu beraten. Wir fanden sie in ihrem Zimmer, auf dem Tisch vor sich ein Berg Wäsche und einen fast gleich großen Stoß Strümpfe, die sie alle selbst durchsah und ordnete. Scherzend erklärten wir: ‚So müßte man die erste Vorsitzende des Katholischen Frauenbundes photographieren, dann würde manch einer staunen!' Und sie erwiderte einfach: ‚Was ist dann daran Erstaunliches? Das wäre doch noch schöner, wenn ich über die Arbeit für andere Familie und Haus vernachlässigte'!"[26]

Die Idee, alle katholischen deutschen Frauenvereine in einer Organisation zusammenzufassen, sollte anläßlich des Katholikentages einem größeren Kreis vorgestellt werden. Mit dem Hinweis, daß es sich um eine „streng vertrauliche" Besprechung handele, wurden zum 26. August 1903 potentielle Förderinnen und Unterstützer überwiegend aus dem rheinisch-westfälischen Raum in das Kölner Caritashaus eingeladen. 42 Frauen und 9

Männer, von denen 7 dem geistlichen Stand angehörten, folgten der Aufforderung.[27] An den folgenden gründungsvorbereitenden Treffen waren zwar auch verstärkt Frauen aus dem süddeutschen Raum beteiligt, doch blieb die Konzentration auf das rheinisch-westfälische Gebiet bestehen.

Die Entscheidung, Köln als Sitz des neuen Frauenvereins zu wählen, dürfte nicht nur pragmatische Gründe gehabt haben, sondern verweist auf die Verankerung des Bundes in das Kölner, beziehungsweise rheinisch-katholische Milieu. Von Beginn an waren Frauen aus katholischen Bürgerfamilien, die in hervorgehobener gesellschaftlicher Stellung standen, im Gründungsprozeß aktiv. Die Dominanz dieser Frauen bestätigte sich, indem sie in den jeweils relevanten vorbereitenden Gruppen vertreten waren und schließlich auch den ersten Vorstand des KFB stellten. So wurden auf der konstituierenden Sitzung am 16. November 1903 die Kölnerinnen Emilie Hopmann als Erste Vorsitzende und Minna Bachem-Sieger als Zweite Vorsitzende gewählt. Als Beisitzerinnen wurden gewählt: Jeanne Trimborn und Fräulein van Gülpen, beide aus Köln, Maria Lantz aus Lohausen bei Düsseldorf, die Dortmunderin Agnes Neuhaus[28] und Marita Loersch-Beaucamp aus Aachen, die wie Agnes Neuhaus im Katholischen Fürsorgeverein aktiv war. Schatzmeisterin wurde Frau Schellen aus Köln.[29]

Um im katholischen Milieu Anerkennung zu finden, war die Frage, welche Frau als Vorsitzende des Bundes akzeptiert werden würde, von besonderer Wichtigkeit. Konvertitinnen wie Elisabeth Hamann[30] und Elisabeth Gnauck-Kühne[31], die beide für ihr Engagement in der Frauenfrage bekannt waren und sich für die Gründung des Frauenbundes eingesetzt hatten, hielt Jeanne Trimborn für ungeeignet, weil sie noch nicht „durch und durch katholisch" fühlten.[32] Auch war Jeanne Trimborn daran gelegen, die konservativeren und eng kirchlich orientierten Frauen sowie den Klerus für die neue Organisation zu gewinnen. Im Gegensatz zur nicht konfessionell gebundenen Frauenbewegung sollte der KFB eine „große Garantie von Orthodoxigkeit bieten, sonst", führte sie weiter aus, „haben wir nicht das Vertrauen der Geistlichkeit und der in jeder Pfarrei wegen ihrem Eifer und Orthodoxigkeit geachteten Frauen. Man wird den Stab über uns brechen und sagen: ‚Sie gehören auch zu den emanzipierten Frauen und wollen uns nur durch die katholische Fahne locken.'"[33] Emilie Hopmann schien die geeignete Frau zu sein, die von allen Seiten akzeptiert werden würde. Sie war wegen ihres sozialen Engagements bekannt[34], an der Loyalität zur katholischen Kirche bestanden keine Zweifel[35] und schließlich entsprach sie als Mutter von acht Kindern, die den Familienpflichten eindeutig den Vorrang einräumte, ganz dem Leitbild einer katholischen Frau.

Zwei weitere Vorstandsmitglieder gehörten bekannten katholischen Familien an: Minna Bachem-Sieger und Jeanne Trimborn.[36] Letztere war mit dem Zentrumspolitiker und Mitbegründer des Volksvereins, Carl Trimborn, verheiratet und Minna Bachem-Sieger stand durch ihre Ehe mit Robert Bachem, einem Sohn des Verlegers der Kölnischen Volkszeitung, Zentrumskreisen nahe.[37] Wegen der familiären Verbindung zu dem offiziösen Zentrumsblatt kam Minna Bachem-Sieger wiederholt in die Situation, ihre neutrale Haltung erklären zu müssen[38] und Einschränkungen zu erfahren. So verzichtete sie beispielsweise 1912, als die Wahl einer neuen Ersten Vorsitzenden des KFB anstand, auf Anraten von Prälat Müller-Simonis darauf zu kandidieren. Müller-Simonis hatte sich dagegen ausgesprochen, Minna Bachem-Sieger zur Ersten Vorsitzenden zu wählen, obgleich er sie für „höchst geeignet und fähig" hielt. Er befürchtete, daß die Anhänger der „Berlin-Trierer Richtung" die Wahl einer Frau, die durch ihre Ehe mit einem Verleger der Kölnischen Volkszeitung so eng an die „Kölner Richtung" gebunden sei, als Herausforderung empfinden könnten, zumal es in Rom gegenwärtig „starke Strömung" gegen die „Kölner Richtung" gebe.[39]

Vom Vorwurf, die „Kölner Richtung" und damit die Christlichen Gewerkschaften zu unterstützen, war aber die gesamte Kölner Zentrale des KFB von Beginn an betroffen. Zwar war den Frauen daran gelegen, ihre Selbständigkeit nach außen hin zu demonstrieren, doch war der indirekte Einfluß des Volksvereins in der Anfangsphase offensichtlich. Ohne Zweifel waren die administrativ und organisatorisch weitgehend ungeschulten Gründerinnen auf Hilfe beim Aufbau der neuen Organisation angewiesen, so daß die Unterstützung, die sie insbesondere durch Carl Trimborn erhielten[40], als hilfreich empfunden wurde. Kalls Einschätzung, „Trimborn stellte Kenntnis und Erfahrung in den Dienst der Frauenbewegung"[41], läßt jedoch völlig die Eigeninteressen der katholischen Männerorganisationen außer acht. Es kann angenommen werden, daß Carl Trimborn, der ja hohe Funktionen im Volksverein und im Zentrum bekleidete, sich nicht im Sinne der Frauenbewegung verhielt, sondern versuchte, insbesondere die Interessen des Volksvereins zu vertreten. Trimborns Bemerkung während der 1. Generalversammlung des KFB, das „Schwesterchen" solle vom „älteren Bruder", dem Volksverein, lernen[42], mag jedenfalls mit dazu beigetragen haben, den KFB mit der „Kölner Richtung" zu identifizieren.

Der Konflikt mit Kardinal Fischer, die Wahl der „Familienmutter"[43] Emilie Hopmann zur Ersten Vorsitzenden und die von Jeanne Trimborn geäußerte Sorge, als „emanzipierte Frauen" angesehen zu werden, verweisen deutlich auf die Handlungsbedingungen katholischer Frauen zu Beginn dieses Jahrhunderts. Wollten die Führerinnen der katholischen Frauenbewegung in breiteren Kreisen Einfluß und Unterstützung gewinnen, waren sie gezwungen, auf die „Geistlichkeit" und auf die Frauen, die der Idee der Frauenbewegung als Emanzipationsbewegung fernstanden, Rücksicht zu nehmen. Zielvorstellungen und programmatische Ausrichtung mußten diesen Bedingungen Rechnung tragen.

Hedwig Dransfeld

Die herausragende Bedeutung von Hedwig Dransfeld (1871-1925) für die katholische Frauenbewegung und explizit für den KFB bedingt es, daß ihre theoretischen Erörterungen, Positionen und Aktivitäten in der vorliegenden Studie einen breiten Raum einnehmen. Daher erfolgen bereits an dieser Stelle biographische Hinweise, obgleich sie nicht zum Kreis der Gründerinnen gehörte.

Hedwig Dransfeld[44] wurde in Hacheney bei Dortmund als Tochter des Oberförsters Clemens Dransfeld und seiner Frau Elise Fleischhauer geboren. Nach dem Tode der Mutter[45] kam Hedwig Dransfeld mit acht Jahren zur Großmutter. Als auch diese verstarb, ging Hedwig Dransfeld, seinerzeit 16 Jahre alt, in ein katholisches Waisenhaus. Von 1887 bis 1890 besuchte sie das Lehrerinnenseminar in Paderborn. Sie schloß das Examen mit „sehr gut" ab, obwohl sie während der Ausbildung an Knochentuberkulose erkrankte und sich den Lehrstoff für die Prüfung selbst aneignen mußte. Die Krankheit zog mehrere Operationen nach sich, bereits 1899 wurde der linke Arm amputiert. Trotz ihrer Krankheit, die auch Ursache ihres frühen Todes war, entwickelte Hedwig Dransfeld ein ausgeprägtes Engagement im sozialen und politischen Katholizismus, vor allem auf frauenpolitischer Ebene.

Nach dem Lehrerinnenexamen lag der Schwerpunkt ihrer Tätigkeit zunächst im beruflichen Bereich. Da sie wegen ihrer Krankheit nicht an einer Volksschule angestellt werden konnte, nahm sie auf Empfehlung eines Regierungsbeamten eine Tätigkeit an der Höheren Mädchenschule der Ursulinen in Werl auf.[46] 1892 legte sie eine Ergänzungsprüfung für mittlere und höhere Schulen ab, 1897 erwarb sie das Diplom für Schulvorsteherinnen. Nachdem die Schule der Ursulinen in ein Lyzeum mit wissenschaftlichen Fortbildungsklassen umgewandelt worden war, übernahm Hedwig Dransfeld die Leitung dieser Schule von 1904 bis 1911. Berufspolitisch engagierte sie sich im Verein katholischer deutscher Lehrerinnen, dem sie bis zu ihrem Tode angehörte.

Einfluß auf die katholische Frauenbewegung übte die spätere Erste Vorsitzende des KFB zunächst vor allem über ihre umfassende publizistische Arbeit aus. Bereits im Februar 1905 hatte sie, auf Anregung von Elisabeth Hamann, die Redaktion der „Christlichen Frau" übernommen[47], die sie bis 1920 behielt. Vor allem in dieser Zeitschrift, die bis heute - wenn auch mit Unterbrechungen - das Publikationsorgan des Katholischen Frauenbundes ist, veröffentlichte Hedwig Dransfeld zahlreiche Aufsätze zu sozialen Problemen, zur Frauenbildung und zu Fragen der Frauenbewegung, beispielsweise zur Stimmrechtsfrage und zur Sittlichkeitsbewegung.[48] Seit 1910 war sie Mitglied des Zentralvorstands, 1912 wurde sie auf der 5. Generalversammlung des KFB in Straßburg zur Ersten Vorsitzenden gewählt. Diese Funktion übte sie bis 1924 aus. 1919 wurde Hedwig Dransfeld Mitglied der Nationalversammlung in Weimar, ab 1920 gehörte sie bis zu ihrem Tode als Abgeordnete des Zentrums dem Reichstag an. Auf dem ersten Katholikentag, der nach dem Ende des Weltkriegs 1921 in Frankfurt am Main abgehalten wurde, übernahm Hedwig Dransfeld das Amt der Vizepräsidentin.[49]

2. Kontrolle oder Unterstützung? Die Institution der Geistlichen Beiräte

Wie im Zusammenhang mit dem vorläufigen Verbot des KFB durch Kardinal Fischer deutlich wurde, verzichtete die Amtskirche nicht darauf, zumindest durch einen Geistlichen Beirat kirchliche Interessen in der neuen Frauenorganisation zu sichern. Im Kölner Zentralvorstand des KFB, wie auch in seinen Zweigvereinen, waren daher künftig Geistliche Beiräte vertreten, die den Entwicklungsprozeß kontrollierten und beeinflußten.[50]

Die Frage, welche Kompetenzen der Geistliche Beirat haben sollte, war allerdings keineswegs unumstritten. So wurde bereits am Rande der 1. Generalversammlung diskutiert, ob der Geistliche Beirat des Kölner Vorstands „nur machen soll, daß nichts unkatholisches im Frauenbund vorkommt oder ob er ein tatkräftiger Berater sei und zu Vorstandssitzungen hinzugezogen werden soll", wie Anna Schmidt der Oberin der Josephschwestern mitteilte.[51] Obwohl aufgrund der von Kardinal Fischer erzwungenen Satzungsänderung zu diesem Zeitpunkt bereits festgelegt war, daß der Beirat zum Vorstand gehörte, hegten die integralen Kräfte offenbar Zweifel an der Einflußmöglichkeit des Beirates in der Kölner Zentrale. Zumindest legen die Äußerungen Anna Schmidts dies nahe, indem sie darauf hinweist, daß „der

Herr Bischof von Trier (Korum, G.B.) gegen die Nullstellung des Beirats in Köln protestiert haben soll und ihn mehr als aktives Mitglied und als Berater bzw. Präses" wünsche.[52] Tatsächlich variierte die faktische Stellung der Beiräte künftig aufgrund regionaler Besonderheiten und personeller Konstellationen. So berichtete die Generalsekretärin Isabella von Carnap, daß in einigen Zweigvereinen die Sitzungen nicht vom weiblichen Vorstand geleitet wurden, sondern ausschließlich vom Geistlichen Beirat.[53] Sichtbar war auch die stärkere Stellung der Beiräte in ländlichen Regionen, wogegen in Industriezentren mitunter ein mangelnder Einfluß der Geistlichen Beiräte beklagt wurde.[54]

Gewählt wurden die Geistlichen Beiräte von den Mitgliedern der jeweiligen Vorstände, die Bestätigung erfolgte durch den zuständigen Diözesanbischof. Durch dieses Verfahren wurde das dem KFB ausdrücklich zugestandene Wahlrecht indirekt wieder eingeschränkt. Inwieweit die Frauen dies selbst als Einschränkung empfanden, ist aus den ausgewerteten Quellen nicht eindeutig abzuleiten. Jedenfalls sind bis 1922 mögliche Kontroversen zwischen Diözesanbischöfen und Vorstandsmitgliedern wegen unterschiedlicher Vorstellungen über die Person des Geistlichen Beirates nicht dokumentiert. Ein Schreiben der Bundesvorsitzenden Hedwig Dransfeld an den Zweigverein Kattowitz aus dem Jahre 1922 deutet indes einen solchen Konflikt an. Hedwig Dransfeld hielt es für „angebracht, vor der Wahl mit den entsprechenden Stellen Fühlung zu nehmen, um der peinlichen Sachlage zu entgehen, daß die Wahl keine Bestätigung findet"[55]; sie verdeutlichte damit zugleich, daß eigene Interessen nach wie vor der kirchlichen Autorität untergeordnet werden sollten.

Der Geistliche Beirat des KFB-Zentralvorstands vertrat öffentlich den Gesamtbund und nahm damit eine herausragende Rolle ein. Im folgenden wird der Frage nachgegangen, in welchem Maße der Geistliche Beirat Politik und Programmatik mitbestimmte. Hinterfragt wird ferner, welche Handlungsspielräume der KFB hatte und nutzte, um Entscheidungen auch gegen die klerikale Autorität durchzusetzen.

Der Geistliche Beirat des KFB-Zentralvorstands, Peter Lausberg

Wenn Hedwig Dransfeld anläßlich des Todes von Peter Lausberg im Jahre 1922 hervorhob, daß die Frauenbewegung ihm zu einem großen Teil ihre heutige Stellung zu verdanken habe[56], so ist dies nicht nur der Pietät gegenüber einem Verstorbenen geschuldet. Die Einschätzung Dransfelds verweist vielmehr auf die enge Zusammenarbeit zwischen den führenden Frauen des KFB und Lausberg in den Jahren 1903 bis 1917, als dieser im Kölner Zentralvorstand die Funktion des Geistlichen Beirates wahrnahm. Zwar ist diesbezüglich das Quellenmaterial spärlich, doch sind etliche Hinweise darin enthalten, daß Lausberg während seiner langjährigen Tätigkeit im Frauenbund versuchte, Politik und Programmatik des KFB zu beeinflussen und zu korrigieren. Allerdings finden sich gleichermaßen Hinweise dazu, daß Lausberg mitunter die Position eines Vermittlers übernahm und auch darüber, daß er den Frauenbund in der Öffentlichkeit konsequent unterstützte.

Während Peter Lausberg nach außen für die neue Frauenorganisation warb und sich für sie einsetzte, wirkte er nach innen mäßigend und versuchte, den KFB dergestalt zu beeinflussen, daß dieser keine öffentlichen Konflikte provozierte. „Fortschrittliche Ideen" verbannte der Beirat daher beispielsweise in die interne Diskussion des KFB und wehrte den Vorwurf, der Frauenbund sei nicht fortschrittlich genug, ab: Es würde „besonders in hohen geistlichen Kreisen eine Menge Vertrauen kosten, deshalb möge man die fortschrittlichen Ideen in den Studienkommissionen bearbeiten und nur den Niederschlag dieser Besprechungen in den öffentlichen Versammlungen wiedergeben."[57] Trotzdem ist offensichtlich, daß Lausberg grundsätzlich die Ziele und Forderungen der katholischen Frauenbewegung bejahte. In der katholischen Öffentlichkeit setzte er sich jedenfalls vehement für die katholische Frauenbewegung ein und wehrte Angriffe ab, indem er auf das „ernste und starke Pflichtgefühl" der in der Bewegung aktiven Frauen hinwies.[58]

Als bedeutsame Unterstützung empfand der KFB die „Frauenrede", die Lausberg auf dem 1906 in Essen abgehaltenen Katholikentag hielt. Zusammen mit der Tatsache, daß auf dem Essener Katholikentag erstmals eine Frau, nämlich die beim Volksverein tätige Barbara Graß, reden durfte, bewertete der KFB die Rede Lausbergs als „Merkstein" in der Geschichte des Frauenbundes.[59] Lausberg stellte mit seiner Rede, die teilweise den Charakter einer Programmrede des KFB hatte, eine Öffentlichkeit her, die den Frauen selbst verwehrt war, da sie nach wie vor auf den Katholikentagen nur als Zuhörerinnen auf den Galerien geduldet waren.[60] Der Geistliche Beirat versuchte in seiner Rede, die Anforderungen der modernen Gesellschaft mit katholischen Wertvorstellungen in Einklang zu bringen, und skizzierte zunächst ein Frauenbild, das an Joseph de Maistre, der mit seiner Schrift „Du Pape" als „Begründer des Ultramontanismus" gilt[61], anknüpfte. Als „ergänzendes Moment" habe Gott die Frau in die menschliche Gesellschaft eingeführt, womit als „Genossin und Gehülfin des Mannes" ihr „natürlicher Beruf Haus und Familie" sei. Aus dieser Bestimmung leitete Lausberg dann jedoch gemäßigte emanzipatorische Forderungen ab: Um diesen Anforderungen gerecht zu werden, bräuchten Mädchen und Frauen eine bessere Schulbildung, sogar Mädchengymnasien würde man nicht ausschließen, sofern die religiös-sittliche Erziehung der Mädchen gewährleistet sei. Da Frauenbildung Frauensache sei, müsse auch mindestens eine „relative Gleichberechtigung der weiblichen und männlichen Lehrkräfte anerkannt und durchgeführt" werden. Darüber hinaus unterstützte Lausberg die 1906 auf dem Pfingstkongreß der Lehrer erhobene Forderung nach voller Gleichberechtigung der Lehrerinnen gegenüber den männlichen Kollegen.[62] Lausberg betonte zwar, daß die Vorbereitung der Mädchen auf den zukünftigen Beruf als Hausfrau und Mutter primäre Aufgabe der Frauenbewegung sei, stellte dem aber gegenüber, daß die Zunahme der sozialen Probleme soziales und caritatives Engagement der Frauen über den Familienbereich hinaus erfordere. Außerdem müsse Mädchen und Frauen eine eigenständige Existenzsicherung ermöglicht werden, um die peinliche Situation zu vermeiden, daß Mädchen warten müßten „bis der Freier kommt", aber auch, um verwitweten Frauen zu einer „würdigen Einzelexistenz" zu verhelfen.[63]

Da Lausberg die Geschlechterhierarchie nicht grundsätzlich in Frage stellte und die Forderungen der Frauenbewegung begrenzte, indem er den Frauen spezifische soziale Orte zuwies, konnte er Ängste, katholische Frauen würden sich zu weit auf männliches Terrain wagen, zerstreuen: Die Frauenbewegung vertrete nicht die absolute Gleichberechtigung, darum beanspruche sie auch nicht „den uneingeschränkten Zutritt zu allen Ämtern des öffentlichen Lebens", auch bleibe sie vom „politischen Gebiete fern" und verlange nicht das politische Frauenstimmrecht.[64]

Recht vage blieb Lausberg bei dem brisanten Thema der wirtschaftlichen Interessenvertretung. Er forderte zwar auf,

„unter kluger und bewährter Führung überall Hand an den sozialen Auf- und Ausbau solcher Organisationen (zu legen), die dem schwächeren Geschlechte angemessenen Schutz auf dem Arbeitsmarkte, vorteilhaftere Arbeitsbedingungen und lohnenderen Verdienst auf Grund besserer Schulung (ermöglichen), ferner eine in friedlichen Formen sich bewegende Interessenvertretung und endlich möglichst eine gründliche Ausnutzung unserer öffentlichen Versicherungs- und Wohlfahrtseinrichtungen (zu) erwirken"[65],

ließ aber offen, ob und in welchem Maße Frauenorganisationen an den genannten Aufgaben mitarbeiten sollten. Stattdessen wies er den Frauen nur allgemein die Aufgabe zu, durch soziale Arbeit zur Besserung der wirtschaftlichen Verhältnisse „ihrer ungünstiger gestellten Mitschwestern" beizutragen.

Direkte Beeinflussungen durch Peter Lausberg auf die Programmgestaltung des KFB sind nur selten dokumentiert, belegen allerdings, daß der

Kölner Vorstand Handlungsspielräume nutzte und punktuell seine Interessen auch gegen seinen Geistlichen Beirat durchsetzte. So wurde beispielsweise anläßlich der Generalversammlung des KFB 1908 gegen die Bedenken Peter Lausbergs beschlossen, in einer öffentlichen Abendveranstaltung einen Vortrag über die katholische Ehe mit Bezug auf die Mutterschutzbewegung halten zu lassen.[66] Offensiver noch vertraten die Frauen im Zentralvorstand ihr Interesse auf der folgenden Generalversammlung. Als man in das Programm einen Vortrag zur Situation der Frau im öffentlichen Leben, im Staat und in der Gemeinde aufnehmen wollte, gab Lausberg zu bedenken, daß dieses Thema „vielleicht nach oben anstoßen würde". Er plädierte stattdessen dafür, in den öffentlichen Versammlungen Erziehungsfragen zu behandeln. In der folgenden Debatte um die Themenschwerpunkte bezogen die Frauen bemerkenswerterweise die Position, mögliche Konflikte in Kauf zu nehmen:

„Die Schwierigkeiten nach oben seien gerade durch den Vortrag zu heben, indem wir kath. Frauen zeigten, daß wir uns nicht fürchten, an all diese Fragen heranzutreten, daß wir aber zugleich den kath. Maßstab anlegen. Die Schwierigkeiten nach unten seien bedeutende, denn es könnten große Verwirrungen entstehen, wenn die kath. Frauen nicht über alle Fragen, die jetzt an sie herantreten, von unserer Weltanschauung aus belehrt würden. Es ist ja die Aufgabe des Frauenbundes, gegen Verkehrtes uns zu vertiefen und die anderen zu bewahren vor dem Anschluß im anderen Lager."[67]

Die Frauen des KFB waren sich bewußt, daß das Thema „Frau und Politik" in der katholischen Öffentlichkeit und besonders in kirchlichen und klerikalen Kreisen schnell auf Widerstand stoßen konnte. Bei der Programmankündigung vermied man daher einen direkten Hinweis auf das Thema und verwies lediglich darauf, daß ein Vortrag über „Wichtige Aufgaben der katholischen Frauen in der Gegenwart" gehalten werde.[68] Den „katholischen Maßstab" brachte Hedwig Dransfeld, die sich als Referentin zur Verfügung gestellt hatte, zur Geltung, indem sie in ihrer Rede auf den Stellenwert der Familienarbeit und auf die Bedrohung von Religion und Sittlichkeit hinwies. Ansonsten ging sie allgemein darauf ein, daß sozial-caritative Arbeit und beruflich-wirtschaftliche Interessen ein öffentliches Auftreten von Frauen notwendig machten und daß die wirtschaftliche Situation durch eine umfassendere Allgemein- und Berufsbildung zu verbessern sei. Die politische Schulung in der Mädchenerziehung bezeichnete Dransfeld als wirksames Mittel, um die „öffentliche Betätigung der Frau fruchtbringend und kulturell wertvoll" zu gestalten. Die Rednerin erneuerte zwar die neutrale Haltung des KFB zum Frauenstimmrecht, gab aber zu erkennen, daß man nicht grundsätzlich gegen das Stimmrecht sei und empfahl „allen seinen

Mitgliedern auf wärmste, die Frage zu studieren", um im gegebenen Augenblick Stellung beziehen zu können.[69]

Wenn Helmut Hafner den Geistlichen Beirat als „geistigen Mentor" des Katholischen Frauenbundes bezeichnet, so verdeckt diese freundlich anmutende Charakterisierung, daß der Geistliche Beirat selbst der episkopalen Autorität unterstellt war, in letzter Konsequenz also kirchliche Interessen gegen die Interessen der Frauen zu vertreten hatte. Besonders deutlich wurde dies an der Frage um die Zulassung der Frauen zum Katholikentag als stimmberechtigte Mitglieder, was bedeutet hätte, daß Frauen nicht länger von geschlossenen Versammlungen und Ausschüssen ausgeschlossen worden wären.

Der Kampf um Stimmberechtigung von Frauen auf dem Katholikentag

Landgerichtsrat Gröber vertrat auf dem 55. Katholikentag 1908 in Düsseldorf den Antrag des Zentralkomitees, Frauen als ordentliche Mitglieder der Generalversammlung zuzulassen. Es sei nicht mehr zeitgemäß, Frauen von Verhandlungen und Beratungen der Generalversammlung auszuschließen, nachdem sie durch das Reichsvereinsgesetz von 1908 „im politischen Leben, in Vereinen und Versammlungen vollständige Gleichberechtigung erhalten hätten." Den Frauen müsse die Möglichkeit gegeben werden, ihre Anschauungen auch unter den katholischen Männern zu vertreten, die ihrerseits die Pflicht hätten, die „Frauenbewegung in ihren berechtigten Zielen zu unterstützen", aber sie auch „in den richtigen Bahnen zu erhalten".[70] Der Antrag wurde mit fadenscheinigen Argumenten abgewiesen: Die Frauen hätten für viele Fragen, die zudem mitunter „delikater Art" seien, kein Interesse und außerdem hätten sie bislang die Mitgliedschaft selbst gar nicht beantragt. Der beratende Ausschuß empfahl daher, Frauen vorläufig noch nicht die ordentliche Mitgliedschaft zu ermöglichen, die Frage sei noch nicht spruchreif. Gleichwohl war Gröber davon überzeugt, daß die Generalversammlung an dieser Frage nicht dauernd vorübergehen könne, zumal andere katholische Organisationen, zum Beispiel der Caritasverband, Frauen inzwischen als Vollmitglieder zulasse.[71] Positiv entschieden wurde dagegen der Antrag, künftig Vereine, Genossenschaften und Korporationen als ordentliche Mitglieder aufzunehmen und ihren Vertretern Beratungs- und Stimmrecht zu gewähren. Im Ausschuß des Zentralkomitees war beschlossen worden, daß Frauenvereine sich durch einen katholischen Mann vertreten lassen könnten.[72] Unklar blieb indessen die Handhabung dieser Regelung. Der Vorschlag, in der neuen Satzung darauf hinzuweisen, daß auch Vereine mit weiblichen Mitgliedern aufgenommen werden dürfen[73], wurde nicht realisiert, obwohl aus der Dokumentation des Abstimmungsverhaltens ein entsprechender Einwand nicht erkennbar ist.[74] Tatsächlich traten einige wenige Arbeiterinnenvereine sowie der „Verein erwerbstätiger Frauen und Mädchen" aus Kattowitz als ständige Mitglieder dem Katholikentag bei, wie der Mitgliederliste des Katholikentages zu entnehmen ist. Auch der Katholische Frauenbund beabsichtigte dies, wurde aber nach Rücksprache der Anmeldungskommission mit Geheimrat Porsch und dem Vorsitzenden des Zentralkomitees, Graf Droste zu Vischering, mit der lapidaren Erklärung „daß z. Z. weder Damen noch Frauenbünde als Mitglied aufgenommen werden können", abgewiesen.[75]

Lausberg stellte sich voll hinter die Entscheidung der Generalversammlung und erklärte, der Antrag sei tatsächlich verfrüht eingereicht worden, „es würde in weiten und maßgebenden Kreisen sehr unangenehm bemerkt worden sein, wenn dieser Antrag durchgegangen wäre. Er sei der Meinung, es würde den Eindruck erwecken, als wollten die Frauen sich nach und nach politische Rechte anmaßen und das politische Wahlrecht erstreben".[76] Welche Gruppen im einzelnen den „maßgebenden Kreisen" zugeordnet wurden, kann hier nicht festgestellt werden. Entscheidende Bedeutung kam jedenfalls dem Episkopat zu, wie die Akten der Fuldaer Bischofskonferenz belegen. So hatte Graf Droste zu Vischering die Bischofskonferenz aufgefordert, Stellung zur geforderten Mitgliedschaft von Frauen zu beziehen.[77] Die Bischöfe lehnten daraufhin die Zulassung von Frauen zum Katholikentag ab und begründeten dies damit, daß die „Testamente und das Zeugnis des gesunden Menschenverstandes ... gegen die völlige Gleichstellung der Frau im öffentlichen Leben" sprächen. Auch „gewandelte soziale Verhältnisse" rechtfertigten eine solche Gleichstellung nicht.[78]

Trotz der ablehnenden Haltung der Bischofskonferenz forderte der KFB künftig wiederholt, Frauen als Mitglieder zu den Katholikentagen zuzulassen, ließ sich aber stets von Lausberg bremsen und nahm auf seine Veranlassung hin die Initiativen zurück. 1910 hatte Isabella von Carnap, angeregt durch den Generalsekretär des Zentralkomitees, den Münsteraner Domprediger Dr. Donders[79], bereits 40 Unterschriften für einen entsprechenden Antrag gesammelt, als der Geistliche Beirat nicht näher benannte Einwände des Gesamtepiskopats bekanntgab. Im Zentralvorstand beschloß man daraufhin, weder als Organisation noch als Einzelpersonen initiativ zu werden und „die Sache zu verschieben".[80] Ein Jahr später rief Gräfin Preysing-Kronwinkel die im KFB organisierten Frauen dazu auf, sich zahlreich für die diesjährige Katholikenversammlung als ständige Mitglieder anzumelden. Hintergrund der erneuten Initiative war der Aufruf des Vorsitzenden des Zentralkomitees, der, statt wie bisher die „Katholischen Männer", nun „alle Katholiken Deutschlands" zur Teilnahme am Katholikentag aufforderte. Die Frauen verstanden dies als Hinweis, daß man der Zulassung von Frauen nunmehr offener gegenüberstehen würde. Einige Ausschußmitglieder hielten diese Strategie dennoch für wirkungslos, da zuvor Anträge von Frauen stets abschlägig beschieden oder gar nicht beantwortet worden waren. Stattdessen wurde die KFB-Zentrale beauftragt, offiziell beim Generalsekretariat des Katholikentages weitere Erkundigungen zur Frage der Mitgliedschaft einzuholen und den Vorschlag zu machen, wenigstens die in Vereinen aktiven Frauen zur ordentlichen Mitgliedschaft zuzulassen.[81] In der Anfrage stand dann auch die Forderung, generell Frauen die volle Mitgliedschaft zu ermöglichen, nicht mehr zur Diskussion. Man hoffte offenbar, mit Minimalforderungen und einer „Taktik der kleinen Schritte" erfolgreicher zu sein und betonte, daß „selbstredend die Katholikenversammlung eine grosse Männerversammlung bleiben" müsse. Nur einzelne Frauen, die in katholischen Vereinen aktiv seien, sollten „zur ständigen Mitgliederschaft zugelassen (werden), also Vertreterinnen des Katholischen Frauenbundes und der Katholischen Fachverbände, damit ihnen dadurch die Möglichkeit gegeben ist, an den geschlossenen Versammlungen teilzunehmen." Sogar auf das Stimmrecht wollte man „einstweilen" verzichten, sondern sich mit der Teilnahme an den geschlossenen Veranstaltungen begnügen.[82]

Die Anfrage des KFB beantwortete Dr. Donders mit dem Hinweis, daß vor dem Katholikentag eine Entscheidung nicht getroffen werden könne, da das gesamte Zentralkomitee die Sache entscheiden müsse. Der Hinweis Donders' auf den Widerstand von seiten des Episkopats deutete bereits darauf hin, daß der KFB auch dieses Mal erfolglos bleiben würde: Zwei Kardinäle hätten erklärt, daß „kein Bischof mehr die Generalversammlung besuchen" werde, „wenn den Damen irgendwelche Zugeständnisse gemacht würden".[83] Hedwig Dransfeld schlug daraufhin vor, offensiv die volle Mitgliedschaft zu fordern und sich mit einer Denkschrift an die Bischöfe direkt zu wenden. Sie bezog sich auf ein Gespräch mit Kardinal Kopp, das sie bereits vor zwei Jahren wegen der Mitgliedschaft von Frauen zum Katholikentag hatte. Sie hatte versucht, den Vorsitzenden der Fuldaer Bischofskonferenz zu gewinnen, indem sie auf die absurde Situation verwies, daß in einer geschlossenen Versammlung ca. 300 Männer über den hauswirtschaftlichen Unterricht von Mädchen berieten und 16jährige männliche Jugendliche als vollberechtigte Mitglieder ihre Stimme abgeben konnten, während fachkompetente Frauen nicht zur Beratung zugelassen wurden. Kopp hatte daraufhin empfohlen, daß die Frauen ihm ihre Wünsche schriftlich mitteilen sollten, er wolle diese dann der Bischofskonferenz vorlegen. Aus nicht bekannten Gründen folgte Hedwig Dransfeld seinerzeit dem Vorschlag Kopps nicht, hielt es jetzt aber für die „Pflicht des Frauenbundes, in dieser Sache vorzugehen".[84] Peter Lausberg hegte große Bedenken gegen dieses Vorgehen und wollte vor einem solchen Schritt erst die Meinung des Diözesanbischofs erfragen.[85] Um keine Konflikte zu provozieren, schlug Isabella von Carnap vor, in der geplanten Denkschrift Abstand davon zu nehmen, die volle Mitgliedschaft zu fordern und stattdessen deutlich zu machen, daß sie keine Machtpositionen in der Generalversammlung der Katholiken beanspruchten. Man wolle „die Herren nicht erschrecken und zunächst nur beschränkte Rechte erbitten" sowie den „hochwürdigen Herren sagen, daß die Frauen auf der Galerie bleiben wollten wie bisher".[86] Anderthalb Jahre später teilte Graf Droste zu Vischering dem Frauenbund mit, daß das Zentralkomitee endgültig gegen die Aufnahme von Frauen gestimmt habe. Das „Z.K." habe sich dabei auf den „Entscheid der kirchlichen, berufenen Instanz", also auf die Fuldaer Bischofskonferenz, gestützt. Diese hatte dem Zentralkomitee mitgeteilt, daß die Konferenz wohl die soziale Tätigkeit der katholischen Frauen anerkenne, aber „wünschen und raten (müsse) ..., mit Rücksicht auf die Gefahr einer immer weiter gehenden Umgestaltung des Charakters der General-Versammlung von einer aktiven Beteiligung der Frauen an den Beratungen Abstand" zu nehmen.[87] Nach dieser Entscheidung unternahm der Frauenbund keine weiteren Versuche und begnügte sich mit den stets gewährten Zustimmungsadressen der Generalversammlung.[88] Es ist nicht bekannt, ob der KFB nach dem Tode von Kardinal Kopp im Jahre 1914 beabsichtigte, erneut in der Frage initiativ zu werden. Allerdings dürften entsprechende Überlegungen aufgrund des Ausbruchs des Ersten Weltkriegs obsolet geworden sein; der für 1914 geplante 61. Katholikentag wurde nicht mehr abgehalten.

Der Widerstand gegen die Aufnahme von Frauen als Mitglieder der Generalversammlungen der Katholiken wurde nach dem Krieg wegen der einschneidenden gesellschaftlichen und politischen Veränderungen hinfällig. Da Frauen nun auch das politische Wahlrecht hatten, wäre ein weiterer Ausschluß von den Katholikentagen der katholischen Bevölkerung aber auch der säkularen Öffentlichkeit gegenüber kaum vermittelbar gewesen. Bevor 1921 der erste Katholikentag nach siebenjähriger Unterbrechung einberufen wurde, fanden bereits ab 1919 mehrere regionale Katholikentage statt, zu denen wiederholt Hedwig Dransfeld als Rednerin für die Frauenversammlungen eingeladen wurde.[89] Im Hinblick darauf, daß 1921 erstmals Frauen als stimmberechtigte Mitglieder am Katholikentag teilnehmen konnten, trug man Hedwig Dransfeld an, die Stelle einer Vizepräsidentin in der Generalversammlung zu übernehmen.[90] Auch in den folgenden Jahren waren Frauen in den Präsidien vertreten, sowohl als Vizepräsidentinnen als auch als Schriftführerinnen.[91]

3. Aufbau der Organisation und programmatische Entwicklung

Nach den Satzungen oblag die Leitung und Vertretung des KFB drei Organen: Dem Vorstand, dem Ausschuß und der ordentlichen Mitgliederversammlung (Generalversammlung).[92] Die tatsächliche Führung der Organisation kam jedoch dem Vorstand und und der Kölner Zentrale zu.[93] Verstand sich der Vorstand laut den Satzungen von 1903 noch als Organ, das die Beschlüsse des Ausschusses und der Generalversammlung auszuführen hatte, so fehlte dieser Hinweis in den Satzungen von 1904 völlig.[94] 1908 wurde die dominante Stellung des Vorstands auch satzungsgemäß verankert: „Wichtige Kundgebungen, Eingaben und Anträge, die Interessen des Gesamtbundes betreffend", fielen nunmehr ausschließlich in die Kompetenz des Vorstands.[95]

Die Zusammensetzung des Vorstands blieb im Kern über mehrere Wahlperioden hinweg konstant.[96] Vor allem die Gründungsmitglieder blieben mindestens ein Jahrzehnt ohne Unterbrechung im Vorstand und bestimmten dadurch ganz entscheidend die Politik des KFB: Emilie Hopmann übernahm bis 1912 den Vorsitz und blieb danach als Ehrenvorsitzende bis zu ihrem Tod im Vorstand[97], Minna Bachem-Sieger war 16 Jahre lang Zweite Vorsitzende. 1919 legte sie den Vorsitz nieder, gehörte aber dem Vorstand weiterhin als Beisitzerin an.[98] Auch die weiteren Gründungsmitglieder blieben bis in die 1920er Jahre im Vorstand: Jeanne Trimborn war bis kurz vor ihrem Tode Beisitzerin[99], Agnes Neuhaus war von Beginn an ohne Unterbrechung bis 1924 Mitglied des Vorstands, und Maria Lantz wurde bis 1921 kontinuierlich als Beisitzerin gewählt. Danach gehörte sie dem Vorstand als Ehrenbeisitzerin an, ebenso Isabella von Carnap, die nach ihrem Rücktritt als Generalsekretärin 1916 die Wahl zur Beisitzerin angenommen hatte.[100] Langjähriges Vorstandsmitglied war ferner Albertine Badenberg, die von 1909 bis Mitte der 1920er Jahre Schatzmeisterin des KFB war.[101]

Dem Ausschuß war eher eine repräsentative Funktion zugedacht. Allein die Größe - zu den 60 gewählten Mitgliedern kamen noch Delegierte einiger Zweigvereine und die Vorsitzenden der Fachverbände hinzu[102] - läßt vermuten, daß nicht beabsichtigt war, dem Vorstand ein wirklich arbeits- und entscheidungsfähiges Gremium zur Seite zu stellen. Indiz für den repräsentativen Charakter dürfte auch der relativ hohe Anteil adeliger Mitglieder sein, ebenso wie die große Zahl der Frauen, die bekannten bürgerlichen Familien angehörten. Auch der gesamte Vorstand des KFB, ausgenommen Präses Lausberg, wurde in den Ausschuß gewählt.[103] Mit dem zunehmenden Ausbau der Organisation gewann der Ausschuß an Bedeutung. Ihm kam immer stärker die Funktion zu, zwischen den Zweigvereinen und dem Vorstand zu vermitteln und die Arbeit der Kölner Zentrale zu legitimieren.[104] Der Bedeutungszuwachs zog auch höhere Ansprüche an eine verbindliche und kontinuierliche Mitarbeit nach sich: 1911 wurde in die Geschäftsordnung aufgenommen, daß Mitglieder, die dreimal hintereinander in Ausschußsitzungen fehlen, auszuschließen seien.[105]

Erste programmatische Vorstellungen

Nach dem Verständnis der Gründerinnen des Frauenbundes sollte mit dem Zusammenschluß aller katholischen Frauenvereine unter der Führung des KFB die Basis für eine konfessionelle Frauenbewegung geschaffen werden. Der KFB setzte daher seine Politik, Programmatik und Strategie von Beginn an in Bezug zur katholischen Frauenbewegung. Paradoxerweise stellten die Gründerinnen des KFB allgemeinverbindliche Grundsätze für die katholische Frauenbewegung auf und orientierten sich an unterstellten Interessen und Bedürfnissen von potentiellen Bewegungsträgerinnen, obgleich „eine Bewegung" noch gar nicht zu erkennen war. Zwar hatten sich seit Mitte des 19. Jahrhunderts eine Vielzahl katholischer Frauenvereine, größtenteils kirchlich gebunden, entwickelt, doch standen diese relativ isoliert nebeneinander. Diese Isolation aufzuheben war gerade ein zentrales Motiv für die Gründung des KFB gewesen.

Die Gründerinnen der neuen Frauenorganisation hatten wiederholt die Zielvorstellung erörtert, die sozialen und caritativen Frauenvereine zusammenzuschließen, um gemeinsam an der Lösung der Frauenfrage auf christlich-katholischer Grundlage mitzuarbeiten.[106] Der KFB erklärte daher als zentrales Anliegen, sich für bessere Erwerbs- und Bildungsmöglichkeiten einzusetzen. Daneben räumte der KFB dem Familienbezug einen breiten

Raum ein, verband aber das traditionelle Arbeitsgebiet der Frau mit der gesellschaftlichen Ebene und forderte dazu auf, die Familienarbeit in den Dienst einer gesellschaftlichen Erneuerung zu stellen:

„Die Frau erfülle ihre Pflicht als Gattin und Mutter. Das Haus ist ihre Welt, häusliches Wirken das, wodurch sie sich und andere beglückt ... Unstreitig bildet die Ausübung ihres natürlichen Berufes nach Gottes Vorschrift die wichtigste aller Kulturaufgaben der Frau. Im häuslichen Kreise liegt jetzt, wie immer, das Schwergewicht derjenigen Tätigkeit, durch welche sie auf das öffentliche Wohl einwirkt und die ‚Sittlichkeit der Städte und Nationen bestimmt'. Und deshalb kann die ideale Aufgabe einer wahrhaft christlichen Frauenorganisation in letzter Linie keine andere sein als: das christliche Familienleben in allen Schichten der Gesellschaft zu stärken, zu erhalten, wiederherzustellen. Hierin liegt ihre tiefste und innerste Berechtigung, hierin auch ihre praktische Notwendigkeit."[107]

Kein Zweifel bestand darüber, daß zur Durchsetzung „praktischer Ziele"[108] gesellschaftlicher Einfluß erforderlich war. So sehr die Frauen auch an traditionellen Ordnungsvorstellungen festhielten, so eindeutig formulierten sie die Notwendigkeit, in die Öffentlichkeit zu gehen und bei „allen städtischen und staatlichen Einrichtungen" die Interessen katholischer Frauen zu vertreten.[109] Unter „praktischen Zielen" verstand Pauline Herber die „Belehrung ... über die Arbeitsgebiete der Frau", die Schulung der „sozialen Kräfte" der Frau, Möglichkeiten zur Zusammenarbeit zu schaffen und die „gemeinnützige katholische Frauenarbeit" auszubauen und zu erweitern.[110]

Nach seiner 1. Generalversammlung begann der KFB mit dem Aufbau der Schulungs- und Bildungsarbeit, die er zu einem der wichtigsten Arbeitsschwerpunkte erhob. Zunächst standen die Gründerinnen des Frauenbundes allerdings selbst vor dem Problem, unzureichend informiert und geschult zu sein. So fehlten anfangs außer theoretischem Wissen auch organisatorische und administrative Kenntnisse und Erfahrungen. Die Frauen versuchten, sich das notwendige Wissen so bald wie möglich anzueignen und nahmen beispielsweise zur Schulung der eigenen Führungskräfte vielfach das Kursusangebot des Volksvereins wahr und empfahlen dies auch den übrigen Mitgliedern.[111] Dem KFB war jedoch daran gelegen, möglichst bald selbst Kurse und Vorträge zu organisieren, um, wie Pauline Herber es benannt hatte, der Unkenntnis der katholischen Frauen über die Frauenfrage durch „Belehrung" abzuhelfen.[112] Isabella von Carnap gab daher auf der 1. Generalversammlung bekannt, daß die Zentrale ab Januar 1905 in verschiedenen Städten soziale Kurse veranstalten werde.[113] Die Kurse, als „Wanderkurse" den Zweigvereinen angeboten, behandelten Fragen der öffentlichen Armen- und Krankenpflege, informierten über Berufsmöglichkeiten für Frauen und über die Arbeiterinnen- und Dienstbotenfrage.[114] Der Mangel an fachlich geschulten Frauen führte dazu, daß anfangs die Kurse und Vorträge des

KFB überwiegend von männlichen Referenten bestritten wurden.[115] Trotz der Bedeutung, die der KFB der Schulung beimaß, gelang es auf Jahre nicht, ein kontinuierliches Schulungsangebot aufzubauen. Vorträge und Kurse wurden nur sporadisch, je nach aktuellen Notwendigkeiten und Nachfragen, organisiert.[116]

Große Anstrengungen unternahm die Kölner Zentrale des Frauenbundes, um eine organisatorische Struktur für die inhaltliche Arbeit zu schaffen. Ausgehend von der Gründungsidee, daß der KFB Dachverband für die sozialen und caritativen Frauenvereine werden sollte, beabsichtigte man, die Vereine nach ihren jeweiligen Fachgebieten in Abteilungen zusammenzuschließen.[117] Eingerichtet wurden schließlich drei Studienkommissionen[118], in denen allerdings nicht die Vereine mitarbeiteten, da sich diese nicht in dem erhofften Maße dem KFB anschlossen. Stattdessen entwickelten sich die Kommissionen in den folgenden Jahren zu Arbeitsgremien, in denen die notwendige Sachkompetenz erworben werden sollte, um der Kölner Zentrale, beziehungsweise dem Zentralvorstand, Entscheidungshilfen und Anregungen für die inhaltliche Arbeit zu geben.

Am 15. Juni 1905 wurde die erste der drei Kommissionen, die „Studienkommission für wissenschaftliche Bestrebungen" gebildet, die „Studienkommission für soziale Bestrebungen" folgte am 26. Oktober 1905, und die „Studienkommission für charitative Tätigkeit" konstituierte sich am 4. Juli 1906.[119] Kernpunkt der Studienkommission für wissenschaftliche Bestrebungen war die wissenschaftliche Berufs- und Fortbildung katholischer Frauen. In dieser Kommission ging es nicht um ausführende praktische Arbeit, sondern um die theoretische Auseinandersetzung mit Bildungsfragen. Die Kommissionsmitglieder beschäftigten sich vorwiegend mit Berufen, die für die Frauen des Mittelstandes in Frage kamen und die eine höhere Schulbildung erforderten. Außerdem wollte sich die Kommission für die „Vertretung der katholischen Frau in Schulbehörden und sonstigen mit der Lösung bezüglich Bildungsfragen betrauten Behörden" einsetzen.[120]

Während die wissenschaftliche Studienkommission ihren Arbeitsbereich klar definieren konnte, hatten die anderen Kommissionen Abgrenzungsprobleme. Man versuchte das Problem durch Schwerpunktsetzungen zu lösen: Die caritative Kommission sollte sich auf Fragen der Armen- und Krankenpflege sowie den Fürsorgebereich beschränken, und die soziale Studienkommission sollte sich auf die Fürsorge für die schulentlassene weibliche Jugend, die Wohnungsfrage und später auch auf Berufsfragen des gewerblichen und handwerklichen Bereichs spezialisieren.[121]

Entsprechend ihrer Funktion als Fachgremien, die der Zentrale zuarbeiteten, hatte diese ein starkes Interesse an der Loyalität der Kommissionsmitglieder. Da die Vorsitzenden der Kommissionen zugleich Vorstandsmitglieder des Gesamtbundes waren, schien der gewünschte und geforderte enge Anschluß der Kommissionen an die Kölner Zentrale gewährleistet: Den Vorsitz der wissenschaftlichen Studienkommission übernahm Minna Bachem-Sieger, die caritative Studienkommission wurde von Jeanne Trimborn geleitet, und Isabella von Carnap wurde zur Vorsitzenden der sozialen Studienkommission gewählt.[122] 1909 einigte man sich, in den Studienkommissionen einen mehrköpfigen Vorstand zu wählen, um die Vorsitzenden zu entlasten.[123] Marita Loersch hatte zuvor die Vorsitzenden aufgefordert, den Vorsitz wegen Arbeitsüberlastung niederzulegen, was die betreffenden Frauen „freudig begrüßten".[124] Der Geistliche Beirat der Kölner Zentrale, Peter Lausberg, akzeptierte diese Entscheidung nicht, da er es für unklug hielt, „diese wichtigen Posten, bei denen die Centrale mitsprechen müsse, aus der Hand zu geben."[125] Es blieb daher bei der bestehenden Regelung.

Gegenüber der inhaltlichen Arbeit stand der Aufbau der Organisation in den Anfangsjahren eindeutig im Vordergrund. Der Aufbau gewann zusätzliche Bedeutung, nachdem sich abzeichnete, daß die ursprüngliche Idee, die bereits bestehenden katholischen Frauenvereine unter der Führung des KFB zusammenzuschließen, aufgegeben werden mußte. Zwar schlossen sich dem KFB bis zur 1. Generalversammlung 1904 zehn Vereine an[126], die weitere Entwicklung verlief jedoch nicht im Sinne der Protagonistinnen der katholischen Frauenbewegung. Grund dafür war ein starkes Mißtrauen der alteingesessenen Frauenvereine gegenüber der neuen Organisation. Die kirchlichen Frauenvereine befürchteten, vom KFB vereinnahmt zu werden und sahen ihre Selbständigkeit gefährdet. Selbst der katholische Lehrerinnenverein verhielt sich zurückhaltend[127], obgleich gerade die Lehrerinnen, vor allem die Vorsitzende des Lehrerinnenvereins, Pauline Herber, den organisatorischen Zusammenschluß katholischer Frauen entschieden gefördert hatten. Dem Frauenbund konnte die ablehnende Haltung der Frauenvereine nicht gleichgültig sein, wollte er seinen Anspruch auf die Führungsrolle innerhalb der katholischen Frauenbewegung nicht verlieren. Er mußte daher Zugeständnisse machen und mit den bereits bestehenden Vereinen kooperieren. Besonders warb er um den Lehrerinnenverein, dem er „alle nur möglichen Vergünstigungen" zusicherte.[128] Ängstlich bedacht, die Vorwürfe der Vereine zu zerstreuen, ließ der KFB keine Gelegenheit aus, immer wieder zu betonen, daß er nicht in die Selbständigkeit der Vereine eingreifen wolle.[129] Um dies öffentlich zu dokumentieren, ließ er sogar in der Zustimmungsadresse des Essener Katholikentages 1906 darauf hinweisen, daß der KFB den „längst bestehenden und besonders auf kirchlichem und charitativem Gebiete segensreich wirkenden Frauenvereinen keineswegs Abbruch tut, sondern tunlichste Unterstützung leisten will".[130] Zwei Jahre später stellte Isabella von Carnap auf der Generalversammlung des Frauenbundes fest, daß das Verhältnis zu den Fachverbänden und den angeschlossenen Vereinen „fast durchweg ein recht gutes" geworden sei und das Mißtrauen der Vereine einem „schönen Vertrauen Platz gemacht habe".[131]

Diese optimistische Einschätzung entsprach nicht der Realität. Auch in den folgenden Jahren kam es immer wieder aufgrund von Kompetenzabgrenzungen und Interessenkollisionen zu Kontroversen mit anderen katholischen Frauenvereinen, auch, weil einige der aktiven Funktionärinnen des KFB gleichzeitig an führender Stelle in anderen katholischen Vereinen standen. Als Mitglied des KFB-Zentralvorstandes hatten diese Frauen vorrangig die Interessen des Frauenbundes zu vertreten und spezifische Verbandsinteressen zurückzustellen, womit Konflikte vorprogrammiert waren. Die heterogene Struktur der katholischen Frauenvereine und divergierende Interessen, die besonders im Zusammenhang mit dem Gewerkschaftsstreit offenkundig wurden, führten in den Folgejahren dazu, daß man sich vielfach auf den kleinsten gemeinsamen Nenner einigte. Der universale Anspruch, alle katholischen Frauen zu organisieren, die Adelige wie das Dienstmädchen, die wissenschaftlich gebildete und erwerbstätige Frau wie die ungelernte Arbeiterin, bewirkte zudem, daß unterschiedliche Strategien für die Gewinnung von Mitgliedern entwickelt werden mußten.

Propagandatätigkeit und Mitgliederentwicklung

In den ersten zwei Jahren seines Bestehens gehörte es zu den wichtigsten Aufgaben des KFB, die neue Organisation in der katholischen Öffentlichkeit bekanntzumachen. Artikel über die Frauenfrage, Aufgaben und Zielvorstellungen des Frauenbundes, Berichte über Versammlungen, Besprechungen von Vorträgen usw. dienten daher stets auch Propagandazwecken. Anfangs übernahm es vor allem die Generalsekretärin Isabella von Carnap, in Vorträgen und auf zahlreichen „Agitationsreisen" für den Frauenbund zu werben.[132] Recht bald versuchte man, die Propagandatätigkeit so effektiv wie möglich zu organisieren, weswegen im Juni 1904 eine „Presskommission" eingerichtet wurde; ihr gehörten Isabella von Carnap, Emilie Hopmann und Peter Lausberg an.[133] Die erste gezielte Werbekampagne erfolgte anläßlich der 1. Generalversammlung des Frauenbundes. Der Augustinus-Verein organisisierte die Kampagne und ließ zahlreiche Aufrufe verschicken sowie Anzeigen in der katholischen Presse veröffentlichen.[134]

In den folgenden Jahren wurde wiederholt eine Verstärkung der Propagandatätigkeit gefordert, ohne daß es gelang, die Tätigkeit zu systematisieren. Verschiedene Initiativen blieben regional begrenzt und gewannen keine Bedeutung für die Gesamtorganisation. Beispielsweise hatte der Zweigverein Mönchengladbach schon 1908 ein Bezirksfrauensystem eingeführt, wodurch man hoffte, breitere Bevölkerungskreise zu gewinnen.[135] Nachdem man 1909 beobachtet hatte, daß nach dem „Gründungseifer" der Mitgliederzuwachs abflaute[136], beantragte der Zweigverein Würzburg, ein Förderinnensystem zu etablieren, konnte sich damit jedoch im Zentralausschuß des KFB nicht durchsetzen. Die Diskussion an der Zentrale um die Einrichtung einer Propagandakommission zog sich über Jahre ohne erkennbare Erfolge hin.[137] Erst die Einstellung einer „Sekretärin für Volkspropaganda" schaffte die Voraussetzung für eine systematische und intensivere Propagandaarbeit.[138] Die Initiative des Frauenbundes stand im Zusammenhang mit der Absicht des Volksvereins, ab Januar 1913 gezielt um die Mitgliedschaft katholischer Frauen zu werben.[139] Da sich die Werbung des Volksvereins vor allem auf die Industriearbeiterinnen konzentrierte, wurde eine Propagandasekretärin ausdrücklich für die „Volkspropaganda" in den Industriegebieten eingestellt.[140]

Mitbestimmend für die erneuten Bemühungen des KFB, die „Frau des Volkes" zu organisieren, war die Tatsache, daß es zum Zeitpunkt der Volksvereinskampagne längst nicht gelungen war, den KFB in allen Bevölkerungsgruppen zu etablieren. Der Frauenbund konkurrierte hier mit den berufsständischen Organisationen, vor allem aber mit den kirchlichen Mütter- und Jungfrauenvereinen, die in weitaus stärkerem Maße die Frauen des unteren Mittelstandes organisierten.[141] Um diese Bevölkerungsgruppen besser ansprechen zu können, hatte der Zentralvorstand des Frauenbundes schon ab 1907 begonnen, die Publikationsorgane gezielter auf die unterschiedlichen Mitgliedergruppen auszurichten. Seit dem 1. Juli 1907 wurde eine neue Zeitschrift, „Der Katholische Frauenbund", als Verbandsorgan des KFB herausgegeben.[142] Es sollte volkstümlichen Charakter erhalten, „populär, anregend und belehrend" sein und „Lektüre für die Frau auch speziell der unteren Stände bieten".[143] Ausgelöst wurde diese Entscheidung durch die Absicht Lorenz Werthmanns, die „Mitteilungen" des KFB, die seit Februar 1905 der „Christlichen Frau" beigeheftet wurden, einzustellen. Durch die kostenlose Abgabe der „Mitteilungen" an KFB-Mitglieder sei die Abonnentenzahl der „Christlichen Frau" erheblich gesunken, die Trennung der „Mitteilungen" von der „Christlichen Frau" hielt Werthmann daher für unumgänglich.[144] Minna Bachem-Sieger, die die Redaktion des neuen Organs übernahm, versicherte, daß weiterhin für die „Christliche Frau" geworben würde. Es sei „Ehrensache" des KFB, immer wieder darauf zu verweisen, daß „diese hervorragende Zeitschrift in den Händen jeder denkenden Frau, die sich mit der Frauenbewegung beschäftigt, sein muß."[145] Die „Christliche Frau" wandte sich mit ihrer theoretischen Ausrichtung ja auch ganz bewußt an Frauen, die über eine entsprechende Bildung verfügten und die auch Zeit hatten, umfangreiche Abhandlungen zu lesen. Gerade für die Frauen unterer sozialer Schichten trafen diese Voraussetzungen nicht zu.[146]

In der Folgezeit intensivierte der KFB seine Bemühungen, den unterschiedlichen Interessen und Bedürfnissen katholischer Frauen gerecht zu werden. So wurde dem Verbandsorgan ab Oktober 1909 die Beilage „Hausmutter in Stadt und Land" zugeheftet, die sich an die nicht erwerbstätigen Frauen, deren Lebens- und Arbeitsmittelpunkt die Familie war, richtete. In leicht lesbarer Form sollten kurze Informationen „aus dem Leben" und der Wirtschaft mit Aufsätzen über Familie, Haushalt und Kindererziehung verbunden werden.[147] Auch mit dem „Kalender für unsere Frauen" wollte der KFB hauptsächlich die unteren sozialen Schichten erreichen.[148] Um dem unterschiedlichen Bildungsniveau seiner Mitglieder gerecht zu werden, unterhielt der KFB ab Oktober 1913 zwei Verbandsorgane, die „Christliche Frau" und „Frauenland. Organ des Katholischen Frauenbundes". „Frauenland" löste das bisherige Verbandsorgan „Der Katholische Frauenbund" ab und war bewußt in populärer Form gehalten, da es sich gezielt an die „große Masse der Frauen" wandte. In der „Christlichen Frau" sollten nach wie vor Fragen der Frauenbewegung auf wissenschaftlicher Basis abgehandelt werden.[149]

Trotz der Schwierigkeiten, sich in breiten Bevölkerungskreisen durchzusetzen und vor allem, sich gegen die mitgliederstarken kirchlichen Müttervereine zu behaupten[150], wuchs die Mitgliederzahl des KFB beständig. Besonders die Werbekampagne von 1912/13 trug zu einem beachtlichen Mitgliederzuwachs bei[151], wie die folgende Tabelle ausweist:

Tabelle 1: Mitgliederentwicklung im KFB[152]

Jahr	Zweigvereine	Mitglieder	angeschlossene Vereine
1904	8	1.478	10
1907	43	16.850	kein Hinweis
1910	67	25.246	207
1913	150	60.000	kein Hinweis
1916	225	90.000	350
1919	420	120.000	650
1922	950	230.000	kein Hinweis
1925		keine Hinweise	
1928	1.010	204.000	kein Hinweis

Die in der Weimarer Republik weiter ansteigende Zahl deutet wohl auf einen Bedeutungszuwachs des KFB hin, doch blieb er auch in diesen Jahren quantitativ weit hinter den kirchlichen Frauenverbänden zurück, die etwa 1,5 Millionen katholischer Frauen repräsentierten.[153]

Neben dem Ziel, katholische Frauen aller Schichten zu organisieren, versuchte der KFB, den eigenen Nachwuchs zu sichern und Mädchen für die Mitarbeit zu gewinnen. Der Aufbau eines Jugendbundes wurde daher seit 1905 im Frauenbund erörtert, gewann aber erst ab 1911 stärkere Bedeutung.

„Adjutanten des Frauenbundes": Der Aufbau des Jugendbundes

1905 ergriff der Kölner Zweigverein des KFB die erste Initiative und gründete einen Jugendbund. Die „jungen Damen" sollten sich zur „Kerntruppe des Frauenbundes" entwickeln und für die Mitarbeit im Zweigverein geschult werden:

„Die Mitglieder des Jugendbundes sollen die Adjutanten des Frauenbundes sein, die zunächst durch kleine soziale Hilfsarbeiten ihre Kraft entwickeln und erproben, um dann mit den Jahren zu Führerinnen aufzurücken, inzwischen gleichsam groß geworden in den Ideen des Katholischen Frauenbundes."[154]

Um die Organisation der Jugendbünde zu vereinheitlichen, erließ der Zentralvorstand 1907 entsprechende Richtlinien.[155] Danach waren die Jugendbünde nicht selbständig, sondern Bestandteil der Zweigvereine. Die Mitglieder der Jugendbünde waren berechtigt, einen Vorstand aus ihrer Mitte zu wählen. Die Verbindung zwischen dem Zweigverein und dem Jugendbund sollte durch eine Beirätin, die selbst dem Vorstand des Zweigvereins angehörte, sichergestellt werden.[156] Über die Vorsitzenden der Zweigvereine war gleichzeitig gewährleistet, daß die Kölner Zentrale bzw. der Zentralvorstand die Kontrolle über die Jugendbünde behielt.

Trotz der Bedeutung, die man der Organisierung der weiblichen Jugend beimaß, widmete sich der Frauenbund dieser Aufgabe nur mit geringer Intensität. Erst die öffentliche Diskussion zur Jugendpflege im Zusammenhang mit den preußischen Jugendpflegeerlassen von 1911 und 1913[157] gab dem Frauenbund einen Impuls, der weiblichen Jugendpflege mehr Aufmerksamkeit zuzuwenden. Zielgruppe der Jugendpflegeerlasse war die männliche und weibliche schulentlassene Jugend der unteren sozialen Schichten. Im Kontext dieser öffentlichen Diskussion konzentrierte sich der KFB künftig auch auf die schulentlassenen Mädchen, deren Erziehung er als originäre Aufgabe des Frauenbundes betrachtete.[158]

Der wachsenden Bedeutung der Jugendpflegearbeit trug der KFB Rechnung, indem er seine Zweigvereine dazu anregte, die Mitglieder der Jugendabteilungen besser zu schulen und sie stärker in die Verbandsarbeit einzubeziehen.[159] Auf der Generalversammlung von 1912 wurde die katholische weibliche Jugendpflege zum Schwerpunktthema erhoben.[160] Strukturelle Änderungen in der Verbandsarbeit folgten nach. So wurde unter dem Vorsitz von Minna Bachem-Sieger[161] eine Jugendkommission eingerichtet, die ab Januar 1913 eine Schrift für die „gebildete Jugend", die „Jugendziele", herausgab.[162] Die Jugendkommission sollte den Jugendabteilungen Orientierungen für ihre Arbeit geben und die katholische Jugend nach außen vertreten. Auf der ersten Versammlung der Jugendabteilungen, einberufen durch die Kommission, wurde erneut die Zielvorstellung definiert: „Erziehung zu vollwertigen katholischen Frauen, durchdrungen von sozialem Verantwortlichkeitsgefühl und feststehend in katholischer Weltanschauung."[163] Begünstigt durch den Ersten Weltkrieg, in dessen Verlauf die katholischen Mädchen in die Fürsorgearbeit des Verbandes einbezogen werden sollten[164], kam man 1915 der schon länger bestehenden Forderung nach Einrichtung eines Jugendsekretariats nach. Marie Buczkowska wurde als Jugendsekretärin eingestellt und war künftig für alle Angelegenheiten der Jugendarbeit im KFB zuständig.[165] 1916 beschloß die 6. Generalversammlung in Berlin schließlich, die Zweigvereine satzungsgemäß zur Gründung von Jugendabteilungen zu verpflichten[166], was eine deutliche Erhöhung der Abteilungen nach sich zog:

Tabelle 2: Jugendabteilungen im KFB[167]

Jahr	Jugendabteilungen	Mitglieder
1910	24	1.271
1912	50	4.000
1915	71	4.141
1916	80	4.703
1917	138	8.970
1918	159	10.520

Den Anspruch, die führende Organisation aller katholischen Frauen werden zu wollen, dehnte der KFB auch auf Mädchen aus. In „Sammelvereinen" wollte er die gesamte weibliche Jugend organisieren. Er geriet damit jedoch in Kollision mit den spezifischen Interessen der ständischen Frauenvereine, die ihrerseits den Anspruch erhoben, die Jugendlichen zu organisieren. Die Fuldaer Bischofskonferenz stützte die Position der ständischen Organisationen - im wesentlichen die des Verbandes katholischer Jungfrauenvereine - und lehnte Sammelvereine im KFB ab.[168] Bis 1918/19 beschränkte sich daher die Jugendarbeit im wesentlichen darauf, den eigenen Nachwuchs zu schulen und in Aufgabenbereiche der Zweigvereine einzubinden.

Bedeutung und Rolle der Zweigvereine

Die Ausbreitung der Zweigvereine des KFB war der Maßstab dafür, ob und wie schnell die neue Frauenorganisation angenommen werden würde. Bedeutend waren die Zweigvereine auch deswegen, weil die praktische Umsetzung der Verbandspolitik und -programmatik letztlich von ihnen abhing. Den Neugründungen wurde daher in den Publikationsorganen des Frauenbundes, aber auch in der katholischen Presse, viel Aufmerksamkeit gewidmet.[169] Gleichwohl gestaltete sich die Beziehung zwischen der Kölner Zentrale und den Zweigvereinen problematisch. Den Zweigvereinen war eine eher ausführende Funktion zugedacht und es wurde erwartet, daß die Politik des KFB mehr oder weniger widerspruchslos umgesetzt wurde.

Der Kölner Zentrale gelang es mitunter nur schwer, ihre Arbeit gegenüber den Zweigvereinen zu legitimieren. Die häufigen Anträge von Zweigvereinen, die satzungsgemäß festgelegte Abgabe der Mitgliederbeiträge an die Zentrale zu reduzieren[170], verweisen auf die teilweise große Diskrepanz zwischen Zielvorstellungen und Politik des Gesamtbundes und der praktischen Arbeit der Zweigvereine. Diese waren häufig, besonders in kleinen Orten oder auf dem Lande, sozialcaritativ ausgerichtet und identifizierten sich keineswegs immer mit der Idee der Frauenbewegung. Die Aktivitäten der Kölner KFB-Zentrale wurden daher mitunter argwöhnisch betrachtet. Dies drückte sich auch darin aus, daß solche Zweigvereine ihrer Verpflichtung, Beiträge an die Zentrale abzuführen, nur zögernd nachkamen.[171] Um zu gewährleisten, daß die Zweigvereine sich nicht verselbständigten, schränkte die Kölner Zentrale die Kompetenzen der Zweigvereine ein und bestand darauf, über deren Tätigkeit genauestens unterrichtet zu werden.

Die Kölnerinnen erwarteten, über alle beabsichtigten Zweigvereinsgründungen vorab informiert zu werden, ebenso über die Mitgliederzahl, die Zusammensetzung des Vorstandes und des Ausschusses sowie über die Zahl und die Tätigkeit der angeschlossenen Vereine. Die Informationen sollten in Berichtsform der Zentrale zugänglich gemacht werden. Im Einvernehmen mit dem Zentralvorstand sollten die Zweigvereine lokale Arbeitspläne aufstellen. Entscheidungen und Aktivitäten, die prinzipielle Bedeutung für den gesamten Frauenbund hatten, durften nur in Absprache mit der Zentrale erfolgen. Untersagt war den Zweigvereinen ferner, selbständig im Namen des Bundes aufzutreten, beziehungsweise ohne vorherige Beratung mit der Zentrale etwas zu veröffentlichen, was über rein lokale Interessen hinausging. Auch wollte man über Meinungsverschiedenheiten innerhalb der Zweigvereine informiert werden.[172] Während einer Ausschußsitzung im Oktober 1905 protestierten einige Zweigvereinsvorsitzende gegen die starke Stellung der Kölner Zentrale und forderten, Zweigvereinsvorsitzende in den Zentralvorstand aufzunehmen, um die Position der Zweigvereine zu stärken. Die Forderung konnte nicht durchgesetzt werden, so daß die Dominanz des Zentralvorstands weiter bestehen blieb.[173] Um die Kommunikation zu verbessern einigte, man sich lediglich darauf, Ergebnisse des Zentralvorstands den Zweigvereinsvorsitzenden direkt mitzuteilen, sofern sie für die „Allgemeinheit des Frauenbundes von Wichtigkeit" seien.[174] 1908 wurde das Verhältnis zwischen Zentralvorstand und Zweigvereinen neu geregelt. In den Satzungen wurde verbindlich festgelegt, daß Zweigvereinsgründungen nur mit dem Einverständnis des Zentralvorstands erfolgen durften.[175] Des weiteren wurde vorgeschrieben, daß die Zweigvereine gleichlautende Statuten, die sogenannten Normalstatuten, annehmen mußten, um eine einheitliche Organisationsstruktur zu gewährleisten.[176]

Die Anwesenheit mindestens einer Vertreterin der Kölner Zentrale war bei allen Zweigvereinsgründungen ein wesentliches Mittel, den Führungsanspruch zu dokumentieren. Minna Bachem-Sieger votierte 1910 für eine

Lockerung und schlug vor, nunmehr die Gründungen den Zweigvereinen zu überlassen. Dies würde eine raschere Ausbreitung des KFB nach sich ziehen und zudem die Kölner Zentrale entlasten.[177] Isabella von Carnap lehnte mit Unterstützung von Agnes Neuhaus den Antrag vehement ab, weil sie die Dominanz der Zentrale bedroht sah. Bevor den Zweigvereinen eine größere Selbständigkeit zugestanden werden könne, hielt von Carnap es für notwendig, an der Zentrale eine Soziale Frauenschule einzurichten, in der die Frauen für die Zweigvereinsarbeit geschult werden sollten. Nur über diesen Weg sei gewährleistet, daß die Zentrale weiterhin die Führung der Organisation in der Hand behielte und „den Geist des Gesamtbundes" sichere.[178]

Der straffe und dirigistische Führungsstil der Kölner Zentrale wurde auf Dauer unhaltbar, da die Zweigvereine die bevormundende Haltung der führenden Frauen immer weniger akzeptierten. Hedwig Dransfeld erkannte dies deutlich und setzte sich dafür ein, die Beziehung zwischen dem Vorstand und den Zweigvereinen zu demokratisieren. Nachdem Dransfeld 1910 in den Zentralvorstand gewählt wurde[179], setzte sie sich konsequent für eine intensivere Zusammenarbeit der Zentrale mit den Zweigvereinen ein. Vor allem die Vorsitzenden der Zweigvereine sollten stärker in die Verbandsarbeit einbezogen werden. Zunächst regte Dransfeld die Verbesserung der Informationsstruktur an und setzte die Herausgabe der „Vorstandskorrespondenz" ab 1911 durch.[180] Die Vorstandskorrespondenz sollte auch dazu dienen, die Vorsitzenden für ihre Arbeit zu qualifizieren, „zu erziehen", wie Dransfeld es zeitgemäß formulierte. Dransfeld hielt es für notwendig, die Zweigvereinsvorsitzenden durch Mustervorträge und -referate anzuleiten, Interesse für „wichtige Tagesfragen zu erwecken" und die Vorsitzenden dazu anzuregen, neue Mittel und Methoden der Agitation zu entwickeln.[181]

4. Die Dezentralisierung der Organisation vor dem Hintergrund episkopaler Herrschaftsinteressen

Die Dezentralisierung des KFB war kein organisatorisches Problem. Die jahrelangen Auseinandersetzungen um die Einführung dezentraler Strukturen wurden vielmehr von unterschiedlichen Konfliktlinien überlagert. So wurde das Verhältnis der Kölner Zentrale und einiger Zweigvereine sowohl durch machtpolitische Interessen der KFB-Zentrale als auch durch den Gewerkschaftsstreit beeinflußt. Der KFB als Gesamtbund wiederum war kirchlichen Herrschaftsinteressen ausgesetzt - es ging nach wie vor darum, die Organisation stärker an die Kirche zu binden.

Wie deutlich wurde, sicherte die Kirche ihren Einfluß auf unterschiedlichen Ebenen: Über die Geistlichen Beiräte bestimmte sie indirekt die Politik und Programmatik des Frauenbundes mit; dagegen beeinflußten die Diözesanbischöfe die Ausweitung der Organisation direkt, da jede Zweigvereinsgründung in den Diözesen genehmigt werden mußte. Dem KFB lag mithin sehr daran, die Bischöfe für den Frauenbund zu gewinnen und vorhandene Bedenken zu zerstreuen. Schwierigkeiten bereitete das insbesondere bei den Bischöfen, die im Gewerkschaftsstreit die „Berlin-Trierer Richtung" vertraten. So mußten vor der Zweigvereinsgründung in Trier die Vorstandsmitglieder Marita Loersch und Baronin von Schorlemer Bischof Korum - neben Fürstbischof Kopp von Breslau der vehementeste Gegner der Christlichen Gewerkschaften - in einer Audienz davon überzeugen, daß der Vorwurf, der KFB vertrete einen „wässrigen Katholizismus", unbegründet sei, im Gegenteil: der KFB sei „voll katholisch".[182] Auch der Limburger Bischof knüpfte eine Unterstützung des KFB an Bedingungen und forderte, daß der Frauenbund nur katholische Frauen als Mitglieder aufnehmen dürfe; ferner sollte er sich jeglicher Förderung der Christlichen Gewerkschaften enthalten.[183] Während Peter Lausberg die Forderungen des Limburger Bischofs vorsichtig zurückwies und deutlich machte, daß sie nur im Bistum Limburg durchgesetzt werden könnten, versicherte Emilie Hopmann, daß sich der KFB im Gewerkschaftsstreit völlig neutral verhalten werde.[184] Die damit verbundene Absicht, Konflikte in dieser Frage zu vermeiden, schlug fehl: Weder die Bischöfe noch die integralen Kräfte im KFB ließen sich von der Neutralität der Kölner Zentrale überzeugen. Besonders der Breslauer Zweigverein verfolgte weiterhin das Ziel, den Frauenbund stärker an die Kirche zu binden und die Einflüsse der „Kölner Richtung" im Zentralvorstand zurückzudrängen. Dagegen versuchte die Kölner Zentrale den Einfluß der „Berliner Richtung" zu begrenzen[185], was vor allem das Verhältnis zu den integral orientierten Zweigvereinen stark belastete.

Bis 1912 lehnte die Kölner Zentrale größere Unterverbände in Form von Landes-, Provinzial- oder auch Diözesanverbänden mit der Begründung ab, daß eine frühe Dezentralisierung die Organisation schwächen werde. Die Tendenz zur Gründung von Landesverbänden war bereits auf der ersten Mitgliederversammlung 1904 deutlich geworden: Der Zweigverein Straßburg beanspruchte, als Organisation für das gesamte Elsaß anerkannt zu werden, und Ellen Ammann[186] aus München verwies darauf, daß zwei Zweigvereine in Bayern „des Friedens halber" zwar der Kölner Zentrale des

Frauenbundes beigetreten seien, die Gründung von eigenen Verbänden jedoch in den nächsten Jahren erwartet werden müsse.[187] Besonders Carl Trimborn warnte vor den Gefahren des Partikularismus und einer Dezentralisierung und riet energisch davon ab, die Möglichkeiten zur Schaffung von Landesverbänden in die Satzungen aufzunehmen.[188] Die Gründung von Landesverbänden wurde zwar vorerst abgewendet, doch war die Kontroverse in dieser Frage nicht beseitigt.

Anläßlich der 3. Generalversammlung wurden mehrere Anträge zur Einrichtung von Unterverbänden gestellt: Baden wollte einen Landesverband gründen, Breslau und Würzburg Diözesanverbände. Während Baden und Würzburg ihre Anträge zurückzogen[189], hielt der Zweigverein Breslau seinen Antrag aufrecht. Breslau begründete seinen Antrag damit, daß sich Diözesanverbände besser den lokalen Verhältnissen anpassen könnten und sie eine effektivere Arbeit ermöglichten. Die Zentrale spare ferner „erhebliche Kosten und Summen von Arbeitskraft", wenn die „zahlreichen Reisen und Vorträge" entfielen.[190] Der Zentralvorstand argumentierte auch dieses Mal, daß eine Dezentralisierung zu früh sei und zunächst die Zentrale weiter gestärkt werden müsse.[191] Auf der Generalversammlung kam es nicht zu einer klaren Ablehnung des Antrages; vielmehr wurde das Anliegen bis zur nächsten Generalversammlung vertagt.[192] In der folgenden Zeit wurde immer deutlicher, daß die konträren Positionen zum Gewerkschaftsstreit die Diskussion um die Einrichtung von Unterverbänden dominierten, was eine sachliche Auseinandersetzung in dieser Frage erschwerte und zeitweilig unmöglich machte.

Schon 1908 hatte die Oberin der Josephschwestern, Mutter Gertrud - überzeugte Vertreterin der „Berlin-Trierer Richtung" - den Trierer Bischof Korum informiert, daß der Breslauer Zweigverein sie gebeten habe, „gemeinsame Sache contra Cöln" zu machen.[193] Die Information der damaligen Vorsitzenden des Berliner Zweigvereins, Maria Heßberger[194], legte vor der Generalversammlung, die 1910 in Düsseldorf abgehalten werden sollte, unmißverständlich offen, daß der Fürstbischof Kopp den Diözesanverband wünsche. Man sei daher gezwungen, den Antrag auf der bevorstehenden Generalversammlung erneut einzubringen, teilte sie der Kölner Zentrale mit.[195] Die Breslauer warteten allerdings die Entscheidung der Generalversammlung nicht ab, sondern gaben die Gründung des Diözesanverbandes schon vorher bekannt.[196] Der Zentralvorstand beschloß daraufhin, dies zu ignorieren und beim Fürstbischof in der Sache zu intervenieren. Kardinal Kopp sollte mitgeteilt werden, daß „eine formelle Genehmigung in einzelnen Landesteilen unangenehme Wirkungen zeitigen könne, da der KFB kein kirchlich religiöser Verein ... (sei) und sehr viel mit den staatlichen und städtischen Behörden zu tun habe".[197]

Waren bisher die Diözesanverbände stets mit dem allgemeinen Hinweis abgelehnt worden, daß eine Dezentralisierung zu früh sei, so wurde nun die territoriale Gliederung der Organisation in Anlehnung an die Kirche mit dem deutlichen Hinweis zurückgewiesen, daß der Frauenbund kein kirchlicher Verein sei, sondern in der Frauenbewegung arbeite. Deshalb sei es „undenkbar, wenn in jeder Diözese der jeweilige Bischof alles entscheide, auch solche Sachen, die mit dem Religiösen nichts zu tun hätten."[198] So eindeutig hatte sich der KFB bislang noch nicht gegen die Einmischung eines hohen Geistlichen gewandt, wobei die Kritik ohne äußere Wirkung geblieben sein dürfte, da sie sehr wahrscheinlich nicht in die Öffentlichkeit gelangte.

Kopp hatte seine Absicht, die Agitation für den Frauenbund selbst zu organisieren, bereits Mutter Gertrud schriftlich mitgeteilt. Er unterstellte dem Frauenbund wie auch dem von Agnes Neuhaus geleiteten Fürsorgeverein eine „Interkonfessionalisierung aller katholischen Sozialarbeit", die er vehement bekämpfen werde.[199] In einem Brief an Amalie von Schalscha, seinerzeit Vorsitzende des Breslauer Zweigvereins[200], warf Kopp dem KFB konkret vor, die Christlichen Gewerkschaften zu unterstützen und erklärte, die „Erwerbstätigen" vor der „Verseuchung des Westens" bewahren zu wollen.[201] Durch eine Indiskretion von Schalschas wurde dieser Brief in der Presse veröffentlicht, was einen Sturm der Entrüstung seitens der Befürworter der Christlichen Gewerkschaften hervorrief.[202]

Der Frauenbund zeigte sich „tief erschüttert" vom Inhalt des Briefes. Um die aufgebrachten Zweigvereine zu beruhigen, sollte im Vereinsorgan zu Ruhe und Besonnenheit gemahnt werden. Da man befürchtete, daß der Brief Kopps dem KFB schaden könnte, beschloß der Vorstand, eine Stellungnahme abzugeben, wozu bemerkenswerterweise die Einwilligung Kopps eingeholt werden sollte.[203] „Der Katholische Frauenbund" druckte im Oktoberheft zunächst folgende Erklärung ab:

„Infolge der auf einer bedauerlichen Indiskretion beruhenden Veröffentlichungen des Berliner Tageblattes, welche in die gesamte Tagespresse übergegangen sind, hat sich weiter Kreise unseres Katholischen Frauenbundes eine tiefgehende Erregung bemächtigt, deren Ursache die Bezweiflung der unentwegt katholischen Gesinnung des Bundes bildet. Da die Nachrichten nach Schluß der Redaktion kommen, können wir heute auf die Sache selbst nicht mehr eingehen. Wir bitten aber unsere Mitglieder, in dieser für uns so schweren Zeit die volle Ruhe bewahren zu wollen, die wir aus dem Gefühl unserer unwandelbaren Treue zu unserer heiligen katholischen Kirche und ihren Bischöfen mit Sicherheit schöpfen können. Auf der Generalversammlung in Düsseldorf werden wir zu der Angelegenheit, die den Lebensnerv unseres Bundes betrifft, Stellung nehmen."[204]

Kopp hatte offenbar das Gefühl, mit den Anschuldigungen gegen die Zentrale des Frauenbundes zu weit gegangen zu sein und versuchte, den Konflikt zu entschärfen. Er bat August Pieper, seinen Einfluß geltend zu machen, um „überflüssige Erörterungen" auf der bevorstehenden Generalversammlung des Frauenbundes auszuschließen. Er habe, so teilte er Pieper ferner mit, der Zentralstelle des Frauenbundes bereits sein „Bedauern über die harten Ausdrücke" ausgesprochen und den Zweigverein Breslau angewiesen, keinen Antrag auf Anerkennung eines Diözesanverbandes zu stellen, was auch geschah.[205]

Trotzdem wurde die Absicht, den Diözesanverband Breslau offiziell im KFB durchzusetzen, nicht aufgegeben. Zwei Jahre später wurde auf der Zentralvorstandssitzung am 9. Oktober 1912 bekanntgegeben, daß Kopp nun doch beabsichtige, dem Zweigverein Breslau den Namen „Diözesanverband" zuzugeben. Der Zentralvorstand versuchte nunmehr, den Konflikt mit einem Kompromiß zu lösen. Nachdem die Zentrale nach einigen kontroversen Debatten beschloß, jetzt selbst einen Antrag auf Einrichtung von Landesverbänden zu stellen[206], sollte dem Breslauer Bischof vorgeschlagen werden, die Formulierung „Landesverband für den Osten" zu wählen und „Diözesanverband Breslau" in Klammern hinzuzusetzen.[207] Schließlich einigte man sich auf den Titel „Ostdeutscher Landesverband (Diözesanverband Breslau nebst Delegaturbezirk)".[208]

Ausschlaggebend für die Entscheidung der Zentrale, die Einrichtung von Landes- oder Provinzialverbänden nicht länger zu blockieren, war die Gründung des Bayerischen Landesverbandes im Dezember 1911.[209] Auch diese Gründung wurde von der Zentrale zunächst als nicht rechtmäßig ignoriert, doch war deutlich geworden, daß eine Dezentralisierung der Organisation nicht weiter verhindert werden konnte. Mit ihrem Antrag reagierte die Kölner Zentrale mithin nur auf Entwicklungen, die längst vollzogen waren. Die Zentrale mußte den regionalen Interessen Rechnung tragen und einsehen, daß sie mit ihrer relativ schwachen personellen Ausstattung und den bisherigen Organisationsstrukturen den sich zunehmend differenzierenden Aufgaben nicht mehr gewachsen war.

5. Die Entwicklungsphase 1912-1924 unter der Führung von Hedwig Dransfeld

Die 5. Generalversammlung, die 1912 in Straßburg abgehalten wurde, leitete eine neue Phase des KFB ein. Sie war gekennzeichnet durch die weitere Ausdifferenzierung der Organisation, wesentliche personelle Veränderungen, die Professionalisierung der Arbeit und durch eine deutliche Politisierung, vor allem in der Zeit bis zum Ausbruch des Ersten Weltkriegs. Die Entwicklungsprozesse, die der KFB unter der Führung von Hedwig Dransfeld durchlief, manifestierten sich in den Generalversammlungen des Frauenbundes. Die folgende Darstellung konzentriert sich darauf, Entscheidungen der jeweiligen Generalversammlungen zu strukturellen und personellen Änderungen im Zeitraum von 1912 bis 1924 zu skizzieren.

Während der Straßburger Generalversammlung wurden mehrere Beschlüsse gefaßt, die sich unmittelbar auf die Arbeit des Frauenbundes auswirkten: Hedwig Dransfeld löste Emilie Hopmann als Erste Vorsitzende ab, die Generalversammlung stimmte der Dezentralisierung des Bundes zu, zur effektiveren Arbeitsbewältigung wurde ein Arbeitsausschuß an der Kölner Zentrale eingerichtet, und es wurde beschlossen, die Propaganda erheblich zu verstärken, um die Frauen der unteren sozialen Schichten stärker für den Frauenbund zu gewinnen.[210]

Die Einrichtung dezentraler Strukturen veränderte die Zusammensetzung des Zentralvorstands, da die Vorsitzenden der Landesverbände als „geborene Mitglieder" dem Vorstand angehörten. Für den „Bayerischen Landesverband" war dies Ellen Ammann, für den „Ostdeutschen Landesverband" Tina Koerner aus Breslau.[211] Damit war erstmals die rheinisch-westfälische Dominanz im Vorstand durchbrochen und anderen Regionen formal ein größerer Einfluß zugestanden, der jedoch faktisch durch die Zusammensetzung des Arbeitsausschusses wieder eingeschränkt wurde. Dem neuen Gremium - nahezu identisch mit dem früheren Zentralvorstand - gehörten als „geborene Mitglieder" die Erste und Zweite Vorsitzende an, die Generalsekretärin, die Schatzmeisterin sowie der Geistliche Beirat. Hinzu kamen Maria Lantz, Gräfin Mirbach, Agnes Neuhaus sowie Therese Pelzer, die in Straßburg erstmals in den Zentralvorstand gewählt worden war. Die Vorsitzenden der Landesverbände waren nicht im Arbeitsausschuß vertreten; auch Jeanne Trimborn, die ja seit der Gründung des KFB Mitglied des Vorstands war, wurde nicht gewählt.[212]

Der Arbeitsausschuß entwickelte sich zum zentralen Gremium, in dem wesentliche Vorentscheidungen für die Politik des Gesamtbundes getroffen wurden. Die Nichtbeteiligung der Landesvorsitzenden läßt daher vermuten, daß neben der beabsichtigten Effektivierung der Arbeit der neue Ausschuß genutzt wurde, um den Einfluß der Landesverbände zu minimieren, obgleich Minna Bachem-Sieger betonte, daß durch die Wahl des Arbeitsausschusses die anderen Mitglieder des Vorstands keineswegs ausgeschaltet werden sollten.[213] Dies dürfte sich auch kaum auf Ellen Ammann bezogen haben, mit der die Zentrale trotz gelegentlicher Differenzen zu inhaltlichen und strategischen Fragen enger zusammenarbeitete. Ein stärkerer Einfluß des Ostdeutschen Landesverbandes durch die Mitarbeit Tina Koerners im Arbeitsausschuß dürfte jedoch aufgrund der zuvor aufgezeigten Konflikte kaum wünschenswert gewesen sein und konnte taktisch durch die neue Arbeitsform umgangen werden.

Wegen Ausbruch des Ersten Weltkriegs wurde die nächste Generalversammlung auf unbestimmte Zeit verschoben. Die schließlich im Januar 1916 im Berliner Reichstagsgebäude abgehaltene 6. Generalversammlung - die sogenannte Kriegstagung - geriet zu einer Demonstration patriotischer Gesinnung und nationalen Pathos'. Die Anwesenheit namhafter Persönlichkeiten an der Eröffnungsveranstaltung, vor allem die Präsenz der Kronprinzessin, empfand der Frauenbund als Beweis seiner gewachsenen Bedeutung.[214]

Vier Beschlüsse wurden als wichtige Ergebnisse der Generalversammlung vorgestellt: Die Organisation wurde in „Katholischer Frauenbund Deutschlands" umbenannt[215], um den nationalen Charakter des Frauenbundes zu verdeutlichen, die Satzungen wurden modifiziert, und die Zweigvereine verpflichtete man dazu, Hausfrauenabteilungen zu gründen. An der Kölner Zentrale wurde dem neuen Schwerpunkt Rechnung getragen, indem man eine Abteilung für Hausfrauenangelegenheiten einrichtete. Die neugeschaffene „Kommission für Hausfrauenfragen und Hausfraueninteressen", unter dem Vorsitz von Maria Heßberger aus Berlin, war unter anderem auch zuständig für anstehende Kartellverhandlungen mit dem überkonfessionellen „Verband Deutscher Hausfrauenvereine".[216] Die Gründung des „Zentralrats" fand schließlich besondere Beachtung. Der Krieg hatte offenbar unter den katholischen Frauenverbänden ein Gefühl der Zusammengehörigkeit hervorgerufen und ließ Interessengegensätze vorübergehend in den Hintergrund treten. Jedenfalls gelang es dem KFB, seine Gründungsidee zu realisieren und mehrere katholische Frauenverbände unter seiner Führung zusammenzuschließen.

Der auf der „Kriegstagung" ins Leben gerufene „Zentralrat der Frauenorganisationen im Katholischen Frauenbunde Deutschlands" hatte beratenden

Charakter und verstand sich als „ständige Konferenz" der ihm beigetretenen Organisationen, ohne in deren Rechte und Aufgabengebiete eingreifen zu wollen.[217] Die Idee eines Zusammenschlusses war schon 1913 durch Carl Walterbach wieder zur Diskussion gestellt worden, allerdings dachte der Geistliche an die Gründung eines Kartells ohne Vorrangstellung des KFB. Der Frauenbund lehnte dies seinerzeit ab und ergriff 1915 erneut die Initiative, um die organisatorische Basis der katholischen Frauenbewegung zu stärken. Folgendes hoffte man zu erreichen:

„1. Es würde eine starke Einheit unter den kath. Frauenorganisationen der Öffentlichkeit gegenüber zustande kommen, die beispielsweise in gemeinsamen Eingaben, in Beeinflussung der öffentlichen Meinung usw. zur Geltung käme.
2. Es würde eine Repräsentation der kath. Frauenbewegung geschaffen gegenüber dem Bund deutscher Frauenvereine, durch die es dem KFB ermöglicht würde, in Zukunft zu jenem nebengeordnet zu stehen und zu handeln.
3. Aus dem Zusammenschluß würde sich eine geordnete Geschäftsführung zwischen den Einzelverbänden ergeben, durch die ein fortgesetzter Meinungsaustausch und fortwährende Mitteilungsübermittlung ermöglicht und einander entgegenstehende Äußerungen in der Öffentlichkeit verhütet werden.
4. Es würde ein Boden geschaffen, auf dem die verschiedenen Organisationen gemeinsam allgemeine Frauenfragen, besonders auch Grenzfragen beraten können."[218]

An der Beratung über einen Zusammenschluß beteiligte sich ein breites Spektrum katholischer Frauenvereine, wobei die berufsständischen Vereine besonders stark vertreten waren. Mit Ausnahme eines Diözesanverbandes der Jungfrauenvereine und der Missionsvereinigung katholischer Frauen und Jungfrauen blieben die kirchlichen Mütter- und Jungfrauenvereine der Beratung fern. Auch die katholischen Lehrerinnen nahmen an der vorbereitenden Sitzung nicht teil.[219] Der Verein katholischer deutscher Lehrerinnen erhob vor allem gegen den Führungsanspruch des KFB Einwand und forderte wie Carl Walterbach ein Kartell, in dem der KFB den anderen Vereinen nebengeordnet wäre. Wie zur Gründungszeit befürchtete man eine Einschränkung der Vereine, wenn der KFB Träger des Zusammenschlusses werde. Die Verhandlungen zwischen dem Lehrerinnenverein und dem KFB scheiterten an der Kompromißlosigkeit des Frauenbundes: Der KFB war nicht bereit, seine dominante Stellung aufzugeben. Der Berufsverband der katholischen Lehrerinnen trat daher dem Zentralrat nie bei.[220]

Die ausgewerteten Quellen legen die Vermutung nahe, daß die Gründung des Zentralrates mehr ideologische als praktische Bedeutung hatte. Zahlenmäßig stellte der Zentralrat zwar eine starke Kraft neben den mitgliederstarken kirchlichen Jungfrauen- und Müttervereinen dar - 1917 waren im Zentralrat zehn große Frauenverbände mit etwa 750.000 Mitgliedern vertreten[221] -, doch scheint er als Gesamtverband keinen wesentlichen Einfluß auf

Politik und Strategien der Frauenvereine ausgeübt zu haben. Nach dem Kriege beklagte der Zentralverband der katholischen Jungfrauenvereinigungen das mangelnde Interesse an den Sitzungen des Zentralrates und konstatierte einen „geringen praktischen Erfolg". Der Verband erklärte seinen Austritt aus dem Zentralrat, da seiner Auffassung nach die Sonderstellung des KFB eine „geeignete und vollständige Zusammenfassung der katholischen Frauenbewegung" verhindere.[222] Ab 1922 finden sich keine Hinweise mehr in den Akten des KFB[223], so daß vermutet werden kann, daß der Zentralrat seine Arbeit einstellte.

Ob sich die Situation im Zentralrat tatsächlich verbessert hätte, wäre der KFB der Aufforderung, „ganz weitherzig ... auf alle bisher von ihm erstrebten Vorrechte großmütig (zu) verzichten"[224], gefolgt, bleibt dahingestellt. Wahrscheinlicher dürfte sein, daß die anfängliche Kriegsbegeisterung der Frauen, die mit der Hoffnung auf eine sittliche und religiöse Erneuerung der Gesellschaft verbunden wurde, kurzfristig dazu führte, heterogene Interessen im Frauenverbandskatholizismus der Ideologie eines einheitlichen katholischen Milieus unterzuordnen. Diese „konfessionsspezifische Interessenklammer"[225] verlor jedoch zum Kriegsende zunehmend an Bedeutung. Die Brüchigkeit des Milieus betraf eben nicht nur den politischen Katholizismus[226], sondern auch die katholische Frauenbewegung, wenngleich Hedwig Dransfeld auch nach dem Ende des Kriegs vehement die Ideologie einer einheitlichen katholischen Frauenbewegung vertrat.[227]

Die 7. Generalversammlung wurde vom 9. bis 12. Juni 1918 in Fulda abgehalten und stand ganz im Zeichen des erwarteten baldigen Kriegsendes. Während dieser Generalversammlung wurden Neuerungen beschlossen, die die bisherige Vereinsstruktur erheblich veränderten. Auf Antrag des Arbeitsausschusses wurden wegen der Ausdehnung der Organisation der Ersten Vorsitzenden künftig drei Stellvertreterinnen zugeordnet. Die Kriegsereignisse und die vorläufige Beilegung des Gewerkschaftsstreits 1912 hatten offenbar die Kontroversen mit dem Ostdeutschen Landesverband entschärft, so daß die neue Vorsitzende des Landesverbandes, Maria Heßberger, zur stellvertretenden Vorsitzenden neben Minna Bachem-Sieger und Ellen Ammann gewählt wurde.[228]

1918 änderte sich auch erstmals die Zusammensetzung der Beisitzerinnen. Die Gründerinnengeneration war zwar nach wie vor präsent, doch wurde offensichtlich, daß sich mit den neuen Beisitzerinnen Helene Weber und Marie Buczkowska ein Wandel in der Altersstruktur und der sozialen Zusammensetzung der führenden Frauen ankündigte.[229] So erhöhte sich der Anteil unverheirateter - teilweise promovierter - Akademikerinnen, während die „Familienmütter" der Gründungszeit in den Hintergrund traten. Auch bekannte Kölner Familien dominierten nicht mehr den Vorstand, sieht man einmal davon ab, daß Minna Bachem-Sieger zwar noch Beisitzende war, aber keine aktive Rolle mehr in der Verbandsarbeit spielte. Deutlicher noch wurde diese Tendenz bei den Vorstandswahlen von 1921. Lediglich Agnes Neuhaus blieb aktives Vorstandsmitglied, während den weiteren Frauen der Gründerinnengeneration nur noch die Ehrenmitgliedschaft aus „Pietätsgründen" angetragen wurde.[230] Auch auf administrativer Ebene hatte sich ein Wandel vollzogen: Gesamtvorstand und Kölner Zentrale waren nicht mehr identisch. Letztere hatte sich zu einer ausführenden Zentralstelle entwickelt, deren Aufgaben angestellte Bürokräfte und Fachreferentinnen wahrnahmen, die nicht dem Vorstand angehörten.[231]

Eine wesentliche Veränderung trat 1924 ein, nachdem Hedwig Dransfeld erklärt hatte, nicht mehr als Erste Vorsitzende zu kandidieren. Stark beansprucht durch ihr Mandat im Deutschen Reichstag als Zentrumsabgeordnete und durch ihren sich ständig verschlechternden Gesundheitszustand sah sie sich den Anforderungen nicht mehr gewachsen. Mehrere Versuche, Helene Weber als Erste Vorsitzende zu gewinnen, scheiterten. Die Wahlkommission schlug daraufhin vor, die Wahl der künftigen Vorsitzenden bis zur nächsten Generalversammlung zurückzustellen. Die Aufgaben der Ersten Vorsitzenden wurden bis dahin durch Frau Schmidt aus Warendorf als geschäftsführende Vorsitzende wahrgenommen.[232]

Der Wechsel in der Führungsspitze bedeutete eine Zäsur in der Geschichte des Frauenbundes. Zwar war Hedwig Dransfeld erst seit 1910 Mitglied im Vorstand, doch hatte sie die Ziele des Frauenbundes und der katholischen Frauenbewegung seit 1905 wesentlich als Redakteurin der Christlichen Frau mitgetragen und propagiert. Entscheidend geprägt hatte sie den KFB jedoch während ihrer Funktion als Erste Vorsitzende: „... ihr Name war wirklich Programm und Geschichte der Bewegung", erklärte die stellvertretende Vorsitzende Gerta Krabbel in ihrem Bericht über den Verlauf der Generalversammlung.[233]

Es wurde deutlich, daß der KFB seine Politik und Programmatik im Handlungsrahmen „Kirche - Katholizismus" entwickeln mußte und wollte. Die Protagonistinnen der katholischen Frauenbewegung, denen daran lag, Handlungsräume für Frauen zu erweitern und katholische Frauen stärker in die Gesellschaft zu integrieren, gerieten dabei in den Konflikt, tradierte Denk- und Orientierungsmuster mit einer zunehmend säkularisierten Welt in Einklang bringen zu müssen. Das führte zu teilweise recht widersprüchlichen Konstruktionen von Weiblichkeit mit dem Ziel, politisches Handeln zu legitimieren, ohne damit grundsätzlich männliche und klerikale Autorität in Abrede zu stellen. Das folgende Kapitel greift daher die Frage auf, inwieweit es den Katholikinnen gelang, emanzipatorische Forderungen mit katholischen Ordnungsvorstellungen zu verbinden.

Kapitel III
Weiblichkeit und Sittlichkeit: Zur Begründung konfessions- und geschlechtsspezifischer Handlungslegitimität

Es ist bekannt, daß die wilhelminische Gesellschaft in besonderer Weise Frauen mit Tugend und Sittlichkeit identifizierte. Diese Zuschreibung begründete und legitimierte das politische Handeln der Frauenbewegung und ihre emanzipatorischen Forderungen. Wie das Konzept der Geistigen Mütterlichkeit zeigt, galten vor dem Hintergrund kulturpessimistischer Sichtweisen und Gesellschaftskritik Weiblichkeit und Sittlichkeit als Garanten einer kulturellen Weiterentwicklung und sittlichen Erneuerung der Gesellschaft, die auch die katholische Frauenbewegung zum Programm erklärte. Ideologisierte Weiblichkeitsvorstellungen und ein konfessionell geprägtes Sittlichkeitsverständnis beeinflußten die Politik des KFB und prägten die katholische Frauenbewegung als Emanzipationsbewegung.

1. Emanzipation katholischer Frauen - ein Paradoxon?

Die katholische Frauenbewegung als Emanzipationsbewegung zu qualifizieren, scheint auf den ersten Blick paradox, steht doch die theologisch legitimierte Unterordnung der Frau offenkundig im Widerspruch zur Idee des selbstbestimmten mündigen Individuums, das sich aus Abhängigkeitsverhältnissen befreien will. Der Kirchenhistoriker Oskar Köhler bescheinigt daher dem Katholischen Frauenbund auch lediglich „moderiete Emanzipationstendenzen", verweist allerdings gleichzeitig darauf, wie schwer sich die Kirche mit der Emanzipation der Frauen tat, die „in der christlichen Soziallehre als eine Verfallserscheinung diagnostiziert" wurde.[1]

Bei den Aufsätzen weiblicher Autoren in den einschlägigen Publikationsorganen, wie z. B. Die christliche Frau, fällt auf, daß die katholischen Frauen den Begriff „Emanzipation" weitgehend zu vermeiden suchten; wenn sie ihn benutzten, geschah dies eher in abgrenzender Absicht. Abgrenzen wollte man sich gegen die sozialdemokratische Frauenbewegung, aber auch gegen radikale politische Forderungen aus den Reihen der bürgerlichen Frauenbewegung, die das bestehende Geschlechterverhältnis in Frage stellten und die die „Wesensverschiedenheit" der Geschlechter zu bedrohen schienen. Als „Emanzipation im schlimmsten Sinne des Wortes"[2] galt die völlige Angleichung der Frau an den Mann, was allein schon deswegen abgelehnt wurde, weil es den Schöpfungsplan Gottes in Frage stellen würde. Aus dem vorsichtigen Umgang mit dem Begriff Emanzipation kann aber nicht gefolgert werden, katholische Frauen hätten jeglichen Emanzipationszielen ferngestanden. Orientiert man sich an einem Emanzipationsverständnis, das die Befreiung von ökonomischen, rechtlichen, politischen, sozialen und geistigen Abhängigkeiten zum Ziel hat, so haben zweifelsohne Katholikinnen entsprechende Forderungen gestellt. Pauline Herber benannte dies auch konkret: Die „Befreiung der Frau in wirtschaftlicher, geistiger und sittlicher Hinsicht" war für sie Leitvorstellung auch der katholischen Frauenbewegung.[3]

Kurz vor der Gründung des Frauenbundes äußerte Carl Trimborn die Sorge, daß die Frauen künftig die Mitarbeit von Männern nicht mehr akzeptieren könnten: „Noch sind wir ... geduldet. Aber schon sind wir an die Wand gedrückt. Bald werden wir gar nicht mehr erscheinen dürfen".[4] Die eher scherzhaft gemeinte Äußerung verweist darauf, daß es im Emanzipationsprozeß katholischer Frauen auch um die Modifizierung des tradierten Geschlechterverhältnisses ging. Für die Katholikinnen bedeutete das eine permanente Gratwanderung: Es galt den Anspruch, eigenständig die Interessen von Frauen zu vertreten, mit der akzeptierten Führungsrolle des Mannes in Einklang zu bringen. Indem sich die Führerinnen der Bewegung von Anfang an der Unterstützung der Kirche und „hervorragender katholischer Männer"[5] versicherten, bewegten sie sich zunächst in einem Rahmen, der katholischen Ordnungs- und Autoritätsvorstellungen Rechnung trug. Das bedeutete nicht, daß die Idee einer organisierten katholischen Frauenbewegung einhellige Zustimmung fand. Allein die Gründung des KFB als Selbsthilfeorganisation von Frauen, organisatorisch unabhängig von der Kirche, wurde ja von Teilen der katholischen Bevölkerung, Klerus wie Laien, schon als problematische Grenzüberschreitung empfunden. Um also im katholischen Milieu Anerkennung zu finden, mußten die Frauen ihr Handeln legitimieren. Dies taten sie, indem sie auf die veränderten ökonomischen und gesellschaftlichen Verhältnisse verwiesen, die ein partielles Heraustreten aus dem häuslichen und familiären Wirkungskreis erforderten. Aus der Pflicht, als Katholikinnen an der Lösung der Frauenfrage mitzuarbeiten, leiteten sie das Recht ab, für verbesserte Bildungs- und Erwerbsmöglichkeiten für Frauen einzutreten und die gesellschaftliche Entwicklung mitzubestimmen. Das setze aber, wie die Generalsekretärin des KFB ausführte, selbständige und selbstdenkende Persönlichkeiten voraus, was mitunter „ein leises Grauen" hervorrufe, da man „gleich eine Emanzipierte" wittere.[6] Dies weist einmal mehr darauf hin, wie wichtig es war, Forderungen in den Kontext vertrauter Orientierungsmuster zu stellen. Isabella von Carnap versicherte daher in ihrem Bericht über die Tätigkeit des Frauenbundes, daß „der Eintritt der katholischen Frau in die moderne Frauenbewegung" keinen Kampf gegen die Männer bedeute, „sondern ein vereintes Arbeiten", und betonte die Unterstützung der Frauenbewegung durch „ernstdenkende Männer".[7] Auf der folgenden Generalversammlung 1908 verhielt sich die Generalsekretärin offensiver. Sie erklärte, daß man sich durch das Mißtrauen gegenüber den „katholischen Frauenbündlerinnen" und die „Angst vor der Emanzipation der katholischen Frauen nicht mutlos machen lassen" wolle. Den „ängstlichen Gemütern" empfahl sie, sich durch einen Einblick in die Tätigkeit des Frauenbundes zu vergewissern, daß „alle unsere Mühen und Opfer getragen sind von der Liebe zu unserem katholischen Glauben."[8]

Daß Vertreterinnen einer konfessionellen Frauenbewegung auch im konfessionellen Rahmen agieren müssen, liegt auf der Hand. Schließlich war beabsichtigt, in der als religiös indifferent bewerteten bürgerlichen Frauenbewegung katholischen Einfluß geltend zu machen.[9] Weiblichkeitsvorstellungen, Konstruktionen des Geschlechterverhältnisses und Emanzipationsvorstellungen orientierten sich daher an kirchlichen Ordnungs- und Autoritätsvorstellungen, aber auch an traditionellen religiösen Leitbildern.[10] Dies erfüllte mehrere Funktionen: Der Rückgriff auf akzeptierte Wertvorstellungen wirkte handlungslegitimierend und diente gleichzeitig der Orientierung in einer extremen Phase gesellschaftlichen Umbruchs, ermöglichte darüber hinaus aber auch, den tradierten Bezugsrahmen an gesellschaftliche Veränderungen anzupassen. Dem liegt zugrunde, daß sich die in der katholischen Frauenbewegung aktiven Frauen nicht nur aufgrund ihrer soziokulturellen Bindung an das katholische Milieu mit ihrer Kirche identifizierten. Vielmehr bekannten sich die Frauen bewußt und aktiv zu ihrem Glauben und bemühten sich, ihr Handeln in Einklang mit ihren religiösen Überzeugungen zu bringen.

Die Frage nach emanzipatorischen Entwicklungen katholischer Frauen muß die religiöse Ebene, die nicht gleichzusetzen ist mit den zuvor aufgezeigten klerikalen und kirchlichen Herrschaftsinteressen, wenngleich eng mit ihnen verbunden, in die Analyse einbeziehen. Im folgenden wird daher die Bedeutung von Religion und Glauben für die Lebensentwürfe und das soziale und politische Handeln von Frauen aufgezeigt.[11]

Glauben und Religion als Basis der Frauenbewegung

Der BDF hatte auf dem Berliner Frauenkongreß 1912 die Thematik „Frauenbewegung und Religion" zur Diskussion gestellt und Vertreterinnen der konfessionellen Verbände eingeladen, ihre Positionen vorzutragen. Für die evangelische Frauenbewegung übernahm das Paula Müller, für den Jüdischen Frauenbund Berta Pappenheim und für die Katholikinnen Hedwig Dransfeld, die in ihrem Vortrag ihre religiöse Überzeugung selbstbewußt zum Ausdruck brachte. Die besondere Beziehung der Frauen zur Religion beruhe auf „edelsten seelischen Voraussetzungen: auf der Kraft der Konzentration; auf der opferfrohen Hingabe an eine Idee, die letzte und höchste Dinge umfaßt; auf der sittlichen Zucht, mit der das ganze Leben auf diese Idee eingestellt wird; und endlich auf der nie ermattenden Sehnsucht der Seele, heraus aus alltäglichem Wuste und Getriebe, nach den Feiertagen des Geistes, dem Ausruhen in Gott."[12]

Religion bedeutete also Kraftquelle gleichermaßen wie Orientierung, erhielt aber auch funktionale Bedeutung, indem die Frauen aus religiöskirchlichen Zusammenhängen heraus emanzipatorische Forderungen entwickelten. So leitete Hedwig Dransfeld auch von der Apologetik[13] den Bildungsanspruch der Frauen ab. Die „charakterbildende Macht der Religion" erfordere die intellektuelle und theologische Schulung der Frau, da das Glaubensleben aus der „ausschließlichen Sphäre des Gefühls" gelöst werden müsse. Um Überzeugungen bei sachlichen Angriffen auch sachlich verteidigen zu können, sei die wissenschaftliche Auseinandersetzung mit Glaubenswahrheiten erforderlich, dies auch, um religiöses Leben in seiner historischen Dimension verstehen zu können. Die Bildungsforderung der Frauen wurde jedoch nie als Selbstzweck formuliert, sondern stets in Bezug auf andere: Als gläubige Frauen wollten sie sich Wissen aneignen, um katholischen Einfluß in der Gesellschaft und in der bürgerlichen Frauenbewegung durchzusetzen, und in ihrem traditionellen Arbeitsbereich, der Familie, waren sie verantwortlich für die religiöse Sozialisation der nachwachsenden Generation. Durch die Zuordnung der Religion zur weiblichen Sphäre als Folge einer geschlechtsspezifischen Arbeitsteilung lag die Weiterentwicklung von Frauen durchaus im Interesse von Kirche und Familie.[14] Bildung und Wissen wurden quasi zur Pflicht erhoben, damit Frauen ihren Erziehungs- und Familienaufgaben, die die Vermittlung religiös-sittlicher Werte und Normen implizierten, nachkommen konnten.[15]

Unterstützung fanden die Frauen vor allem durch Geistliche, die sich in der Frauenfrage engagierten und sich am Gründungsprozeß des KFB beteiligten. Sie verwiesen dringend auf die Notwendigkeit, Frauen eine bessere Bildung zukommen zu lassen, um die Einflußmöglichkeiten auf Ehegatten und Söhne nicht zu verlieren:

„Wie unermeßlich segensreich kann der Einfluß einer Gattin, einer Mutter, auf ihren Mann, auf ihren Sohn werden! Die Vorbedingung dazu ist aber, daß die Frau geistig ebenbürtig sei. Sie braucht nicht dasselbe zu wissen, was ihr Mann weiß. Sie muß aber fähig sein, für die geistigen Beschäftigungen ihres Mannes Interesse zu gewinnen, sich denselben anzupassen ... warum verliert aber bald die Mutter in den meisten Fällen jeden geistigen Einfluß auf ihren Sohn? Weil derselbe zu rasch konstatieren muß, daß das Herz der Mutter zwar golden, ihr Geist aber dem Verständnisse der großen Fragen des Lebens nicht genügend gewachsen ist!"[16]

Müller-Simonis ging es in seiner Rede wohl darum, den Einfluß von Frauen in familiären Zusammenhängen zu sichern, doch lag ihm auch daran, daß Frauen die katholische Weltanschauung in öffentlichen gesellschaftlichen Bereichen und Institutionen durchsetzten. Der Geistliche appellierte deswegen eindringlich an die Teilnehmerinnen der Gründungsversammlung des KFB, aktiv zu werden, „um auf allen Gebieten die katholischen Grundsätze zur Geltung zu bringen".[17]

War die religiöse Orientierung im binnenkatholischen Kontext Legitimation für emanzipatorische Forderungen, so wurde von Frauen der überkonfessionellen Frauenbewegung gerade die konfessionelle Bindung als Hemmnis für die Weiterentwicklung der Frauenbewegung bewertet. Hedwig Dransfeld lag daher in ihrer Rede auf dem Berliner Frauenkongreß viel daran, ihre Zuhörerinnen vom Willen und von der Fähigkeit des KFB zur Zusammenarbeit mit überkonfessionellen Verbänden zu überzeugen und betonte, daß man sich nicht abschotten und isolieren wolle und keineswegs beabsichtige, „andere Meinungen zu vergewaltigen".[18] Darüber hinaus wollte Dransfeld den Kongreßteilnehmerinnen vermitteln, daß Frauenbewegung und Glauben miteinander vereinbar seien und die kirchliche Bindung für sie als gläubige Katholikinnen ein Muß bedeute. Religion hatte für Dransfeld handlungsleitende Bedeutung. Es ging darum, wirtschaftliche, soziale und wissenschaftliche Fragen mit „den Forderungen der allertiefsten religiösen Seelenstimmung"[19] zu vereinbaren:

„Wer von seinem Religionsbekenntnis als von der einzigen Wahrheit durchdrungen ist, der kann nicht ruhen und nicht rasten, bis er zu seiner eigenen sittlichen Genugtuung jenes Endziel erreicht hat. Der Weg dahin mag durch Leiden gehen, auch vielleicht durch Verkennung; aber er muß eben gegangen werden. Und man schreitet ihn nicht umsonst, weder für sich, noch für andere. Denn wer eine Überzeugung in Kampf und Schmerz sich errungen hat und behaupten muß, dem sind fremde Überzeugungen heilig."[20]

Der Aufforderungscharakter, der in den Aussagen Dransfelds deutlich wird, bedeutete indes nicht, daß diese Überzeugungen auch vom KFB offensiv vertreten wurden. Vielmehr klafften Selbstverständnis und konkretes Verhalten deutlich auseinander, und der KFB verhielt sich häufig defensiv, wenn es darum ging, die Politik der eigenen Organisation in überkonfessionellen Zusammenhängen zu verteidigen. Der Glaube diente somit eher dazu, das Handeln katholischer Frauen außerhalb des familiären Bereichs überhaupt zu legitimieren, hatte aber auch Bedeutung für die Identität der Katholikinnen.

Die identitätsstiftende Bedeutung von Religion war aufs engste verbunden mit religiösen Leitbildern. Dabei zeigte sich, daß diese durch Umwertungen erstaunlich flexibel an die neuen Anforderungen, die an katholische Frauen gestellt wurden, angepaßt werden konnten, ohne dabei die Funktion, traditionelle Weiblichkeitsvorstellungen aufrechtzuerhalten, einzubüßen. So dienten etwa Abhandlungen über das Leben religiöser Frauen stets dazu, an die moralische Verpflichtung zu appellieren, soziale und caritative Arbeit zu verrichten und damit Frauen wieder auf die traditionellen Arbeitsbereiche zu verweisen.[21] Zentrale und universale Leitbildfunktion kam hierbei Maria, der „Mutter Gottes", zu, die die Ideale der Mütterlichkeit und der Jungfräulichkeit in einer Person verkörperte. Die ihr unterstellten Eigenschaften galten idealtypisch als erstrebenswert für die Entwicklung der eigenen Persönlichkeit.

Jungfrau und Gottesmutter Maria - ein universelles Leitbild

Mariendarstellungen in Museen und - vorwiegend - katholischen Kirchen und die liturgischen Marienfeste[22] weisen auf die Hochschätzung hin, die Maria im Christentum - und nach der Reformation in der katholischen Kirche - genoß. In den ersten Jahrhunderten des Christentums war das Interesse an Maria allerdings eher christologisch bedingt, das heißt, die Marienlehre diente dazu, Aussagen über Christus zu gewinnen. Eine erste Phase gesteigerter Marienverehrung setzte im 6. Jahrhundert ein, nachdem Maria auf dem Konzil von Ephesus (431) zur leiblichen Mutter Gottes erklärt wurde.[23] Marienverehrung und Marienkult als Bestandteile einer breiten Volksfrömmigkeit entwickelten sich erst ab dem 12. Jahrhundert, Maria wurde schließlich „Subjekt frommer Zuneigung" und galt als Fürsprecherin und Ansprechpartnerin, über die man Zugang zu Christus suchte.[24] Der Schwerpunkt der kirchenoffiziellen Beschäftigung mit Maria fällt dagegen in die Neuzeit. Seit dem 17. Jahrhundert bis in die erste Hälfte des 20. Jahrhunderts wurden vier Fünftel aller Lehraussagen über Maria getroffen, zuletzt 1950 durch Pius XII., der die leibliche Aufnahme Mariens in den Himmel zum Dogma erklärte. Das ein Jahrhundert zuvor (1854) von Pius IX. verkündete Dogma von der Immaculata Conceptio[25] leitete eine neue Phase der Marienverehrung ein, die bis ins 20. Jahrhundert reichte. Sie stand durchaus im Zusammenhang mit der Herrschaftssicherung der katholischen Kirche, die angesichts zunehmender Säkularisierung und Modernisierung der Gesellschaft die Gläubigen an sich zu binden suchte, indem sie auf traditionelle religiöse Vorstellungen und Praktiken zurückgriff und unter anderem auch den Marienkult systematisch forcierte.[26]

Die feste Verankerung der Marienverehrung in der katholischen Bevölkerung und besonders bei katholischen Frauen erklärt, weshalb sich auch die Protagonistinnen der katholischen Frauenbewegung auf Maria bezogen. Seit der Gründung des Katholischen Frauenbundes verging kaum eine öffentliche Versammlung, ohne daß auf die Bedeutung Marias für die katholischen Frauen verwiesen wurde. Auch in Grundsatzartikeln zur Frauenfrage und Frauenbewegung fehlt selten ein Hinweis auf die Gottesmutter.[27] Die universale Bedeutung des Leitbildes war offenkundig. Stets in Beziehung zu Eva, der Verursacherin des Sündenfalls, gesetzt, dient sie als Vorbild und Mahnung zugleich: Nur wer sich an Maria orientiert und die „Natur der Eva" in sich bekämpft, kann ein „würdevolles Frauenleben" leben.[28] Maria, als „unveränderliches Ideal veredelter Weiblichkeit"[29], stand als Metapher für „ein reich begabtes Mägdlein" ebenso wie für eine „blühende, bescheidene Jungfrau", „eine gehorsame Gattin, eine fleißige Hausfrau, eine liebende, sorgende Mutter, eine standhafte Witwe", galt aber auch als die „weise Gehilfin der Männer, die Gott zur Gründung seiner Kirche berufen hatte."[30]

Es dürfte klar sein, daß dieses Leitbild, das die untergeordnete soziale Stellung der Frau deutlich reflektiert, nicht mit Emanzipationsvorstellungen der Frauenbewegung harmonisierte und auch den Anforderungen einer modernisierten Gesellschaft nicht gerecht werden konnte.[31] Hedwig Dransfeld indessen suchte das Marienbild zu modernisieren, indem sie traditionelle und religiöse Aspekte mit der aktuellen gesellschaftlichen Situation von Frauen verknüpfte.[32] Leitbildfunktion bot Maria, Dransfeld zufolge, für die „moderne" unverheiratete und berufstätige Frau ebenso wie für die nicht erwerbstätige Hausfrau und Mutter.[33] Die spärlichen Aussagen über Maria in den vier Evangelien und der Apostelgeschichte dienten Hedwig Dransfeld dazu, das biblische Marienbild „zusammenzustellen", wie sie es selbst formulierte. Sie erkannte deutlich die historische Wandelbarkeit des Leitbildes und wies auf die psychologische Bedeutung des Marienkults für die Bewältigung des Alltags hin:

„Und das naive Volksempfinden ist auf den durch Kirche und Kunst vorgezeichneten Bahnen weitergeschritten. In einem Legendenkranz, der allerfeinste literarische Blüten aufweist, aber auch allerzarteste Bekundungen menschlichen Vertrauens, das aus psychologischer Notwendigkeit heraus sich eine mater gloriosa für die Hochpunkte des Lebens und eine mater dolorosa für die Stunden der Not und der Tränen schuf, hat es die Gottesmutter in alle Lebenslagen hineingestellt. Und in allen Lebenslagen ward sie für die Menschheit zu ‚Unserer Lieben Frau', die mit mütterlichen Händen schützt und trägt, aufrichtet und Tränen trocknet. Nichts ist ihr zu klein und zu gering. Jede Zeit gestaltete aus ihrem Geist heraus das Madonnenideal. Und wenn auch die Hauptlinien die gleichen blieben, so hat doch jede Zeit hineinschattiert, was ihren besonderen Bedürfnissen entsprach."[34]

Trotz der offenkundigen historischen Dimension des Marienbildes konstatierte Hedwig Dransfeld überhistorische Eigenschaften der Gottesmutter, die auch für die „moderne Frau" erstrebenswert seien: Stilles Dienen, tiefste Demut, Entsagen und Ertragen, klageloser Verzicht, Starkmut und Großherzigkeit[35] bedeuteten für Hedwig Dransfeld grundlegende weibliche Eigenschaften und Fähigkeiten, die alle Frauen zur Erfüllung ihrer häuslichen und gesellschaftlichen Pflichten und zur Bewältigung ihres Lebensalltags benötigten. Es ist auffallend, daß derartige Zuschreibungen stets in ideologisierten Darstellungen zu finden sind, in der konkreten politischen Programmatik des KFB dagegen selten waren. Dennoch kann angenommen werden, daß die verinnerlichte Idealvorstellung weiblicher Eigenschaften und Fähigkeiten indirekt das Handeln der Frauen beeinflußte. Möglicherweise war die vorsichtige, oft defensive Strategie der Katholikinnen ein Versuch, die Diskrepanz zwischen Verhaltensanforderungen wie „Entsagen und Ertragen" oder „klaglos Verzicht zu üben" und klar bekundeten politischen Forderungen zu minimieren.

Die der Gottesmutter unterstellten Eigenschaften und deren Verhalten nutzte Dransfeld aber auch, um die Ausweitung weiblicher Handlungs- und Arbeitsbereiche zu legitimieren. So bewertete Dransfeld das fürsorgliche Verhalten Marias als wegweisend für die soziale und caritative Arbeit katholischer Frauen. Aus dem Verhalten Marias und anderer Frauen während der Kreuzigung Christi leitete die Vorsitzende des Frauenbundes gar die Aufforderung und Legitimation ab, aus dem häuslichen Bereich in die Öffentlichkeit zu treten und „gegen ungerechte Gesetze und Gesetzesauslegungen" zu protestieren.[36] Die Bewertung Marias als intellektuelle Frau war offenkundig mit der Absicht verbunden, Widerstände gegen wissenschaftlich tätige Frauen abzubauen. Maria als „geistig hochstehende Frau", „Philosophin und Theologin im modernsten Sinne des Wortes", habe bewiesen, daß sie zu eigener Forschungsarbeit fähig sei und ebenso, „schwierigste Probleme zu durchdenken". Damit sei sie „unübertroffenes Vorbild" für Frauen, die an wissenschaftlicher Arbeit interessiert seien.[37]

Obwohl Dransfeld die Bedeutung Marias für Frauen jeden Standes betonte, ist ihr starkes Interesse an einer Aufwertung unverheirateter erwerbstätiger Frauen deutlich erkennbar. Die Bezugnahme auf Maria, die Jungfräulichkeit ebenso verkörperte wie Mütterlichkeit, bot ehelosen berufstätigen Frauen die Möglichkeit, ihre ungewollte oder gewollte Ehelosigkeit religiös zu begründen: „Unter solchen Voraussetzungen ist sie (die Ehelosigkeit, G. B.) nicht nur die negative Seite der bürgerlich-sittlichen Ordnung, sondern, weil sie das natürliche Triebleben überwindet und beherrscht, eine besondere Form höchster, weil geistigster Sittlichkeit."[38]

Maria und das Jungfräulichkeitsideal der katholischen Kirche erhielten somit fundamentale Bedeutung für die Orientierung und Identität der modernen berufstätigen Katholikin. Sie legitimierten einen alternativen Lebensentwurf zu Ehe und Familie, der zusätzlich mit der Tradition der Klöster und ordensähnlicher Gemeinschaften begründet wurde. Bereits Hilde Lion betonte in ihrer frühen soziologischen Studie über die katholische Frauenbewegung die Lebensalternative, die katholische Frauen mit dem Ordensleben hatten. Die Institution der Äbtissin galt ihr gar als „frühe weibliche Emanzipation innerhalb der Kirche". Die Äbtissin als „emanzipatorische Frau" habe ebenso wie die vielfältigen traditionellen kirchlichen Formen des Zusammenschlusses katholischer Frauen Vorbildcharakter für die katholische Frauenbewegung.[39] Die Äbtissinnen der mittelalterlichen Klöster, die mit realer innerkirchlicher und weltlicher Macht ausgestattet waren, sah Lion als Beweis dafür, daß Frauen fähig waren, selbständig eine leitende Aufgabe außerhalb der Familie wahrzunehmen. Hedwig Dransfeld stellte denn auch auf dem Berliner Frauenkongreß die „moderne Generaloberin" in die Tradition der mittelalterlichen Äbtissin[40] und verteidigte das Existenzrecht weiblicher Orden trotz der häufig vertretenen Anschauung, daß der „Klostergeist" nicht mehr in die Zeit passe. Die Orden leisteten ihrer Meinung nach sogar einen Beitrag zur Lösung der Frauenfrage, da die Ordensfrauen zur Entschärfung des Konkurrenzkampfes auf dem Arbeitsmarkt beitrügen und zudem keine öffentliche Kranken- und Altersversorgung beanspruchten.[41]

In dem von Hedwig Dransfeld konstruierten „Leitbild Maria" spiegeln sich unverkennbar Aspekte der Geistigen Mütterlichkeit wider. Offenkundig ist, daß beide Konstrukte einen Bezugsrahmen für alle Frauen herstellen wollten - für Mütter wie für Nicht-Mütter - und daß sie identitätsstiftende Bedeutung hatten. Zugleich dienten sie dazu, emanzipatorische Forderungen zu begründen, wenngleich die emanzipatorische Ebene aus dem „Konzept Maria" nur indirekt abgeleitet werden kann und die politisch-programmatische Tendenz der Geistigen Mütterlichkeit in seinem religiösen Pendant kaum erkennbar ist.[42] Beide Konstrukte sind aber Ausdruck der veränderten gesellschaftlichen Verhältnisse, die neue Anforderungen an Frauen stellten und zugleich neue Handlungsmöglichkeiten eröffneten.

2. Zwischen Tradition und Moderne. Zum Konzept von Weiblichkeit bei Elisabeth Gnauck-Kühne

Zu Beginn dieses Jahrhunderts hatte Elisabeth Gnauck-Kühne (1850-1917) auf der Basis christlichen Glaubens ein Weiblichkeitskonzept entwickelt, das tradierte Geschlechterverhältnisse modifizierte, ohne katholische Ordnungsvorstellungen grundsätzlich in Frage zu stellen. Dies erklärt die herausragende Bedeutung, die Elisabeth Gnauck-Kühne seit der Gründung des KFB für die katholische Frauenbewegung hatte. Zweifelsohne bestanden unter den Katholikinnen heterogene Auffassungen über die soziale Beziehung der Geschlechter; dem von Gnauck-Kühne idealtypisch konstruierten Frauenbild kam jedoch eine Leitfunktion zu, die bis in die 1950er Jahre Bestand hatte.

Elisabeth Gnauck-Kühne hatte 1888 nach fast 20jähriger Tätigkeit als Lehrerin und Leiterin eines Lehrinstituts den Arzt Rudolf Gnauck geheiratet.[43] Ihr Institut, die Lehr- und Erziehungsanstalt für Töchter höherer Stände, das sie 1875 in Blankenburg im Harz gegründet hatte, verkaufte sie wegen der Eheschließung. Nachdem die Ehe innerhalb kurzer Zeit scheiterte, begann Elisabeth Gnauck-Kühne, sich mit der Arbeiterinnen- und Frauenfrage zu befassen. 1895 erhielt sie die Erlaubnis zum Universitätsbesuch und schrieb sich in Gustav Schmollers staatswissenschaftliches Seminar ein. Besondere Beachtung erhielt Elisabeth Gnauck-Kühne in den 1890er Jahren - seinerzeit noch protestantischen Glaubens - durch ihr Engagement in der Frauenfrage. Die Frauenrechtlerin, wie sie sich selbst bezeichnete[44], trug maßgeblich zur Entwicklung der evangelischen Frauenbewegung bei, indem sie 1894 zusammen mit Margarete Behm die „Evangelisch-soziale Frauengruppe" gründete. Sie setzte damit den Anfang einer konfessionellen Frauenbewegung, die mit der Gründung des Deutsch-Evangelischen Frauenbundes „ihre zentrale Organisation fand", wie Baumann in ihrer Studie über die evangelische Frauenbewegung ausführt.[45] Die „Evangelisch-soziale Frauengruppe" hatte sich als Gruppe des Evangelisch-sozialen Kongresses, der 1890 von Adolf Stöcker gegründet worden war, konstituiert. 1895 trat Elisabeth Gnauck-Kühne als erste Frau öffentlich im Kongreß auf und hielt das Hauptreferat. Mit ihren Ausführungen zur sozialen Lage der Frau erregte die Referentin auch über die protestantische Öffentlichkeit hinaus starkes Aufsehen. Ihre zahlreichen Abhandlungen über frauenrechtliche Fragen und zur Arbeiterinnenfrage trugen Gnauck-Kühne zunehmend den Ruf einer kompetenten Sozialwissenschaftlerin ein, deren Rat gefragt war.[46]

Nachdem Elisabeth Gnauck-Kühne 1900 zum katholischen Glauben übergetreten war, engagierte sich die Soziologin und Sozialpolitikerin in der katholischen Frauenbewegung und unterstützte diese nachhaltig, ohne allerdings führende Positionen zu übernehmen. Dennoch kann sie als „Leitfigur" der Bewegung charakterisiert werden: Ihre theoretischen Begründungen zu „Weiblichkeit und Mütterlichkeit" boten den Katholikinnen einen zentralen Orientierungsrahmen, und ihre Publikationen wurden künftig zur Pflichtlektüre des Frauenbundes erhoben[47], vor allem ihr Hauptwerk „Die Deutsche Frau um die Jahrhundertwende", das auch außerhalb katholischer Kreise große Resonanz auslöste.[48]

In ihrer statistisch fundierten Studie charakterisierte Elisabeth Gnauck-Kühne die Frauenfrage als Ergebnis veränderter ökonomischer und sozialer Lebensbedingungen und suchte nach Möglichkeiten, die berechtigten Forderungen der Frauen nach „Brot, Wissen, Recht" umzusetzen.[49] Die Autorin belegte, daß die „Ehe als Hauptberuf" nicht mehr ausschließlich die Existenzsicherung für Frauen garantiere und forderte demzufolge mehr Erwerbsmöglichkeiten und spezifische Arbeitsgebiete für Frauen.[50] Die Erwerbstätigkeit der Frauen galt Gnauck-Kühne, im Gegensatz zur sozialdemokratischen Frauenbewegung[51], nicht als prinzipiell einzuforderndes Recht im Sinne der Gleichberechtigung, sondern war nicht länger zu ignorierende Realität. In der Erwerbstätigkeit von Müttern sah sie sogar eine Gefährdung der christlichen Kultur, die sich gerade auf der „stillen, häuslichen Arbeit des Frauengeschlechts" aufgebaut habe.[52] Die Gesellschaft sei daher verpflichtet, die Situation der erwerbstätigen Mütter zu erleichtern. Obwohl Gnauck-Kühne der Erwerbsarbeit einen hohen Stellenwert beimaß, da sie unverheirateten Frauen eine Lebensalternative ermögliche, sah die Frauenrechtlerin in der Mutterschaft die zentrale Bestimmung der Frauen: Das Kind sei die wichtigste „Angelegenheit", nicht die Erwerbstätigkeit.[53] Die Mutterschaft offenbare die charakteristischen Züge echter Weiblichkeit. Dabei kam es Gnauck-Kühne auf die weiblichen Fähigkeiten an, ohne die die physiologische Mutterschaft für sich kein Charakteristikum für Weiblichkeit sei:

> „Weiblichkeit muß mithin der Inbegriff der Eigentümlichkeiten sein, die die Eigenart dieses Geschlechtswesens ausmachen. Allgemein menschliche Züge kommen dabei ebensowenig in Betracht wie etwa körperliche Vorzüge, denn diese verschwinden mit der Jugend, während der Inbegriff der spezifischen Merkmale, die wir Weiblichkeit nennen, ebenso unveräußerlich sein muß, wie das Geschlecht selbst es ist. Wären blonde Locken und blühende Wangen ein Charakteristikum der Weiblichkeit, so müßten alle ehrwürdigen Greisinnen unweiblich sein."[54]

Weib sein, so folgert Gnauck-Kühne, heißt also wie eine Mutter sein.[55] Mütterlichkeit als die spezifische Eigenart von Frauen schlechthin, als „Kernpunkt der Weiblichkeit"[56], drückte sich für Elisabeth Gnauck-Kühne in Selbstaufgabe, Opferbereitschaft, Bereitschaft zum Dienen, Fähigkeit zur Unterordnung, „tätiger und kraftvoller Ruhe" und Liebe aus.[57] Diese Fähigkeiten seien durch die veränderten ökonomischen Verhältnisse nicht in Frage gestellt, sondern müßten mit einem neuen Selbstverständnis der Frauen verbunden werden: „Wir brauchen geistig entwickelte, energische Frauen", forderte sie, „Frauen, die im Hause im Notfall ‚ihren Mann stehen', d. h. den Gatten für seine vielseitigen Aufgaben frei machen und ihn schon zu seinen Lebzeiten im Hause voll vertreten können."[58] Der „Dualismus" der Frau, das heißt, das Nebeneinander von Familienarbeit und Erwerbstätigkeit, erfordere gleichzeitig Selbständigkeit und die Fähigkeit, Abhängigkeit zu akzeptieren, ersteres im Bereich der Erwerbstätigkeit, letzteres als Ehefrau und Mutter.[59]

Mit der Skizzierung weiblicher Fähigkeiten und Eigenschaften wie „Selbstaufgabe", „Opferbereitschaft" und „Mütterlichkeit" kam die Frauenrechtlerin dem „Leitbild Maria" sehr nahe und bot damit traditionelle Orientierungsmuster an. Gleichzeitig kam ein Modernisierungsaspekt zum Tragen, da angesichts der Tatsache, daß eine Existenzsicherung durch die Ehe nur noch eingeschränkt und oft nur zeitlich begrenzt möglich war, die Anpassung an veränderte ökonomische Verhältnisse gefordert wurde. Zugleich implizierte dies emanzipatorische Entwicklungsmöglichkeiten: Die Ausbildung der Individualität, die, Gnauck-Kühne zufolge, zwingend für den neuen Frauentypus war, erforderte Unabhängigkeit und Selbständigkeit, geriet damit aber in Widerspruch zu einem traditionellen hierarchischen Geschlechterverhältnis. Es gelang Elisabeth Gnauck-Kühne nicht, diesen Widerspruch zu lösen, so daß sie zu einer paradoxen Überzeugung kam: Ablehnung sozialer Unterordnung unter den Mann bei gleichzeitiger Anerkennung männlicher Führung.

Elisabeth Gnauck-Kühne unterstützte zwar die naturrechtlich legitimierte Führungsposition des Mannes, verband damit allerdings keine Minderwertigkeit der Frau und wies entsprechende Festlegungen konsequent und - das sei besonders betont - öffentlich zurück. Hedwig Dransfeld hob daher als besonderes Verdienst Gnauck-Kühnes hervor, daß diese der „Minderwertigkeitsthese", die partiell und in eher indirekter Form auch von katholischen Theologen vertreten wurde, den Gedanken der Gleichheit von Frau und Mann entgegensetzte.[60] Für Gnauck-Kühne war es nicht denkbar, daß ein Geschlecht die absolute Norm bedeute, sie sah die Geschlechter als „zwei verschiedene Verkörperungen der göttlichen Menschheitsidee".[61] Eine männliche Überlegenheit sei weder theoretisch noch schöpfungsgeschichtlich zu begründen:

„Theoretisierende Männer sind imstande, die weibliche Hälfte in ihrer Wesensbesonderheit zu übersehen und aus dem, was beiden Geschlechtern gemeinsam ist, zu folgern, daß das Weib eigentlich ein Mann ist, nur ein verzeichneter, etwa nach dem Schlusse: Der Mann ist der Mensch. Das Weib ist auch Mensch. Folglich ist das Weib ein Mann. Natürlich nicht ein Voll-Mann, daher auch nicht ein Voll-Mensch, nicht dem Manne ganz gleichartig, folglich minderwertig. Inferior. Zweitklassig ... Mit solchen Gedanken setzen die Männer sich selbst und ihr eigenes Tun als Maßstab, an dem die Frau zu messen sei, als ob es nur *eine* schlechthin vollkommene Verkörperung der Menschheitsidee gäbe, nämlich den Mann. Bei der Frau ist bis auf die Gegenwart diese Anschauung ebenfalls weit verbreitet. Man hat sie ihr lange und erfolgreich suggeriert."[62]

In ihre Erörterungen über die soziale Stellung der Frau schloß Gnauck-Kühne indirekt eine Kontroverse ein, die sie 1901 mit Pater Rösler öffentlich ausgetragen hatte. Im Mittelpunkt dieser Auseinandersetzung, die durch einen Lexikonartikel des Paters ausgelöst worden war, stand die Behauptung der sozialen Unterordnung der Frau[63], die Rösler aus der göttlichen Ordnung ableitete. Gnauck-Kühne wies dies seinerzeit vehement zurück, grenzte indes die Unterordnung in der Ehe davon ab, da sich diese zwingend aus dem Schutz- und Unterstützungsbedürfnis der Frauen ergebe:

„Nicht Menschenwillkür hat entschieden, daß von den beiden Gatten das Weib sich seinem Ehemann unterordne. Die Natur hat es so gewollt. Die Natur hat das Weib in seiner Geschlechtsaufgabe schutzbedürftig gemacht. An dieser Bestimmung der Natur ist nichts zu ändern; so wird es das Los des weiblichen Geschlechts bleiben, sich in der Ehe, im Familiendienste, dem Gatten unterzuordnen."[64]

Die Ablehnung sozialer Unterordnung bedeutete dennoch nicht, männliche Autorität als Prinzip in Frage zu stellen. Die „bewußte Einordnung" der

Frauenbewegung „in die organisierte Gesellschaft mit männlicher Führung" war daher für die katholische Frauenrechtlerin erstrebenswertes Ziel.[65]

Auf der persönlichen Ebene bot das Jungfräulichkeitsideal der katholischen Kirche Elisabeth Gnauck-Kühne einen Ausweg aus dem Konflikt. Bereits 1895 hatte Gnauck-Kühne in ihrem Vortrag auf dem Evangelischsozialen Kongreß auf die Bedeutung der katholischen Kirche für „vereinsamte Frauen" hingewiesen.[66] Ihre Aufzeichnungen zum Konfessionswechsel weisen darauf hin, daß die Zugehörigkeit zu einer Gemeinschaft, die „Schutz und Halt bietet", offenbar ein weiteres wesentliches Moment für ihre Entscheidung zu konvertieren war:

„Glücklich, wer katholisch ist! Glücklich, wer da weiß, daß ihm jederzeit ein Ohr im Beichtstuhl offen steht. Glücklich, wer da weiß, wo er unter *allen* Umständen sein bedrücktes Herz ausschütten und erleichtern kann. Für ihn gibt es kein Leid, das er nicht zur Hälfte abschütteln kann, für ihn gibt es keinen Schmerz ohne Tröstung, keine Bedrängnis ohne Rat, keine Erschütterung ohne Halt ... Er braucht nur einen Finger auszustrecken - und er wird gehalten."[67]

Die katholische Kirche bot nicht nur für „vereinsamte Frauen" Halt. Soziale Anerkennung durch die Glaubensgemeinschaft erhielt die unverheiratete Frau generell durch das „Jungfräulichkeitspostulat". Es bedeutete für Gnauck-Kühne die Voraussetzung für die „wahre Emanzipation des Weibes"[68], da es Frauen die Wahlmöglichkeit zwischen „dem Stande der Ehe oder dem Stande der gottgeweihten Jungfräulichkeit" bot.[69] Elisabeth Gnauck-Kühne empfand die im lutherischen Protestantismus begründete Festlegung der Frau auf die Mutterschaft als einzige Bestimmung und die damit verbundene Stigmatisierung der ehelosen Frau als „lächerliche oder boshafte ‚alte Jungfer'"[70], als diskriminierend für alle unverheirateten Frauen und klagte entschieden das Recht ein, sich frei für ein „Leben ohne Mann" entscheiden zu können. Ehe und Mutterschaft als einzige Bestimmung empfand sie zudem als Entwertung des „geschlechtslosen Berufslebens", da alles außerhalb der Ehe im Protestantismus als minderwertiger Ersatz gelte.

Elisabeth Gnauck-Kühnes Ausführungen über das Verhältnis der Geschlechter - Einordnung unter männlicher Führung statt Unterordnung - spiegelt deutlich die Gratwanderung wider, die gläubige Katholikinnen auf sich nehmen mußten, um weibliche Emanzipationsansprüche mit katholischen Ordnungs- und Autoritätsvorstellungen in Übereinstimmung zu bringen, wollten sie die von Kirche und Klerikern gesetzten Grenzen nicht überschreiten. Trotzdem stellt Gnauck-Kühnes öffentliche Kritik an einem Geistlichen zu diesem frühen Zeitpunkt ein Novum dar. Die anerkannte Wissenschaftlerin zeigte damit, daß es in einem bestimmten Rahmen möglich war, klerikale Autorität in Frage zu stellen, auch wenn die Kritik als fehlgeschlagen gewertet wurde, da sich Gnauck-Kühne nicht gegen Röslers orthodoxe theologische Argumentation, die sich in Übereinstimmung mit der Lehrmeinung der katholischen Kirche befand, durchsetzen konnte.[71]

Da die Kontroverse in der Kölnischen Volkszeitung ausgetragen wurde, kann angenommen werden, daß sie zumindest auch von den Kölnerinnen, die zwei Jahre später die katholische Frauenbewegung mit initiierten, verfolgt wurde. Zusammen mit ihrem Hauptwerk dürfte daher Gnauck-Kühnes Zurückweisung klerikaler und männlicher Bevormundung bei gleichzeitiger Betonung der Gleichwertigkeit der Geschlechter gerade in den Anfängen der katholischen Frauenbewegung richtungweisend gewesen sein.

Nominell war das Postulat von der Gleichwertigkeit und der Wesensverschiedenheit der Geschlechter unstrittig, ebenso, daß es eine absolute Gleichberechtigung der Geschlechter nicht geben dürfe und könne. Selbst Pater Rösler unterstrich wiederholt, daß Frauen nicht minderwertig seien und „dieselbe Menschenwürde und denselben Menschenwert" hätten wie Männer.[72] Dennoch divergierten die Auffassungen über das Verhältnis der Geschlechter: Für Pater Rösler schlossen sich Menschenwürde und Unterordnung der Frau nicht aus; Elisabeth Gnauck-Kühne dagegen hielt dies für unvereinbar, argumentierte aber widersprüchlich, indem sie zugleich männliche Autorität und die Führungsrolle von Männern in Gesellschaft und Familie als Ordnungsprinzip akzeptierte. Damit blieb die Frauenrechtlerin letztlich doch einem hierarchischen Denkmodell verhaftet, wie vermutlich die Mehrheit der Katholiken zu Beginn des Jahrhunderts.

Zwei katholische Frauen gingen indessen über Gnauck-Kühnes Argumentation hinaus. Klara Renz, die aktiv im Frauenbund mitarbeitete, lehnte eine Hierarchie der Geschlechter ab und betonte das Recht der freien Selbstbestimmung der Frau:

„Eltern! Pflanzet in die Herzen eurer Söhne den Grundsatz der Gerechtigkeit gegen eure Töchter von frühester Jugend an und hört nicht auf, ihnen durch Wort und Tat zu beweisen, daß kein Geschlecht über dem andern steht; daß nicht Gewalt, sondern Gerechtigkeit entscheiden muß, auf welcher Seite sich diese auch finde; daß die naturnotwendigen Schranken auf dem Gebiete der Religion und Moral vor dem Erlöser beider Geschlechter gleich eng und gleich weit sind; daß das Menschenrecht der freien Selbstbestimmung dem Weib nicht weniger zukommt als dem Mann; daß das Weib, und das gilt hauptsächlich für die Nichtverheirateten, dieselbe Berechtigung zur standesgemäßen Existenz hat wie der Mann, und daß das bisherige Bestreben, das weibliche Geschlecht unter der Vormundschaft des männlichen zu erhalten und die Lebensbedingungen des ersteren zugunsten des letzteren zu erschweren, an das Heidentum erinnert."[73]

Das „Menschenrecht der freien Selbstbestimmung" leitete Klara Renz aus göttlichem Willen ab, was eine Behandlung der Frau als „Dienerin und

Mündel" ausschließe. In ihrer Argumentation stützte sie sich bemerkenswerterweise auf die erste Schöpfungsgeschichte (Gen 1,27)[74], die eine Gleichwertigkeit der Geschlechter impliziert, und stellte sich damit gegen die Auffassung der Theologen, die die soziale Unterordnung der Frau stets mit der zweiten Schöpfungsgeschichte (Gen 2,21-23) begründeten.[75]

Auch Casimira Hamel, die im Münchener Zweigverein des Frauenbundes mitarbeitete, orientierte sich in ihrem Vortrag auf der 2. Generalversammlung des KFB an Genesis 1,27 und leitete daraus ab, daß die Frau „an der Seite des Mannes gleichberechtigt, gleich gewertet mit ihm" sei.[76] Die „Gleichstellung der Geschlechter" stand für sie also in Übereinstimmung mit der Schöpfungsidee Gottes, so daß die Frauenbewegung für sie „einen Schritt vorwärts in der Schöpfungsgeschichte" bedeutete. Der Frau die gleichen Rechte zuzuerkennen wie dem Mann war für die Rednerin eine Frage der Gerechtigkeit. Die Leistungen der Frau „für die menschliche Gesellschaft (seien) absolut gleichwertig mit den Leistungen des Mannes" - eine Aussage, die so auch Rösler vertrat, nur daß dies mit unterschiedlichen sozialen Chancen und politischen Rechten verbunden wurde. Casimira Hamel kritisierte auch die Benachteiligung der Frau durch den Staat, da sie, obwohl selbst Steuerzahlerin, nicht über die Verwendung ihrer Steuern im Parlament mitbestimmen könne. Aus diesen Ausführungen war die Forderung nach dem politischen Frauenwahlrecht nur unschwer zu erkennen, was dem Frauenbund offensichtlich zu weitgehend war. Obwohl die Erste Vorsitzende des KFB den Vortrag als ausgezeichnet lobte, erklärte sie ausdrücklich, daß sich der KFB nicht mit allen Ansichten der Referentin identifiziere.[77]

Die Bindung an Glauben und Kirche hatte also komplexe Bedeutung: Sie war Orientierungshilfe, diente als Begründung für die Aufforderung an Katholikinnen, sich auch außerhalb der Familie zu engagieren, erfüllte Legitimationsfunktion für emanzipatorische Forderungen und begrenzte diese gleichzeitig; schließlich diente sie der Aufrechterhaltung des bestehenden Geschlechterverhältnisses und legte Frauen, unter Berücksichtigung notwendiger Anpassung an veränderte gesellschaftliche Verhältnisse, auf tradierte Rollen fest. Die Arbeitsteilung zwischen den Geschlechtern galt hierbei als „natürlich und unabänderlich", da sie der göttlichen Ordnung entsprach.[78] Im Rahmen dieser Arbeitsteilung waren Frauen, unabhängig von ihrem Wirkungskreis, zuständig für die Aufrechterhaltung von Moral und Sittlichkeit: „Als berufene Hüterinnen der Sitte in Haus und Gesellschaft sollen sie auch die Priesterinnen der moralischen Reinheit und Sittlichkeit sein", forderte der Moraltheologe Joseph Mausbach auf dem Aachener Katholikentag 1912.[79] Als „Familienmüttern" oblag ihnen somit die Vermittlung religiöser und sittlicher Normen und Werte an ihre Kinder, und als unverheiratete erwerbstätige Frauen trugen sie Verantwortung für eine sittliche Erneuerung der Gesellschaft nach katholischen Grundsätzen.

3. „Neue Ethik" und Reglementierung der Prostitution: Ein Diskurs über „Sitte und Moral"

„Hüterinnen der Sitte" zu sein, bezog sich vordergründig darauf, die normativen Vorstellungen christlicher Sexualmoral einzufordern bzw. wieder zur Geltung zu bringen. Sittlichkeit stand auch als Sammelbegriff für einen Verhaltenskodex, der Frauen und Männern unterschiedliche Spielräume gewährte, was besonders an der Bewertung sexuellen Verhaltens und der Frage des gesellschaftlichen Umgangs mit Prostitution deutlich wurde. Der Sittlichkeitsdiskurs der bürgerlichen Frauenbewegung[80] ging indes weit über dieses enge Verständnis, das Sittlichkeit auf Sexualität reduzierte, hinaus. Vielmehr stellte Sittlichkeit die Basis und den Bezugsrahmen für das soziale und politische Handeln von Frauen dar und hatte damit eine strategische Funktion. Als Metapher für die ungleiche soziale und rechtliche Situation von Frauen und Männern war Sittlichkeit eine Schnittstelle, an der sich die zentralen Themenbereiche der Frauenbewegung trafen. Sittlichkeit bot daher die Möglichkeit, emanzipatorische Forderungen zu stellen, gesellschaftliche Einflußnahme einzufordern und damit über die moralische Ebene hinaus eigene materielle Interessen durchzusetzen.

Die offenkundig verschiedenen Maßstäbe, die die bürgerliche Gesellschaft an das sittliche Verhalten von Frauen und Männern anlegte, führte dazu, daß sich die bürgerliche Frauenbewegung in den 1890er Jahren verstärkt mit Fragen der Sittlichkeit auseinandersetzte. Aufs engste mit der vehement beklagten „Doppelmoral" verbunden war die Kritik an der staatlich sanktionierten und kontrollierten Prostitution, der sogenannten Reglementierung.[81] Hier traten die unterschiedlichen moralischen Maßstäbe eklatant zutage: Die Prostituierten galten als allein verantwortlich für die Ausbreitung von Geschlechtskrankheiten und waren scharfer sittenpolizeilicher Kontrolle unterworfen. Die an der Prostitution beteiligten Männer, sei es als Freier, Zuhälter oder Bordellbesitzer, enthob man dagegen jeglicher Verantwortung. Die Forderung nach gleicher Moral für beide Geschlechter und das Bemühen um die Verbesserung der Sexualmoral rückten daher in den Mittelpunkt der „Sittlichkeitsbewegung", die um 1900 im Rahmen der überkonfessionellen bürgerlichen Frauenbewegung entstand und die sich nach der Jahrhundertwende zum Zentrum der politischen Erfahrung und Politisierung bürgerlicher Frauen entwickelte.[82]

Der KFB geriet in dem Zusammenhang in eine Außenseiterrolle, da er sich jahrelang öffentlich nicht zu dem Problem von Prostitution und Reglementierung äußerte. Das heißt aber nicht, daß Fragen der Sittlichkeit, sofern sie nicht unmittelbar im Zusammenhang mit der Reglementierungsfrage standen, im Katholischen Frauenbund keine zentrale Bedeutung gehabt hätten. Auch für die katholischen Frauen war Sittlichkeit Kernpunkt ihres sozialen und politischen Handelns und Legitimation für die Wahrnehmung gesamtgesellschaftlicher Aufgaben. Darüber hinaus hatte Sittlichkeit für katholische Frauen eine spezifische Bedeutung. Sittliche Normen und sittliches Verhalten waren eingebettet in das göttliche Sittengesetz und somit religiöse Pflicht.[83]

Die Orientierung an religiösen Grundüberzeugungen wird besonders an der Haltung des KFB zur Neuen Ethik deutlich, die das christliche Ehe- und Familienverständnis in Frage stellte. Im Gegensatz zum Diskurs um Prostitution und Reglementierung trugen die Katholikinnen die Kontroverse um die Neue Ethik, die 1905 mit der Gründung des „Bundes für Mutterschutz und Sexualreform" (BfMS) in die Öffentlichkeit getragen wurde, von Beginn an mit und teilten im wesentlichen die Kritik der gemäßigten Mehrheit des BDF sowie der evangelischen Frauenbewegung. Positionen des KFB zu den zentralen Fragen der Sittlichkeitsbewegung, der Prostitution und Reglementierung wurden erst ab 1907 verbandsintern diskutiert. Demgegenüber legte der KFB in der Auseinandersetzung mit der Neuen Ethik seine Auffassung zur Ordnung der Geschlechter im Kontext katholischer Ehe- und Sexualmoral öffentlich dar.

Katholisches Sittlichkeitsverständnis versus Neue Ethik

In der Haltung der Katholikinnen zur Neuen Ethik kamen zwei entscheidende Dimensionen zum Tragen: Zum einen agierten die Führerinnen der katholischen Frauenbewegung, die überwiegend aus dem katholischen Bürgertum kamen, auf der Basis bürgerlicher Moralvorstellungen, die, ungeachtet unterschiedlicher Lebensweisen und Lebensbedingungen, als allgemeinverbindlich galten.[84] Zum anderen war diese Ebene mit christlich-katholischen Moralvorstellungen verknüpft, denen durch ihre metaphysische Begründung per se universelle Gültigkeit zukam. Die von der Kirche verkündete Sittenlehre prägte daher die Positionen der Katholikinnen hinsichtlich sittlicher Fragen auf spezifisch konfessionelle Weise.

Sittlichkeit war und ist im katholischen Verständnis mehr als ein Sammelbegriff für allgemeinverbindliche Verhaltensnormen. Vielmehr ist sie untrennbar an Gott gebunden. Abgeleitet aus der Offenbarung Gottes setzen katholische Moralvorstellungen den normativen Rahmen zur Begründung und Beurteilung menschlichen Handelns. Sittliches Handeln, dessen letzte Norm und letztes Ziel Gott ist[85], ist somit

„das personale, vernünftige, freie Handeln des Menschen gemessen an der Sittennorm, d. h. an dem im geschöpflichen Sein als sittliches Naturgesetz ... geoffenbarten und den Menschen absolut verpflichtenden Schöpferwillen, dessen Ziel die Verherrlichung des Schöpfers und die Beseligung des Geschöpfes ist, der im Gewissen ... als Gebot des sittlich Guten und als Verbot des sittlich Bösen kund wird und so das ganze sittliche Leben mit allen seinen inneren und äußeren Akten im privaten und öffentlichen Handlungsbereich dem Gericht Gottes unterstellt."[86]

Eine Verletzung sittlicher Gebote und Normen bedeutete daher eine Mißachtung des göttlichen Sittengesetzes, das in seinem Kern als unveränderlich galt.[87] Folgerichtig mußten die in der Frauenbewegung engagierten Katholikinnen die moraltheologisch begründeten Ge- und Verbote sittlichen Handelns in den Sittlichkeitsdiskurs einbeziehen.

Obwohl die katholische Morallehre sittliche Normen für alle Lebensbereiche setzt, wurde der Sittlichkeitsbegriff auch im katholischen Kontext auf die Geschlechterbeziehung und die kirchliche Sexualmoral eingeengt[88], sofern es um die Aufgabenzuschreibung für Frauen ging. Abgeleitet wurden die sexualmoralischen Normen aus dem christlichen Eheverständnis, das bis in das 20. Jahrhundert durch die sexualpessimistische Sichtweise des Theologen und Kirchenvaters Augustinus (354-430) geprägt blieb. Nach Augustinus konnte der sündhafte Charakter geschlechtlicher Lusterfahrung nur durch die drei Ehegüter „Nachkommenschaft, Treue, Sakrament" theologisch aufgewertet und kompensiert werden.[89] Die unauflösliche monogame Ehe bot somit den einzig möglichen Rahmen für Sexualität, die aber auch in der Ehe nur dann legitim war, wenn sie der Fortpflanzung diente. Mithin war jede andere Form - auch auf einer rein gedanklichen Ebene - nach der katholischen Morallehre Sünde.[90] In dieser Logik gab es nur eine Alternative: die sexuelle Enthaltsamkeit, die sich im Zölibat der Priester und im Jungfräulichkeitsideal manifestierte.

Die Festlegung auf Sittlichkeitsfragen und der Anspruch - sowohl von Kirche und Klerus als auch von den Frauen selbst formuliert -, an einer Erneuerung der Gesellschaft in sittlicher Hinsicht mitzuarbeiten, verknüpfte in besonderer Weise die katholische Frauenbewegung mit ihrer Kirche: Zum einen sicherte der „Bezugspunkt Sittlichkeit" Kirche und Klerus - als autoritative Instanzen für die Durchsetzung und Einhaltung der katholischen Sittenlehre - ein prinzipielles und permanentes Mitspracherecht in der Frauenbewegung zu; zum anderen bestand hinsichtlich christlich-katholischer Ehe- und Sexualmoral eine unerschütterliche Allianz zwischen katholischer Frauenbewegung und Kirche. Die hohe Übereinstimmung in diesen Fragen erklärt sich indes nicht allein aus der Glaubensbindung. Wie später deutlich werden wird, korrespondierte sie mit einem materiellen Interesse von Frauen, traditionelle Ehe- und Familienstrukturen aufrechtzuerhalten.

Im krassen Widerspruch zur Ehe- und Sexualmoral der katholischen Kirche standen die Vorstellungen Helene Stöckers[91] über eine neue Sexualethik. Wesentlich durch die Philosophie Friedrich Nietzsches beeinflußt[92], ging es der Sexualreformerin und Frauenrechtlerin darum, gesellschaftliche Verhältnisse zu schaffen, die eine „Hebung und Veredelung der Menschheit" ermöglichten.[93] Mit Nietzsche stimmte sie darin überein, daß die alten christlichen Moralvorstellungen überwunden werden müßten:

„Aber vor allen Dingen müssen wir ihm (Nietzsche, G.B.) dafür dankbar sein, daß er die alte asketische Moral der Kirchenväter, die in der Liebe der Geschlechter zueinander etwas Sündhaftes und im Weibe etwas Niedriges, Unreines erblickte, daß er diese lebenverneinende Moral durch seine stolze, lebenbejahende ersetzte, die Menschen dadurch vom bösen Gewissen befreit und ihre Liebe geheiligt hat."[94]

Durch eine Umwertung der alten und - ihrer Meinung nach - falschen Sittlichkeitsbegriffe[95] sah Stöcker die Chance, die sittlichen Verhältnisse zu verbessern und vor allem auf sexuellem Gebiet eine Veränderung zu erreichen. „Prostitution und Geschlechtskrankheiten, Geldheirat und Askese der Frau" hielt die Sexualreformerin für „traurige Kehrseiten eines glücklichen Sexuallebens", das durch christliche Moralvorstellungen verhindert werde. Sittlichkeit war für Helene Stöcker eine Frage der Persönlichkeit und nur ein respektvoller und selbstverantwortlicher Umgang der Geschlechter konnte ihrer Überzeugung nach das „sexuelle Problem" lösen. An die Stelle der „alten Moral" wollte Helene Stöcker daher eine „neue Ethik" setzen, die darauf zielte, die Beziehung von Mann und Frau auf ein sittlich höheres Niveau zu stellen. Dabei hielt sie „ein würdiges Verhältnis" nur auf der Grundlage finanzieller und geistiger Unabhängigkeit für möglich, prinzipiell unabhängig von der Institution der Ehe.[96]

Wie Theresa Wobbe in ihrer Studie über politische Strategien von Frauenrechtlerinnen herausgearbeitet hat, bewirkten die Reformideen Helene Stöckers einen Positionswechsel in der Frauenbewegung.[97] Neu an Stöckers Ideen war nicht nur das Bejahen sexueller Beziehungen außerhalb der Ehe, sondern auch, daß sie Frauen das Ausleben sexueller Bedürfnisse gleich den Männern zugestand.[98] Die Vertreterinnen der Sittlichkeitsbewegung hatten dagegen die außereheliche Sexualität, vor allem in der Form der Prostitution, zu einem Kernproblem erhoben und sich darauf konzentriert, von Männern hinsichtlich deren Sexualansprüchen Enthaltsamkeit und Selbstbeherrschung zu fordern. Sexuelle Ansprüche von Frauen zu thematisieren, wie Helene Stöcker dies tat, und ihre Ablehnung sexueller Enthaltsamkeit für unverheiratete Frauen waren bisher im Sittlichkeitsdiskurs der bürgerlichen Frauenbewegung ausgeblendet worden.

Die von Stöcker propagierte radikale „Umwertung aller Werte" im Sinne Nietzsches traf die katholischen Frauen in ihrer religiös-kirchlichen Identität und berührte die elementaren Lebensbereiche der Ehe und Familie. Vor diesem Hintergrund ist verständlich, daß der KFB rasch reagierte und in die öffentliche Diskussion eingriff.[99] Zunächst artikulierte Hedwig Dransfeld für die katholische Frauenbewegung deren Entsetzen über den Angriff der „Neu-Ethiker" auf das christliche Eheverständnis. Eine Sanktionierung „freier Liebe" empfand Dransfeld als Verstoß gegen die göttliche Ordnung und als Rückschritt christlicher Kulturentwicklung: „Blüte oder Verfall, Sein oder Nichtsein des Menschengeschlechts" hingen von der „sittlich reinen Frau" ab, wobei „sittlich rein" in diesem Kontext als Umschreibung für ein einwandfreies Sexualverhalten entsprechend der kirchlichen Morallehre stand. Hedwig Dransfeld verteidigte die unterschiedlichen sittlichen Ansprüche an Frauen und Männer im Interesse der menschlichen Weiterentwicklung:

„Das Los der Frau ist sicher nicht leicht gewesen, und selbst der gerechte Gott hat in sittlicher Beziehung mehr und Schwereres von ihr verlangt als vom Manne. Wenn er ihm wegen der Härte des Herzens die Zügel lockerte, wurden sie der Frau desto fester angezogen ... Es ist ganz sicher wahr: die größere sittliche Gebundenheit der Frau in den Ehegesetzen der früheren Zeit und in den konventionellen Anschauungen der Gegenwart ist hart und relativ ungerecht, aber eine Unehre ist es nicht ... Was wäre aus ihm (dem Kampf der Menschheit, G.B.) geworden ohne die durch strenge Gesetze gebundene, sittlich reine Frau? Sie war die Kerntruppe im Kampfe mit dem Laster und seinen Folgen, und sie hat die Schlacht gerettet ... Instinktiv erkannten es die Geschlechter, daß der Ausgang des Kampfes von der Frau abhing; und der Mann wurde gewalttätig, indem er ihr Sittengesetz schuf, und die Frau lehnte sich nicht dagegen auf und überwachte die Befolgung desselben unter ihren Geschlechtsgenossinnen noch eifersüchtiger als der Gesetzgeber. Heute handelt die Frau nicht mehr instinktiv, heute verlangt sie auch vom Manne, daß er zu ihr emporsteige."[100]

Die „sittlich reine Frau" galt also auch als die sittlich höherstehende, moralisch dem Mann überlegene Frau.[101] Diese Überlegenheit im Interesse einer Anpassung an größere sexuelle Freiräume des Mannes aufzugeben, hielt

Hedwig Dransfeld für „feige und töricht".[102] Stattdessen sollte die Frau auf die Verbesserung des sittlichen Niveaus des Mannes hinwirken:

„Nicht aber wollen wir, daß die Gleichstellung der Geschlechter vor dem Moralgesetze damit endige, daß die Frau auf die Tieflage der Moral des Mannes heruntertrete, nein, wir wollen nur Erleichterungen, damit die Frau den Mann auf jene sittliche Höhe emporheben kann, welche das starke Geschlecht von dem schwachen so selbstverständlich verlangt."[103]

Die Ungleichheit - im Schlagwort der „Doppelmoral" manifestiert - war Dransfeld zufolge nur durch „sittliche Selbstbeschränkung" für beide Geschlechter aufhebbar.[104] Casimira Hamel ging dagegen über die rein moralische Ebene hinaus: Sie forderte, daß „die Gleichheit der Moral für Mann und Frau gesetzlich festgestellt" werden müsse.[105]

Konträr zur Ideologie des „ritterlichen Mannes", der seine Familie beschützt und führt, stand offenbar die Alltagserfahrung, daß diese „Ritterlichkeit" nicht selbstverständlich vorausgesetzt werden konnte, sondern durch den normativen Rahmen der Ehe eingefordert werden mußte. Im Gegensatz zu Helene Stöckers Idealvorstellungen über ein Verhältnis der Geschlechter ohne Zwang und Herrschaft, hielt Hedwig Dransfeld die Ehe als „letzte heilige Fessel" für unabdingbar; auf die Ehe zu verzichten, empfand sie als „moralischen Selbstmord".[106] Finanzielle Unabhängigkeit von Müttern, wie sie von Helene Stöcker und dem BfMS durch eine „Mutterschaftsversicherung" gefordert wurde, sei „gewissermaßen eine Anweisung auf Egoismus, Brutalität und Sichausleben. Nichts mehr, das ihn zügelt, nichts mehr, das die ritterlichen Gefühle in ihm auslöst; er braucht nicht mehr zu stützen, zu helfen, zu raten, zu trösten - er zahlt."[107] Dransfeld argumentierte zwar für die Ehe aus weltanschaulichen und moralischen Gründen, bezog jedoch auch die materiellen Interessen von Frauen in ihre Begründungen ein. Nach wie vor bot die Ehe einen schützenden Rahmen für Frauen, indem sie finanziell abgesichert waren und - im Idealfall - eine gewisse Unterstützung bei der Erziehung der Kinder erfuhren.[108] Den Mann aus der sozialen Verantwortung für die Kindererziehung zu entlassen, hielt Hedwig Dransfeld daher für eine „selbstgewählte Überlastung", unter der die Frau früher oder später zusammenbräche.[109]

Es versteht sich von selbst, daß die Katholikinnen das von Helene Stöcker vertretene generelle „Recht auf Mutterschaft" und die folgerichtige Forderung nach Gleichbehandlung lediger und verheirateter Mütter sowie die rechtliche Gleichstellung nicht-ehelicher Kinder nicht bejahen konnten.[110] Weniger ablehnend verhielt sich der KFB dagegen in der Frage des Mutterschutzes. Eine eigenständige ökonomische Existenzsicherung von Müttern über eine staatliche Mutterschaftsversicherung stand zwar nicht zur Diskussion, da damit die nicht-eheliche Mutterschaft grundsätzlich toleriert worden wäre. Wohl aber stimmte man mit dem BfMS darin überein, daß der Mutterschutz völlig unzureichend sei und durch soziale Reformen verbessert werden müsse. Darüber hinaus war man überzeugt davon, daß die Katholischen Fürsorgevereine adäquate Unterstützung leisteten.[111] Entbindungsanstalten für nicht-eheliche Mütter und Säuglingsheime für ihre Kinder boten praktische soziale Hilfe, allerdings nicht ohne Erziehungsanspruch: Die Mitarbeiterinnen der Fürsorgevereine wollten die Frauen „in religiös-sittlicher Beziehung auf den rechten Weg zurückführen, aber ihnen gleichzeitig helfen, auch in sozial-wirtschaftlicher Beziehung in der Gesellschaft, die sie moralisch auszustoßen pflegte, ihren Platz als vollwertige Mitglieder wieder einzunehmen."[112] Bemerkenswerterweise vertrat Hedwig Dransfeld diesbezüglich ein modernes Fürsorgeprinzip: das Recht auf Schutz und Fürsorge unabhängig von der Schuldfrage.[113] In ihrem Rückblick über die Veränderungen im Bereich des Mutterschutzes stand für sie die Verbindung von Mutterschutz und einer „Reform der sexuellen Ethik" zwar weiterhin außer Frage.[114] Sie erkannte aber an, daß die Diskussion um nicht-eheliche Mütter eine Sensibilisierung der Gesellschaft für die soziale Not bewirkt habe.[115] Die Erkenntnis, daß Mutterschutz nicht allein eine private Angelegenheit sei, sondern auch Aufgabe und Pflicht des sozialen Rechtsstaates, habe in den vergangenen Jahren Sozialreformen in Gang gesetzt und die soziale Situation von Müttern - ehelichen wie nicht-ehelichen - tendenziell verbessert.[116]

Die Tatsache, daß die Reformideen einer radikalen Minderheit auf vehemente Ablehnung auch in katholischen Kreisen stießen und massive Proteste hervorriefen, deutet darauf hin, daß die Neue Ethik zeitgenössische Entwicklungen und Probleme focussierte, die auch die katholische Bevölkerung real betrafen. Soziale Probleme, wie sie mit der nicht-ehelichen Mutterschaft verbunden waren, galten zwar eher als Probleme der unteren sozialen Schichten. Sie wurden aber dennoch als Indikatoren nachlassender religiöser und konfessioneller Bindung wahrgenommen, die sich beispielsweise auch in der Zunahme von Mischehen[117] manifestierte - wenngleich diese nicht in dem Maße wie nicht-eheliche Mütter sozial diskriminiert oder gar ausgegrenzt wurden. Es stand offenbar außerhalb der Vorstellungskraft, daß auch tradierte Lebensformen wie die Ehe und Familie einem gesellschaftlichen Wandel und Säkularisierungsprozeß unterlagen. Dieser Wandel wurde daher als destruktiver „Sittenverfall" qualifiziert, dem katholische Frauen, vereint mit dem Klerus, entgegenwirken sollten.

Der konsequenten Verteidigung von Ehe und Familie entsprach keineswegs eine ebenso konsequente Bekämpfung der Prostitution, dem „schwärzesten Gegensatz zur christlichen Idee".[118] Die Katholikinnen griffen in die zeitlich frühere Diskussion um Prostitution nicht ein und beschränkten sich darauf, gegen unsittliche Kino- und Theateraufführungen und „Schmutz und Schund in der Literatur" vorzugehen[119], letztlich alles zu bekämpfen, was irgendwie gegen ihr Sittenverständnis verstieß, nur eben mit Ausnahme der Prostitution. Dazu dürfte die allgemeine gesellschaftliche Tabuisierung von Sexualität durchaus beigetragen haben, entwickelte sich Sexualität doch in der bürgerlichen Gesellschaft zu einem Lebensbereich, der durch „Heimlichkeit und Schweigen"[120] gekennzeichnet war:

„Die Sexualität, wie alle anderen natürlichen Funktionen des Menschen, ist eine der Erscheinungen, von denen jeder weiß, und die zum Leben jedes Menschen gehören; man hat gesehen, wie sie alle sich allmählich derart mit soziogenen Scham- und Peinlichkeitsgefühlen beladen, daß selbst das bloße Sprechen von ihnen in Gesellschaft durch eine Fülle von Regelungen und Verboten immer stärker eingeengt wird ..."[121]

Das Reden über Prostitution, die so unmittelbar mit der Befriedigung männlicher sexueller Bedürfnisse verbunden war, dürfte erheblich schwerer gefallen sein, als Ehe und Familie zu thematisieren. Sexualität trat hier hinter übergeordneten Zielen zurück: Ehe vorrangig als Fundament christlich fundierter Gesellschaftsordnung und unter dem Aspekt der „Aufzucht von Kindern" zu betrachten, ermöglichte es, den sexuellen Bereich weitgehend auszuklammern. Da aber die überkonfessionelle bürgerliche Frauenbewegung und auch der DEF trotz der Tabuisierung von Sexualität, Prostitution und ihre staatliche Reglementierung öffentlich zur Diskussion stellten, bleibt zu klären, weshalb sich die katholischen Frauen in dieser, für die bürgerliche Frauenbewegung so wichtigen Auseinandersetzung passiv verhielten.

Für gleiche Moral und gleiches Recht:
Die Entwicklung der Sittlichkeitsbewegung

Das große Ausmaß der Prostitution und ihre staatliche Reglementierung[122], die Verschärfung des Sexualstrafrechts als Folge des Mordprozesses gegen das Ehepaar Heinze[123] und die behauptete Zunahme von Geschlechtskrankheiten seit den 1890er Jahren stießen um die Jahrhundertwende auf starkes öffentliches Interesse. Vor allem die Furcht, daß die Geschlechtskrankheiten negative Auswirkungen auf die Gesundheit des gesamtes Volkes haben könnten, brachte Politiker und Juristen ebenso wie Mediziner auf den Plan, um die „drohende Gefahr der Volksverseuchung" zu bannen.[124] Stark beeinflußt wurde die öffentliche Diskussion um Prostitution und Geschlechtskrankheiten durch die 1902 gegründete „Deutsche Gesellschaft zur Bekämpfung der Geschlechtskrankheiten" (DGBG). Überzeugt davon, daß durch eine effektivere „medizinische Überwachung" der Prostituierten die Geschlechtskrankheiten eingedämmt werden könnten, brachte die DGBG eine medizinisch-hygienische Sichtweise in den Diskurs ein. Zwar dominierte in der DGBG die Gruppe der Mediziner, doch verstand sich die Gesellschaft als „Zentralstelle" unterschiedlicher Interessen. Sie ermöglichte daher Wissenschaftlern und staatlichen Vertretern ebenso ein Diskussions- und Kooperationsforum wie sozialreformerischen Gruppen und Frauenrechtlerinnen.[125]

Grundlage der bestehenden staatlichen Reglementierung der Prostitution war § 361,6 des Strafgesetzbuches des Deutschen Reiches (RStGB), der die strafrechtliche Verfolgung von Prostituierten vorsah, sofern diese sich der polizeilichen Aufsicht entzogen.[126] „Polizeiliche Aufsicht" bedeutete: Registrierung bei der Sittenpolizei und Zwangsuntersuchung, aber auch eine erhebliche Einschränkung persönlicher und staatsbürgerlicher Freiheiten.[127] Verschärft wurde das Problem durch die Bordelle und die Konzentration von Prostituierten in abgegrenzten Stadtgebieten, die sogenannte Kasernierung. Sie wurde staatlich geduldet, obgleich nach § 180 RStGB das Betreiben von Bordellen strafbar war. Da aufgrund von § 361,6 auch Frauen verhaftet werden konnten, die bloß verdächtigt wurden, der Prostitution nachzugehen, betraf diese strafrechtliche Bestimmung grundsätzlich jede Frau. Nach mehrmaligem Aufgreifen durch die Sittenpolizei konnten die Betroffenen per Verwaltungsakt gezwungen werden, sich in die „Dirnenliste" einzuschreiben, eine Beschwerde blieb ohne aufschiebende Wirkung.[128] Dies betraf vielfach Frauen, die nur gelegentlich als Prostituierte arbeiteten, ansonsten jedoch eine, meist niedrig entlohnte Arbeitsstelle hatten. Durch die Zwangseinschreibung verloren diese Frauen im Regelfall ihre Arbeit, so daß ihnen nun eine Alternative zur Prostitution erst recht verschlossen war.

Polizeiliche Willkür in der Praxis der Reglementierung und die offenkundige bürgerliche Doppelmoral, die Prostituierte ächtete und sozial ausgrenzte, die Prostitution aber als „notwendiges Übel" ansah, weil sexuelle Enthaltsamkeit für Männer als gesundheitsschädlich galt, führte dazu, daß die bürgerliche Frauenbewegung sich zum Ende des 19. Jahrhunderts verstärkt mit dem Problem der Prostitution auseinandersetzte und die Abschaffung der Reglementierung forderte.[129] Im Diskurs der sich konstituierenden Sittlichkeitsbewegung kamen unterschiedliche Perspektiven zum Tragen.

Einerseits galt Prostitution als sittlich-moralisches Problem, das ethische und religiöse Regelsysteme verletzte[130], andererseits war die demütigende Behandlung von Prostituierten und rechtliche Ungleichbehandlung Ausdruck der sozialen und rechtlichen Diskriminierung aller Frauen, was eine Solidarisierung der Frauenbewegung mit den Frauen, die sich prostituierten, bewirkte.[131]

1889 hatte Hanna Bieber-Böhm (1851-1910) mit der Gründung des Vereins „Jugendschutz" die Diskussion um diese Fragen in der bürgerlichen Frauenbewegung in Gang gesetzt. Sie setzte sich für die Abschaffung der Reglementierung ein, orientierte sich aber vorrangig an dem Ziel, die Prostitution staatlich zu verbieten.[132] Zwangserziehung und strafrechtliche Verfolgung von Prostituierten schienen probate Mittel, dieses Ziel zu erreichen.[133] 1895 übernahm der BDF die programmatischen Vorstellungen Bieber-Böhms, indem er die von ihr ausgearbeitete Petition zur Sittlichkeitsfrage annahm und damit erstmals Stellung zur Prostitution bezog.[134] Thematisiert wurden die doppelte Moral der bürgerlichen Gesellschaft, die Kritik an männlichen Sexualansprüchen und die Angst der Frauen vor Geschlechtskrankheiten, verbunden mit den Forderungen nach strafrechtlichen Sanktionen gegen Prostituierte und Männer, wenn letztere als Angestellte und Vorgesetzte ihre „Untergebenen zu unzüchtigen Handlungen verleiten". Aber auch sozialreformerische und fürsorgerische Aspekte kamen zu Tragen. Die Frauen verlangten den Einsatz von Polizeimatronen und weiblichen Ärzten und schlugen vor, die Arbeitshäuser, in die Prostituierte häufig eingewiesen wurden, in Zwangserziehungsanstalten umzuwandeln.[135]

Zunächst hatte auch der linke Flügel im BDF Hanna Bieber-Böhm unterstützt, doch distanzierten sich die „Radikalen" bald, bis es 1899 zum endgültigen Bruch mit Bieber-Böhm kam.[136] Hintergrund dieser Entwicklung war die Orientierung des linken Flügels an der abolitionistischen Bewegung, die zwar auch die Abschaffung der Reglementierung forderte, aber im Gegensatz zu Bieber-Böhm jegliche staatliche Repression gegen Prostituierte ablehnte. Die Frauen des linken Flügels knüpften nun wieder an die Ideen der Frauenrechtlerin Gertrud Guillaume-Schacks an, die bereits in den 1880er Jahren versucht hatte, die von der englischen Sozialreformerin Josephine Butler (1828-1906) begründete „Internationale Abolitionistische Föderation" in Deutschland bekannt zu machen. Guillaume-Schack war seinerzeit mit ihren Versuchen, die Prostitution öffentlich zu diskutieren, am Widerstand der Behörden gescheitert, hatte allerdings auch nur mangelhafte Unterstützung durch die bürgerliche Frauenbewegung erhalten.[137]

In Übereinstimmung mit der „Abolitionistischen Föderation" lehnten die „Radikalen" repressive Maßnahmen des Staates ab und stellten stattdessen die sozialen und gesellschaftlichen Ursachen der Prostitution in den Vordergrund, die Anna Pappritz, eine der führenden Abolitionistinnen in Deutschland, auf den Punkt brachte: „die Geringschätzung des Weibes überhaupt, die schlechte, wirtschaftliche Stellung der Frau (und) die starke Nachfrage des Mannes" erklärten, weshalb Prostitution zum Massenphänomen geworden war.[138] Die geforderte Straffreiheit für Prostituierte entsprach nach Auffassung von Anna Pappritz „dem sittlichen Grunde der Gerechtigkeit" und wurzele nicht in einer „laxen Moralauffassung", die den Anhängerinnen der abolitionistischen Bewegung unterstellt werde. Die „Föderation" lehne, so Pappritz, die gesetzliche Regelung der Prostitution ab,

„weil dieselbe ihren Zweck, die Gesundheit des Volkes zu schützen nicht erfüllt, und weil jede sittenpolizeiliche Ausnahmeregel eine soziale Ungerechtigkeit und eine moralische Ungeheuerlichkeit ist; denn, indem der Staat eine Regelung einsetzt, welche dem Manne Sicherheit und Unverantwortlichkeit zu verschaffen sucht und mit den gesetzlichen Konsequenzen eines gemeinsamen Aktes nur die Frau belastet, verbreitet er die unheilvolle Idee, als ob es für jedes Geschlecht eine besondere Moral gäbe."[139]

1902 setzte sich im BDF endgültig die abolitionistische Richtung gegen Hanna Bieber-Böhm durch.[140] Indem die Frauen die Praxis der Reglementierung als „Ausnahmegesetz" gegen das „gesamte weibliche Geschlecht" qualifizierten, wurde der Perspektivenwechsel der bürgerlichen Frauenbewegung offenkundig: Nicht mehr die Prostituierten galten als „Synonym für Unsittlichkeit und Sittenverfall, sondern die sozialen Institutionen, in denen sich die Ungerechtigkeit gegen Frauen manifestierte."[141] Im Unterschied zum Kreis um Hanna Bieber-Böhm wurde nun nicht nur gleiche Moral für beide Geschlechter gefordert, sondern gleiche Moral und gleiches Recht für Mann und Frau. Die sittlich-moralische Ebene wurde damit zum Ausgangspunkt für emanzipatorische Ziele der bürgerlichen Frauenbewegung.

Auseinandersetzungen im KFB zur staatlichen Reglementierung der Prostitution

Bei den Versuchen, die abolitionistische Position weiter zu festigen und Verbündete für die Abschaffung der staatlich reglementierten Prostitution zu gewinnen, trat man auch wiederholt an den KFB heran. Im Gegensatz zum Evangelischen Frauenbund, der die Abschaffung der Reglementierung unterstützte[142], verhielt sich die politische Führung des KFB in dieser Frage bis 1917 indifferent, obgleich sie die Reglementierung als „öffentliches

Übel" beklagte.[143] Sie unterband sogar zu Beginn der Debatte, die im KFB erst 1907 einsetzte, jegliche öffentliche Meinungsäußerungen seitens der Zweigvereine.[144] Kritisiert wurde beispielsweise die öffentliche Äußerung des Zweigvereins Breslau, der sich 1907 konstituiert hatte. In einer Mitgliederversammlung hatte die 2. Vorsitzende des Zweigvereins, Amalie von Schalscha, den Frauenbund aufgefordert, die von „liberaler Seite" geforderte Gleichstellung nicht-ehelicher und ehelicher Mütter und die Abschaffung der Reglementierung als „religions- und sittenfeindliche Entgleisungen" der Frauenbewegung mit Nachdruck zu bekämpfen.[145] Eine konträre Position nahm der Münchener Zweigverein ein. Dieser hatte zugesagt, eine Eingabe an die Behörde wegen der Abschaffung der Reglementierung mitzuzeichnen, mußte aber auf Veranlassung der Kölner Zentrale die Unterstützung wieder zurückziehen.[146] Die „Kölnerinnen" begründeten das Verbot damit, daß die Frage „so heikel und wichtig" sei, daß kein Zweigverein sich äußern dürfe, solange eine offizielle Stellungnahme ausstehe. Das beharrliche Insistieren des Münchener Zweigvereins, in der Reglementierungsfrage endlich einen Standpunkt zu beziehen, führte schließlich dazu, daß die Zentrale den Münchnerinnen nicht länger untersagte, Stellung zu beziehen.[147] Der Münchener Zweigverein beteiligte sich daraufhin an der Eingabe mehrerer Frauenvereine, die den bayerischen Landtag aufforderten, sich anläßlich der Beratungen über die Reform des Strafrechts für die Abschaffung des § 361,6 einzusetzen und die „Bordellierung oder Kasernierung" nicht länger zu dulden.[148] Die behördlich reglementierte Prostitution verbot sich nach Auffassung der Münchener Frauenvereine allein schon deswegen, weil sie dazu beitrug, das „sittliche Empfinden des Volkes" zu verwirren.[149] Dies galt besonders hinsichtlich der Bordelle und Kasernierung, zumal hier ein enger Zusammenhang mit dem weltweit agierenden Mädchenhandel bestand. Die Frauen verurteilten die „Verkuppelung und Verschleppung teils sittlich verdorbener, teils völlig unschuldiger Frauen, Mädchen und Kinder in die Bordelle und Weiterverkauf dieser Unglücklichen von einem Haus ins andere"[150] als unhaltbare Situation, die nicht länger staatlich geduldet werden könne. Die Prostitution selbst charakterisierten die Münchenerinnen zwar als „verabscheuungswürdige Handlung" und das Verhalten der Prostituierten als „schmähliches Handeln", doch brachten sie den Zusammenhang zwischen Nachfrage des Mannes und der sozio-ökonomischen Benachteiligung der Frauen unmißverständlich zum Ausdruck:

„Überdies ist diese Bestimmung (die Reglementierung, G.B.) keineswegs geeignet, den Prostitutionsverkehr irgendwie einzuschränken, denn durch die Strafhaft wird die Prostituierte weder gebessert, noch einem ehrbaren Gewerbe zugeführt; noch wird durch die der Frau auferlegte Strafe die Nachfrage des Mannes eingeschränkt. Die Nachfrage des wirtschaftlich besser gestellten Mannes aber wird stets das Angebot der wirtschaftlich schlechter gestellten Frau hervorrufen ..."[151]

Deutlicher noch, als dies in der Eingabe zum Ausdruck kam, vertrat Felicitas Buchner vom Münchener Frauenbund Positionen der abolitionistischen Föderation. Sie benannte klar den grundsätzlich frauenverachtenden Charakter der Reglementierung und dokumentierte damit ihre solidarische Haltung gleich den Frauenrechtlerinnen im DEF und BDF. Die Reglementierung empfand Buchner als bedenklichen Eingriff in die „gesetzlich gewährleistete, persönliche Freiheit der Staatsbürgerin" und als Verstoß gegen die Menschenwürde.[152] Der Staat mache sich mitschuldig, wenn er die gesellschaftliche Ausgrenzung der Prostituierten hinnehme und deren Ausbeutung durch Zuhälter und Bordellbesitzer dulde.[153] Ebenso klagte Buchner, die im übrigen religiöse Aspekte in ihrer Schrift völlig außer acht ließ, die Verantwortungslosigkeit von Männern an, „die in gewissenlosester Weise die Ansteckung einerseits in die noch gesunde Prostitution, andrerseits in die ehrbare Bevölkerung, in die eigene Familie" trügen und damit „eigentlich die Verseuchung des Volkes" herbeiführen würden.[154] Mitschuld an der Ausbreitung der Geschlechtskrankheiten trugen Felicitas Buchner zufolge auch die Polizeiärzte, die Prostituierten Gesundheitsscheine ausstellten, ohne daß eine völlige Heilung eingetreten sei.[155] Die Zwangsuntersuchung, mit der „die Tauglichkeit zum Unzuchtsbetrieb festgestellt werden" solle, verwarf Buchner als völlig ungeeignet, um Geschlechtskrankheiten einzudämmen, aber auch, weil sie die Menschenwürde der Prostituierten verletze.[156]

Es bleibt offen, inwieweit die Frauen des Münchener Zweigvereins die deutliche Parteinahme Felicitas Buchners für die Prostituierten und die klare Schuldzuweisung an Männer und staatliche Instanzen unterstützten. Die Ausführungen Buchners belegen aber zumindest, daß zu Prostitution und staatlicher Reglementierung kontroverse Positionen im KFB vertreten wurden, wenngleich die Position Felicitas Buchners bzw. die des Münchener Zweigvereins im Gesamtverband nicht mehrheitsfähig war.[157]

Bemerkenswerterweise fand Felicitas Buchner öffentliche Unterstützung durch den Redemptoristenpater Augustin Rösler. Rösler bekundete mehrfach seine Sympathie mit der abolitionistischen Bewegung, mit der er vor allem die Forderung nach Abschaffung der Reglementierung teilte.[158] Die faktische staatliche Anerkennung von Prostitution empfand Rösler als „Preisgabe der Frauenehre" und Verstoß gegen das göttliche Sittengesetz. Die Begründung, daß der Staat die Prostitution mit Rücksicht auf öffentliche Interessen regle, verurteilte der Pater als lächerlich. Das klinge „geradeso komisch, wie wenn der Staat, der jeden Diebstahl verbietet, die Ausführung der Diebstähle reglementieren wollte."[159] Prostitution war für Rösler ein strafbares Delikt. Er forderte daher, im Gegensatz zur abolitionistischen Bewegung, die strafrechtliche Ahndung der Prostituierten, aber, entsprechend seiner Grundüberzeugung von gleicher sittlicher Verpflichtung der Geschlechter, auch die der Freier![160] Rösler ging mit den Freiern hart zu Gericht: Ohne ihre Nachfrage gäbe es die Prostitution nicht. Männer, die zu Prostituierten gingen, „entehrten" sich und waren „sittenlose Schwächlinge", die „mindestens ebensoviel Schuld an dem Übel wie schamlose Dirnen" trugen.[161] Rösler machte damit Männer sogar eigentlich verantwortlich für die Prostitution und warf ihnen eine „individualistische autonome Kautschukmoral" vor.[162]

Trotz der eindeutigen Ablehnung der Reglementierung durch eine geistliche Autorität legte sich der Zentralvorstand des KFB im Gegensatz zu seinem Zweigverein nach wie vor nicht fest und verzichtete damit darauf, den Diskurs der bürgerlichen Frauenbewegung mitzutragen. Die schwer nachvollziehbar zögerliche Haltung wird verständlicher, wenn man die besondere Situation der Zentrale bedenkt. Diese verstand sich als Instanz, die die heterogenen Interessen und divergierenden Positionen der Mitglieder in den Gesamtverband zu integrieren hatte. Ansonsten befürchtete man eine Zersplitterung der noch jungen Bewegung und sah auch die eigene Existenz in Frage gestellt. Deswegen versuchten die Frauen einerseits durch eine straffe und zentralistische Führung verbindliche Maßstäbe im Gesamtverband durchzusetzen, mußten aber andererseits auf die Partikularinteressen der angeschlossenen Frauenvereine, der „Fachverbände", wie sie auch genannt wurden, Rücksicht nehmen, wollte man deren Unterstützung nicht verlieren. In der Reglementierungsfrage mußte die Zentrale zwischen der abolitionistischen Richtung, vertreten durch den Münchener Zweigverein, und dem Standpunkt der Gegnerinnen vermitteln. Rücksicht nahm man hier allerdings nicht auf Amalie von Schalscha, sondern auf die Begründerin und Vorsitzende des „Katholischen Fürsorgevereins"[163], Agnes Neuhaus, die vehement die Aufhebung der Reglementierung bekämpfte. Die Gefährdetenfürsorge, neben der Jugendfürsorge Arbeitsschwerpunkt des Fürsorgevereins, bedeutete Arbeit mit Prostituierten bzw. mit „gefährdeten" Mädchen und Frauen. Agnes Neuhaus galt mithin als Expertin in der strittigen Frage und beeinflußte die Diskussion im KFB nachhaltig.

Für Agnes Neuhaus stand die praktische „Hilfs- und Rettungsarbeit" im Vordergrund, „nur allein durch tatkräftige Hilfsarbeit an der einzelnen Person" könne die Prostituierte aus ihrer „unglücklichen Lage" befreit werden.[164] Diese Arbeit basiere aber wesentlich auf einer engen Zusammenarbeit mit der Polizei, wodurch viele Mädchen „gerettet" werden könnten.[165] Um diesen Erfolg nicht zu gefährden, könne man es ruhig geschehen lassen, „daß eine schwere Sünde staatlich konzessioniert werde ... gestatte doch sogar die Bibel, daß man ein kleineres Übel zulasse, um ein größeres zu vermeiden, zu verhüten."[166] Mögliche „Auswüchse der Reglementierung" konnten Neuhaus zufolge durch die Gefährdetenhilfe gemildert werden[167] und waren kein Grund, die Kontrolle völlig abzuschaffen. Volljährige Prostituierte gehörten zudem für Agnes Neuhaus zu einem Personenkreis, der „immer eine Art von Aufsicht und Controlle" benötige, um dem „gemeingefährlichen" Tun Einhalt zu gebieten.[168]

Wie Andreas Wollasch in seiner Studie über den KFV herausgearbeitet hat, maß die Begründerin des Fürsorgevereins der engen Zusammenarbeit mit den kommunalen Behörden, d. h. auch mit der Sittenpolizei, entscheidende Bedeutung bei. Dieser Loyalität verdankte der KFV, daß er bei Behörden als „kompetenter und daher gern gesehener Verhandlungspartner" galt und bald öffentliche Zuwendungen für seine Arbeit erhielt.[169] Neben der Orientierung an staatlicher Autorität war aber die religiöse Überzeugung für die inhaltliche Konzeption und die praktische Arbeit des KFV von eminenter Wichtigkeit. Ihr Engagement in der Gefährdetenhilfe legitimierte Agnes Neuhaus vor allem mit dem Verhalten Jesu gegenüber der Ehebrecherin. Gleich dem Erlöser wollte sie die „armen Gefallenen" nicht verurteilen, sondern ihnen mit Liebe und Verständnis begegnen.[170] Neuhaus vertrat sogar, so jedenfalls die Einschätzung von Wollasch, eine „höchst moderne" Auffassung von Prostitution, indem sie die sozialen Ursachen von Prostitution erkannte und „voreilige Verurteilungen", die besonders schnell von konfessioneller Seite erhoben würden, zurückwies.[171] Verständnis und Engagement für Prostituierte galten vorrangig den minderjährigen Frauen, die man noch für erzieherisch beeinflußbar hielt. Der Erziehungsgedanke war aber für Agnes Neuhaus und ihre Mitstreiterinnen untrennbar mit einem religiösen Auftrag verbunden: Es ging darum, die Seelen der Mädchen zu retten.[172] Die Konzentration der im Fürsorgeverein tätigen Frauen auf „seelisch-übernatürliche Aspekte" führte zu einer „individualistischen und integralistischen" Ausrichtung der Arbeit. Das hatte zur Konsequenz, daß sich der Verein nur mäßig für eine Verbesserung der rechtlichen Rahmenbedingungen einsetzte und die praktische Hilfe stets mit dem Anspruch auf „religiös-moralische Besserung" verband.[173]

Agnes Neuhaus' Haltung zu Prostitution und Reglementierung weist eine deutliche Nähe zur Position des BDF auf, wie sie vor 1902 vertreten wurde. Zwar forderte Neuhaus weder strafverschärfende Maßnahmen, noch formulierte sie das Ziel, Prostitution staatlich zu verbieten. Übereinstimmung bestand vielmehr in einem prinzipiell positiven Verständnis gegenüber staatlicher Autorität und staatlichen Institutionen. Man wollte, wie auch Hanna Bieber-Böhm[174], gemeinsam mit staatlichen Instanzen gegen die Unsittlichkeit vorgehen. Übereinstimmung bestand ferner in der Dominanz der ethischen Argumentationslinie, erweitert um die religiöse Dimension. Es ging nicht um die Forderung nach Rechtsgleichheit, wie dies von den Abolitionistinnen vertreten wurde, sondern um die Verbesserung der Sittlichkeit bzw. die Aufrechterhaltung des göttlichen Sittengesetzes. Daraus leitete Agnes Neuhaus ihren Erziehungsanspruch ab, der - wie auch in der überkonfessionellen Frauenbewegung - mit berufspolitischen Interessen verbunden war: Indem Frauen als moralische und sittliche Instanz auch berufliche Erziehungskompetenz reklamierten, war es legitim, neue Berufsfelder im Fürsorgebereich zu beanspruchen.[175]

Obwohl Agnes Neuhaus hohes Ansehen genoß und ihre Fachautorität nicht zu übergehen war[176], gelang es ihr nicht, ihre Position, zugleich als Position des von ihr vertretenen Fachvereins ausgewiesen, als offizielle Verbandspolitik des KFB durchzusetzen. Selbst in der „Kommission zum Studium der Sittlichkeitsfrage", die im Juni 1908 auf Verlangen des Zweigvereins München eingesetzt wurde[177], konnte keine Einigung erzielt werden, obgleich die Frauen, die sich eindeutig für die Abschaffung der Reglementierung einsetzten, in der Minderheit waren. Zwar hielt offenbar auch die Majorität der Kommission die Reglementierung für bedenklich, zumindest aus ethisch-religiösen Gründen, doch konnte sie sich den Wegfall jeglicher Kontrolle nicht vorstellen. Einig waren sich die Kommissionsmitglieder lediglich in der Forderung, die Kasernierung zu bekämpfen.[178] Befürworterinnen und Gegnerinnen der Aufhebung waren ansonsten fest überzeugt von der Richtigkeit ihrer jeweiligen Auffassung, so daß ein gemeinsamer Beschluß der Kommission nicht zustande kam.[179] Dabei bleibt unklar, ob die Frauen des Vorstands, sofern sie nicht offenkundig die abolitionistische Richtung favorisierten, die Auffassung von Agnes Neuhaus teilten, oder ob sie aus taktischen Gründen eine öffentliche Stellungnahme des KFB zugunsten der Reglementierung verhindern wollten.[180]

Tatsächlich ist die Unentschlossenheit in der Reglementierungsfrage symptomatisch für den KFB. Die zuvor erwähnten Versuche der Kölner Zentrale, divergierende Interessen auszugleichen, bewirkte häufig Handlungsunfähigkeit. Lieber hielt man eine Sache in der Schwebe und legte sich nicht fest, als daß man das Risiko eines Konfliktes einging. Charakteristisch war außerdem, daß derartige Kontroversen nicht öffentlich ausgetragen wurden, d. h., die Basis der katholischen Frauenbewegung wurde an der Meinungsbildung nicht beteiligt.[181] In der Reglementierungsfrage dürfte zudem eine Rolle gespielt haben, daß zum Zeitpunkt der Kontroverse im KFB die abolitionistische Richtung im BDF Mehrheitsmeinung war und sie außerdem vom DEF mitgetragen wurde. Die Neuhaussche Position zur offiziellen Verbandspolitik zu erklären, hätte zur Folge gehabt, daß der KFB angreifbarer geworden wäre und daß die Katholikinnen ihre Position hätten verteidigen müssen. Die Zentrale versuchte derartigen Auseinandersetzungen aus dem Wege zu gehen, da sie befürchtete, sich in überkonfessionellen Organisationen als Minderheit nicht behaupten zu können. Es kann daher angenommen werden, daß man eher eine Außenseiterrolle bevorzugte, als sich eindeutig gegen die Mehrheit der bürgerlichen Frauenbewegung zu stellen. Darüber hinaus dürfte die eingangs erwähnte starke Tabuisierung von Sexualität die defensive Haltung des KFB verstärkt haben. Die spärlichen und überwiegend indirekten Aussagen, selbst in verbandsinternen Protokollen, lassen ahnen, daß eine öffentliche Auseinandersetzung über die Prostitution, die so unmittelbar mit Sexualität assoziiert wurde, den Frauen höchst peinlich war. Es ist daher denkbar, daß die verbandsinterne Kontroverse der Neigung, das problematische Thema am liebsten zu ignorieren, durchaus entgegenkam.

Die Haltung zur Reglementierungsfrage veränderte sich im Verlauf des Ersten Weltkriegs. Der KFB zeigte sich nun zunehmend bereit, öffentlich über Prostitution und Geschlechtskrankheiten zu diskutieren. Der in den Kriegsjahren entfaltete Sittlichkeitsdiskurs erhielt jedoch neue Akzentuierungen: Bevölkerungspolitische Aspekte, nationales Pathos und die Hoffnung auf eine grundlegende sittliche und christliche Erneuerung der Gesellschaft dominierten nun die Diskussion.

4. Die Politik des Frauenbundes zu Fragen der Sittlichkeit im Ersten Weltkrieg

Der Ausbruch des Ersten Weltkriegs traf die katholischen Frauen nicht unvorbereitet. Bereits zum Jahreswechsel 1912/13 erörterte der KFB die Möglichkeit eines bevorstehenden Kriegs und appellierte an seine Mitglieder, sich auf die Arbeit als freiwillige Kriegshelferinnen vorzubereiten.[182] Unter Berufung auf seine „vaterländische Gesinnung" beschloß der KFB im Frühjahr 1913 offiziell, in allen Zweigvereinen Hilfskräfte für den Kriegsfall auszubilden.[183] Gleich dem BDF entwickelte der Katholische Frauenbund mit dem Tage des Kriegsausbruchs rege Aktivitäten, um seine Mitglieder auf den Krieg einzustimmen. Die Zweigvereine wurden aufgefordert, umgehend „geschlossen in die Hilfsaktion für das bedrohte Vaterland" einzutreten.[184] Die Unterstützung der Vaterländischen Frauenvereine, des Roten Kreuzes und der Behörden wurde ebenso gefordert wie selbständige „Kriegsliebesdienste".[185] Zudem wurde von den Vorständen der Zweigvereine erwartet, Versammlungen und Vorträge, besonders für die „Frauen der breiteren Volksschichten", zu organisieren mit dem Ziel, „die nationale Begeisterung und Zuversicht wach zu erhalten" und „Hilfsbereitschaft und Opferkraft stets von neuem anzufachen".[186] Schnell wurde auch die bisherige Zurückhaltung bezüglich der Zusammenarbeit mit überkonfessionellen Frauenverbänden aufgegeben. Ihren Zweigvereinen empfahl die Kölner Zentrale, während des Kriegs mit den örtlichen Frauenvereinen im Rahmen des Nationalen Frauendienstes zusammenzuarbeiten und sich an der Arbeit der Wohlfahrtsstellen zu beteiligen.[187]

Die Politik des KFB während der Kriegszeit konzentrierte sich darauf, die katholischen Frauen ideologisch auf diesen Krieg einzustimmen und sie mit den negativen Folgen zu versöhnen. Die führenden Frauen des KFB stützten sich dabei im wesentlichen auf zwei Argumentationslinien. Sie versuchten die katholischen Frauen von der Wichtigkeit ihres Tuns zu überzeugen und betonten den Bedeutungszuwachs, der in der ideellen Gleichstellung mit den Männern an der Front bestand. Diese bekämpften den „äußeren Feind", während die Frauen vor Ort den sittlichen Zerfall bekämpfen sollten, um den „nationalen Untergang" zu verhindern. Offenbar um die Bedeutung weiblichen Handelns zu unterstreichen, benutzte die Vorsitzende des Katholischen Frauenbundes für ihre Forderungen eine militaristische Terminologie:

„Es heißt die Armee zu formieren, eine starke, schlagfertige, bis zum äußersten entschlossene Armee, um den inneren Feind zu bekämpfen. Und wenn die Frauen dem äußeren Feind gegenüber im eigentlichen Sinne des Wortes machtlos sind - auf den Kampffeldern gegen den inneren Feind können und sollten sie nicht nur Waffen tragen, sondern auch Führerinnen, Befehlshaberinnen sein. Die deutschen Männer kämpfen den heiligen Krieg der gerechten Notwehr; aber die Errungenschaften desselben vermögen sich im nationalen Leben erst auszuwirken, wenn der doppelt heilige Krieg gegen den inneren Feind die gleichen siegreichen Taten verrichtet."[188]

Diese Argumentationslinie wurde mit religiösen Erklärungs- und Orientierungsmustern verbunden und knüpfte damit an einen vertrauten Erfahrungszusammenhang an. Mit der Bewertung des Kriegs als „gerecht und heilig" und dem Standpunkt, daß Kriege generell etwas Positives hervorbringen, indem sie zu politischen und kulturellen Weiterentwicklungen beitrügen[189], legitimierte die Führung des KFB ihre beständigen Appelle an die nationalen Pflichten von Frauen, die zugleich religiöse Pflichten waren, und erklärte die „Hebung der Volkssittlichkeit" zur Hauptaufgabe der Frauen.[190]

In den propagandistischen Schriften trat deutlich ein gestärktes Selbstbewußtsein zutage, hervorgerufen durch das Gefühl, als Staatsbürgerinnen ihre Pflicht zu erfüllen: „Mit unseren fast 90 000 Mitgliedern ... bilden wir eine Macht, die dem bedrohten Vaterlande besondere und wertvolle Dienste leisten kann."[191] Für den KFB war unumstritten, daß die feindlichen Länder - allen voran England - Deutschland den Krieg aufgezwungen hatten. In dieser Logik war die Verteidigung des Vaterlandes eine gerechte Sache im Dienste Gottes:

„Das deutsche Volk ... weiß, daß es eine gerechte Sache vertritt, und es hat sie in die Hand des gerechten Gottes gelegt. Das gute Gewissen ist es ja letzten Endes, das der nationalen Begeisterung ihre tiefe sittliche Kraft verleiht ... Mit Gott sind die Deutschen in den Krieg gezogen; mit Gott verteidigen sie, was ihnen vom Himmel verliehen wurde: die nationale Existenz und das Recht der freien Entwicklung; mit Gott hat sich der einzelne ausgesöhnt, bevor er dem Rufe des obersten Kriegsherrn Folge leistete."[192]

Den Zynismus, der in der Verknüpfung von Chauvinismus, Militarismus und Religiosität offenkundig wurde, nahmen die Katholikinnen angesichts der allgemeinen Kriegsbegeisterung offenbar nicht wahr. Stattdessen deuteten sie die entsetzlichen Kriegsfolgen um in „Segnungen des Krieges", die zu einem neuen, „zwar teuer erkauften, aber „völkerbeglückenden Weltfrieden" führen würden.[193] Der KFB reihte sich mit seiner Kriegsdeutung durchaus ein in die Gesamtheit der deutschen Katholiken, die den Krieg rückhaltlos bejahten und nicht als Widerspruch zur universalen Orientierung der katholischen Kirche empfanden. Die schnelle Reaktion auf den Kriegsbeginn teilte der KFB im übrigen mit dem Volksverein und dem Westdeutschen Verband katholischer Arbeitervereine. Auch diese Organisationen leisteten „Überzeugungs- und Verinnerlichungsarbeit" und versuchten, „den Durchhaltewillen in der arbeitenden Bevölkerung moralisch zu festigen."[194]

Der Krieg setzte nicht nur die „tiefste und wurzelfesteste übernationale Solidarität" der katholischen Kirche außer Kraft[195], sondern beschränkte auch die internationale Solidarität der Frauen. So stand für den Frauenbund eine Beteiligung am Internationalen Frauenkongreß, der 1915 in Den Haag abgehalten wurde, überhaupt nicht zur Diskussion. Der Kongreß, den die amerikanische Sozialreformerin Jane Addams leitete, wollte sowohl Frauen der kriegführenden als auch der neutralen Länder zusammenführen mit dem Ziel, den Friedenswillen und die länderübergreifende Solidarität von Frauen zu dokumentieren. Beschlossen wurde unter anderem, die Regierungen zum sofortigen Waffenstillstand aufzufordern und Friedensverhandlungen zu führen.[196] Überzeugt vom Sinn des Kriegs, verbot sich für den KFB die Unterstützung der Friedensinitiative: Man könne „nicht gleichzeitig mit dem 42 cm Geschütz hier fürchterliche Sprache reden und dort in wohlgesetzter internationaler Höflichkeit Humanitätsverbrüderung feiern".[197] Hedwig Dransfeld bestätigte den Veranstalterinnen des Haager Kongresses zwar immerhin, daß sie „vom besten Willen beseelt" seien, um „der Menschheit zu dienen", hielt aber die Initiative für naiv und utopisch und warf den Frauen - in Übereinstimmung mit dem BDF - mangelndes nationales Selbstbewußtsein und Pflichtgefühl vor.[198] Die Katholikinnen begriffen dagegen den Krieg als Mahnzeichen und Chance, tradierte Norm- und Wertvorstellungen zu restaurieren. Gegen Atheismus, Materialismus, die „Entartung des Familienlebens" und die „sittliche Verwilderung" wollten sie die religiöse und sittliche Erneuerung der Gesellschaft setzen.[199] Die „Hebung der Volkssittlichkeit" stand fortan stellvertretend für das gesellschaftliche und politische Verständnis des Katholischen Frauenbundes während des Ersten Weltkriegs.

Bereits in der Vorkriegszeit hatte der KFB sein Engagement zur Verbesserung der Sittlichkeit verstärkt. Sowohl die Landesverbände als auch der Zentralausschuß des Frauenbundes nahmen sich 1913 der Thematik an und verabschiedeten mehrere Resolutionen. Diese wandten sich gegen eine liberale Praxis sexueller Aufklärung und warnten vor den negativen Folgen übertriebener „Körperkultur" und „entsittlichender Mode".[200] 1913 kündigte der Zentralvorstand zum Jahresende eine groß angelegte Kampagne gegen „gefährliche und unsittliche Bestrebungen innerhalb der Volkskultur" an und stellte die „Verirrungen und Entartungen auf dem Gebiete der Frauenmode" in den Mittelpunkt der Aktion.[201] Ausgelöst wurden die Aktivitäten des KFB durch Fürstbischof Kopp[202] und die Fuldaer Bischofskonferenz. Diese wandte sich in einem Hirtenbrief gegen eine liberale Sexualaufklärung, warnte vor der „sittlichen Verwilderung" der Jugend durch eine Entfremdung von Religion und Kirche und forderte schließlich die Frauenvereine auf, die „Zügellosigkeit und Lüsternheit des Neuheidentums" in der Mode zu bekämpfen.[203] Angesichts zunehmender Politisierung des KFB in den Vorkriegsjahren entsteht der Eindruck, daß es sich um einen Ablenkungsversuch der Bischöfe handelte und der KFB auf den Bereich der Sittlichkeit zurückverwiesen werden sollte. Die Eindringlichkeit, mit der Hedwig Dransfeld Fragen der Sittlichkeit zu Beginn der Kampagne problematisierte, weist jedoch darauf hin, daß es dabei nicht nur um die Erfüllung der Gehorsamspflicht gegenüber kirchlicher Autorität ging. Vielmehr stand die

Modekampagne stellvertretend für den Kampf gegen den konstatierten sittlichen Verfall der Gesellschaft, der die „Frauenehre und Frauenwürde"[204] bedrohe, und der sich auch in anderen zeitgenössischen sozialen Entwicklungen und Phänomenen manifestierte: in der „Überschätzung des Materiellen und Nurkörperlichen", in der „erotischen Verwilderung"[205], die sich in belletristischer Literatur ebenso offenbarte wie im großstädtischen Nachtleben und in der zunehmenden gesellschaftlichen Akzeptanz außerehelicher Sexualität. Wie an der Position des KFB zur Neuen Ethik deutlich wurde, sahen die Katholikinnen zwar auch schon in früheren Jahren diese elementaren Bereiche gefährdet. Nun aber reklamierten die Frauen nachdrücklicher als je zuvor ihre Zuständigkeit für die sittliche Reform der Gesellschaft, die über die erzieherische und religiöse Kompetenz der Frauen erreicht werden sollte:

„Diese erzieherische und pflegerische Tätigkeit in Familie und Gesellschaft erhält im Katholischen Frauenbunde, der Organisation der katholischen Frauenbewegung, besondere Bedeutung und Tiefe. Denn es sollen in diesem Falle nicht nur allgemeine Fraueninteressen verfochten werden, sondern ganz bestimmte, streng umrissene, die auf die heiligen Forderungen des katholischen Glaubens- und Sittengebotes zurückgehen ... Damit sind ihr zugleich die Mittel in die Hand gegeben, um bei der Bekämpfung gefährlicher und unsittlicher Bestrebungen der Gegenwart erfolgreiche, ja einzigartige Mitarbeit zu leisten."[206]

Nach dem Ausbruch des Kriegs wurden bevölkerungspolitische und nationalistisch-chauvinistische Argumente in die Diskussion zur sittlichen Erneuerung der Gesellschaft integriert. Dies galt auch für die Modekampagne, die von Anfang an im Zeichen einer „Deutschtümelei" stand. Es sollte ein Gegengewicht gegen die „Tyrannei jener Einflüsse" geschaffen werden, die dem „deutschen Volkscharakter wesensfremd" seien.[207] Benannt wurden die Einflüsse zu dieser Zeit noch nicht. Das änderte sich mit dem 1. August 1914. Der Kampf für Frauenehre und Frauenwürde wurde nun verbunden mit der „nationalen Ehre" und dem Kampf gegen die feindlichen Länder. Vor allem der kulturelle Einfluß Frankreichs wurde verantwortlich gemacht für den sittlichen Verfall der deutschen Nation und Kultur. Gegen die „gallische Fäulniskultur" setzte Hedwig Dransfeld „deutsche Art und deutsches Wesen" sowie „körperliche und seelische Gesundheit".[208] Besonders tat sich Helene Pagés mit einer Hetzschrift gegen die „tyrannische Mode" der Pariser Schneider hervor. In pathetischer und moralisierender Weise hielt sie den „deutschen Müttern" das Idealbild der Germanin vor, deren Kleidung „frauliche Würde" symbolisiere. Frauen und Mädchen, die französische Mode trugen, rückte die Autorin gar in die Nähe der Vaterlandsverräterin: „Wer jetzt noch in frivoler französischer Mode gehen mag, ist keines Tropfen des Blutes wert, das in Strömen geflossen ist zum Ruhme unseres deutschen Vaterlandes, zum Schutze eures Herdes, *deutsche* Frauen."[209] In der Logik dieser Argumentation gerieten die feindlichen Länder zur Metapher für Schwachheit, Sittenlosigkeit und Dekadenz.

Schon wenige Monate nach Kriegsbeginn verebbte die Modekampagne des KFB.[210] Ursache für das nachlassende Engagement in der Modefrage dürften die sozialen und wirtschaftlichen Nöte gewesen sein, die mit der unerwartet langen Kriegsdauer immer stärker in den Vordergrund rückten. Der KFB konzentrierte sich daher zunehmend auf Fragen zur Bewältigung des Alltags und gab angesichts der katastrophalen Versorgungslage den Informationen und Ratschlägen zur Ernährungsfrage breiten Raum. Daneben standen Probleme der Frauenerwerbsarbeit und die materielle Versorgung der Kriegswitwen und -waisen im Mittelpunkt der Frauenbundarbeit.[211]

Wie schon im August 1914 sahen die Frauen im Krieg eine Chance zur sittlichen und religiösen Erneuerung der Gesellschaft. Die Kampagne zur „Hebung der Volkssittlichkeit" nahm daher während der Kriegsjahre erheblich an Bedeutung zu. Der 1915 vom KFB organisierte „Kriegsfrauentag" erhob Fragen der Volkssittlichkeit zu einem der Themenschwerpunkte der Versammlung und beschloß die Stärkung der Kampagne:

„Die zum Kriegsfrauentag in Frankfurt a. M. versammelten katholischen weiblichen Organisationen Deutschlands erachten es als eine dringende Pflicht, in die allgemeine Bewegung zur Hebung der Volkssittlichkeit einzutreten: durch Anrufung der gesetzlichen Körperschaften, Beeinflussung der Presse, Bekämpfung aller unsittlichen Bestrebungen auf dem Gebiete des öffentlichen und des Familienlebens. Eine religiöse Erneuerung ist anzustreben durch Teilnahme an Kriegsmissionen, Förderung der religiösen Standesvereine und Verbreitung religiöser Literatur. Insbesondere sollte das Verantwortlichkeitsgefühl der Mütter eindringlichste Stärkung erfahren, damit sie sich der Pflichten gegen Gott, Familie und Vaterland bewußt bleiben und die Erziehung ihrer Kinder als erste, wichtigste und vornehmste Lebensaufgabe betrachten."[212]

Der KFB integrierte in seine Kampagne die aktuelle bevölkerungspolitische Diskussion, die angesichts der hohen Zahl der männlichen Kriegstoten, des Geburtenrückgangs sowie aufgrund der Verbreitung von Geschlechtskrankheiten wieder an Bedeutung gewonnen hatte.[213] Der KFB stellte zunächst nicht die Frage des Geburtenrückgangs zur Diskussion, sondern konzentrierte sich auf das Problem der Geschlechtskrankheiten und forderte die Kontrolle des sexuellen Verhaltens der Soldaten. Das Verhalten der Militärbehörden, die das Bordellwesen in den Frontgebieten weitgehend duldeten und förderten, um „die Truppen in sexueller Hinsicht zu entspannen und damit ihre Stimmung nach allen depressiven Schützengrabeneindrücken zu heben"[214], stieß auf erheblichen Widerstand der Katholikinnen. Ebenso wie die Vertreterinnen der überkonfessionellen Frauenbewegung warnten sie vor den sittlichen Gefahren vor- bzw. außerehelicher Sexualität und bekämpften die Vergabe von Verhütungsmitteln an der Front.[215] Nicht durch prophylaktische Maßnahmen sollte die Ausweitung der Geschlechtskrankheiten verhindert werden, sondern durch sexuelle Askese. Daher forderte die Sittlichkeitskommission des KFB ein „zeitweiliges Zölibat", das eine „Stärkung des Willens und der Rasse" bedeute.[216] Gemeinsam mit dem BDF wollten die Frauen den Kriegsminister auffordern, im „Interesse der Schlagfertigkeit ... (der) Truppen wie im Interesse der Volksgesundheit" den Soldaten den außerehelichen Geschlechtsverkehr zu verbieten.[217]

Die Diskussion um das veränderte Sexualverhalten der Bevölkerung während des Kriegs rückte die Prostitution wieder ins Blickfeld, die nunmehr auch der KFB zum Gegenstand öffentlicher Veranstaltungen machte. Auf der 1916 im Reichstagsgebäude abgehaltenen „Kriegstagung" des KFB, auf der die „Hebung der Volkssittlichkeit" und bevölkerungspolitische Fragen als Schwerpunktthemen verhandelt wurden[218], deutete sich bereits ein Wandel in der Haltung zur Reglementierung der Prostitution an. Gräfin Walterskirchen und Ellen Ammann hatten anläßlich der Diskussion um Geschlechtskrankheiten und Geburtenrückgang Stellung zur Prostitution und Reglementierung bezogen und es als „Schande des 20. Jahrhunderts" bezeichnet, daß der Staat die Prostitution immer noch fördere.[219]

Eine grundlegende Änderung im KFB setzte sich erst 1917 durch. Auf der im Mai durchgeführten erweiterten Sitzung der Sittlichkeitskommission diskutierte der KFB erstmals ausführlich die Frage der Reglementierung in einer größeren verbandsinternen Öffentlichkeit.[220] Es sei nicht mehr an der Zeit, die „Politik der Zurückhaltung zu üben", erklärte Hedwig Dransfeld, die „sittlichen Wunden" seien zu schwer geworden „und das schleichende Gift körperlicher und seelischer Verseuchung" lähme die Volkskraft.[221] Auch Klara Philipp, die an den Beratungen der Sittlichkeitskommission im Frühjahr 1917 teilgenommen hatte, forderte die katholischen Frauen auf, „trotz aller begreiflichen Scheu vor dem Unreinen nicht länger beiseite" zu stehen und sich am Kampf gegen die Geschlechtskrankheiten zu beteiligen.[222] Gegen die nach wie vor bestehenden Bedenken von Agnes Neuhaus[223] beschloß die Kommission nunmehr, die Abschaffung der sittenpolizeilichen Kontrolle zu unterstützen und folgte damit endlich der Argumentation, die die überkonfessionelle bürgerliche Frauenbewegung und der DEF bereits fünfzehn Jahre zuvor vertreten hatten.[224]

Eine entscheidende Bedeutung für die veränderte Haltung im KFB dürfte die parlamentarische Diskussion zur gesetzlichen Neuregelung der Prostitution gehabt haben. Kernpunkt der 1917 geplanten Veränderung war die Abschaffung der sittenpolizeilichen Überwachung, die man inzwischen für ungeeignet hielt, eine weitere Verbreitung der Geschlechtskrankheiten zu verhindern. Anstelle der bisherigen polizeilichen Kontrolle sollten künftig Ärzte und Fürsorgerinnen die Kontrolle von geschlechtskranken Personen und Prostituierten übernehmen. Vorgesehen war die Einrichtung von Beratungsstellen, die in neu einzurichtenden Gesundheitsämtern angesiedelt werden sollten. Die Sittlichkeitskommission des KFB schloß sich diesen Vorstellungen an und sah vor allem in der fürsorgerischen Tätigkeit eine Möglichkeit zur „Rettung der Prostituierten".[225] Am 16. Februar 1918 wurde dem Reichstag ein erster Entwurf des „Gesetzes zur Bekämpfung der Geschlechtskrankheiten" vorgelegt[226], zu dem der KFB mittels einer Eingabe[227] öffentlich Stellung bezog. In der Begründung der Eingabe betonte der KFB die Wichtigkeit fürsorgerischer Betreuung. Eine „technisch und pädagogisch gut geschulte" Fürsorgerin sei im Gegensatz zur abschreckenden Sittenkontrolle viel eher in der Lage, Prostituierte zum Ausstieg aus ihrem Gewerbe zu motivieren. Schließlich verband der KFB mit der Abschaffung der Reglementierung die Hoffnung, daß die Sanktionierung der Prostitution durch die bürgerliche Gesellschaft wegfiele:

„Die Prostituierten sind nicht mehr in zwei Gruppen geschieden: die eingeschriebenen, die in verhältnismäßiger Freiheit das Laster ausüben, und die heimlichen, die beständig vor der Entdeckung durch die Polizei zittern müssen. Alle unterliegen jetzt der gleichen religiössittlichen und bürgerlichen Beurteilung: sie haben sich selbst in eine sittliche Sonderstellung gebracht, ihr Tun widerstrebt in der gleichen Weise dem göttlichen Gesetz und der bürgerlich-sittlichen Ordnung, und eine Anerkennung des traurigen Gewerbes, eine polizeiliche Gewähr für die Erlaubtheit seiner Ausübung gibt es nicht mehr."[228]

Auch wenn sich jetzt katholische Frauen wie Klara Philipp oder der KFB als Organisation öffentlich zur Reglementierungsfrage äußerten und zumindest partiell Positionen der überkonfessionellen Frauenbewegung bestätigten, hatte die veränderte Haltung an politischer Bedeutung und Brisanz verloren. Anders als zu Beginn des Jahrhunderts, als die Reglementierungsfrage noch mit der Forderung nach rechtlicher und moralischer Gleichstellung der Geschlechter verbunden war und die Frauenbewegung neue Akzente in die gesellschaftliche Öffentlichkeit eingebracht hatte, stellte die Position des KFB zum jetzigen Zeitpunkt eine Anpassung an aktuelle Entwicklungen dar. Bedenkt man, daß der KFB genau zu dem Zeitpunkt für die Aufhebung des § 361,6 votierte, als auch in katholischen Kreisen[229] und auf parlamentarischer Ebene vor dem Hintergrund bevölkerungspolitischer Gründe die Abschaffung der Reglementierung zur Diskussion stand, so scheint naheliegend, daß das Autoritätsverständnis des KFB die veränderte Haltung mit beeinflußt hat. Mit einem weiteren Hinauszögern einer Stellungnahme hätte sich der KFB gegen anerkannte staatliche und fachliche Autoritäten gestellt, was ihn zudem als unzeitgemäß stigmatisiert hätte.[230]

Die katholische Frauenbewegung nahm zeitgenössische gesellschaftliche Entwicklungen im Kontext ihrer weltanschaulichen Orientierung wahr, die sowohl durch christlich-katholische als auch durch bürgerliche Normen und Werte geprägt war. Offengelegt wurden die Schwierigkeiten, komplexe soziale Veränderungen mit religiöser Überzeugung und kirchlichen Moralvorstellungen in Einklang zu bringen. Insbesondere die Überzeugung, daß Ehe und Familie gottgewollter Ordnung entsprachen und damit als unveränderbar galten, bewirkte, daß die historische Wandelbarkeit dieser gesellschaftlichen Institutionen nur zögernd zur Kenntnis genommen wurde. Veränderungen wurden als Kulturrückschritt und Verfall der Sitten qualifiziert, die die christlich fundierte Gesellschaftsordnung und die Geschlechtsidentität von Frauen bedrohten. Der Kampf der Frauenbewegung um „die Sittlichkeit" hatte daher mehrere Seiten: Indem Frauen aus ihrem Sittlichkeitsverständnis ein gesellschaftliches und politisches Mitspracherecht ableiteten, eröffnete „Sittlichkeit" die Chance für emanzipatorische Entwicklungen. Gleichzeitig aber begrenzte sie diesen Prozeß, da das christliche Sittlichkeitsverständnis die Geschlechterrollen und spezifischen Aufgabengebiete als gottgewollt festlegte. Dennoch zeigt sich, daß die Politik des KFB in vielen Fragen pragmatisch orientiert war. Ideologische Weiblichkeitskonstruktionen, wie sie exemplarisch an Gnauck-Kühnes Vorstellungen aufgezeigt wurden, waren wohl von erheblicher Bedeutung für die Orientierung katholischer Frauen. Wenn es um die Durchsetzung konkreter Forderungen ging, hatten sie jedoch auch rhetorisch-strategischen Charakter. Dies wird besonders im Zusammenhang mit der Erwerbstätigkeit von Frauen und Mädchen deutlich.

Kapitel IV
Frauenerwerbsarbeit zwischen binnenkatholischen Interessenkonflikten und Anpassung an die modernisierte Gesellschaft

Die Gründerinnen des Frauenbundes hatten von Beginn an die Frauenfrage wesentlich als Frauenerwerbsfrage gesehen und erkannt, daß infolge der strukturellen gesellschaftlichen Veränderungen auch katholische Frauen und Mädchen in zunehmendem Maße auf Erwerbsarbeit angewiesen waren. Die im KFB organisierten Frauen verstanden es daher als zentrale Aufgabe, sich für bessere Bildungs- und Ausbildungsmöglichkeiten einzusetzen und neue Berufsmöglichkeiten zu erschließen. Letzteres traf besonders für die Frauen der gehobenen sozialen Schichten zu. Für die Frauen der unteren sozialen Schichten standen dagegen sozialpolitische Forderungen, wie beispielsweise die Verbesserung des Arbeiterinnenschutzes, im Vordergrund. Es ging allerdings auch darum, die katholische Bevölkerung überhaupt erst für die Fragen der Ausbildung und Erwerbstätigkeit von Mädchen und Frauen zu interessieren. Informations- und Überzeugungsarbeit gehörten daher besonders in den Anfangsjahren zum programmatischen Schwerpunkt des KFB.

In seinem Engagement für erwerbstätige Frauen stand der KFB vor dem Problem, sich innerhalb des Verbandskatholizismus behaupten und profilieren zu wollen. Dabei geriet er häufig in Interessenkonflikte mit anderen Frauenvereinen, aber auch mit dem Volksverein und den Christlichen Gewerkschaften. Die Konflikte um die Arbeiterinnenfrage und -organisation zeigen, daß die Politik des KFB hinsichtlich der Erwerbstätigkeit von Frauen erheblich durch binnenkatholische Macht- und Interessenstrukturen beeinflußt und begrenzt wurde.

Dies traf weniger für die sozialen Frauenarbeitsbereiche zu, auf die sich der KFB ab 1912 stärker konzentrierte. Am Beispiel der Berufsberatung und der Fürsorgearbeit wird deutlich, daß sich der KFB zunehmend für eine Professionalisierung sozialer Frauenarbeit einsetzte. Zwar ist es nicht unproblematisch, die Entwicklung sozialer Frauenberufe zu Beginn dieses Jahrhunderts unter diesem Blickwinkel zu betrachten, sind doch Aussagen über die Professionalisierung der Sozialarbeit bis heute umstritten.[1] Dennoch ist nicht zu verkennen, daß zumindest die Anfänge einer Professionalisierung deutlich von der bürgerlichen Frauenbewegung ausgingen. Engagierte Frauen der Frauenbewegung gründeten die ersten Sozialen Frauenschulen und setzten sich damit für eine wissenschaftlich fundierte Ausbildung von Sozialarbeiterinnen ein.[2] Sie waren an der Methodenentwicklung beteiligt, trugen zur Ausprägung des Berufsverständnisses bei und initiierten die ersten berufspolitischen Organisationen. An diesem Prozeß der Professionalisierung, der erheblich durch den Ersten Weltkrieg beschleunigt wurde, waren auch katholische Frauen beteiligt, unterstützt durch die Kirche und, relativ unangefochten, durch die Männerorganisationen des Katholizismus, wie später deutlich werden wird.[3]

1. Zur Frage der Erwerbsarbeit katholischer Frauen

Mit der Aussage „Arbeit hebt Frau wie den Mann" wies Ellen Ammann auf die soziale Geringschätzung erwerbstätiger Frauen hin und mahnte an, sich am Beispiel der nordischen Länder zu orientieren, die der Berufstätigkeit von Frauen und Mädchen vorurteilsfreier gegenüberstünden. In Deutschland dagegen werde die Erwerbstätigkeit von Frauen immer noch als sozialer Abstieg bewertet. Frauen müßten sich daher im eigenen Interesse in der Öffentlichkeit für eine höhere Wertschätzung erwerbstätiger Frauen einsetzen.[4]

Ellen Ammann sprach damit ein Problem an, mit dem der Frauenbund von Beginn an zu kämpfen hatte. Es ging darum, Vorurteile gegen die Erwerbstätigkeit von Frauen abzubauen und die Einsicht in die Notwendigkeit einer qualifizierten Berufsausbildung für Mädchen zu wecken. Zum einen wollte der KFB die katholische Bevölkerung davon überzeugen, daß aufgrund der veränderten gesellschaftlichen Verhältnisse Frauen zunehmend darauf angewiesen waren, ihren Lebensunterhalt selbst zu bestreiten, Frauen aber auch, ebenso wie Männer, prinzipiell ein Recht auf Arbeit hatten. Zum anderen versuchte der KFB die ablehnende oder skeptische Haltung gegenüber einer beruflichen Ausbildung von Mädchen abzubauen. Ihm lag somit zunächst daran, Umdenkungsprozesse in Gang zu setzen. In den ersten Jahren konzentrierte sich der KFB darauf, Berufsmöglichkeiten zu erörtern und in der Christlichen Frau unterschiedliche Berufsbilder vorzustellen, verbunden mit dem Appell an katholische Eltern, ihren Töchtern gleich den Söhnen eine berufliche Ausbildung zu ermöglichen.[5] Angesichts der Erwartungshaltung, daß ihre Töchter früher oder später heiraten würden, scheuten viele Eltern die Kosten für eine Berufsausbildung und zogen eine Tätigkeit ihrer Töchter als ungelernte Arbeitskraft vor in der Annahme, daß die Erwerbstätigkeit nur eine Zwischenlösung bis zur Eheschließung sei. Wichtige Argumentationshilfen gegen diese Haltung boten die Ergebnisse der statistischen Studie von Elisabeth Gnauck-Kühne über die soziale und wirtschaftliche Situation von Frauen, mit denen die Autorin dezidiert nachgewiesen hatte, daß die Ehe nur noch eingeschränkt als Versorgungsmöglichkeit für Frauen in Betracht komme.[6]

Unterstützt wurde der KFB auch von einzelnen Geistlichen. So setzten sich beispielsweise Peter Lausberg und der Moraltheologe Mausbach dafür ein, Ausbildungs- und Erwerbsmöglichkeiten für Mädchen und Frauen auszuweiten. Mausbach warb sogar um Verständnis dafür, daß Frauen, unabhängig davon, ob sie zur Erwerbsarbeit gezwungen seien oder die Erwerbsarbeit der Familie bewußt vorzögen, „einen befriedigenden Wirkungskreis" suchten und für sich neue Berufe erschließen wollten, auch im „akademischen Bereich".[7] Damit ist angesprochen, daß sich die Ansprüche der Frauen nicht darin erschöpften, Erwerbsquellen zur Existenzsicherung zu eröffnen. Vielmehr entwickelten sich im Kontext der katholischen Frauenbewegung differenzierte Sichtweisen zur Frauenerwerbsarbeit, die die vielschichtigen Aspekte weiblicher Berufsarbeit berücksichtigten. Zweifelsohne nahmen die Probleme, die mit der Erwerbstätigkeit von Frauen verbunden waren, den größten Raum ein: fehlende Arbeitsmöglichkeiten für die Frauen des Bürgertums, katastrophale Arbeitsbedingungen und Hungerlöhne in den Arbeitsbereichen, die den Frauen der unteren sozialen Schichten zur Verfügung standen, fehlende oder mangelnde gesetzliche Arbeitsschutzbestimmungen, unzureichende Möglichkeiten der beruflichen Qualifizierung - um nur einige zu nennen. Diese problemorientierte Sichtweise wurde durch eine weitere Perspektive ergänzt: Gegen die rückwärtsgewandte Ideologie, die häusliche Arbeit von Frauen sei der eigentlich wünschenswerte Zustand, wurden die positiven und emanzipativen Momente von Erwerbsarbeit ins Blickfeld gerückt. Die Bedeutung für die Persönlichkeits- und Identitätsentwicklung, die ökonomische Unabhängigkeit, die Mädchen und Frauen eine Wahlfreiheit zwischen Ehe und Beruf sicherte und die Möglichkeit, eine befriedigende Tätigkeit auszuüben, die den Interessen und intellektuellen Fähigkeiten gerecht werde, waren Argumente, mit denen katholische Mädchen und ihre Eltern vom Sinn einer beruflichen Ausbildung überzeugt werden sollten.[8] Immer wieder wurde eindringlich darauf hingewiesen, daß Mädchen, unabhängig von ihrer Lebensplanung, doppelt qualifiziert sein müßten: für ihre zukünftige Tätigkeit als Ehefrau und Mutter und für eine Erwerbstätigkeit. „Also unser Rat geht dahin: *jedes* (genügend veranlagte)

Mädchen, einerlei welcher Gesellschaftsklasse angehörend, möge in erster Linie auf die Erfüllung seines großen Hauptberufes, zugleich aber, wenn auch in zweiter Linie und nicht streng zur selben Zeit, auf die Erfüllung eines Fachberufes hin geschult werden."[9]

Die Frage nach adäquaten Berufen wurde mit zwei Prinzipien verknüpft: Eine Konkurrenz zu Männerberufen sollte vermieden werden, und die berufliche Tätigkeit sollte mit der „weiblichen Eigenart"[10] harmonieren. Konkret zu benennen, welche Berufe und welche Art der Tätigkeit für Frauen angemessen waren, fiel indes nicht leicht und erschöpfte sich mitunter in recht allgemeinen Erörterungen:

„Folgt die Frage: welches sind die nicht gottgewollten Berufe? ... Der folgende Grundsatz jedoch dürfte uns als an sich einwandfrei gelten: die Natur selbst hat durch die verschiedene Bildung der Geschlechter angedeutet, daß in der Arbeitsverteilung die größere Kraftanstrengung dem Manne zufällt. Das ... zartere Gemüt, die feinsinnigere Seele, der intuitivere Intellekt der Frau verlangen möglichst individualisierende Rücksichtnahme, soll die Frau das bleiben, was zu sein sie berufen ist: das Herz im Organismus der menschlichen Gesellschaft. Jede Tätigkeit, die sie den unmittelbaren Gefahren der Verrohung, der Vernichtung ihres echt weiblichen Gefühles und Taktes aussetzt, ist daher der Regel nach auszuschließen."[11]

Im Zusammenhang mit den Bemühungen, Erwerbsmöglichkeiten für Frauen auszuweiten, forderte Elisabeth Hamann kämpferisch volle Freiheit, um die von Männern „usurpierten Frauenberufe" zurückzuerobern.[12] Auch Elisabeth Gnauck-Kühne wies - mit Blick auf die historischen Veränderungen der Frauenarbeitsgebiete seit der Einrichtung der mittelalterlichen Zünfte - darauf hin, daß Frauen in zunehmendem Maße aus angestammten Berufen herausgedrängt wurden. Sie folgerte, daß Frauen vor männlicher Konkurrenz geschützt werden müßten. Eine „Abgrenzung weiblicher Erwerbsgebiete" durch die Einrichtung weiblicher Zünfte schien der Frauenrechtlerin ein gangbarer Weg, dies zu erreichen, wobei sie eine solche „Einfriedigung" - wie sie es nannte - nur für spezifisch weibliche Arbeitsgebiete vorsah:

„Unter den für das weibliche Geschlecht einzufriedigenden Gebieten müßten sich vorab die befinden, die es in historischer Zeit inne gehabt, Gebiete, die es in historischer Zeit inne gehabt, Gebiete, die Erweiterungen seiner hausmütterlichen Tätigkeit sind, wie Nadelarbeiten (Schneidern, Nähen, Sticken), Stricken, Wirken, Spitzenmachen. Nadel und Weberschifflein gehören in das Wappen der Frau. In diesen Berufen würden Schranken für Frauenarbeit auch zugleich Schranken für Frauenelend sein. Die Männer hätten dabei den Vorteil, von unterbietender Schmutzkonkurrenz befreit zu werden."[13]

Die Wahl einer anachronistischen Organisationsform wie die der Zunft und die Begrenzung auf traditionelle Frauenberufe mag bei der volkswirtschaftlich geschulten Frauenrechtlerin verwundern und unrealistisch erscheinen.[14] Gerade die von Gnauck-Kühne geforderten gewerblichen Frauenarbeitsgebiete unterlagen einem starken Mechanisierungsprozeß, weswegen eine zunehmende Verlagerung von handwerklicher Produktion in die industrielle Fertigung wahrscheinlich war. Gnauck-Kühne dürfte jedoch im Blick gehabt haben, daß Frauen durch eine eigenständige Berufsorganisation, versehen mit Ausbildungskompetenzen, zumindest in einigen Handwerksberufen, beispielsweise der Schneiderei[15], konkurrenzfähiger werden könnten.[16]

Gnauck-Kühnes Vorstellungen über spezifische weibliche Arbeitsgebiete weisen darauf hin, daß die Frauenrechtlerin von einer prinzipiellen Arbeitsteilung der Geschlechter überzeugt war. Sämtliche Berufsmöglichkeiten für Frauen leitete sie aus der „Naturaufgabe des Weibes", der Mutterschaft, ab.[17] Dementsprechend kamen all jene Berufe in Betracht, die häuslicher Frauenarbeit im weitesten Sinne entsprachen, z. B. gewerbliche Berufe in der Nahrungs- und Genußmittelbranche, die Tätigkeit als Lehrerin in Grundschulen und in höheren Mädchenschulen, hier verbunden mit einer Beteiligung an der Schulleitung, Fürsorgearbeit, die Arbeit als Kindergärtnerin, Pflegeberufe und die Tätigkeit als Frauen- oder Kinderärztin.[18] Verfolgt man die Darstellung der Berufsbilder und Erörterungen der Arbeitsmöglichkeiten für Mädchen und Frauen in den Publikationen des KFB, so gewinnt man allerdings den Eindruck, daß eine solche Ableitung dazu diente, die Ausweitung von beruflichen Möglichkeiten zu legitimieren. Auch der obligatorische Hinweis darauf, die Erwerbsarbeit müsse im Einklang mit dem „Wesen der Frau" stehen, schien eher rhetorisch-strategische Bedeutung zu haben. Ideologische Grenzen weiblicher Erwerbsarbeit, die in tradierten Weiblichkeitsvorstellungen und geschlechtsspezifischer Arbeitsteilung wurzelten, wurden einer pragmatischen Orientierung untergeordnet, die vor allem darauf zielte, sich ohne Festlegung auf spezifisch weibliche Berufe für ein breites Spektrum beruflicher Möglichkeiten einzusetzen.[19] Deutlich artikulierte dies Liane Becker: Es gehe nicht an, „Berufe für die Frauen von vornherein festzulegen", da es viele geeignete Berufe „auf dem handwerksmäßigen und dem geistigen Gebiete" für Frauen gäbe, die nicht „aus ihrer mütterlichen, altruistischen Naturanlage abzuleiten" seien.[20]

Die grundsätzlich positive Haltung gegenüber der Berufstätigkeit von Frauen ging nicht so weit, Frauenerwerbsarbeit als Voraussetzung weiblicher Emanzipation zu bewerten, wie die sozialdemokratische Frauenbewegung dies tat. Vielmehr wurde weibliche Berufstätigkeit prinzipiell in Bezug zur Mutterschaft gesetzt. In Übereinstimmung mit der gemäßigten Mehrheit der überkonfessionellen Frauenbewegung gingen die Katholikinnen davon aus, daß eine erwerbstätige Frau ihren Pflichten als Ehefrau und Mutter nicht gerecht werden könne, so daß man sich idealerweise die verheiratete

Frau nicht berufstätig wünschte.[21] Eine Erwerbstätigkeit war gedacht für die Zeit vor der Familienphase und für den Fall vorzeitiger Witwenschaft. Daneben war es von großer Wichtigkeit, durch die Erwerbstätigkeit Frauen eine Lebensalternative zur Ehe zu ermöglichen. Das Jungfräulichkeitspostulat der katholischen Kirche bot die religiöse Fundierung für ein zölibatäres Berufsleben; nun auch die wirtschaftliche Basis für eine solche Wahlmöglichkeit zu schaffen, galt als eine Aufgabe der kulturellen Weiterentwicklung. Erst die wirtschaftliche Selbständigkeit ermögliche - so Liane Becker - eine „moralische Unabhängigkeit" und eine freie Entscheidung für oder gegen eine Ehe.[22]

Neben den Bemühungen, in der katholischen Bevölkerung um Akzeptanz für eine berufliche Tätigkeit von Mädchen und Frauen zu werben, versuchte der KFB, Berufsgruppen der gewerblichen und dienstleistenden Bereiche zu organisieren. Er konzentrierte sich dabei auf die Handwerkerinnen, Arbeiterinnen und Dienstmädchen, wobei allerdings bei den Dienstmädchen weniger berufspolitische Fragen dominierten, sondern sittliche Probleme im Vordergrund standen.[23] Das im Verbandskatholizismus verankerte Prinzip der ständischen Organisation, sowohl auf den Familien- als auch auf den Berufsstand bezogen, führte häufig zu Konflikten mit bereits bestehenden Vereinen und Organisationen. Kompetenzabgrenzungen und grundsätzliche Diskussionen darüber, in wessen Aufgabengebiet die Organisation der unterschiedlichen Berufs- bzw. Statusgruppen falle, absorbierten daher einen großen Teil der Kräfte. Partikularinteressen katholischer Frauenvereine wurden zudem schnell als Bedrohung der Einheit der katholischen Frauenbewegung empfunden. Aber auch der Anspruch der großen Männerorganisationen im Katholizismus (Volksverein, Christliche Gewerkschaften), die wirtschaftliche Interessenvertretung erwerbstätiger Frauen zu übernehmen, kollidierte mit dem Selbstverständnis des KFB, die maßgebende Organisation für alle Frauen zu sein. Besonders deutlich wird dies am Beispiel der Arbeiterinnenfrage. Im folgenden wird die Politik des KFB in der Arbeiterinnenfrage vor dem Hintergrund binnenkatholischer Macht- und Interessenstrukturen analysiert. Aufgegriffen wird auch die Frage, inwieweit sich der KFB selbst blockierte und Grenzen auferlegte, indem er beispielsweise vorschnell eine neutrale Position zur Arbeiterinnenfrage bezog.

2. Die Organisation katholischer Arbeiterinnen im Spiegel des Gewerkschaftsstreits

„Die Existenzunsicherheit, die Vereinzelung, die sittlichen Gefahren, die mangelnde Vorbereitung auf den häuslichen Beruf, die Schädigung des Familienlebens und der Nachkommenschaft - alle diese Uebelstände der weiblichen Fabrikarbeit, sowie alle Nachteile, die sie im Gefolge haben, faßt man mit der Bezeichnung ‚Arbeiterinnenfrage' zusammen."[24]

Die Arbeiterinnenfrage bezog sich also auf die Fabrikarbeiterin, deren Anzahl beständig stieg.[25] Die wachsende Bedeutung dieses Erwerbszweiges für Frauen wurde von kirchenoffizieller Seite im ausgehenden 19. Jahrhundert nicht adäquat berücksichtigt. Die in der Sozialenzyklika Rerum novarum von Leo XIII. aufgegriffenen Fragen und entwickelten Vorstellungen zur Lösung der Arbeiterfrage bezogen sich ausschließlich auf männliche Industriearbeiter. Zur Erwerbsarbeit von Frauen merkte der Papst lediglich an, „daß manche Arbeiten weniger zukömmlich sind für das weibliche Geschlecht, welches überhaupt für die häuslichen Verrichtungen eigentlich berufen ist."[26]

Katholische Laien, Ordensschwestern und einzelne Geistliche hatten jedoch bereits seit Mitte des 19. Jahrhunderts begonnen, Fürsorgeeinrichtungen für Dienstmädchen und Fabrikarbeiterinnen zu schaffen.[27] Die Initiative der Katholiken konzentrierte sich zunächst darauf, Wohnmöglichkeiten in Hospizen für zugezogene Arbeiterinnen und Dienstmädchen einzurichten. Gleichzeitig sollten die Bewohnerinnen durch hauswirtschaftlichen Unterricht auf ihren „eigentlichen Beruf" als Hausfrau und Mutter vorbereitet werden. Seit Ende der 1860er Jahre gründeten Geistliche zunehmend Arbeiterinnenvereine für die einheimischen Fabrikarbeiterinnen. 1867 entstand unter der Führung von Kaplan Liesen der erste katholische Arbeiterinnenverein in Mönchengladbach, der wegweisend für weitere Einrichtungen wurde.[28]

Trotz aller Anstrengungen gelang es nur in spärlichem Umfang, die Arbeiterinnen für die Vereinsarbeit zu gewinnen: Um die Jahrhundertwende existierten erst 40 Vereine mit 6.000 Mitgliedern.[29] Eine Veränderung trat ein, seit die Christlichen Gewerkschaften auf ihrem Münchener Kongreß 1902 beschlossen hatten, die Organisation der Arbeiterinnen zu fördern.[30] Obwohl der Frauenanteil in den Christlichen Gewerkschaften schon ab 1903 höher lag als bei den Freien Gewerkschaften[31], fand Prälat Otto Müller, engagierter Befürworter der Christlichen Gewerkschaften, die Zahl der christlich organisierten Arbeiterinnen immer noch „beschämend gering".[32]

Ein Desinteresse an gewerkschaftlicher Organisierung konstatierte auch die Führerin der sozialdemokratischen Frauenbewegung, Clara Zetkin. Sie sah die Ursache im „Weibthum der Arbeiterin", das sich in der „unterbürtigen Stellung der Frauen" und in der „Unterwerfung unter männlichen Willen" manifestierte. Fehlendes Lohnarbeiterbewußtsein und die niedrigen Löhne kämen schließlich verstärkend hinzu.[33] Die Einschätzung Zetkins über die autoritätsfixierte Frau konnte auf katholischer Seite keine Zustimmung finden, galt doch gerade die Autorität des Mannes im Sinne gottgewollter Ordnung als unabdingbar. Dennoch lagen Erklärungen für die Interesselosigkeit der Frauen gegenüber gewerkschaftlicher Organisierung von seiten maßgebender Katholiken nicht weit entfernt von Zetkins Argumentation. Im fehlenden „Standesbewußtsein", der Doppelbelastung verheirateter Fabrikarbeiterinnen, einem Lohn, der kaum ausreiche, den notwendigsten Lebensunterhalt zu bestreiten, aber auch in der Hoffnung vieler Frauen, nur bis zur Heirat in der Fabrik arbeiten zu müssen, sahen Gnauck-Kühne und Müller das Verhalten der Arbeiterinnen begründet:

„Wer hier geneigt sein sollte, den Stab über der Arbeiterin zu brechen, der überlege zunächst einmal, was er bei der Organisation von den Arbeiterinnen verlangt: sie sollen sich mit einer Sache befassen, die ihrer Natur entgegen ist. Sie sollen nach schwerem Tagewerk ihre kurze Mußezeit opfern. Sie sollen von den sauer verdienten Nickelstücken eins oder zwei hergeben ... Sie sollen plötzlich sozialpolitische Einsicht beweisen, nachdem sie systematisch unwissend erhalten worden sind. Sie sollen plötzlich Gemeinsinn entwickeln in einer staatlichen Gemeinschaft, die ihnen gemeinsames Vorgehen zum strafwürdigen Verbrechen anrechnet."[34]

Dem Desinteresse der Arbeiterinnen hoffte man, durch Erziehung und „soziale Aufklärung" in den kirchlichen Arbeiterinnenvereinen entgegenzuwirken. Die „Erziehung des Weibes" durfte jedoch, Müller zufolge, nicht nur „Mittel zum Zweck" sein. Auch „um ihrer selbst willen" habe die Frau Anspruch auf eine Erziehung, die zum „selbständigen Nachdenken und damit auch zu einem selbstbewußten Handeln" befähigen sollte. Bemerkenswerterweise sprach Müller den Frauen ausdrücklich das Recht auf Selbstbestimmung zu, beschränkte dies aber zugleich, indem er die Frauen auch auf tradierte Geschlechterrollen verpflichtete: Die Vorbereitung auf die „drei großen Pflichten einer Hausfrau, Gattin und Mutter" gehörte für den Geistlichen mit zu den wichtigsten Zielen praktischer Arbeiterinnenfürsorge.[35] Otto Müller verstand das kirchliche Vereinswesen, und somit auch die Arbeiterinnenvereine, „als außerordentliches Mittel der Seelsorge", als „verlängerter Arm der Kirche", der in das Leben der Gläubigen hineinreichte.[36] Obwohl die Arbeiterinnen in den Vereinen für die gewerkschaftliche Organisierung vorbereitet werden sollten - sofern es sich um Arbeiterinnenvereine handelte, die die Christlichen Gewerkschaften befürworteten -, wurde stets der primär religiöse Charakter betont. Für Otto Müller stand daher die Zuständigkeit der Geistlichen außer Frage: „Die Leitung der Vereine muß in den Händen eines geistlichen Präses ruhen", erläuterte er und verstand den Präses als „Seele des Vereins", als „väterlichen Freund", der die Mädchen lenken und leiten" sollte.[37]

Lag die Leitung von Arbeiterinnenvereinen eindeutig in den Händen des Klerus, so beanspruchten Männer ebenso eindeutig die Führung der Christlichen Gewerkschaften. Die Frauen sollten wohl als Mitglieder gewonnen werden, aber keinen wesentlichen Einfluß ausüben. Keinen Zweifel an der untergeordneten Stellung der weiblichen Gewerkschaftsmitglieder ließ der Gewerkschaftler und Zentrumspolitiker Johannes Giesberts:

„Wir denken uns eine solche (weibliche Organisation, G.B.) nicht wie die Sozialdemokraten, nämlich in einer und derselben Organisation, aber auch nicht als selbständigen, von der männlichen Organisation vollständig getrennten, eigenen Verband. Die Wahrheit liegt in der Mitte. Man schaffe weibliche Organisationen mit weiblichen Vertrauenspersonen, aber schließe diese der männlichen Organisation an, unterstelle sie besonders dem Vorstande derselben ganz und gar. Namentlich wird die Leitung der Versammlungen, die Vertretungen der Interessen des Verbandes gegenüber den Arbeitgebern und der Gesetzgebung dem männlichen Vorstande zufallen."[38]

Eine „gewisse Mitarbeit an den Bestrebungen des öffentlichen Lebens" wollte man den Frauen zugestehen, sofern dies im Einklang mit der weiblichen Natur stünde. „Wo es sich ... um die Beratung irgend welcher Angelegenheiten handelt, soll die Mittätigkeit der Frau den Männern willkommen sein. Sodann werden die Frauen trefflich Dienste tun bei der vielfachen Kleinarbeit, welche zur Ausführung gefaßter Beschlüsse vonnöten ist ..."[39]

Zum Zeitpunkt seiner Gründung stand für den katholischen Frauenbund die Frage der Gleichberechtigung in den Gewerkschaften nicht zur Diskussion. Vielmehr hatte er die Absicht, selbst die Arbeiterinnen zu organisieren. Im Engagement um die Arbeiterinnenfrage und -organisation trat jedoch alsbald zutage, daß der KFB nicht nur mit dem Klerus konkurrierte, sondern auch mit anderen katholischen Frauenvereinen und namentlich mit den großen Männerorganisationen des sozialen und politischen Katholizismus. Da die Organisierung der Arbeiterinnen zudem unweigerlich mit dem Gewerkschaftsstreit verknüpft war, wurde dieser von Beginn an in die katholische Frauenbewegung hineingetragen. Bezüglich der Organisationsfrage ließ sich der KFB bereits auf seiner 1. Generalversammlung in eine neutrale Haltung drängen, was seine künftige Politik in der Arbeiterinnenfrage stark beeinflußte. Die auf der Generalversammlung ausgetragene Kontroverse um die Organisation katholischer Arbeiterinnen ist auch von Bedeutung, weil erstmals die heterogene Interessenstruktur der katholischen Frauenbewegung offenkundig wurde.

Christliche Gewerkschaften oder Fachabteilungen? Die Kontroverse auf der 1. Generalversammlung

Schon bald nach der Gründung des KFB setzte Prälat Hitze der neuen Frauenorganisation Grenzen, indem er erklärte, daß der KFB die Arbeiterinnen nicht organisieren könne. Der Volksverein habe dies schon in die Hand genommen und bereits 60 Vereine gegründet. Der Frauenbund könne aber die Präsides der Arbeiterinnenvereine unterstützen und für die Arbeiterinnen Haushaltungs-, Koch- und Flickschulen einrichten.[40]

Offenbar gab der KFB seine Idee, katholische Arbeiterinnen organisieren zu wollen, aufgrund Hitzes Intervention kampflos auf.[41] Er teilte daher auf der 1. Generalversammlung durch die Generalsekretärin Isabella von Carnap mit, daß man die Organisierung der Arbeiterinnen dem Volksverein überlasse.[42] Trotzdem wurde in Übereinstimmung mit Hitze beschlossen, die Arbeiterinnenfrage auf der Generalversammlung zu thematisieren. In diesem Zusammenhang zeigte sich, daß auch die Frauen in der Frage „Christliche Gewerkschaften oder Fachabteilungen" gespalten waren. Die Kontroverse, die sich an dieser Frage entzündete, nahm äußerst heftige, ja boshafte Züge an, ausgelöst durch die Oberin der Josephschwestern in Trier, Mutter Gertrud, die überzeugte Verfechterin der Fachabteilungen war.[43]

Emy von Gordon, die die Position Mutter Gertruds teilte, informierte den KFB-Vorstand über die Absicht der Oberin, auf der Generalversammlung zur Organisation der Arbeiterinnen zu referieren. Der Vorstand lehnte dies ab und beschloß außerdem, Mutter Gertrud wegen ihrer integralen Einstellung keine führende Stelle im Frauenbund einzuräumen. Mutter Gertrud sollte lediglich zur Teilnahme an der Generalversammlung eingeladen werden.[44] Mit der Entschuldigung, sie müsse eine Profeß abnehmen, sagte die Oberin die Teilnahme ab[45], ließ sich aber durch die Trierer Arbeiterinnensekretärin Anna Schmidt auf dem laufenden halten.[46] Mutter Gertrud versuchte dennoch, die Generalversammlung zu beeinflussen, indem sie in einem anonymen „Offenen Brief an den katholischen Frauenbund"[47] ihre Position darlegte - überzeugt davon, daß sie bald als Verfasserin identifiziert werden würde. Die „Unannehmlichkeiten", die der Offene Brief hervorrufen würde, nahm sie bewußt in Kauf, weil er „einer guten Sache" diene. Der Oberin kam es darauf an, daß der Brief mindestens acht Tage vor der Generalversammlung an die Mitglieder des Frauenbundes verteilt werde, da er sonst seine Absicht verfehle: Sie wollte mit dem Offenen Brief eine klare „entschiedene, katholische Stellungnahme ... und Lossagung vom ‚Kölner Klüngel'" erreichen.[48] Zum „Kölner Klüngel" gehörten die Anhänger der „Köln-Mönchengladbacher Richtung", in Köln vor allem repräsentiert durch die Kölnische Volkszeitung und Carl Trimborn, denen die Oberin offenkundig die Frauen des KFB-Vorstandes zuordnete. Mutter Gertrud, wie auch die übrigen Anhänger der „Berlin-Trierer Richtung", argwöhnte, daß der KFB mit seiner interkonfessionellen Tendenz den Volksverein und die Christlichen Gewerkschaften unterstützen und - wie Emy von Gordon vermutete - den Fachabteilungen den „Krieg erklären werde".[49] Mutter Gertrud versuchte daher, den KFB auf die Seite der „Berlin-Trierer" zu verpflichten und sprach dem KFB die Existenzberechtigung als katholische Organisation ab, wenn er keine „katholischen Grundsätze" vertrete.[50] Konkret hieß das, keine interkonfessionellen Verbände in den KFB aufzunehmen, nicht für die obligatorische (als überkonfessionelle Einrichtung geplante) Mädchenfortbildung einzutreten, sondern katholische Fortbildungsschulen zu fordern und eine Konkurrenz zu den sozial und caritativ arbeitenden katholischen Frauenvereinen durch eine klare Arbeitsteilung zu vermeiden.[51]

Die Fürsprache für die Vereine dürfte die Oberin aus taktischen Erwägungen einbezogen haben: Es ging ihr darum, alle Kräfte, die in irgendeiner Weise dem KFB skeptisch gegenüberstanden, zu mobilisieren. Im übrigen vertraute sie darauf, daß die Bischöfe den Einfluß des KFB begrenzen würden. Sie würden es nicht zulassen, daß eine „bürokratische, sich unbefugt und despotisch in die Einzelorganisationen einmischende Zentrale (Kölner KFB-Zentrale, G.B.) die „Autonomie und Lebenskraft" der Vereine zerstöre.[52]

Der Offene Brief wurde vom KFB ignoriert[53], löste jedoch „furchtbare Erbitterung" aus, wie Anna Schmidt und Domvikar Dr. Dahm berichteten.[54] Vor allem aber hatte er zur Folge, daß Emilie Hopmann den Frauenbund hinsichtlich der Arbeiterinnenorganisation auf eine neutrale Position festlegte[55], was die Oberin als Teilerfolg gewertet haben dürfte. Allerdings waren nicht allein die Attacken der Ordensfrau für die Entscheidung, sich in der Organisationsfrage neutral zu verhalten, ausschlaggebend. Auch der Wunsch des KFB nach einem konfliktfreien Verhältnis zum Episkopat war mitbestimmend: Man wolle weder für die Christlichen Gewerkschaften noch für die Fachabteilungen Propaganda machen, erklärte Isabella von Carnap, „um mit der kirchlichen Behörde in jeder Diözese einig zu bleiben, was bei der Meinungsverschiedenheit der hochwürdigen Herren Bischöfe in dieser Frage wohl am besten sei."[56] Das Neutralitätspostulat zielte außerdem darauf ab, die seit der Gründung des KFB propagierte Einheit der katholischen Frauenbewegung nicht in Frage zu stellen. Da sich die Anhängerinnen der „Berlin-Trierer Richtung" kurz nach der Generalversammlung im „Verband katholischer Vereine erwerbstätiger Frauen und Mädchen Deutschlands" zusammenschlossen, zugleich aber Mitglieder im Frauenbund blieben, hielten die Auseinandersetzungen um die Organisationsfrage an. Versuche, die gegensätzlichen Positionen durch die Postulate „Neutralität und Einheit" zu harmonisieren, schlugen fehl und bewirkten stattdessen eine defensive Strategie des KFB in der Arbeiterinnenfrage.

Interessengegensätze in der katholischen Frauenbewegung

Der Berliner „Verband katholischer Arbeitervereine", streitbarer Vertreter der Fachabteilungen, setzte auf seinem 7. Verbandstag im Mai 1904 eine Kommission ein, die sich mit dem Zusammenschluß von Frauenvereinen in einem Verband befassen sollte.[57] Im Januar 1905 wurde bereits unter dem Namen „Frauenarbeit" das Publikationsorgan des geplanten Verbandes herausgegeben.[58] Der Verband selbst konstituierte sich am 12. Juni 1905 in Berlin.[59] Die Leitung übernahmen der Berliner Geistliche Kuratus Beyer und die Mitbegründerin des Katholischen Frauenbundes, Emy von Gordon, der außerdem die Schriftleitung des Publikationsorgans übertragen wurde.[60] Die Arbeiterinnensekretärin Anna Schmidt begründete die Notwendigkeit des neuen Verbandes mit der großen Zahl erwerbstätiger Frauen und Mädchen und den „Mißständen", die mit der Erwerbsarbeit verbunden seien. Die „Mißstände" sah Schmidt in den „religiösen und sittlichen Gefahren", denen weibliche Erwerbstätige ausgesetzt seien, in der „Schutz- und Rechtlosigkeit der Frau" und in der „Überbürdung und Gesundheitsschädigung" erwerbstätiger Frauen und Mädchen.[61] Das „religiös-sittliche Moment" bot auch Emy von Gordon die Legitimation für die Verbandsgründung: „Der Beitritt unserer Frauen zu den Gewerkschaften wird den Indifferentismus der Arbeiterinnen gegen die Religion, zu dem die Fabrik schon den Grund legt, steigern. Es dürfte zur Mehrung der Mischehen beitragen, wenn Johann und Johanna Seite an Seite in den Gewerkschaften marschieren. Solche Erfahrungen hat man sogar bei Gebildeten gemacht, die sich in interkonfessionellen, der Geselligkeit gewidmeten Vereinen, regelmäßig zusammenfinden. Für die Frauen des Volkes ist ein derartiger Dualismus ... undenkbar ohne ernste Schädigung des religiösen Prinzips."[62] Der neue Verband sollte mithin „ein Bollwerk ... gegen den zersetzenden Einfluß der Religionslosigkeit" bilden, wie es in einem Gründungsaufruf hieß.[63]

Im Gegensatz zu den süd- und westdeutschen Arbeiterinnenvereinen[64], die sich als Vorschule der Christlichen Gewerkschaften verstanden, waren die „Erwerbstätigen", wie der neue Verband kurz genannt wurde, konsequente Gewerkschaftsgegner, nicht nur wegen des abnehmenden religiösen (katholischen) Einflusses in interkonfessionellen Verbänden. In Übereinstimmung mit den Anhängern der „Berliner Richtung" lehnten sie Streik grundsätzlich ab und gingen davon aus, durch sozialpolitische und gesetzliche Maßnahmen sowie „friedliche Verhandlungen mit den Arbeitgebern" bessere Lohn- und Arbeitsbedingungen für Frauen erreichen zu können.[65]

Es lag auf der Hand, daß die Interessen der „Erwerbstätigen" mit denen der Kölner KFB-Zentrale kollidierten, da diese trotz der Neutralitätserklärung offenkundig auf der Seite der „Köln-Mönchengladbacher Richtung" stand. Aufgrund der Selbstbindung mußten sich die Kölnerinnen jedoch defensiv verhalten, so daß eine Unterstützung der Christlichen Gewerkschaften nur auf privater Ebene möglich war.[66] Das Quellenmaterial gibt zwar nur spärlich Aufschluß über eine derartige Unterstützung, doch finden sich gelegentlich Hinweise. Eindeutig belegt ist z. B. das Engagement Isabella von Carnaps. Sie brachte zusammen mit Barbara Graß auf dem Katholikentag 1906 den Antrag ein, die katholischen Arbeiterinnenvereine zu unterstützen.[67] Wenngleich sich der Antrag auf alle Arbeiterinnenvereine bezog, unabhängig von der jeweiligen Ausrichtung, dokumentierte die Generalsekretärin ihre Sympathie für die Christlichen Gewerkschaften, da Barbara Graß als Redakteurin der „Christlichen Arbeiterin" einen gewerkschaftsfreundlichen Arbeiterinnenverband repräsentierte.[68] Weiterhin arbeitete von Carnap im „Gewerkverein der Heimarbeiterinnen"[69] mit, was vermutlich Emy von Gordon veranlaßte, die Generalsekretärin auch für die Fachverbände zu gewinnen. Die angetragene Ehrenmitgliedschaft im Verband der „Erwerbstätigen" lehnte von Carnap jedoch mit dem Hinweis auf die neutrale Haltung des KFB ab; ihre Mitarbeit im „Gewerkverein" definierte sie als rein private Angelegenheit.[70]

Die Auseinandersetzungen um die neutrale Haltung im Gewerkschaftsstreit lassen den Eindruck entstehen, daß der KFB, einem fragwürdigen Einheitsgedanken folgend, seine Kräfte in der Arbeiterinnenfrage eher darauf konzentrierte, eine recht fragile Balance zwischen den unterschiedlichen Interessen zu halten, als sich inhaltlich mit den Problemen der Arbeiterinnen zu befassen. Besonders deutlich zeigen dies die Generalversammlungen des KFB in den Jahren 1906, 1908 und 1910, in denen jeweils um die Neutralität und die Frage, welche Verbände die Arbeiterinnen organisieren sollten, vehement gestritten wurde. Von Bedeutung ist dabei, daß ein Engagement des KFB in der Arbeiterinnenfrage in jedem Fall verhindert werden sollte.

Im September 1906 beantragte der Zweigverein Würzburg, dessen Vorsitz Emy von Gordon wahrnahm, auf der bevorstehenden Generalversammlung zu beschließen, daß der Frauenbund sowohl für die katholischen Fachabteilungen als auch für die Christlichen Gewerkschaften Propaganda machen dürfe.[71] Auf der Generalversammlung wurde der Antrag präzisiert: Die Zweigvereine des KFB sollten angewiesen werden, „sich betreffs der Form der Organisation nach den Weisungen der zuständigen Diözesanbischöfe zu richten".[72] In einem Gegenantrag forderte die Kölner Zentrale, die Zweigvereine sollten sich „betreffs der Form der zu wählenden Organisation nach der Meinung der päpstlichen Note im Osservatore Romano vom 25. Januar 1906" richten. In dieser Note hatte Papst Pius X. sowohl die Fachabteilungen als auch die Christlichen Gewerkschaften gelobt, machte aber die Entscheidung für die jeweilige Richtung von den besonderen Verhältnissen in den deutschen Diözesen abhängig.[73] Damit lag es auch nach dem Antrag der Kölner Zentrale in der Hand des Bischofs, welche der Richtungen unterstützt werden würde. Eine Abstimmung über die Anträge hätte in jedem Fall den Neutralitätsbeschluß gelockert, da damit die Voraussetzung geschaffen worden wäre, offen für die Organisierung der Arbeiterinnen, gleich ob durch Fachabteilungen oder durch die Christlichen Gewerkschaften, einzutreten. Der Verbandspräsident der süddeutschen Arbeiterinnenvereine, Carl Walterbach, und Vertreterinnen der „Patronagen"[74], die mit Walterbach zusammenarbeiteten, beantragten jedoch, beide Anträge zu ignorieren, da eine Entscheidung über die gewerkschaftliche Organisation der katholischen Arbeiterinnen den Patronagen und den katholischen Arbeiterinnenvereinen zustehe. Ohne nähere Konkretisierung warnte man besonders davor, den Kölner Antrag abzustimmen: Dem KFB könnten „durch eine solche Stellungnahme vielseitige große Schwierigkeiten erwachsen". Die Kölner Zentrale beugte sich dem Druck und zog nach längerer Debatte ihren Antrag zurück; der „Antrag Walterbach" wurde mit überwiegender Mehrheit angenommen.[75]

Vor der nächsten Generalversammlung, die 1908 in Münster stattfand, wurde die Frage, ob der KFB selbst Arbeiterinnen organisieren sollte, im Zentralvorstand kontrovers diskutiert. Der Zweigverein München trat konsequent unter dem Motto „die Frau gehört der Frau, folglich auch die Arbeiterin" für die Organisierung ein, doch setzte sich im Vorstand die Position durch, daß der Anspruch des KFB, alle Frauen zu organisieren, hinsichtlich der Arbeiterin nicht zuträfe. Die Arbeiterinnen seien „bereits lange vor der Gründung des Frauenbundes in einer Fachorganisation zusammengeschlossen" worden, so daß der KFB jetzt nur noch in den bereits bestehenden Organisationen mitarbeiten könne. „Die Christlichen Gewerkschaften", wurde resümiert, „haben diese Arbeiterinnenorganisationen vor uns geschaffen" und daran sei nichts mehr zu ändern.[76] Dennoch einigte man sich darauf, die neutrale Haltung aufzugeben und entsprechende Anträge auf der Generalversammlung abstimmen zu lassen. Die Abstimmung sollte ohne Diskussion erfolgen; man wollte einen offenen Streit zwischen den Richtungen vermeiden und hoffte, „daß alles möglichst friedlich und glatt gehe".[77]

Obwohl die Organisierung der Arbeiterinnen durch den KFB nicht mehr zur Diskussion stand, sondern nur noch die Mitarbeit in bestehenden Organisationen, stieß die Absicht, die Organisationsfrage auf der Generalversammlung zu thematisieren, beim „Verband der katholischen Arbeitervereine der Erzdiözese Köln" auf Widerstand. Mit massivem Druck warnte der Verband den KFB: Diese Frage sei für

„ganz Süd-Deutschland und für die Erzdiözese Köln ... ein für alle mal geregelt. Eine Änderung der bestehenden Organisation bzw. eine Konkurrenz derselben, würde sowohl Herr Walterbach als (auch) ich mit aller Energie bekämpfen. Auch die Erörterung dieser Fragen, soweit sie die Organisation betrifft und sich nicht beschränkt auf die Heranziehung der Frauen zur Mitarbeit ... würden wir öffentlich verurteilen, und unser praktisches Verhalten gegenüber dem Frauenbund danach richten."[78]

Gegen den Druck der klerikal geführten Arbeiterinnenorganisationen sah sich der KFB offenbar nicht in der Lage, seine Forderung nach Aufgabe der Neutralität aufrechtzuerhalten. Da sich zudem der Kölner Vorstand durch die anhaltenden Querelen mit dem Zweigverein Breslau belastet fühlte, beschloß man schon vor der Generalversammlung, die Neutralitätserklärung des KFB zu bestätigen, um das „Mißtrauen in Schlesien" zu zerstreuen. Allerdings wurde dieser offensichtliche Rückzug als „großes persönliches Opfer" dargestellt, das „aber zur Förderung des Bundes" gerne gebracht werde.[79] Auf der Generalversammlung wurde schließlich mit großer Mehrheit folgendes beschlossen: Die Zweigvereine durften lediglich in bestehenden Organisationen mitarbeiten und sollten ihr Verhalten an den Geistlichen Beiräten orientieren; der Situation in den jeweiligen Diözesen sollte Rechnung getragen werden und schließlich: Die Zentrale nehme „nach wie vor ... keine Stellung zu der prinzipiellen Frage".[80]

Das Rückzugsverhalten des KFB ist wohl eindeutig als Strategie der Konfliktvermeidung zu verstehen, mit der sich der KFB selbst vorschnell begrenzte. Zum wiederholten Male beugte sich der Frauenbund den Ansprüchen der führenden Kleriker, die als Vertreter der Arbeiterinnenvereine die Organisierung der Arbeiterinnen für sich reklamierten, und ebenso räumte der KFB erneut der Einheit der katholischen Frauenbewegung Priorität ein, um den Preis, eigene inhaltliche Positionen nicht vertreten zu können. Dem steht gegenüber, daß die Kräftekonstellation im Verbandskatholizismus den Handlungsspielraum des KFB erheblich einengte. Der KFB mußte sich gegen machtpolitische Interessen anderer Verbände durchsetzen und mußte bzw. wollte divergierende Positionen katholischer Frauen integrieren. Zudem befürchtete er, als katholische Organisation in Frage gestellt zu werden und damit die Existenzberechtigung zu verlieren. So barg etwa ein Konflikt mit dem Zweigverein Breslau stets die Gefahr, in Konfrontation zum radikalsten Vertreter der „Berliner Richtung", Fürstbischof Kopp, zu geraten, was dem Autoritätsverständnis des KFB zutiefst widersprach. Dem KFB lag daher sehr daran, die Vorwürfe des Breslauer Zweigvereins, die Kölner Zentrale betreibe Propaganda für die Christlichen Gewerkschaften, zu entkräften. In einem Gespräch, das nach der Generalversammlung mit Amalie von Schalscha stattfand, korrigierte diese ihre Haltung. Sie habe erkannt, „daß es vielfach unberechtigt gewesen sei, der Centrale mit Mißtrauen entgegenzukommen", und bezweifle nun nicht länger, daß sich Breslau mit den „Damen der Centrale vollständig einigen werde".[81] In dem Gespräch brachte von Schalscha auf den Punkt, worum es in dem Konflikt ging: Fürstbischof Kopp versuchte mit allen Mitteln zu verhindern, daß die Christlichen Gewerkschaften in Schlesien Fuß faßten und befürchtete, die Kölner KFB-Zentrale könnte dies unterstützen. Erst nachdem sich Kopp und sein Trierer Kollege Korum überzeugt zeigten, daß die Vorwürfe gegen die Kölner Zentrale unberechtigt seien, beruhigte sich die Situation - vorübergehend, wie sich zeigen sollte.[82]

Bis zum Herbst 1909 blieb der KFB von weiteren Attacken der integralen Kräfte verschont, obgleich diese sich schon seit dem Winter 1908/09 auf eine verstärkte Kampagne gegen die christliche Gewerkschaftsbewegung vorbereiteten.[83] Durch den Aufsatz von Martin Spahn „Glossen zur katholischen Literaturbewegung", der im August 1909 im „Hochland" erschien, wurde der Frauenbund erneut in die Auseinandersetzungen hineingezogen. Spahn hatte unter Bezugnahme auf Karl Muths Buch „Die Wiedergeburt der Dichtung aus dem religiösen Erlebnis. Gedanken zur Psychologie des katholischen Literaturschaffens" kritisiert, daß die Kirche - insbesondere im 19. Jahrhundert - „ihre Gläubigen zu möglichst lückenloser Einheit im Glauben, Denken und Fühlen und zur unbedingten Unterwerfung jedes einzelnen unter ihre Leitung gedrängt" habe. Damit habe sie die „soziale und wirtschaftliche Rückständigkeit", die mangelnde Beteiligung der Katholiken am „geistigen Kulturleben" und an öffentlichen Ämtern mitverursacht. In dem gegenwärtigen Prozeß, die Katholiken wieder in die Gesellschaft zu integrieren, bezog Spahn den Frauenbund in den Kreis derjenigen Kräfte ein, die diesen Prozeß maßgeblich trügen: „Volksvereinsarbeit - Schulung durch das Zentrum - der Eifer des Frauenbundes - Hochlands Wirken: alle vier Tätigkeiten haben, so wird man nach der Lektüre des Muthschen Buches schließen, bei allem Unterschied in der Weise dasselbe Ziel."[84]

In einem anonymen Artikel, der am 27. November 1909 in der „Germania" veröffentlicht wurde, interpretierte Fürstbischof Kopp, der, wie bald bekannt wurde, den Artikel veranlaßt hatte, Spahns Aussagen dahingehend, daß Volksverein und Frauenbund „Handlanger der Entklerikalisierung des katholischen Volkes" seien und forderte die betroffenen Organisationen zur Stellungnahme auf.[85] Der KFB wies mit „Entschiedenheit und Entrüstung" den „wenig ritterlichen Anwurf" zurück und beteuerte seine „einwandfreie kirchliche Gesinnung".[86] In dem als „Verseuchungsbrief" bekanntgewordenen Schreiben Kopps an Amalie von Schalscha bezeichnete Kopp die Erklärung des KFB als kläglich. Sie seien „geradezu ein Zugeständnis und die alberne Empfindlichkeit" solle „nur die wunde Stelle verdecken, die getroffen und bloß gelegt worden" sei.[87]

Die massiven Angriffe Kopps wirkten bis in die 4. Generalversammlung des KFB im Oktober 1910 nach. Das Verhalten des KFB-Vorstands auf dieser Generalversammlung rückt erneut ins Blickfeld, wie sehr die Frauen darauf angewiesen waren, die Unterstützung der klerikalen und kirchlichen Autorität nicht zu verlieren. Anders ist nicht zu erklären, daß die „Indiskretion" von Schalschas scharf verurteilt wurde, Kopp selbst aber hoch dafür gelobt wurde, daß er versucht hatte, die Situation noch vor der Generalversammlung zu entschärfen.[88] Die Rückschau auf die Generalversammlung verdeutlicht, daß der Vorwurf Kopps, der KFB sei „Handlanger der Entklerikalisierung", als existentielle Bedrohung empfunden worden war: „Zweifel an der streng kirchlichen Gesinnung" des Frauenbundes trafen dessen „Lebensnerv", denn „in seiner kirchlichen Gesinnung, seinem Katholizismus und dem Willen, auf einem Sondergebiete der heutigen Kulturentwicklung, dem Gebiete der Frauenbewegung, die katholische Weltanschauung zur Geltung zu bringen, liegt der tiefste, ja vielleicht der einzige Grund seiner Existenzberechtigung ... Ein Zweifel an ihrer Weltanschauung mußte also zugleich den Rechtsgrund ihres Bestehens erschüttern."[89]

Um den Vorwürfen Kopps den Boden zu entziehen, bekannte sich der KFB zum wiederholten Male zur Neutralität in der Gewerkschaftsfrage und beantwortete die Fragen des Fürstbischofs wie folgt:

„1. *‚Wie stellt sich die Zentrale des Katholischen Frauenbundes dazu?'* (Zur Frage der christlichen Gewerkschaften.)
Die Zentrale des Katholischen Frauenbundes hält es nicht für ihre Aufgabe, eine Entscheidung darüber zu treffen, ob die eine oder die andere Richtung in der Arbeiterbewegung die richtige sei.
Sie erachtet strengste Neutralität in der Arbeiterinnenfrage als ihre heilige Pflicht. Sie würde es als ein Verbrechen ansehen, den die katholische Männerwelt so schwer treffenden Streit, den diese Frage entfacht hat, auch in die Kreise der katholischen Frauen hineinzutragen.
2. *‚Stellt sie sich in den Dienst dieser Bestrebungen?'*
Ja, insofern als sie ihre Zweigvereine veranlaßt, nach Kräften in beiden Richtungen zu arbeiten, je nach den bestehenden lokalen Verhältnissen, also auch in den christlichen Gewerkschaften, dort, wo diese bestehen.
3. *‚Uebt sie Patronage über sie aus?'*
Nein, denn das würde eine einseitige Stellungnahme bedeuten, die nach dem oben Gesagten ausgeschlossen ist."[90]

Um das Einvernehmen mit der klerikalen Autorität eindeutig zu dokumentieren, fühlte sich der KFB offenbar genötigt, sich von Spahns Artikel zu distanzieren. Emilie Hopmann erklärte, daß sich der KFB „die Ausführungen des Prof. Spahn ... in keiner Weise zu eigen" mache und er das subjektive Urteil Spahns über die Arbeit des Frauenbundes nicht anerkenne. Der KFB werde „zur Entklerikalisierung des katholischen Volkes nicht seine Hand bieten".[91] Bliebe abschließend zu klären, welche Möglichkeiten der KFB angesichts des engen Handlungsrahmens dennoch nutzte, um seinem Anspruch, an der „Lösung der Arbeiterinnenfrage" mitzuarbeiten, gerecht zu werden.

3. Die Politik des KFB in der Arbeiterinnenfrage

Auf der 1. Generalversammlung thematisierte Elisabeth Gnauck-Kühne drei für die Arbeiterinnenfrage relevante Bereiche: 1. Das Arbeitsverhältnis mit den Fragen nach Arbeitszeit, Lohn und Überstunden, 2. die Schutzgesetzgebung für Arbeiterinnen und 3. die sittliche Pflege der Arbeiterinnen. Die beiden ersten Bereiche ordnete Gnauck-Kühne den Aufgabengebieten der Sozialreformer und Gewerkschaften zu, den dritten Bereich zählte sie zu den Aufgaben des KFB.[92] Die praktische Arbeit könne darin bestehen, daß Mitglieder des Frauenbundes sich dem Präses eines ortsansässigen Arbeiterinnenvereins zur Verfügung stellten oder, wenn kein Arbeiterinnenverein bestehe, man selbst einen Raum anmiete und Koch-, Spiel- und Leseabende veranstalte. Auch schlug Gnauck-Kühne vor, gegebenenfalls Kontakt mit Unternehmern aufzunehmen, um die Arbeiterinnen in der Fabrik aufsuchen zu können und soziale Arbeit vor Ort zu leisten.[93] Mit der Beschränkung auf die „gemütlich-sittliche Pflege" der Arbeiterinnen kam Gnauck-Kühne Franz Hitzes Vorstellungen weitgehend entgegen. Daß sie aber nicht daran dachte, die Organisation der Arbeiterinnen völlig aus der Hand des Frauenbundes zu geben, wird an dem Hinweis deutlich, daß „der Bund im Bewußtsein ungenügender Vorbildung" die „berufliche (gewerkschaftliche) Organisierung zwecks wirtschaftlicher Förderung der Arbeiterinnen" vorläufig nicht vornehmen werde.[94]

Elisabeth Gnauck-Kühne riet dringend, sich „volkswirtschaftlich geschichtliche Kenntnisse" anzueignen; ohne dieses Wissen hielt sie die Führerinnen der sozialen Arbeit für „gemeingefährlich". Geeignete Mitglieder des KFB sollten entsprechende Kurse beim Volksverein belegen und regelmäßig an den Sitzungen der Arbeiterinnenvereine teilnehmen.[95] Bemerkenswert ist, daß in der Frühphase des KFB soziale Arbeit nicht ausschließlich als individuelle Beratungs- und Betreuungsarbeit definiert wurde, sondern eine politische Dimension enthielt. In ihrem Buch „Einführung in die Arbeiterinnenfrage", mit dem Elisabeth Gnauck-Kühne vor allem die Lehrerinnenvereine und den Frauenbund für die soziale Arbeit motivieren und schulen wollte, grenzte sie die caritative von der sozialen Arbeit ab:

„Wollen wir in etwa zwischen charitativer und sozialer Arbeit unterscheiden, so ergibt sich zunächst, daß die charitative Arbeit sich des einzelnen Falles annimmt, und ihre Weisheit besteht somit darin, in jedem einzelnen Falle zu individualisieren wie ein geschickter Arzt. Die soziale Arbeit - wie ihr Name andeutet - richtet sich dagegen auf eine ganze Klasse - wir denken an die Fabrikarbeiterinnenklasse. Mithin ist die soziale Arbeit von der charitativen Arbeit, so wird man folgern, nur durch die Ausdehnung des Arbeitsfeldes unterschieden: während die Charitas Individuen oder Familien zu retten oder zu heben sucht, sucht die soziale Arbeit gleich eine ganze Klasse zu heben. Aber der Unterschied ist ein tieferer. Die Charitas tritt helfend ein, wenn die Krankheit ausgebrochen, wenn das Elend da ist, sie behandelt Symptome, in denen das Uebel zutage tritt, verbindet Wunden, hilft die Folgen tragen. Die soziale Arbeit will vorbeugend (prophylaktisch) verfahren. Sie will verhüten, daß Not und Elend um sich greift, und sie will die Umstände beseitigen helfen, durch die die spezifische Not einer Klasse, hier der Arbeiterinnenklasse, erzeugt oder wenigstens begünstigt wird." [96]

Soziale Arbeit war für Gnauck-Kühne alles, was dazu beitrug, die Lebensverhältnisse der Fabrikarbeiterinnen zu verbessern. Das bedeutete, sich für bessere Arbeitsbedingungen einzusetzen und die Arbeiterinnen zur Selbsthilfe zu erziehen. Unter Selbsthilfe verstand sie die gewerkschaftliche Organisierung. Sie forderte daher ihre Leserinnen auf, die Arbeiterinnen zum Zusammenschluß zu motivieren, wer dies tue, tue soziale Arbeit. Soziale Arbeit bewegte sich Gnauck-Kühne zufolge zwischen Fürsorge und Sozialreform.[97] Sozialreform aber bedeutete, gesetzliche Maßnahmen - zum Arbeitsschutz etwa - parteipolitisch zu fordern und durchzusetzen, nach dem damaligen Verständnis also eine Angelegenheit von Männern. Indem Gnauck-Kühne soziale Arbeit im Vorfeld der Sozialreform ansiedelte, wies sie Frauen einen Weg, politisch zu arbeiten, ohne damit in männliche Politikbereiche direkt einzudringen. Hedwig Dransfeld, die Gnauck-Kühnes Abhandlung über die Arbeiterinnenfrage rezensierte, empfahl, die Schrift „eifrig zu studieren" und „das Ergebnis dieses Studiums in starke, kluge, gütige Tat" umzusetzen.[98] Doch genau dies erwies sich als schwierig.

Nach der 1. Generalversammlung beschränkte sich der KFB darauf, seinen Mitgliedern, beziehungsweise den Leserinnen der Christlichen Frau, „Wissenswertes" über die Arbeiterinnenfrage weiterzugeben: Man machte auf Publikationen und Zeitschriften zum Thema aufmerksam[99], informierte über Vorträge, wies auf Arbeiterinnenexerzitien hin und berichtete über die Einrichtung von Arbeiterinnenheimen. In unregelmäßigen Abständen gab die Redaktion der Christlichen Frau die Zahl weiblicher Mitglieder in den Freien und Christlichen Gewerkschaften bekannt und informierte über Aktivitäten des Zentrums, etwa zur Durchsetzung des zehnstündigen Arbeitstages.[100] Neben diesen Mitteilungen, die sich durchweg auf Aktivitäten, Ereignisse und Entwicklungen außerhalb des Frauenbundes bezogen, wurde besonders das Engagement der Zweigvereine des KFB betont, das vorwiegend darin bestand, Arbeiterinnen hauswirtschaftliche Kurse anzubieten.[101] Ansonsten konzentrierte sich der Vorstand des Frauenbundes darauf, seine Mitglieder für die theoretische Schulung zu motivieren. So forderten die Frauen des Vorstands vor allem dazu auf, an den „Sozialen Ferienkursen" des Volksvereins, in denen unter anderem Themenbereiche zur Arbeiterinnenfrage aufgegriffen wurden, teilzunehmen.[102] Die Kölner Zentrale organisierte für die Zweigvereine auch selbst Schulungsangebote in Form von Vorträgen und Wanderkursen[103], vielfach jedoch wiederum mit Referenten des Volksvereins, da nur wenige fachlich geschulte Frauen zur Verfügung standen.

Die „Soziale Sektion" des Zweigvereins München, der am 6. Dezember 1904 gegründet worden war, baute bereits ab März 1906 eine systematische Schulung auf und entwickelte ein breites Themenspektrum zur Arbeiterinnenfrage. Die Schulungskurse wurden vom „Seminar für soziale Praxis" durchgeführt; die Leitung des Seminars übernahm der Geistliche Carl Walterbach.[104] Dagegen unternahm die Zentrale keine sichtbaren Anstrengungen, eine kontinuierliche Schulung aufzubauen, wie dies beispielsweise auch Otto Müller forderte. Er hatte schon 1905 die Anregung zum Aufbau von „sozialen Studienzirkeln" gegeben, in denen Frauen auch in der Arbeiterinnenfrage geschult werden sollten.[105] Die „Soziale Studienkommission", die für die Arbeiterinnenfrage zuständig war, griff die Anregung Müllers offensichtlich nicht auf, jedenfalls standen die Arbeits- und Lebensbedingungen der Fabrikarbeiterinnen kaum zur Diskussion.[106] Erst im Zusammenhang mit der Beschäftigung von Frauen in der Rüstungsindustrie während des Ersten Weltkriegs intensivierte der KFB seine Schulungsarbeit. Er bot dann Kurse zur Einführung in die Arbeiterinnenfürsorge und in das Aufgabengebiet der Fabrikpflegerin an und integrierte diese Arbeitsgebiete in die Ausbildung von Sozialarbeiterinnen.[107]

Um die Zurückhaltung des Frauenbundes in der Arbeiterinnenfrage zu verstehen, genügt es nicht, die Auseinandersetzungen vor dem Hintergrund des Gewerkschaftsstreits zu betrachten und die hohe Akzeptanz kirchlicher Autorität zu focussieren. Weitere Faktoren waren wirksam: Es scheint, daß der KFB mit seiner eindeutig bürgerlichen Ausrichtung nur schwer Zugang zum Arbeitermilieu fand und daß die bürgerlichen und adeligen Protagonistinnen möglicherweise mehr Berührungsängste hatten, als sie sich eingestehen konnten. Elisabeth Gnauck-Kühne war jedenfalls bewußt, daß die „gebildeten Frauen" erst einmal Hemmschwellen abbauen mußten. Mit dem absurden Verweis, daß „der Organismus der Arbeiterinnen genau derselbe ist wie der unserige ... das Substrat (also) das gleiche ist, auf dessen Boden gemütlich seelische Vorgänge sich vollziehen", appellierte Gnauck-Kühne an das Einfühlungsvermögen der Frauen und warnte zugleich vor herablassendem und bevormundendem Verhalten den Arbeiterinnen gegenüber.[108] Otto Müller, der gehofft hatte, „die Damen der wohlhabenden Stände" für die Mitarbeit in den Arbeiterinnenvereinen zu gewinnen[109], zeigte sich enttäuscht und konstatierte fünf Jahre nach der Gründung des Frauenbundes noch immer bestehende Berührungsängste gegenüber den Arbeiterinnen. Mit Verweis auf die seiner Meinung nach vorbildliche Arbeit der süddeutschen bürgerlichen und adeligen Frauen der Patronagen, die jugendliche Fabrikarbeiterinnen auch für die Christlichen Gewerkschaften zu gewinnen suchten, beklagte der Geistliche das mangelnde Engagement der „preußischen Damen", die sich nicht entschließen könnten, „in die unteren Stände hineinzugehen".[110] Die Kritik Müllers am KFB, daß es diesem nur unzureichend gelungen sei, die Frauen der gehobenen Schichten für die Mitarbeit in der „arbeitenden Klasse" zu gewinnen, wies Isabella von Carnap zurück:

Die im Frauenbund organisierten Frauen hätten keine Angst, mit den Arbeiterinnen in Berührung zu kommen, man arbeite mit, wo man nur könne.[111] Der Generalsekretärin zufolge lag die Ursache für das geringe Engagement des KFB in der Arbeiterinnenfrage beim Volksverein: „Daß wir auf unserer Seite nicht mehr Frauen haben, die intensiv in der Arbeiterinnenfrage geschult sind, ist Schuld von Mönchengladbach. Man hat dort von Anfang an das Prinzip gehabt, die Frauen sollen sich nicht um die Arbeiterinnenfrage kümmern, dies sei Sache der Männer (Geistlichkeit)."[112]

Die Einschätzung der Generalsekretärin kann indes nicht über die zögerliche Haltung der Katholikinnen, die diese im übrigen mit der Mehrheit der bürgerlichen Frauenbewegung teilten[113], hinwegtäuschen. Auch in den folgenden Jahren griff der KFB die Probleme der Fabrikarbeiterinnen nicht offensiv auf und verstrickte sich stattdessen mitunter in kleinlich anmutende Abgrenzungsbemühungen. Beispielsweise hegte die Kölner Zentrale lange Zeit Bedenken, ob man mit dem BDF in der Arbeiterinnenfrage zusammenarbeiten könne. Solange die „Zentralstelle zur Förderung von Arbeiterinnenorganisationen" verhindern wollte, daß sich Arbeiterinnen in konfessionellen Berufsvereinigungen organisierten, war eine Zusammenarbeit verständlicherweise kaum möglich. Nachdem sich 1907 jedoch eine gemäßigte Richtung im Verband fortschrittlicher Frauenvereine durchsetzte[114], forderte man die konfessionellen Frauenverbände zur Mitarbeit auf und lud auch den KFB ein, an der von der Zentralstelle organisierten „Konferenz zur Förderung der Arbeiterinneninteressen" teilzunehmen.[115] Der Frauenbund entsandte zwar Delegierte zur Konferenz und gab der Vertreterin der überkonfessionellen Frauenbewegung, Alice Salomon, Gelegenheit, einen Bericht über die Ziele und den Verlauf der Tagung in der Christlichen Frau zu veröffentlichen[116], diskutierte aber fast drei Jahre darüber, ob der KFB offiziell dem „Ständigen Ausschuß", der sich auf der Konferenz konstituiert hatte, beitreten sollte. Grund für das lange Hinauszögern der Entscheidung war die Sorge, in dem überkonfessionellen Ausschuß nicht genügend Einfluß zu haben. Während in solchen Fällen die führenden Frauen der Kölner Zentrale eher dazu neigten, in die Defensive zu gehen, vertrat der Münchener Zweigverein häufig die gegenteilige Position: Genau um Einfluß ausüben zu können, votierte vor allem die Vorsitzende Ellen Ammann für die aktive Mitarbeit. Auf wiederholtes Drängen der Münchnerinnen hin, trat der KFB schließlich 1910 dem „Ständigen Ausschuß" bei.[117] Ein Jahr später zeigten sich die Frauen zufrieden mit der Entwicklung, da der Einfluß des KFB gesichert war: Man hege keine Bedenken mehr gegen eine Mitarbeit im „Ständigen Ausschuß", da dieser nur Beschlüsse fasse, die von allen angeschlossenen Vereinen getragen würden.[118]

Es wurde deutlich, daß den Katholikinnen durch klerikal/kirchliche und männliche Macht- und Herrschaftsansprüche enge Grenzen gesetzt wurden, die der KFB aufgrund seiner Autoritätsfixierung kaum aufzubrechen in der Lage war. Interessenkonflikte im männlich dominierten Verbandskatholizismus wurden daher zuungunsten des KFB entschieden. Diese Art der „Konfliktregulierung" akzeptierte der KFB letztlich aus einem Legitimationszwang heraus: Die stets beschworene Gefahr, die Existenzberechtigung als katholische Organisation abgesprochen zu bekommen, bewirkte, daß der KFB seinen Anspruch, an der Lösung der Arbeiterinnenfrage mitzuarbeiten, nicht offensiv umsetzte. Das Scheitern in der Arbeiterinnenfrage lag aber auch in einer gewissen „Klassenferne" begründet. Der KFB repräsentierte eben doch vor allem bürgerliche Frauen, die Mühe gehabt haben dürften, sich in die Lebens- und Arbeitsbedingungen von Arbeiterinnen hineinzuversetzen. Dies dürfte auch erklären, weshalb es dem Frauenbund nicht gelang, im Vorfeld der parteipolitischen und parlamentarischen Ebene in der Arbeiterinnenfrage aktiv zu werden. Zwar versuchte der Klerus den Rahmen, in dem sich der KFB bewegen sollte, absolut zu bestimmen; eine wachsende Kompetenz der Frauen durch entsprechende Schulung hätte jedoch prinzipiell die Chance eröffnet, sich im Laufe der Zeit von diesen Bevormundungen, zumindest ansatzweise, zu lösen.

Ein weiterer Aspekt war mitbestimmend: Gründe für die defensive Politik der Kölner Zentrale scheinen auch in der engen Verflechtung der KFB-Zentrale mit maßgebenden Kräften der „Kölner Richtung" gelegen zu haben. Allein die räumliche Nähe der KFB-Zentrale zu den dominanten Männerorganisationen, die trotz organisatorischer Eigenständigkeit ein enges Beziehungsgeflecht aufwiesen, dürfte es erschwert haben, oppositionelle Standpunkte zu entwickeln und durchzusetzen. Vor allem aber ist nicht auszuschließen, daß die familiären Verbindungen führender Frauen des KFB zu Zentrumspolitikern dazu beigetragen haben, daß sich an der Zentrale oft moderatere Positionen durchsetzten, um Konflikten aus dem Weg zu gehen.

4. Erwerbschancen durch soziale Arbeit: Aufbau und Professionalisierung der Berufsberatung

Die Konzentration auf die Arbeiterinnenfrage birgt die Gefahr, das Engagement des KFB in bezug auf erwerbstätige Frauen eher als Geschichte von Be- und Verhinderungen zu charakterisieren und die enormen Anstrengungen des KFB in der Frage weiblicher Berufsarbeit unterzubewerten. Hervorzuheben sind dagegen die Bemühungen um eine bessere berufliche Qualifikation von Frauen, um die Chancen auf dem Arbeitsmarkt zu erhöhen. In diesem Zusammenhang griff der Frauenbund die Forderung des BDF auf, für die Schulabgängerinnen der Volksschule die Weiterbildung in Fortbildungsschulen zu ermöglichen - ein zentrales Anliegen der Frauenbewegung, seit Louise Otto-Peters 1865 in Leipzig eine solche Schule errichtete.[119] In den Anfangsjahren des KFB stand die Forderung nach einer konfessionellen Fortbildungsschule zur Diskussion, wie dies auch Mutter Gertrud anläßlich der Kontroverse um die Arbeiterinnenfrage verlangt hatte. Später unterstützte der KFB die obligatorische Fortbildungsschule unter der Voraussetzung, daß der konfessionelle Einfluß zumindest durch einen fakultativen Religionsunterricht gewährleistet blieb.[120] Die Idee der Fortbildungsschule wurde zwar seit den 1890er Jahren verstärkt diskutiert, doch waren die Bemühungen, auch für Mädchen eine schulische Weiterbildung nach dem Abschluß der Volksschule durchzusetzen, äußerst langwierig. Unterstützt wurde die Forderung der Frauenbewegung durch den Reformpädagogen Georg Kerschensteiner, der die Fortbildungsschulen wesentlich im Sinne seiner Bildungsvorstellungen beeinflußte.[121] Er setzte sich 1902 auf dem 6. Deutschen Fortbildungsschultag dafür ein, auch für Mädchen die obligatorische Fortbildungsschule, verstanden als Berufsschule, einzuführen. Dabei ging Kerschensteiner davon aus, daß die staatsbürgerliche Erziehung der Mädchen auch auf den späteren Beruf als Hausfrau und Mutter vorbereiten müsse[122], eine Forderung, die ganz im Sinne des KFB war. Fehlende gesetzliche Regelungen und der Widerstand männlicher Berufsverbände, von Arbeitgeberverbänden und teilweise auch von Innungen führten jedoch dazu, daß sich Fortbildungsschulen für Mädchen nur zögernd durchsetzten.[123]

Neben seinem Einsatz für die schulische Weiterbildung konzentrierte sich der KFB darauf, konkrete Hilfen bei der Arbeitssuche und der Berufswahl anzubieten. So richteten etliche Zweigvereine Stellenvermittlungen ein, bauten Berufsberatungen auf und führten, teilweise in Kooperation mit den örtlich zuständigen Handwerkskammern, für Handwerkerinnen Kurse zur Vorbereitung auf die Gesellen- oder Meisterprüfung durch.[124] Auch die

KFB-Zentrale entwickelte konkrete Angebote und bot ab 1909 eine Stellenvermittlung für Hausangestellte[125] an, die nach zwei Jahren in einen selbständigen Verein, den „Verband katholischer Hausbeamtinnen", übergeleitet wurde.[126]

Ein stärkeres und andauerndes Engagement entwickelte der KFB hinsichtlich der Berufsberatung für Frauen und Mädchen. Zwar band diesbezüglich die schwierige Ausgestaltung der Kooperation mit der überkonfessionellen Frauenbewegung die Kräfte des KFB. Diese Konflikte beeinträchtigten aber offenbar die Arbeitsfähigkeit der Katholikinnen nicht wesentlich. Vielmehr gelang es dem KFB, ein Netz von Berufsberatungsstellen zu etablieren. Vor allem die 1913 einsetzende Phase weist deutlich eine wachsende Professionalisierung der Beratungsarbeit aus, die zunehmend als soziale Arbeit verstanden wurde.

Die Ausdifferenzierung des Berufsspektrums sowie der steigende Anteil erwerbstätiger Mädchen und Frauen führte zu einer Intensivierung der Berufsberatung ab 1911. Josephine Levy-Rathenau, Vorsitzende der Auskunftsstelle für Frauenberufe des BDF, berief in Berlin eine Konferenz zu Fragen der Berufsberatung ein, an der auch eine Vertreterin des KFB teilnahm.[127] Die Konferenz bewirkte die Gründung eines Kartells der Auskunftsstellen auf überkonfessioneller Ebene, deren Vorsitz ebenfalls Levy-Rathenau übernahm.[128] Konferenz und Kartellgründung veranlaßten den KFB, sich systematischer mit Fragen der Berufsberatung und dem Aufbau von Berufsberatungsstellen zu befassen. Vom Prinzip der konfessionellen Beratung wollte man keinesfalls abrücken, doch bestand Konsens darüber, mit den überkonfessionellen Beratungsstellen zusammenzuarbeiten und dem Kartell beizutreten: „Es ist wichtig, daß alle Zweigvereine Auskunftsstellen einrichten und mit bestehenden interkonfessionellen usw. Fühlung suchen, damit sie, wenn das ... Kartell in die Stadt kommt und alles für sich beansprucht, nicht ausgeschlossen werden."[129] Nach den Vorstellungen des KFB-Vorstands sollten die Zweigvereine sich auf die Beratung von Volksschülerinnen konzentrieren, während an der Kölner Zentrale eine Berufsberatung für höhere Frauenberufe etabliert werden sollte.[130] Für die Zusammenarbeit mit den überkonfessionellen Beratungsstellen und für den Aufbau eigener Beratungsstellen entwickelte der KFB-Vorstand die folgenden Richtlinien:

„1. Innerhalb ihrer Stadt einen ‚Beirat für schulentlassene Jugend' zu gründen, d. h. einen Ausschuß, der aus den kath. Vereinen besteht, die sich mit der Jugend befassen, wie Lehrerinnenverein, Mädchenschutz, Verband der kaufmännischen Gehilfinnen usw., auch ist es sehr wünschenswert, die Schulbehörde dafür zu gewinnen.

2. Das Studium der Frage der Frauenauskunftsstelle in jedem Zweigverein einer Dame als besonderes Arbeitsgebiet zu übertragen. Die Berufsberatung für die Schulentlassenen muß konfessionell sein, die Berufsberatung für Erwachsene kann an Orten, wo schon eine solche besteht, mit der paritätischen Hand in Hand gehen und ist zu empfehlen, dieser dann kath. Damen zur Mitarbeit anzubieten, aber immer mit der deutlichen Erklärung, daß die Beratung für Schulentlassene vom Katholischen Frauenbund konfessionell eingerichtet wird.
3. Der Frage der Gründung eines Verbandes kath. Frauenberufsberatungsstellen näher zu treten."[131]

Trotz der bekundeten Bereitschaft, mit überkonfessionellen Berufsberatungsstellen zu kooperieren, gestaltete sich die Zusammenarbeit mit dem Kartell schwierig, da es hinsichtlich der konfessionellen Beratung zwischen Josephine Levy-Rathenau und dem KFB keine Annäherung gab.[132] Die Vorsitzende des Kartells erklärte unmißverständlich, daß das Kartell „das Verhältnis zum Katholischen Frauenbund zu lösen gedenke, falls dieser darauf bestehe, gesonderte Berufsberatungsstellen mit konfessionell-katholischem Charakter einzurichten ..."[133] Die Gründung oder das Aufrechterhalten konfessioneller Beratungsstellen wurden als „Sonderbestrebungen und Zersplitterungsversuche" der Katholikinnen empfunden und zurückgewiesen.[134] Offensichtlich um eine Kompromißlösung bemüht, hatte der Geistliche Beirat Peter Lausberg von Kardinal von Hartmann das Einverständnis eingeholt, daß der KFB unter folgenden Bedingungen an zentralisierten Berufsberatungsstellen mitarbeiten dürfe: „I. Es muß bei der Berufsberatung grundsätzlich nach der Religion gefragt werden. II. Im Ausschuß der zentralisierten Berufsberatungsstelle eines Gemeinwesens müssen jederzeit auch Katholikinnen vertreten sein. III. Die katholischen Ratsuchenden sind an eine katholische Abteilung zu verweisen, die innerhalb der zentralisierten Berufsberatung zu errichten ist."[135] Der KFB erreichte schließlich einen Teilerfolg: Mit Josephine Levy-Rathenau wurden Vereinbarungen getroffen, die eine konfessionell orientierte Beratung im Rahmen des Kartells ermöglichten.[136] Die Berufsberatungsstellen der KFB-Zweigvereine wurden nun ausdrücklich ermuntert, dem Kartell beizutreten, um im Ausschuß des Kartells, dem alle Leiterinnen der Beratungsstellen angehörten, mitreden zu können.[137]

Ungeachtet der langwierigen Verhandlungen wegen der Zusammenarbeit mit überkonfessionellen Beratungsstellen trug der KFB der wachsenden Bedeutung der Berufsberatung Rechnung und beschloß auf seiner Generalversammlung 1912, die Beratungsarbeit systematisch auszubauen.[138] Deswegen wurde zum 1. Februar 1913 an der KFB-Zentrale für die neugeschaffene „Abteilung Berufsberatung" eine Sekretärin für Berufsberatung, Margret Hendrichs, eingestellt, die für ihre Tätigkeit bei Josephine Levy-Rathenau geschult worden war. Schwerpunkte ihrer Tätigkeit waren die Unterstützung der Zweigvereine beim Aufbau lokaler Berufsberatungsstellen sowie die allgemeine Information über Fragen der Berufsberatung in Form von Kursen, Einzelvorträgen und Publikationen.[139]

Zur Intensivierung der Beratungsarbeit kam es im Verlauf des Ersten Weltkriegs. Die problematische Arbeitsmarktlage für Frauen infolge von Massenentlassungen und brachliegenden Wirtschaftszweigen, aber auch die Nachfrage nach qualifizierten Fachkräften hatte die Bedeutung einer Berufsberatung stärker ins Blickfeld gerückt. Zudem wurde bald deutlich, daß aufgrund der hohen Anzahl gefallener Soldaten für viele Frauen eine Versorgung durch die Ehe wegfallen würde, so daß sie auch nach dem Kriege verstärkt auf eine eigenständige Existenzsicherung angewiesen sein würden.[140] Zwar hatte die Generalsekretärin des KFB - offenbar in Erwartung eines baldigen Endes der Kriegshandlungen - Margret Hendrichs vorgeschlagen, „während des Krieges zu Hause zu bleiben, da die Arbeiten der Abteilung Berufsberatung momentan sehr gering" seien. Doch wurde die Sekretärin alsbald aufgefordert, einen Arbeitsplan für die Berufsberatung unter Berücksichtigung der neuen Verhältnisse vorzulegen und ihre Tätigkeit an der Kölner Zentrale ab Januar 1915 wieder aufzunehmen.[141] Der KFB ging nun gezielt daran, die Beratungsstellen auszubauen, erreichte aber im Vergleich zu den bereits bestehenden Beratungsstellen nur eine geringe Steigerung. So gab es 1915 in 42 Zweigvereinen Beratungsstellen[142], 1916 waren 51 Stellen eingerichtet. Bei 36 Berufsberatungsstellen war zusätzlich eine Lehrstellen- und/oder Stellenvermittlung angesiedelt.[143] Zugleich war der Zentrale mehr denn je daran gelegen, die Beratungsarbeit mit dem Kartell abzustimmen, weshalb sie erneut dazu aufforderte, dem Kartell beizutreten.[144]

Mehr als auf den quantitativen Ausbau der Beratungsstellen konzentrierte sich der KFB auf die Verbesserung des fachlichen Standards. Um einen kontinuierlichen Erfahrungsaustausch und einen einheitlichen Informationsstand zu gewährleisten, gab die Zentrale zum 1. Juli 1915 erstmals „Mitteilungen der Zentralstelle des Katholischen Frauenbundes, Abteilung Berufsberatung" heraus und führte für die Beratungsstellen der Zweigvereine jährliche Arbeitsbesprechungen ein.[145] An der Kölner Zentrale wurde eine weitere Mitarbeiterin für die Berufsberatung eingestellt, ohne daß damit allerdings eine ausreichende personelle Ausstattung erreicht worden wäre.[146] Für besonders wichtig hielt der KFB die qualifizierte theoretische und praktische Schulung der Beraterinnen. Allerdings wurden aufgrund fehlender personeller und fachlicher Ressourcen vorläufig nur sporadisch Informationskurse angeboten.[147] Die Ansprüche, die an die fachliche Qualifikation der Beraterinnen gestellt wurden, weisen darauf hin, daß sich allmählich ein Berufsprofil herauskristallisierte, in dem bereits Grundsätze professioneller Beratungsarbeit im heutigen Sinne deutlich wurden. So wurden sowohl Fähigkeiten für das individuelle Beratungsgespräch gefordert, als auch umfassende Fachkenntnisse über arbeits- und ausbildungsrechtliche Bestimmungen, die Arbeitsmarktlage, Informationen über die einzelnen Berufe, Kenntnisse über formale Voraussetzungen (Art der Schulabschlüsse) und dergleichen mehr.[148] Selbst Ansätze einer Effizienzkontrolle wurden sichtbar. Beispielsweise wurde dazu aufgefordert, jährlich einen Bericht über die Arbeit der Beratungsstellen an die Zentrale zu schicken, versehen mit genauen Angaben über alle Vermittlungs- und Beratungsfälle.[149] Bemerkenswert ist schließlich, daß im Zusammenhang mit der Professionalisierungsphase die Publikationen zu Fragen der Berufswahl versachlicht wurden. In den von Margret Hendrichs verfaßten Artikeln fällt jedenfalls auf, daß kaum noch Zusammenhänge zwischen „spezifisch weiblichen Fähigkeiten" und der Wahl des Berufes thematisiert wurden, was ein Hinweis auf die höhere Akzeptanz weiblicher Erwerbsarbeit bzw. beruflicher Ausbildung von Mädchen sein dürfte.[150] Diese Entwicklung äußerte sich auch darin, daß die Legitimationsfunktion religiöser Erklärungsmuster an Bedeutung verlor. Agnes Neuhaus verdeutlichte dies durch die Differenzierung zwischen „jungfräulichen" und „unverheirateten" Frauen: „Es wird mir immer klarer, daß wir ... genau unterscheiden müssen zwischen der unverheirateten Frau und der jungfräulichen Frau. Wenn wir alles unter die letzte Kategorie rechnen, gehen wir in die Irre und machen uns nebenbei auch noch lächerlich. Der Sammelname ist zweifellos ‚die unverheiratete Frau'."[151]

In den Jahren 1917 und 1918 wurden konzeptionelle und inhaltliche Fragen zur Berufsberatung in den Gremien des Frauenbundes nicht mehr erörtert.[152] Erst die prekäre Arbeitsmarktsituation für Frauen nach dem Kriegsende zog eine Reaktivierung der Berufsberatung nach sich. Die Leitung der „Abteilung Berufsberatung" an der Frauenbundzentrale übernahm nun erstmals eine promovierte Frau, die Studienrätin Dr. phil. Hedwig Vonschott[153], womit die gehobenen professionellen Ansprüche an diese Tätigkeit deutlich signalisiert wurden. Einen bedeutenden Impuls erhielt die Berufsberatung durch die geplante Übernahme durch behördliche Stellen. Per Ministerialerlaß vom 18. März 1919 wurden Richtlinien für die Neugestaltung und Vereinheitlichung der Berufsberatung in Preußen festgelegt, die künftig in neu einzurichtenden Berufsämtern durchgeführt werden sollte.[154] Sozialen und caritativen Vereinen war zwar weiterhin gestattet, Berufsberatungen anzubieten, doch ging der KFB davon aus, daß er längerfristig nicht in der Lage sein werde, die Beratungsstellen der Zweigvereine aufrechtzuerhalten.[155] Da der erwähnte Ministerialerlaß für die Tätigkeit in den neuen Berufsämtern eine einschlägige Vorbildung verlangte[156], konzentrierte sich der KFB darauf, seine Beraterinnen zu qualifizieren und ihnen damit mehr Chancen für eine Übernahme in die kommunale Berufsberatung zu eröffnen.[157] Darüber hinaus lag dem KFB daran, die Einflußmöglichkeiten bei der Gestaltung der Berufsämter zu nutzen. Er forderte daher die Berufsberaterinnen seiner Zweigvereine auf, dem Beirat der Berufsämter beizutreten.[158] Des weiteren setzte sich der KFB in einer Eingabe an die zuständigen Ministerien für die Berücksichtigung katholischer Interessen ein. In die Beratungsarbeit sollten konfessionell-weltanschauliche Aspekte einbezogen werden, weswegen darauf gedrungen wurde, katholische Frauen und Männer sowie Geistliche in die zuvor erwähnten Beiräte aufzunehmen.[159] Eindeutig artikuliert wurde das Interesse, Frauen eine berufliche Perspektive zu schaffen. So wünschte der KFB, daß „weibliche Sonderabteilungen" unter der Leitung von Frauen bei den Berufsämtern eingerichtet werden sollten. Er begründete dies bemerkenswerterweise mit der geschlechtsspezifischen Eignung von Frauen und nahm damit wieder einen Argumentationszusammenhang der früheren Jahre auf, nachdem eine Übereinstimmung zwischen Berufswahl bzw. Erwerbstätigkeit und „weiblicher Eigenart" während der Kriegsjahre nicht zur Diskussion gestanden hatte:

„Die Berufs- und Arbeitsberatung an den Berufsämtern der Gemeinden und Kreise muß in gewissenhafter Berücksichtigung der physischen und psychischen Eigenart der Geschlechter erfolgen. Zweckmäßig wird daher die Berufsberatung für Frauen in den Händen einer Frau liegen; denn sie kennt ihr eigenes Geschlecht in seinen Anlagen und Neigungen am besten und ist in erster Linie imstande, die Wahl der heranwachsenden Mädchen auf solche Berufe zu lenken, in denen die Frau ihre besonderen Kulturaufgaben erfüllen kann."[160]

Bereits 1917 war deutlich geworden, daß die Berufsberatung neue Erwerbsmöglichkeiten in einem frauenspezifischen Bereich bot. So hielt man besonders Absolventinnen der Sozialen Frauenschulen für geeignet, die Leitung von Berufsberatungsstellen und von Schulungskursen zu übernehmen.[161] Die Soziale Frauenschule der KFB-Zentrale nahm sogar die Ausbildung von Berufsberaterinnen und Arbeitsnachweisbeamtinnen in den Lehrplan auf.[162] Der Frauenbund hatte damit sein Ziel, die Berufsberatung zu professionalisieren, erreicht.

5. Fürsorgearbeit im Ersten Weltkrieg

Es ist hinreichend bekannt, daß die bürgerliche Frauenbewegung, teilweise unterstützt durch sozialdemokratische Frauen[163], im Hinblick auf die Fürsorgearbeit im Ersten Weltkrieg eine bedeutende Rolle spielte. Unmittelbar nach Kriegsausbruch übernahm der Nationale Frauendienst in Kooperation mit den Kommunalverwaltungen die Organisation der Kriegsfürsorge und stellte weibliche Hilfskräfte für die praktische Fürsorgearbeit zur Verfügung.[164] In der zweiten Kriegshälfte wurden diese Aufgaben auf die beim Kriegsamt angesiedelte Frauenarbeitszentrale übertragen.[165] Jetzt ging es nicht mehr allein um die Bewältigung von Kriegsfolgen durch fürsorgerische Hilfen. Mit der Integration der Fürsorge in die Militärinstanzen war die Absicht verbunden, mittels fürsorgerischer Maßnahmen weibliche Arbeitskräfte zu mobilisieren, um die Kriegswirtschaft aufrechtzuerhalten.

Die Einrichtung des Kriegsamtes mit seinen Unterorganisationen war die Folge des sogenannten Hindenburgprogramms, das aufgrund schwerer Verluste an der Front auf eine drastische Erhöhung der Rüstungsproduktion zielte. Um die erforderlichen Arbeitskräfte sicherzustellen, wurde Ende 1916 für Männer die Arbeitspflicht eingeführt. Mit dem „Gesetz über den vaterländischen Hilfsdienst" vom 4. Dezember 1916 konnten nunmehr alle männlichen Zivilpersonen zwischen 17 und 60 Jahren für kriegswichtige Arbeiten herangezogen werden. Kriegswichtige Arbeiten waren nach dem „Hilfsdienstgesetz" jene Tätigkeiten, die für die Kriegsführung oder die Versorgung der Bevölkerung „unmittelbar oder mittelbar Bedeutung" hatten.[166] Da Frauen von dieser Arbeitspflicht ausgenommen waren, versuchte man mit einer großangelegten Propagandakampagne, sie auf freiwilliger Basis für den „Vaterländischen Hilfsdienst" zu gewinnen.[167] Mit dieser Aufgabe wurde die Frauenarbeitszentrale betraut. Sie sollte „alle Maßnahmen in die Wege ... leiten, die die Arbeitsfähigkeit und Arbeitswilligkeit der weiblichen Arbeitskräfte jeder Art fördern (würden) mit dem Ziele höchster Produktionssteigerung."[168] Ein wesentliches Mittel zur Erreichung dieses Ziels war die Entlastung der Frauen durch fürsorgerische Hilfen. Vor allem die Einrichtungen zur Versorgung der Kinder sollten dazu beitragen, daß Frauen ihrer Arbeit in der Rüstungsindustrie nachgehen konnten. Mit der Durchführung der Fürsorgearbeiten wurden die Frauenarbeits- und Fürsorgevermittlungsstellen beauftragt, die bei den lokalen Kriegsamtsstellen angesiedelt waren.[169]

Nachhaltig unterstützt wurde die Frauenarbeitszentrale durch die Organisationen der überkonfessionellen und konfessionellen Frauenbewegung, die sich auf Veranlassung des Präsidenten des Kriegsamtes, General Groener, im Dezember 1916 im „Nationalen Ausschuß für Frauenarbeit im Kriege" zusammenschlossen. Der KFB trat dem Nationalen Ausschuß sofort bei und wurde dort durch Hedwig Dransfeld vertreten.[170] Die Idee, mit dem Nationalen Ausschuß die Zusammenarbeit zwischen der Frauenarbeitszentrale und den Frauenorganisationen effektiver zu gestalten, wurde allerdings nicht realisiert. Als der Nationale Ausschuß zum 10. Februar 1919 aufgelöst wurde, hatte er lediglich dreimal getagt. Dem KFB zufolge trug das Kriegsamt die Verantwortung für diese Entwicklung: Das Kriegsamt habe den Ausschuß „nicht so benutzt, wie es möglich und erwünscht gewesen wäre."[171]

Im Engagement des KFB hinsichtlich der Kriegsfürsorge werden unterschiedliche Motivationsebenen deutlich. So war mit dem Wunsch, zur Linderung sozialer Not beizutragen, das Ziel verbunden, die gesellschaftliche Bedeutung katholischer Frauen zu stärken und die patriotische Gesinnung zu beweisen. Da durch die Organisation und Ausweitung der Fürsorgearbeit in verstärktem Maße der Einstieg in die bezahlte soziale Arbeit möglich wurde, nutzte der KFB zugleich die Chance, die neuen Berufsperspektiven aufzugreifen. Er machte gegenüber General Groener, stellvertretend für die im „Zentralrat"[172] zusammengeschlossenen katholischen Frauenorganisationen, die Ansprüche der Katholikinnen geltend:

„Die Mitglieder katholischer Frauenorganisationen ... erklären sich nochmals freudig bereit, an der Ausgestaltung des Vaterländischen Hilfsdienstes für Frauen nach besten Kräften teilzunehmen. Sie werden sich bestreben, für die Aufgaben der Kriegsfürsorge, die durch den Vaterländischen Hilfsdienst für Frauen in erhöhtem Maße notwendig geworden sind, geeignete Kräfte zu werben und für deren Ausbildung Sorge zu tragen. Dabei sprechen sie aber die Erwartung aus, daß bei der Besetzung der Posten an den Frauenarbeits-Hauptstellen und -Nebenstellen und der Fachreferate der katholische Volksteil genügend berücksichtigt werde."[173]

Seine Erwartungen sah der KFB bald bestätigt. Im Januar 1917 teilte Hedwig Dransfeld den Verbänden des Zentralrates mit, daß die Leitung von vier Frauenarbeitsstellen mit katholischen Frauen besetzt werden konnte. Sie bedauerte allerdings, daß keine Katholikin eine leitende Stelle im „fast ganz katholischen Rheinland" einnahm.[174]

Der KFB verstärkte seine Aktivitäten im Fürsorgebereich auf mehreren Ebenen: Die Zweigvereine engagierten sich in der praktischen Fürsorgearbeit und stellten die Hilfskräfte im Rahmen des Nationalen Frauendienstes[175], später für die Mitarbeit in den Frauenarbeits- und Fürsorgevermittlungsstellen. Die KFB-Zentrale übernahm übergeordnete Aufgaben der Interessenvertretung, Koordination und Information. In ihrer Abteilung Berufsberatung richtete die Kölner Zentrale eine Stellenvermittlung für soziale

Berufe ein, im Herbst 1916 nahm die Abteilung „Auskunft über Fragen der sozialen Fürsorge" ihre Arbeit auf und schließlich gelang es - gleichfalls im Herbst 1916 - die seit langem geplante Soziale Frauenschule an der Zentrale zu eröffnen.[176] Ferner wurde zum 1. Mai 1917 ein „Kriegssekretariat" eingerichtet. Die Leitung dieser „zurzeit wichtigsten Abteilung" übernahm Albertine Badenberg, die dafür vom Schuldienst beurlaubt wurde. Die Abteilung sollte die „vaterländische Hilfsarbeit" organisieren und den KFB nach außen repräsentieren.[177]

Eine weitere Gründung fand viel Beachtung: Am 11. November 1916 konstituierte sich die erste Berufsorganisation katholischer Fürsorgerinnen, der „Verein katholischer Sozialbeamtinnen Deutschlands". Zur Vorsitzenden des Vereins wurde Helene Weber mit großer Mehrheit gewählt. Die neue Frauenorganisation war zwar organisatorisch nicht an den KFB gebunden, doch waren Gründungsinitiative und -vorbereitung maßgeblich vom Frauenbund ausgegangen.[178] Wegen der herausragenden Bedeutung des KFB für die Berufsorganisation wurde festgelegt, daß die KFB-Zentrale zwingend im Vorstand des Vereins katholischer Sozialbeamtinnen vertreten sein mußte. Gewählt wurde die Generalsekretärin Isabella von Carnap.[179] Der Verein setzte sich die Ziele, den Berufsstand zu fördern, sozialwirtschaftliche Interessen zu vertreten und zur religiös-sittlichen Vertiefung der sozialen Arbeit beizutragen.[180] Im Gegensatz zur überkonfessionellen Berufsorganisation der Sozialbeamtinnen nahm der katholische Verein auch ehrenamtliche Kräfte auf, wenngleich diese Entscheidung bei der Beratung über die Vereinssatzung sehr umstritten war. Die Gegnerinnen einer solchen Regelung kritisierten, daß die große Zahl der ehrenamtlich tätigen Frauen die Möglichkeiten bezahlter Berufsarbeit erheblich reduzierten, weswegen sie Interessenkonflikte in einer gemeinsamen Berufsorganisation befürchteten[181], eine Sorge, die durchaus berechtigt war. Das Verhältnis zwischen bezahlten und ehrenamtlich tätigen Frauen in der kommunalen Fürsorge betrug 1915 7,83 % zu 92,17 %, in absoluten Zahlen: 897 bezahlten Sozialbeamtinnen standen 10.560 ehrenamtliche Kräfte gegenüber.[182] Hinsichtlich der wirtschaftlichen Interessenvertretung setzte der Verein auf die Solidarität von Arbeitgebern und Arbeitnehmerinnen und ging davon aus, daß sich Probleme auf dem Verständigungswege lösen ließen.[183]

Im Zusammenhang mit der beruflichen Qualifizierung und Organisation katholischer Sozialarbeiterinnen hob der KFB den Bedeutungszuwachs des neuen Frauenberufs hervor: „Die großen Aufgaben der Zeit" könne die Frauenbewegung nur mit den Sozialbeamtinnen lösen - so Hedwig Dransfeld.[184] Für sie war soziale Arbeit und mit ihr die weitere Entwicklung des Berufs eindeutig an die Frauenbewegung gebunden:

„Die katholischen Sozialbeamtinnen sind zum weitaus größten Teil aus der katholischen Frauenbewegung hervorgegangen, und sie müssen sowohl für ihre Person als auch für die Ausgestaltung ihres Berufes wurzelfest in ihr verankert bleiben, um ihre Ziele zu erreichen. Die heute noch kleine Schar bedarf des Hintergrundes einer Massenbewegung, die sie stützt und fördert und für ihre Ausbildung, für die gesellschaftliche Wertung und wirtschaftliche Sicherung ihres Standes wegebahnend vorangeht. Und umgekehrt bedarf die katholische Frauenbewegung mit in erster Linie der Sozialbeamtinnen, die in den vordersten Reihen ihrer Kerntruppen stehen und berufen sind, Mittelpunkte für die disziplinierte soziale Arbeit zu schaffen ..."[185]

Die Deutlichkeit, mit der der KFB den expandierenden Arbeitsbereich der Sozialarbeit für die Frauenbewegung beanspruchte und die zunehmenden Aktivitäten der KFB-Zweigvereine in der praktischen sozialen Arbeit dürften dazu beigetragen haben, daß zwischen dem KFB und dem Caritasverband Abgrenzungsprobleme auftraten. Sie nahmen an der Frage der Zusammenarbeit im Rahmen des „Vaterländischen Hilfsdienstes" konflikthafte Formen an, da auch der Caritasverband bei der Frauenarbeitszentrale und den Frauenarbeitsstellen mitarbeiten wollte.[186] Der KFB versuchte dies zu verhindern, da diese Tätigkeit seiner Auffassung nach ausschließlich Frauen zustand. Maria Heßberger wies das Ansinnen des Caritasverbandes höflich aber entschieden zurück: Bei aller Hochschätzung des Caritasverbandes sei man nicht bereit, das so mühsam erkämpfte Terrain aufzugeben, teilte die Vorsitzende des Berliner Zweigvereins dem Präsidenten des Caritasverbandes, Prälat Werthmann, mit.[187] Dieser lehnte den Anspruch des KFB auf alleinige Vertretung ab: „Es scheint ... ein grundsätzlicher Irrtum bei manchen Vertreterinnen des Frauenbundes obzuwalten, indem sie annehmen, daß überall da, wo es sich um Frauen handelt, es Sache des Frauenbundes sei, die Vertretung und Leitung in die Hand zu nehmen. Diesen Standpunkt können wir freilich nicht anerkennen."[188]

Der um Vermittlung gebetene Zentrumspolitiker Matthias Erzberger hatte sich offenbar auf politischer Ebene für die Mitarbeit des Frauenbundes bei der Frauenarbeitszentrale eingesetzt. Er unterstützte die Position des KFB und bat den Caritasverband, sich aus diesem Bereich zurückzuziehen. „Die Damen fürchten sich lächerlich zu machen, wenn von katholischer Seite in der Frauenorganisation und bei der Frauenarbeitsstelle eine gemischte Organisation von Männern und Frauen mitwirkte", appellierte Erzberger an Werthmann und regte eine Verständigung der beiden Organisationen an.[189] Die gewünschte Verständigung wurde am 19. März 1917 in Form einer Arbeitsgemeinschaft herbeigeführt.[190] Sie wurde allerdings vom KFB nur halbherzig vertreten, wie in einer Sitzung des Zentralrates, der den Abschluß der Vereinbarung zwischen KFB und Caritasverband kritisiert hatte, deutlich wurde: Man „habe sich in einer Zwangslage befunden und die Arbeitsgemeinschaft nur deshalb abgeschlossen ... um einen über ganz Deutschland sich verbreitenden Zwiespalt und damit eine schwere Schädigung des katholischen Vereinslebens zu verhindern"[191], begründete Hedwig Dransfeld das Verhalten des KFB. Die Arbeitsgemeinschaft baute also nicht auf einer inhaltlichen Verständigung auf, sondern hatte formalen Charakter und dokumentierte lediglich nach außen eine Einheit, die tatsächlich nicht vorhanden war. Demzufolge war sie auch nicht geeignet, die Konflikte dauerhaft zu beenden; mit unterschiedlicher Intensität reichten sie sogar bis in die Zeit der Weimarer Republik.[192]

Der oben skizzierte Konflikt basierte darauf, daß der KFB die Fürsorge zu einem Schwerpunkt der Verbandsarbeit erhoben hatte und den neuen Frauenarbeitsbereich als Angelegenheit der Frauenbewegung beanspruchte. Allerdings war die Beteiligung an der praktischen Sozialarbeit, etwa im Vergleich zum Katholischen Fürsorgeverein, gering und blieb Sache der KFB-Zweigvereine. Dagegen wurde die berufliche Qualifizierung zu einer wichtigen Aufgabe des Gesamtverbandes erklärt, die mit der Eröffnung der Sozialen Frauenschule an der Kölner Zentrale am 8. November 1916 realisiert wurde.[193] Die Einrichtung der Ausbildungsstätte war Folge der expandierenden Nachfrage nach geschulten Kräften für die soziale Arbeit. Sie bewirkte einen Gründungsboom von Sozialen Frauenschulen, der bis 1920 anhielt.[194] In diesem Zusammenhang kam es auch zu einer Vermehrung katholischer Ausbildungsstätten:

Tabelle 3: Katholische Soziale Frauenschulen[195]

Gründungsjahr	Ort	Träger
1909	München	Zweigverein München, ab 1916 Bayerischer Landesverband
1911	Heidelberg	Maria Gräfin von Graimberg
1916	Köln	KFB, Gesamtverband
1916	Dortmund	Katholischer Fürsorgeverein für Mädchen, Frauen und Kinder
1917	Berlin	Zweigverein Berlin
1917	Münster	Fürsorgeverein GmbH
1918/1920	Freiburg	Arbeitsgemeinschaft Sozialpolitische Frauenschule e. V. und Caritasschule des Deutschen Caritasverbandes
1919	Beuthen	Arme Schulschwestern

Auch wenn in historischen Darstellungen zur Entwicklung der Sozialarbeit erst für die Zeit der Weimarer Republik „Ansätze einer Professionalisierung der Sozialarbeit" konstatiert werden[196], kann wohl festgehalten werden, daß die Tendenz zur Professionalisierung schon früher bestand und vor allem im Verlauf des Ersten Weltkriegs sichtbar wurde. Schon 1909 hatte der Münchener Frauenbund die Bedeutung der sozialen Ausbildung - als wichtige Komponente im Prozeß der Professionalisierung - erkannt und - möglicherweise angeregt durch die ein Jahr zuvor durch Alice Salomon erfolgte Gründung der ersten überkonfessionellen Schule in Berlin - eine soziale Ausbildungsstätte gegründet. Der KFB als Gesamtverband verhielt sich diesbezüglich zwar reaktiv, indem er sich erst während der Kriegszeit auf die Ausbildung von Sozialarbeiterinnen konzentrierte. Mit der Gründung des Vereins katholischer Sozialbeamtinnen und den Sozialen Frauenschulen in Köln und Berlin dokumentierte der KFB jedoch einen inzwischen vollzogenen Wandel. Die Beteiligung des KFB an der Fürsorgearbeit hatte den Bedeutungszuwachs sozialer Frauenarbeitsbereiche und bezahlter Berufsarbeit eindringlich vor Augen geführt. Den führenden Frauen des KFB war daher bewußt, daß verstärkte Anstrengungen erforderlich waren, wollte man „diesmal nicht zu spät kommen", wie Hedwig Dransfeld es formulierte.[197] D. h., die Katholikinnen griffen die Chance auf, katholischen Frauen neue Erwerbsmöglichkeiten zu erschließen und organisierten dies auf verschiedenen Ebenen. Dem katholischen Berufsverband kam die Aufgabe zu, Karrierechancen für Sozialarbeiterinnen zu verbessern und sich für eine adäquate Bezahlung einzusetzen[198]; der KFB übernahm es dagegen, mit seinen neuen Ausbildungsstätten die fachlichen und organisatorischen Voraussetzungen für die berufliche Qualifizierung zu schaffen.

Der neue Frauenberuf war nicht nur attraktiv, weil er weitere Erwerbsmöglichkeiten, besonders für die unverheiratete Frau bürgerlicher Herkunft, bot. Die hohe Bedeutung, die der Sozialarbeiterin zugemessen wurde, stand auch im Zusammenhang mit dem Selbstverständnis der Frauenbewegung als Kulturbewegung. Ob und mit welcher Qualität soziale Arbeit ausgeübt werden konnte, galt als Frage sozialer Kultur und der Persönlichkeit.[199] Zugleich integrierte er moderne und traditionelle Aspekte von Frauenarbeit. Vertragliche Regelungen der Tätigkeit, Besoldung, fachliche Qualifizierung, Leistungsorientierung und -kontrolle - als manifeste Merkmale moderner Berufsarbeit - wiesen die Sozialarbeiterin, mit den Worten Dransfelds, als „durch und durch moderne Erscheinung" aus. Indem die Sozialarbeiterin vergesellschaftete Familienaufgaben übernahm, knüpfte sie an traditionelle Frauenarbeitsbereiche an. Sozialarbeit repräsentierte somit einen „spezifisch weiblichen Beruf", in dem „alle edelsten weiblichen Eigenschaften zur Entfaltung" gebracht werden konnten.[200]

Bedeutsam war die aufgezeigte Entwicklung auch unter strategischen Gesichtspunkten. Der KFB, der sich ansonsten häufig vorschnell einem dubiosen „katholischen Gesamtinteresse" unterordnete, artikulierte nun klar seine Interessen und setzte sie auch durch. Diese Entwicklung hatte mit der 5. Generalversammlung 1912 eingesetzt: Eine deutliche Politisierung, offensivere Durchsetzungsstrategien und eine stärkere Profilierung als Frauenbewegungsorganisation sind zentrale Merkmale des KFB nach der Übernahme der Leitung durch Hedwig Dransfeld.

Kapitel V
Kontroversen um die politische Schulung und die Organisation katholischer Frauen

In den Jahren 1912 und 1913 präsentierte sich der KFB als Frauenorganisation, die ihre Ansprüche als führende Organisation der katholischen Frauenbewegung deutlicher als zuvor in die Öffentlichkeit trug. Die Avantgardefunktion war zwar seit der Gründung des Frauenbundes betont und eingefordert worden, doch gewann dieser Anspruch jetzt eine andere Qualität. Nicht so sehr ängstliche Abgrenzungsbemühungen standen im Vordergrund der Argumentation, sondern die Ansprüche wurden von einem klaren Frauenstandpunkt aus artikuliert und offensiv eingefordert.

Eine katholische Organisation der Frauenbewegung war zwar zu Beginn des Jahrhunderts gewünscht und partiell unterstützt worden, zugleich aber von bereits bestehenden Frauenvereinen als Bedrohung empfunden worden. Teilweise waren Konflikte zwischen dem KFB und anderen katholischen Frauenorganisationen eng mit dem Gewerkschaftsstreit verknüpft, teilweise wurzelten sie in spezifischen Interessen der Vereine, die nicht in Einklang mit dem Universalanspruch des KFB zu bringen waren. Als neue Organisation, die den Anspruch erhob, alle katholischen Frauen zu vertreten und damit die führende Organisation der katholischen Frauenbewegung zu sein, stand der KFB aber auch von Anfang an in der Situation, sich innerhalb des gesamten Verbandskatholizismus verorten und behaupten zu müssen. Das Durchsetzen von Fraueninteressen und Versuche, Handlungsräume von Frauen zu erweitern, fanden innerhalb des Katholizismus nur dann Zustimmung, wenn sie aufgrund der gesellschaftlichen Entwicklungen unvermeidbar waren, wie beispielsweise die Beteiligung von Frauen an kommunalen Schulverwaltungen. Hinzu kam, daß neue Aufgaben und Arbeitsbereiche nur akzeptiert wurden, wenn sie als „spezifisch weiblich" definiert wurden und katholische Ordnungs- und Autoritätsvorstellungen grundsätzlich unangetastet ließen. Das bewirkte einen starken Legitimationsdruck auf den KFB. Um als katholische Frauenbewegungsorganisation anerkannt zu werden, mußten Politik und Programmatik des Verbandes zugleich geschlechtsspezifisch und konfessionell begründet werden. Dies führte häufig zu einer defensiven und konfliktvermeidenden Strategie. Es verdient daher besondere Aufmerksamkeit, daß der KFB in der Vorkriegszeit diese Strategie partiell aufgab und seine Standpunkte gegen klerikale Vertreter des Verbandskatholizismus wie Carl Walterbach, vor allem aber gegen eine führende Männerorganisation des Katholizismus, den Volksverein für das katholische Deutschland, öffentlich verteidigte.

Die Kontroversen zwischen KFB, den Standesorganisationen und dem Volksverein hatten trotz der unterschiedlichen Entstehungshintergründe einen gemeinsamen zentralen Kern: Die Organisationen stritten um die Frage, welcher von ihnen das Recht zustehe, katholische Frauen zu organisieren. Jede für sich legte dabei gute Gründe dar. Die Standesorganisationen brachten überzeugend berufspolitische Beweggründe ein, für den Volksverein stand außer Frage, daß er die parteipolitischen Interessen des Zentrums zu vertreten habe, und der KFB schließlich vertrat exklusiv den Anspruch, die berufene Organisation zur Durchsetzung von Fraueninteressen zu sein. Bei den Kontroversen ging es aber nicht allgemein um katholische Frauen. Im Mittelpunkt des Interesses standen erwerbstätige Frauen der unteren sozialen Schichten, die „Frauen des Volkes"[1], oder, wie der Verbandspräses Msgr. Walterbach sie zeitgemäß benannte, die „Frauen der Arbeit".[2] Standesvereine wie Volksverein verteidigten ihre Ansprüche jeweils damit, daß es ihre Aufgabe sei, den Einfluß der Sozialdemokratie unter katholischen Frauen zurückzudrängen.[3] Dennoch bestanden Nuancierungen: Die Standesvereine sahen ihr Vorrecht darin begründet, daß sie gegen die sozialdemokratische Arbeiterbewegung die christliche bzw. katholische Standesbewegung stärken wollten, während der Volksverein vorrangig parteipolitische Interessen des Zentrums im Blick hatte.

Der KFB stand in diesem Interessengeflecht konträr zu allen Organisationen. Auf der einen Seite wollte er sich in bezug auf „Frauenfragen" gegen die männlichen Vertreter des politischen und sozialen Katholizismus, d. h. gegen Volksverein und Zentrum durchsetzen. Auf der anderen Seite standen dem KFB die weiblichen Standesvereine gegenüber, vor allem die Arbeiterinnenvereine, die mit ihren Präsides gewichtige Repräsentanten in der katholischen Öffentlichkeit hatten.[4] Der offensive Umgang mit dieser schwierigen Situation verdeutlicht, besonders in den von Hedwig Dransfeld vorgetragenen Argumenten, daß sich im KFB ein klareres Selbstverständnis als Frauenbewegungsorganisation entwickelt hatte. Auf der Basis eines gewachsenen Selbstbewußtseins waren Katholikinnen, rund zehn Jahre nach dem Beginn der organisierten katholischen Frauenbewegung, bereit, männliche und klerikale Bevormundungen öffentlich zurückzuweisen und für die

Durchsetzung ihrer Interessen zu kämpfen. Innerhalb des Verbandskatholizismus bedeutete das, tradierte Autoritätsstrukturen ansatzweise in Frage zu stellen, was nicht unwidersprochen geduldet wurde. Die erkennbare emanzipatorische Weiterentwicklung im KFB war indes mit etlichen Widersprüchen und Brüchen verbunden. Dies wird vor allem in der Kontroverse zwischen Frauenbund und Volksverein deutlich.

1. Die Organisierung katholischer Frauen durch den Volksverein für das katholische Deutschland

Eine politische Betätigung von Frauen war in Preußen erst seit 1908 möglich. Nachdem in der Folge der 1848er-Revolution Versuche, auch Frauen zu politischen Vereinen zuzulassen, gescheitert waren[5], war die gesetzliche Restriktion ein entscheidendes Hemmnis für die politische Arbeit von Frauen. Im Zusammenhang mit einer wachsenden Politisierung der Frauenbewegung zum Ende des 19. Jahrhunderts nutzte die Polizei das gesetzliche Verbot der politischen Organisation häufig, um unliebsame Veranstaltungen der Frauenbewegung zu verbieten oder aufzulösen, besonders dann, wenn es sich um Veranstaltungen sozialdemokratischer Frauen handelte.[6] Erst das Reichsvereinsgesetz von 1908 trug der gesellschaftlichen Weiterentwicklung Rechnung und beendete die unhaltbare Situation, die beispielsweise Frauen verbot, eigene Vorträge mit (sozial-)politischem Inhalt öffentlich zu verlesen.[7] Frauen konnten sich nunmehr in politischen Vereinen organisieren, was grundsätzlich auch den Beitritt zu politischen Parteien ermöglichte.[8]

Die veränderte Rechtslage war Anlaß dafür, daß der Volksverein für das katholische Deutschland beschloß, künftig auch Frauen als Mitglieder aufzunehmen. Mit Rücksicht auf den Katholischen Frauenbund wollte man zunächst nicht in großem Maße um die Mitgliedschaft von Frauen werben. Diese Zurückhaltung lag allerdings auch darin begründet, daß die zur Verfügung stehenden Publikations- und Agitationsschriften ausschließlich auf die männlichen Mitglieder ausgerichtet waren, ein geeignetes Instrumentarium für eine Massenwerbung von Frauen vorerst also nicht bestand.[9] Auch schien der Volksverein zunächst vorrangig Interesse an der Mitgliedschaft „wirtschaftlich selbständiger und wohlhabender Frauen" zu haben.[10] Die Masse katholischer Frauen sollte, wie auch schon vor 1908, durch Familienabende und Mütterversammlungen angesprochen werden. Dies gewährleiste, so der Generaldirektor des Volksvereins, August Pieper, daß „die männlichen Mitglieder festgehalten" würden.[11]

Die gezielte Agitation der Sozialdemokraten unter katholischen Frauen sowie die Wahlverluste der Zentrumspartei bei den Reichstagswahlen 1912 waren Anlaß, die bisherige Zurückhaltung aufzugeben und nun systematisch um die Mitgliedschaft katholischer Frauen im Volksverein zu werben. Zunächst wurde als Reaktion auf den Wahlerfolg der Sozialdemokraten und den Stimmenverlust des Zentrums[12] im engeren Vorstand des Volksvereins darüber diskutiert, die Arbeit zu intensivieren und auszuweiten.[13] Der Vorstand hielt es für notwendig, die gewerblich tätige Bevölkerung, insbesondere die sogenannten neuen Stände eingehender zu schulen, die staatsbürgerliche Aufklärung zu verstärken und die Jugend- und Frauenarbeit auszubauen.[14] Da die „zunehmende Mischung der Konfessionen und fortschreitende antireligiöse und antikirchliche Gesinnung in den Volksmassen" als eine Ursache für die Wahlverluste des Zentrums gesehen wurde, sollte künftig auch die Großstadtseelsorge mehr Beachtung finden.[15] Besonderes Augenmerk richtete der Volksverein jedoch auf die katholischen Arbeiter. Der Erfolg der Sozialdemokraten bei dieser Wählerschicht läßt darauf schließen, daß die katholischen Arbeiter dort ihre Interessen besser vertreten sahen und die konfessionelle Milieubindung allein nicht mehr ausreichte, um sich einer katholischen Organisation anzuschließen. So beklagte der Volksverein beispielsweise, daß im Ruhrgebiet ganze Zechen- und Hüttenkolonien „bis auf den letzten Mann sozialdemokratisch" seien, „trotz katholischen Glaubens".[16] Es lag also nahe, daß der Volksverein seine Werbekampagnen unter der katholischen Arbeiterschaft erheblich verstärken mußte, wenn er tatsächlich mit der Sozialdemokratischen Partei konkurrieren wollte.[17]

Die neue Agitationskampagne des Volksvereins zielte offenbar auch darauf, die organisatorische Basis der katholischen Arbeiterbewegung, die durch den Gewerkschaftsstreit geschwächt worden war, zu erweitern. Allerdings scheiterten die Bemühungen, neue soziale Schichten zu integrieren, letztlich am Widerstand traditioneller Kräfte im Katholizismus.[18] Im Vordergrund der 1912 initiierten Kampagne stand also die katholische Arbeiterschaft: Es galt, durch gezielte Agitation in den Industriezentren ein weiteres Abwandern katholischer Arbeiter und Arbeiterinnen zu den Sozialdemokraten zu verhindern, und dies schien nur indirekt durch die Unterstützung von Frauen erreichbar.[19]

Ein weiterer, pragmatischer Aspekt spielte bei der Ausweitung der Volksvereinsarbeit auf die katholischen Frauen eine Rolle. Die stagnierende Mitgliederentwicklung, verbunden mit der schlechten Finanzlage des

Volksvereins, begründete das ganz eigennützige Interesse des Volksvereins an neuen Mitgliedern, wie der Generaldirektor August Pieper in einem Schreiben an den Ersten Vorsitzenden Franz Brandts deutlich machte:

„Der Hinweis des Herrn Trimborn, daß wir auch finanziell der Frauenbeiträge nicht entbehren könnten, scheint die ganz neuen Bedenken ausgelöst zu haben (beim Episkopat, G.B.) ... Auch insofern seien uns die neuen Mitglieder von großer Bedeutung, als sonst bald ein Stillstand in der Mitgliederzahl zu verzeichnen sein werde und als wir auch ohne diese Mehraufnahmen und -einnahmen bei den stetig anwachsenden Aufgaben gezwungen sein würden, an bestehenden Aufgaben ... zu sparen."[20]

Auch wenn der Volksverein mit der Werbekampagne unter katholischen Frauen Eigeninteressen verfolgte, so stand doch das Interesse des Zentrums, Wählerstimmen zu gewinnen bzw. zurückzugewinnen, im Vordergrund. Da das Zentrum ein parteipolitisches Engagement von Frauen ablehnte, war die Partei auf die Vermittlung des Volksvereins als „Agitations- und Schulungsorganisation"[21] des Zentrums angewiesen, wenn es denn gelingen sollte, die Frauen für die erwähnten Ziele zu gewinnen.

Der Volksverein als Agitations- und Schulungsorganisation der Zentrumspartei

Obgleich stets betont wurde, daß Volksverein und Zentrum zwei voneinander unabhängige Organisationen seien, war diese formale Trennung für die praktische Arbeit von untergeordneter Bedeutung. So weist Heitzer darauf hin, daß sich die Grenzen in der „praktischen Aufklärungsarbeit" bis zur Jahrhundertwende völlig verwischen und der Volksverein sich an den Bedürfnissen und Forderungen des Zentrums orientierte. Durch Schulung und politische Aufklärung sollten die katholischen Männer befähigt werden, die angestrebte christliche Sozialreform mitzutragen und die politische Arbeit des Zentrums gegenüber der Sozialdemokratie zu verteidigen. Ohne als „Hilfsorganisation" oder „Wahlverein" des Zentrums gelten zu wollen, sah der Volksverein die für die Partei erbrachte Wahlhilfe als unabdingbare Voraussetzung dafür an, die katholischen männlichen Wähler an das Zentrum zu binden.[22] Die zentrale Rolle, die der Volksverein diesbezüglich einnahm, hat Heitzer deutlich herausgestellt: Das Zentrum der Vorkriegszeit habe seinen politischen Einfluß und seine „relativ konstanten Mandate ohne die „propagandistische Initiative" des Volksvereins nicht halten können.[23]

Der Einsatz für die Zentrumspartei änderte sich auch nicht, als sich im Zuge des „Rechtsrucks"[24] die konservativen Kräfte konsolidierten und vor allem während der Phase des „schwarz-blauen Blocks" agrarisch-kleinbürgerliche Interessen im Zentrum dominant, Belange der Arbeiterschaft aber immer weniger berücksichtigt wurden.[25] Die politischen Erfolge der Sozialdemokraten führte August Pieper denn auch auf das Versagen des Zentrums, wie das der bürgerlichen Parteien überhaupt, zurück.[26] Es sei nicht gelungen, die Arbeiter in die Gesellschaft zu integrieren. Klerus, katholische Akademiker, Partei sowie die Zentrumspresse - die kaum über die Lebens- und Arbeitsbedingungen der Arbeiterschaft berichtete - hätten das Anwachsen der Sozialdemokratie zu verantworten.[27]

Die gelegentliche Kritik des Volksvereins - vor allem durch August Pieper vorgebracht[28] - änderte aber offensichtlich nichts daran, sich hinsichtlich politischer Stellungnahmen bis 1914 überwiegend der Zentrumsmeinung anzupassen[29], was angesichts der sich stetig verbreitenden Kluft zwischen bürgerlichen Zentrumsvertretern und der christlichen Arbeiterbewegung schwer verständlich erscheint.[30] Die Haltung des Volksvereins mag wohl damit erklärbar sein, daß die Durchsetzung einer christlichen Sozial- und Gesellschaftsreform nur mit Hilfe eines parlamentarisch starken Zentrums denkbar war. Allen weltanschaulichen Prinzipien zum Trotz ist aber auch ein erstaunlicher Pragmatismus offenkundig. Die permanente Betonung des Volksvereins, politische Kompromisse schließen zu müssen und „Realpolitik" zu betreiben, worauf Heitzer wiederholt hinweist[31], führte letztlich dazu, das politische Handeln des Zentrums stets mit Sachzwängen zu legitimieren und - im Sinne einer „Politik der kleinen Schritte" - Erfolge auch da noch zu konstatieren, wo de facto eine rückschrittliche Entwicklung eingetreten war.[32]

Die Abwanderung katholischer Arbeiter zur Sozialdemokratie führte dazu, daß diese zunehmend vor den Reichstagswahlen von 1912 als politischer Gegner bekämpft wurde. Hatte es noch vor 1909 - der politischen Wende durch das Ende des Bülow-Blocks und der Etablierung des Bündnisses zwischen Zentrum und Konservativen - wiederholt ein politisches Zusammengehen zwischen Zentrum und Sozialdemokratie gegeben[33], so verschärfte sich jetzt angesichts der konservativen Mehrheit im Zentrum der Gegensatz zur politischen Linken. Während die Sozialdemokraten die Unzufriedenheit der Zentrumsklientel mit den Ergebnissen der Reichsfinanzreform von 1909 agitatorisch nutzte, drängte das Zentrum zugleich das städtisch-industrielle Wählerpotential aus der Partei heraus, indem es die agrarisch-mittelständischen Kräfte begünstigte.[34] Der drohende Wählerverlust bewirkte, daß der Kampf gegen die Sozialdemokraten vor den Reichstagswahlen mit unerbittlicher Härte geführt wurde. Zu einer Wahlunterstützung der SPD, wie bei den Reichstagswahlen von 1907, kam es 1912 nicht mehr.[35]

Auch der Volksverein hatte seine Kampagne gegen die Sozialdemokratie verstärkt, nachdem schon 1910 vor einer veränderten politischen Taktik der SPD gewarnt wurde. Der Volksverein befürchtete vor allem, daß sich die SPD von einer „Partei des Arbeiterstandes" zu einer „allgemeinen Partei" entwickeln würde und damit auch für bürgerliche Schichten wählbar werde. Der verstärkte Abwehrkampf des Volksvereins artete im Wahlkampf schließlich zu einer unglaublichen Hetze aus, die sich sogar nach den Wahlen noch verschärfte.[36]

Der Antisozialismus, der nach den Reichstagswahlen 1912 bis zum Beginn des Ersten Weltkriegs deutlich wurde, erfüllte, wie Loth ausführt, wichtige strategische Funktionen:

„Im Antisozialismus fanden konservative, agrarisch-mittelständische und bürgerliche Besitzängste einen griffigen gemeinsamen Nenner; er konnte deswegen einerseits dazu beitragen, die neue innerparteiliche Konstellation um die liberale Führungsgruppe zusammenzuschmieden, und war auf der anderen Seite auch noch wie kein anderes politisches Kampfmittel geeignet, einer Verständigung von Liberalen und Sozialdemokraten und damit einer Isolierung des Zentrums auf der Seite der minoritären Rechten entgegenzuarbeiten. Folglich waren es gerade die liberalen Zentrumsführer, die sich jetzt in der antisozialistischen Agitation besonders hervortaten und dabei ihre konservativen Kollegen an Militanz bei weitem übertrafen."[37]

Die Vehemenz, mit der die Auseinandersetzung um die Organisierung katholischer Frauen ab dem Sommer 1912 geführt wurde, ist nur verständlich, wenn außer der dargestellten Entwicklung auch der Führungsanspruch des Volksvereins berücksichtigt wird. Der Volksverein, sich als das „soziale und staatsbürgerliche Gewissen der Zentrumspartei" verstehend, sah sich als die einzige legitimierte Organisation, um mit Hilfe von Schulung und Agitation die Sozialdemokratie „politisch zu überwinden". Mithin beanspruchte der Volksverein eine Avantgarde und Elitefunktion „in dem ‚politischen und sozialpolitischen Riesenkampfe' zwischen der Sozialdemokratie und dem Zentrum." Die Geschäftsführer und Vertrauensmänner des Volksvereins sollten, so Heinrich Brauns, „politische Führer des Volkes sein".[38]

Mit diesem Anspruch war der Volksverein schon anläßlich seiner Gründung auf den Widerstand bereits bestehender katholischer männlicher Laienorganisationen gestoßen. Gegen den Widerstand der traditionellen Männervereine hielt der Volksverein das Postulat, „Gesamtorganisation der Katholiken" zu sein, aufrecht und begründete dies damit, daß nur eine mitgliederstarke Organisation mit zentraler Führung in der Lage sei, ein wirksames Gegengewicht zur Sozialdemokratie zu entwickeln. Auch die Durchsetzung der christlichen Sozialreform, der Ausgleich widerstrebender Interessen und die Bewahrung der sozialen Einheit des katholischen Deutschlands legitimiere eine Organisation wie den Volksverein. Die Bedenken der bereits bestehenden Vereine, daß der Volksverein die Souveränität der Vereine gefährden könnte, wies man zurück: Vielmehr fördere und unterstütze der Volksverein die Vereine.[39]

Diesem Selbstverständnis folgend, fiel auch die politische Organisation und Schulung von Frauen in das Aufgabengebiet des Volksvereins. Man sah daher auch gar nicht die Notwendigkeit, in dieser Frage mit dem KFB zu kooperieren, obgleich mögliche Schwierigkeiten durchaus bewußt waren. Betont wurde deshalb, daß man „nicht in das Tätigkeitsgebiet anderer katholischer Frauenvereine, insbesondere des Frauenbundes" eingreifen werde[40], wobei der Volksverein davon ausging, daß die politische Bekämpfung der Sozialdemokratie kein „Tätigkeitsgebiet" von Frauen war.

Die Werbekampagne des Volksvereins im Kontext parteipolitischer Interessen

Ausgehend von der Einvernehmlichkeit mit dem KFB, beschloß der Gesamtvorstand in Anlehnung an die Vorschläge des engeren Vorstands, die Mitgliederwerbung bei den Frauen ab Januar 1913 verstärkt aufzunehmen. Die weiblichen Mitglieder sollten ein besonderes Frauenheft erhalten, das „gelbe Heft", im Gegensatz zu der als „rotes Heft" bekannten Publikation, die sich ausschließlich an die männlichen Mitglieder wandte. Um der neuen Mitgliedergruppe gerecht zu werden, beabsichtigte man ferner, eine oder mehrere Frauen an der Zentralstelle einzustellen.[41] Indem auf die Einrichtung von Frauengruppen im Volksverein verzichtet wurde - die Frauen sollten stattdessen in die bestehende Struktur einbezogen werden - glaubte man, die Volksvereinsarbeit im Interesse der katholischen Frauenorganisationen ausreichend beschränkt zu haben.[42] Die Aufnahme von Frauen in eine Männerorganisation sah man auch durch die Satzung legitimiert, die Frauen nicht explizit ausschloß: „Jeder unbescholtene großjährige katholische Deutsche, der sich zu den Zwecken des Vereins bekennt, kann Mitglied werden", hieß es in § 4 der Satzung.[43] Der Mitgliedsbeitrag, der den Bezug des Volksvereinsheftes einschloß, sollte, wie bei den Männern, eine Mark jährlich betragen.[44]

Da die Sozialdemokraten vor allem in den Industriebezirken die stärksten Erfolge verzeichneten, konzentrierte der Volksverein seine Werbekampagne auf diese Gebiete. Zunächst wurde ein engerer Kreis über das Ergebnis der Vorstandssitzung informiert und die Geschäftsführer des Volksvereins, die für die Umsetzung des Beschlusses zu sorgen hatten, erhielten erste Anweisungen zur neuen Situation. Um nicht in eine offene Konkurrenz mit katholischen Frauenvereinen zu treten, wurden die Geschäftsführer angehalten, nicht von einer Frauengruppe des Volksvereins zu reden.[45] Die Frauen sollten in die bestehenden Ortsgruppen integriert werden und waren damit den - ausschließlich männlichen - Geschäftsführern unterstellt, die allein autorisiert waren, die Verbindung mit der Volksvereinszentrale zu halten. Den Geschäftsführern wurde allerdings anheimgestellt, weibliche Vertrauenspersonen anzustellen, die beispielsweise die Einziehung der Beiträge übernehmen könnten. Offensichtlich bemüht, besonders Konflikte mit dem KFB zu vermeiden, betonte man, daß dem Frauenbund vorrangig Mitgliedsbeiträge zustünden, falls Frauen aus finanziellen Schwierigkeiten nicht die Mitgliederbeiträge für den Volksverein und den KFB aufbringen könnten. Die „Herren Geschäftsführer ... (sollten) es sich sogar angelegen sein lassen, die eigentlichen Frauenorganisationen für die Frau in erster Linie zu empfehlen und mit diesen Organisationen soviel wie nur möglich zusammenzuarbeiten."[46]

Die verstärkte Mitgliederwerbung setzte zum Jahreswechsel 1912/13 ein. Zum einen wurde ein Rundbrief an Pfarrer verschickt[47], auf deren Unterstützung auch der Volksverein nicht verzichten konnte. Zum anderen wurde das Arbeitsprogramm des Volksvereins den Geschäftsführern und Vertrauensmännern ausführlich dargelegt.[48] Der Volksverein baute seine Werbeagitation auf drei zentrale Argumentationslinien auf: auf die behauptete politische Inkompetenz katholischer Frauen, auf die Milieuverbundenheit und auf die besondere Verantwortung katholischer Frauen für die Aufrechterhaltung religiöser und kirchlicher Orientierungen. Seine Aufgabe, nämlich die „wirtschafts- und sozialpolitische Stellungnahme des Zentrums" zu verteidigen[49], verband der Volksverein daher mit der Unterstellung, die christliche Familie sei durch die Agitation der Sozialdemokraten gefährdet.

Die Schulung katholischer Frauen sollte vor allem an deren alltäglichen hauswirtschaftlichen Problemen ansetzen. Der Volksverein begründete dies damit, daß die Sozialdemokraten versuchten, die Frauen gezielt mit Hinweisen, das Zentrum habe durch seine Steuer- und Wirtschaftspolitik die Verteuerung der Lebensmittel mit zu vertreten, aufzuhetzen. Die oberflächlichen politischen Kenntnisse der Frauen führten dazu, daß die sozialdemokratische Argumentation überzeugend erscheine[50], so daß eine entsprechende „Aufklärungsarbeit" bei den Hausfrauen ansetzen müsse. Des weiteren konzentrierte sich der Volksverein auf die Rolle von Frauen als Mütter und Ehefrauen. Man war sich der Schwierigkeiten bewußt, bei nachlassender kirchlicher Bindung die katholischen Arbeiter von der Notwendigkeit einer konfessionsspezifischen Interessenvertretung zu überzeugen. Der Volksverein setzte daher in seiner Werbekampagne an der unterstellten engeren Bindung von Frauen an Religion und Kirche an, um eine weitere Entfremdung von Arbeiterfamilien von der Kirche zumindest aufzuhalten. An den erzieherischen Einfluß von Müttern wurden daher hohe Erwartungen gestellt. Sie sollten es sein, die im Verbund mit der katholischen Volksschule, der Kirche und katholischen Vereinen die Kinder entsprechend sozialisierten und eine Milieubindung positiv beeinflußten. Apologetische Fragen sollten daher in die Schulung der Frauen einbezogen werden.[51]

Daß Frauenvereine ungeeignet waren, den politischen Kampf gegen die Sozialdemokratie aufzunehmen, stand für den Volksverein außer Frage: Kein Frauenverein sei imstande, „diese Arbeit unter den Frauen zu leisten, das kann nur ein Männerverein, indem er seine Arbeit unter den Männern auf diejenigen Kreise der Frauen ausdehnt, welche die Sozialdemokratie zu verhetzen sucht." Allein die fehlende Erfahrung von Frauen in der politischen Arbeit rechtfertigte in den Augen der Vertreter des Volksvereins eine untergeordnete Funktion von Frauen: Die Frauen seien durch „Zuziehung zu Männerversammlungen des Volksvereins zu Zeugen und damit zu begeisterten Förderinnen der Männerwelt (zu) machen, welche sie unterstützen sollen."[52] Der Volksverein versuchte, die religiöse und kirchliche Bindung von Frauen für das Wahlverhalten katholischer Männer zu nutzen. Zwar beschuldigte der Volksverein die Sozialdemokraten, die Katholikinnen für den Zweck zu „mißbrauchen", Wählerstimmen von katholischen Männern zu erhalten, verhielt sich jedoch letztlich in gleicher Weise und funktionalisierte die Frauen ebenso, wie er es den Sozialdemokraten vorwarf. Es lag den Vertretern des politischen und sozialen Katholizismus nicht daran, Frauen eine eigenständige politische Arbeit zuzugestehen und sie etwa in dieser Hinsicht zu qualifizieren. Vielmehr ging es darum, indifferente oder abtrünnige katholische Männer für die Zentrumspartei zu gewinnen. Daher sollte vor allem die „Aufklärungsarbeit bei jenen katholischen Frauen ... (einsetzen), deren Männer religiös gleichgültig oder gar bereits sozialdemokratisch gesinnt sind."[53]

Zwei weitere Aspekte sprachen aus der Perspektive des Volksvereins für die Organisation katholischer Frauen in einer Männerorganisation: Sie ermögliche eine gemeinsame Schulung von Männern und Frauen, was eine größere Geschlossenheit im Kampf gegen die Sozialdemokratie bedeute, und schließlich ging man davon aus, daß Mütter am ehesten in einem Männerverein lernen könnten, „wie und für welche Männeraufgaben ... die heranwachsenden Söhne" zu erziehen seien.[54]

Die Begründungen des Volksvereins für die Ausweitung seiner Arbeit auf katholische Frauen lassen keine Zweifel an seinem traditionellen Frauenbild. Frauen waren Zuarbeiterinnen, deren Handlungsräume klar durch männliche Interessen definiert und begrenzt wurden. Offenkundig wurde dies auch im Hinblick auf die Rolle, die Frauen in der Organisation zugedacht war. Zwar versprach man den Katholikinnen „gleiche Rechte und Pflichten", dachte dabei aber nicht daran, Frauen und Männer gleichberechtigt in die Volksvereinsarbeit einzubeziehen. Der Volksverein bleibe ein Männerverein: „Männer leiten ihn, leisten durchweg in ihm auch ... Aufklärungs- und Abwehrarbeit unter den Frauen", lautete die eindeutige Botschaft an die Geschäftsführer.[55]

Neben dem Volksverein erhoben auch die berufsständischen Frauenvereine den Anspruch, die Frauen der unteren sozialen Schichten zu organisieren. Wegen der teilweisen Verknüpfung der Konflikte - KFB/Volksverein einerseits und KFB/Standesorganisationen andererseits - bezog sich der KFB in der Verteidigung seiner eigenen Ansprüche häufig auf beide Seiten. Deswegen werden die zentralen Argumente der Standesvereine, stellvertretend von Carl Walterbach vorgetragen, an dieser Stelle kurz dargestellt.

Carl Walterbach griff in die Kontroverse zwischen Volksverein und Frauenbund ein, indem er öffentlich einen Plan für die Organisation katholischer Frauen zur Diskussion stellte. Dabei ist naheliegend, daß Walterbach als Präses der süddeutschen katholischen Arbeiterinnenvereine ein spezifisches Interesse an der Organisierung erwerbstätiger Frauen und Mädchen hatte. Dementsprechend räumte er in seinen programmatischen Vorstellungen der christlichen Standesbewegung einen zentralen Stellenwert ein:

„Für die Erwerbstätigen ist ihre Standesbewegung das Wichtigere, weil die *soziale und wirtschaftliche* Not sie am meisten bedrängt. Die Standesbewegung aber geht auf eine Hebung der ganzen Persönlichkeit und der ganze Klasse und verlangt daher, solange sie um ihre Existenz ringt, ungeteilte Hingabe der erwerbstätigen Massen."[56]

„Ungeteilte Hingabe" bedeutete, daß ausschließlich die Standesvereine für die Organisation der erwerbstätigen Frauen zuständig sein sollten. Eine zusätzliche Mitgliedschaft im Volksverein oder im KFB gefährdete Walterbach zufolge die ohnehin mitgliederschwachen weiblichen Standesvereine. Walterbach sah daher in der Werbekampagne des Volksvereins eine „schwere Schädigung" der weiblichen Standesvereine, forderte aber dazu auf, generell die Mitgliederwerbung unter katholischen Frauen einzustellen und wie bisher nur katholische Männer aufzunehmen.[57]

Während Walterbach seine Behauptung, der Volksverein sei nicht in der Lage, die Standesbewegung zu ersetzen, nicht näher ausführte, begründete er ausführlich, weshalb der Frauenbund von der Organisation der erwerbstätigen Frauen ausgeschlossen sein sollte. Zunächst wies er den Anspruch des KFB, Interessenvertreter aller katholischen Frauen zu sein, entschieden zurück. Er hielt aufgrund der sozialen Zusammensetzung des Frauenbundes diesen nur bedingt für fähig, sich in die sozialen Probleme der unteren Schichten hineinzuversetzen. Deswegen sah Walterbach die Aufgabe des KFB darin, den „Damen der vornehmen Stockwerke" zunächst die fehlenden Milieukenntnisse zu vermitteln, bevor der KFB eine Annäherung der „bürgerlichen und proletarischen Klassen" in den Blick nehme.[58] Es verstand sich daher praktisch von selbst, daß der KFB im Hinblick auf das „katholische Gesamtinteresse" den Plänen des Geistlichen zu folgen hatte. „Schiedlich, friedlich" - so die Parole - sollte der KFB sich darauf konzentrieren, berufslose Frauen der mittleren und höheren Stände zu organisieren und zu schulen.[59] Daß Begriffe wie „das katholische Gesamtinteresse" völlig beliebig besetzt waren, ist allzu deutlich: Carl Walterbach begründete mit dem „katholischen Gesamtinteresse", weshalb der KFB die „Frauen des Volkes" nicht organisieren durfte, während der KFB eben jenes „Gesamtinteresse" anführte, um die Organisation im KFB zu legitimieren.

Die organisatorische Aufteilung nach Standes- und Schichtzugehörigkeit, erwerbstätigen und nicht erwerbstätigen Frauen und schließlich der untergeordnete Stellenwert der Frauenbewegung gegenüber der Standesbewegung widersprachen entschieden dem Selbstverständnis des KFB. Zwar gestand der Frauenbund den Standesvereinen in Fachfragen den Vorrang zu. Auf den Anspruch aber, Interessenvertreter aller Katholikinnen zu sein, wollte der KFB nicht verzichten. Die offenkundige Politisierung des KFB in jener Zeitphase stieß beim Volksverein und in Zentrumskreisen auf massiven Widerstand. Politische Partizipationsforderungen katholischer Frauen, und vor allem die des KFB, wurden daher als Fehlentwicklung bewertet und bekämpft.

2. Abwehr und Kontrolle des Politisierungsprozesses katholischer Frauen durch Volksverein und Zentrum

1908 zeichnete der Limburger Bischof Dominikus ein bedrohliches Bild politisierter Katholikinnen:

„Das katholische Frauenvolk muß in entschieden kath. Richtung erhalten bleiben und darf nicht in die gewerkschaftlichen Kampforganisationen verflochten werden, weil es nicht, wie die Männerwelt, genügende Um- und Einsichten hat, und, einmal in den Lohnkampf verwickelt, die Kehr nicht mehr findet und es dann leicht vorkommen könnte, daß auch kath. Weiber ‚zu Hyänen werden'."[60]

Ganz so dramatisch sahen es die Zentrumspolitiker 1912 wohl nicht mehr. Dennoch ging es auch jetzt darum, die von katholischen Frauen geforderte Erweiterung politischer Handlungsräume abzuwehren bzw. zu begrenzen. Eine Schlüsselfunktion nahm diesbezüglich das fehlende Frauenstimmrecht ein: Der Verweis darauf diente stets als Begründung, weshalb Frauen nicht an Partei- und Parlamentspolitik beteiligt sein konnten. Gleichzeitig wurde alles getan, um eine solche Entwicklung aufzuhalten.

Im Dezember 1912 bezog das „offizielle Zentrumslager" selbst Stellung zur Frage politischer Frauenorganisationen[61] und griff damit zur Unterstützung des Volksvereins indirekt in die Auseinandersetzungen ein. Der anonyme Verfasser bezog sich auf eine Rede Carl Trimborns vor dem Preußischen Abgeordnetenhaus, in der dieser die Auffassung vertreten hatte, daß die Frauen nicht „reif" für das Frauenstimmrecht seien. Er hielt das Stimmrecht zudem für nicht erforderlich, weil die Frauen „auf sozialem Gebiet geeignete Betätigungsmöglichkeiten in der Öffentlichkeit hätten".[62] Trotz der Bedenken gegen eine Politisierung katholischer Frauen war klar, daß man Frauen für parteipolitische Interessen gewinnen wollte: „Die Partei hat offenbar daran ein Interesse, eine wirkliche Organisation der Frauen für ihre Zwecke herbeigeführt zu sehen", erklärte Heinrich Brauns unmißverständlich.[63] Schon in dem erwähnten Artikel des Zentrums zu politischen Frauenorganisationen war die Rede davon, daß „die Partei auf die Dauer schweren Schaden ... zu leiden" habe, wenn die nötige Aufklärung der Frauen in Fragen der Steuer-, Wirtschafts- und Sozialpolitik versäumt würde. Analog den Argumenten des Volksvereins stellte man „die Arbeiterfrau" in den Mittelpunkt des Parteiinteresses: Es sei „ihre heilige Pflicht", ihren Einfluß außerhalb der „politischen Arena" auf Gatten, Kinder, Verwandte und Bekannte geltend zu machen, um die sozialdemokratischen Angriffe gegen Kirche und Zentrum abzuwehren.[64]

Dem Zentrumspolitiker Carl Trimborn war indessen bewußt, daß man in einem gewissen Umfang den politischen Partizipationsforderungen von Frauen Rechnung tragen müsse, wollte man die Frauen nicht an andere Parteien verlieren. Dabei dürfte Trimborn neben der SPD auch bürgerliche Parteien vor Augen gehabt haben, die sich zunehmend um die Mitgliedschaft von Frauen bemühten. Daß das Interesse von Parteien bzw. das Interesse von Frauen an parteipolitischer Arbeit sehr wohl auch in der katholischen Öffentlichkeit wahrgenommen und diskutiert wurde, zeigen die Ausführungen in der Kölnischen Volkszeitung. Hier war darauf hingewiesen worden, daß außer der SPD die Fortschrittliche Volkspartei und die Nationalliberale Partei verstärkt um Frauen warben.[65] Vor allem die Fortschrittliche Volkspartei bot linksliberal orientierten führenden Frauen des BDF eine politische Heimat. Gertrud Bäumer war sogar - als einzige Frau - im Zentralausschuß der Partei vertreten. Allerdings war bei den Frauen die Mitarbeit in den liberalen Parteien umstritten, da auch diese sich nicht offensiv für das Frauenwahlrecht einsetzten.[66] Die zunehmende parteipolitische Orientierung von Frauen war also nicht zu übersehen, so daß Trimborn nicht umhin kam festzustellen, daß angesichts der Zeitverhältnisse die Organisierung der Frauen unumgänglich sei; ohne sie sei „bei sozialen und politischen Wahlen, bei Abwehrbewegungen gegen die sozialdemokratischen Organisationen nichts (zu) machen".[67] Die Etablierung politischer Frauenorganisationen im Zentrum war jedoch seiner Auffassung nach unerwünscht und zu verhindern.[68] Trimborn bezog sich hier auf die 1911 in Düsseldorf gegründete Zentrumsfrauenorganisation; weitere Gründungsversuche seien „von der rheinischen Parteileitung ... nur mit Mühe zurückgedrängt worden."[69] Die offenkundige Furcht vor einer Politisierung der Frauen im parteipolitischen Kontext bezog sich eindeutig auf den Frauenbund. Für Trimborn stand außer Frage, daß sich der KFB zwangsläufig zu einem politischen Verein entwickeln würde, wenn man ihm die Bekämpfung der Sozialdemokratie überließe. Dies zwinge die Frauen dazu, sich mit der politischen Bewegung der Sozialdemokratie zu befassen. Eine „völlige Politisierung des Frauenbundes" sei dann das Ergebnis.[70]

1913 kam in internen Äußerungen ein zusätzlicher Aspekt zum Ausdruck: Man befürchtete, daß es dem KFB nicht mehr gelingen könnte, die bürgerlichen Frauen an das katholische Milieu zu binden, wenn der Frauenbund „praktische Politik" betreiben würde:

> „Endlich besteht die Bedeutung des Frauenbundes bisher vor allem darin, dass er die gebildete Frauenwelt von dem Anschluss an den liberalen Frauenverein abgehalten hat und für diesen Teil der Frauen unsere katholischen Ideale gepflegt hat. Es ist äusserst bedenklich, von diesen Richtlinien im Frauenbund abzuweichen. Der Frauenbund könnte sich leicht damit zwischen zwei Stühle setzen. Er könnte die gebildeten Frauen abstossen und auf der anderen Seite nicht in der Lage sein, die Frauen des Volkes zu befriedigen ..."[71]

Eine solche Entwicklung zu verhindern schien nur möglich, wenn der Frauenbund auf die Organisation der „Frauen des Volkes" verzichten und der Volksverein die politische Organisierung und Schulung übernehmen würde. Allerdings hegte man offensichtlich Befürchtungen, daß die Vorstellungen einer politischen Frauenorganisation im Volksverein bei Zentrumspolitikern nicht auf ungeteilte Zustimmmung treffen würden. Da über den Volksverein indirekt politische Einflußnahme auf Parteiebene durch die Beteiligung am Wahlverfahren möglich war[72], hielt man es für erforderlich, mögliche Bedenken zu zerstreuen und zu versichern, daß Frauen über die Mitgliedschaft im Volksverein keine politischen Rechte einfordern könnten. Der Beirat des Rheinischen Zentrums, der die Pläne des Volksvereins gebilligt hatte, erklärte daher gegenüber den Vorsitzenden der Provinzial- und Landesverbände des Zentrums, daß Frauen weder an der Auswahl und Aufstellung von Kandidaten beteiligt würden, noch an der Leitung der Parteigeschäfte in den einzelnen Wahlkreisen. Begründet wurde dies mit dem fehlenden politischen Wahlrecht für Frauen sowie mit grundsätzlichen Bedenken[73], ohne daß diese jedoch konkret benannt wurden.

Frauen im Zentrum eine eigenständige politische Arbeit auf Parteiebene zuzugestehen, war in der Vorkriegszeit nicht denkbar.[74] Erwünscht waren lediglich ausführende und zuarbeitende Tätigkeiten, wie an den Überlegungen anläßlich der 1913 anstehenden Landtagswahlen im Rheinland verdeutlicht werden kann. Frauen in diesem Zusammenhang als Hilfskräfte einzusetzen, hielt man für vertretbar, da es sich besonders im Landtag „noch mehr wie im Reichstag um kulturelle Fragen, um Fragen von Schule und Kirche, um Fragen der Weltanschauung, also um ideale Güter (handele), die so recht gerade dem Gemütsleben der Frauenwelt angepaßt seien". Die Frauen sollten in die praktische Wahlhilfe einbezogen werden, Flugblätter verteilen, aber auch Hilfsarbeiten leisten, wie z. B. Parteibeiträge einsammeln. Eine „rein politische Organisation" sei dazu nicht erforderlich. Diese würde vielmehr etliche Frauen abstoßen und „bedenkliche Konsequenzen" nach sich ziehen.[75]

Die Bemühungen des Zentrums, politische Partizipationsforderungen von Frauen beharrlich abzuwehren, verweisen darauf, daß die Vertreter des politischen Katholizismus ihre Ausgrenzungspolitik stärker legitimieren mußten. Besonders Frauen, die außerhalb von Partei und Parlament längst ohne männliche Direktiven politisch Einfluß nahmen, war nicht mehr ohne weiteres zu vermitteln, weshalb sie von bestimmten politischen Bereichen ausgeschlossen werden sollten. Es ging in der Kontroverse zwischen Volksverein und KFB also auch darum, angestammte Besitzstände zu verteidigen und den Prozeß der Politisierung von Frauen zu kontrollieren und zu begrenzen.

Darüber hinaus dürfte es taktisches Kalkül gewesen sein, im weiteren Verlauf der Auseinandersetzung eine bedrohliche Vision von parteipolitisch aktiven Frauen aufzubauen: In der Ablehnung politischer Frauenvereine wußten sich die Vertreter von Volksverein und Zentrum in Übereinstimmung mit den Bischöfen, die bereits zweimal eine politische Betätigung von Frauen abgelehnt hatten.[76] Die wiederholte Warnung vor politisch aktiven Frauen konnte daher nur Argumentationshilfe sein in der Hoffnung, den Episkopat für die Pläne des Volksvereins zu gewinnen.[77]

3. Politische Partizipationsforderungen im KFB: Eine Diskussion zwischen Emanzipation und Anpassung

Bezogen auf katholische Frauen stellte der Frauenbund ebenso Führungsansprüche wie der Volksverein. Als „Gesamtorganisation" katholischer Frauen bzw. Träger der katholischen Frauenbewegung konnte der KFB mithin die Werbekampagne des Volksvereins und dessen Anspruch, künftig auch die Schulung katholischer Frauen in die Hand zu nehmen, nicht unwidersprochen hinnehmen. Die Versuche, die Aufgabenbereiche des KFB zu bestimmen und zu begrenzen, wies Hedwig Dransfeld daher entschieden - und mit unverkennbar leiser Ironie - zurück:

„Man hat sich in der letzten Zeit von verschiedenen Seiten bemüht, ihm (dem KFB, G.B.) ein Programm nach dem andern aufzustellen, einen Arbeitskomplex nach dem andern abzugrenzen. So sehr der Frauenbund für dieses ihm zugewandte Interesse zu danken hat, so entschieden muß er anderseits darauf bestehen, daß er selber, nicht eine der übrigen Organisationen, in seinen eigenen Angelegenheiten die letzte Entscheidung trifft."[78]

Sowohl die Auseinandersetzung, die Hedwig Dransfeld als Vorsitzende des KFB ab Dezember 1912 führte, als auch die Diskussionen in internen Verbandszusammenhängen zeigen deutlich eine emanzipatorische Weiterentwicklung: Katholische Frauen forderten nunmehr gegen männliche und klerikale Bevormundungsversuche öffentlich Selbstbestimmung und die Erweiterung politischer Partizipation ein. Es liegt auf der Hand, daß angesichts katholischer Ordnungsvorstellungen und Autoritätsansprüche dieser Prozeß nicht widerspruchsfrei verlaufen konnte. Dies zeigt sich im weiteren Verlauf der Kontroverse zwischen KFB und Volksverein, der entscheidend durch den Führungsanspruch beider Organisationen und durch die Politisierung des KFB geprägt war.

Kontroversen zwischen KFB und Volksverein seit 1912

Von den Plänen des Volksvereins hatte der KFB bereits im August 1912 Kenntnis erhalten. Der Vorstand beschloß umgehend, „entschieden gegen diese Zersplitterung zu protestieren" und ein Gespräch zur Klärung der Angelegenheit zu fordern. Der bevorstehenden Volksvereinspropaganda unter katholischen Frauen wollte man sofort eine eigene gezielte Werbung unter den „Frauen des Volkes" entgegensetzen.[79] Dieser Beschluß wurde auf der 5. Generalversammlung des Frauenbundes in Straßburg bestätigt und war handlungsweisend für die ab Winter 1912/13 aufgenommene Propagandaarbeit des Frauenbundes.

Die gewünschte Aussprache kam am 25. September 1912 zustande. Vom Frauenbund nahmen Minna Bachem-Sieger, Albertine Badenberg und Isabella von Carnap teil. August Pieper, Franz Brandts, Heinrich Brauns und Wilhelm Hohn vertraten den Volksverein. Sie versicherten den Vertreterinnen des KFB, daß der Frauenbund in keiner Weise geschädigt werden solle, „daß er (der Volksverein, G.B.) aber unbedingt seine Arbeit auch auf die Frauen ausdehnen müsse, da er nur durch diese einen Teil der Männer bekäme".[80] In der Verhandlung bestanden die Vertreter des Volksvereins auf der bereits aufgezeigten Position: Der Volksverein sei die einzige Organisation, die die sozialdemokratische Agitation unter den Frauen wirksam abwehren könne, und die Schulung in wirtschaftspolitischen und sozialpolitischen Fragen falle nicht in den Aufgabenbereich des Frauenbundes.[81] Im Gegensatz zu Minna Bachem-Sieger und Isabella von Carnap, die im Vorgehen des Volksvereins „keine so gewaltige Schädigung sahen", lehnte Albertine Badenberg diese Position vehement ab. Sie vertrat entschieden den Standpunkt, daß die genannten Aufgaben sämtlich Aufgaben des Frauenbundes seien.[82] Die unterschiedliche Bewertung der Volksvereinskampagne lag offenbar darin begründet, daß führende Frauen die Fähigkeit des KFB, politisch zu arbeiten, negativ einschätzten. Zumindest für Minna Bachem-Sieger ist belegt, daß sie „rückhaltlos (erklärte), daß der Frauenbund nicht in der Lage sei, sich politisch zu betätigen". Dieses nicht nur vorübergehende Unvermögen stehe im Zusammenhang mit „inneren Schwierigkeiten" des KFB, so die Information in einem Schreiben der Zentralstelle des Volksvereins an den Frauenbund.[83]

Im Zentralvorstand setzte sich die Position Albertine Badenbergs durch. Das Protokoll der Sitzung vom 25. September 1912, das von Volksvereinsvertretern gefertigt worden war, nahm der KFB nicht an, weil die Wiedergabe des Gesprächs unrichtig protokolliert sei. Vor allem empörte die Frauen, daß der Protest Badenbergs völlig fehlte und damit der Eindruck erweckt würde, daß die Angelegenheit erledigt sei, obwohl eine endgültige Entscheidung über das Verhandlungsergebnis erst im Zentralvorstand des KFB getroffen werden sollte.[84]

Die bevorstehende 5. Generalversammlung des KFB wurde genutzt, um den Konflikt über den bisherigen engeren Kreis hinaus im Zentralausschuß zu diskutieren. Bemerkenswerterweise wurde der Geistliche Beirat, Peter Lausberg, von der Beratung ausgeschlossen. Er hatte die Teilnahme gewünscht, doch wurde nach längerer Debatte mit drei Stimmen Mehrheit dagegen gestimmt.[85] Die im Zentralausschuß versammelten Frauen stützten sich dabei auf Argumentationslinien, die auch weiterhin bestimmend für die Position des KFB in der Auseinandersetzung mit dem Volksverein waren: Man befürchtete eine Schwächung der eigenen Organisation und damit der gesamten katholischen Frauenbewegung, wenn der Volksverein in größerem Maße Frauen als Mitglieder aufnehmen würde. Zudem galt der Anspruch einer Männerorganisation, seine Arbeit auf Frauen auszudehnen, als unvereinbar mit der Überzeugung, daß die Interessenvertretung von Frauen durch Frauen selbst erfolgen müsse. Daraus abgeleitet wurde der Anspruch, daß auch die „Abwehr der Sozialdemokratie" unter katholischen Frauen Aufgabe von Frauen bzw. des Frauenbundes sei.

Da die häufig beschworene „Abwehr der Sozialdemokratie" von Volksverein und Zentrum als politisches Terrain katholischer Männer definiert wurde, dürfte der Anspruch des KFB, seine politische Arbeit auf männlich besetzte Politikbereiche auszuweiten, die Vertreter des politischen und sozialen Katholizismus zumindest irritiert haben. Dabei dürfte aber auch bewußt gewesen sein, daß dem KFB nur eingeengte Möglichkeiten zur Verfügung stehen würden, um die politischen Ansprüche umzusetzen, waren die Frauen doch von partei- und parlamentspolitischen Zusammenhängen nach wie vor ausgeschlossen. Daß der KFB aber überhaupt derartige Ansprüche geltend machte, ist Ausdruck eines Wandlungsprozesses, in dessen Verlauf katholische Frauen politische Erfahrungen und Kompetenzen erworben hatten. Zum Zeitpunkt der Kontroverse war denkbar geworden, daß die bisherige Begrenzung weiblicher Politikbereiche potentiell veränderbar war, ungeachtet einer schnellen Realisierungschance. Fraglich ist dennoch, ob der KFB die Bekämpfung der Sozialdemokratie zum Programmpunkt erhoben hätte, wäre er nicht mit den Plänen des Volksvereins konfrontiert worden. Bis zu diesem Zeitpunkt sind entsprechende Überlegungen jedenfalls nicht erkennbar. Auch hatte der KFB seinen Anspruch, grundsätzlich für die politische Schulung katholischer Frauen zuständig zu sein, nur zögernd programmatisch umgesetzt.

Eine Rolle spielte dabei, daß politische Schulung stark mit der Frauenstimmrechtsfrage assoziiert wurde. So hatte der Vorstand des KFB 1908 erklärt, daß eine politische Schulung von Frauen notwendig sei[86], distanzierte sich jedoch wenige Monate später davon, weil der KFB „einstweilen" nicht für das politische Stimmrecht eintrete.[87] Das Frauenstimmrecht war zwar bis 1918 kein Gegenstand öffentlicher Diskussion im KFB, doch ergriffen die Frauen 1911 die Initiative, endlich Kurse zur politischen Schulung in das Programm aufzunehmen. Ein veränderter Umgang mit dieser Thematik hatte sich bereits auf der 4. Generalversammlung 1910 angekündigt, auf der Hedwig Dransfeld die Stimmrechtsfrage von der politischen Schulung getrennt hatte: Weder das fehlende Stimmrecht noch die neutrale Haltung des KFB zur Frauenstimmrechtsfrage sollten daran hindern, Frauen politisch zu schulen. Dransfeld rief vielmehr dringend dazu auf, sich mit der „schwierigen Materie" zu befassen.[88] Es kann angenommen werden, daß die stärkere Thematisierung der politischen Arbeit von Frauen in der katholischen Presse[89] und die Gründung von Zentrumsfrauenorganisationen 1911 dem KFB die notwendigen Impulse gaben, aktiv zu werden. Zu der vom Düsseldorfer Zentrumsfrauenverein gewünschten Zusammenarbeit mit dem KFB konnte sich der Kölner Vorstand zwar nicht entschließen[90], aber die Gründung einer politischen Frauenorganisation führte offenbar eindringlich vor Augen, daß man sich intensiver und systematisch mit politischen Fragen befassen mußte. Hedwig Dransfeld erarbeitete schließlich ein Konzept für die Einrichtung von Arbeits- und Studienkursen, in denen auch politische Fragen behandelt werden sollten.[91] Der erste Kurs wurde Anfang 1912 zum Thema „Staatsbürgerkunde" angeboten und behandelte schwerpunktmäßig Fragen der Gesetzgebung und der Verfassung, informierte über den Aufbau des Staates und der Verwaltungen sowie über die politischen Parteien in Deutschland. Daß diese Themenbereiche neu für die Frauen waren, wird daran deutlich, daß keine geeigneten Rednerinnen zur Verfügung standen. Die Vorträge wurden ausschließlich von Männern gehalten.[92]

Es war auch weiterhin Hedwig Dransfeld, die im KFB die politische Diskussion forcierte. So hatte Dransfeld anläßlich ihrer Wahl zur Ersten Vorsitzenden die Position vertreten, daß der KFB nicht umhin könne, politisch zu arbeiten und dazu aufgefordert, sich mit der sozialdemokratischen Bewegung auseinanderzusetzen. Es sei Pflicht der Frauen, die Bekämpfung der Sozialdemokratie im Interesse des Katholizismus zu übernehmen. Konsequenterweise schlug Hedwig Dransfeld vor, im Winter 1912/13 einen „Arbeitskursus zur Bekämpfung der Sozialdemokratie" durchzuführen.[93] Die Diskussion um diesen Vorschlag zeigt, wie schwer sich die Katholikinnen damit taten, einen Standpunkt zu politischer Arbeit zu finden, die männliche Politikfelder berührte.

In der Sitzung des Zentralausschusses artikulierte Gräfin Montgelas unmißverständlich ihre distanzierte Haltung zum Vorschlag Dransfelds und votierte dafür, den „Kampf gegen die Sozialdemokratie, der eine rein politische Sache" sei, dem Volksverein zu überlassen: „Wir kommen in den politischen Kampf hinein, wenn wir gegen die Sozialdemokratie agitieren wollen, wir müssen dann in all diesen Fragen von Fleischteuerung und all dem übrigen mitagitieren, das ist nichts anderes wie Politik."[94] Bezweifelt wurde auch, daß ein derartiger Kurs mit der Vereinssatzung des KFB vereinbar sei. Ein Kurs zur Bekämpfung der Sozialdemokratie diene letztlich der Vorbereitung künftiger Agitationsversammlungen, politische Agitation sei aber in den Satzungen nicht als Aufgabe des KFB definiert, eine Auffassung, die Hedwig Dransfeld nicht teilte.[95] Man einigte sich schließlich darauf, den Kurs thematisch defensiver anzukündigen, damit „es uns niemand übelnehmen kann", wie Agnes Neuhaus es formulierte.[96] Das bedeutete, die aktive politische Ebene auszuklammern: „Ich meine, wir sollten nicht sagen, Kursus zur Bekämpfung der Sozialdemokratie. Sozialdemokratie ist ja der politische Ausdruck der Weltanschauung des Sozialismus. Wenn wir also sagen, wir bekämpfen den Sozialismus als Weltanschauung, so kann uns niemand der Politik zeihen."[97] Der Kompromiß bestand letztlich in der Trennung der Ebenen. Die „rein wissenschaftliche" Beschäftigung mit Politik sollte von der politischen Agitation getrennt werden, und der Kurs sollte als „Kursus zum Studium des Sozialismus als Weltanschauung" angekündigt werden.[98]

Der kontroverse Meinungsaustausch brachte weitere Befürchtungen zum Vorschein. So wurden Bedenken laut, ob der KFB überhaupt seinen politischen Ansprüchen gerecht werden könne. Vor allem Minna Bachem-Sieger forderte eindringlich, die an sich berechtigten Ansprüche durch konkretes Handeln unter Beweis zu stellen. Auch bezweifelten einige Frauen, daß die Zweigvereine in jedem Fall die neuen politischen Aufgaben umsetzen könnten.[99] Den führenden Frauen des KFB war durchaus bewußt, daß sie auf die Hilfe des Volksvereins angewiesen waren: Mit den eigenen organisatorischen und personellen Ressourcen sei die „Aufgabe" nicht zu bewältigen.[100] Zwar hielt man daran fest, grundsätzlich selbst die sozialdemokratische Agitation in den Kreisen der katholischen Arbeiterinnen bekämpfen zu wollen, aber die Kompromißbereitschaft war deutlich erkennbar. Beeinflußt wurde dies auch von der Sorge, der Konkurrenz mit dem Volksverein nicht gewachsen zu sein, da dieser im Gegensatz zum KFB auf die Unterstützung des Klerus in den Industriegebieten rechnen konnte.[101] Besonders eine Gründung von Frauengruppen im Volksverein empfand man als Bedrohung. Käme es - entgegen der Zusicherung des Volksvereins - doch zu einer solchen Entwicklung, werde der KFB keine Chance mehr haben, Fuß zu fassen.[102] Vor allem das ungebrochene Festhalten an männlicher und klerikaler Autorität in ländlichen Gebieten bedeutete Ellen Ammann zufolge, daß der KFB es dort besonders schwer haben würde, die Frauenbewegung durchzusetzen:

„Da sind die Frauen gewöhnt, von Herren aufgeklärt zu werden und von Geistlichen Vorträge über die Gefahren des Katholizismus (sic) zu hören, sie sind aber nicht gewöhnt, das von Frauen zu hören (Heiterkeit). Ich glaube, wir könnten dann alle guten Worte gebrauchen, das würde uns nicht helfen, die Frauen aus dem Volksverein herauszubringen, indem sie sich dann einig fühlen würden mit ihrer Geistlichkeit, und sie würden uns, glaube ich, noch für Häretiker halten, wenn wir kämen und sie von der Geistlichkeit abziehen wollten."[103]

Trotz der befürchteten Schwierigkeiten einigten sich die Frauen im KFB-Zentralausschuß darauf, die „Abwehr der Sozialdemokratie" zum Programmschwerpunkt des folgenden Winters zu erheben und den Führungsanspruch des KFB als Vertreter aller katholischen Frauen zu bekräftigen: Die „Mithilfe" des Volksvereins war willkommen, der Versuch, den KFB grundsätzlich von der Organisation und Schulung der „Frauen des Volkes" auszuschließen, wurde dagegen entschieden zurückgewiesen. Diese Position wurde in einer von Albertine Badenberg formulierten Resolution[104] dargelegt:

„1. Zentralvorstand und Zentralausschuß des Katholischen Frauenbundes erklären, daß die Organisation und staatsbürgerliche und sozialpolitische Schulung aller katholischen Frauen, auch der Frauen des Volkes, grundsätzlich Sache des Katholischen Frauenbundes ist.
2. Zentralvorstand und Zentralausschuß erkennen an, daß der Katholische Frauenbund aus Mangel an Kräften und an materiellen Mitteln zur Zeit noch nicht in der Lage ist, die Organisation und die staatsbürgerliche und sozialpolitische Schulung der Frauen des Volkes und damit die wirksame Bekämpfung der sozialdemokratischen Agitation in den genannten Kreisen alleine zu übernehmen.
3. Der Katholische Frauenbund heißt deshalb die Mithilfe des Volksvereins willkommen und ist zu Unterhandlungen bereit, wie die Arbeit der Organisation und der staatsbürgerlichen und sozialpolitischen Schulung der Frauen des Volkes, unter Anerkennung der grundsätzlichen Aufgaben des Katholischen Frauenbundes, von Volksverein und Frauenbund gemeinsam geleistet werden kann."[105]

Die Diskussion um die Benennung des Kurses zur „Abwehr der Sozialdemokratie" zeigt, daß die Frauen regelrechte „Seiltänze" vollführen mußten, wollten sie für ihre politischen Ansprüche in binnenkatholischen Zusammenhängen Zustimmung erhalten. In dem Zusammenhang mag die Entscheidung, sich auf die wissenschaftliche Auseinandersetzung mit der Sozialdemokratie zu beschränken, unter taktischen Gesichtspunkten erfolgt sein, um antizipierte Vorbehalte gegen die Ausweitung der politischen Arbeit abzuschwächen. Verfolgt man die weiteren Aktivitäten des KFB, so wird allerdings deutlich, daß die Trennung der Ebenen bereits einen ersten Rückzug bedeutete. Schon im Winterprogramm 1912/13 distanzierte sich der KFB-Vorstand eindeutig von der Absicht, „in die direkte politische Betätigung einzutreten"[106] und hielt auch künftig daran fest. Deutlich wird ferner, daß die Pläne der führenden Frauen nur mit geringem Erfolg realisiert wurden, sowohl auf der Ebene der Zweigvereine als auch in bezug auf die Aktivitäten der Bundeszentrale. So wurde beispielsweise der mit großem Elan organisierte Kurs zum Studium des Sozialismus nur zweimal durchgeführt.[107] Auch fand eine substantielle publizistische Auseinandersetzung mit der Sozialdemokratie nicht statt. Sofern sich Frauen überhaupt zur Sozialdemokratie äußerten, hatte dies eher den Charakter von Hetzschriften, wie bei Buczkowska und Badenberg, oder es blieb bei rudimentären Versuchen, die sozialistische bzw. marxistische Theorie zu erklären und zu kritisieren.[108] Bezweifelt werden kann schließlich eine aktive Umsetzung der Pläne durch die Zweigvereine. In deren Berichten finden sich jedenfalls nur spärliche Hinweise darüber, daß Vorträge mit politischen Themen durchgeführt wurden.[109] Erfolgreich war der KFB dagegen bei der Gewinnung neuer Mitglieder. Die rege Propagandatätigkeit hatte innerhalb eines Jahres einen Mitgliederzuwachs von 29.000 Frauen erbracht, 54 Zweigvereine wurden neu gegründet.[110] Nicht nachgewiesen werden kann indes, ob es dem KFB in einem nennenswerten Maße gelang, tatsächlich Frauen der unteren sozialen Schichten zu integrieren.

Die offenkundige Diskrepanz zwischen den Ansprüchen des KFB und der mangelnden Realisierung kann dennoch nicht zu der Schlußfolgerung führen, die Frauen hätten vorschnell ihre Politisierungsbestrebungen aufgegeben. So ist nicht zu verkennen, daß es mit einigen Mühen verbunden gewesen sein dürfte, die Mehrheit der Frauen überhaupt für politische Fragen zu interessieren. Das wurde an der geringen Beteiligung am Kurs zur Sozialdemokratie deutlich, manifestierte sich aber auch in appellierenden Aufrufen an die katholischen Frauen, ihre Interessen über die vertrauten Bereiche von Familie und Kirche auszuweiten.[111] Zusätzlich war der KFB einem starken Legitimationsdruck ausgesetzt, da auch die Beschränkung auf die politische Schulungsarbeit als Tätigkeitsgebiet eines Frauenvereins nicht akzeptiert wurde. Stein des Anstoßes war weniger die Schulung selbst, als die damit verbundene Absicht, die Tätigkeit des KFB auf die Frauen der unteren sozialen Schichten auszudehnen.

Im Zusammenhang mit den früheren Auseinandersetzungen um die Organisation der Arbeiterinnen war der KFB noch schnell bereit gewesen, die eigenen Ansprüche zurückzustellen. Im Unterschied dazu verteidigte er jetzt sein Konzept der klassenübergreifenden Frauenorganisation öffentlich, wobei vor allem Hedwig Dransfeld den Protest artikulierte und die Programmatik des KFB theoretisch untermauerte. Ihre Schriften nehmen daher im folgenden breiten Raum ein, auch deswegen, weil sie mit ihnen in der katholischen Öffentlichkeit Maßstäbe für den Umgang mit „Frauenfragen" setzte. Hedwig Dransfeld war durch ihre Publikationen und ihr Engagement in vielen katholischen Frauenvereinen bekannt. Auch war sie bereits vor ihrer Wahl zur Ersten Vorsitzenden stärker durch ihre Rede auf dem Berliner Frauenkongreß 1912 in die Öffentlichkeit getreten. Durch die Wahl zur Vorsitzenden eines Frauenverbandes, der inzwischen immerhin 36.000 Frauen repräsentierte und eine rege Öffentlichkeitsarbeit betrieb, verstärkte sich die Möglichkeit, Einfluß zu nehmen, und Hedwig Dransfeld nutzte dies auch. Besonders die Verteidigung politischer Interessen von Frauen und die Forderung, Frauen mehr an politischen Fragen und Entscheidungen zu beteiligen, dürften daher für katholische Frauen Signalwirkung gehabt haben, auch wenn sie sich nicht dem KFB oder der Frauenbewegung zuordneten.

Frauenfragen - Standesfragen - Politische Fragen:
Strategien der Abgrenzung

Hedwig Dransfelds Erörterungen bezogen sich sowohl auf den Volksverein als auch auf die Standesvereine, da beide Seiten versuchten, den KFB auf die Organisation der Frauen der mittleren und höheren Stände festzulegen. Trotz dieser Gemeinsamkeit war eine Differenzierung der Argumente notwendig. Hinsichtlich des Volksvereins ging es wesentlich darum, gegen eine Männerorganisation die Überzeugung durchzusetzen, daß Frauen ihre Interessen selbst vertreten müßten. Diese Perspektive war in bezug auf die Standesvereine irrelevant, da es sich hier um Frauenvereine handelte, die unter klerikaler Leitung standen. Hinsichtlich der Standesvereine stand daher im Vordergrund, die Beziehung zwischen Frauen- und Standesbewegung zu regeln. Dransfeld zufolge konnte das nicht bedeuten, die „Frauen des Volkes" auszugrenzen, sondern Prioritäten festzulegen. So war der Vorrang der Standesvereine für berufspolitische Fragen und für die Durchsetzung wirtschaftlicher Forderungen unumstritten. Da Hedwig Dransfeld aber eine eindeutige Trennung von Standes- und Frauenfragen für nicht machbar hielt, beanspruchte sie für den KFB „das Recht und die Pflicht", in die Diskussion der Standesvereine einzugreifen, wenn „allgemeine Frauenfragen" berührt würden.[112] Die fehlende Kompetenz der Standesvereine in „allgemeinen Frauenfragen" erfordere es, die betroffenen Frauen nicht nur in den Standesvereinen zu organisieren, sondern zugleich auch im KFB. Nach langwierigen Verhandlungen konnte der KFB diesbezüglich einen kleinen Erfolg verbuchen: 1914 gaben die Standesvereine ihren Exklusivanspruch auf und stimmten einer Doppelmitgliedschaft in den Standesvereinen und dem KFB zu. Allerdings wurde deutlich gemacht, daß sie eine doppelte Organisation in größerem Ausmaß, so wie es den Vorstellungen des Frauenbundes entsprach, nicht favorisieren würden. Obwohl dies nicht die Voraussetzung dafür schuf, die Gruppe der erwerbstätigen Frauen stärker an den KFB zu binden, bewertete der KFB das Verhandlungsergebnis positiv, weil seine Führungsrolle bestätigt worden war.[113]

Eine mitgliederstarke Frauenbewegungsorganisation, die sich darauf berufen konnte, die Interessenvertreterin aller katholischen Frauen zu sein, mußte im Verständnis des KFB im Interesse aller Katholiken liegen. Die führenden Frauen des KFB machten geltend, daß sie ihre zentrale Aufgabe, die katholische Weltanschauung in der überkonfessionellen Frauenbewegung durchzusetzen, nur eingeschränkt erfüllen könnten, wenn die Bewegung durch eine organisatorische Trennung geschwächt würde.[114] Außerdem wollte man eine Spaltung in eine „bürgerliche" Bewegung für die Frauen der mittleren und oberen Stände und in eine „demokratische" für die Frauen der unteren Stände verhindern, weil dies zu einer Verschärfung der sozialen Gegensätze führe.[115] Dagegen setzte Dransfeld die Vorstellung, daß durch die gemeinsame Organisation ein „ideeller Klassenausgleich" herbeigeführt werden könne, indem der KFB Berührungspunkte zwischen Frauen unterschiedlicher Standeszugehörigkeit schaffe.[116] Der ideelle Ausgleich der Interessen sollte durch die gleichberechtigte und solidarische Zusammenarbeit im KFB erreicht werden:

„Sämtliche neu auftauchenden Fragen des öffentlichen Lebens, soweit sie die Frauenwelt angehen, hat er in der letzten Zeit behandelt und dadurch den Beweis erbracht, daß ihm das Wort vom sozialen Ausgleich keine tote Devise, sondern Geist und Inhalt der Arbeit ist. Man muß es erlebt haben, wie etwa die Handwerkerinnenfrage oder neuerdings die Vorbereitung zu den Krankenkassenwahlen die Frau auf den Höhen des Lebens und die schlichte Arbeiterin solidarisch machten, so daß sie Schulter an Schulter um Erfolge rangen. Das alte Verhältnis von Patronesse und Schützling war sang- und klanglos aufgegeben, und geblieben waren zwei Lebenskämpferinnen, die gemeinsam für die gute Sache arbeiteten. Der

Katholische Frauenbund darf sich ruhig das Zeugnis geben, daß er in der Ausrottung des Kastengeistes ... viel getan hat."[117]

Die hier angesprochene Gleichberechtigung entsprach zwar der demokratischen Verfassung des KFB, die Frauen unabhängig von der beruflichen Tätigkeit und ihrer sozialen Stellung die gleichen Rechte einräumte und beispielsweise auch ein Hausmädchen prinzipiell von Führungspositionen nicht ausschloß.[118] Die Realität sah indessen anders aus. Auch der 1912 gefaßte Beschluß, die „Frauen des Volkes" in den Frauenbund zu integrieren, veränderte nicht ohne weiteres die Kräftekonstellation in den zentralen Gremien und auf der Führungsebene. Frauen der unteren sozialen Schichten waren hier nicht integriert. Auch wenn eine partielle Zusammenarbeit auf der unteren Ebene von Zweigvereinen möglich gewesen sein mag[119], darf bezweifelt werden, daß z. B. Dienstmädchen oder Arbeiterinnen ihre Interessen im KFB hätten durchsetzen können. Solange es um die Durchsetzung etwa des Krankenkassenwahlrechts ging, dürften kaum Interessengegensätze bestanden haben. Anders verhielt sich dies, wenn unmittelbar Lebensbereiche der bürgerlichen Frauen berührt wurden, wie das Beispiel des mäßigen Engagements des KFB in der Dienstbotenfrage belegt.

Es soll nicht in Abrede gestellt werden, daß Hedwig Dransfeld - und vermutlich weitere führende Frauen des KFB - tatsächlich die Gleichberechtigung aller Frauen im KFB anstrebten. Dennoch können die Bekenntnisse zum Prinzip der Gleichberechtigung bestenfalls als Beginn eines in Gang gesetzten Prozesses gewertet werden, ist doch ein Befangensein im Standesdenken unübersehbar. Besonders kraß formulierte dies ein adeliges Mitglied des Frauenbundes. A. von Tieschowitz war wie Dransfeld davon überzeugt, daß alle Frauen im KFB eine gemeinsame Heimat gefunden hätten und gleichberechtigt seien, die „einfache Frau des Volkes" ebenso wie die „hochgebildete Frau der höheren Stände", der Aristokratie und des Bürgertums. Diesem harmonischen Bild einer Klassenversöhnung im KFB stellte die Autorin jedoch deutlich eine bevormundende Haltung der gebildeten Frauen gegenüber: „Noch gibt es viele, arme Mitschwestern, die auf uns warten, und die wir vor den verlockenden Verheißungen falscher Propheten retten können. Es ist ein Kreuzzug, den wir predigen, ein Kreuzzug, um heiliges Land zu erobern."[120]

Die Überzeugung, daß trotz der ungleichen Voraussetzungen eine gleichberechtigte und solidarische Zusammenarbeit im KFB möglich gewesen wäre, wurzelte letztlich in der illusorischen Annahme, daß divergierende materielle und soziale Interessen durch die gemeinsame Bindung an die katholische Weltanschauung ausgeglichen werden könnten. Die gewünschte Annäherung der „gottgeschaffenen Schichten und Stände"[121] durch das Zusammentreffen aller katholischen Frauen im KFB setzte daher voraus, daß die Unterschiede grundsätzlich akzeptiert würden. Das Konzept der klassenübergreifenden Frauenorganisation bedeutete somit nicht, für alle Katholikinnen gleiche soziale Chancen eröffnen zu wollen, sondern blieb im Standesdenken befangen.

In der Verteidigung der Ansprüche des KFB gegenüber dem Volksverein akzentuierte Hedwig Dransfeld die theoretischen Begründungen anders. An die Stelle des „ideellen Klassenausgleichs" trat das Prinzip der geschlechtsspezifischen Interessenvertretung. Dransfeld baute ihre Argumentation auf der Grundannahme auf, „daß die Frau heute nur durch die Frau vollwertige Schulung für ihre weiblichen Gesamtaufgaben, vollwertige Befriedigung der Gesamtbedürfnisse ihrer weiblichen Persönlichkeit finden" könne.[122] Eine Männerorganisation „als intensiver Vorkämpfer der Frauenbewegung" oder auch nur „als wesentlicher Faktor innerhalb der Frauenbewegung" war daher für Dransfeld undenkbar.[123] Die Begründung für die Ausweitung der politischen Arbeit von Frauen verband Dransfeld damit, die Vorstellungen des KFB erstmals einer breiteren Öffentlichkeit vorzustellen. Dransfeld reagierte mit ihrem Artikel auf die bereits erwähnte anonyme Stellungnahme aus Zentrumskreisen, was aber offenbar auf Unbehagen bei der Redaktion der Kölnischen Volkszeitung stieß. Diese fühlte sich wohl verpflichtet, die Gegendarstellung abzudrucken, war aber nicht daran interessiert, die Kontroverse weiter zu thematisieren. Die Redaktion forderte jedenfalls dazu auf, die „Meinungsverschiedenheiten" nicht weiter in der Tagespresse auszutragen.[124]

Hedwig Dransfeld stützte sich in ihren Ausführungen auf zwei bekannte Persönlichkeiten: Carl Trimborn und Michael Faulhaber, Bischof von Speyer.[125] Beide hatten sich im Oktober 1912 über das Frauenstimmrecht und die politische Betätigung von Frauen geäußert. Carl Trimborn hatte vor dem Preußischen Abgeordnetenhaus zwar das Wahlrecht für Frauen abgelehnt, es aber nicht prinzipiell ausgeschlossen. Michael Faulhaber hatte anläßlich seiner Rede während der Straßburger Generalversammlung des KFB die politische Arbeit von Frauen grundsätzlich bejaht. Er orientierte sich dabei allerdings an bereits vollzogenen gesellschaftlichen Entwicklungen, wenn er beispielsweise die Vertretung von Frauen in Gewerbe- und Kaufmannsgerichten sowie in den Handwerks- und Arbeitskammern zu unumstrittenen politischen Betätigungsbereichen von Frauen erklärte.[126] Dennoch war die Rede Faulhabers für die Katholikinnen relevant, weil sie deutlich machte, daß die politische Betätigung nicht im Widerspruch zur katholischen Glaubenslehre stand. Selbst das politische Wahlrecht sah der Bischof nicht durch kirchliche Dogmen begrenzt: Aus vielen Gründen könne man „persönlich ein Gegner des Frauenstimmrechts sein, aber nicht aus Glaubensgründen."[127] Beide Redebeiträge qualifizierte Hedwig Dransfeld als Zeichen dafür, daß innerhalb katholischer Kreise die Bereitschaft wuchs, Frauen stärker am politischen Leben zu beteiligen.[128] Angesichts dessen, daß sowohl Zentrumspolitiker als auch Geistliche wiederholt versuchten, eine Ausweitung der politischen Betätigung von Frauen zu begrenzen, scheint diese positive Bewertung paradox. Vor dem Hintergrund äußerst enger Handlungsspielräume ist jedoch verständlich, daß selbst minimale Zugeständnisse bereits als Fortschritt wahrgenommen wurden.

Die Forderung des KFB, die politische Organisation und Schulung nicht allein dem Volksverein zu überlassen, begründete Dransfeld im wesentlichen mit „weiblichen Eigeninteressen" und mit dem vertrauten Hinweis auf die „weibliche Eigenart". Wie auch in anderen Zusammenhängen deutlich wurde, diente der Bezug auf die „weibliche Eigenart" stets dazu, die Forderungen von Frauen entweder zu begründen oder zurückzuweisen, je nachdem, von wessen Standpunkt aus argumentiert wurde, ohne daß eine Konkretisierung dieses Phänomens erfolgte. So auch in bezug auf die politische Schulung durch eine Männerorganisation: Der KFB gestand dem Volksverein zu, daß er Frauen in einem gewissen Maße intellektuell schulen könne, hielt ihn jedoch für unfähig, „jenen Zuwachs an echtem Frauentum, an weiblich-sittlichen Werten" zu gewährleisten, der für eine „Weiter- und Höherentwicklung unerläßlich sei.[129]

Konkreter wurde Dransfeld in der Bestimmung von spezifischen Bedürfnissen von Frauen, wobei sie sich bemerkenswerterweise auf sozialdemokratische Begründungen stützte. So übernahm Dransfeld das Argument, daß Frauen komplizierte (wirtschafts-)politische Zusammenhänge überzeugender vermitteln könnten, weil diese mit den spezifischen Alltagsproblemen von Frauen verbunden würden. Mit der Alltagssituation von Frauen hing ein weiteres, nicht von der Hand zu weisendes Argument zusammen: Ein gemeinsamer Besuch von Versammlungen konnte nur schwer realisiert werden, da Kinder während dieser Zeit versorgt werden mußten. Dransfeld leitete daraus ab, daß Frauen in Männerorganisationen nicht die Vereinsbedingungen finden würden, die den spezifischen Bedürfnissen von Frauen gerecht würden.[130] Wie Dransfeld zu einem späteren Zeitpunkt deutlich machte, war ihre Ablehnung von gemeinsamen politischen Versammlungen auch verbunden mit einer Kritik an der „politischen Kultur" der Männer: „Es wäre für die Frauen nicht zu wünschen, wenn sie im allgemeinen an dem politischen Ton der Männerversammlungen lernten". Die Kritik an gemeinsamen politischen Versammlungen bedeutete allerdings nicht, daß Hedwig Dransfeld eine gemeinsame Betätigung von Frauen und Männern generell ausschloß, im Gegenteil: Grundsätzlich hielt sie die Zusammenarbeit der Geschlechter im Interesse eines „geordneten Rechtsstaates" für erforderlich.[131]

Schließlich boten „weibliche Eigeninteressen" die Legitimation für eine geschlechtsspezifische Organisation und Schulung. Dransfeld begründete dies damit, daß Frauen in Männerorganisationen ihre Interessen nur unzureichend durchsetzen könnten und betonte - besonders hinsichtlich berufspolitischer Fragen - die Gefahr einer Interessenkollision. Dransfeld ging davon aus, daß die Forderungen von Frauen nicht unbedingt unterstützt würden, wenn diese gegen die Interessen von Männern gerichtet seien. Ihre Vorstellung, daß Konflikte um Lohnforderungen, Forderungen nach Aufstiegschancen oder besonderen Schutzbestimmungen gemeinsam von weiblichen Standesvereinen und dem KFB gelöst werden könnten, verwundert allerdings. Es mußte der gut informierten und theoretisch geschulten Hedwig Dransfeld klar gewesen sein, daß derartige Fragen weder von Standesvereinen noch vom KFB verhandelt werden konnten, sondern Sache der Gewerkschaften waren.[132]

Von Bedeutung war dennoch, daß Frauen politische und gesetzliche Regelungen, die sie betrafen, mit bestimmen wollten, auch wenn eine direkte parteipolitische und parlamentarische Beteiligung nicht möglich war. Die politische Schulung von Frauen war in diesem Zusammenhang eine wesentliche Voraussetzung für die politische Arbeit von Frauen. Daß politische Schulung in den Aufgabenbereich des KFB gehörte, stand außer Zweifel: Sie galt als Bestandteil der „allgemeinen intellektuellen Weiterbildung" von Frauen.[133] Auf die aktuelle Bedeutung einer Bildungsarbeit, die auch politischen Fragen aufgreift, hatte Dransfeld bereits in ihrem programmatischen Artikel „Ziele und Aufgaben" hingewiesen. Danach war der KFB ein Bildungsverein, der

„alle katholischen Frauen über brennende Zeitfragen aufklärt, sie zur selbständigen Vertretung ihrer Weltanschauung und zur Bekämpfung gefährlicher, verwirrender Tendenzen der Gegenwart befähigt, sie über ihre Fraueninteressen und die Interessen der katholischen Familie und der katholischen Jugend unterrichtet und zur Wahrung derselben anleitet und endlich ihnen die großen Richtlinien für die Lösung der allgemeinen Frauenfragen im Sinne des Katholizismus vorzeichnet."[134]

So wie Dransfeld eine eindeutige Trennung von „allgemeinen Frauenfragen" und Standesfragen für nicht möglich hielt, so lehnte sie es auch ab, „Frauenfragen" von politischen Fragen zu trennen. Der Volksverein bestand dagegen auf einer solchen Trennung, um die politische Betätigung des KFB zu begrenzen und tat den Protest des KFB gegen die Beschlüsse des Volksvereins als „frauenrechtlerische Bedenken" ab.[135] Dabei beanspruchte der Volksverein auch die Entscheidungskompetenz und -macht, um die Zuständigkeiten der Organisationen festzulegen. Seinen Vorstellungen entsprach es, daß sich der KFB als „eigentliche Frauenorganisation" um „spezifische Frauensachen" kümmern sollte, während es dem Volksverein als „politischem Verein" oblag, die politische Organisierung und Schulung der Katholikinnen zu übernehmen.[136]

Die Festlegung auf „Frauenfragen" und „frauenspezifische Tätigkeiten" hatte eindeutig Abgrenzungs- und Legitimationsfunktion für beide Organisationen, jedoch aus verschiedenen Gründen. Für den KFB war die Zuständigkeit in „Frauenfragen" die Legitimation für die Existenz als katholische Frauenbewegungsorganisation überhaupt, und vor allem: Politische Fragen standen nicht im Widerspruch zu „Frauenfragen", sondern waren deren Bestandteil, „Frauenpflicht", wie Dransfeld betont hatte. Um zu dokumentieren, daß auch die politische Arbeit zu den Aufgaben des KFB gehörte, planten die Frauen sogar, diesen Anspruch in seine Satzung aufzunehmen, verwarfen aber aus nicht bekannten Gründen diese Absicht bald wieder.[137]

Dem Volksverein diente die Konstruktion „eigentliche Frauenfragen" im wesentlichen dazu, seine Organisationspläne zu rechtfertigen und zugleich den Ausschluß des KFB von politischen Tagesfragen zu begründen. Würde die gewünschte Arbeitsteilung akzeptiert, bedeutete das, daß der Volksverein mit seinen Plänen gar nicht in die Kompetenzen des KFB eingriff. Einwände des Frauenbundes könnten dann als sachlich unbegründet abgewiesen werden. Der Volksverein versuchte daher, in einer „Gemeinsamen Erklärung"[138], mit der der Konflikt öffentlich beigelegt werden sollte, die angestrebte Aufgabenbegrenzung des KFB festzuschreiben. Verhandlungsgrundlage wurde der Entwurf von Heinrich Brauns[139], nachdem die Vorlage des KFB von den Vertretern des Volksvereins rasch als zu einseitig und unklar verworfen wurde. Erwartungsgemäß fehlt in der Volksvereinsvorlage der Hinweis auf eine politische Betätigung des Frauenbundes:

„Der Volksverein erblickt in dem Frauenbund diejenige Organisation, welche berufen ist, die Frauen aufzuklären und zu schulen für die Entfaltung der dem Frauengeschlechte eigenen Kräfte und Anlagen der Frau als Einzelpersönlichkeit, als Gattin und Mutter der Familie, als erwerbstätige Angehörige eines Berufsstandes, als Mitglied der Gesellschaft, der sie caritative und soziale Arbeit schuldet, besonders zu Gunsten der hilfsbedürftigen oder erwerbstätigen Geschlechtsgenossinnen."[140]

In der Verhandlung um die „Gemeinsame Erklärung" billigte der Vorstand des KFB schließlich dem Volksverein die Priorität in parteipolitischen Fragen zu, ohne damit grundsätzlich den Anspruch aufzugeben, die Arbeiterinnen zu organisieren und politisch zu schulen.[141] An einem weiteren wichtigen Punkt hatte der KFB nachgegeben: Man hatte erklärt, daß „vorläufig" kein Einspruch gegen die „Organisierung von Frauen im Volksverein unter dem Gesichtspunkte der parteipolitischen Arbeit" erhoben würde.[142] Hedwig Dransfeld machte denn auch deutlich, daß sie das Ergebnis der Verhandlung als unbefriedigend empfand, da der Volksverein im wesentlichen bei seinen Forderungen geblieben sei.[143] Angesichts dieser Einschätzung liegt die Vermutung nahe, daß der zwischen Volksverein und KFB ausgehandelte Kompromiß weniger Kompromiß als ein Nachgeben des Frauenbundes war.

Das Nachgeben im Bemühen, den Konflikt beizulegen, legt einmal mehr den Zwiespalt offen, in dem sich die Frauen befanden. Wiederholt war im KFB diskutiert worden, daß Frauen in zunehmendem Maße politisch arbeiten müßten, auch hatte Hedwig Dransfeld öffentlich erklärt, daß Frauen zwangsläufig ihre Interessen politisch durchsetzen müßten, da die weiblichen Lebenszusammenhänge immer mehr von politischen Entscheidungen betroffen seien.[144] Trotzdem blieb diffus, wie und in welchen Bereichen politisch gearbeitet werden sollte. Wohl wissend, daß er sich mit einem Anspruch auf partei- und tagespolitische Arbeit auf Kollisionskurs mit den Vertretern des politischen und sozialen Katholizismus, dem Episkopat und auch mit traditional-kirchlich orientierten Frauen begeben würde, sah sich der KFB gezwungen, politische Neutralität zu erklären und sich endgültig auf die Bildungsarbeit zu beschränken:

„1. Der Bund als solcher ist politisch neutral, also keiner politischen Partei angeschlossen.
2. Der Bund als solcher hält sich von jeder direkten politischen Agitation fern, möge es sich um das Eintreten für große parteipolitische Programme oder um die Kleinarbeit des politischen Lebens handeln. Er beteiligt sich also nicht an der Werbearbeit für eine bestimmte Partei, er nimmt offiziell nicht teil an parteipolitischen Versammlungen und Kundgebungen, er leistet keine parteipolitischen Dienste usw.
3. Die allgemeine wissenschaftliche und populäre Behandlung von sozialpolitischen und staatsbürgerlichen Materien wird dadurch nicht berührt. Vielmehr hält es der Katholische Frauenbund für eine in der Gegenwart besonders dringliche Aufgabe, seine Mitglieder auf den genannten Gebieten zu schulen, damit sie jederzeit den neuen Forderungen der Jugenderziehung, der gesellschaftlichen Einwirkung und der Vereinstätigkeit gewachsen sind."[145]

Die Erklärung der parteipolitischen Neutralität war zwar ganz im Sinne von Volksverein und Zentrumspolitikern und dürfte vor allem den Vorstellungen des Episkopats Rechnung getragen haben. Widerstand gegen den ausgehandelten Kompromiß regte sich jedoch bei den Zweigvereinen des Frauenbundes. Auf dem „Westdeutschen Frauentag", einer Versammlung der Vorstände westdeutscher Zweigvereine des KFB, an der auch Geistliche Beiräte teilgenommen hatten, wurde der Kompromiß als „schwere Schädigung" des Frauenbundes bewertet. Allerdings bezog sich der Protest nicht auf die politische Einschränkung, sondern darauf, daß gegen die Organisation von Frauen im Volksverein keine Einwände mehr erhoben wurden. Mit großer Mehrheit lehnten die Teilnehmerinnen des Frauentages das Verhandlungsergebnis ab und bestanden darauf, daß der KFB allein die Organisierung von Frauen übernehme.[146] Der Zentralvorstand beschloß daraufhin einstimmig, den Kompromiß nicht zu realisieren und stattdessen - auf Anraten der Bischöfe Schulte und Kopp - die Bischofskonferenz einzuschalten.[147] Dem Volksverein gegenüber begründete der KFB seine Entscheidung damit, daß er „es nach Kenntnisnahme der neuen Lage nicht auf sich nehmen (kann), den Zweigvereinen den Kompromiß wider Willen aufzuzwingen und dadurch nicht allein das Vertrauen derselben zu erschüttern, sondern auch Uneinigkeit in die eigenen Reihen zu tragen."[148] Dem Volksverein wurde anheimgestellt, sich gleichfalls an den Episkopat zu wenden, was der Vorstand jedoch ablehnte.[149]

Folgt man den Ausführungen des Volksvereins, dann war die Ablehnung des Verhandlungsergebnisses durch Frauenbundsmitglieder von vielschichtigen Interessen überlagert und die Einheit der katholischen Frauenbewegung durch die Frauen selbst bedroht. Sowohl Ellen Ammann als Vorsitzende des Bayerischen Landesverbandes, als auch „der Osten", also der integral orientierte Ostdeutsche Landesverband, hätten mit „Separation" gedroht, wenn der Kompromiß angenommen worden wäre.[150]

Die Entscheidung des Frauenbundes, den Episkopat um Vermittlung zu bitten[151], dürfte zwiespältig gewesen sein. Angesichts dessen, daß der Episkopat bereits deutlich eine politische Betätigung des KFB abgelehnt hatte, konnten die Frauen nicht erwarten, daß die Bischöfe sie diesbezüglich gegen den Volksverein unterstützen würden. Die Einbeziehung des Episkopats führte auch nicht dazu, den Konflikt rasch zu beenden. Stattdessen verschärfte sich die Kontroverse zwischen den beiden Organisationen, da von seiten der Bischöfe die Unterstützung des KFB mit dem Versuch verbunden wurde, den Volksverein zu disziplinieren. Die belastete Beziehung zwischen Volksverein und Episkopat, hauptsächlich bezogen auf die integral orientierten Bischöfe, beeinflußte entscheidend den weiteren Verlauf der Kontroverse.

4. Ein fragwürdiger Ausgleich der Interessen: Die Politik der Fuldaer Bischofskonferenz

Die Schwierigkeiten zwischen dem Volksverein und der Fuldaer Bischofskonferenz begannen 1902, nachdem der Volksverein beschlossen hatte, die Christlichen Gewerkschaften zu unterstützen.[152] Das Kernproblem der konflikthaften Beziehung bestand darin, daß der Volksverein die kirchliche Autorität in Wirtschafts-, Staats- und Gesellschaftsfragen ablehnte. Daher waren seit 1902 August Pieper und die Mitarbeiter der Zentralstelle des Volksvereins vor allem den Angriffen von Kardinal Kopp und Bischof Korum ausgesetzt, die versuchten, „mit der Macht ihres bischöflichen Amtes, den Klerus zur Ablehnung des Volksvereins zu bewegen".[153] Die folgenden Jahre waren geprägt von Versuchen, den Volksverein enger an die kirchliche Autorität zu binden und Einfluß auf Tätigkeit, Finanzen, Personalplanung und -politik zu bekommen. Gleich den Christlichen Gewerkschaften befürchtete der Volksverein wiederholt eine Verurteilung oder gar ein Verbot durch Rom, obwohl eine Existenzgefährdung - neueren Forschungserkenntnissen zufolge - nie ernstlich bestanden hat.[154] 1908 hatte der Volksverein zunächst einen Versuch der Bischöfe, die Kontrolle zu verstärken, erfolgreich abgewehrt.[155] Auf Veranlassung des Hildesheimer Bischofs Bertram bemühte sich der engere Vorstand des Volksvereins dennoch um eine Verständigung mit dem Episkopat und erklärte sich bereit, auf der Bischofskonferenz nähere Auskünfte über die Verhältnisse und die Verwendung der Vereinsmittel zu geben.[156]

Von besonderer Bedeutung ist die Bischofskonferenz vom 6. August 1909, die anläßlich des Eucharistischen Kongresses in Köln stattfand. Der Episkopat verabschiedete seinerzeit drei Leitsätze, auf die sich Kopp später im Zusammenhang mit der Kontroverse zwischen Volksverein und KFB wiederholt stützte. In den Leitsätzen wurde eine enge Bindung des Volksvereins an den Episkopat „gewünscht", die auch eine Kontrolle des Vereinsvermögens ermöglichen sollte. Gefordert wurde des weiteren die Mitsprache in allen „wichtigen Angelegenheiten", ohne zu konkretisieren, was darunter zu verstehen sei:

„a) Der deutsche Episkopat hat zu der Leitung des katholischen Volksvereins das Vertrauen, daß sich die Tätigkeit desselben genau den in den Statuten enthaltenen Grundsätzen anschließen will.

b) Der deutsche Episkopat muß wünschen, daß die Zentralverwaltung des katholischen Volksvereins, auch bezüglich des Vereinsvermögens, in dauernder Fühlung mit ihrem Ordinarius stehe.

c) Der deutsche Episkopat vertraut darauf, daß die Diözesanvertreter des katholischen Volksvereins von allen wichtigen Vorgängen und Veranstaltungen die zuständigen Ordinarien verständigen."[157]

Während Brack und Heitzer den episkopalen Beschluß als Vertrauensbeweis an den Volksverein werten, der ausgesprochen werden sollte, um integrale Angriffe zu beenden, betont Loth überzeugend die Kontrollabsichten der Bischöfe, vor allem von Kardinal Kopp, der die Leitsätze initiiert hatte.[158] Die Leitsätze der Bischofskonferenz wurden seinerzeit nicht veröffentlicht, auch eine Weitergabe des Beschlusses durch den zuständigen Diözesanbischof, Kardinal Fischer, unterblieb. Loth vermutet, daß Fischer den Beschluß sogar für so brisant hielt, „daß er es nicht wagte, ihn dem Vorstand des Volksvereins im Wortlaut mitzuteilen". Der Volksverein erhielt somit offiziell nie Kenntnis von den Leitsätzen.[159]

Auch nach dem 56. Katholikentag, der 1910 in Breslau abgehalten wurde, zeigte sich deutlich das intrigante Verhalten des Fürstbischofs. Während Kopp im Verlauf des Katholikentages dazu aufgefordert hatte, sich dem Volksverein anzuschließen und dies sogar im kirchlichen Amtsblatt verkünden wollte[160], unternahm er nach dem Katholikentag alles, um eine Ausbreitung des Volksvereins in seiner Diözese zu verhindern.[161] Als einige Geistliche in der Diözese den Volksverein dennoch unterstützten, verfügte Kopp am 16. März 1910, daß die Gründung von Zweigvereinen des Volksvereins nach dem Beschluß vom 6. August 1909 zu den „wichtigen Vorgängen" gehörten, und er daher vor der Gründung informiert werden müsse. Inoffiziell gab Kopp seinem Mitstreiter Korum unmißverständlich zu verstehen, daß er in allen Fällen die Zustimmung zur Gründung verweigern werde und „renitente Geistliche" suspendieren werde.[162]

Ob bzw. wie stark das Handeln Kopps tatsächlich von der Sorge um den „katholischen Glauben" und die „katholischen Prinzipien" geleitet war, wie Brack vermutet[163], kann und soll im Rahmen dieser Studie keiner Wertung unterzogen werden. Der von Heitzer angedeutete Wandel vom „drohenden zum versöhnlichen, friedensbereiten Fürstbischof Kopp"[164] überzeugt allerdings wenig, bedenkt man die anhaltende Ablehnung der Christlichen Gewerkschaften und des Volksvereins. Der mögliche Wandel in der Haltung Kopps war jedenfalls in der Praxis kaum wahrnehmbar, blieb doch die Situation in Schlesien mehr oder weniger unverändert. Die Führung des Volksvereins stellte sich daher darauf ein, „die unbefriedigenden schlesischen Zustände" bis zum Tode Kopps weiter zu ertragen.[165]

Wenn auch Kopp und Korum als die Hauptwidersacher des Volksvereins gelten dürfen, so ist doch unübersehbar, daß auch weitere Mitglieder des

Episkopats daran interessiert waren, den Volksverein stärker zu kontrollieren. Deutlich wurde dies, als auch nach dem Tode Kopps (1914) die Versuche der Bischöfe anhielten, entsprechenden Einfluß zu bekommen. Besonders in den Jahren 1916 bis 1918 verschlechterte sich das Verhältnis zwischen Volksverein und Episkopat erheblich, da die Bischöfe zum wiederholten Male darauf bestanden, die Personalplanung und -politik des Volksvereins mitzubestimmen, was letztlich auf eine Überprüfung der politischen Gesinnung der beim Volksverein angestellten Geistlichen hinauslief.[166]

Die kontroverse Auffassung zur Wahlrechtsfrage führte 1917 zu einer weiteren Verschlechterung des Verhältnisses zwischen Episkopat und Volksverein. Die Bischofskonferenz, die die Volkssouveränität ablehnte, warf dem Volksverein vor, mit der Befürwortung des gleichen Wahlrechts - für Männer wohlbemerkt, für das Frauenstimmrecht setzte sich der Volksverein nicht ein - die konfessionelle Schule und „kirchliche Freiheiten" zu gefährden.[167] Die Zuspitzung der Krise im Jahre 1918 wurde schließlich das auslösende Moment für den Rücktritt August Piepers als Generaldirektor.[168] Die engere Bindung des Volksvereins an die kirchliche Autorität, Anlaß für die erwähnte Krise, wurde letztlich realisiert, als der Volksverein 1928 in die „Katholische Aktion" eingegliedert wurde.[169]

Besondere Beachtung verlangt das Verhältnis zwischen dem Volksverein und Bischof Felix von Hartmann. Da die Fuldaer Bischofskonferenz von Hartmann mit der Vermittlung im Konflikt zwischen Frauenbund und Volksverein beauftragte[170], kam von Hartmann eine Schlüsselfunktion zu, bei der seine Distanz zum Volksverein nicht ohne Bedeutung geblieben sein dürfte.

Mit dem Tode Kardinal Fischers im Jahre 1912 hatte der Volksverein einen seiner wichtigsten Befürworter im Episkopat verloren. Auf den vakanten Kölner Bischofsstuhl wurde Felix von Hartmann, bis dahin Bischof von Münster, berufen.[171] Im Gegensatz zu Fischer unterstützte von Hartmann das Unabhängigkeitsbestreben gegenüber kirchlicher Autorität nicht. Bereits während seines Antrittsbesuchs, den er als zuständiger Diözesanbischof am 25. August 1913 dem Volksverein abstattete, hatte sich von Hartmann von Fischers Position abgegrenzt. So versicherte von Hartmann dem Volksverein zwar sein „Wohlwollen", doch nur „insoweit er in engster Fühlung mit dem Episkopat arbeite." Als in der Presse wiedergegeben wurde, von Hartmann bringe dem Volksverein „das gleiche Wohlwollen" wie sein Vorgänger entgegen, protestierte der neue Kölner Bischof energisch: „Ew. Hochwohlgeboren", teilte er Carl Trimborn mit, „werden ... es gewiß höchst unfair finden ..., daß auf diese Weise der Versuch gemacht wurde, mich im Handumdrehen auf die Politik meines Vorgängers festzulegen."[172]

Felix von Hartmann vertrat wohl die Position, daß der Volksverein zu erhalten sei, stellte aber die Bedingung, den Einfluß der Kirche zu stärken. Er ging davon aus, daß der Volksverein seine Aufgaben nur erfüllen könne, „wenn er von der kirchlichen Autorität getragen ist und somit der kirchlichen Autorität in entsprechender Weise sich unterstelle. Anderenfalls wird er ein Staat im Staate, bzw. eine Kirche in der Kirche sein"[173], warnte von Hartmann den Vorsitzenden der Bischofskonferenz. Von Hartmann hielt es daher für die Aufgabe des Episkopats „zu bestimmen, wie die Aufgaben des Volksvereins abzugrenzen sind, und welche Mittel zur Erfüllung dieser Aufgaben geeignet bzw. opportun erscheinen."[174]

Angesichts des deutlich bekundeten Mißtrauens ist nicht verwunderlich, daß der Kardinal den Konflikt um die Organisierung katholischer Frauen benutzte, um dem Volksverein nachzuweisen, daß eine stärkere episkopale Kontrolle gerechtfertigt sei. Im Verständnis von Hartmanns ging es dem Volksverein um eine Machterweiterung, die verhindert werden sollte.[175] Die Werbung um die Mitgliedschaft katholischer Frauen war ihm dabei ebenso Indiz für seine Vorwürfe wie der Verlauf der Konferenz der Christlich-nationalen Bewegung Deutschlands, einem Zusammenschluß interkonfessionell orientierter Kräfte des sozialen Katholizismus, im Oktober 1913.[176]

Die Denkschrift des Frauenbundes vom 3. März 1913 war der Sozialen Kommission der Bischofskonferenz zur Beurteilung vorgelegt worden. In dem erstellten Gutachten[177] bezogen sich die Mitglieder der Kommission auf eine Versammlung der Fuldaer Bischofskonferenz vom 23. August 1911, auf der die Problematik der Konkurrenz innerhalb des katholischen Vereinswesens aufgegriffen worden war: Geistlichen und Laien, die mit Aufgaben der „Volkswohlfahrt, des wirtschaftlichen Lebens, der Standesvereine und der Fürsorgearbeit oder Wohltätigkeit" befaßt waren, wurde „dringend empfohlen, hier 1. auf die kirchlicherseits anerkannten oder empfohlenen bestehenden Vereinigungen und deren Tätigkeit entgegenkommend Rücksicht zu nehmen und deren Arbeitsfreudigkeit und Vertrauen nicht durch eine Art Konkurrenzarbeit zu stören".[178] Auf der Grundlage dieses Beschlusses kam die Soziale Kommission zu folgendem Vorschlag:

„Der Episkopat wolle an den Volksverein auf solange, als
1. die Klärung in der dargelegten Differenz und
2. die Verständigung über die Abgrenzung und das Zusammengehen der beteiligten Organisationen unter Billigung des Episkopates nicht erzielt ist, die Anforderung stellen, seine begonnene Aufklärungs-, Schulungs- und Werbearbeit nur an den Orten und in dem Um-

fange auszuüben, in denen weder vom Katholischen Frauenbunde noch von den Ortsgeistlichen (bzw. von dem Bischöflichen Ordinariate) Einspruch erhoben wird."[179]

In der Begründung des Vorschlags fällt die vorsichtige Argumentation der Kommissionsmitglieder auf. Zwar sah die Kommission den Volksverein in der Pflicht, sich an die Beschlüsse der Bischofskonferenz zu halten[180], doch vermied man eine klare Beurteilung und Festlegung:

„Andererseits glaubt die Soziale Kommission, daß in dieser außerordentlich diffizilen und weitgreifenden Frage heute noch nicht so feste und apodiktische Weisungen erfolgen können, wie es an sich und angesichts der rastlosen Werbetätigkeit des Volksvereins wünschenswert wäre. Im Interesse der Stellung des Episkopates möchte die Soziale Kommission es vermeiden, Thesen aufzustellen, die vielleicht schon in nächster Zeit sich als abänderungsbedürftig erweisen. Es möge der Sozialen Kommission gestattet bleiben, so bedächtig vorzugehen, wie sie seither im Bewußtsein ihrer Unterordnung unter die Gesamtheit der Fuldaer Konferenz stets vorgegangen zu sein glaubt."[181]

Die Interessenlage der Kommission ist anhand der ausgewerteten Quellen nicht eindeutig zu bewerten. Wahrscheinlich dürfte sein, daß die Kommission, deren positive Haltung zum Volksverein bekannt war[182], kein Interesse daran hatte, diesen zu disziplinieren. Dabei mag eine Rolle gespielt haben, daß man die aktuelle Auseinandersetzung im Katholizismus in der Folge der „gewerkschaftsfreundlichen Umdeutung"[183] der päpstlichen Enzyklika Singulari quadam nicht verschärfen wollte. Die Enzyklika war auf dem Essener Gewerkschaftskongreß gegen die Intention des Papstes im Sinne einer Stärkung der Christlichen Gewerkschaften interpretiert worden, was weitere Angriffe seitens der Integralen gegen die Christlichen Gewerkschaften nach sich zog.[184] Es hätte als Stärkung der Integralen interpretiert werden können, wäre dem Volksverein zu diesem Zeitpunkt von der Bischofskonferenz die Organisierung und Schulung der Frauen verboten worden. Daher ist denkbar, daß die Soziale Kommission beabsichtigte, mit ihrem Kompromißvorschlag den integralen Kräften die Basis für neue Angriffe zu entziehen.

Kardinal Kopp ging der Vorschlag der Sozialen Kommission nicht weit genug.[185] In einem Gegenvorschlag kritisierte er die Empfehlungen der Sozialen Kommission, weil damit das Vorgehen des Volksvereins durch den Episkopat gebilligt und anerkannt würde und so eine endgültige Entscheidung präjudiziert werde.[186] Der Vorsitzende der Bischofskonferenz bezog sich in seinem Gegenvorschlag auf die Resolution vom 6. August 1909, aus der er die Oberaufsicht des Episkopats über den Volksverein ableitete. Kopp kritisierte, daß der Volksverein die kirchliche Autorität mißachtet habe. Der Volksverein habe nach dem Beschluß vom 6. August 1909 die Pflicht, Mitteilung über alle „wichtigen Vorgänge und Veranstaltungen" zu machen. Er, Kopp, sei aber über die Absicht des Volksvereins, die Organisierung katholischer Frauen zu betreiben, gar nicht informiert worden.[187] Kardinal Kopp schlug vor, daß bis zu einer endgültigen Klärung durch die Bischofskonferenz der Volksverein seine Werbearbeit um die Mitgliedschaft der Frauen völlig einstellen solle. Als im Episkopat dieser Vorschlag keine Mehrheit fand, teilte Kopp den Bischofskollegen mit, daß er nunmehr dem Frauenbund raten werde, „sich an die einzelnen Ordinariate um Schutz zu wenden". Gleichzeitig kündigte er an, daß er „gegen die Werbearbeit des Volksvereins nunmehr, da sie bereits an zwei Stellen" seiner Diözese eingesetzt habe, vorgehen werde.[188]

In Anbetracht der jahrelangen Versuche Kopps, die Arbeit des Volksvereins zu behindern und die Organisation in seiner Diözese gar nicht erst zuzulassen, muß angenommen werden, daß die Kontroverse um die Organisierung der Frauen dem Kardinal willkommener Anlaß war, die Ausbreitung des Volksvereins, zumindest in seiner Diözese, erneut zu blockieren. Vor dem Hintergrund, daß Kopp den Konflikt taktisch nutzte, um den Volksverein zu disziplinieren, wird die Wertschätzung, die der Kardinal dem Frauenbund entgegenbrachte, höchst fraglich. In seiner Begründung ließ Kopp zudem keinen Zweifel daran, daß die Unterstützung des KFB gegen die Ansprüche des Volksvereins keineswegs als bischöfliche Unterstützung der Politisierungsbestrebungen des KFB anzusehen war. Offensichtlich war dem Fürstbischof klar, daß politisch geschulte Frauen mehr Rechte einfordern könnten; in der Logik seiner integralen Sichtweise schien ihm denn auch eine religiöse statt politische Schulung für Frauen adäquat zu sein:

„Das sicherste Mittel gegen die Sozialdemokratie ist die religiöse Schulung, die Förderung des religiösen Sinnen, die mittelbar auch im Frauenbunde gepflegt wird. Noch größer aber ist die Gefahr, die katholische Frauenwelt durch die beabsichtigte sozial- und parteipolitische Schulung den Frauenrechtlerinnen zuzuführen."[189]

Nachdem im Episkopat eine rasche und eindeutige Klärung zur Organisierungsfrage nicht zu erreichen war, standen die folgenden Monate unter dem Zeichen ständiger Spekulationen über die erwartete Entscheidung der Bischofskonferenz. Wiederholt wurde die Sorge geäußert, daß der Episkopat letztlich dem Volksverein die Organisierung der Frauen doch verbieten würde. Um eine solche Entscheidung abzuwenden, unternahm der Volksverein zahlreiche Versuche, um die Entscheidung der Bischofskonferenz zu beeinflussen.[190] Carl Trimborn, Interessenvertreter von Volksverein und Zentrumspartei in einer Person, kam dabei eine Vermittlungsrolle zwischen Kardinal von Hartmann und der Volksvereinsleitung zu.[191] Sowohl Trimborn als auch Vertreterinnen des Frauenbundes versuchten, den Kardinal für die jeweilige Position zu gewinnen, zum Vorteil des KFB. Der Kardinal bekundete wiederholt, daß er in der Organisierungsfrage auf der Seite des Frauenbundes stehe und vom Volksverein erwarte, daß dieser „in der Schulung der Frauen seine von allen anerkannte und bewährte Mitarbeit leiste."[192] Trimborn lehnte ein derartiges Ansinnen mit der Erklärung ab, daß sich der Volksverein nicht unter das „Regiment" des Frauenbundes begeben könne.[193]

Dem Volksverein lag jedoch sehr daran zu verhindern, daß ihm die Organisation katholischer Frauen verboten werde. Er schwächte deswegen seine Pläne ab, um die episkopale Zustimmung doch noch zu erhalten. So schlug August Pieper vor, Frauen lediglich als Abonnentinnen des seit Januar 1913 herausgegebenen Frauenheftes des Volksvereins zu sammeln, was aber bald als unzureichend verworfen wurde.[194] Ebenso verworfen wurde der Kompromißvorschlag Heinrich Brauns, Frauen nicht als Mitglieder zu werben, sondern nur als „Teilnehmerinnen".[195] Zu Verhandlungen über die modifizierten Pläne kam es nicht, da der Frauenbund jeglichen Kontakt zum Volksverein bis zu einer Entscheidung der Bischofskonferenz ablehnte.[196]

Die Bischofskonferenz beschloß schließlich, daß der Volksverein sich „einstweilen jedweder Organisation der Frauen zu enthalten" habe. Bezugnehmend auf den Beschluß der Bischofskonferenz vom 6. August 1909 teilte Kardinal von Hartmann dem Generaldirektor des Volksvereins, August Pieper, das Ergebnis aus Fulda mit und forderte dazu auf, in weiteren Verhandlungen zu einer „friedlichen Verständigung" zwischen den Organisationen zu kommen sowie über die Vermögenslage des Volksvereins Rechenschaft abzulegen.[197] Diese Auflagen zeigen unmißverständlich, daß der Episkopat seine „Vermittlungsfunktion" in der Kontroverse benutzte, um einen stärkeren Einfluß auf den Volksverein zu bekommen, unabhängig vom eigentlichen Anlaß der Kontroverse. Trotz der Beschränkungen durch die kirchliche Autorität, die offenbar heftige Empörung hervorgerufen hatte[198], schlug man dem Kardinal gegenüber in der Antwort einen versöhnlichen Ton an. Der Gesamtvorstand des Volksvereins bestätigte die bischöflichen Forderungen, allerdings mit Einschränkungen. Zugesagt wurde die Bereitschaft, „mit dem hochwürdigsten Episkopat die gewünschte dauernde Fühlung zu halten" und einen Bericht über die finanzielle Situation vorzulegen. Zum vorläufigen Verbot, Frauen zu organisieren, äußerte sich der Volksverein in seinem Schreiben an Kardinal von Hartmann nicht. Man erbat lediglich die „wohlwollende Fürsorge" des Erzbischofs bei den weiteren Verhandlungen mit dem Ziel, „durch die Frauenfrage keine Trübung und Lähmung der freudigen Tätigkeit im Volksverein" herbeizuführen.[199]

Da der Volksverein weiterhin Frauenversammlungen abhielt, wandte sich der KFB erneut an ihren Diözesanbischof. Um die Position des Frauenbundes zu stärken, gestattete von Hartmann der KFB-Zentrale, die Stellung der Bischofskonferenz in folgender Weise in der Vorstandskorrenzpondenz zu veröffentlichen: „Die Bischofskonferenz nimmt grundsätzlich den Standpunkt ein, daß die Organisation der katholischen Frauen den bestehenden katholischen Frauenvereinen und Frauenverbänden vorzubehalten ist."[200] Bald darauf zog von Hartmann die Zustimmung wieder zurück, weil „von anderer Seite Bedenken geäußert worden" waren, wie der Geistliche Beirat Lausberg mitteilte. „Se. erzbischöfliche Gnaden" sei aber bereit, den Volksverein nochmals an die Einhaltung des Beschlusses der Bischofskonferenz zu erinnern.[201] Der Kardinal forderte daraufhin den Vorsitzenden des Volksvereins, Franz Brandts, auf, „gefälligst (dafür) Sorge tragen zu wollen, daß der Volksverein seine Werbetätigkeit unter den Frauen solange einstellt, bis eine Verständigung zwischen ihm und dem Frauenbunde erzielt ist. Andernfalls würden die bezüglichen Verhandlungen, mit deren Führung ich den Herrn Seminarpräses Msgr. Dr. Lausberg beauftragt habe, nur erschwert werden."[202] Tatsächlich beabsichtigte der Volksverein auch nicht, seine Werbekampagne um die Mitgliedschaft der Frauen völlig einzustellen. Franz Brandts wollte dies nicht als „Mangel an Achtung vor der bischöflichen Weisung" verstanden wissen, sondern begründete das Vorgehen des Volksvereins damit, daß eine entsprechende Anordnung bei den Geschäftsführern und Vertrauensmännern Verwirrung hervorgerufen hätte. Vor allem aber wollte man den Eindruck verhindern, es handele sich um ein „absolutes Verbot des gesamten deutschen Episkopates".[203]

Die Stellungnahme der Bischofskonferenz brachte die Organisationen dazu, wieder an den Verhandlungstisch zurückzukehren, offenbar auch auf die Intervention Peter Lausbergs hin. Dieser hatte im Dezember Heinrich Brauns vertraulich Vorschläge des Frauenbundes zur Abgrenzung der Aufgabenbereiche zugeschickt und an Brauns appelliert, „daß Sie als überlegene Männer mit dem starken Apparate des Volksvereins dem schwächeren Teile ruhig einige Avancen bzw. Conzessionen bieten" könnten, um den „Zwist" zu beenden.[204] In sogenannten „Ausgleichsvorschlägen" forderte der Frauenbund, daß der Volksverein grundsätzlich darauf verzichten müsse, weibliche Mitglieder aufzunehmen und entwickelte dezidierte Vorstellungen, unter welchen Voraussetzungen er dennoch zu einer Zusammenarbeit bereit sei.[205]

Die „Einigungskonferenz" kam am 2. März 1914 zustande. Hedwig Dransfeld, Minna Bachem-Sieger, Isabella von Carnap und Albertine Badenberg vertraten den Frauenbund. Carl Trimborn, der Geistliche Rat Schäfers als Mitglied des engeren Vorstands und Heinrich Brauns von der Zentralstelle nahmen die Interessen des Volksvereins wahr, Peter Lausberg führte den Vorsitz. Die Vereinbarungen, die während der Konferenz getroffen wurden, wurden jedoch von den Vorständen der beiden Organisationen nicht sanktioniert[206], so daß sich die endgültige Beilegung zum wiederholten Male um Monate hinauszögerte. Auf der Seite des Volksvereins hatte vor allem August Pieper beanstandet, daß die Verhandlungspartner des Volksvereins dem KFB zu weitgehende Konzessionen gemacht hätten.[207] Im Frauenbund war es Ellen Ammann, die das Verhandlungsergebnis punktuell ablehnte. Sie zog Änderungswünsche jedoch zurück, nachdem ihr verdeutlicht wurde, daß weitergehende Forderungen gegenüber dem Volksverein nicht durchzusetzen seien.[208]

Der KFB-Vorstand billigte schließlich aufgrund dieser Einschätzung die Abmachungen vom 2. März 1914 doch noch[209], wogegen der Volksverein weitere Modifizierungen durchsetzte. Er begründete dies damit, daß er sich seine Arbeitsgebiete bei der Frauenwelt nicht so eng begrenzen lassen könne.[210] Dennoch hatten die Vereinbarungen Einschränkungen für beide Seiten gebracht. Seine weitestgehende Forderung konnte der KFB nicht durchsetzen: Der Volksverein verzichtete nicht grundsätzlich darauf, auch Frauen zu organisieren. Bezüglich einer weiteren Forderung war der KFB erfolgreich, da sich der Volksverein verpflichtete, nicht systematisch um die Mitgliedschaft von Frauen zu werben. Auch erklärte er sich bereit, keine Frauenversammlungen abzuhalten, es sei denn, es handele sich um Gegenveranstaltungen zu öffentlichen sozialdemokratischen Frauenversammlungen. Weiterhin erkannte der Volksverein an, daß die „allgemein geistige Aufklärung und Schulung der Frauenwelt, insbesondere in wirtschaftlichen, sozialpolitischen und staatsbürgerlichen Dingen (Bürgerkunde), sowie die wissenschaftliche Behandlung dieser Fragen, soweit sie in die Interessensphäre der Frauen treten", grundsätzlich zum Aufgabenbereich des Frauenbundes gehörten.[211]

Ausschlaggebend für die Entscheidung des KFB, die modifizierten Verhandlungsergebnisse vom 2. März 1914 doch anzuerkennen, war schließlich die veränderte gesellschaftliche Situation durch den Ausbruch des Ersten Weltkriegs: „Wenn der Zentralvorstand trotzdem jetzt seine Zustimmung gibt, so geschieht es hauptsächlich aus dem Grunde, auch unter Opfern in einer großen und bedeutungsvollen Zeit jedes Hindernis einer Verständigung aus dem Wege zu räumen."[212]

5. Katholikinnen in Partei und Parlament: Die politische Umbruchphase 1918/19

Während der Kriegsjahre stand eine stärkere Beteiligung an tagespolitischen Fragen oder gar eine Integration in die Zentrumspartei im KFB nicht zur Diskussion. Auch zur politischen Schulung von Frauen fanden keine weiteren Auseinandersetzungen statt, weder verbandsintern noch mit dem konkurrierenden Volksverein. Das abzusehende Ende des Ersten Weltkriegs und die erkennbare politische Umbruchsituation veranlaßten indes den Zentralvorstand, die Stimmrechtsfrage im Oktober 1918 zu erörtern. Die Positionen in dieser Frage waren nach wie vor kontrovers. Der Geistliche Beirat der Kölner Zentrale, Subregens Bornewasser, bekundete, „ein scharfer Gegner des Frauenstimmrechts zu sein", Ellen Ammann, Minna Bachem-Sieger und Albertine Badenberg sprachen sich dafür aus, rasch eine Position für das Frauenstimmrecht zu beziehen, Hedwig Dransfeld fühlte sich an den Neutralitätsbeschluß zur Stimmrechtsfrage gebunden, und Baronin Kerkerink sprach sich völlig gegen das Frauenstimmrecht aus. Obwohl der Vorstand beschloß, die Frage vorläufig nicht öffentlich zu diskutieren[213], ergriff er noch im Oktober die Initiative, um die Frauenstimmrechtsfrage und eine Einbindung katholischer Frauen in die Parteipolitik mit der Zentrumspartei zu erörtern. Die Zentrumspartei reagierte auf die Anfrage des KFB gar nicht[214] und dachte offenbar zu diesem Zeitpunkt immer noch nicht daran, Frauen in die Partei einzubeziehen. Im Gegenteil: Der Reichsausschuß der Zentrumspartei wollte sogar Zentrumsfrauenorganisationen, die in einzelnen Städten entstanden waren, wieder auflösen.[215] Nachdem am 12. November 1918 der Rat der Volksbeauftragten das passive und aktive Wahlrecht für Männer und Frauen ab dem 20. Lebensjahr verkündete[216], konnte sich auch das Zentrum der neuen Realität nicht verschließen. Die Partei trat nun ihrerseits an den KFB heran und forderte zur Zusammenarbeit auf.[217] Eine Verhandlung zwischen Frauenbund, weiteren katholischen Frauenorganisationen und dem Reichsausschuß der Zentrumspartei führte zu dem Ergebnis, daß der KFB die politische Schulung katholischer Frauen übernehmen sollte.[218]

Der KFB stellte sich sofort auf die neue Situation ein und entfachte eine umfassende Kampagne zur Wahlunterstützung der Zentrumspartei. Zunächst ging es darum, katholische Frauen für die Wahl zur Nationalversammlung am 19. Januar 1919 zu motivieren. In zahlreichen Aufrufen, Flugblättern, Artikeln und Versammlungen wurde über die neue Situation informiert und aufgefordert, von den neuen Rechten Gebrauch zu machen.

Gleich dem Zentrum baute der KFB seine Wahlpropaganda auf dem „Feindbild Sozialdemokratie" auf:

„Die Sozialdemokratie hat die alte Regierung gestürzt; aber die Neuerungen, die sie uns brachte, waren für uns nicht vom Segen begleitet ... In namenloser Entrüstung, aber zugleich im tiefsten Erzittern unserer Seele hören wir von Verordnungen die ... gegen Recht und Gesetz (erlassen werden): das Gebet soll aus unsern Schulen verschwinden, unsere Schulfeiern dürfen nicht mehr regliösen Charakter haben ... der Religionsunterricht ist kein Pflichtfach mehr ... Katholische Frau, deine heiligsten Güter sind bedroht. Du *mußt* sie schützen! Du *kannst* Sie schützen! *Nutze dein neues Recht!*"[219]

Um eine einheitliche Strategie für die Wahlhilfe zu gewährleisten, ging der KFB eine ungewöhnliche Allianz ein und gründete am 22. November 1918 eine „Politische Arbeitsgemeinschaft" mit dem Zentralverband der katholischen Jungfrauenvereinigungen Deutschlands und der Arbeitsgemeinschaft der Diözesanverbände katholischer Müttervereine.[220] Die Arbeitsgemeinschaft schloß ein weiteres Bündnis: Gemeinsam mit der „Vereinigung Evangelischer Frauenverbände Deutschlands"[221], wollte man „die gesamte christliche Frauenwelt Deutschlands für die Wahl zur Nationalversammlung" heranziehen. Das verbindende Interesse bestand darin, beim Aufbau des neuen Staates kirchliche Interessen durchzusetzen, aber auch, den Einfluß von Frauen „auf allen geeigneten Gebieten" zu sichern.[222] Möglich geworden war dieser Zusammenschluß durch die zuvor eingegangene Verbindung des KFB mit dem DEF, die dieser bereits im März 1918 angeregt hatte, um die Interessen der konfessionellen Frauenbewegungen gegenüber den Behörden zu stärken.[223] Bemerkenswert an beiden Abkommen ist, daß der KFB angesichts der politischen Umbruchsituation seine Berührungsängste gegen interkonfessionelle Verbindungen überwand. Zwar gab es im Rahmen des Nationalen Frauendienstes bzw. des „Vaterländischen Hilfsdienstes" bereits eine Zusammenarbeit, doch kam es nicht explizit zu schriftlichen Vereinbarungen. Faktisch blieben die Bündnisse mit den evangelischen Frauen allerdings bedeutungslos, jedenfalls sind in den Quellen keine Hinweise auf eine engere und anhaltende Zusammenarbeit dokumentiert.[224]

Nur von kurzer Dauer war auch die „Politische Arbeitsgemeinschaft" der katholischen Frauenverbände. Die Zusammenarbeit erwies sich als problematisch, da die politische Zielsetzung der Arbeitsgemeinschaft mit dem kirchlichen Charakter der Jungfrauen- und Müttervereine kollidierte. Da außerdem andere katholische Frauenorganisationen dem KFB unterstellten, mit dem neuen Bündnis den 1916 gegründeten „Zentralrat" unterlaufen zu wollen, beschloß der Zentralvorstand, die Arbeitsgemeinschaft wieder aufzulösen.[225]

Die Wahlhilfe für das Zentrum verstand der Frauenbund als selbstverständliche Pflicht, um den Einfluß der Katholiken beim Aufbau des neuen Staates zu sichern. Bewußt war auch, daß den Wählerstimmen der Frauen erhebliche Bedeutung zukam. Um seine Mitglieder möglichst umfassend für die Wahlen mobilisieren zu können, war eine direkte, unmittelbare Ansprache notwendig. Die Kölner KFB-Zentrale legte deswegen besonderen Wert darauf, die Vorsitzenden und Mitarbeiterinnen der Zweigvereine für die politische Arbeit zu gewinnen:

„Wir stehen vor der schwierigsten und verantwortungsvollsten Aufgabe, die einem Volke gestellt werden kann: dem Neuaufbau unserer Staatsform. *Zu dieser Neugestaltung Deutschlands werden auch wir Frauen berufen sein.* Mit diesem Recht wird eine *große, folgenschwere Pflicht* in unsere Hand gelegt: die Pflicht, die neue Staatsform unseres Vaterlandes so zu gestalten, daß sie eine Lebensform der Volksgemeinschaft auch im Sinne unserer katholischen Weltanschauung werde. Unsere Organisation, die große, machtvolle Vereinigung katholischer deutscher Frauen, muß es als dringendste Pflicht betrachten, die politische Aufklärung und Schulung ihrer Mitglieder in den Vordergrund eifrigster Wirksamkeit zu stellen. Alle Zweigvereine werden aufgerufen zur einmütigen Lösung der gestellten Aufgabe: *wirksame Vertretung der katholischen Weltanschauung durch die katholischen deutschen Frauen bei den kommenden Wahlen.*"[226]

Auch nach der Wahl zur Nationalversammlung wurde den Zweigvereinen alle nur denkbare Unterstützung zugesichert, um die neue Aufgabe der politischen Schulung bewältigen zu können. Im „Nachrichtenblatt", dem zentralen Mitteilungsheft für die Zweigvereine, wurden umfassende Informationen für die Schulungsarbeit gegeben: Hinweise auf Literatur zur politischen Schulung und Programmentwürfe sollten die Arbeit der Zweigvereine erleichtern, ebenso Mustervorträge, die für spezifische Zielgruppen und zu aktuellen Anlässen entwickelt wurden. Die Liste der potentiellen Redner und Rednerinnen wurde laufend aktualisiert, wobei bemerkenswerteweise die Anzahl der weiblichen Redner bei weitem überwog.[227] An der Kölner Zentrale wurde im Mai 1919 eine Referentin für die politische Bildung eingestellt, Dr. Emmy Wingerath. Sie stand den Zweigvereinen für die Durchführung von Schulungskursen zur Verfügung.[228]

Bei der politischen Schulungsarbeit ging es nicht nur um Wahlhilfe für das Zentrum. Vielmehr verstand der KFB die „staatsbürgerliche Schulung", die er ab 1919 sowohl an der Zentrale als in den Zweigvereinen aufbaute[229], als originäre Aufgabe weiblicher Bildungsarbeit. Die neue Schriftenreihe, die die „Abteilung für staatsbürgerliche Schulung" an der Kölner Frauenbundszentrale ab 1919 herausgab, unterstrich die Bedeutung, die der KFB der Schulungsarbeit beimaß. Die „Schriften zur staatsbürgerlichen Schulung" sollten dazu beitragen, daß katholische Frauen ihre Aufgaben und Pflichten als Staatsbürgerinnen wahrnehmen konnten. Darüber hinaus sollten fundierte Kenntnisse vermittelt werden, um katholische Frauen für eine politische Betätigung auf staatlicher oder kommunaler Ebene vorzubereiten. Die Herausgeberinnen der Schriftenreihe wählten deswegen bewußt den Begriff der „Staatsbürgerlichen Schulung", die die allgemeine politische Schulung bzw. Bildung als Teilgebiet einschloß.[230]

Der enthusiastisch anmutenden Aufbruchstimmung im KFB folgte bald eine Ernüchterung. Es zeigte sich, daß die alten Konflikte virulent waren und der Volksverein erneut den Anspruch erhob, die politische Schulung katholischer Frauen zu übernehmen. Auch hielt er sich nicht an die Vereinbarungen von 1914 und gründete in mehreren Städten Frauenabteilungen. Der KFB wies die Ansprüche entschieden zurück, ebenso die der Windthorstbunde, die beabsichtigten, die katholische weibliche Jugend zu organisieren und politisch zu schulen.[231] Dennoch kam es nicht mehr zu vergleichbaren Kontroversen wie 1912. Angesichts der formalen politischen Gleichberechtigung hatte die Diskussion um die politische Schulung an Brisanz verloren - dem KFB konnte grundsätzlich die politische Arbeit nicht mehr verweigert werden, im Gegenteil, zumindest als Wahlhelferinnen erhielten die Katholikinnen volle Unterstützung durch das Zentrum.

Im Januar 1919 setzte im KFB ein Klärungsprozeß über seine Stellung zur Zentrumspartei ein. Erörtert wurde die Frage, ob sich der KFB der Partei anschließen solle. Der Bayerische Landesverband des KFB hatte diese Entscheidung bereits getroffen, was bedeutete, daß die KFB-Mitglieder zugleich Mitglieder der Partei wurden. Der KFB-Zentralvorstand entschied sich gegen eine solche Regelung. Man wolle keinen „Parteizwang" auf seine Mitglieder ausüben und die Frauen, die dem Zentrum fernstünden, nicht als Mitglieder verlieren. Außerdem wollte der Frauenbund seinen Anspruch, als Organisation der katholischen Frauenbewegung offen für alle katholischen Frauen zu sein, aufrechterhalten. Trotzdem erwartete der KFB eine Zusammenarbeit mit dem Zentrum und forderte, an der parteipolitischen Diskussion zur Neustrukturierung des Zentrums beteiligt zu werden.[232]

Die Frauen sahen sich bald in ihren Erwartungen enttäuscht, da sie nicht in dem gewünschten Maße in die Parteipolitik einbezogen wurden. Unzufrieden waren sie mit der Unterrepräsentanz in den Parteigremien und mit den unsicheren Listenplätzen, die ihre Wahl in die Parlamente erschwerte.[233] Waren in der Nationalversammlung noch sechs weibliche Zentrumsabgeordnete vertreten, so erhielten bei den Wahlen zum Reichstag 1920 aufgrund unsicherer Listenplätze nur noch drei Frauen Mandate.[234] Besonders die Wahlniederlage von Helene Weber und Maria Schmitz, der Vorsitzenden des Vereins katholischer deutscher Lehrerinnen, rief in katholischen

Frauenkreisen eine heftige Empörung und Kritik an der Zentrumspartei hervor:

„Aber es wird auch immer wieder die Frage erwogen: Sollte es nicht doch besser sein, eine Zentrumsfrauenorganisation zu schaffen oder doch Zentrumsfrauenlisten aufzustellen, damit wir den Männern nicht nur Handlangerinnen im Wahlkampf sind? Wohl gemerkt: Am Zentrum an sich halten unsere Frauen unverbrüchlich fest ... Sie wollen nur eine andere Berücksichtigung und diese, wenn es nicht anders geht, mit Gewalt erzwingen."[235]

Hedwig Dransfeld konkretisierte ihre Gedanken nicht weiter. Ihr lag vor allem daran, die Frauen dem Zentrum zu erhalten, so daß sie sich um „Schadensbegrenzung" bemühte. Von Carl Trimborn erwartete sie, daß Helene Weber und Maria Schmitz für die nächsten Wahlen „hervorragende Listenplätze" zugesichert würden. Außerdem sollte die Partei in einer öffentlichen Erklärung ihr Bedauern über den Ausgang der Wahl bekunden: „Der Parteivorstand kann ja für sich in Anspruch nehmen, dass er das nicht gewollt und nicht vorausgesehen hat. Die Schuld liegt bei den Wahlkreisinstanzen. Um Gotteswillen darf es sich bei den Frauen nicht festsetzen, dass man sie an der Wahlurne gebraucht, aber ihnen ihre Rechte gewaltsam unterbindet."[236]

Die Konflikte in der Umbruchphase verweisen darauf, daß die alten Vorbehalte gegen eine politische Betätigung von Frauen nach wie vor bestanden. Angesichts dessen ist der Elan bemerkenswert, mit dem Katholikinnen versuchten, sich gegen bestehende Vorurteile einen Platz in der Partei- und Parlamentsarbeit zu sichern. Die Zwischenbilanz, die Anna Briefs-Weltmann zur parlamentarischen Arbeit von Frauen zog, weist indes auf eine Tendenz hin: Die politisch aktiven Frauen standen der Frauenbewegung nur noch eingeschränkt zur Verfügung und konzentrierten sich auf die Zentrumspolitik, ohne nennenswerte frauenpolitische Standpunkte zu entwickeln, wie Briefs-Weltmann klagte:

„Aber die guten Wirkungen sind bisher auch ausgeblieben. Wenn wir gar kein Stimmrecht hätten, hätten wir mehr Frauenbewegung ... Alles, was es nur Schweres und Dornenvolles gibt, haben diese für uns unersetzlichen Führerinnen in ihren Parteien übernommen ... Vertretung von allgemeinen, meist männlichen Interessen ..., während die Politisierung der eigentlichen Frauenfragen bisher noch ruht."[237]

Dennoch ist nicht zu verkennen, daß die neue gesellschaftliche und politische Situation Impulse für eine Politisierung katholischer Frauen brachte. Die am 22. November 1918 verfaßten „politischen Leitsätze" sind ein deutliches Zeichen dafür. Erstmals verständigten sich katholische Frauenvereine unterschiedlicher Zielsetzungen auf gemeinsame politische Positionen zur Außen-, Innen- und Kulturpolitik und dokumentierten damit ihre Absicht, die neuen Rechte als Staatsbürgerinnen zu nutzen und auf Partei- und Parlamentsebene künftig mitzubestimmen.[238]

Zusammenfassung

Die Konflikte um die Organisation und politische Schulung katholischer Frauen haben die Ambivalenz der katholischen Frauenbewegung in bezug auf emanzipatorische Forderungen deutlich ins Blickfeld gerückt. Besonders Hedwig Dransfeld artikulierte offensiv und öffentlich die Ansprüche nach stärkerer politischer Partizipation und Selbstbestimmung und griff damit die zwar zaghafte, aber dennoch offenkundige Politisierung katholischer Frauen auf. Eingesetzt hatte diese Entwicklung 1908, als das Reichsvereinsgesetz Frauen endlich erlaubte, sich politisch zu organisieren. Bald darauf folgende Versuche, Frauen in katholische Männerorganisationen einzubinden, waren eher halbherzig und zeigten nur mäßigen Erfolg. Das wachsende Interesse politischer Parteien an der Mitarbeit von Frauen stellte auch die Zentrumspartei vor die Frage, ob und in welchem Maße sie Frauen in die Parteiarbeit einbeziehen sollte. Bis zum politischen Umbruch im November 1918 ließen Zentrumspolitiker jedoch Frauen lediglich als Wahlhelferinnen zu. Darüber hinaus gehende Ansätze, Katholikinnen in die Partei zu integrieren, schlugen fehl und wurden vehement bekämpft, wie der Protest Carl Trimborns gegen die Zentrumsfrauenvereine zeigte. Um sich den Weg für eine spätere politische Mitarbeit von Frauen nicht völlig zu verschließen, entwickelten Zentrum und Volksverein 1912 eine Doppelstrategie: Frauen blieben weiterhin von der Parteiarbeit ausgeschlossen, sollten aber im Volksverein organisiert und politisch geschult werden.

Der 1912 gefaßte Beschluß des Volksvereins, systematisch um die Mitgliedschaft von Frauen zu werben, stand vorrangig im Zusammenhang mit der Abwanderung katholischer Arbeiter und Arbeiterinnen zur SPD. In den Mittelpunkt rückten daher vor allem die Industriearbeiterinnen und die Ehefrauen katholischer Arbeiter. Ihnen war die Aufgabe zugedacht, der Zentrumspartei männliches Wählerpotential zu erhalten bzw. zurückzugewinnen. Der Plan des Volksvereins, seine Arbeit auf Frauen auszuweiten, hatte den sofortigen Protest des Frauenbundes zur Folge und führte bis 1914 zu einer heftigen Kontroverse zwischen beiden Organisationen.

Die Analyse dieser Kontroverse legt ein komplexes Bezugsgeflecht und konkurrierende Interessen von verschiedenen Katholizismusorganisationen offen. Im Bezugsfeld „KFB - Volksverein" ging es wesentlich um machtpolitische Interessen, nämlich um die Frage, inwieweit es den Frauen gelingen würde, eigene Interessen im Verbandskatholizismus durchzusetzen und damit tradierte Strukturen ansatzweise in Frage zu stellen. Zur Diskussion standen exklusive Führungsansprüche beider Organisationen. Der Volksverein beanspruchte die Führung in „politischen Fragen", die er von „Frauenfragen" abgrenzte. Die politische Schulung von Frauen definierte der Volksverein somit als seine originäre Aufgabe. Der KFB sah durch die Initiative des Volksvereins Grundprinzipien seiner Arbeit verletzt: Als führende Organisation der katholischen Frauenbewegung beanspruchte er allein die Kompetenz in „Frauenfragen", die politische Fragen einschlossen. Organisation und Schulung von Frauen einem Männerverein zu überlassen, widersprach in eklatanter Weise dem Autonomieanspruch des KFB, nämlich die Interessen von Frauen durch Frauen selbst zu vertreten. Schließlich richtete sich die Werbekampagne des Volksvereins gegen den Einheitsgedanken des KFB, der darauf zielte, die katholischen Frauenvereine zu einigen. Eine organisatorische Trennung von Frauen, je nach Klassen- und Schichtzugehörigkeit, empfand der KFB somit als Angriff auf die Einheit der katholischen Frauenbewegung, verbunden mit der Gefahr, daß sich die Bewegung spalten könnte. Dabei ignorierte der KFB die Interessengegensätze der Frauenvereine, die eine Einheit im Sinne des Frauenbundes gar nicht zuließen.

Mit der Kontroverse zwischen KFB und Volksverein waren mehrere Konfliktlinien verwoben, die sich aus den Bezugsfeldern „Volksverein - Episkopat", „Volksverein - Standesbewegung" und „Standesbewegung - Frauenbewegung" ergaben. Zwar gehörten die berufsständischen Vereine, sofern sie mit der „Köln-Mönchengladbacher Richtung" sympathisierten, zu den unterstützenden Kräften des Volksvereins. Dessen Absicht, seine Arbeit auf Frauen auszudehnen, kollidierte jedoch mit dem Interesse der Standesvereine, erwerbstätige Frauen der unteren sozialen Schichten in den klerikal geführten Arbeiterinnenvereinen zu organisieren. Ebenso wie der Volksverein formulierte der Präses der Süddeutschen Arbeiterinnenvereine, Carl Walterbach, das Ziel, sozialdemokratischen Einfluß unter der katholischen Arbeiterschaft abzuwehren. Durch politische Schulung, besonders aber durch die religiöse und sittliche Erziehung in den Vereinen sollte erreicht werden, die Bindung an das katholische Milieu aufrechtzuerhalten. Die Werbekampagne des Volksvereins bedrohte also auch die Standesbewegung, sollte es dem Volksverein gelingen, Frauen in größerem Maße für die Organisation zu gewinnen. Während Walterbach die Pläne des Volksvereins in moderater Weise kritisierte, nutzte er die Kontroverse, um die Beziehung zwischen Standes- und Frauenbewegung öffentlich zu definieren und Klientel und Aufgaben des KFB zu bestimmen.

Dabei ergaben sich deutliche Schnittpunkte zur Kontroverse „KFB - Volksverein". Volksverein wie Standesvereine vertraten jeweils den Anspruch, die kompetente Organisation für erwerbstätige Frauen der unteren sozialen Schichten zu sein. Beide Seiten versuchten zugleich, den KFB auf die Organisation nicht erwerbstätiger Frauen der „gehobenen Schichten" festzulegen. Alle beteiligten Organisationen - Volksverein, Standesvereine und KFB - versuchten, mit der Differenzierung zwischen Frauen-, Standes- und politischen Fragen eine Abgrenzung zu finden und die eigene Position zu begründen. Diese Abgrenzungsversuche blieben erfolglos, da eine klare Trennung der Ebenen weder praktikabel noch tatsächlich gewollt war. Die enge Verbindung von „Frauenfragen" mit berufspolitischen und politischen Fragen legitimierte daher jeweils die „Gegenseite", auf ihre Ansprüche nicht zu verzichten, wobei sich der KFB eindeutig in der schwierigeren Position befand. Er mußte seinen Führungsanspruch sowohl gegenüber katholischen Frauenvereinen behaupten als auch innerhalb des männlich dominierten Verbandskatholizismus durchsetzen.

Die Kontroverse um die Organisation und politische Schulung katholischer Frauen ist höchst aufschlußreich für die spezifischen Handlungsbedingungen und die Widersprüche des emanzipatorischen Entwicklungsprozesses. Verlauf und Ergebnis der Kontroverse spiegeln wider, daß es dem KFB rund zehn Jahre nach seiner Gründung gelungen war, sich im Verbandskatholizismus durchzusetzen und tradierte Strukturen bedingt in Frage zu stellen. Die Kontroverse ist auch Indikator für das gewachsene Selbstbewußtsein katholischer Frauen und für das entwickelte Selbstverständnis des KFB als Frauenbewegungsorganisation. Eigene Forderungen wurden offensiv vertreten, Versuche männlicher Bevormundung zurückgewiesen. Insofern dokumentieren selbstbestimmtes Handeln und das Überschreiten von bislang akzeptierten Grenzen eindeutig eine emanzipatorische Weiterentwicklung.

Kirchliche Herrschaft und Autorität stellten dagegen die absoluten Grenzen für das soziale und politische Handeln von Frauen dar. Während die Männerorganisationen des sozialen und politischen Katholizismus versuchten, die kirchliche Autorität auf religiöse und sittliche Fragen zu begrenzen, war gerade die religiös-sittliche Dimension für die katholische Frauenbewegung handlungslegitimierend und sicherte der Kirche Mitsprache und Einfluß in „Frauenfragen". Ein Zurückweisen kirchlicher Bevormundung war daher für den KFB ungleich schwerer als für eine katholische Männerorganisation, zumal die Unterstützung durch die Kirche für den KFB existentielle Bedeutung hatte.

Eine zentrale Rolle nahm die Fuldaer Bischofskonferenz ein, indem sie den KFB als führende Organisation der katholischen Frauenbewegung legitimierte. Die Allianz zwischen Episkopat und katholischer Frauenbewegung blieb höchst ambivalent: Einerseits unterstützten die Bischöfe den KFB und bejahten grundsätzlich eine katholische Frauenbewegung, andererseits begrenzten und kontrollierten sie diese permanent. Zudem funktionalisierten sie die Frauen für ihre Interessen und nutzten die Kontroverse zwischen KFB und Volksverein, um die seit Jahren geforderte stärkere episkopale Kontrolle gegenüber dem Volksverein durchzusetzen. Angesichts des Machtverlustes der Kirche im Zuge zunehmender Säkularisierung stand die Unterstützung der Frauen durch die Bischofskonferenz auch im Kontext von Machterhalt und Herrschaftssicherung. Indem sich die Bischöfe dafür einsetzten, daß die Organisation und politische Schulung katholischer Frauen in den Händen eines Frauenverbandes blieb, sicherten sie sich indirekt auch Einfluß- und Kontrollmöglichkeiten in katholischen Männerorganisationen.

Der Emanzipations- und Politisierungsprozeß katholischer Frauen wurde offensichtlich durch kirchliche Autoritäts- und Gehorsamsforderungen und die damit verbundene Unterordnung unter den Willen der Bischöfe begrenzt. Wenn die Frauen trotzdem zur Durchsetzung ihrer Interessen die Unterstützung der Bischofskonferenz offensiv forderten, so verdeutlicht dies eine Selbstbeschränkung der Katholikinnen, die in tradierten Denk- und Handlungsmustern wurzelte. Die bischöfliche Anerkennung und Unterstützung schuf aber gleichzeitig überhaupt erst die Voraussetzung für eine katholische Frauenbewegung.

Eine Frauenbewegung im konfessionellen Rahmen zu etablieren, erforderte es, trotz veränderter gesellschaftlicher Verhältnisse an vertraute soziokulturelle Bezüge anzuknüpfen. Religion und Kirche standen zwar in Differenz zur modernen, säkularisierten Gesellschaft, doch beinhaltete der Bezug auf Religion und Kirche zugleich die Chance, die Diskrepanz zwischen „Tradition und Moderne" zu verringern. Dies manifestierte sich besonders in den Versuchen, religiöse Leitbilder zu „modernisieren" und ein Bild von Frauen zu konstruieren, das traditionale und moderne Züge vereinte. Herausragende Bedeutung erhielt diesbezüglich das von Elisabeth Gnauck-

Kühne entworfene Weiblichkeitskonzept. Gnauck-Kühne kam mit ihrem theoretischen Entwurf von Weiblichkeit dem Bedürfnis von katholischen Frauen nach mehr Selbstbestimmung nach und integrierte das Bild einer modernen Frau in einen religiösen Bezugsrahmen. Gnauck-Kühnes Vorstellungen wiesen jedoch einen deutlichen Widerspruch auf: Einerseits lehnte die Frauenrechtlerin die soziale Unterordnung von Frauen ab, andererseits hielt sie am Prinzip der männlichen Führungsrolle in Familie und Gesellschaft fest.

Der Versuch, gegensätzliche Orientierungen in Einklang zu bringen, verweist auf die Wirksamkeit religiös motivierter Denk- und Handlungsmuster. Ein hierarchisch strukturiertes Geschlechterverhältnis war, der orthodoxen theologischen Auffassung zufolge, unabänderlich mit dem göttlichen Sittengesetz verbunden. Männliche Autorität grundsätzlich in Frage zu stellen, war daher zu Beginn des Jahrhunderts kaum möglich. Den Widerspruch, emanzipatorische Forderungen mit einer theologisch legitimierten Geschlechterhierarchie vereinbaren zu wollen, bewältigten die Frauen strategisch, indem sie auf der pragmatischen Ebene männliche Autoritäts- und Führungsansprüche bedingt begrenzten. Das Recht, gesellschaftliche und politische Fragen mitzubestimmen, leiteten die Katholikinnen aus der Wesensverschiedenheit der Geschlechter ebenso ab wie die Forderung, Frauen Zugang zu männlich besetzten Arbeitsgebieten zu verschaffen. In diesem Zusammenhang stellten „Weiblichkeit und Sittlichkeit" zentrale Kategorien für die Politik der bürgerlich liberalen und evangelischen Frauenbewegung dar. Der Bezug auf den weiblichen Geschlechtscharakter diente auch den Katholikinnen dazu, die beanspruchte Ausweitung sozialer und politischer Handlungsräume zu legitimieren. „Weiblichkeit und Sittlichkeit" enthielten somit für die katholische Frauenbewegung eine rhetorisch-strategische Ebene, die geeignet war, politische und emanzipatorische Forderungen mit katholischen Ordnungsvorstellungen zu verbinden.

An der Diskussion um die Abschaffung staatlich reglementierter Prostitution wurde offenkundig, daß Sittlichkeit ein zentraler Bezugspunkt für das politische Handeln von Frauen war. BDF und DEF verbanden die Reglementierungsfrage mit der Kritik an der wilhelminischen Gesellschaft, die ungleiche moralische Maßstäbe für Frauen und Männer sanktionierte und alle Frauen rechtlich diskriminierte. An dieser gesellschaftskritischen Diskussion beteiligte sich der KFB nicht öffentlich und nahm damit eine Außenseiterrolle in der Frauenbewegung in Kauf. Die Politik des KFB in der Reglementierungsfrage zeigt, daß sich der KFB wesentlich durch verbandsinterne Kontroversen in dieser Frage blockierte. Dabei spielte offenbar das

Autoritätsverständnis des KFB eine wichtige Rolle. Solange sich der Staat für die Beibehaltung der Reglementierung einsetzte und maßgebende katholische Kreise kein eindeutiges Votum für eine Änderung der bestehenden Praxis abgaben, verhielt sich der KFB indifferent. Erst als im Zusammenhang mit der bevölkerungspolitischen Diskussion 1917 eine Neuregelung auf parlamentarischer Ebene erörtert wurde, bezog auch der KFB öffentlich Stellung gegen die staatliche Reglementierung.

Während sich der KFB in der Reglementierungsfrage äußerst defensiv verhielt, griff er in die 1905 einsetzende Auseinandersetzung um eine „Neue Ethik" offensiv ein. Die von Helene Stöcker und dem BfMS vertretenen Vorstellungen über eine Sexualmoral, die frei vom institutionellen Zwang der Ehe sein sollte, betraf die Frauen unmittelbar in ihrem zentralen Lebensbereich. Die Verteidigung traditioneller Ehe- und Familienstrukturen war daher mit dem Interesse von Frauen verbunden, die materielle Basis dieser Lebensform aufrechtzuerhalten. Daneben berührte die vom BfMS geforderte Gleichstellung ehelicher und nicht-ehelicher Mutterschaft wesentlich die religiös-kirchliche Identität der Katholikinnen, so daß die Ehe auch als Fundament einer christlich-katholischen Gesellschaftsordnung verteidigt wurde. Das Sittlichkeitsverständnis des KFB - in dem bürgerliche und katholische Moralvorstellungen zusammentrafen - legitimierte indes auch dessen Politik der Ausgrenzung: Die soziale Ungleichheit von Frauen wurde festgeschrieben, und es wurde akzeptiert, daß nicht-eheliche Mütter und ihre Kinder weiterhin sozial, rechtlich und materiell diskriminiert wurden.

Der Anspruch des KFB, Gesamtorganisation aller katholischen Frauen zu sein, scheiterte letztlich daran, daß es eben nicht gelang, den unterschiedlichen Interessen von Frauen gerecht zu werden. Als unrealistisch erwies sich auch die Idee, durch eine gemeinsame Organisierung aller katholischen Frauen soziale Gegensätze zu harmonisieren und einen „ideellen Klassenausgleich" herbeizuführen. Was bei diesem idealisierten Bild einer klassenübergreifenden Frauensolidarität übersehen wurde, war, daß Interessengegensätze nicht durch den Bezug auf das vermeintlich Verbindende, nämlich die katholische Weltanschauung und eine abstrakte Geschlechtssolidarität, aufzuheben waren. Offenbar fühlten Frauen der unteren sozialen Schichten ihre Interessen auch nicht adäquat durch den KFB vertreten. Wiederholte Versuche, die „Frauen des Volkes" stärker organisatorisch an den KFB zu binden, blieben jedenfalls mehr oder weniger erfolglos.

Trotz der heterogenen Interessenstruktur der katholischen Frauenvereine versuchte der KFB unter seiner Führung eine Bewegung aufzubauen, die durch die Verpflichtung auf die Ideologie einer „katholischen Einheit" geeint werden sollte. Die zahlreichen Konflikte des KFB mit katholischen Frauenvereinen zeigen jedoch, daß Einheitsgedanken und Führungsanspruch des KFB dort ihre Grenzen fanden, wo Eigeninteressen anderer Frauenorganisationen berührt wurden. Dennoch versuchte der KFB immer wieder, seinen Führungsanspruch durchzusetzen. Die Bestätigung der Führungsrolle war für den KFB aus mehreren Gründen bedeutend: Von Beginn an sah er sich einem erhöhten Legitimationsdruck ausgesetzt, weil die Gründung der neuen Frauenorganisation von den traditionellen katholischen Frauenvereinen als Konkurrenz empfunden wurde. Da die Führungsebene des KFB stark mit der interkonfessionell orientierten „Köln-Mönchengladbacher Richtung" identifiziert wurde, kam der Frauenbund zudem wiederholt in die Situation, den katholischen Charakter seiner Organisation betonen zu müssen. Die Anerkennung als führende Organisation der katholischen Frauenbewegung hatte daher im binnenkatholischen Kontext existenzsichernde Bedeutung. Zusätzlich dürfte eine Rolle gespielt haben, daß der KFB Wert darauf legte, als Frauenbewegungsorganisation auch außerhalb katholischer Kreise anerkannt zu werden. Wie im Zusammenhang mit der Gründung des „Zentralrates" aufgezeigt wurde, lag dem KFB besonders während des Ersten Weltkriegs daran, gleichberechtigt neben dem BDF zu stehen, um damit die Verhandlungsposition katholischer Frauen gegenüber dem Kriegsamt zu stärken.

Das Beharren auf der Führungsrolle hatte eine Kehrseite: Bei den katholischen Frauenvereinen regte sich zunehmend Widerstand bis hin zu dem Vorwurf, die „Sonderstellung" des KFB verhindere einen wirklichen Zusammenschluß der katholischen Frauenbewegung. Indirekt verweist dies auf einen Erfolg des KFB. Er hatte entscheidend dazu beigetragen, Ideen und Zielsetzungen einer Frauenbewegung im Katholizismus zu etablieren. Wenn die Vereine jetzt den Anspruch erhoben, gleichberechtigt neben dem KFB die Ziele der Bewegung zu bestimmen, und dem KFB nicht mehr die alleinige Kompetenz in „Frauenfragen" zugestanden, ist dies ein Hinweis auf eine gewachsene Sensibilisierung für „Frauenfragen".

Die einleitend zu dieser Arbeit formulierte Annahme, daß ein aktives katholisches Bekenntnis und Frauenemanzipation einander auszuschließen scheinen, trifft nicht zu. Allerdings prägt die konfessionelle Bindung die Bewegung spezifisch und setzte enge Grenzen. Kirche und Klerus nahmen diesbezüglich eine dominante und auch widersprüchliche Rolle ein: Sie bejahten eine katholische Frauenbewegung und unterstützten sie, zugleich diktierten sie die Grenzen des Emanzipations- und Politisierungsprozesses. Während es den Katholikinnen gelang, rund ein Jahrzehnt nach der Gründung des

KFB männliche Bevormundung öffentlich zurückzuweisen und im Rahmen des Verbandskatholizismus eigene politische Interessen zu vertreten, stand eine Emanzipation von kirchlich-klerikaler Bevormundung nicht zur Diskussion. Setzt man dies in Bezug zur These, daß u. a. die Unabhängigkeit vom Klerus und von der kirchlichen Hierarchie den Charakter einer modernen Bewegung ausmacht, indem diese Unabhängigkeit selbstverantwortliches politisches Handeln ermöglicht, dann ist offensichtlich, daß die katholische Frauenbewegung des Kaiserreichs dies nicht erreicht hat, sofern es um männlich besetzte Politikbereiche ging.

Trotz der Allianz zwischen Kirche und katholischer Frauenbewegung kann nicht gefolgt werden, der KFB hätte eine „antimoderne" Bewegung vertreten. Im Gegenteil: Der KFB propagierte ein Frauenbild, das Frauen prinzipiell selbstbestimmtes und verantwortliches Handeln zugestand, und im Katholizismus waren emanzipatorische und politische Forderungen, wie sie der KFB entwickelte, die weitestgehenden. Schließlich lag es in der Absicht des KFB, katholische Frauen in eine modernisierte Gesellschaft zu integrieren und die gesellschaftliche Stellung katholischer Frauen zu verbessern - im Rahmen katholischer Ordnungsvorstellungen. Das bewirkte etliche Widersprüche, die eine eindeutige Qualifizierung des Frauenbundes nicht zulassen. Die Politik des KFB hatte stets mehrere Seiten: Sie war elitär und prinzipiell demokratisch, orientierte sich an modernen gesellschaftlichen Anforderungen und war gleichzeitig in traditionellen und religiösen Denk- und Handlungsmustern befangen. Sie setzte sich für die Verbesserung der sozialen und ökonomischen Situation von Frauen ein und nahm zugleich in Kauf, daß Frauen sozial benachteiligt wurden, wenn sie sich außerhalb gesellschaftlicher und christlicher Normen stellten, wie am Beispiel der nichtehelichen Mutterschaft deutlich wurde. Diese Widersprüche wurzelten jedoch nicht allein in den spezifischen Handlungsbedingungen katholischer Frauen. Sie waren auch Ausdruck eines tiefgreifenden gesellschaftlichen Wandels, in dessen Verlauf unterschiedliche Wertorientierungen miteinander konkurrierten.

Die Frage, inwieweit der KFB im Unterschied zur „allgemeinen Frauenbewegung" konfessionsspezifische Positionen entwickelte, rückt die Beziehung zwischen KFB und BDF ins Blickfeld. Der KFB stimmte zwar vielfach mit der gemäßigten Mehrheit des BDF überein, verhielt sich aber im Gegensatz zur überkonfessionellen Frauenbewegung reaktiv und griff nur dann öffentlich in den Diskurs der Frauenbewegung ein, wenn er sich in Übereinstimmung mit den Bischöfen wußte. Das spezifisch Katholische der

Bewegung manifestierte sich somit eher auf strategischer Ebene und diente dazu, die eigene Politik konfessionsspezifisch zu begründen.

Die partielle Übereinstimmung zwischen dem KFB und BDF führte nicht zu einer kontinuierlichen Zusammenarbeit. Im Unterschied zum DEF traten die Katholikinnen dem BDF nie bei; vielmehr grenzten sie sich über Jahre beharrlich gegen den Dachverband der bürgerlich liberalen Frauen ab. Deutlich wurde ferner, daß der KFB befürchtete, als Minderheit katholische Interessen im BDF nicht durchsetzen zu können. In der Konsequenz bedeutet die praktizierte Abgrenzungsstrategie, daß der KFB seinen Anspruch, die „allgemeine Frauenbewegung" im Sinne der katholischen Weltanschauung beeinflussen zu wollen, nicht offensiv vertrat. Dabei mag die Sorge mitbestimmend gewesen sein, durch eine enge Zusammenarbeit mit überkonfessionellen Verbänden die Anerkennung im binnenkatholischen Kontext zu verlieren.

Auch eine Kooperation mit dem DEF schien aus diesem Grunde problematisch, wurde dem KFB doch schnell von integralen Kräften unterstellt, interkonfessionelle Bestrebungen zu unterstützen. Es kann allerdings angenommen werden, daß auch die soziokulturelle Distanz zwischen katholischen und evangelischen Frauen bedeutend war: Der BDF verstand sich zwar als überkonfessionelle Organisation, doch waren in ihm mehrheitlich protestantische Frauen vertreten. Eine Kooperation zwischen evangelischen Frauen unterschiedlicher Organisationen dürfte daher - bei allen Differenzen, die es zwischen protestantischen Frauen gab, wie Baumann in ihrer Studie über die evangelische Frauenbewegung nachgewiesen hat - mit geringeren Berührungsängsten verbunden gewesen sein, als dies zwischen katholischen und evangelischen Frauen der Fall war.

Erst anläßlich der politischen Umbruchsituation 1918 gab der KFB seine Bedenken gegen eine interkonfessionelle Kooperation auf. Ansätze dazu hatte es bereits während des Ersten Weltkriegs durch die Zusammenarbeit mit über- und interkonfessionellen Verbänden im Rahmen des Nationalen Frauendienstes bzw. des „Vaterländischen Hilfsdienstes" gegeben. Die im November 1918 eingegangene Verbindung mit der „Vereinigung evangelischer Frauenverbände" war indes aufgrund der unterschiedlichen parteipolitischen Orientierung nur von kurzer Dauer. Im Vordergrund stand jetzt die aktive Wahlhilfe für die Zentrumspartei, verbunden mit dem Ausbau der politischen Schulung von katholischen Frauen durch den KFB. Gleichbedeutend war, daß katholische Frauen nun auch von ihrem aktiven Wahlrecht Gebrauch machten und forderten, als Zentrumsabgeordnete künftig die parlamentarische Arbeit mitzugestalten.

Anmerkungen

Einleitung

1 Im Unterschied zur Frauenbewegung, die sich in den 1970er Jahren konstituierte, wird die Frauenbewegung im Zeitraum zwischen 1865-1933 häufig als „erste Frauenbewegung" bezeichnet. Näheres zur Organisation und zu den unterschiedlichen Richtungen der Frauenbewegung siehe Kap. I dieser Arbeit.
2 KFB-Flugblatt Nr. 3: Was will die katholische Frauenbewegung?, o. J. (etwa 1904). Der KFB verwendete den Begriff „überkonfessionelle Frauenbewegung" nicht, sondern sprach von „interkonfessionellen" Verbänden, auch wenn sich diese Verbände bewußt nicht in den konfessionellen Kontext stellten. Zur Geschichte des BDF vgl. Barbara Greven-Aschoff, Die bürgerliche Frauenbewegung in Deutschland 1894-1933, Stuttgart 1981.
3 Denkschrift über die Gründung eines Katholischen Frauenbundes, o. J. (1903), S. 4 f. (Hervorhebungen im Original).
4 Vgl. dazu Alfred Kall, Katholische Frauenbewegung in Deutschland. Eine Untersuchung zur Gründung katholischer Frauenvereine im 19. Jahrhundert, Paderborn u. a. 1983, S. 99-171.
5 Ebd., S. 182, 193 f.
6 Vgl. Kall, Katholische Frauenbewegung. Zur Gründung „weiblicher Berufsvereine" - auch im überkonfessionellen Kontext - vgl. Brigitte Kerchner, Beruf und Geschlecht. Frauenberufsverbände in Deutschland 1848-1908, Göttingen 1992.
7 Vgl. Horstwalter Heitzer, Der Volksverein für das katholische Deutschland im Kaiserreich 1890-1918, Mainz 1979, S. 50 ff., passim.
8 Vgl. dazu die näheren Ausführungen in Kap. I, 3.
9 Helene Weber (1881-1962) arbeitete ab 1900 als Lehrerin, zunächst in Volksschulen und nach dem Abschluß eines wissenschaftlichen Studiums als Studienrätin. 1911 siedelte sie nach Köln um und engagierte sich dort im Frauenbund, schwerpunktmäßig in Bildungsfragen. 1916 übernahm Helene Weber die Leitung der Sozialen Frauenschule des KFB in Köln. Auch war sie an der Gründung des ersten Berufsverbandes für katholische Fürsorgerinnen, dem „Verein katholischer deutscher Sozialbeamtinnen" beteiligt (die Berufsbezeichnung ist zu dieser Zeit noch uneinheitlich, Fürsorgerin und Sozialbeamtin, seltener Sozialarbeiterin, wechseln ab und werden synonym benutzt). 1918 wurde Weber erstmals in den Vorstand des KFB gewählt. Sie trat 1919 der Zentrumspartei bei und wurde Mitglied des Reichstags sowie des Preußischen Landtags. Als Ministerialrätin im Preußischen Wohlfahrtsministerium (1920-1933) war die Politikerin verantwortlich für die Entwicklung gesetzlicher Rahmenbedingungen der Sozialarbeiterausbildung. Nach dem Ende des Zweiten Weltkriegs war Helene Weber als Mitglied der CDU im Parlamentarischen Rat vertreten und engagierte sich erneut sowohl auf parlamentarischer und als auch auf außerparlamentarischer Ebene in sozialpolitischen Fragen. Vgl. Charlotte Rieden, Helene Weber als

Gründerin der katholischen Schule für Sozialarbeit in Köln und als Sozialpolitikerin, in: Sozialarbeit und Soziale Reform. Zur Geschichte eines Berufs zwischen Frauenbewegung und öffentlicher Verwaltung, hg. von Rüdeger Baron, Weinheim/Basel 1983, S. 110-143.

10 Weber, Helene, Die Katholische Frauenbewegung in Deutschland, [Geschichtliche Entwicklung; Gegenwartsfragen], in: Alice Scherer, Wörterbuch der Politik, Sp.193-198, hier: 193.

11 Zum Umfang der angeschlossenen Vereine vgl. Anhang 3 der vorliegenden Studie (Mitgliederentwicklung im KFB) und Kap. II, 3.

12 Siehe dazu: Helmut Geller, Sozialstrukturelle Voraussetzungen für die Durchsetzung der Sozialform „Katholizismus" in Deutschland in der ersten Hälfte des 19. Jahrhunderts, in: Karl Gabriel/Franz-Xaver Kaufmann (Hg.), Zur Soziologie des Katholizismus, Mainz 1980, S. 66-88. Auf eine Rekonstruktion der Entwicklung und der unterschiedlichen Strömungen der katholischen Bewegung wird im Rahmen dieser Arbeit verzichtet, da detaillierte Darstellungen vorliegen: Doris Kaufmann, Katholisches Milieu in Münster 1928-1933. Politische Aktionsformen und geschlechtsspezifische Ver-haltensräume, Düsseldorf 1984; Ute Schmidt, Zentrum oder CDU. Politischer Katholizismus zwischen Tradition und Anpassung, Opladen 1987; vgl. auch die informativen Beiträge in: Hubert Jedin (Hg.), Handbuch der Kirchengeschichte, Bd. VI, 1/2, Freiburg 1973.

13 Der Kulturkampf (geprägt wurde der Begriff von Ferdinand Lassalle) bezieht sich auf die Auseinandersetzungen in der 2. Hälfte des 19. Jahrhunderts zwischen liberalen Regierungen und der ultramontanen Kirche um die Säkularisierung von Staat und Gesellschaft. Besonders in Preußen verlief der Kulturkampf sehr konfliktreich und führte sogar zu einem Abbruch der diplomatischen Beziehungen mit dem Vatikan. Die preußische Kulturkampfgesetzgebung (1871 beginnend mit dem sogenannten Kanzelparagraph) galt zwar grundsätzlich auch für die evangelischen Kirchen, die aber weitaus weniger betroffen waren und dementsprechend kaum Widerstand leisteten. Milderungsgesetze erfolgten ab 1880, beendet wurde der Kulturkampf mit den „Friedensgesetzen" von 1886/1887. Das Verbot des Jesuitenordens blieb dagegen bis 1917 bestehen. Carl Andresen/Georg Denzler, Wörterbuch der Kirchengeschichte, München 1984^2, S. 353 f.; vgl. Rudolf Lill, Der deutsche Katholizismus zwischen Kulturkampf und 1. Weltkrieg, in: Jedin (Hg.), Handbuch der Kirchengeschichte, Bd. VI/2, S. 515-527.

14 Zur Entwicklung und Wirkung des katholischen Milieus im Kontext des Kulturkampfes vgl.: Kaufmann, Katholisches Milieu, S. 25 ff., Schmidt, Zentrum oder CDU, S. 20 ff., 65 ff.

15 Schmidt, Zentrum oder CDU, S. 65 ff.

16 Der Gewerkschaftsstreit entzündete sich an der Frage, ob die katholischen Arbeiter interkonfessionell oder katholisch zu organisieren seien. Näheres dazu in Kap. I, 2 und IV, 2.

17 Vgl. Gisela Bock, Historische Frauenforschung: Fragestellungen und Pespektiven, in: Karin Hausen (Hg.), Frauen suchen ihre Geschichte. Historische Studien zum 19. und 20. Jahrhundert, München 1983, S. 24-62.

18 Vgl. Heitzer, Volksverein; Wilfried Loth, Katholiken im Kaiserreich. Der politische Katholizismus in der Krise des wilhelminischen Deutschlands, Düsseldorf 1984.

19 Richard J. Evans, Sozialdemokratie und Frauenemanzipation im deutschen Kaiserreich, Berlin/Bonn 1979. Zur bürgerlichen Frauenbewegung vgl. Literaturhinweise in den einzelnen Kapiteln dieser Arbeit.

20 Marion Kaplan, Die jüdische Frauenbewegung in Deutschland. Organisation und Ziele des Jüdischen Frauenbundes 1904-1938, Hamburg 1981; Ursula Baumann, Prote-

stantismus und Frauenemanzipation in Deutschland 1850-1920, Frankfurt u. a. 1992. - Die Beziehung des KFB zur jüdischen Frauenbewegung, die sich unter der Leitung von Berta Pappenheim im Jüdischen Frauenbund organisierte, bleibt in der vorliegenden Arbeit ungeklärt, da entsprechende Hinweise im ausgewerteten Material fehlen. Erkenntnisse Baumanns zur evangelischen Frauenbewegung werden partiell einbezogen. Ein systematischer Vergleich der beiden christlichen Frauenbewegungen wäre indes Aufgabe weiterer Forschungsarbeiten. Erste Ansätze eines Vergleichs hat Baumann unternommen: Ursula Baumann, Religion und Emanzipation: Konfessionelle Frauenbewegung in Deutschland 1900-1933, in: Tel Aviver Jahrbuch für die deutsche Geschichte 1992. Neuere Frauengeschichte, hg. vom Institut für Deutsche Geschichte, Universität Tel Aviv, S. 171-206. Der Aufsatz wurde auch publiziert in: Irmtraud Götz von Olenhusen u. a., Frauen unter dem Patriarchat der Kirchen. Katholikinnen und Protestantinnen im 19. und 20. Jahrhundert, Stuttgart u. a. 1995, S. 89-119.

21 Vgl. Gisela Breuer, Zwischen Emanzipation und Anpassung: Der Katholische Frauenbund im Kaiserreich, in: Rottenburger Jahrbuch für Kirchengeschichte, hg. vom Geschichtsverein der Diözese Rottenburg-Stuttgart, Sigmaringen 1991, S. 111-120; Lucia Scherzberg, Die katholische Frauenbewegung, in: Deutscher Katholizismus im Umbruch zur Moderne, hg. von Wilfried Loth, Stuttgart u. a. 1991, S. 143-163; Hilde Lion, Zur Soziologie der Frauenbewegung. Die sozialistische und die katholische Frauenbewegung, Berlin 1926[2].

22 Vereinzelt wurden führende Frauen der katholischen Frauenbewegung bzw. die Bewegung selbst bereits seit den 1960er Jahren in Abhandlungen über den Katholizismus und in biographischen Darstellungen berücksichtigt. Vgl. dazu: Wilhelm Spael, Das katholische Deutschland im 20. Jahrhundert. Seine Pionier- und Krisenzeiten 1890-1945, Würzburg 1964; Zeitgeschichte in Lebensbildern. Aus dem deutschen Katholizismus des 19. und 20. Jahrhunderts, hg. von Rudolf Morsey u. a., 6 Bde., Mainz 1973-1984. Vgl. ferner Pankoke-Schenk, die erstmals in der jüngeren Katholizismusforschung den Zusammenhang von Frauenfrage und Katholizismus thematisierte, allerdings in stark gestraffter Form: Monika Pankoke-Schenk, Katholizismus und Frauenfrage, in: Anton Rauscher (Hg.), Der soziale und politische Katholizismus. Entwicklungslinien in Deutschland 1803-1963, Bd. 2, München/Wien 1982, S. 278-311.

23 Vgl. Sylvia Paletschek, Frauen und Dissens. Frauen im Deutschkatholizismus und in den freien Gemeinden 1841-1852, Göttingen 1990; Claudia Koonz, Mütter im Vaterland. Frauen im Dritten Reich, Freiburg 1991; Laura Gellott/Michael Phayer, Dissenting Voices: Catholic Women in Opposition to Fascism, in: Journal of Contemporary History 1987, S. 91-114, Michael Phayer, Protestant and Catholic Women in Nazi Germany, Detroit 1990. Ferner: Christian Hausmann, Leitbilder in der katholischen Frauenbewegung der Bundesrepublik, Phil. Diss. Freiburg 1973 sowie eine jüngere, populärwissenschaftlich verfaßte Arbeit über politisch engagierte Katholikinnen in der Weimarer Republik: Elisabeth Prégardier/Anne Mohr, Politik als Aufgabe. Engagement christlicher Frauen in der Weimarer Republik. Aufsätze, Dokumente, Notizen, Bilder, Annweiler/Essen 1990. Die Arbeit von Prégardier/Mohr baut zwar auf historischen Quellen auf (Archivmaterial, Zeitschriften etc.), doch sind diese häufig nicht oder unzureichend ausgewiesen. Die Arbeit ist deswegen für weiterführende Forschungen kaum geeignet.

24 Helmut Hafner, Frauenemanzipation und Katholizismus im zweiten deutschen Kaiserreich, Phil. Diss. Saarbrücken 1983, S. 12.

25 Ebd., S. 353, 369, passim.

26 Erika Münster-Schröer, Frauen in der Kaiserzeit. Arbeit, Bildung, Vereinswesen, Politik und Konfession. Eine sozialgeschichtliche Untersuchung am Beispiel einer rheinischen Kleinstadt, Bochum 1992.
27 Hedwig Wassenberg, Von der Volksschullehrerin zur Volkslehrerin. Die Pädagogin Hedwig Dransfeld (1871-1925), Frankfurt a. M. u. a. 1994.
28 „Unter ‚Herrschaft' soll hier also der Tatbestand verstanden werden: daß ein bekundeter Wille (‚Befehl') des oder der ‚Herrschenden' das Handeln anderer (des oder der ‚Beherrschten') beeinflussen will und tatsächlich in der Art beeinflußt, daß dies Handeln, in einem sozial relevanten Grade, so abläuft, als ob die Beherrschten den Inhalt des Befehls, um seiner selbst willen, zur Maxime ihres Handelns gemacht hätten (‚Gehorsam')." Max Weber, Wirtschaft und Gesellschaft. Grundriß der verstehenden Soziologie, hg. von Johannes Winckelmann, Tübingen 1956, S. 695 (2. Halbband); siehe auch S. 38 f. (1. Halbband). Gegen „Herrschaft" grenzt Weber „Macht" insofern ab, als diese die Chance einschließt, „den eigenen Willen auch gegen Widerstreben durchzusetzen, gleichviel worauf diese Chance beruht." Ebd., S. 38.
29 Michael N. Ebertz, Herrschaft in der Kirche. Hierarchie, Tradition und Charisma im 19. Jahrhundert, in: Gabriel/Kaufmann (Hg.), Soziologie des Katholizismus, S. 89-111.
30 Vgl. F. X. Kaufmann, Zur Einführung: Erkenntnisinteressen einer Soziologie des Katholizismus, in: Gabriel/Kaufmann (Hg.), Soziologie des Katholizismus, S. 7-23; Norbert Mette, Religionssoziologie - katholisch. Erinnerungen an religionssoziologische Traditionen innerhalb des Katholizismus, in: ebd., S. 39-56. Hervorzuheben sind die kirchenhistorischen Beiträge im Handbuch der Kirchengeschichte, die explizit die gesamtgesellschaftliche Ebene mit einbeziehen: Jedin (Hg.), Handbuch der Kirchengeschichte, Bd. VI, 1/2.
31 F. X. Kaufmann, Zur Einführung, in: Gabriel/Kaufmann (Hg.), Soziologie des Katholizismus, S. 17.
32 Vgl. vor allem die Beiträge in: Wilfried Loth (Hg.), Deutscher Katholizismus im Umbruch zur Moderne, Stuttgart u. a. 1991; Thomas Nipperdey, Religion im Umbruch. Deutschland 1870-1918, München 1988; Urs Altermatt, Katholizismus und Moderne. Zur Sozial- und Mentalitätsgeschichte der Schweizer Katholiken im 19. und 20. Jahrhundert, Zürich 1991².
33 Loth (Hg.), Deutscher Katholizismus, Einleitung, S. 9.
34 Vgl. Thomas Nipperdey, Verein als soziale Struktur in Deutschland im späten 18. und frühen 19. Jahrhundert. Eine Fallstudie zur Modernisierung I, in: ders., Gesellschaft, Kultur, Theorie. Gesammelte Aufsätze zur neueren Geschichte, Göttingen 1976, S. 174-205.
35 Loth (Hg.), Deutscher Katholizismus, Einleitung, S. 10 f.
36 Ebd., S. 11. Vgl. auch Heitzer, der diese These für den Volksverein vertritt: Horstwalter Heitzer, Der Volksverein für das katholische Deutschland im Kaiserreich 1890-1918, Mainz 1979; ders., Krisen des Volksvereins im Kaiserreich. Gründe und Hintergründe zum Rücktritt von August Pieper als Generaldirektor im Dezember 1918, in: Historisches Jahrbuch, 99.1979, S. 213-254. Dabei ist zu bedenken, daß im Volksverein etliche Geistliche mitarbeiteten. Die Emanzipationsbestrebungen des Volksvereins bezogen sich also auf die kirchliche Hierarchie.
37 Vgl. Oswald von Nell-Breuning, Katholizismus, in: Gabriel/Kaufmann (Hg.), Soziologie des Katholizismus, S. 24-38, hier: S. 31 f.
38 Vgl. Loth, Katholiken im Kaiserreich; Schmidt, Zentrum oder CDU.
39 Loth, Katholiken im Kaiserreich, S. 35. Einen Versuch, den Begriff des politischen Katholizismus von der Konzentration auf die Zentrumspartei zu lösen, um auch andere Politikformen und Institutionen einbeziehen zu können, hat Klöcker unternommen:

Michael Klöcker, Der politische Katholizismus. Versuch einer Neudefinition, in: Zeitschrift für Politik 18.1971, S. 124 ff.

40 Reinhard Kreckel: Klasse und Geschlecht. Die Geschlechtsindifferenz der soziologischen Ungleichheitsforschung und ihre theoretischen Implikationen, in: Leviathan 17. 1989, S. 305-321, hier: S. 309.

41 Vgl. dazu: Gerda Lerner, Welchen Platz nehmen Frauen in der Geschichte ein? Alte Definitionen und neue Aufgaben, in: Elisabeth List/Herlinde Studer (Hg.), Denkverhältnisse. Feminismus und Kritik, Frankfurt a. M. 1989; Bock, Historische Frauenforschung. Vgl. auch die Forschungsbeiträge in: Ursula Beer (Hg.), Klasse Geschlecht. Feministische Gesellschaftsanalyse und Wissenschaftskritik, Bielefeld 1989².

42 Zur Bedeutung der Kategorie „Räume" in der sozialhistorischen Frauenforschung vgl.: Karin Hausen, Frauenräume, in: Karin Hausen/Heide Wunder (Hg.), Frauengeschichte - Geschlechtergeschichte, Frankfurt/New York 1992, S. 21-24.

43 Vgl. Irene Stoehr, „Organisierte Mütterlichkeit". Zur Politik der deutschen Frauenbewegung, in: Hausen (Hg.), Frauen suchen ihre Geschichte, S. 221-249; Bärbel Clemens, „Menschenrechte haben kein Geschlecht!" Zum Politikverständnis der bürgerlichen Frauenbewegung, Pfaffenweiler 1988; Theresa Wobbe, Gleichheit und Differenz. Politische Strategien von Frauenrechtlerinnen um die Jahrhundertwende, Frankfurt a. M./New York 1989.

44 Kaufmann, Katholisches Milieu; dies., Vom Vaterland zum Mutterland. Frauen im katholischen Milieu der Weimarer Republik, in: Hausen (Hg.), Frauen suchen ihre Geschichte, S. 254-278.

45 Kaufmann, Katholisches Milieu, S. 90, 95, 97.

46 M. Rainer Lepsius, Parteiensystem und Sozialstruktur: Zum Problem der Demokratisierung der deutschen Gesellschaft, in: Gerhard A. Ritter (Hg.), Deutsche Parteien vor 1918, Köln 1973, S. 56-80, hier: S. 68.

47 Vgl. dazu auch die frühe Kritik Theodor Geigers, der in seiner klassischen soziographischen Studie eine starre Orientierung an rein ökonomisch orientierten Klassen- und Schichttheorien problematisierte und auf den Einfluß spezifischer Mentalitäten auf das politische und wirtschaftliche Handeln hinwies: Theodor Geiger, Die soziale Schichtung des deutschen Volkes. Soziographischer Versuch auf statistischer Grundlage, Stuttgart 1987 (Faksimile-Nachdruck der 1. Auflage von 1932 mit einem Geleitwort von Bernhard Schäfers); vgl. ferner: Stefan Hradil, Sozialstrukturanalyse in einer fortgeschrittenen Gesellschaft. Von Klassen und Schichten zu Lagen und Milieus, Opladen 1987.

48 Vgl. Kaufmann, Katholisches Milieu, S. 25 f.

49 Vgl. Schmidt, Zentrum oder CDU, S. 22.

50 Loth, Katholiken im Kaiserreich, S. 35.

51 Ebd., S. 37; vgl. Schmidt, Zentrum oder CDU, S. 21 f.

52 Joachim Raschke, Soziale Bewegungen. Ein historisch-systematischer Grundriß, Frankfurt a. M. 1985. Wie bei Heberle deutlich wird, ignorieren frühe Studien zur Bewegungsforschung die Frauenbewegung als soziale Bewegung völlig. Dagegen besteht in Untersuchungen zu den neuen sozialen Bewegungen kein Zweifel mehr daran, Frauenbewegungen in diesem Sinne zu bewerten. Vgl. Rudolf Heberle, Hauptprobleme der politischen Soziologie, Stuttgart 1967; Roland Roth/Dieter Rucht (Hg.), Neue soziale Bewegungen in der Bundesrepublik Deutschland, Bonn 1991. Vgl. ferner: Amitai Etzioni, Die aktive Gesellschaft. Eine Theorie gesellschaftlicher und politischer Prozesse, Opladen 1975.

53 Raschke, Soziale Bewegungen, S. 76 ff., 408.

54 Ebd., S. 76 f.

Kapitel I

1 Doris Kaufmann, Frauen zwischen Aufbruch und Reaktion. Protestantische Frauenbewegung in der ersten Hälfte des 20. Jahrhunderts, München 1988, S. 23; Ursula Baumann, Protestantismus und Frauenemanzipation in Deutschland 1850-1920, Frankfurt/New York 1992, S. 79 ff.; vgl. auch: Alfred Kall, Katholische Frauenbewegung in Deutschland. Eine Untersuchung zur Gründung katholischer Frauenvereine im 19. Jahrhundert, Paderborn u. a. 1983, S. 269; Hedwig Dransfeld, Elisabeth Gnauck-Kühne (Teil II), in: CF 8.1909/10, S. 125.

2 Emy (von) Gordon, Fingerzeige, welche uns der Deutsch-evangelische Frauenbund bietet, in: CF 1.1902/03, S. 231. Emy von Gordon (1843-1909) engagierte sich nach dem Tode ihres Mannes (1902), dem englischen Gesandten George Gordon of Ellon, in der katholischen Frauenbewegung. In Würzburg, wo sie seit 1884 lebte, initiierte sie einen Zweigverein des Katholischen Frauenbundes (KFB). Darüber hinaus gründete Frau von Gordon den „Verband katholischer Vereine erwerbstätiger Frauen und Mädchen", der sich im Gewerkschaftsstreit auf die „Berlin-Trierer" Seite stellte, was die Beziehung zwischen Emy von Gordon und der Kölner Zentrale des KFB erheblich trübte. O. Verf.; Emy Gordon, in: CF 7.1908/09, S. 207-209; Kall, Katholische Frauenbewegung, S. 285.

3 Emy von Gordon, „Das Katholische Frauenvereinsleben", KV Nr. 495 vom 14. 6. 1903, in: Vor der Gründung des Katholischen Frauenbundes, in: Fünfundzwanzig Jahre Katholischer Deutscher Frauenbund, hg. vom Katholischen Deutschen Frauenbund, Köln, o. J. (1928), S. 7-10 (künftig zit: 25 Jahre Katholischer Frauenbund). Dem Artikel wurde entscheidende Bedeutung für die Gründung des KFB beigemessen. Ebd., S. 7. Zu den ersten Initiativen der Gründung vgl. ferner: Kall, Katholische Frauenbewegung, S. 278; Helmut Hafner, Frauenemanzipation und Katholizismus im zweiten deutschen Kaiserreich, Phil. Diss. Saarbrücken 1983, S. 138; Protokoll der Mitgliederversammlung auf der General-Versammlung des Kath. Frauenbundes zu Frankfurt a. M. am 7. November 1904, in: Protokollbuch I, Bl. 42, AKDFB; KFB-Jahrbuch 1904, S. 11.

4 Gordon, Frauenvereinsleben, S. 7. - Die Orthografie der Zitate aus zeitgenössischen Quellen wurde vorsichtig der heutigen Scheibweise angepaßt.

5 Protokoll der gründungsvorbereitenden Versammlung vom 6./7. 10. 1903 in Frankfurt a. M., in: Protokollbuch I, Bl. 11, AKDFB.

6 Zur Gründungssituation des BDF vgl. Barbara Greven-Aschoff, Die bürgerliche Frauenbewegung in Deutschland 1894-1933, Göttingen 1981, S. 88 f. Mit dem Begriff „bürgerliche Frauenbewegung" wird im wesentlichen der Teil der Frauenbewegung angesprochen, der sich im BDF zusammenschloß. Greven-Aschoff zufolge sind soziale Herkunft und die politisch liberale Orientierung zentrale Merkmale der bürgerlichen Frauenbewegung, d. h. sie wurde von Frauen getragen, die ihrer sozialen Herkunft nach dem Bürgertum, vor allem dem Bildungsbürgertum, zuzuordnen sind und die sich politisch an liberalen Parteien orientierten, ohne sich indes als Organisationen parteipolitisch zu binden. Ebd., S. 13. Die genannten Merkmale ermöglichen m. E. keine eindeutige Zuordnung. Auch die konfessionellen Frauenbewegungen, die dem politischen Liberalismus fernstanden, verstanden sich als Teil der bürgerlichen Frauenbewegung. Der Begriff erfüllt daher eher eine Abgrenzungsfunktion zur sozialdemokratischen Frauenbewegung. In diesem Sinne werde ich ihn auch verwenden. Zum Begriff des Bürgertums vgl. Jürgen Kocka, Bürgertum und bürgerliche Gesellschaft im 19. Jahrhundert. Europäische Entwicklungen und deutsche Eigenarten, in: ders. (Hg.), Bürgertum im 19. Jahrhundert. Deutschland im europäischen Vergleich, Bd. 1, München 1988, S. 11 ff.

7 Dompfarrer Karl Braun aus Würzburg ging beispielsweise davon aus, daß der Einfluß der katholischen Frauen ausgeschaltet oder „lahmgelegt" werde, wenn sich „nicht baldigst eine starke Gegenbewegung geltend" mache. Offener Brief an den katholischen Frauenbund anläßlich der bevorstehenden ersten Generalversammlung in Frankfurt a. M., o. O., o. J. (1904), S. 4, in: Akte 7.6, AJTr; vgl. Aufruf „Streng vertraulich!" o.D. (1903), in: AKDFB.
8 Denkschrift über die Gründung eines Katholischen Frauenbundes, o. J. (1903), S. 3, in: AKDFB.
9 Hopmann an Neuhaus vom 27. 11. 1903, in: SKF F.I.1 a, Fasz. 1, ADCV.
10 KFB Flugblatt Nr. 2: Was will die Frauenbewegung?, KFB Flugblatt Nr. 3: Was will die katholische Frauenbewegung?, o. J. (etwa 1904). Pauline Herber hatte anläßlich der Generalversammlung des BDF, die 1902 in Wiesbaden stattfand, dem Fachwissen sowie den intellektuellen und organisatorischen Fähigkeiten der überkonfessionell organisierten Frauen ausdrücklich Anerkennung gezollt, aber deren fehlende christliche Orientierung beklagt. Pauline Herber, Eindrücke von der 5. Generalversammlung des Bundes deutscher Frauenvereine zu Wiesbaden, in: CF 1.1902/03, S. 109 ff.
11 Vgl. Scholastica, Generalversammlung des Allgemeinen Deutschen Frauenvereins, in: CF 2.1903/04, S. 74 f.
12 „Aus Frauenkreisen", in: CF 6.1907/08, S. 110; „Kongreßberichte", in: DKF 1.1907/08, S. 55 f.
13 Greven-Aschoff, Bürgerliche Frauenbewegung, S. 71, 88 ff.
14 Zur Auseinandersetzung im BDF um die Stimmrechtsfrage vgl. ebd., S. 132 ff.; Bärbel Clemens, „Menschenrechte haben kein Geschlecht!" Zum Politikverständnis der bürgerlichen Frauenbewegung, Pfaffenweiler 1988, S. 35 ff., S. 91 ff.; Theresa Wobbe, Gleichheit und Differenz. Politische Strategien von Frauenrechtlerinnen um die Jahrhundertwende, Frankfurt a. M. u. a. 1989, S. 22 ff.
15 Beispielsweise hatten die Stimmrechtsverbände in den Zentren der Bewegung wie Berlin oder Leipzig maximal 600-800 Mitglieder, von denen sich rund 1/4 aktiv beteiligten, während der BDF insgesamt 150.000 Mitglieder aufwies (1908). Herrad Schenk, Die feministische Herausforderung. 150 Jahre Frauenbewegung in Deutschland, München 1983, S. 108 f. - Hinweise zur Geschichte der „Radikalen" finden sich vor allem in den Aufsätzen zum Schwerpunktheft „Die Radikalen in der alten Frauenbewegung", in: Feministische Studien 1/1984. Vgl. ferner: Greven-Aschoff, Bürgerliche Frauenbewegung, S. 87-107, passim. Die „Radikalen", auch als „linker Flügel" oder „Opposition" der bürgerlichen Frauenbewegung charakterisiert, organisierten sich 1899 im Verband Fortschrittlicher Frauenvereine, der 1907 dem BDF beitrat. Ute Gerhard, Unerhört. Die Geschichte der deutschen Frauenbewegung, Reinbek 1990, S. 234 f., 244 ff.
16 Siehe dazu Kap. III, 3.
17 Ute Gerhard, ‚Bis an die Wurzeln des Übels'. Rechtskämpfe und Rechtskritik der Radikalen, in: Feministische Studien 1/1984, S. 77-97.
18 Hedwig Dransfeld, Entwicklung und gegenwärtiger Stand der deutschen Frauenbewegung, in: CF 5.1906/07, S. 167.
19 Greven-Aschoff, Bürgerliche Frauenbewegung, S. 41. Von der „Andersartigkeit" waren allerdings auch „radikale Frauen", wie z. B. Helene Stöcker, überzeugt. Zu den Übereinstimmungen und Kontroversen zwischen Helene Stöcker, der Protagonistin einer „neuen Ethik", und Gertrud Bäumer, Vertreterin der „alten Ethik" vgl. die aufschlußreiche Analyse von Wobbe, Gleichheit und Differenz, S. 115-122, passim.
20 Zum Begriff und Konzept vgl. den nach wie vor grundlegenden Aufsatz von Irene Stoehr, „Organisierte Mütterlichkeit". Zur Politik der deutschen Frauenbewegung um 1900, in: Karin Hausen (Hg.), Frauen suchen ihre Geschichte. Historische Studien

zum 19. und 20. Jahrhundert, München 1983, S. 221-249; Monika Simmel. Erziehung zum Weibe. Mädchenbildung im 19. Jahrhundert, Frankfurt a. M. 1980; Christoph Sachße, Mütterlichkeit als Beruf, Frankfurt a. M. 1986, S. 105-125; Elisabeth Meyer-Renschhausen, Weibliche Kultur und soziale Arbeit. Eine Geschichte der Frauenbewegung am Beispiel Bremens 1810-1927, Köln u. a. 1989, S. 219-224; Wobbe, Gleichheit und Differenz, passim.

21 Siehe dazu Kap. III, 2.
22 Eine kurze Übersicht über die Fröbelsche Kindergartenidee (Friedrich Fröbel 1782-1852) und ihre Umsetzung durch seine Nichte Henriette Schrader-Breymann (1827-1899) findet sich bei Daniela Weiland, Geschichte der Frauenemanzipation in Deutschland und Österreich, Düsseldorf 1983, S. 105-107, 245 f. Ausführlich dazu: Maria Müller, Frauen im Dienste Fröbels, Leipzig 1928, S. 94-135; Simmel, Erziehung zum Weibe, S. 117 ff., passim.
23 Wobbe, Gleichheit und Differenz, S. 127.
24 Karin Hausen, Die Polarisierung der „Geschlechtscharaktere". Eine Spiegelung der Dissoziation von Erwerbs- und Familienleben, in: Seminar: Familie und Gesellschaftsstruktur. Materialien zu den sozioökonomischen Bedingungen von Familienformen, hg. von Heide Rosenbaum, Frankfurt a. M. 1980, S. 161-191, hier: S. 172.
25 Stoehr, Organisierte Mütterlichkeit, S. 222 f., 225.
26 KFB-Jahrbuch 1907, S. 6. - Aufgrund unvollständiger Quellenangaben können Vornamen nicht immer - oder nur in gekürzter Form - angegeben werden.
27 Ruth Bré, Ika Freudenberg, in: CF 10.1911/12, S. 180. Vgl. auch Kall, Katholische Frauenbewegung, S. 308; Hafner, Frauenemanzipation und Katholizismus, S. 121.
28 Lida Gustava Heymann, Anita Augspurg: Erlebtes - Erschautes. Deutsche Frauen kämpfen für Freiheit, Recht und Frieden. 1850-1940, hg. von Margrit Twellmann, Meisenheim am Glan 1977, S. 89 f.; vgl. Hafner, Frauenemanzipation und Katholizismus, S. 171 f.
29 Gertrud Bäumer, Die Geschichte der Frauenbewegung in Deutschland, in: Handbuch der Frauenbewegung, hg. von Helene Lange und Gertrud Bäumer, 1. Teil, Berlin 1901, S. 165.
30 Hafner, Frauenemanzipation und Katholizismus, S. 385, Anm. 22.
31 „Aus Frauenkreisen", in: CF 7.1908/09, S. 70 f.
32 Ebd., S. 71.
33 Vgl. KFB-Vorstandprotokolle vom 11. 12. 1907, Bl. 70, 14. 3. 1908, Bl. 87, 8. 4. 1908, Bl. 98, 12. 5. 1908, Bl. 103, 14. 10. 1908, Bl. 143, 13. 1. 1909, Bl. 166, 3. 5. 1911 (6); KFB-Ausschußprotokolle vom 29. 4. 1909 (5), 28. 4. 1912 (2). - Die maschinengetippten KFB-Protokolle haben keine Blatt-Numerierung mehr. Zur besseren Orientierung werden die Tagesordnungspunkte - sofern vorhanden - im Anschluß an das Protokolldatum vermerkt.
34 KFB-Ausschußprotokoll vom 28. 4. 1912, in: VK 1912, S. 25-30, hier: S. 27 (Hervorhebung im Original). In diesem Sinne wurde beispielsweise dem KFB-Mitglied Frau Kleitner auf deren Anfrage hin die Genehmigung erteilt, als Privatperson in der Dienstbotenkommission des BDF mitzuarbeiten. Ebd., S. 26. f. Kurze Zeit nach der Veröffentlichung der Richtlinien verdeutlichte der KFB seine Entscheidungskompetenz: „Die Mitarbeit einzelner Frauenbundsmitglieder auf Spezialgebieten kann nicht im allgemeinen bejaht oder verneint werden, sondern muß von Fall zu Fall entschieden werden." Aus der Zentral-Vorstandssitzung, in: VK 1912, S. 41.
35 KFB-Ausschußprotokoll vom 28. 4. 1912 (2) (maschinengetippte Fassung).
36 KFB-Ausschußprotokoll vom 28. 4. 1912, in: VK 1912, S. 25-30 und maschinengetippte Fassung.
37 Denkschrift 1903, S. 6.

38 Vgl. Wilfried Loth, Katholiken im Kaiserreich. Der politische Katholizismus in der Krise des wilhelminischen Deutschlands, Düsseldorf 1984; Ute Schmidt, Zentrum oder CDU. Politischer Katholizismus zwischen Tradition und Anpassung, Opladen 1987, S. 60-84. - Julius Bachem (1845-1918), „der profilierteste unter den bürgerlichen Zentrumsführern" (Loth), hatte 1906 den „Zentrumsstreit" entfacht, indem er die Öffnung der Partei für protestantische Konservative forderte. Julius Bachem, Wir müssen aus dem Turm heraus!, 1. März 1906, in: Rudolf Morsey (Hg.), Katholizismus, Verfassungsstaat und Demokratie. Vom Vormärz bis 1933, Paderborn u. a., 1988, S. 82-89.

39 Heiner Katz, Katholizismus zwischen Kirchenstruktur und gesellschaftlichem Wandel, in: Karl Gabriel/Franz-Xaver Kaufmann (Hg.), Zur Soziologie des Katholizismus, Mainz 1980, S. 127.

40 Vgl. Franz Josef Stegmann, Geschichte der sozialen Ideen im deutschen Katholizismus, in: Helga Grebing (Hg.), Geschichte der sozialen Ideen in Deutschland, München/Wien 1969, S. 359-372.

41 Rerum novarum (Leo XIII.1891), in: Texte zur katholischen Soziallehre. Die sozialen Rundschreiben der Päpste und andere kirchliche Dokumente mit einer Einführung von Oswald von Nell-Breuning SJ, hg. vom Bundesverband der Katholischen Arbeitnehmer-Bewegung Deutschlands - KAB, Kevelaer 1985, S. 31-68.

42 Vgl. Wilhelm Emmanuel Ketteler, Sozialcaritative Fürsorge der Kirche für die Arbeiterschaft, in: Texte zur Katholischen Soziallehre II, Dokumente zur Geschichte des Verhältnisses von Kirche und Arbeiterschaft am Beispiel der KAB, 1. Halbband, hg. vom Bundesverband der Katholischen Arbeitnehmer-Bewegung (KAB) Deutschlands, Kevelaer 1976, S. 255-239, hier: S. 231.

43 Oskar Köhler, Die Ausbildung der Katholizismen in der modernen Gesellschaft, in: Hubert Jedin (Hg.), Handbuch der Kirchengeschichte, Bd. VI/2, Freiburg u. a. 1973, S. 207 ff., 213.

44 Rudolf Lill, Der deutsche Katholizismus zwischen Kulturkampf und 1. Weltkrieg, in: Jedin (Hg.), Handbuch der Kirchengeschichte, S. 521; Katz, Katholizismus, S. 127; Schmidt, Zentrum oder CDU, S. 76 f.

45 Vgl. Martin Baumeister, Parität und katholische Inferiorität. Untersuchungen zur Stellung des Katholizismus im Deutschen Kaiserreich, Paderborn u. a. 1987; Die Inferiorität der katholischen Frauen, in: CF 6. 1907/08, S. 299-301.

46 Schmidt, Zentrum oder CDU, S. 76 f.; Karl Josef Rivnius, Integralismus und Reformkatholizismus. Die Kontroverse um Hermann Schell, in: Wilfried Loth (Hg.), Deutscher Katholizismus im Umbruch zur Moderne, Stuttgart u. a. 1991, S. 199-218.

47 So Schmidt, Zentrum oder CDU, S. 77. Carl Muth (1867-1944) bot mit seiner 1903 gegründeten Zeitschrift bald das zentrale geistige Forum der „bürgerlichen Bewegung" innerhalb des politischen Katholizismus. Loth, Katholiken im Kaiserreich, S. 78. Muth geriet damit in Kontroverse zu den integralen Vertretern des katholischen Literaturbetriebes, die in der Zeitschrift „Der Gral" publizierten. Diese Auseinandersetzungen, bekannt als „Literaturstreit" sind ein weiterer Beleg der Modernisierungskrise im Katholizismus. Stegmann, Geschichte der sozialen Ideen, S. 434.

48 Loth, Katholiken im Kaiserreich, S. 38-80.

49 Der Kölner Rechtsanwalt Carl Trimborn (1854-1921) gehörte bis zu seinem Tode zu den führenden Kräften der Zentrumspartei. Seit 1894 war er Vorsitzender der Rheinischen Zentrumspartei, 1919 übernahm er den Vorsitz der Reichstagsfraktion und 1920 wurde Trimborn zum Vorsitzenden der Gesamtpartei gewählt. Parlamentarisch vertrat er das Zentrum als Stadtverordneter in Köln (1893-1913) und als Mitglied des Reichstags und des Preußischen Abgeordnetenhauses (seit 1896). Darüber hinaus engagierte sich Trimborn im „Volksverein für das katholische Deutschland", dessen 2.

Vorsitzender er war. Carl Trimborn war mit Jeanne Mali, Gründungs- und Vorstandsmitglied im KFB, verheiratet. Rudolf Morsey, Karl Trimborn (1854-1921), in: Rudolph Morsey (Hg.), Zeitgeschichte in Lebensbildern. Aus dem deutschen Katholizismus des 20. Jahrhunderts, Bd. 1, Mainz 1973, S. 81-93; der Artikel wurde zuvor veröffentlicht in: Rheinische Lebensbilder, Bd. 3, Düsseldorf 1968, S. 235-248.
50 Loth, Katholiken im Kaiserreich, S. 99.
51 Die Befürworter der Christlichen Gewerkschaften konzentrierten sich auf den Raum Köln/Mönchengladbach (Rheinisches Zentrum und Volksvereinszentrale in Mönchengladbach), so daß die Bezeichnung „Kölner Richtung" oder „Köln-Mönchengladbacher Richtung" für die Anhänger der interkonfessionellen Gewerkschaften verwendet wurde. - Zum Gewerkschaftsstreit vgl. vor allem: Rudolf Brack, Deutscher Episkopat und Gewerkschaftsstreit 1900-1914, Köln/Wien 1976; Horstwalter Heitzer, Georg Kardinal Kopp und der Gewerkschaftsstreit 1900-1914, Köln/Wien 1983.
52 Zur Gründungssituation des Volksvereins vgl. Horstwalter Heitzer, Der Volksverein für das katholische Deutschland im Kaiserreich 1890-1918, Mainz 1979, S. 15-23.
53 Ebd., S. 21, 145.
54 Ebd., S. 144.
55 Ebd., S. 148.
56 Zur Biographie August Piepers vgl. Horstwalter Heitzer, August Pieper (1866-1942), in: Jürgen Aretz/Rudolf Morsey/Anton Rauscher (Hg.), Zeitgeschichte in Lebensbildern. Aus dem deutschen Katholizismus des 19. und 20. Jahrhunderts, Bd. 4, Mainz 1980, S. 114-132.
57 Heitzer, Volksverein, S. 62, 65 f.
58 Ebd., S. 32 ff.; Loth, Katholiken im Kaiserreich, S. 67 f., 90, 274 f. - Als Diözesan-Präses der katholischen Arbeitervereine der Erzdiözese Köln, Generalsekretär der katholischen Arbeitervereine Westdeutschlands und als Dezernent für Arbeiterfragen und soziales Vereinswesen an der Zentralstelle des Volksvereins gehörte der Theologe und Priester Otto Müller (1870-1944) zu den führenden katholischen Männern, die sich in der Arbeiterfrage engagierten. Otto Müller starb als überzeugter Gegner des Nationalsozialismus in Gestapo-Haft. Heitzer, Volksverein, S. 1 f., Anm. 8.
59 Heitzer, Volksverein, S. 61 ff., 204 ff. Gesetzliche Sozialreform, Selbsthilfe und soziale Wohlfahrtspflege waren nach Auffassung des Volksvereins Bestandteile sozialreformerischer Maßnahmen. Ebd., S. 210.
60 Ebd., S. 30.
61 Ernst Lieber, der nach dem Tode von Ludwig Windthorst die Zentrumsführung übernahm, warb engagiert für den Volksverein, der „Armee, in welche alle eintreten müssen, Mann für Mann". Es sei eine Unterlassungssünde, „wenn man diese Pflicht nicht erfüllte" erklärte Lieber anläßlich einer Rede in Landshut 1897. Heitzer, Volksverein, S. 147.
62 Ebd., S. 292; Staatslexikon. Recht, Wirtschaft, Gesellschaft, hg. von der Görres-Gesellschaft, 5. Bd., Freiburg u. a. 1989, Sp. 806 f.
63 Der Volksverein wandte sich gegen das Dreiklassenwahlrecht und forderte eine stärkere politische Beteiligung der Arbeiter, auch in der Zentrumspartei, was letztlich nicht gelang. Loth, Katholiken im Kaiserreich, S. 223, 384 f.
64 Der Volksverein, der in der Schulung der Gewerkschaftsmitglieder eine Schlüsselfunktion einnahm, hatte sich 1902 eindeutig in einer Vorstandssitzung zu den Christlichen Gewerkschaften bekannt. Gleichwohl verhielten sich die führenden Persönlichkeiten des Volksvereins, mit Ausnahme Heinrich Brauns, öffentlich in der Bewertung der Gewerkschaftsfrage zurückhaltend. Man wollte vermeiden, in den Gewerkschaftsstreit hineingezogen zu werden, um die Realisierung der christlichen Sozialreform nicht zu gefährden. Heitzer, Georg Kardinal Kopp, S. 59 f., 66, 249.

65 Stegmann, Geschichte der sozialen Ideen, S. 425 f.
66 So der Volksvereinsdirektor Heinrich Brauns (1868-1939), selbst Geistlicher, in einem unter dem Pseudonym „Rhenanus" veröffentlichten Artikel zur Kontroverse „Christliche Gewerkschaften oder Fachabteilung". Ebd., S. 427.
67 Die Entstehung und Entwicklung der Christlichen Gewerkschaften ist umfassend analysiert von Michael Schneider: Die Christlichen Gewerkschaften 1894-1933, Bonn 1982. Eine kurze Darstellung der Christlichen Gewerkschaften befindet sich auch in Michael Schneiders Überblick über die Gewerkschaftsgeschichte: Kleine Geschichte der Gewerkschaften. Ihre Entwicklung in Deutschland von den Anfängen bis heute, Bonn 1989, S. 82-85, 100-103, passim.
68 Schneider, Christliche Gewerkschaften, S. 290. Schneider weist darauf hin, daß man in dem Statut des Gesamtverbandes „jeden Anschein eines gewerkschaftlichen Kampfverbandes" vermied, um sich damit formal von den Freien Gewerkschaften abzugrenzen. Ebd., S. 134, 137.
69 Der Konflikt um das Fuldaer Pastorale ist dargestellt bei: Heitzer, Georg Kardinal Kopp, S. 50-60. Georg Kardinal Kopp (1837-1914) war mehrere Jahre als Seelsorger, Domkapitular und Generalvikar tätig, bevor er 1881 zum Bischof der Diözese Fulda berufen wurde. Ab 1887 amtierte er als Fürstbischof von Breslau. Von 1900 bis zu seinem Tode übernahm Kopp die Leitung der Fuldaer Bischofskonferenz. Heitzer, Georg Kardinal Kopp, S. 3 f., Anm. 14.
70 Schneider, Christliche Gewerkschaften, S. 122 ff.
71 Heitzer, Georg Kardinal Kopp, S. 50 ff.; Loth, Katholiken im Kaiserreich, S. 99.
72 Auf kirchenoffizieller Ebene wurde der Gewerkschaftsstreit erst 1931 beendet, indem Pius XI. mit der Enzyklika „Quadragesimo anno" die Christlichen Gewerkschaften offiziell billigte. Heitzer, Georg Kardinal Kopp, S. 1, 208 ff.; Andresen/Denzler, Wörterbuch der Kirchengeschichte, S. 241.
73 Rudolf Lill, Der deutsche Katholizismus zwischen Kulturkampf und 1. Weltkrieg, in: Jedin (Hg.), Handbuch der Kirchengeschichte, S. 522; Roger Aubert, Die modernistische Krise, in: ebd., S. 497 ff. Etliche Hinweise auch in Heitzers Monographie über Georg Kardinal Kopp und bei Christoph Weber, Kirchengeschichte, Zensur und Selbstzensur, Köln/Wien 1984.
74 Vgl. dazu vor allem die Kontroverse auf der 1. Generalversammlung des KFB, aufgezeigt in Kap. IV, 2.
75 Kall, Katholische Frauenbewegung, S. 279. Die Kölnische Volkszeitung wurde 1848 als „Rheinische Volkshalle" gegründet und 1869 in „Kölnische Volkszeitung" umbenannt. 1941 wurde die Zeitung eingestellt.
76 Pauline Herber, Zusammenschluß katholischer Frauen betreffs der Frauenbewegung unserer Zeit, in: CF 2.1903/04, S. 116 (Hervorhebungen im Original).
77 Denkschrift 1903, S. 6.
78 Wollasch, Lorenz Werthmann (1858-1921), in: Zeitgeschichte in Lebensbildern, Bd. 4, S. 79.
79 Rolf Landwehr, Alice Salomon und ihre Bedeutung für die soziale Arbeit. Ein Beitrag zur Entwicklung der sozialen Berufsarbeit und Ausbildung anläßlich des 10jährigen Bestehens der FHSS Berlin, Berlin 1981, S. 16. Die Idee, über Erziehung und Bildung den sozialen Frieden zu sichern, thematisiert Heitzer wiederholt im Zusammenhang mit der Schulungsarbeit des Volksvereins. Vgl. Heitzer, Volksverein, S. 58 ff.
80 Heitzer, Volksverein, S. 198 f.
81 Rüdeger Baron, Die Entwicklung der Armenpflege in Deutschland vom Beginn des 19. Jahrhunderts bis zum Ersten Weltkrieg, in: Rolf Landwehr/Rüdeger Baron (Hg.), Geschichte der Sozialarbeit. Hauptlinien ihrer Entwicklung im 19. und 20. Jahrhundert, Weinheim/Basel 1983, S. 28 ff.

82 Franz Hitze und der christliche Gewerkschafter Johannes Giesberts gehörten dem Vorstand des Vereins als Beisitzer an. Heitzer, Volksverein, S. 200.
83 Vgl. C. v. Raesfeldt, Beteiligung der gebildeten und besitzenden Frauen am Waisenrat, in: CF 1.1902/03, S. 212. Die Übernahme von Vormundschaften war in § 1783 BGB geregelt. Die Frau, die eine Vormundschaft übernehmen wollte, brauchte dazu die Zustimmung des Ehemannes. Andreas Wollasch, Der Katholische Fürsorgeverein für Mädchen, Frauen und Kinder (1899-1945). Ein Beitrag zur Geschichte der Jugend- und Gefährdetenfürsorge in Deutschland, Freiburg i. Br. 1991, S. 21; Agnes Zahn-Harnack, Die Frauenbewegung. Geschichte, Probleme, Ziele, Berlin 1928, S. 49 ff.; KFB Flugblatt Nr. 11: Flugblatt über Vormundschaften, o. J.
84 Vgl. A. Lammers, Stadt Elberfeld, in: A. Emminghaus (Hg.), Das Armenwesen und die Armengesetzgebung in europäischen Staaten, Berlin 1870; Baron, Entwicklung der Armenpflege, S. 22 ff.; Christoph Sachße/Florian Tennstedt, Geschichte der Armenfürsorge in Deutschland. Vom Spätmittelalter bis zum Ersten Weltkrieg, Stuttgart u. a. 1980, S. 214 ff., 286 ff.
85 Dorothea Hirschfeld, Die Mitwirkung der Frauen in der Armen- und Wohlfahrtspflege in Deutschland, in: Recueil des Travaux, Copenhague 1911, S. 5-66, hier: S. 10. Über den anhaltenden Widerstand männlicher Armenpfleger berichten ferner: Hildegard Radomski, Die Frau in der öffentlichen Armenfürsorge, Berlin 1917, S. 25 ff., passim; Zahn-Harnack, Frauenbewegung, S. 333 f. Vgl. Rüdeger Baron/Rolf Landwehr, Von der Berufung zum Beruf. Zur Entwicklung der Ausbildung für die soziale Arbeit, in: Rüdeger Baron (Hg.), Sozialarbeit und Soziale Reform. Zur Geschichte eines Berufs zwischen Frauenbewegung und öffentlicher Verwaltung, Weinheim u. a. 1983, S. 1 ff.
86 Vgl. Hirschfeld, Frauen in der Armen- und Wohlfahrtspflege, S. 10 f.
87 Vgl. Chronik der sozialen Frauenschule. Wohlfahrtsschule Pestalozzi-Fröbelhaus III, 1899-1929, o. O. (Berlin) 1929, S. 1 f. Zur Ausweitung des Aufgabenbereichs in der Armenpflege vgl.: Baron, Entwicklung der Armenpflege, S. 42 ff.
88 Aus den „Gruppen", deren Vorsitz nach dem Tode Jeanette Schwerins (1852-1899) Alice Salomon (1872-1948) übernahm, ging 1908 die erste überkonfessionelle Ausbildungsstätte für Sozialarbeiterinnen (Soziale Frauenschule) hervor, gleichfalls unter der Leitung von Alice Salomon. Vgl. Chronik der sozialen Frauenschule, S. 2 ff.; Alice Salomon, Charakter ist Schicksal. Lebenserinnerungen, Weinheim/Basel 1983, S. 29 ff., 96 ff.; Dora Peyser, Alice Salomon. Ein Lebensbild, in: Alice Salomon. Die Begründerin des sozialen Frauenberufs in Deutschland. Ihr Leben und ihr Werk, Köln u. a. 1958, S. 9-121; Alice Salomon in ihren Schriften. Bibliographie zusammengestellt von Renate Orywa und Annette Dröge im Auftrag der Rektorin der Fachhochschule für Sozialarbeit und Sozialpädagogik Berlin, Berlin 1989.
89 Dr. Liese, Soziale Hilfsarbeit der Frauen, in: CF 2.1903/04, S. 18 f.
90 Hafner, Frauenemanzipation und Katholizismus, S. 82.
91 Wollasch, Werthmann, S. 79 ff. Ab 1909 änderte Werthmann die Schreibweise des Verbandes von „Charitas" zu „Caritas", die Wollasch als verändertes Selbstverständnis deutet: Weg vom „mehr Spirituellen hin zu einer aktiven, handfest erfahrbaren Wirklichkeit sozialen Dienstes". Ebd. S. 84.
92 Erst die 1916 erfolgte Anerkennung durch die Fuldaer Bischofskonferenz sicherte das Weiterbestehen des Verbandes, indem die ideelle und finanzielle Förderung durch die Diözesanbischöfe möglich wurde. Der Caritasverband entwickelte sich danach zu einem wesentlichen Bestandteil kirchlicher Sozialpolitik. Ebd., S. 84, 87.
93 Sr. Elisabeth an M. Gertrud vom 27. 8. 1903, in: Akte 7.6, AJTr.

94 Protokoll der gründungsvorbereitenden Sitzung vom 26. 8. 1903, in: Protokollbuch I, Bl. 6, AKDFB; Elisabeth Cosack, Die Gründung des Katholischen Frauenbundes, in: 25 Jahre Katholischer Frauenbund, S. 15; Kall, Katholische Frauenbewegung, S. 287.
95 Werthmann an Hamann vom 7. 2. 1902, 12. 3. 1902, in: Akte WA 39; Werthmann an Leineweber (1. Vorsitzende des katholischen Lehrerinnenvereins im Elsaß) vom 13. 2. 1902, in: Akte CA III 33 A; An die sehr verehrlichen Mitglieder des Charitasverbandsausschusses, Freiburg, Februar 1902, ebd., sämtlich ADCV.
96 Vgl. Werthmann an Pieper vom 15. 3. 1902, in: Akte CA III 33 A, ADCV.
97 Werthmann hielt Piepers Ansinnen für „gewagt, wenn nicht unmöglich". Ebenso schien ihm bedenklich, „heute schon zu sagen, was von der modernen Frauenbewegung angenommen, was abgewiesen werden muß." Werthmann an Pieper vom 15. 3. 1902, in: Akte III 33 A, ADCV.
98 Dr. Werthmann/E. M. Hamann, Geleitswort für die Zeitschrift „Die christliche Frau", in CF 1.1902/03, S. 1. Für die Redaktion konnte Werthmann die Lehrerin Elisabeth Hamann (1853-1931) gewinnen, die für ihr Engagement in der Frauenfrage seit Ende der 1890er Jahre bekannt war. Hamann an Werthmann vom 10. 1. 1902, in: Akte WA 39, ADCV. Elisabeth Hamann hatte zusammen mit Therese Keiter zwei Jahre zuvor schon einmal den Versuch unternommen, in der Zeitschrift „Haus und Welt" die Frauenfrage vom katholischen Standpunkt aus zu thematisieren. Bereits nach einem Jahr mußten sie die Herausgabe der Zeitschrift wieder einstellen. Kall, Katholische Frauenbewegung, S. 281.
99 „Geleitswort", S. 2.
100 Werthmann an Pieper vom 15. 3. 1902, in: Akte CA III 33 A, ADCV.
101 Vgl. dazu die zahlreichen Artikel vor allem im 1. Jahrgang der „Christlichen Frau". Die Sorge, daß die Frauenbewegung die bürgerliche Familie gefährde, bestand auch im liberalen Bürgertum. Dazu: Herrad-Ulrike Bussemer, Frauenemanzipation und Bildungsbürgertum. Sozialgeschichte der Frauenbewegung in der Reichsgründungszeit, Weinheim u. a. 1985, S. 12.
102 Wilfried Loth, Soziale Bewegungen im Katholizismus des Kaiserreichs, in: GG 17.1991, S. 279-310, hier: S. 285.
103 Benno Auracher, Die Frauenfrage, in: Reden, gehalten in den öffentlichen Versammlungen der 52. Generalversammlung der Katholiken Deutschlands in Straßburg 20.-24. August 1905, Straßburg i. E. 1906, S. 66-83, hier: S. 69.
104 Gisela Breuer, Zwischen Emanzipation und Anpassung: Der Katholische Frauenbund im Kaiserreich, in: Rottenburger Jahrbuch für Kirchengeschichte 1991, S. 117.
105 Oskar Köhler, Leo XIII., in: Martin Greschat (Hg.), Das Papsttum II, Stuttgart u. a., 1985, S. 211 f.
106 Leo XIII., Rerum novarum, S. 46.
107 Vgl. Michael N. Ebertz, Herrschaft in der Kirche. Hierarchie, Tradition und Charisma im 19. Jahrhundert, in: Gabriel/Kaufmann (Hg.), Soziologie des Katholizismus, S. 89-111.
108 Mit Ultramontanismus (lat. ultra montes = jenseits der Berge) wird allgemein der zentralistisch-integralistische Katholizismus der nachtridentinischen Zeit bezeichnet. Seit Mitte des 18. Jahrhunderts stand der Begriff für einen kurialistischen, d. h. auf Rom konzentrierten und aufklärungsfeindlichen Katholizismus. Andresen/Denzler, Wörterbuch der Kirchengeschichte, S. 596 f. Der Begriff entstand in Frankreich als „Spottname für die Gegner des Gallikanismus", denen sie in kränkender Absicht vorwarfen, „ultra montes" zu blicken. Schmidt, Zentrum oder CDU, S. 35, 39; Franz Schnabel, Deutsche Geschichte im neunzehnten Jahrhundert, Bd. 4: Die religiösen Kräfte, München 1987, S. 269. Unter Bezugnahme auf die neuere Ultramontanismusforschung verweist Christoph Weber auf die Schwierigkeit, den Ultramontanismus im

Kern zu erfassen. Weber bezeichnet den Ultramontanismus als historisches Phänomen, bei dem „Menschen auf eine so komplexe Herausforderung wie diejenige, die wir als ‚moderne' Welt bezeichnen, mit einem ganzen Syndrom von Reaktionen antworten, die alle irgendwie von der Verlustangst durchtränkt sind, die den Veränderungen der Neuzeit unweigerlich entspringen." Christoph Weber, Ultramontanismus als katholischer Fundamentalismus, in: Loth (Hg.), Deutscher Katholizismus, S. 20-45, hier: S. 35.

109 Zur Minderheitensituation vgl. den Aufsatz von Helmut Geller, der die Entstehung der ultramontanen Bewegung wesentlich auf den Außendruck, dem die Katholiken in einer protestantisch dominierten Gesellschaft ausgesetzt waren, zurückführt: Helmut Geller, Sozialstrukturelle Voraussetzungen für die Durchsetzung der Sozialform >>Katholizismus<< in Deutschland in der ersten Hälfte des 19. Jahrhunderts, in: Gabriel/Kaufmann (Hg.), Soziologie des Katholizismus, S. 71 ff.

110 Rudolf Lill, Reichskirche, Säkularisation, Katholische Bewegung, in: Anton Rauscher (Hg.), Der soziale und politische Katholizismus, München/Wien 1982, Bd. 1, S. 33.

111 Wesentlich vertreten durch den Kreis um den Konstanzer Generalvikar Heinrich Ignaz v. Wessenberg. Schnabel, Deutsche Geschichte, S. 10 ff.; Schmidt, Zentrum oder CDU, S. 34 ff.

112 Ebd., S. 40. Zum „Mainzer Kreis" und anderer ultramontaner Kräfte vgl. Schnabel, Deutsche Geschichte, S. 44 ff.

113 Victor Conzemius, Das I. Vatikanum im Bannkreis der päpstlichen Autorität, in: Erika Weinzierl (Hg.), Die päpstliche Autorität im katholischen Selbstverständnis des 19. und 20. Jahrhunderts, Salzburg u. a. 1970, S. 55.

114 Zum Verhältnis von Katholizismus und Moderne vgl. die Literaturhinweise in der Einleitung.

115 Katz, Katholizismus, S. 120 ff.

116 Ebertz, Herrschaft, S. 100.

117 Die Wiener Historikerin Edith Saurer hat in diesem Zusammenhang auf die besondere Bedeutung der Beichte hingewiesen: Edith Saurer, Frauen und Priester. Beichtgespräche im frühen 19. Jahrhundert, in: Richard van Dülmen (Hg.), Arbeit, Frömmigkeit und Eigensinn. Studien zur historischen Kulturforschung, Frankfurt a. M. 1990, S. 141-170.

118 Oswald von Nell-Breuning, Katholizismus, in: Gabriel/Kaufmann (Hg.), Soziologie des Katholizismus, S. 28 f. - Dabei ist zu bedenken, daß der Demokratisierungsprozeß keineswegs nur in den Händen von Laien lag. Gerade im Volksverein und in gewerkschaftsfreundlichen Arbeiter(innen)vereinen waren in großem Maße Kleriker vertreten.

119 Ebd., S. 30.

120 Emil Ritter, Die katholisch-soziale Bewegung Deutschlands im 19. Jahrhundert und der Volksverein, zit. nach Wilfried Katz, Katholizismus, S. 123. Ein weiteres bedeutsames Beispiel für die autoritär-bevormundende Haltung ist die Bücherzensur der Kirche, womit den gläubigen und kirchentreuen Katholiken offen mangelnde Urteilsfähigkeit unterstellt wurde. Zur Praxis der kirchlichen Indizierung vgl. Weber, Zensur und Selbstzensur. Michael Felix Korum (1840-1921) war seit 1881 Bischof von Trier.

121 Hafner, Frauenemanzipation und Katholizismus, S. 4 f.

122 Gen. 2-3; Wilhelm Korff, Frau/Mann, in: Peter Eicher (Hg.), Neues Handbuch theologischer Grundbegriffe, München 1984, Bd. 1, S. 363 f. Korff weist darauf hin, daß bei kritischer Exegese, insbesondere unter Beachtung von 1,27, die Genesis nicht zur Legitimation der Ungleichheit der Geschlechter herangezogen werden kann. Ebd., S. 362. Bemerkenswerterweise bezogen sich schon zu Beginn dieses Jahrhunderts gelegentlich Frauen auf Gen. 1,27, um gegen die soziale Unterordnung zu argumentieren.

Ausführlicher hierzu: Kap. III, 2. Zur Bewertung der Genesis vgl. auch: Ida Raming, Von der Freiheit des Evangeliums zur versteinerten Männerkirche, in: Bernadotte Brooten/Norbert Greinacher (Hg.), Frauen in der Männerkirche, München/Mainz 1982, S. 9-21.

123 Friedrich Heiler, Die Frau in den Religionen der Menschheit, Berlin u. a. 1976, S. 145. Vgl. Elga Sorge, Wer leiden will muß lieben, in: Feministische Studien 2.1983, S. 56. Bei den obenstehenden Ausführungen muß der naturwissenschaftlich-medizinische Wissensstand über die Zeugung bedacht werden. Thomas von Aquin orientierte sich zeitgemäß am biologischen Verständnis der Griechen, nach dem für die Zeugung allein der Samen des Mannes relevant schien. An dieser Annahme wurde bis ins 19. Jahrhundert festgehalten. Johannes Gründel, Die eindimensionale Wertung der menschlichen Sexualität. Zur Geschichte der christlich-abendländischen Sexualmoral, in: Franz Böckle (Hg.), Menschliche Sexualität und kirchliche Sexualmoral. Ein Dauerkonflikt?, Düsseldorf 1980³, S. 74-105, hier: S. 85. Die Kritik zielt daher nicht auf Thomas von Aquin, dessen Frauenverständnis hier weder analysiert noch interpretiert werden soll, sondern auf die unzeitgemäße Übernahme durch die „Neuthomisten".

124 Köhler, Leo XIII, S. 206.

125 Die Abwehr von Säkularisierung und Dechristianisierung bedeutete auch, daß sich ultramontan orientierte Wissenschaftler im 19. Jahrhundert nicht mit der Philosophie der Aufklärung auseinandersetzten. Vielmehr suchten sie durch die Erneuerung der mittelalterlichen Scholastik theologische und philosophische Fragen zu lösen. Die „Neuscholastik", wegen ihrer starken Orientierung an Thomas auch „Neuthomismus" genannt, fand einhellige Unterstützung durch die Päpste. Mit dem 1918 durch Papst Benedikt XV. in Kraft gesetzten „Codex Iuris Canonici" ging die neuscholastische Theologie in das Kirchenrecht ein. Überzeugter Anhänger der Neuscholastik war auch Papst Pius X., der 1903 das Pontifikat nach dem Tode Leo XIII. übernahm. Die ultramontanen Kräfte wurden nachhaltig durch Pius X. gestärkt, indem er mit der Enzyklika „Pacendi Dominici gregis" (1907) den „Modernismus" verurteilte. Überwunden wurde die Neuscholastik erst mit dem 2. Vatikanischen Konzil. Andresen/Denzler, Wörterbuch der Kirchengeschichte, S. 323 f., 423 f.

126 Als „schwere Beleidigung" für das „geistige Bewußtsein der modernen Frau" bezeichnete die Juristin Gertrud Heinzelmann in einer Eingabe an die vorbereitende Kommission des 2. Vatikanischen Konzils das unkritische Festhalten der Kirche an unzeitgemäßen Elementen der thomistischen Lehre. Gertrud Heinzelmann, Frau und Konzil, Hoffnung und Erwartung, Zürich 1962, S. 21.

127 Siehe dazu die Analyse der „Frauenreden" von: Hafner, Frauenemanzipation und Katholizismus.

128 Erwin Iserloh, Die soziale Aktivität der Katholiken im Übergang von caritativer Fürsorge zu Sozialreform und Sozialpolitik, dargestellt an den Schriften Wilhelm Emmanuel v. Kettelers, Mainz 1975, S. 3.

129 Weber, Zensur und Selbstzensur, S. 107, Anm. 252. - Augustin Rösler (1851-1922) wurde 1875 zum Priester geweiht und gehörte seit 1877 den Redemptoristen an. Als überzeugter Anhänger der integralen Richtung engagierte er sich in unterschiedlichen katholischen Organisationen. Kall, Katholische Frauenbewegung, S. 274, Anm. 85.

130 Vgl. die Reden von Dechant Hammer und Pfarrer Aengenvoort, in: Hafner, Frauenemanzipation und Katholizismus, S. 14 ff.

131 Vgl. Hafner, Frauenemanzipation und Katholizismus, S. 83.

132 Augustin Rösler, Die Frauenfrage vom Standpunkte der Natur, der Geschichte und der Offenbarung auf Veranlassung der Leo-Gesellschaft beantwortet, Wien 1893. Die große Bedeutung des Hauptwerks Röslers lag, seinem Biographen Schweter zufolge, darin, daß das gesamte Gebiet der Frauenfrage zum ersten Mal „unter treuer Wahrung

des kirchlichen Geistes" bearbeitet wurde. Das Buch fand denn auch bei katholischen Geistlichen rasche Verbreitung, so daß die erste Auflage, die 1.200 Exemplare umfaßte, in Kürze vergriffen war. Schweter, Augustin Rösler, S. 281 ff. Die 2. Auflage erschien 1907 in überarbeiteter Fassung: Augustin Rösler, Die Frauenfrage vom Standpunkte der Natur, der Geschichte und der Offenbarung, Freiburg i. Br. 1907. Im folgenden beziehe ich mich auf diese Ausgabe.

133 Joseph Schweter, P. Dr. Augustin Rösler, C.ss.R. 1851-1922, Schweidnitz 1929, S. 284.
134 P. A. Rösler, Die Bedeutung und die Aufgabe der gebildeten Frau für die Gegenwart, in: CF 1.1902/03, S. 6.
135 Vgl. Hafner, Frauenemanzipation und Katholizismus, S. 79 f.
136 Ebd., S. 81.
137 H. Dransfeld, Röslers „Frauenfrage" im Lichte der Kritik, Teil II, in: CF 6.1907/08, S. 149-153, hier: S. 149.
138 Rösler, Frauenfrage, S. 125.
139 Ebd., S. 29 ff.
140 Dransfeld, Röslers „Frauenfrage", S. 149, 153. In bezug auf das Verhältnis von Minderwertigkeit und Unterordnung trug bereits zu Beginn des Jahrhunderts Gnauck-Kühne eine Kontroverse mit Pater Rösler aus. Vgl. dazu die Ausführungen in Kap. III, 2.
141 Vgl. Hafner, Frauenemanzipation und Katholizismus, S. 84 ff., 104 ff.
142 Viktor Cathrein (1845-1931) Der in der Schweiz geborene und aufgewachsene Viktor Cathrein trat 1863 in den Jesuitenorden ein und wurde 1877 zum Priester geweiht. Von 1882 bis 1910 lehrte er Moralphilosophie und Naturrecht in verschiedenen ausländischen Jesuitenkollegs, da die Jesuiten aufgrund der Kulturkampfgesetzgebung in Deutschland verboten waren. Cathrein genoß in seinem Orden hohe Autorität und beeinflußte, Rauscher zufolge, durch Lehrtätigkeit und zahlreiche Veröffentlichungen mehrere Generationen von Priestern und Ordensleuten. Obwohl Cathrein im Gegensatz zu Rösler die Christlichen Gewerkschaften nicht ablehnte und auch staatliche Sozialpolitik grundsätzlich bejahte, waren seine Anschauungen beispielsweise zum Lohnarbeiterverhältnis, zur Frauenfrage, zu Problemen von Ehe und Familie und zum Verhältnis von Kirche und Staat „äußerst konservativ", wie ein Ordensbruder in einer Würdigung Cathreins feststellte. Anton Rauscher, Viktor Cathrein (1845-1931), in: Zeitgeschichte in Lebensbildern, S. 103-113.
143 Viktor Cathrein S.J., Die Frauenfrage, Freiburg i. Br. 1909 (Dritte, umgearbeitete und vermehrte Auflage), S. 31 f., 65 ff., passim.
144 Ebd., S. 73.
145 Ebd., S. 79 f. (Hervorhebung im Original), vgl. S. 77.
146 Joseph Mausbach (1861-1931) studierte in Münster und Eichstätt und wurde 1884 zum Priester geweiht. Von 1892 bis 1931 war er Ordinarius für Moral und Apologetik an der Universität Münster. Seit 1918 hatte der Moraltheologe in Münster auch die Funktion des Dompropstes inne. 1919 war Mausbach Mitglied der Nationalversammlung. Mausbach gilt als „die herausragende (katholische! G.B.) Gelehrtenpersönlichkeit im deutschen Sprachraum" zu Beginn des 20. Jahrhunderts. Als Verdienst gelten seine Bestrebungen, das Fachgebiet der Moraltheologie reformieren zu wollen. Seine Reformpläne beeinflußten nachhaltig die Moraltheologie der folgenden Jahrzehnte. Gerhard Mertens, Mausbach, in: Staatslexikon, 3. Bd., Freiburg u. a. 1987, Sp. 1057-1059.
147 Joseph Mausbach, Bedeutung und Ziele des Katholischen Frauenbundes. Rede zur Einführung des Frauenbundes, gehalten am 2. Dezember 1904 zu Münster i. W., Köln o. J. (1904), S. 17. Mausbach tat dies allerdings nicht in distanzierender Absicht.

Vielmehr nutzte Mausbach dies als Argumentationshilfe für die berechtigte Forderung, Frauen ein Universitätsstudium zu ermöglichen, da selbst Cathrein und Rösler „für das Universitätsstudium der Frauen in gewissen Grenzen" eingetreten seien.

148 Joseph Mausbach, Die Stellung der Frau im Menschheitsleben. Eine Anwendung katholischer Grundsätze auf die Frauenfrage, M.Gladbach 1906. Es handelt sich hierbei um die stark erweiterte Fassung seiner oben erwähnten Rede (1904). Hauptsächlich im Vergleich mit der protestantischen orthodoxen Lehre wurde das Werk Mausbachs als „weitsichtiger, orientierter und liberaler" - so Gertrud Bäumer - empfunden. Zur Resonanz einiger Frauenrechtlerinnen der überkonfessionellen Bewegung auf Mausbachs Vorstellungen vgl. Hafner, Frauenemanzipation und Katholizismus, S. 289 f.

149 Die Frauenfrage auf dem diesjährigen Katholikentage, in: CF 9.1910/11, S. 24-26, hier: S. 25.

150 Hafner, Frauenemanzipation und Katholizismus, S. 289.

151 Vgl. auch Hafners Analyse der „Frauenrede", die Mausbach 1910 auf dem Katholikentag hielt und die wesentlich auf seinem 1906 entworfenen Frauenbild basiert, in: Hafner, Frauenemanzipation und Katholizismus, S. 260-307.

152 Mausbach, Bedeutung und Ziele, S. 6 f.

153 Ebd., S. 7 f.

154 Die folgenden Ausführungen basieren vor allem auf der 1906 verfaßten Abhandlung, die der Volksverein für das katholische Deutschland in seiner Reihe „Apologetische Tagesfragen" herausgab: Mausbach, Stellung der Frau, hier: Vorwort, o. S. (S. 5).

155 Gal. 3,26, 28, zit. nach ebd., S. 29.

156 Mausbach, Stellung der Frau, S. 31, 41, 48 und passim.

157 Ebd., S. 30 (Hervorhebungen im Original). Die Argumentation des Moraltheologen weist eine beachtliche Nähe zu Elisabeth Gnauck-Kühne auf. Sie war überzeugt davon, daß Unterschiedlichkeit schlechthin, aber auch die Unterschiedlichkeit der Geschlechter, Vorbedingung für den Fortschritt sei. Ziel für jedes Geschlecht müsse daher sein, „die in ihm verkörperte besondere göttliche Idee zu möglichst vollendeter Darstellung zu bringen. Der männlichste Mann und das weiblichste Weib werden mithin die größten Zierden ihres Geschlechtes sein", folgerte die Frauenrechtlerin. Elisabeth Gnauck-Kühne, Die Deutsche Frau um die Jahrhundertwende, Berlin 1907², S. 120.

158 Mausbach, Stellung der Frau, S. 47.

159 Ebd., S. 31 f. Möbius' Werk kommentierte Mausbach mit den Worten: „Es ist nicht bloß Absonderlichkeit und Parteilichkeit, wenn ein bekannter Mediziner aus den geringeren Gehirnleistungen einen geistigen Schwachsinn des Weibes ... ableiten will und bezüglich der Sittlichkeit zu dem Schlusse kommt: ‚Es ist durchaus unrichtig, die Weiber unmoralisch zu nennen, aber sie sind moralisch einseitig oder defekt.'"

160 Ebd., S. 61, 65.

161 Ebd., S. 62 f., vgl. S. 58-74.

162 Mausbach betonte, daß Unterordnung nicht soziale Minderwertigkeit bedeute. Die Unterordnung der Frau empfand er gewissermaßen als Ausgleich für die Unterordnung, die der Mann „draußen" hinnehmen müsse, während die Frau „drinnen", d. h. in der Familie „jeder Kontrolle und Kritik der Mitwelt entzogen" sei. Mausbach, Stellung der Frau, S. 46, 49 f. In seinem Entwurf einer idealen Charakteristik der Geschlechter stützte sich Mausbach offenkundig auf stereotype Zuschreibungen, wie sie vor allem im letzten Drittel des 19. Jahrhunderts vertreten wurden. Vgl. Hausen, Polarisierung der „Geschlechtscharaktere", S. 168 ff.; Gerhard, Unerhört, S. 100 ff.

163 Dransfeld, Röslers „Frauenfrage", S. 150.

164 Beispielsweise führte die streng aristotelische Interpretation des Thomismus Cathreins zu einer jahrelangen Kontroverse mit Joseph Mausbach, der sich am Augustinismus orientierte. Vgl. LThK, Bd. 2, Sp. 980.

165 Vgl. Kall, Katholische Frauenbewegung, S. 273 ff. Vgl. Hafner, Frauenemanzipation und Katholizismus, S. 83, 270, 287 ff. Die Hochschätzung Mausbachs kann nicht darüber hinwegtäuschen, daß, wie Hafner treffend resümiert, das Beharren des Moraltheologen „auf der geistigen und kulturellen weiblichen Minderwertigkeit einen Höhepunkt katholischer Frauendiskriminierung ... darstellt." Ebd. S. 306.

Kapitel II

1 Ina Neundörfer, Ein Ausschnitt aus den Erinnerungen von Emilie Hopmann über die Gründung und die ersten Jahre des Katholischen Frauenbundes, in: Fünfundzwanzig Jahre Katholischer Deutscher Frauenbund, herausgegeben vom Katholischen Deutschen Frauenbund, Köln o. J. (1928), S. 42 (künftig zit.: 25 Jahre Katholischer Frauenbund).

2 KFB-Vorstandsprotokoll vom 12. 8. 1908, Bl. 126.

3 Von 1903 bis 1909 fanden die Vorstandssitzungen in Privatwohnungen statt. Das KFB-Vorstandsprotokoll vom 12. 5. 09 weist aus, daß erstmalig in öffentlichen Räumen getagt wurde. Ebd., Bl. 200. Ab 1911 wurden die Sitzungsorte nicht mehr in den Vorstandsprotokollen vermerkt. - Für den Vorstand des Gesamtbundes werden folgende Bezeichnungen verwendet: Vorstand, KFB-Vorstand, Kölner Vorstand, Zentralvorstand; für den Ausschuß des Gesamtbundes: Ausschuß und Zentralausschuß. Wenn es sich um Vorstände oder Ausschüsse der Zweigvereine handelt, wird explizit darauf hingewiesen.

4 KFB-Vorstandsprotokoll vom 10. 11. 1909, Bl. 250.

5 Protokolle vom 26. 8. 1903, Bl. 3-6, 22. 9. 1903, Bl. 6 a, 6./7. 10. 1903, Bl. 8-14, 16. 11. 1903, Bl. 15 f., in: Protokollbuch I, AKDFB; vgl. auch die Monographie von Alfred Kall, der die Gründungsphase detailliert beschrieben hat: Alfred Kall, Katholische Frauenbewegung in Deutschland. Eine Untersuchung zur Gründung katholischer Frauenvereine im 19. Jahrhundert, Paderborn u.a. 1983, S. 264-322.

6 Hopmann an Kardinal Kopp vom 3. 8. 1903 (Abschrift), in: Geschichte des katholischen deutschen Frauenbundes, Bl. 3 f., AKDFB. Ein gleichlautendes Schreiben wurde an den zuständigen Diözesanbischof, Kardinal Fischer, geschickt. Ebd., Bl. 5.

7 Protokoll vom 26. 8. 1903, in: Protokollbuch I, Bl. 5, AKDFB. Vgl. Kall, Katholische Frauenbewegung , S. 287; Elisabeth Cosack, Die Gründung des Katholischen Frauenbundes, in: 25 Jahre Katholischer Frauenbund, S. 13-29, hier: S. 14.

8 Geschichte des katholischen deutschen Frauenbundes, Bl. 20, AKDFB.

9 Sitzungsprotokoll vom 29. 12. 1903, in: Protokollbuch I, Bl. 17, AKDFB; Kirchlicher Anzeiger für die Erzdiözese Cöln vom 1. 2. 1904, S. 13 ff.

10 Sitzungsprotokoll vom 29. 12. 1903, in: Protokollbuch I, Bl. 18, AKDFB.

11 Ebd., Bl. 19. - Biographische Hinweise zu Isabella von Carnap waren nicht auffindbar. Bekannt ist lediglich, daß sie aus Ungarn kam und ihre Familie dort auch lebte.

12 Denkschrift über die Gründung eines Katholischen Frauenbundes, o. J. (1903), S. 7, AKDFB.

13 Satzungen des Katholischen Frauenbundes, 1. Fassung 1903. Sie wurde auf der konstituierenden Sitzung des KFB am 16. 11. 1903 verabschiedet. Maßgeblich beteiligt an der Ausarbeitung waren Pauline Herber und Albertine Badenberg. Cosack, Gründung, S. 17. - Albertine Badenberg (1865-1958) legte 1885 die Lehrerinnenprüfung für mittlere und höhere Mädchenschulen ab. Sie war 60 Jahre lang aktives Vorstands-

mitglied im Verein katholischer deutscher Lehrerinnen. Im KFB war sie ab 1909 bis Mitte der 20er Jahre Schatzmeisterin, von 1917 bis 1921 übernahm sie die Funktion der Generalsekretärin. Von 1924 bis 1932 war die Zentrumspolitikerin Abgeordnete im Preußischen Landtag. Ilse Brehmer/Karin Ehrich, Mütterlichkeit als Profession? Lebensläufe deutscher Pädagoginnen in der ersten Hälfte dieses Jahrhunderts, Bd. 2.: Kurzbiographien, Pfaffenweiler 1993, S. 14 f.

14 Denkschrift 1903, S. 8. Die Oberin der Josephschwestern in Trier unterstellte Trimborn, daß er als juristischer Beirat die Satzungen verfaßte. Schwester Gertrud v. Schaffgotsch, Zur Organisation der kathol. Arbeiterinnen. Eine Erwiderung an Herrn Professor Dr. Franz Hitze, Trier 1904, in: Akte F.3, AJTr. Der vorliegende handschriftliche Satzungsentwurf, der dem Schriftbild nach von Trimborn stammt, deutet zumindest auf dessen Mitarbeit hin.

15 KFB-Vorstandsprotokoll vom 8. 6. 1904, Bl. 20.

16 Satzungen von 1903 und 1904 § 2, AKDFB; Geschichte des katholischen deutschen Frauenbundes, Bl. 37, 40, AKDFB; Kall, Katholische Frauenbewegung, S. 298 f.

17 Peter Lausberg (1852-1922) wurde 1875 zum Priester geweiht. Nachdem er seit 1889 bereits in Köln als Domvikar tätig war, arbeitete er von 1893 bis 1900 als Pfarrer in Düsseldorf. Von 1900 bis 1914 war Lausberg Regens am Priesterseminar in Köln. 1914 wurde er zum Domkapitular und Weihbischof in Köln ernannt. Wilhelm Kosch, Das Katholische Deutschland. Biographisch-bibliographisches Lexikon, Bd. 2,1, Augsburg o. J. (1933-1938), Sp. 2513.

18 Protokoll der Mitglieder-Versammlung auf der General-Versammlung des Kath. Frauenbundes zu Frankfurt a. M. am 7. 11. 1904, in: Protokollbuch I, Bl. 45, AKDFB; KFB-Jahrbuch 1904, S. 14.

19 Gnauck-Kühne an Bachem-Sieger vom 1. 4. 1904, publiziert in: Helene Simon, Elisabeth Gnauck-Kühne, Bd. 2, M.Gladbach 1929, S. 73 f.

20 Zur Person Marie Le Hanne (1848-1921) vgl. die ausführliche Biographie von Maria Victoria Hopmann, Marie Le Hanne-Reichensperger. „Die Frau Bergrat", 1848-1921, Mainz o. J. (1939). Über die Anfänge der katholischen Gefangenenfürsorge und deren Weiterentwicklung zur Jugend- und Gefährdetenfürsorge liegt eine detaillierte Monographie von Andreas Wollasch vor: Der Katholische Fürsorgeverein für Mädchen, Frauen und Kinder (1899-1945). Ein Beitrag zur Geschichte der Jugend- und Gefährdetenfürsorge in Deutschland, Freiburg i. Br. 1991.

21 Le Hanne an Mutter Gertrud vom 16. 2. 1904, in: Akte 7.5, AJTr.

22 Die Kongregation der „Schwestern vom hl. Joseph" wurde 1891 von Mutter Gertrud, einer geborenen Gräfin Schaffgotsch (1850-1922), und dem Trierer Bischof Korum gegründet. Kall, Katholische Frauenbewegung, S. 196 f.; Heinrich Fassbinder, Mutter Gertrud. Gründerin der Schwestern vom hl. Joseph von Trier, Trier 1954; Hildegard Waach, Gerader Weg auf krummen Linien. Weg und Werk der Mutter Gertrud, geborene Gräfin Schaffgotsch, Trier 1968.

23 Mutter Gertrud an Le Hanne vom 18. 2. 1904, in: Akte 7.6, AJTr. Zwischen Mutter Gertrud und dem Vorstand des KFB kam es anläßlich der 1. Generalversammlung des Frauenbundes zu massiven Auseinandersetzungen, die deutlich machten, daß es innerhalb des Frauenbundes unterschiedliche Positionen in der Frage des Gewerkschaftsstreits gab. Siehe dazu Kap. IV, 2.

24 Neundörfer, Ein Ausschnitt, S. 39.

25 Emilie Hopmann (1845-1926) gehörte einer der ersten Familien Kölns an und war bekannt für ihr soziales Engagement. Sie blieb Erste Vorsitzende des KFB bis 1912. Ebd., S. 36-38; Frau Emilie Hopmann in: CF 13.1915, S. 50-52; Kall, Katholische Frauenbewegung, S. 292 f.

26 M. Bachem-Sieger, Frau Emilie Hopmann †, in: CF 24.1926, S. 260.

27 Aufruf „Streng vertraulich!" o. D. (1903); Protokoll der Besprechung vom 26. 8. 1903, in: Protokollbuch I, Bl. 3-6, beide: AKDFB.
28 Agnes Neuhaus (1854-1944) war eine Tochter des Dortmunder Arztes Adolph Morsbach und seiner Frau Florentine Clara Riesberg. Die Mutter war eine tief religiöse Frau, die sich in mehreren katholischen Frauenvereinen engagierte. 1877/78 studierte Agnes Neuhaus an der Berliner Musikhochschule. Wegen der Heirat mit dem Gerichtsassessor Adolph Neuhaus beendete sie das Studium ohne Abschluß. Agnes Neuhaus, Mutter von drei Kindern, war maßgeblich am Aufbau der katholischen Jugend- und Gefährdetenfürsorge beteiligt. Sie gründete den Katholischen Fürsorgeverein und war bis zu ihrem Tode Vorsitzende des Vereins. Als Abgeordnete des Zentrums war sie in der Weimarer Nationalversammlung und im Reichstag vertreten. Sie galt als „Fürsorgeexpertin des Zentrums" (Wollasch, S. 121) und beteiligte sich aktiv an der sozialpolitischen Diskussion, vor allem an der Ausgestaltung des Reichsjugendwohlfahrtsgesetzes. Im Rahmen der vorliegenden Arbeit steht die Bedeutung von Agnes Neuhaus für den KFB im Vordergrund. Ihre umfangreiche fürsorgerische und parlamentarische Tätigkeit ist dargestellt in Wollaschs Monographie über den Katholischen Fürsorgeverein. Wollasch, Der Katholische Fürsorgeverein, passim. Zur Biographie von Agnes Neuhaus vgl. M. Maria Victoria Hopmann, Agnes Neuhaus. Leben und Werk, Mainz 1949 und die 2. überarbeitete Neuauflage von Heinz Neuhaus, Salzkotten 1977; Monika Pankoke-Schenk, Agnes Neuhaus (1854-1944), in: Zeitgeschichte in Lebensbildern. Aus dem deutschen Katholizismus des 19. und 20. Jahrhunderts, Bd. 4, hg. von Jürgen Aretz u. a., Mainz 1980, S. 133-142.
29 Sitzungsprotokoll vom 16. 11. 1903, in: Protokollbuch I, Bl. 16, AKDFB.
30 Elisabeth Hamann (1853-1931) trat 1893 zur katholischen Kirche über. Von 1902 bis Januar 1905 übernahm sie die Redaktion der „Christlichen Frau". Kall, Katholische Frauenbewegung, S. 282-284; vgl. CF 3.1904/05, S. 137.
31 Zur Person Elisabeth Gnauck-Kühnes vgl. die Biographie von Simon, Elisabeth Gnauck-Kühne. Siehe auch Kap. III, 2.
32 Neundörfer, Ein Ausschnitt, S. 42.
33 Jeanne Trimborn, zit. nach: ebd.
34 Der Kölner Weihbischof Schmitz hatte versucht, „wohlhabende Damen" dafür zu gewinnen, sich sonntags um die Verkäuferinnen zu kümmern, die wegen der gesetzlich eingeführten Sonntagsruhe keine Aufnahme mehr im Haushalt des Arbeitgebers fanden. Schmitz hatte daher den Verein katholischer deutscher Ladengehilfinnen gegründet (später umbenannt in Verband katholischer kaufmännischer Gehilfinnen und Beamtinnen), dessen Vorsitz Emilie Hopmann übernahm. Neundörfer, Ein Ausschnitt, S. 37-39; Bachem-Sieger, Frau Emilie Hopmann, S. 259 f.; Alfred Kall, Katholische Frauenbewegung, S. 292 f.
35 Emilie Hopmanns Ehemann, der Arzt und Geheimrat Dr. Hopmann, war Mitglied der Görres-Gesellschaft, Emilie Hopmann selbst pflegte den geselligen Verkehr mit anderen katholischen Familien und hatte zu diesem Zweck das „schwarze Kränzchen" gegründet. Neundörfer, Ein Ausschnitt, S. 37. 1910 erhielt Emilie Hopmann von Papst Pius X. die Medaille „pro ecclesia et pontifice" in Gold, eine Auszeichnung, die fast alle aktiven Mitglieder des Frauenbundes erhielten. KFB-Vorstandsprotokoll vom 3. 12. 1910, Bl. 68; Bachem-Sieger, Emilie Hopmann, S. 259. - Auch Weber weist auf die Vorliebe katholischer Verbände hin, „an ihre Spitze Angehörige bestimmter Traditionsfamilien zu stellen": Christoph Weber, Ultramontanismus als katholischer Fundamentalismus, in: Deutscher Katholizismus im Umbruch zur Moderne, hg. von Wilfried Loth, Stuttgart u. a. S. 20-45, hier: S. 42, Anm. 46.
36 Jeanne Trimborn (1862-1919), Tochter des belgischen Tuchfabrikanten Mali aus Vervier, heiratete Carl Trimborn 1884. Sie hatten eine Tochter. In Köln engagierte

sich Jeanne Trimborn, wie auch Emilie Hopmann, im katholischen Gehilfinnenverein und in weiteren katholischen Vereinen. Kall, Katholische Frauenbewegung, S. 198, 295. Obwohl Jeanne Trimborn jahrelang dem Vorstand des KFB angehörte, galt das größere Interesse der Mädchenschutzarbeit. Jeanne Trimborn war Vorsitzende des Verbandes der katholischen Mädchenschutzvereine und zugleich Vorsitzende des Verbandes katholischer kaufmännischer Gehilfinnen und Beamtinnen Deutschlands. H. D. (Hedwig Dransfeld), Frau Jeanne Trimborn geb. Mali, Frauenland 12.1919, S. 5. Sowohl die Auswertung des Quellenmaterials als auch der Hinweis in dem von Hedwig Dransfeld verfaßten Nachruf machen deutlich, daß Jeanne Trimborn ein deutlich geringeres Interesse am KFB hatte, was mitunter zu Konflikten im KFB führte.

37 Minna Bachem-Sieger (1870-1939), Tochter des Justizrats Hugo Sieger und dessen Frau Adele, einer geborenen DuMont, erhielt die seinerzeit übliche Ausbildung für Töchter bürgerlicher Herkunft. Sie besuchte die Höhere Mädchenschule in Köln und ein Damenpensionat in der Nähe Lüttichs, erhielt jedoch keine berufliche Ausbildung. Durch die Heirat mit Robert Bachem repräsentierte sie eine der ersten Familien Kölns. Der Biograph Minna Bachem-Siegers, Hoeber, beschreibt sie als eine ausgesprochen gesellige und humorvolle Frau, die zudem ausgeprägte intellektuelle und kulturelle Interessen hatte. Durch ihre Persönlichkeit trug sie offenbar wesentlich dazu bei, daß der Kölner Wohnsitz der Familie im Gereonshof 5 „ein Brennpunkt des geistigen Verkehrs und der warmen Lebensfreundschaft wurde." Karl Hoeber, Minna Bachem-Sieger und die Deutsche Frauenbewegung, Köln 1940, S. 18, passim. Neben der Erziehung ihrer vier Kinder und den gesellschaftlichen Verpflichtungen war Minna Bachem-Sieger seit 1903 im katholischen Frauenbund aktiv. Sie gehörte bis 1919 dem Vorstand an. 1919 ging sie für die Zentrumspartei in die Stadtverordnetenversammlung der Stadt Köln. Ebd., S. 28.
38 KFB-Vorstandsprotokoll vom 8. 6. 1904, Bl. 21.
39 KFB-Vorstandsprotokoll vom 9. 10. 1912 (1).
40 Die Protokollaufzeichnungen der Gründungsphase belegen dies eindeutig. Weitere Hinweise sind zu finden bei Neundörfer, Ein Ausschnitt, S. 40; Kall, Katholische Frauenbewegung, S. 287.
41 Kall, Katholische Frauenbewegung, S. 287.
42 KFB-Jahrbuch 1904, S. 10.
43 Helene Weber, Die katholische Frauenbewegung in Deutschland, [Geschichtliche Entwicklung; Gegenwartsfragen] in: Alice Scherer (Hg.) Wörterbuch der Politik, Sp. 193-198, hier: 194.
44 Die folgenden Ausführungen basieren vor allem auf dem Aufsatz von Helene Weber: Hedwig Dransfeld, in: Gerta Krabbel (Hg.): Selig sind des Friedens Wächter. Katholische deutsche Frauen aus den letzten hundert Jahren, Regensburg/Münster 1949, S. 1-27. Zur Biographie Hedwig Dransfelds vgl. ferner: Hedwig Dransfeld zum Gedächtnis. Zum 2. Jahrestag ihres Todes, Katholischer Deutscher Frauenbund (Hg.), Köln o. J. (1927); Maria Richartz, Hedwig Dransfeld, Meitingen bei Augsburg 1949; Helene Weber, Hedwig Dransfeld (1871-1925), in: Die Antwort der Frau in der sich ändernden Welt, hg. von Lotte Schiffler, Münster 1966, S. 83-89 (= Kurzfassung ihres Aufsatzes von 1949, s. o.); Marianne Pünder, Hedwig Dransfeld, in: Westfälische Lebensbilder, Bd. XII, Münster 1979, S. 144-161.
45 Vier Jahre zuvor war bereits der Vater durch einen Unfall ums Leben gekommen. „Auswertungen Weber", in: Akte: „Hedwig Dransfeld. Unterlagen für ein Lebensbild, gesammelt von Dr. Helene Weber 1931-1934", AKDFB.

46 Das Lehrerinnenexamen berechtigte Hedwig Dransfeld nur zum Unterricht an Volksschulen. Eine Ergänzungsprüfung für mittlere und höhere Schulen legte sie 1892 in Münster ab. Ebd.
47 Vgl. An die verehrten Abonnenten und Freunde unserer Zeitschrift, in: CF 3.1904/05, S. 137.
48 Ein näheres Eingehen auf die publizistische Arbeit ist an dieser Stelle nicht vorgesehen, da die theoretischen Erörterungen Hedwig Dransfelds in der vorliegenden Studie wiederholt thematisiert werden.
49 61. Generalversammlung der Katholiken Deutschlands zu Frankfurt a. M. 27. bis 30. August 1921 (Reden), Würzburg 1921, S. 15.
50 In den Satzungen wurde nicht nicht festgelegt, ob der Geistliche Beirat beratende oder beschließende Stimme hatte. Dransfeld hatte auf dem Frauenkongreß 1912 erklärt, der Geistliche Beirat habe keine beschließende Stimme, spätere Generationen im KFB schienen jedoch davon überzeugt, daß der Geistliche Beirat beschließende Stimme von Beginn an hatte. Hedwig Dransfeld, Die Frau im kirchlichen und religiösen Leben, in: DKF 5.1912, S. 85-89, hier: S. 87, Sp. 2; 25 Jahre Katholischer Frauenbund, S. 76.
51 Schmidt an Mutter Gertrud vom 5. 11. 1904, in: Akte 7.6, AJTr.
52 Ebd.
53 KFB-Vorstandsprotokoll vom 11. 12. 1907, Bl. 59 f.
54 Weitere Ausführungen dazu in Kap. V.
55 Dransfeld an Katholischer Frauenbund Kattowitz vom 12. 7. 1922, in: Akte „Zentralvorstand" (Korrespondenz mit Geistlichem Beirat), AKDFB.
56 Dransfeld an Dompropst Middendorf vom 3. 10. 1922, in: ebd.
57 KFB-Vorstandsprotokoll vom 11. 1. 1908, Bl. 147 f.
58 Verhandlungen der 53. Generalversammlung der Katholiken Deutschlands in Essen vom 19. bis 23. August 1906, Essen 1906, S. 281. Zur Analyse von Lausbergs Rede auf dem Katholikentag vgl. Helmut Hafner, Frauenemanzipation und Katholizismus im zweiten deutschen Kaiserreich, Phil. Diss. Saarbrücken 1983, S. 146-174. Ursprünglich war Prof. Dr. Stein aus Bonn für die „Frauenrede" auf dem Essener Katholikentag vorgesehen. Peter Lausberg sprang - offensichtlich auf Wunsch des KFB hin - für den erkrankten Dr. Stein ein. Schreiben des Schriftführers der Redner-Kommission des Katholikentages Hans Klasen an „Hochverehrtes gnädiges Fräulein" (vermutlich Generalsekretärin von Carnap) vom 22. 7. 1906, 31. 7. 1906, in: Akte „Katholikentage 1905-1925" (künftig zit.: Akte „Katholikentage"), AKDFB.
59 Der Katholikentag in Essen, in: Aus dem Katholischen Frauenbunde, 3.1906/07, in: CF 5.1906/07, S. 35-40.
60 Hafner, Frauenemanzipation und Katholizismus, S. 11. So wurde das vorbereitende Lokalkomitee angewiesen, im Zuhörerraum für die „Damen und Studenten bevorzugte Plätze einzurichten". Leitfaden für das Lokalkomitee, § 34, in: Verhandlungen der 55. Generalversammlung der Katholiken Deutschlands in Düsseldorf vom 16. bis 20. August 1908, Düsseldorf 1908.
61 Ute Schmidt, Zentrum oder CDU. Politischer Katholizismus zwischen Tradition und Anpassung, Opladen 1987, S. 39.
62 Verhandlungen der 53. Generalversammlung (1906), S. 284.
63 Ebd., S. 283.
64 Ebd., S. 281 f.
65 Ebd., S. 287 f.
66 KFB-Vorstandsprotokolle vom 14. 3. 1908, Bl. 88, 16. 8. 1908, Bl. 96. Unerwähnt bleibt in den Protokollen, weshalb Lausberg Bedenken gegen das Thema hatte. Da der Moraltheologe Joseph Mausbach den Vortrag hielt, kann Lausberg kaum angenom-

men haben, daß er die Positionen der Mutterschutzbewegung, maßgeblich vertreten durch den „Bund für Mutterschutz", unterstützen würde. Der Vortrag „Der christliche Familiengedanke im Gegensatz zur modernen Mutterschutzbewegung" wurde publiziert in: KFB-Jahrbuch 1909, S. 84-101; vgl. auch die gleichlautende Veröffentlichung im Heinrich Schöningh Verlag: Joseph Mausbach, Der christliche Familiengedanke im Gegensatz zur modernen Mutterschutzbewegung, Münster 1908.

67 KFB-Vorstandsprotokoll vom 12. 1. 1910, Bl. 268. „Das andere Lager" bezieht sich auf die Sozialdemokraten.

68 Programm der Generalversammlung von 1910, in: DKF 3.1910, S. 137.

69 Hedwig Dransfeld, Wichtige Aufgaben der katholischen Frauen der Gegenwart, in: A. Hesse, Vierte Generalversammlung des Katholischen Frauenbundes vom 23. bis 27. Oktober, in: DKF 4.1910, S. 24 f.

70 Verhandlungen der 55. Generalversammlung (1908), S. 418 ff. Eine frühere Initiative gab es bereits 1900 durch Carl Trimborn und (Julius?) Bachem. Sie hatten sich in einem Antrag an den Katholikentag dafür ausgesprochen, die Frauenbewegung zu Wort kommen zu lassen. Der Antrag wurde seinerzeit mit zwei Stimmen Mehrheit abgelehnt. KFB-Ausschußprotokoll vom 24./25. 10. 1905.

71 Verhandlungen der 55. Generalversammlung, S. 420 ff. Nachdem der Antrag, Frauen zum Katholikentag zuzulassen, abgelehnt wurde, forderte Gröber konsequenterweise, daß auch die Satzungen wieder ihre alte Fassung erhalten sollten. Angesichts der Erwartung, daß es gelingen würde, die Zulassung von Frauen durchzusetzen, war in der Vorlage zur Satzungsrevision „katholische Männer" durch das Wort „Katholiken" ersetzt worden. Mit der Beibehaltung der alten Form wollte Gröber verdeutlichen, daß eben nicht „der Katholik schlechtweg Mitglied werden kann, sondern nur katholische Männer." Ebd., S. 423.

72 Ebd., S. 419 ff. Als unbefriedigenden Kompromiß bewertete das Berliner Zentrumsblatt „Germania" diesen Beschluß und vertrat die Auffassung, daß die „Frauenfrage ohne die aktive Mitwirkung der Frau" nicht geregelt werden könne, da nur sie über die entsprechende Fachautorität verfüge. Hedwig Dransfeld, Die diesjährige Heerschau der deutschen Katholiken, in: CF 6.1907/08, S. 403. Hedwig Dransfeld drückt in ihrem Bericht über den Düsseldorfer Katholikentag deutlich ihre Enttäuschung über den Beschluß aus, wenngleich sie verkündete, daß sich die katholischen Frauen deswegen nicht „in den Schmollwinkel" zurückziehen würden, zumal sie davon überzeugt seien, „daß treu und redlich erfüllten Pflichten doch eines Tages die entsprechenden Rechte folgen werden". Ebd. S. 402 f.

73 Ebd., S. 421; § 7 der Satzung für die Generalversammlung der Katholiken Deutschlands, in: ebd., S. 5-11, hier: S. 6.

74 Ebd. § 7, S. 421 ff.

75 Lorcke an „Ihre Hochgeborenen" (gemeint ist der KFB) vom 19. 8. 1909, in: Akte „Katholikentage", AKDFB; KFB-Vorstandsprotokoll vom 10. 6. 1908, Bl. 113.

76 KFB-Vorstandsprotokoll vom 14. 10. 1908, Bl. 136.

77 Droste zu Vischering an Kopp vom 2. 8. 1908, in: Anlage zum Konferenzprotokoll 1908, Ziffer 143, in: Akten der Fuldaer Bischofskonferenz III, 1900-1919, bearbeitet von Erwin Gatz, Mainz 1985, S. 124.

78 Anlage zum Konferenzprotokoll 1908, Ziffer 144, in: Akten der Fuldaer Bischofskonferenz; vgl. auch: Protokoll der Bischofskonferenz Fulda, 11.-13. August 1908, in: ebd., S. 112-118, hier: S. 115; Bemerkungen zu den Konferenzverhandlungen 1908, Fulda, 11.-13. August 1908, in: ebd., S. 118-120, hier: S. 119. 1913 erneuerte die Bischofskonferenz ihren Beschluß von 1908: Protokoll der Bischofskonferenz Fulda, 19.-21. August 1913, in: ebd., S. 207-218, hier: S. 217.

79 Dr. Donders empfahl der Generalsekretärin wegen der „Frauenmitgliedsfrage" eine Eingabe an das Zentralkomitee zu richten, aber nicht als Vorstand des KFB, sondern durch „einzelne Damen" und dabei auch daran zu erinnern, daß Frauen zu den Eucharistischen Kongressen in Metz und Köln als Mitglieder zugelassen wurden. Dr. Donders an von Carnap vom 12. 12. 1909 und vom 8. 1. 1910, in: Akte „Katholikentage", AKDFB. Vgl. auch: Antrag betr. Mitgliedschaft der Frauen, Anhang 1 dieser Arbeit.
80 KFB-Vorstandsprotokoll vom 12. 1. 1910, Bl. 260 f.
81 Siehe dazu den Antrag der Vorsitzenden des Zweigvereins Landshut, Gräfin Preysing-Walterskirchen an die „Ausschußsitzung des Kath. Frauenbundes in Cöln im April 1911", in: Akte „Katholikentage", AKDFB. Vgl. ferner: KFB-Ausschußprotokoll vom 22. 4. 1911, in: VK 1911, S. 25. Dort ist als Name „Preysing-Kronwinkl" angegeben, während der handschriftlich verfaßte Antrag an die Ausschußsitzung mit „Preysing-Walterskirchen" gezeichnet ist.
82 Katholischer Frauenbund „An das Centralkomitee der Katholiken Deutschlands, z. H. des Generalsekretärs Herrn Dr. Donders", vom 10. 6. 1911, in: Akte „Katholikentage", AKDFB.
83 Donders an von Carnap vom 17. 7. 1911, in: Akte „Katholikentage", AKDFB; KFB-Vorstandsprotokoll vom 26. 7. 1911 (2).
84 KFB-Vorstandsprotokoll vom 26. 7. 1911 (2).
85 Ebd.
86 Ebd. In den ausgewerteten Quellen sind keine Hinweise auffindbar, ob die Idee, den Episkopat direkt durch eine Denkschrift anzusprechen, weiter verfolgt wurde und wie sich der Geistliche Beirat des KFB dazu verhalten hat.
87 Droste zu Vischering an Zentrale des Katholischen Frauenbundes vom 12. 1. 1913, in: Akte „Katholikentage", AKDFB; Protokoll der Bischofskonferenz Fulda, 19.-21. August 1913, in: Akten der Fuldaer Bischofskonferenz, S. 209.
88 Auch für die Männerorganisationen war es von großer Wichtigkeit, auf den Katholikentagen Anerkennung in Form von sogenannten Zustimmungsadressen zu erhalten. Vgl. Wilfried Loth, Katholiken im Kaiserreich. Der politische Katholizismus in der Krise des wilhelminischen Deutschlands, Düsseldorf 1984, S. 240.
89 Ausschuß des niederrheinischen Katholikentages an Dransfeld vom 26. 7. 1919; Gronowski für den Märkischen Katholikentag an Dransfeld vom 11. 8. 1919; Dransfeld an Bergmann vom 27. 8. 1919; Richard an Dransfeld vom 9. 9. 1919, sämtlich in: Akte „Katholikentage", AKDFB.
90 Lokal-Comitee der 61. General-Versammlung der Katholiken Deutschlands in Frankfurt a. M. 1921 an „Hochverehrtes gnädiges Fräulein!" (Dransfeld) vom 20. 7. 1921, in: Akte „Katholikentage", AKDFB; 61. Generalversammlung, S. 15. Marie Zettler vom Münchener KFB übernahm die Funktion der Schriftführerin.
91 Vgl. Übersicht über die bisherigen Katholikentage, in: Bertram Otto, 100 Jahre Nacht und Tag. Geschichte des deutschen Katholizismus zwischen 1868 und 1968, Bonn 1968.
92 Die Mitgliederversammlung sollte mindestens alle zwei Jahre vom Vorstand einberufen werden und war berechtigt, den Ausschuß zu wählen, den Vorstand zu entlasten, Satzungsänderungen zu beschließen und die Organisation aufzulösen. Satzungen von 1903, §§ 10-12, Satzungen von 1904, §§ 9-11.
93 Vorstand und Zentralstelle waren in den Anfangsjahren mehr oder weniger identisch, da die Aufgaben der Zentralstelle von Frauen des Vorstands wahrgenommen wurden.
94 Satzungen von 1903, § 8, Satzungen von 1904, § 6.
95 Satzungen von 1908, § 6.
96 Mit Ausnahme der Generalsekretärin und des Geistlichen Beirats wurden die Vorstandsmitglieder für die Dauer von zwei Jahren gewählt, jährlich sollte die Hälfte aus-

scheiden. Die Amtsdauer des Vorstands wurde 1908 auf vier Jahre verlängert, die Hälfte sollte nun nach zwei Jahren ausgewechselt werden. Eine Wiederwahl war weiterhin möglich. Satzungen von 1908, § 6. Vgl. Anhang 2.

97 Bericht über die Generalversammlung des Katholischen Frauenbundes in Straßburg, in: DKF 6.1912, S. 7 f. Von April 1908 bis Mai 1909 hatte Emilie Hopmann den Vorsitz aus gesundheitlichen Gründen intern niedergelegt. Minna Bachem-Sieger übernahm während dieser Zeit inoffiziell die Aufgaben der Ersten Vorsitzenden. KFB-Vorstandsprotokolle vom 8. 4. 1908, Bl. 99, 10. 3. 1909, Bl. 180, 12. 5. 1909, Bl. 200.

98 KFB-Vorstandsprotokoll vom 18. 7. 1919 (13); KFB-Ausschußprotokoll vom 10. 9. 1921, S. 4.

99 Am 18. 7. 1919 wurde mitgeteilt, daß Jeanne Trimborn wegen ihrer schweren Erkrankung aus dem Vorstand austreten werde. KFB-Vorstandsprotokoll vom 18. 7. 1919 (13).

100 KFB-Vorstandsprotokoll vom 5. 5. 1916; KFB-Ausschußprotokoll vom 10. 9. 1921, S. 4. Im KFB-Jahrbuch 1918/19 ist die Stelle der Generalsekretärin als vakant vermerkt. Allerdings belegen die Quellen eindeutig, daß Albertine Badenberg 1917 das Amt der Generalsekretärin übernahm, zunächst in der Funktion der Leiterin des Kriegssekretariats an der Kölner Zentrale. Sie war auf jeden Fall bis 1920 als Generalsekretärin tätig, vermutlich bis 1921. KFB-Arbeitsausschußprotokoll vom 14. 3. 1917 (5); KFB-Vorstandsprotokoll vom 22. 1. 1920 (2). 1921 wurde das Amt mit Dr. Elisabeth Cosack neu besetzt. KFB-Jahrbuch 1921, S. 4. Agnes Neuhaus gehörte nur für wenige Jahre nicht dem Vorstand an. 1927 wurde sie erneut als Beisitzerin gewählt. KFB-Jahrbuch 1927, S. 112; vgl. auch Anhang 3 der vorliegenden Studie. Zur Errichtung des „Kriegssekretariats" vgl. Kap. IV, 5.

101 KFB-Vorstandsprotokolle vom 13. 10. 1909, Bl. 242 f., 10. 11. 1909, Bl. 245. Eindeutige Angaben darüber, wann Albertine Badenberg ihr Amt als Schatzmeisterin niedergelegt hat, waren nicht auffindbar. Im KFB-Jahrbuch 1927 ist erwähnt, daß Emma Kürten das Amt vorläufig verwaltete. KFB-Jahrbuch 1927, S. 113.

102 Satzungen von 1903, § 7, Satzungen von 1904, § 8.

103 Zur Zusammensetzung des ersten Ausschusses siehe: KFB-Jahrbuch 1904, S. 19 f. 1904 waren 24 Ausschußmitglieder adeliger Herkunft. Auf der 7. Generalversammlung, die vom 9.-12. 6. 1918 in Fulda abgehalten wurde, wurden noch 21 Adelige in den Ausschuß gewählt. KFB-Jahrbuch 1918/1919, S. 66 ff.; Die Zusammensetzung später gewählter Ausschüsse wurde nicht veröffentlicht.

104 Ausschuß- und Vorstandsprotokolle des KFB belegen dies eindeutig.

105 KFB-Ausschußprotokolle vom 26. 10. 1910 (4) (Ergebnisprotokoll), 22. 4. 1911 (1); Geschäftsordnung für den Zentralausschuß, Punkt 5, in: VK 1911, S. 42.

106 So auch festgehalten in den Satzungen, vgl. dazu die Fassungen von 1903 und 1904, § 2.

107 Herber, Zusammenschluß, S. 115.

108 Ebd., S. 118.

109 Ebd.; Denkschrift 1903, S. 5.

110 Herber, Zusammenschluß, S. 118; Protokoll vom 6./7. 10. 1903, in: Protokollbuch I, Bl. 11 f., AKDFB; Satzungen von 1903, § 2. Dort ist als „Zweck des Vereins" definiert: „1. die auf den verschiedenen Gebieten sich bewegende Vereinstätigkeit der katholischen deutschen Frauen zu einem planmäßigen Zusammenwirken zu verbinden; 2. die katholischen Frauen in die gegenwärtig das Frauengeschlecht bewegenden Fragen einzuführen und 3. ihnen zu ermöglichen, an einer Lösung derselben im Sinne der christlichen Weltanschauung erfolgreich mitzuwirken."

111 Sozialer Ferienkursus in M.Gladbach, in: Aus dem Katholischen Frauenbunde, 2.1905/06, in: CF 4.1905/06, S. 38 ff. Der Volksverein hatte im August 1905 erstmals

"Frauentage" in das Programm des sozialen Ferienkursus aufgenommen und behandelte Fragen der „modernen Frauenbewegung". Vgl. ferner: Jahrhundertwende. Jahrhundertmitte. Der Katholische Deutsche Frauenbund auf dem Wege, 1903-1953, hg. von der Zentrale des Katholischen Deutschen Frauenbundes, Köln 1953, S. 10. Hilfe erhielt der KFB aber auch von Persönlichkeiten, die die neue Organisation unterstützten. So wurde die Generalsekretärin von dem Ehepaar Bachem in die Buchführung eingeführt und Msgr. Walterbach übernahm es, die „Damen in Versammlungsleitung" zu schulen. Neundörfer, Ein Ausschnitt, S. 45 f.

112 Protokoll vom 6./7. 10. 1903, in: Protokollbuch I, Bl. 11, AKDFB.
113 KFB-Jahrbuch 1904, S. 17.
114 Aus dem Katholischen Frauenbunde, 2.1905/06, in: CF 4.1905/06, S. 84, 118.
115 Zahlreiche Hinweise finden sich vor allem in „Die christliche Frau" und in den Protokollen der Vorstandssitzungen.
116 Zu den Schwierigkeiten beim Aufbau einer systematischen Schulungsarbeit siehe auch Kap. IV dieser Arbeit.
117 Satzungen von 1904, § 13. „Abteilung" und „Studienkommission" waren in den Anfangsjahren synonyme Bezeichnungen. KFB-Jahrbuch 1907, S. 12 f.
118 Mit zunehmender Ausweitung und Differenzierung der inhaltlichen Arbeit wuchs auch die Zahl der Kommissionen, wobei sich die Schwerpunkte je nach Aktualität veränderten. Vgl. dazu Satzungen von 1908, in: KFB-Jahrbuch 1909, S. 46 ff., Satzungen von 1916, in: VK 1916, S. 2 ff.
119 KFB-Jahrbuch 1907, S. 12 f.; Protokoll der 1. Sitzung der Studienkommission für charitative Bestrebungen vom 4. 7. 1906, in: Protokollbuch I, Bl. 142 ff., AKDFB. Mit diesen Schwerpunkten orientierte man sich an der ursprünglich geplanten Einteilung „Unterricht und Bildung" und „Caritas und Soziales". Protokoll vom 6./7. 10. 1903, in: Protokollbuch I, Bl. 10; AKDFB; Neundörfer, Ein Ausschnitt, S. 41; Cosack, Gründung, S. 14.
120 Bericht über die erste Sitzung der Studienkommission für wissenschaftliche Bestrebungen, in: Aus dem Katholischen Frauenbunde, 1.1905, in: CF 3.1904/05, S. 401.
121 KFB-Vorstandsprotokoll vom 24. 1. 1906, Bl. 126; Protokoll der 1. Sitzung der Studienkommission für charitative Bestrebungen vom 4. 7. 1906, in: Protokollbuch I, Bl. 142 ff.; AKDFB. Bericht über die Sitzung der drei Studienkommissionen des Gesamtbundes, in: Aus dem Katholischen Frauenbunde, 2.1905/06, in: CF 4.1905/06, S. 437. Zur handwerklichen und gewerblichen Ausbildung vgl. Katholischer Frauenbund, in: DKF 4.1911, S. 109 ff.
122 Ebd., S. 402; Protokoll der I. Sitzung der Studienkommission für wissenschaftliche Bestrebungen vom 15. 6. 1905, in: Protokollbuch I, Bl. 97-104, AKDFB. Katholischer Frauenbund. Aufgaben & Geschäftsordnung der Abteilung für wissenschaftliche Bestrebungen (Konzept), o. D., in: NL Hohn, Akte 133, StadtAMö; Jahrhundertwende. Jahrhundertmitte, S. 8 f.
123 KFB-Vorstandsprotokoll vom 16. 6. 1909, Bl. 213.
124 KFB-Vorstandsprotokoll vom 10. 2. 1909, Bl. 178 f.
125 KFB-Vorstandsprotokoll vom 10. 3. 1909, Bl. 183 f.
126 Leider liegt nur für das erste Jahr ein Auflistung der angeschlossenen Vereine vor. KFB-Jahrbuch 1904, S. 15.
127 Neundörfer, Ein Ausschnitt, S. 40. Noch auf der Generalversammlung des KFB in München (1906) beklagte die Generalsekretärin, „daß der KFB gerade bei den schon lange bestehenden Vereinen nicht nur oft wenig Anklang und Liebe findet, sondern daß ihm manchmal ein offenes Mißtrauen entgegentritt." KFB-Jahrbuch 1907, S. 15.

128 KFB-Vorstandsprotokoll vom 23. 3. 1905, Bl. 82 f. Der Lehrerinnenverein trat daraufhin dem KFB bei und erhielt eine Stimme in der Generalversammlung. KFB-Vorstandsprotokoll vom 14. 4. 1905, Bl. 91.
129 KFB-Vorstandsprotokolle vom 19. 7. 1904, Bl. 24, 26. 10. 1904, Bl. 39; KFB-Jahrbuch 1907, S. 14 ff.
130 Verhandlungen der 53. Generalversammlung (1906), S. 95.
131 KFB-Jahrbuch 1909, S. 31.
132 KFB-Vorstandsprotokoll vom 19. 7. 1904, Bl. 24; KFB-Jahrbuch 1904, S. 16 f.; KFB-Jahrbuch 1907, S. 16.
133 KFB-Vorstandsprotokolle vom 8. 6. 1904, Bl. 21, 19. 7. 1904, Bl. 23.
134 KFB-Vorstandsprotokoll vom 13. 9. 1904, Bl. 33 f. 93 katholische Zeitungen hatten Anzeigen des KFB aufgenommen, 6.577 Aufrufe wurden verschickt. Protokoll der Mitglieder-Versammlung auf der General-Versammlung des Kath. Frauenbundes zu Frankfurt a. M. am 7. 11. 1904, in: Protokollbuch I, Bl. 46, AKDFB; KFB-Jahrbuch 1904, S. 15.
135 Aus der praktischen Tätigkeit der Zweigvereine, in: DKF 2.1908/09, S. 39. - Der Zweigverein München, der bereits eine Propagandasekretärin, Frl. Einhäuser, eingestellt hatte, verzeichnete einen erheblichen Mitgliederzuwachs durch den Einsatz von Vertrauensfrauen. Den Vertrauensfrauen, die auch geschult würden, sei es gelungen, in „die breiten Volksschichten" einzudringen. Unterstützt von der Geistlichkeit und dem Volksverein würden regelmäßig Versammlungen für verschiedene Bildungsschichten durchgeführt. Hesse, Vierte Generalversammlung, S. 17, Sp. 2.
136 Antrag des Zweigvereins Würzburg, Anhang zum KFB-Ausschußprotokoll vom 29. 4. 1909.
137 KFB-Vorstandsprotokolle vom 11. 9. 1907, Bl. 34, 19. 5. 1910, Bl. 13, 24. 9. 1910, Bl. 56, 14. 10. 1910, Bl. 65, 22. 2. 1911, o. Bl. Die im Oktober 1910 eingesetzte Propagandakommission wurde am 18. 3. 1911 in eine „Hilfe- und Werbekommission" umgewandelt, die auch bei Zweigvereinsgründungen beraten sollte. VK 1911, S. 19, 41.
138 KFB-Vorstandsprotokoll (maschinengetippte Fassung) vom 4. 9. 1912 (8). Im Winter 1912/13 sollte Frl. Hartmann, „selbst ein Kind aus dem Volke", die wegen ihrer guten Ausbildung bekannt war, eingestellt werden. KFB-Vorstandsprotokoll (handschriftliche Fassung) vom 4. 9. 1912. Eingestellt wurde dann jedoch aus nicht erkennbarem Grund Frau Miebach aus Düsseldorf, die ebenfalls aus Arbeiterkreisen kam. Eine Sekretärin für Volkspropaganda, in: VK 1912, S. 120; KFB-Arbeitsausschußprotokoll vom 8. 1. 1913.
139 Vgl. dazu die Analyse der Kontroverse zwischen KFB und Volksverein in Kap. V.
140 Eine Sekretärin für Volkspropaganda, in: VK 1912, S. 120. Hinweise über die Vortragstätigkeit von Frau Miebach auf Frauenversammlungen bei: Erika Münster-Schröer, Frauen in der Kaiserzeit. Arbeit, Bildung, Vereinswesen, Politik und Konfession. Eine sozialgeschichtliche Untersuchung am Beispiel einer rheinischen Kleinstadt, Bochum 1992, S. 190.
141 Doris Kaufmann: Vom Vaterland zum Mutterland. Frauen im katholischen Milieu der Weimarer Republik, in: Karin Hausen (Hg.), Frauen suchen ihre Geschichte, München 1983, S. 250-275, hier: S. 264. Kaufmann bezieht ihre Analyse auf den Zeitraum 1928-1933.
142 Die Berliner Tageszeitung „Germania" kritisierte die Herausgabe des neuen Organs heftig. Dem KFB wurde „unmotivierte Eigenbrödelei" vorgeworfen, die neue Zeitung reduziere die Abonnentenzahl der „Christlichen Frau" und sie gefährde die „Einheitlichkeit in der Stellungnahme zu den verschiedensten Fragen." Der Hintergrund für diese Kritik wurde aus den Quellen nicht deutlich. G. Rohr, Eine neue Zeitschrift für

die katholische Frauenwelt?, in: Germania, 10. 12. 1907, Nr. 284; KFB-Vorstandsprotokoll vom 11. 12. 1907, Bl. 70 f.
143 KFB-Vorstandsprotokoll vom 8. 5. 1907, Bl. 12.
144 KFB-Vorstandsprotokoll vom 22. 3. 1907, Bl. 187 ff. Seit Februar 1905 war „Die christliche Frau" zugleich Organ des Katholischen Frauenbundes, wurde aber weiterhin vom Caritasverband herausgegeben. Die Redaktion der „Mitteilungen" des KFB übernahm Isabella von Carnap. CF 3.1904/05, S. 137.
145 KFB-Vorstandsprotokoll vom 12. 6. 1907, Bl. 19 f.; Vereinsorgan, in: Aus dem Katholischen Frauenbunde 3.1906/07, in: CF 5.1906/07, S. 433 f.
146 Auch das Verbandsorgan der sozialdemokratischen Frauenbewegung „Die Gleichheit" richtete sich nicht an die „Massen der Frauen", sondern an die „Vorgeschrittenen", wie Clara Zetkin auf einem sozialdemokratischen Parteitag erwähnte. Für die Arbeiterinnen forderte sie ein kleines Heftchen, in dem „die Sätze, auf die es ankommt, mit großen fetten Buchstaben" gedruckt werden um die Leserinnen nicht abzuschrecken: „einzig und allein, was unterhaltend und amüsant" sei, würden die Frauen lesen. Eine Frauenzeitschrift für diesen Leserinnenkreis hielt sie daher nicht für sinnvoll. Verhandlungen des sozialdemokratischen Parteitages 1896, in: Frauenemanzipation und Sozialdemokratie, hg. von Heinz Niggemann, Frankfurt a. M. 1981, S. 79 f.
147 KFB-Vorstandsprotokoll vom 13. 10. 1909, Bl. 243; „Für unsere Hausmütter", in: Hausmutter in Stadt und Land, Beilage DKF vom 17. 10. 1909, S. 7. Das Beiblatt wurde ab 1913 nicht mehr herausgegeben, vermutlich, da durch die Umgestaltung des Organs die gesamte Zeitschrift auf den bisherigen Leserkreis ausgerichtet werden sollte; vgl. KFB-Vorstandsprotokoll vom 2. 3. 1913 (7).
148 Die Herausgabe des Kalenders war auf Vorschlag Albertine Badenbergs beschlossen worden. KFB-Vorstandsprotokoll vom 24. 11. 1912 (4).
149 Die Zeitschrift „Die christliche Frau", in: DKF 6.1912/13, S. 162 f.
150 Dies wird durch die Lokalstudie von Münster-Schröer für die Kleinstadt Ratingen bestätigt. Die Autorin stellt fest, daß sich weder der KFB noch katholische Arbeiterinnenvereine zusätzlich zum Mütterverein etablieren konnten. Offenbar bestand auch kein inhaltlicher Austausch zwischen Frauen, die sich dem Frauenbund zuordneten (einen Zweigverein gab es in Ratingen nicht) und dem Mütterverein. Die Einschätzung basiert allerdings nicht auf schriftlichen Quellen, sondern wird lediglich aus einem Interview mit einer Zeitzeugin abgeleitet. Münster-Schroers, Frauen in der Kaiserzeit, S. 212 f.
151 Vgl. auch Kath. Grasser, Eine Jahresarbeit des Katholischen Frauenbundes, in: Kalender für unsere Frauen 1914, S. 12-14.
152 Die Mitgliederstatistik wurde anhand unterschiedlicher Quellen zusammengestellt. Quellenhinweise und die ausführliche Statistik für den Zeitraum 1904-1932 siehe Anhang 3 der vorliegenden Studie.
153 So wiesen die Dachverbände der kirchlichen Frauenverbände in der Weimarer Republik über 1,5 Millionen Mitglieder auf: Der Zentralverband der katholischen Jungfrauenvereinigungen Deutschlands zählte 760.000 Mitglieder, und im Verband der katholischen Frauen- und Müttervereine waren 900.000 Frauen organisiert. In diesen Vereinen waren vor allem „Landfrauen und Frauen des unteren Mittelstandes" organisiert, wie Kaufmann in Anlehnung an Spael ausweist: Kaufmann, Vom Vaterland zum Mutterland, S. 264. Der Mitgliederzuwachs des KFB in den letzten Kriegsjahren und in der Weimarer Republik kann hier nur zahlenmäßig dargestellt werden, eine Analyse dieser Entwicklung ist im Rahmen dieser Studie nicht vorgesehen. Denkbar ist, daß die gesellschaftliche Umbruchphase, vor allem auch das politische Stimm-

recht, die Organisationsbereitschaft von Frauen steigerte, um ihre Interessen besser in der Öffentlichkeit artikulieren zu können.
154 Ausschuß-Sitzung des Katholischen Frauenbundes am 24. und 25. 10. 1905, in: Aus dem Katholischen Frauenbunde 2.1905/06, in: CF 4.1905/06, S. 73-82, hier: S. 74, 76 f.
155 KFB-Vorstandsprotokoll vom 11. 12. 1907, Bl. 69.
156 Entwurf zur Organisation eines Jugendbundes (Anlage zum KFB-Vorstandsprotokoll vom 11. 12. 1907). Der Entwurf wurde von Isabella von Carnap verfaßt. KFB-Vorstandsprotokoll vom 11. 12. 1907, Bl. 69. Die 1911 verabschiedete „Geschäftsordnung der Jugendabteilungen des Katholischen Frauenbundes" entsprach im wesentlichen den 1907 erlassenen Richtlinien. Die „Geschäftsordnung" ist veröffentlicht in: VK 1911, S. 72-74.
157 Der Jugendpflegeerlaß vom 18. 1. 1911 bezog sich nur auf männliche Jugendliche. Mädchen wurden erst mit dem Jugendpflegeerlaß von 30. 4. 1913 in die Förderung einbezogen. Die staatlichen Bemühungen, die Jugendpflege zu fördern, richteten sich eindeutig gegen die sozialdemokratische Arbeiterjugendbewegung. Benno Hafeneger, Jugendarbeit als Beruf. Geschichte einer Profession in Deutschland, Opladen 1992, S. 20 ff.
158 KFB-Vorstandsprotokoll vom 31. 5. 1911 (10); KFB-Arbeitsausschußprotokoll vom 28. 11. 1913 (3).
159 KFB-Vorstandsprotokolle vom 29. 11. 1911 (4), 20. 12. 1911 (5).
160 Die weibliche Jugendpflege, in: CF 10.1911/12, S. 401 f.; General-Versammlung des Katholischen Frauenbundes, in: DKF 6.1912/13, S. 1-15, hier: S. 10 ff.
161 Ebd., S. 15. 1915 trat Minna Bachem-Sieger zurück. Den Vorsitz übernahm nun Hedwig Dransfeld. Für die Jugendabteilungen des Katholischen Frauenbundes, in: VK 1915, S. 87.
162 Die Jugendziele wurden zunächst als Beiblatt des KFB-Organs „Der Katholische Frauenbund" herausgegeben. M. (Marie) Buczkowska, Jugendziele, in: DKF 6.1912/13, S. 102.
163 G. Schneider, Die I. Versammlung der Jugendabteilungen des K.F.B. zu Köln am 23. und 24. Juli 1913, in: DKF 6.1912/13, S. 161 f., hier: S. 162. Vgl. auch: Liane Becker, Die Pflege der weiblichen Jugend, in: Katholischer Frauenkalender 1914, S. 238-246.
164 So versuchte man, in den Jugendabteilungen Horthelferinnen zu gewinnen, um den großen Personalbedarf in den Kinderhorten abzudecken. Marie Buczkowska, Die Jugendabteilungen des Katholischen Frauenbunds, in: Hedwig Dransfeld/Marie Buczkowska, Die Ausbreitung des Katholischen Frauenbundes Deutschlands, Köln 1918, S. 17-23. Zur Beteiligung des KFB an der Kriegsfürsorge siehe Kap. IV, 5.
165 Für die Jugendabteilungen des Katholischen Frauenbundes, in: VK 1915, S. 87. Marie Buczkowska (1884-1968), aktiv im Münchener Zweigverein, später im Bayerischen Landesverband mitarbeitend, leitete von 1916 bis 1925 das Jugendsekretariat des KFB. Sie gehörte bis zu ihrem Tode dem KFB an und engagierte sich noch im Alter von 80 Jahren als Vorsitzende der Rundfunkkommission des bayerischen Frauenbundes. Von 1948 bis 1957 vertrat sie die christlichen Frauenverbände im bayerischen Rundfunkrat. Marie Buczkowska. Frauenland 1964, S. 70; Emma Horion, Marie Buczkowska, gestorben am 16. Oktober in München. CF 1968, S. 174-176.
166 Satzungen von 1916, § 15.
167 Für 1910: Hesse, Vierte Generalversammlung, S. 18, für 1912: Schneider, Versammlung, S. 162, für 1915: Katholischer Frauenkalender 1915, S. 87, für 1916: Katholischer Frauenkalender 1916, S. 82, für 1917 und 1918: Marie Buczkowska, Die Jugendabteilungen, S. 20, 23. Für die Jahre 1911, 1913 und 1914 standen mir keine Zahlen zur Verfügung.

168 Protokoll der Bischofskonferenz Fulda, 5.-7. November 1912, in: Akten der Fuldaer Bischofskonferenz, S. 193-201, hier: S. 198. Da Inhalte und Organisation der katholischen weiblichen Jugendpflege im Rahmen der vorliegenden Untersuchung nicht näher analysiert werden, wird darauf verzichtet, den Konflikt zwischen den ständischen Vereinen und dem KFB um die Sammelvereine darzustellen. Hinweise zu den langjährigen Auseinandersetzungen bei: C. (Carl) Walterbach, Die Organisation der katholischen Frauen, München 1913.

169 Vgl. dazu die kontinuierlichen Hinweise in den Publikationsorganen des KFB. - Wie beim Gesamtbund oblag die Leitung der Zweigvereine dem Vorstand, der von Frauen wahrgenommen wurde. Jedem Zweigvereinsvorstand gehörte auch ein Geistlicher Beirat an.

170 Das waren 75 Pfennig pro Mitglied bei einem Jahresbeitrag von 1 Mark. Satzungen von 1908, §§ 4, 11. Zahlreiche Hinweise zu den Reduzierungsanträgen befinden sich in den Protokollbüchern I und II.

171 Ebd.; Neundörfer, Ein Ausschnitt, S. 48.

172 Was der Katholische Frauenbund von den Zweigvereinen erwarten und fordern muß, in: Aus dem Katholischen Frauenbunde, 1.1905, in: CF 3.1904/05, S. 283 f.

173 Die Forderung hatte Marita Loersch mit der Begründung zurückgewiesen, daß bei einer solchen Regelung zu erwarten sei, daß die Zweigvereine eigene Interessen über die Belange des gesamten Bundes stellen würden. Außerdem zersplittere eine zweifache Vorstandsmitgliedschaft - so die Generalsekretärin von Carnap - die Arbeitskraft. KFB-Ausschußprotokoll vom 24./25. 10. 1905, hier: 24. 10. 1905 (1).

174 Ebd. (2).

175 Satzungen von 1908, § 11. Der KFB erhielt für dieses Vorgehen sogar Unterstützung durch den Katholikentag, nachdem Lausberg einen entsprechenden Antrag 1908 eingebracht hatte. Vgl. Verhandlungen der 55. Generalversammlung (1908), S. 111, 366 f., 368.

176 Satzungen von 1908, § 11. Auch wegen der Übernahme von Normalstatuten war es mehrfach zu Auseinandersetzungen gekommen. Vgl. dazu die zahlreichen Hinweise in den Vorstandsprotokollen der Anfangsjahre. Die Normalstatuten waren 1905 vom Zentralvorstand festgesetzt und anschließend vom Zentralausschuß bestätigt worden. KFB-Vorstandsprotokoll vom 11. 10. 1905, Bl. 115 f.; KFB-Ausschußprotokoll vom 24./25. 10. 1905, hier: 25. 10. 1905 (2).

177 KFB-Vorstandsprotokoll vom 27. 4. 1910, Bl. 7.

178 KFB-Vorstandsprotokolle vom 27. 7. 1910, Bl. 48, 14. 10. 1910, Bl. 61, 18. 3. 1911 (7), 26. 7. 1911 (4). In Ausnahmefällen hatte man jedoch einigen Zweigvereinsvorsitzenden (z. B. Ellen Ammann, München und Frau Krass, Münster) die selbständige Gründung weiterer Zweigvereine gestattet. KFB-Vorstandsprotokoll vom 27. 4. 1910, Bl. 7. Eine weitere Lockerung wurde 1911 beschlossen. Die Mitglieder der Hilfs- und Werbekommission wurden autorisiert, Zweigvereinsgründungen vorzunehmen, weil die Zentrale überlastet war. KFB-Ausschußprotokoll vom 18. 10. 1911 (1); Centralstelle des Katholischen Frauenbundes an „Sehr geehrte Frau" vom 12. 6. 1911; Protokoll der „Sitzung der Mitglieder der Hilfs- und Werbekommission mit dem Centralvorstand Cöln" vom 28. 10. 1911, in: Akte „Propaganda 1040", AKDFB.

179 Hedwig Dransfeld wurde 1910 erstmals in den Vorstand kooptiert. KFB-Vorstandsprotokoll vom 31. 8. 1910, Bl. 37.

180 VK 1911, S. 1 f.

181 KFB-Vorstandsprotokoll vom 25. 1. 1911 (5).

182 KFB-Vorstandsprotokoll von 25. 11. 1904, Bl. 65; von Carnap an ? (Hohn) vom 2. 12. 1904, in: NL Hohn, Akte 133, StadtAMö.

183 Protokoll der Mitglieder-Versammlung vom 7. 11. 1904, Bl. 54 f. Im offiziellen Bericht über die 1. Generalversammlung blieben die Bedingungen des Limburger Bischofs unerwähnt. KFB-Jahrbuch 1904, S. 7. Der Limburger Bischof, Dominikus Willi OCist, amtierte in der Diözese Limburg von 1898-1913. Akten der Fuldaer Bischofskonferenz, S. XXX.
184 Protokoll der Mitglieder-Versammlung vom 7. 11. 1904, Bl. 55 f. Näheres zur Neutralitätserklärung vgl. Kap. IV, 2.
185 Beispielsweise berichtete Isabella von Carnap, die relativ offen mit den Christlichen Gewerkschaften sympathisierte, daß sie bei Zweigvereinsgründungen in Schlesien anwesend sein werde, um zu verhindern, daß der KFB zum „Anhängsel" oder „Propagandaverein" der Berliner Richtung werde. Von Carnap an Volksverein vom 22. 6. 1907, in: NL Hohn, Akte 133, StadtAMö.
186 Die Schwedin Ellen Ammann (1870-1932) studierte zwei Semester Medizin in Stockholm, bevor sie 1890 den deutschen Arzt Ottmar Ammann heiratete. Die Heirat mit dem Katholiken war Anlaß, offiziell aus der lutherischen Staatskirche auszutreten. Katholisch geprägt war sie allerdings schon vorher, da ihre Mutter, die 1881 heimlich in Dänemark konvertierte, ihre Töchter katholisch erzog und auf eine katholische Schule schickte. Ebenfalls 1890 siedelte sie mit ihrem Mann nach München um. Sie war Mutter von sechs Kindern. Seit 1895 engagierte sie sich im sozialen und caritativen Bereich (Marianischer Mädchenschutz, katholische Bahnhofsmission). Ellen Ammann gehörte zu den führenden Frauen im KFB, sowohl im Gesamtbund, als auch im Münchener Zweigverein und später als Vorsitzende des Bayerischen Landesverbandes. Parteipolitisch engagierte sie sich in der Bayerischen Volkspartei. Von 1919 bis 1932 war sie Abgeordnete im Bayerischen Landtag. Marianne Neboisa, Ellen Ammann 1870 bis 1932. Diakonin der katholischen Aktion, München o. J. (1981); M. A. von Godin, Ellen Ammann. Ein Lebensbild, München o. J. (1933); Eva Maria Volland/Reinhard Bauer (Hg.), München - Stadt der Frauen. Kampf für Frieden und Gleichberechtigung 1800-1945. Ein Lesebuch, München/Zürich 1991 (Auszüge aus Godin), passim.
187 Protokoll der Mitglieder-Versammlung vom 7. 11. 1904, Bl. 56 ff. - Zur Sonderstellung des Elsaß vgl. ebd., Bl. 90.
188 Ebd., Bl. 56 f.
189 Vgl. KFB-Jahrbuch 1909, S. 42 ff.
190 Ebd.; Anträge für die Generalversammlung Münster laut Beschluß der Generalversammlung des Zweigvereins Breslau des katholischen Frauenbundes vom 2. Juni 1908, in: Akte F 7.5, AJTr.
191 KFB-Vorstandsprotokoll vom 14. 10. 1908, Bl. 138.
192 KFB-Jahrbuch 1909, S. 44 f.
193 Mutter Gertrud an ? (vermutlich Korum), o. D. (1908 ?), NL Korum, Bl. 20 f., BATr.
194 Maria Heßberger (1870-1944), verheiratet mit dem Geheimen Finanzrat Heßberger, engagierte sich bis in die Zeit der Weimarer Republik im KFB, sowohl im Ostdeutschen Landesverband als auch im Zentralvorstand bzw. dessen Kommissionen. Von 1921 bis 1932 war sie Zentrumsabgeordnete im Preußischen Landtag. 1924 war Maria Heßberger Vizepräsidentin auf dem 63. Katholikentag in Hannover. Ernst Rudolf Huber, Deutsche Verfassungsgeschichte seit 1789, Bd. V, Weltkrieg, Revolution und Reichserneuerung 1914-1919, Stuttgart u. a. 1978, S. 969; Übersicht über die bisherigen Katholikentage, in: Bertram Otto, 100 Jahre Nacht und Tag.
195 KFB-Vorstandsprotokoll vom 19. 5. 1910, Bl. 11. Daß der Zweigverein Breslau den Antrag auf Einrichtung eines Diözesanverbandes ausdrücklich auf Wunsch von Kopp einbrachte, ist auch in einem internen Bericht über die Generalversammlung von 1908

vermerkt. (Anna) Schmidt, Die Generalversammlung des Katholischen Frauenbundes in Münster. Beratung der beiden Breslauer Anträge, o. D. (1908), in: Akte 7.5, AJTr.
196 KFB-Vorstandsprotokoll vom 1. 7. 1910, Bl. 26.
197 KFB-Vorstandsprotokoll vom 17. 9. 1910, Bl. 42 ff. In den Quellen ist nicht vermerkt, daß dieser Brief tatsächlich an Kopp abgeschickt wurde.
198 KFB-Vorstandsprotokoll vom 1. 7. 1910, Bl. 26.
199 Kopp an General-Oberin (= Mutter Gertrud) vom 3. 11. 1909, in: Akte F. 7.9, AJTr. Den gleichen Hindernissen war der Volksverein ausgesetzt. Kopp gestattete den Vertretern der Volksvereinszentrale keine Agitationsreisen in seiner Diözese.
200 Amalie von Schalscha (1868- ?) war Lehrerin und aktives Mitglied im KFB. Nach dem Tode Emy von Gordons wurde sie Vorsitzende des Berliner „Verbandes erwerbstätiger Frauen und Mädchen". Wilhelm Kosch, Das katholische Deutschland. Biographisch-bibliographisches Lexikon, Bd. 3, Augsburg 1938, Sp. 4207. Zum Verband der erwerbstätigen Frauen siehe auch Kap. IV, 2.
201 Kopp an von Schalscha vom 12. 1. 1910, in: Akte F 8.11, AJTr.
202 Horstwalter Heitzer, Georg Kardinal Kopp und der Gewerkschaftsstreit 1900-1914, Köln u. a., S. 130 ff.
203 KFB-Vorstandsprotokoll vom 14. 10. 1910, Bl. 59-61, 66.
204 DKF 4.1910/11, S. 1.
205 Kopp an Pieper vom 17. 10. 1910, in: VV Archiv, Akte 223, Bl. 83, ZStAPots. Auf der Generalversammlung teilte Minna Bachem-Sieger mit, daß Breslau seinen Antrag zurückgezogen habe. Hesse, Vierte Generalversammlung, S. 25.
206 Die 5. Generalversammlung unseres Bundes, in: VK 1912, S. 57 f.
207 KFB-Vorstandsprotokoll vom 9. 10. 1912 (5).
208 VK 1913, S. 2.
209 KFB-Vorstandsprotokoll vom 20. 12. 1911 (4); Protokoll über den II. Teil der Landeskonferenz am 6. XII. 1911, in: Reinhilde Fassl, Katholischer Deutscher Frauenbund in der Diözese Augsburg, Augsburg 1984, S. 185-189. Zur Gründung des Bayerischen Landesverbandes vgl. auch Kall, Katholische Frauenbewegung, S. 315 ff.
210 M. von Mirbach, General-Versammlung des Katholischen Frauenbundes, in: DKF 6.1912/13, S. 1-11.
211 Katholischer Frauenkalender 1914, S. 91, 96.
212 KFB-Vorstandsprotokoll vom 24. 11. 1912 (2); VK 1912, S. 106. - Nachdem sich Carl Trimborn darüber beschwert hatte, daß seine Frau nicht in den Arbeitsausschuß gewählt wurde, trat Frau Lantz zurück, um die nachträgliche Wahl Jeanne Trimborns durch Akklamation zu ermöglichen. Frau Lantz nahm aber, den Protokollen des Arbeitsausschusses zufolge, weiterhin an den Sitzungen teil. KFB-Arbeitsausschußprotokoll vom 8. 1. 1913 (1); KFB-Vorstandsprotokoll vom 2. 3. 1913 (1).
213 KFB-Vorstandsprotokoll vom 24. 11. 1912 (2).
214 Generalbericht über die sechste Generalversammlung des Katholischen Frauenbundes Deutschlands am 6., 7. und 8. Januar 1916 im Reichstagsgebäude zu Berlin, in: CF 14.1916, S. 1-88, hier: S. 3 ff., passim.
215 Ebd., S. 45, 59. - Die danach gebräuchliche Abkürzung „KFD" wird im folgenden nur bei entsprechenden Zitaten und Literaturangaben verwendet. Die bisherige Abkürzung „KFB" behalte ich der besseren Überschaubarkeit wegen bei. Dies gilt auch für die erneute Namensänderung ab 1921, nach der die Kurzform „KDF" (Katholischer Deutscher Frauenbund) lautete. Nachrichtenblatt 1921, S. 27. Zur Politik des KFB während der Kriegsjahre vgl. Kap. III, 4 und IV, 5.
216 Im Juni 1914 hatte der KFB beschlossen, keine eigenständige katholische Hausfrauenorganisation zuzulassen, sondern die Hausfrauen selbst zu organisieren. Bis zur Kriegstagung hatte die Aufforderung an die Zweigvereine, sich stärker den Hausfrau-

eninteressen zu widmen, nur empfehlenden Charakter. Nun wurden sie satzungsgemäß dazu verpflichtet. Generalbericht über die sechste Generalversammlung, S. 17, 45; Satzungen von 1916, § 15, in: VK 1916, S. 6; KFD Merkblatt 2: Die Hausfrauenabteilungen des Katholischen Frauenbundes Deutschlands o.D. (1916), in: SKF F.I.1 a, ADCV; Eine Sitzung des Arbeitsausschusses des Zentralvorstands, in: VK 1916, S. 11 f.; In Sachen der Hausfrauenabteilungen, in: ebd., S. 15 f.

217 §§ 2, 3 der Geschäftsordnung für den Zentralrat der Frauenorganisationen im Katholischen Frauenbunde Deutschlands, in: Akte „Zentralrat", AKDFB; Generalbericht über die sechste Generalversammlung, S. 45, 64 ff.; Die Gesamtorganisation der kath. deutschen Frauenverbände, Paderborn o. J. (1916).

218 Bericht über die Sitzung des Zentralvorstandes des Katholischen Frauenbundes mit Vertretern katholischer deutscher Frauenorganisationen vom 12. 12. 1915, in: Akte „Zentralrat", AKDFB.

219 Ebd.; vgl. Anhang 4 dieser Arbeit.

220 Hinweise zu den Bedenken der Lehrerinnen finden sich in den „streng vertraulichen" Ausführungen des „Vereins katholischer Oberlehrerinnen" zur Frage: Zusammenschluß der katholischen Frauenvereinigungen. Ergebnisse der Beratungen in der Ortsgruppe Münster, (maschinengetippte Fassung) o. J. (1915) und in den als Manuskript gedruckten Ausführungen von Prof. Hüllen „Über den Anschluß des Vereins kathol. deutscher Lehrerinnen an den Katholischen Frauenbund", Trier 1916, beide in: Akte „Zentralrat", AKDFB. Vgl. auch die dort archivierte umfangreiche Korrespondenz in dieser Sache.

221 Zentralrat der Frauenorganisationen im Katholischen Frauenbund Deutschlands „An das Kriegsernährungsamt" vom 1. 2. 1917, in: Akte „Zentralrat", AKDFB; vgl. Anhang 4.

222 Zentralverband der kath. Jungfrauenvereinigungen Deutschlands, (Pfarrer) von Haehling, Klens, An die Vorsitzende des Zentralrates der kath. Frauenorganisation im KFD vom 23. 7. 1920, in: Akte „Zentralrat", AKDFB.

223 Vgl. auch: Geschichte des Zentralrates, zusammengestellt von A. Hopmann, 8. 8. 1931 (Manuskript), in: Akte „Zentralrat", AKDFB.

224 Zentralverband der kath. Jungfrauenvereinigungen Deutschlands, (Pfarrer) von Haehling, An die Vorsitzende des Katholischen Frauenbundes Deutschlands Fräulein H. Dransfeld vom 7. 9. 1921, in: Akte „Zentralrat", AKDFB.

225 Doris Kaufmann, Katholisches Milieu in Münster 1928-1933, Düsseldorf 1984, S. 31.

226 Vgl. ebd., S. 30 ff., passim; Schmidt, Zentrum oder CDU, S. 85 ff.

227 Hedwig Dransfeld, Die Aufgaben der Zukunft und die äußere und innere Gestaltung des KFD, Köln 1918, S. 6 f.

228 Hedwig Dransfeld, Generalbericht über die siebte Generalversammlung des K.F.D., Köln o. J. (1918), S. 13, 21.

229 Helene Weber war 37, Marie Buczkowska 34 Jahre, als sie erstmals in den Vorstand gewählt wurden, repräsentierten jedoch im Vergleich zu den Gründerinnen durchaus die „nachwachsende Generation". Vgl. Anhang 2 dieser Arbeit.

230 So von Carnap und Lantz. Minna Bachem-Sieger blieb nach ihrem Rücktritt als 2. (stellvertretende) Vorsitzende als Beisitzerin im Vorstand. Dies ist für 1921 wegen unklarer Quellenlage nicht eindeutig belegbar, ist aber sehr wahrscheinlich, da 1924 die Rede davon ist, sie nicht wiederzuwählen, weil sie im Zentralvorstand keine aktive Mitarbeit leiste. Wegen ihrer Verdienste als Mitbegründerin des Frauenbundes sollte ihr aber die Ehrenmitgliedschaft zuerkannt werden. KFB-Vorstandsprotokoll vom 10./11. 8. 1924, S. 5.

231 Hedwig Dransfeld, Die Aufgaben der Zukunft, S. 8.

232 KFB-Vorstandsprotokolle vom 10./11. 8. 1924, S. 4, 14. 10. 1924, S. 7; Nachrichtenblatt 1924, S. 34.
233 Gerta Krabbel, Generalversammlung des Katholischen Frauenbundes in Hildesheim, in: CF 22.1924, S. 188.

Kapitel III

1 Oskar Köhler, Die Ausbildung der Katholizismen in der modernen Gesellschaft, in: Hubert Jedin (Hg.), Handbuch für Kirchengeschichte, Bd. VI/2, S. 217.
2 Hedwig Dransfeld, Der gegenwärtige Stand der Frauenstimmrechtsfrage, in: CF 4.1905/06, S. 405.
3 Pauline Herber, Zusammenschluß katholischer Frauen betreffs der Frauenbewegung unserer Zeit, in: CF 2.1903/04, S. 113-119.
4 Carl Trimborn, zit. nach: Ina Neundörfer, Ein Ausschnitt aus den Erinnerungen von Emilie Hopmann über die Gründung und die ersten Jahre des Katholischen Frauenbundes, in: Fünfundzwanzig Jahre Katholischer Deutscher Frauenbund, hg. vom Katholischen Deutschen Frauenbund, Köln, o. J. (1928), S. 40 f. (künftig zit.: 25 Jahre Katholischer Frauenbund).
5 KFB-Flugblatt: Katholischer Frauenbund, in: CF 2.1903/04, S. 152 f.
6 So Isabella von Carnap in ihrem Bericht über die Tätigkeit des Katholischen Frauenbundes, in: KFB-Jahrbuch 1907, S. 28.
7 Ebd., S. 11 f., 28.
8 KFB-Jahrbuch 1909, S. 24 f.
9 Dies legitimierte die Katholikinnen, Dransfeld zufolge, das „Prinzip der Geschlechtssolidarität" zu durchbrechen und eine eigene, katholische Organisation der Frauenbewegung zu schaffen. Hedwig Dransfeld, Probleme der katholischen Frauenbewegung, in: CF 11.1912/13, S. 325-332, 362-385, hier: S. 327.
10 Auf die Bedeutung von Leitbildern für die Lebensbewältigung und Orientierung, auch wenn sie nicht zwingend das tatsächliche Verhalten reflektieren, hat Natalie Zemon Davis hingewiesen: Natalie Zemon Davis, Frauen und Gesellschaft am Beginn der Neuzeit, Berlin 1986, S. 120.
11 Vgl. dazu die Sammlung historischer Texte in: Frau und Religion. Gotteserfahrungen im Patriarchat, hg. von Elisabeth Moltmann-Wendel, Frankfurt a. M. 1983, vor allem die von der Herausgeberin verfaßte Einleitung in: ebd., S. 11-38.
12 Hedwig Dransfeld, Die Frau im kirchlichen und religiösen Leben, in: Deutscher Frauenkongreß Berlin 27. Februar - 2. März 1912. Sämtliche Vorträge herausgegeben im Auftrage des Vorstandes des Bundes Deutscher Frauenvereine von Gertrud Bäumer, Leipzig/Berlin 1912, S. 228-237, hier: S. 230. Dransfeld empfand die Tatsache, daß „alle Richtungen und Weltanschauungen" auf dieser Tagung vereinigt seien, als „Friedenssymptom" und als Beweis dafür, daß eine Zusammenarbeit trotz unterschiedlicher Positionen auch ohne „verbitterten Parteienstreit" möglich sei. Ebd., S. 229 f., 236 f. Auch andere bekannte Katholikinnen hielten auf dem Kongreß Vorträge zu unterschiedlichen Themenschwerpunkten (Elisabeth Gnauck-Kühne, Ellen Ammann; Liane Beckers Vortrag wurde aufgrund ihrer Abwesenheit verlesen). Besondere Beachtung fand jedoch der Vortrag Dransfelds - rückblickend als „Höhepunkt des ganzen Kongresses" bewertet - wegen der überzeugten religiösen Haltung. Klara Philipp, Rückblick auf den Berliner Frauenkongreß, in: DKF 5.1911/12, S. 73-76, hier: S. 75.
13 Der Apologetik wurde zu Beginn des Jahrhunderts wegen der Angriffe auf die katholische Kirche große Bedeutung beigemessen. Der Sozialismus, die gegen das Papst-

tum gerichtete „Los-von-Rom-Bewegung", die auch der „Evangelische Bund" unterstützte, und Teile der modernen Wissenschaft galten als die Verursacher der kirchenfeindlichen Angriffe. Der „Volksverein für das katholische Deutschland" richtete daher 1902 eigens eine „Abteilung für Apologetik" ein. Horstwalter Heitzer, Der Volksverein für das katholische Deutschland im Kaiserreich 1890-1918, Mainz 1979, S. 26 f.

14 Vgl. Hugh McLeod, Weibliche Frömmigkeit - männlicher Unglaube? Religion und Kirchen im bürgerlichen 19. Jahrhundert, in: Ute Frevert (Hg.), Bürgerinnen und Bürger. Geschlechterverhältnisse im 19. Jahrhundert, Göttingen 1988, S. 134-156.
15 Vgl. Febronia Rommel, Mädchenschulen und Frauenbildung, in: CF 1.1902/03, S. 134-136; Luise Hitz, Die neuere Frauenbewegung nach ihrer idealen Seite, in: CF 1.1902/03, S. 360-362, 393-396.
16 Frauenfrage und Katholischer Frauenbund. Vortrag, gehalten von Herrn Canonicus Dr. P. Müller-Simonis im Union-Saale zu Straßburg. 23. Februar 1904, in: Veröffentlichungen des Deutschen Charitasverbandes für die Diözese Straßburg Nr. 6 (1904), S. 20. Ähnlich äußerten sich Joseph Mausbach und Benno Auracher, vgl.: Bedeutung und Ziele des Katholischen Frauenbundes. Rede zur Einführung des Frauenbundes, gehalten am 2. Dezember 1904 zu Münster i. W. von Professor Dr. Joseph Mausbach, Köln o. J. (1904), S. 13; Die Frauenfrage. Rede, gehalten in der zweiten öffentlichen Versammlung von P. Benno Auracher, in: Reden, gehalten in den öffentlichen Versammlungen der 52. Generalversammlung der Katholiken Deutschlands in Straßburg 20.-24. August 1905, Straßburg i. E. 1906, S. 66-83, hier: S. 78 f.
17 Müller-Simonis, Frauenfrage, S. 14 f., 20.
18 Dransfeld, Die Frau im kirchlichen und religiösen Leben, S. 232.
19 Ebd. - Zur Bedeutung der Religion für das Handeln vgl. Emile Durkheim, Die elementaren Formen des religiösen Lebens, Frankfurt a. M. 1981, S. 558.
20 Dransfeld, Die Frau im kirchlichen und religiösen Leben, S. 232.
21 Vgl.: Fr. W. Förster, Die hl. Elisabeth und die modernen Frauen, in: CF 6.1907/08, S. 66-69.
22 Z. B. Lichtmeß (2. 2.), Mariä Verkündigung (25. 3.), Mariä Himmelfahrt (15. 8.). Im deutschen Festkalender sind heute 15 Marienfeste ausgewiesen. Wolfgang Beinert, Maria/Mariologie, in: Neues Handbuch theologischer Grundbegriffe, hg. von Peter Eicher, München 1985, Bd. 3, S. 53-62, hier: S. 56.
23 Ebd.; Carl Andresen/Georg Denzler, Wörterbuch der Kirchengeschichte, München 1984, S. 386. In Ephesus ging es um die theologische Streitfrage, ob Maria „nur die menschliche Hülle" für den Sohn Gottes geboren habe, oder ob sie tatsächlich „Gottesgebärerin" (theotókos) war. Hubert Stadler, Päpste und Konzilien. Kirchengeschichte und Weltgeschichte, Düsseldorf 1983, S. 58 f.
24 Vgl. Wolfgang Beinert, Maria/Mariologie, in: Eicher (Hg.), Neues Handbuch, Bd. 3, S. 53-62. Vgl. auch die detaillierte Darstellung über die mittelalterliche Marienverehrung von Klaus Schreiner, Maria. Jungfrau, Mutter, Herrscherin, München 1996.
25 Das besagt, daß Maria als auserwählte Mutter des Gottessohnes vom Augenblick ihrer Empfängnis an vor der Erbsünde bewahrt blieb. Vgl. Andresen/Denzler, Wörterbuch der Kirchengeschichte, S. 386 f.
26 Michael N. Ebertz, Herrschaft in der Kirche. Hierarchie, Tradition und Charisma im 19. Jahrhundert, in: Karl Gabriel/F. X. Kaufmann (Hg.), Zur Soziologie des Katholizismus, Mainz 1980, S. 89-111, hier: S. 101 ff.
27 Weitaus geringer war der Bezug auf andere religiöse Leitbilder, wenngleich auch Artikel über heilige Frauen, vor allem über die hl. Elisabeth, in der „Christlichen Frau" veröffentlicht wurden.

28 Astrid Zurlinden-Liedhegener, Möglichkeiten und Grenzen der katholischen Frauenbewegung. Das Frauenbild der katholischen Frauenbewegung im Spiegel der Zeitschrift „Die christliche Frau" (1902-1918), Münster 1989, S. 56.
29 Pauline Herber, Geistig gesund, in: CF 1.1902/03, S. 30-34.
30 Ebd., S. 33 f.
31 Zur Kritik an einer patriarchalisch geprägten Mariologie, die Maria nicht als autonome Frau beachtete, sondern in Bezug zu Gott bzw. zu Christus charakterisierte, vgl. Catharina J. M. Halkes, Maria/Mariologie. Aus der Sicht feministischer Theologie, in: Eicher (Hg.) Neues Handbuch, Bd. 3, S. 62-70; Uta Ranke-Heinemann, Eunuchen für das Himmelreich. Katholische Kirche und Sexualität, Hamburg 1988, S. 355-363.
32 Hedwig Dransfeld, Das biblische Marienbild und die Katholikin der Gegenwart, in: CF 14.1916, S. 173-179, 209-213, 261-268.
33 Hedwig Dransfeld übertrug zwar das von ihr rekonstruierte Leben der Gottesmutter auf die „moderne katholische Frau", bezog aber die Lebenssituation erwerbstätiger und/oder unverheirateter Mütter nicht explizit ein.
34 Ebd., S. 179.
35 Ebd., S. 261-264.
36 Die Autorin charakterisierte Maria als Frau, die „die Sitten ihrer Zeit" durchbrach, indem sie während der Kreuzigung Jesu Christi „ihr Frauengemach" verließ und sich trotz militärischer Abriegelung Zugang zum Kreuz verschaffte. Ebd., S. 267.
37 Ebd., S. 265 f. - Zur Einschätzung Marias als Intellektuelle vgl. auch: Schreiner, Maria, S. 116-148.
38 Dransfeld, Das biblische Marienbild, S. 212. Hedwig Dransfeld weist mit ihren Äußerungen darauf hin, daß Jungfräulichkeit für sexuelle Enthaltung, für „Reinheit" steht. Vgl. Catharina J. M. Halkes, Maria/Mariologie. Aus der Sicht feministischer Theologie, in: Eicher (Hg.), Neues Handbuch, Bd. 3, S. 62-70, hier: S. 63 f.
39 Hilde Lion, Zur Soziologie der Frauenbewegung. Die sozialistische und die katholische Frauenbewegung, Berlin 1926, S. 115 f. Vgl. Relinde Meiwes, Religiosität und Arbeit als Lebensform für katholische Frauen. Kongregationen im 19. Jahrhundert, in: Irmtraud Götz von Olenhusen u. a., Frauen unter dem Patriarchat der Kirchen, Stuttgart u. a. 1995, S. 69-88.
40 Dransfeld, Die Frau im kirchlichen und religiösen Leben, S. 235.
41 Ebd., S. 236.
42 Der Moraltheologe Joseph Mausbach lehnte im übrigen den Begriff der Mütterlichkeit als zu eng ab. „Wesen und Beruf aller Frauen ... nach der Mutter zu benennen, werde der „Vielseitigkeit und Freiheit des weiblichen Schaffens" nicht gerecht. Mausbach relativierte diese grundsätzliche Auffassung jedoch wiederholt und gestand die „Vielseitigkeit und Freiheit" nur wenigen Frauen zu. Joseph Mausbach, Die Stellung der Frau im Menschheitsleben. Eine Anwendung katholischer Grundsätze auf die Frauenfrage, M.Gladbach 1906, S. 24 ff.
43 Zu den biographischen Angaben vgl.: Helene Simon, Elisabeth Gnauck-Kühne. Eine Pilgerfahrt (Bd. 1.), M.Gladbach 1928. - Bereits wenige Wochen nach der Hochzeit wurde offenkundig, daß die extrem verschiedenen Charaktere der Eheleute ein Zusammenleben unmöglich machten. Dr. Gnauck als „frivol, leichtsinnig, verlebt, heftig bis zu Krankhaftigkeit" - so die Charakterisierung durch Simon - paßte kaum zu Elisabeth Kühne, „einer Frau von unabdingbarer Sittenstrenge und Rechtlichkeit". Bereits zum Jahresende 1888 reichte Elisabeth Gnauck-Kühne die Scheidungsklage ein. Ebd., S. 14, 34.
44 „Tausende meiner Geschlechtsgenossinnen kämpfen und ringen in äußerer oder innerer Not, aber während sie schweigend trugen, gab mir ein Gott zu sagen, was ich litt.

So wurde ich Frauenrechtlerin, um die Zukunft meiner Geschlechtsgenossinnen zu erleichtern." Simon, Gnauck-Kühne, Bd. 1, S. 188.
45 Ursula Baumann, Protestantismus und Frauenemanzipation in Deutschland 1850 bis 1920, Frankfurt/New York 1992, S. 89.
46 Vgl. Elisabeth Gnauck-Kühne, Die soziale Lage der Frau, Berlin 1895; Liane Becker, Elisabeth Gnauck-Kühne, in: 25 Jahre Katholischer Frauenbund, S. 33; Baumann, Protestantismus und Frauenemanzipation, S. 90 ff.
47 KFB-Vorstandsprotokoll vom 19. 7. 1904, Bl. 24.
48 Elisabeth Gnauck-Kühne, Die Deutsche Frau um die Jahrhundertwende. Statistische Studie zur Frauenfrage, Berlin 1907 (2. Auflage). Das Buch erschien erstmals 1904, eine dritte, unveränderte Auflage wurde 1914 herausgegeben. Gnauck-Kühne stützte sich in der 2. Auflage auf Zahlenmaterial von 1895 und 1905. Zu den Quellen des statistischen Materials vgl. S. 35 der Studie. Hinweise über die positive Resonanz auf das Buch, selbst aus dem Ausland, finden sich bei: Simon, Gnauck-Kühne, Bd. 1, S. 224 ff. Vgl. auch die Buchbesprechungen von: W. Liese, Frauenerwerbstätigkeit und Eheberuf, in: CF 2.1903/04, S. 240 f.; E. M. Hamann, Die deutsche Frau um die Jahrhundertwende, in: ebd., S. 249. ff. - 1953 wies der Frauenbund anläßlich seines 50jährigen Bestehens auf die immer noch aktuelle Bedeutung des Werkes hin. Vgl. Jahrhundertwende. Jahrhundertmitte. Der katholische Deutsche Frauenbund auf dem Wege, 1903-1953, hg. von der Zentrale des Katholischen Deutschen Frauenbundes, Köln 1953, S. 7.
49 Gnauck-Kühne, Die Deutsche Frau, S. 1, 157.
50 Sie kam zu dem Ergebnis, daß ein Viertel der weiblichen Gesamtbevölkerung erwerbstätig war (= 24,96 %, in absoluten Zahlen: 6.578.350). Vgl. ebd. S. 85. Jüngere Bewertungen des statistischen Materials weisen einen deutlich höheren Anteil aus: Willms geht für 1907 von 9.742.000 weiblichen Erwerbspersonen aus, Hohorst u. a. von 9.493.000. Angelika Willms, Grundzüge der Entwicklung der Frauenarbeit von 1880-1980, in: Walter Müller u. a., Strukturwandel der Frauenarbeit 1880-1980, Frankfurt/New York 1983, S. 25-54, hier: S. 35, Tabelle 1; Gerd Hohorst u. a., Sozialgeschichtliches Arbeitsbuch. Materialien zur Statistik des Kaiserreichs 1870-1914, München 1975, S. 66. Einige graphische Darstellungen der Studie Gnauck-Kühnes über den Zusammenhang von „Ehe und Beruf" wurden 1912 auf dem Berliner Frauenkongreß gezeigt. Danach erwarb das „Soziale Museum" in Budapest die Ausstellungstafeln. Simon, Gnauck-Kühne, Bd. 1, S. 234 f.
51 Zur sozialistischen Emanzipationstheorie vgl.: Richard J. Evans, Sozialdemokratie und Frauenemanzipation im deutschen Kaiserreich, Berlin/Bonn 1979, S. 26-40.
52 Gnauck-Kühne, Die Deutsche Frau, S. 155.
53 Ebd., S. 115. Gnauck-Kühne erkannte zwar, daß auch verheiratete Frauen und Mütter auf Erwerbstätigkeit angewiesen waren, doch lebte die „ideale Berufsfrau" ihrer Überzeugung nach zölibatär. Diese Position teilte Gnauck-Kühne mit Vertreterinnen der überkonfessionellen Frauenbewegung. Vgl. Barbara Greven-Aschoff, Die bürgerliche Frauenbewegung in Deutschland 1894-1933, Göttingen 1981, S. 62-69.
54 Gnauck-Kühne, Die Deutsche Frau, S. 121.
55 Ebd., S. 122.
56 Gnauck-Kühne, Die soziale Lage, S. 14.
57 Gnauck-Kühne, Die Deutsche Frau, passim.
58 Ebd., S. 141.
59 Ebd., S. 130. In einem späteren Essay (Die Frau in der Statistik) benutzte die Verfasserin statt Dualismus den Begriff „Zwiespältigkeit", um die aufreibende Belastung der erwerbstätigen Ehefrauen stärker zu betonen. Mit der Metapher „die Kerze brennt an

beiden Enden" verbildlichte sie den Konflikt dieser Frauen. Simon, Gnauck-Kühne, Bd.1, S. 235 f.; Gnauck-Kühne, Die Deutsche Frau, S. 116.
60 Hedwig Dransfeld, Elisabeth Gnauck-Kühne (Teil II), in: CF 8.1909/10, S. 124.
61 Gnauck-Kühne, Die Deutsche Frau, S. 4 ff., 161.
62 Ebd., S. 2 f. (Hervorhebung im Original).
63 Auf die Nachzeichnung der Kontroverse wird verzichtet, da sie detailliert bei Hafner und Simon nachzulesen ist. Vgl. Helmut Hafner, Frauenemanzipation und Katholizismus im zweiten deutschen Kaiserreich, Phil. Diss. Saarbrücken 1983, S. 100-104; Simon, Gnauck-Kühne, Bd. 1, S. 205-213. Die Kontroverse zwischen Rösler und Gnauck-Kühne erhielt besondere Bedeutung, da der Redemptoristenpater ein Jahr zuvor die Konversion Gnauck-Kühnes zum katholischen Glauben begleitet hatte. Vgl. Joseph Schweter, P. Dr. Augustin Rösler, C.ss.R. 1851-1922, Schweidnitz 1929, S. 484-489.
64 Gnauck-Kühne, Die Deutsche Frau, S. 156.
65 Ebd., S. 159.
66 Gnauck-Kühne, Die soziale Lage, S. 12. Die Zugehörigkeit zum Evangelisch-sozialen Kongreß war für Gnauck-Kühne Grund, trotz innerer Entfremdung vom Protestantismus, zunächst nicht zu konvertieren. Helene Simon mutmaßt, daß sich Gnauck-Kühne auch aus Rücksicht auf ihren Vater, der „die Erfolge der Tochter in der evangelisch-sozialen Bewegung und ihr hohes Ansehen bei führenden Universitätslehrern dieser Richtung" überaus schätzte, erst nach dessen Tod zum Übertritt in die katholische Kirche entschloß. Simon, Gnauck-Kühne, Bd. 1, S. 167, 188.
67 Elisabeth Gnauck-Kühne, „Meinen protestantischen Freunden und Freundinnen, insbesondere der Frauengruppe des Evangelisch-sozialen Kongresses, in herzlicher Liebe gewidmet." Mit Kommentierungen veröffentlicht in: ebd., S. 186-205, hier: S. 194 (Hervorhebung im Original).
68 Elisabeth Gnauck-Kühne, Frauenfrage und Frauenbewegung, in: Staatslexikon, hg. von Julius Bachem, 2. Bd., Freiburg i. Br. 1909, Sp. 282-303, hier: Sp. 294.
69 Gnauck-Kühne, Die Deutsche Frau, S. 152. Unübersehbar ist diesbezüglich die Parallele zur Geistigen Mütterlichkeit, die ebenfalls eine Wahlfreiheit weiblicher Lebenskonzeption bedeutete. Vgl. Theresa Wobbe, Gleichheit und Differenz. Politische Strategien von Frauenrechtlerinnen um die Jahrhundertwende, Frankfurt/New York 1989, S. 128.
70 Gnauck-Kühne, Die Deutsche Frau, S. 13.
71 Hafner, Frauenemanzipation und Katholizismus, S. 102 ff.; Simon, Gnauck-Kühne, Bd. 1, S. 210.
72 P. A. Rösler, Die Bedeutung und die Aufgaben der gebildeten Frau, in: CF 1.1902/03, S. 4-9, 41-45, 81-87, hier: S. 5.
73 Barbara Klara Renz, Gerechtigkeit im Familienkreise, in: CF 3.1904/05, S. 413. Klara Renz war eine der wenigen promovierten Frauen im KFB (Dr. phil.). Sie engagierte sich in mehreren Gremien des Vereins: im Vorstand des Zweigvereins Breslau, im Zentralausschuß und in der Kommission für wissenschaftliche Bestrebungen. Katholischer Frauenkalender 1911, S. 100 f., 111.
74 Gen 1,27: „Und Gott schuf den Menschen ihm zum Bilde, zum Bilde Gottes schuf er ihn; und schuf sie, einen Mann und ein Weib", in: Die Bibel oder die ganze Heilige Schrift des Alten und Neuen Testamentes, Berlin 1929.
75 Vgl. Renz, Gerechtigkeit, S. 409, 413.
76 Fräulein Hamel (= Casimira Hamel), Wie fassen wir katholische Frauen die Frauenbewegung auf und warum arbeiten wir darin?, in: KFB-Jahrbuch 1907, S. 88-99. Die folgenden Ausführungen beziehen sich sämtlich auf diesen Vortrag. Der Hinweis auf den Vornamen von Frl. Hamel, Casimira, befindet sich in: DKF 2.1908/1909, S. 37.

77 Anmerkung der Herausgeberin in: KFB-Jahrbuch 1907, S. 88; vgl. auch: KFB-Vorstandsprotokoll vom 14. 12. 1906, Bl. 168; Marie Amelie von Godin, Die zweite Generalversammlung des Kath. Frauenbundes in München vom 4. bis 6. November 1906, in: Aus dem Katholischen Frauenbunde, 3.1906/07, in: CF 5.1906/07, S. 111 f. Der Vortrag von Hamel war bereits während der Vorbereitung zur 2. Generalversammlung wegen der politischen Zielrichtung auf Kritik gestoßen. Die Referentin sollte deswegen gebeten werden, „das politische Gebiet, speciell das Stimmrecht der Frauen nicht zu berühren." KFB-Vorstandsprotokoll vom 12. 9. 1906, Bl. 152.
78 Mausbach, Stellung der Frau, S. 41.
79 Joseph Mausbach, Der Kampf gegen die moderne Sittenlosigkeit. Rede, gehalten auf dem Katholikentag zu Aachen 1912, Warendorf o. J. (1914), S. 32.
80 Frauenbewegung und Sexualethik. Beiträge zur modernen Ehekritik von Gertrud Bäumer u. a., Heilbronn 1909.
81 Vgl. Regina Schulte, Sperrbezirke. Tugendhaftigkeit und Prostitution in der bürgerlichen Welt, Frankfurt a. M. 1984, S. 114-156. Zur Identifikation von Sexualität und Frauen in der bürgerlichen Gesellschaft vgl. auch: Isabel V. Hull, >Sexualität< und bürgerliche Gesellschaft, in: Frevert (Hg.), Bürgerinnen und Bürger, S. 49-66.
82 Vgl. dazu vor allem: Schulte, Sperrbezirke; Wobbe, Gleichheit und Differenz. Kürzere Darstellungen finden sich bei: Ute Gerhard, Unerhört. Die Geschichte der deutschen Frauenbewegung, Reinbek 1990, S. 135 ff., 243 ff.; Herrad Schenk, Die feministische Herausforderung. 150 Jahre Frauenbewegung in Deutschland, München 1983³, S. 32-37; Greven-Aschoff, Bürgerliche Frauenbewegung, S. 79-82; Daniela Weiland, Geschichte der Frauenemanzipation in Deutschland und Österreich, Düsseldorf 1983, S. 250-254.
83 Vgl. Joseph Mausbach, Katholische Moraltheologie, Erster Band: Die allgemeine Moral. Die Lehre von den allgemeinen sittlichen Pflichten der Nachfolge Christi zur Gleichgestaltung mit Christus und zur Verherrlichung Gottes in der Auferbauung seines Reiches in Kirche und Welt. Neunte, verbesserte Auflage von Gustav Ermecke, Münster 1959, S. 99 ff. - Überschaubare Darstellungen der Geschichte christlicher Ehe- und Sexualmoral liegen vor von: Johannes Gründel, Die eindimensionale Wertung der menschlichen Sexualität. Zur Geschichte der christlich-abendländischen Sexualmoral, in: Franz Böckle (Hg.), Menschliche Sexualität und kirchliche Sexualmoral. Ein Dauerkonflikt?, Düsseldorf 1980³, S. 74-105 und Friedrich Trzaskalik, Katholizismus, in: Ethik der Religionen - Lehre und Leben, Bd. 1 Sexualität, München/Göttingen 1984, S. 35-64. Vgl. auch: Philippe Ariès/André Béjin (Hg.), Die Masken des Begehrens und die Metamorphosen der Sinnlichkeit. Zur Geschichte der Sexualität im Abendland, Frankfurt a. M. 1986.
84 Vgl. Schulte, Sperrbezirke, S. 114.
85 Mausbach/Ermecke, Katholische Moraltheologie, S. 65 ff. - Es ist Aufgabe der Moraltheologie, die sittlichen Normen darzustellen: „Wir können somit die Moraltheologie definieren als diejenige theologische Wissenschaft, welche die für das freie Handeln des Menschen aus seiner letzten, übernatürlichen Zweckbestimmung sich ergebenden Normen systematisch darstellt." Joseph Mausbach, Katholische Moraltheologie, Erstes Heft: Allgemeine Moral, Münster 1914, S. 1.
86 Mausbach/Ermecke, Katholische Moraltheologie, S. 70.
87 „Das Sittengesetz steht gleichsam zwischen Gott und dem Menschen, ähnlich wie ein irdisches Gesetz zwischen dem Gesetzgeber und dem Gesetzempfänger ... Es ist in seinem Kern universal (allgemein) und absolut (unabdingbar). Es ist darum unveränderlich, soweit es der Unveränderlichkeit Gottes und der menschlichen Wesensnatur entspricht, veränderlich, soweit nach Gottes Schöpfer- und Erlöserwillen der Mensch und die irdischen Ordnungen obendrein geschichtlich veränderlich sind". Ebd.,

S. 105. Auch in der Erstausgabe seines Werkes sprach Mausbach die Veränderbarkeit an: „Weil die sittlichen Ideen allgemeine, elastische Normen sind und in lebendiger Unter- und Überordnung stehen, gestattet das Naturgesetz auch eine Entwicklung, eine lebendige Anpassung an veränderte Sachlagen." Mausbach, Katholische Moraltheologie 1914, S. 20.

88 Auf den Wandel des Sittlichkeitskeitsbegriffs in der katholischen Kirche hat Isabel V. Hull hingewiesen: Noch im 17. und 18. Jahrhundert wurde „Sittlichkeit" primär mit der Erfüllung religöser Pflichten, wie dem Besuch des Gottesdienstes und die Achtung der Sonn- und Feiertage identifiziert. Hull, Sexualität, S. 51.

89 Zur Bedeutung der augustinischen Ehelehre für die christlich-katholische Ehe- und Sexualmoral vgl.: Gründel, Menschliche Sexualität, S. 79 ff. Die Entwicklung des „sexualethischen Rigorismus" im 17. Jahrhundert bewirkte für die Folgezeit eine verschärfte Beurteilung sexueller Sünden. Ebd., S. 88 f.

90 Vgl. dazu vor allem die moraltheologischen Ausführungen über die „sittliche Ordnung der Ehe und des Geschlechtslebens": Joseph Mausbach, Katholische Moraltheologie, 2. Bd.: Die spezielle Moral, Zweiter Teil: Der irdische Pflichtenkreis, Münster 1918, S. 62-84. Diese Moralvorstellungen erklärten außerehelichen Geschlechtsverkehr und jede „Geschlechtsbefriedigung, die den Hauptzweck der Ehe ausschließt, vor allem der onanistische, die Empfängnis verhütende Eheverkehr ... (als) schwere Sünde ... auch die freiwillige Mitwirkung zu ihr" galt als „schwer sündhaft". Es grenzt an Zynismus, wenn Mausbach die Ausnahme benennt: Eine Frau darf sich den (sündhaften) sexuellen Forderungen ihres Mannes „fügen", wenn alle ihre Bemühungen, ihren Mann von seinem sündhaften Tun abzubringen, erfolglos waren. Als wichtige Gründe nannte Mausbach: „harte Behandlung, dauernder Unfriede, Gefahr der Untreue des Mannes". Ebd., S. 78.

91 Zu Helene Stöcker (1869-1943) vgl.: Weiland, Geschichte der Frauenemanzipation, S. 58 ff., 260 ff.; Wobbe, Gleichheit und Differenz, S. 102 ff.; Christl Wickert, Helene Stöcker 1869-1943. Frauenrechtlerin, Sexualreformerin und Pazifistin. Eine Biographie, Bonn 1991.

92 Vgl. Heide Schlüpmann, Radikalisierung der Philosophie. Die Nietzsche-Rezeption und die sexualpolitische Publizistik Helene Stöckers, in: Feministische Studien 3.1984, S. 10-34.

93 Helene Stöcker, Zur Reform der sexuellen Ethik (1905), in: Marielouise Janssen-Jurreit (Hg.), Frauen und Sexualmoral, Frankfurt a. M. 1986, S. 110-118, hier: S. 111.

94 Helene Stöcker, Die Liebe und die Frauen (1906), zit. nach Schlüpmann, Radikalisierung, S. 17. Die Ansichten Helene Stöckers wies der Moraltheologe Mausbach entschieden zurück. So erklärte er anläßlich seiner Rede vor der Generalversammlung des KFB, daß die Auffassung, alles Geschlechtliche sei Sünde, eine Irrlehre sei, die die Kirche stets bekämpft habe. Vorsichtig räumte Mausbach „schroffe und mißverständliche Äußerungen einiger Kirchenväter über das Geschlechtsleben" ein, relativierte dies jedoch gleichzeitig, da dieselben Männer auch die sittliche Bedeutung des Geschlechtslebens „in treffender und schöner Weise anerkannt" hätten. Joseph Mausbach, Der christliche Familiengedanke im Gegensatz zur modernen Mutterschutzbewegung, in: KFB-Jahrbuch 1908, S. 84-101, hier: 93 f.

95 Stöcker, Reform der sexuellen Ethik, S. 110, 113.

96 Ebd., S. 113-116.

97 Wobbe, Gleichheit und Differenz, S. 100. Der „Positionswechsel" weist jedoch lediglich darauf hin, daß neue Aspekte in den Sittlichkeitsdiskurs eingebracht wurden. Mehrheitlich fanden die zentralen Ideen der Neuen Ethik keine Zustimmung im BDF. Wie Wobbe an Positionen von Helene Stöcker und der Führerin der gemäßigten Mehrheit, Gertrud Bäumer, nachweist, bestand jedoch punktuell Übereinstimmung.

So lehnten z. B. beide Frauen ein Emanzipationskonzept ab, das sich am „Idealtypus Mann" orientierte. Ebd., S. 117.
98 Wobbe, Gleichheit und Differenz, S. 108; Schlüpmann, Radikalisierung, S. 19.
99 Dies geschah vor allem in Form publizistischer Auseinandersetzung. Auf der Generalversammlung des KFB 1908 wurde die Mutterschutzbewegung Gegenstand einer öffentlichen Versammlung. Eine Aktion gegen den BfMS in Form einer Eingabe, wie sie ein Darmstädter Frauenbundsmitglied vorschlug, lehnte der Kölner Vorstand allerdings ab, da man sich „möglichst zurückhalten" wolle. KFB-Vorstandsprotokoll vom 14. 8. 1907, Bl. 28.
100 Hedwig Dransfeld, Schattenseiten der modernen Frauenbewegung, in: CF 3.1905, S. 369-374, hier: S. 373.
101 So auch die Auffassung von Helene Stöcker und Gertrud Bäumer. Vgl. Wobbe, Gleichheit und Differenz, S. 118 ff.
102 Vgl. Dransfeld, Schattenseiten, S. 373.
103 Hamel, Frauenbewegung, S. 96. Joseph Mausbach unterstützte die Auffassung von Dransfeld und Hamel und forderte: „Jedenfalls darf das Streben der Frauen nicht dahin zielen, ein milderes Urteil und eine größere Freiheit für die weibliche Schwäche zu erzielen und jene unwillkürliche Huldigung abzuschwächen, welche die Gesellschaft gerade mit ihrem strengen Urteil der Frauentugend erweist. Es darf nur dahin gehen, dem Manne die gleiche strenge Verantwortung aufzulegen, seine Durchschnittstugend auf die Stufe der weiblichen zu erheben." Mausbach, Der christliche Familiengedanke, S. 96.
104 Dransfeld, Schattenseiten, S. 373. Für die überkonfessionelle Frauenbewegung vgl. Wobbe, Gleichheit und Differenz, S. 119 f.
105 Hamel, Frauenbewegung, S. 95.
106 Dransfeld, Schattenseiten, S. 374. Auch Joseph Mausbach schien wenig Vertrauen in die Verbesserungsfähigkeiten des Mannes zu haben. So ging er davon aus, daß eine „anarchische Ehe" (gemeint ist eine außereheliche Beziehung) der - offenen oder latenten - „Brutalität" des Mannes Vorschub leiste. Mausbach, Stellung der Frau, S. 47.
107 Dransfeld, Schattenseiten, S. 374.
108 Die Katholikinnen stimmten diesbezüglich mit der Mehrheit der bürgerlichen Frauenbewegung überein, die ebenfalls Ehe und Familie als Kulturfortschritt definierten. Vgl. dazu: Wobbe, Gleichheit und Differenz, S. 107, 113.
109 Dransfeld, Schattenseiten, S. 373 f. Wenn auch Dransfeld selbst unmoralisches und unverantwortliches Verhalten von Männern beklagte, so empfand sie dennoch die Kritik des BfMS als überzogen: „Es geht ein krankhaft pessimistischer Zug durch diese Theorien der Ruth Bré, ein resigniertes Aufgeben des Mannes, ein Verzweifeln am Manne." Ebd., S. 373. Ruth Bré war Mitbegründerin des BfMS und setzte sich insbesondere für die existentielle Sicherung unehelicher Mütter und ihrer Kinder ein, die in ländlich gelegenen „Mütterkolonien" untergebracht werden sollten. Bereits wenige Monate nach der Gründung trat sie aus dem BfMS aus, da sie ihr Konzept dort nicht durchsetzen konnte. Wobbe, Gleichheit und Differenz, S. 105.
110 Vgl. auch KFB-Vorstandsprotokoll vom 12. 6. 1907, Bl. 21. Interessant in diesem Zusammenhang ist, daß Hedwig Dransfeld sich entschieden von einer Idealisierung der Mutterschaft distanzierte. Mutterschaft als „höchste Vollendung des Weibes" - so Ruth Bré - diskreditiere das Jungfräulichkeitsideal der katholischen Kirche und damit die Entscheidung von Frauen, ehe- und kinderlos zu bleiben. Dransfeld, Schattenseiten, S. 371.
111 Ebd.
112 H. (Hedwig) Dransfeld, Die katholischen Frauen und die Mutterschutzbewegung, in: Katholischer Frauenkalender 1911, S. 189-199, hier: S. 193.

113 Vgl. ebd. Dies änderte allerdings nichts daran, daß Dransfeld an der grundsätzlichen Benachteiligung nicht-ehelicher Kinder festhielt.
114 Ebd., S. 196. In ihrer Abhandlung über die Mutterschutzbewegung bekundete Dransfeld noch einmal die feste Überzeugung, daß eine Änderung sexueller Ethik unvereinbar mit christlichen Vorstellungen sei, da „die sexuellen Beziehungen und Verpflichtungen nicht nach zeitlichen Kulturströmungen, sondern nach ewigen Gesetzen geregelt sind". Ebd., S. 198.
115 Ebd., S. 193.
116 Dies vor allem durch Leistungen der Krankenkassen und durch die Erweiterung des Mutterschutzes von sechs auf acht Wochen seit der Novelle der Gewerbeordnung 1908. Allerdings hielt der KFB die Verbesserungen nach wie vor für unzureichend und engagierte sich daher gemeinsam mit dem ADF für einen weiteren Ausbau der Sozialleistungen. Vgl. ebd., S. 189, passim.
117 Stieg der Anteil konfessionell gemischter Ehen von 1901 bis 1911 nur langsam an (von 8,8 % bis 9,9 %), so verdoppelte sich die Zunahme in den Vorkriegsjahren: 1914 waren bereits 12 % aller konfessionellen Eheschließungen sogenannte Mischehen (im Vergleich: 1970 betrug der Anteil 31,2 %). Hohorst u. a., Sozialgeschichtliches Arbeitsbuch, S. 31.
118 Mausbach, Moderne Sittenlosigkeit, S. 22.
119 Dies auch in Form von Eingaben an den Deutschen Reichstag. Siehe dazu: Katholischer Frauenkalender 1911, S. 97. Vgl. auch zahlreiche Hinweise in weiteren Publikationsorganen des KFB und in KFB-Protokollen.
120 Schulte, Sperrbezirke, S. 122.
121 Norbert Elias, Über den Prozeß der Zivilisation. Soziogenetische und psychogenetische Untersuchungen. Frankfurt a. M. 1989, Bd. 1, S. 261. Ausführlich zur „Intimisierung" (Elias) und Sprachlosigkeit hinsichtlich sexueller Fragen: Schulte, Sperrbezirke, S. 119 ff.
122 Das System staatlich reglementierter Prostitution war zu Beginn des 19. Jahrhunderts „in fast allen Kulturstaaten" nach napoleonischem Vorbild eingeführt worden, um die Prostituierten besser überwachen zu können. Schulte, Sperrbezirke, S. 157 ff. Ausführlich dazu: Camillo Karl Schneider, Die Prostituierte und die Gesellschaft. Eine soziologisch-ethische Studie, Leipzig 1908, S. 8 ff. Zum Ausmaß der Prostitution vgl. Schulte, Sperrbezirke, S. 20.
123 Der 1891 geführte Prozeß stieß auf große Aufmerksamkeit in der Öffentlichkeit. Angeklagt waren der Zuhälter Herr Heinze und seine Frau, die als Prostituierte arbeitete, wegen Körperverletzung mit Todesfolge. Die 1900 in Kraft getretene Verschärfung des Sexualstrafrechts, bekannt als „Lex Heinze", richtete sich gegen Zuhälterei und Kuppelei, verschärfte aber auch die Strafbestimmungen des Jugendschutzes und drohte Strafen wegen Verbreitung unzüchtiger Schriften an. Dies führte zu Protesten der „linken und liberalen Öffentlichkeit", die eine Zensur von Kunst und Literatur befürchteten. Wobbe, Gleichheit und Differenz, S. 50; Gerhard, Unerhört, S. 248 f.
124 Da die venerischen Krankheiten zu jener Zeit wohl diagnostiziert werden konnten, aber keine bzw. äußerst unzulängliche Therapiemöglichkeiten zur Verfügung standen, war die Furcht vor Geschlechtskrankheiten wohl verständlich. Allerdings ist der soziale Umgang mit diesem Problem symptomatisch für die androzentrische wilhelminische Gesellschaft, in der ausschließlich Frauen zur „potentiellen Risikogruppe für Männer" erklärt wurden. Wobbe, Gleichheit und Differenz, S. 62 ff.
125 Ebd., S. 55 ff.
126 „Mit Haft wird betraft: eine Weibsperson, welche wegen gewerbsmässiger Unzucht einer polizeilichen Aufsicht unterstellt ist, wenn sie den in dieser Hinsicht zur Sicherung der Gesundheit, der öffentlichen Ordnung und des öffentlichen Anstandes erlas-

senen polizeilichen Vorschriften zuwiderhandelt, oder welche, ohne einer solchen Aufsicht unterstellt zu sein, gewerbsmässig Unzucht treibt." Zit. nach ebd., S. 26.
127 Vgl. Schneider, Prostituierte und Gesellschaft, S. 8 ff.
128 Vgl. Felicitas Buchner, Zur Frage der Reglementierung der Prostitution, o. O., o. J. (vermutlich 1908, vgl. unten Anm. 152), S. 1.
129 Eine „Initialwirkung" hatte diesbezüglich ein Artikel der Juristin Marie Raschke, der im Zusammenhang mit der Verhaftung von Marie Koeppen die „soziale und rechtliche Schutzlosigkeit von Frauen" thematisierte. Koeppen war wegen „Prostitutionsverdacht" verhaftet worden, als sie auf der Straße auf ihren Verlobten wartete. Der Verhaftung und anschließenden Zwangsuntersuchung folgten massive Proteste von Frauenrechtlerinnen, die die Abschaffung der staatlichen Reglementierung forderten. Wobbe, Gleichheit und Differenz, S. 47 f.; Elisabeth Meyer-Renschhausen, Zur Geschichte der Gefühle. Das Reden von „Scham" und „Ehre" innerhalb der Frauenbewegung um die Jahrhundertwende, in: Unter allen Umständen. Frauengeschichte(n) in Berlin, hg. von Christiane Eifert und Susanne Rouette, Berlin 1986, S. 99-122.
130 Wobbe, Gleichheit und Differenz, S. 30.
131 Vgl. ebd., S. 26, 30; Baumann, Protestantismus und Frauenemanzipation, S. 159.
132 Wobbe, Gleichheit und Differenz, S. 41 f.
133 Weiland, Geschichte der Frauenemanzipation, S. 251 f.
134 Wobbe, Gleichheit und Differenz, S. 43.
135 Ebd., S. 40, 42. Wegen der Forderung, auch Männer zu bestrafen, wurde Hanna Bieber-Böhm von der männlichen Presse heftig angegriffen.
136 Ausgelöst durch den Kongreß der „Internationalen Förderation zur Abschaffung der staatlich reglementierten Prostitution", der 1899 in London tagte und von dem Minna Cauer, die zum linken Flügel gehörte, als „überzeugte Abolitionistin" zurückkehrte. Gerhard, Unerhört, S. 244 ff.
137 Gertrud Guillaume-Schack (1845-1903) gründete 1880 in Beuthen den „Deutschen Kulturbund" als Zweigverein der „Internationalen Föderation". Die Versammlungen, die Guillaume-Schack abhielt, um die von England ausgehende Sittlichkeitsbewegung in Deutschland bekannt zu machen, wurden aufgrund der repressiven Vereinsgesetzgebung häufig abgebrochen oder verboten. 1886 wurde die Frauenrechtlerin wegen „sozialistischer Umtriebe" aus Deutschland ausgewiesen, woraufhin sie nach England emigrierte. Vgl. Weiland, Geschichte der Frauenemanzipation, S. 121-123; Gerhard, Unerhört, S. 131-135; Wobbe, Gleichheit und Differenz, S. 31-38, passim.
138 Anna Pappritz, Sittlichkeitsbewegung, zit. nach: Gerhard, Unerhört, S. 251. Anna Pappritz (1861-1939) setzte sich seit Mitte der 1890er Jahre für die Abschaffung der staatlichen Reglementierung ein. 1899 gründete sie in Berlin einen Zweigverein der „Internationalen Abolitionistischen Föderation". Trotz weiterer Gründungen von Zweigvereinen erreichten die Abolitionstinnen nie mehr als 1.000 Mitglieder. Publizistisches Organ der abolitionistischen Vereine wurde die Zeitschrift „Der Abolitionist", die 1902 von Katharina Scheven, Vorsitzende der Dresdener Zweigstelle, gegründet wurde. Anna Pappritz war Herausgeberin dieser Zeitschrift von 1905-1933. Ebd. und S. 253; Wobbe, Gleichheit und Differenz, S. 52; Janssen-Jurreit (Hg.), Frauen und Sexualmoral, S. 26.
139 Anna Pappritz, Die Zwecke und Ziele der Internationalen Abolitionistischen Föderation, zit. nach Gerhard, Unerhört, S. 253.
140 Ebd., S. 253 f.; Wobbe, Gleichheit und Differenz, S. 53 f.
141 Wobbe, Gleichheit und Differenz, S. 53 f.
142 Die abolitionistische Position wurde 1904 offizielle Linie des DEF, allerdings ohne den „aufklärerisch-liberalen Ansatz" - so Baumann - der Abolitionistischen Föderation. Bis 1904 hatte der DEF den Standpunkt der „Allgemeinen Konferenz deutscher

Sittlichkeitsvereine" unterstützt und sich für die Aufrechterhaltung der strafrechtlichen Verfolgung der Prostituierten eingesetzt. Vgl. Baumann, Protestantismus und Frauenemanzipation, S. 98-115, 157-160.
143 KFB-Vorstandsprotokoll vom 11. 12. 1907, Bl. 61 f.
144 KFB-Vorstandsprotokolle vom 13. 11. 1907, Bl. 49 f., 11. 12. 1907, Bl. 60 f.
145 KFB-Vorstandsprotokoll vom 13. 11. 1907, Bl. 49 f. und den diesem Protokoll beigehefteten Zeitungsbericht über die Mitgliederversammlung. Hinweise auf den Namen der Zeitung und das Datum der Ausgabe fehlen.
146 KFB-Vorstandsprotokoll vom 11. 12. 1907, Bl. 60 f. - Auch lehnte die Kölner Zentrale wiederholte Anfragen des DEF, Eingaben wegen der Aufhebung der Reglementierung zu unterstützen, ab. KFB-Vorstandsprotokolle vom 9. 12. 1908, Bl. 158 f., 25. 1. 1911 (10).
147 Ammann, Montgelas und Buchner hatten wiederholt die abwartende Haltung der Zentrale kritisiert und eine schnelle Klärung gefordert. Nach erneuter Erörterung entschloß man sich, München folgendes mitzuteilen: „Die Centrale habe sich trotz des eifrigen Studiums dieser Frage u. ausgiebiger Besprechung mit Autoritäten, Freunden und Gegnern der Sache noch nicht auf einen Standpunkt festlegen können. Jedoch sehe sie vollkommen ein, daß die Verhältnisse in Bayern zu einer Entscheidung drängten und daß, da alle Frauenvereine sich beteiligten, der kath. Frauenbund die abwartende Stelle [sic] dort aufgeben müsse. Da in den einzelnen Ländern die Verhältnisse andere seien, sei eine verschiedene Stellungnahme angängig. München möge sich also daher für das entscheiden, was es nach den obwaltenden Verhältnissen für unbedingt nötig erachtete." KFB-Vorstandsprotokoll vom 8. 1. 1908, Bl. 74 f. Dieser Beschluß wurde einstimmig vom Vorstand angenommen. Beteiligt waren die Vorsitzenden Hopmann und Bachem-Sieger, die Beisitzerinnen Trimborn, Mirbach und Neuhaus sowie der Geistliche Beirat, Lausberg. Ebd. Bl. 72, 75.
148 Die Eingabe wurde von folgenden Vereinen unterzeichnet: Verein zur Förderung der öffentlichen Sittlichkeit (Zweigverein München der internationalen abolitionistischen Föderation), Verein für Fraueninteressen München, Deutsch-Evangelischer Frauenbund (Ortsgruppe München), Münchener Katholischer Frauenbund. An die beiden Hohen Häuser des bayerischen Landtags, München am 12. Februar 1908, in: SKF F.I.1 e, ADCV.
149 Ebd., S. 3.
150 Ebd.
151 Ebd., S. 2. Daß die Katholikinnen damit konfrontiert waren, daß auch katholische Männer in die Bordelle gingen, belegt die Äußerung Ellen Ammanns anläßlich einer Sitzung der Sittlichkeitskommission: Einige Frauen katholisch guter Kreise seien der Ansicht, daß ihre Söhne dies bräuchten. Handschriftliche Protokollnotizen der Sittlichkeitskommission o. D. (1910?), in: SKF F.I.1 e, ADCV.
152 Buchner, Zur Frage der Reglementierung, S. 1. Buchner stützt sich in ihrem Artikel auf Literatur, die bis 1907 erschienen ist, so daß naheliegt, daß Buchner den Text im Zusammenhang mit der Eingabe der Münchener Frauenvereine von 1908 verfaßt hat. Es ist nicht bekannt, ob die Schrift Buchners publiziert wurde.
153 Ebd., S. 9.
154 Ebd., S. 3.
155 Ebd., S. 4 f., 8.
156 Ebd., S. 8.
157 Ausführliche Stellungnahmen anderer Mitglieder des Münchener Zweigvereins liegen mir nicht vor. Gelegentliche Hinweise in den ausgewerteten Quellen lassen aber vermuten, daß Felicitas Buchner auch im Kreis der Frauen, die sich im KFB für die Abschaffung der Reglementierung einsetzten, eine Außenseiterrolle einnahm.

158 Rösler zufolge engagierte sich Buchner bereits 1903 in der Reglementierungsfrage. Augustin Rösler, Die Frauenfrage vom Standpunkte der Natur, der Geschichte und der Offenbarung, Freiburg i. Br. 1907, S. 489. Rösler betonte mehrfach die Leistungen der Abolitionistinnen und stützte sich besonders auf die als gemäßigt geltende Katharina Scheven. Ihre Reformvorstellungen teilte Rösler zwar, nicht dagegen die Forderung nach politischer Emanzipation und zivilrechtlicher Gleichstellung der Geschlechter in der Ehe. Vgl. ebd., S. 482 ff.
159 Ebd., S. 130.
160 „Dagegen soll die Prostitution grundsätzlich der strafrechtlichen Ahndung unterliegen. Dabei ist aber nicht bloß das Weib zu strafen, sondern entsprechend auch der Mann, welcher das unsittliche Angebot sucht oder annimmt." Ebd.
161 Ebd., S. 482, 485.
162 Ebd., S. 488.
163 Katholischer Fürsorgeverein für Mädchen, Frauen und Kinder (KFV), seit 1903 so benannt.
164 Handschriftliches Ergebnisprotokoll der Sittlichkeitskommission, o. D. (1910?), in: SKF F.I.1 e, ADCV.
165 In Städten, wo der Fürsorgeverein gut arbeite, beträfe dies 60 % der auffällig gewordenen Mädchen. Notfalls war die „Rettung" mit Zwangsmitteln durchzusetzen: Falls ein Mädchen „nicht freiwillig von ihrem Wunsche (gemeint ist, der Prostitution nachzugehen, G.B.) ablasse, so werde sie eben zwangsweise unter Fürsorgeerziehung gestellt" erklärte Neuhaus dem KFB-Vorstand. KFB-Vorstandsprotokoll vom 8. 1. 1908, Bl. 73. Zur Einschätzung der Fürsorgeerziehung durch Agnes Neuhaus vgl. auch Andreas Wollasch, Der Katholische Fürsorgeverein für Mädchen, Frauen und Kinder (1899-1945). Ein Beitrag zur Geschichte der Jugend- und Gefährdetenfürsorge in Deutschland, Freiburg i. Br. 1991, S. 54, 380.
166 KFB-Vorstandsprotokoll vom 8. 1. 1908, Bl. 74. Im Gegensatz zu Agnes Neuhaus empfanden die Vertreterinnen der abolitionistischen Richtung im KFB die Reglementierung als „Nichtachtung des christlichen Sittengesetzes". Stellungnahme der Minorität der Kommission zum Studium der Sittlichkeitsfrage, Anlage zum Schreiben von Pauline Montgelas an Agnes Neuhaus vom 10. 4. 1910 (beides Abschriften), in: SKF F.I.1 e, ADCV.
167 Wollasch, Der Katholische Fürsorgeverein, S. 79.
168 Handschriftliches Ergebnisprotokoll der Sittlichkeitskommission, o. D. (1910 ?), in: SKF F.I.1 e, ADCV. Daß damit durchaus eine moralisch strafende Haltung verbunden war, ist einer Äußerung Neuhaus' deutlich zu entnehmen: Es schade nicht, wenn volljährige Frauen, die darauf beharrten, „ein schlechtes Leben zu führen", unter Polizeiaufsicht gestellt würden. KFB-Vorstandsprotokoll vom 8. 1. 1908, Bl. 73.
169 Wollasch, Der Katholische Fürsorgeverein, S. 19, 27.
170 Ebd., S. 32 ff. Die Perikope über Jesus und die Ehebrecherin ist im Johannes-Evangelium zu finden: Joh. 8.3-11. Dem Anspruch, den Prostituierten „verständnisvoll" zu begegnen, stand ein „autoritär-bevormundender" Stil gegenüber ihrer Klientel entgegen. Die Widersprüchlichkeit in der fürsorgerischen Praxis von Agnes Neuhaus hat Wollasch deutlich herausgearbeitet. Vgl. ebd., S. 34.
171 Ebd., S. 33.
172 Agnes Neuhaus war beispielsweise davon überzeugt, daß die Unterbringung in einem Heim des Fürsorgevereins die Chance beinhalte, die Seele der Mädchen zu öffnen und die Mädchen „für unsere Beeinflussung, die nun nach allen Richtungen einsetzen konnte" zu gewinnen. Zit. nach ebd., S. 53. Der KFV verfügte 1910 über 13 Heime mit 1.529 Betten, 1930 waren es 132 Häuser mit 7.429 Betten. Ebd.

173 Ebd., S. 32, 229. „Integralistisch" verwendet Wollasch in Anlehnung an Oswald von Nell-Breuning für eine weltanschauliche Orientierung, die alle „irdischen Güter" in Bezug auf das ewige Heil bewertet und „alles ‚aus dem Katholischen heraus' ... gestalten" will. Wenngleich eine integrale Orientierung Agnes Neuhaus' nicht zu verkennen ist, darf dies nicht dazu verleiten, sie allgemein als „Integralistin" bzw. Anhängerin der ultramontanen Bewegung zu bewerten. Im Gegensatz zu Amalie von Schalscha setzte sich Neuhaus nicht für eine Stärkung der Kirche im KFB und KFV ein. Die Zugehörigkeit Neuhaus' zur Kölner Zentrale des KFB führte sogar dazu, daß Kardinal Kopp Agnes Neuhaus und den Fürsorgeverein mit der „Kölner Richtung" identifizierte. Kopp verhinderte deswegen eine Tätigkeit des KFV in Schlesien, da er eine „Interkonfessionalisierung" der Frauenvereine befürchtete. Ebd., S. 32, 44 ff.

174 Vgl. Wobbe, Gleichheit und Differenz, S. 43. Auch Joseph Mausbach appellierte an die Verantwortung des Staates im Kampf gegen die Prostitution und erwartete, daß der Staat gegen jegliche „Legalisierung der Unzucht" vorgehe. Mausbach, Moderne Sittenlosigkeit, S. 23.

175 Vgl. Wobbe, Gleichheit und Differenz, S. 44.

176 Neben der bereits erwähnten Anerkennung durch die Behörden erhielt der KFV auch die Unterstützung der katholischen (männlichen) Öffentlichkeit: Der Katholikentag erkannte den Verein „als maßgebliche Organisation und Interessenvertretung des eigenen Lagers auf dem Gebiet der weiblichen Jugend- und Gefährdetenfürsorge" an. Ferner arbeitete Agnes Neuhaus in relevanten Wohlfahrtsorganisationen, z. B. dem Deutschen Verein, mit und konnte damit ihre Fachautorität zusätzlich stützen. Wollasch, Der Katholische Fürsorgeverein, S. 42, 68 ff.

177 Agnes Neuhaus (Vorsitzende der Kommission), Clara Hellraeth, Vorsitzende des Fürsorgevereins in Münster, Marie Le Hanne vom Kölner Fürsorgeverein (diese trat offenbar an die Stelle von Marita Loersch, Mitglied des Zentralvorstands des Gesamtverbandes der Fürsorgevereine, die zunächst für die Kommission vorgesehen war) und Anna Niedieck, Vorsitzende des Fürsorgevereins Düsseldorf, sicherten die Position Agnes Neuhaus'. Die Kommissionsmitglieder Ellen Ammann, Gräfin Montgelas, Felicitas Buchner und Baronin Freytag vertraten den Münchener Zweigverein, der die Abschaffung der Reglementierung unterstützte. Ferner wurde Frau Beemelmanns aus Straßburg in die Kommission gewählt. Welche Position sie vertrat, konnte anhand der vorliegenden Quellen nicht geklärt werden. KFB-Jahrbuch 1909, S. 209; KFB-Vorstandsprotokoll vom 29. 6. 1908, Bl. 122 f. Mögliche Differenzierungen in der Auffassung zur Reglementierung sind nicht bekannt. Bei der straffen Führung des KFV und dem Bemühen, den Verband sowohl organisatorisch als auch inhaltlich einheitlich zu führen, kann jedoch davon ausgegangen werden, daß Neuhaus abweichende Meinungen nicht zugelassen hat.

178 Stellungnahme der Minorität der Kommission der Sittlichkeitsfrage, Anlage zum Schreiben von Pauline Montgelas an Agnes Neuhaus vom 10. 4. 1910 (beides Abschriften), in: SKF F.I.1 e, ADCV.

179 „Es ist zunächst festzustellen", faßte Agnes Neuhaus eine Sitzung der Kommission zusammen, „daß die Kommission sich nicht einigen konnte, sondern daß nach längeren, wiederholten ernsten Beratungen am Schluß jeder mit voller Überzeugung auf dem Standpunkt geblieben ist, den er zu Anfang eingenommen hat." Handschriftliches Ergebnisprotokoll der Sittlichkeitskskommission, o. D. (1910?), in: SKF F.I. 1 e, ADCV.

180 Eine quellenmäßig fundierte Aussage ist diesbezüglich nicht möglich, da Hinweise auf die inhaltliche Position weiterer Vorstandsfrauen und des Geistlichen Beirates nicht aufgefunden werden konnten.

181 Beteiligt werden sollten lediglich die Vorsitzenden der Zweigvereine anläßlich einer Zusammenkunft nach Abschluß der Generalversammlung. Aber weder in den Verhandlungen der Generalversammlung noch im Bericht über diese findet sich ein Hinweis darauf, ob die Thematik besprochen wurde bzw. mit welchem Ergebnis. Auch ist nicht dokumentiert, ob die neu gewählte Sittlichkeitskommission wie vorgesehen tagte. KFB-Vorstandsprotokoll vom 8. 4. 1909, Bl. 98, KFB-Jahrbuch 1909; Ellen Ammann, Unsere Generalversammlung, in: DKF 2.1908/09, S. 37. Dort ist lediglich bemerkt, daß während der Zusammenkunft der Vorsitzenden „wichtige Beratungen" stattfanden.
182 P. M. W., Nationale Frauenpflichten in ernster Zeit, in: VK 1912, S. 118 f.
183 Anlaß des Beschlusses war die Anfrage der preußischen Regierung an den Evangelischen Frauenbund bezüglich der Hilfstätigkeit im Kriegsfall. KFB-Arbeitsausschußprotokoll vom 11. 4. 1913. Der Zentralausschuß des KFB stellte folgende Richtlinien für die Hilfstätigkeit im Kriegsfall auf: „a) Fürsorgearbeit für Frauen und Kinder, die ihres Ernährers beraubt sind; b) Einsammeln, Buchen und Verwalten von Liebesgaben; c) Besorgung der Korrespondenz verwundeter Soldaten; d) Hilfe in den Hospitälern; e) Mitarbeit in den Erfrischungsstationen an Bahnhöfen für durchreisende Soldaten." Eine Sitzung des Zentralausschusses des Kath. Frauenbundes, in: VK 1913, S. 23-27, hier: S. 24. In einer Resolution legte der Zentralausschuß ferner das Verhältnis des KFB zum Vaterländischen Frauenverein hinsichtlich einer Zusammenarbeit im Falle des Kriegs fest. Vgl. ebd.
184 Mitteilung des Zentralvorstands an die Zweigvereine des Kath. Frauenbundes vom 1. 8. 1914, in: VK 1914, S. 61. Zur Politik der bürgerlichen Frauenbewegung während des Ersten Weltkriegs vgl.: Sabine Hering, Die Kriegsgewinnlerinnen. Praxis und Ideologie der deutschen Frauenbewegung im Ersten Weltkrieg, Pfaffenweiler 1990; Birthe Kundrus, Kriegerfrauen. Familienpolitik und Geschlechterverhältnisse im Ersten und Zweiten Weltkrieg, Hamburg 1995.
185 Um die Organisation dieser „persönlichen und direkten Liebesdienste" zu gewährleisten, sollten die Zweigvereine eine „Kommission für den Kriegsliebesdienst" einrichten. Vereinsarbeit während der Kriegszeit, in: VK 1914, S. 56-60, hier: S. 58.
186 Ebd., S. 59. Für die Vorstände der Zweigvereine gab der Kölner Zentralvorstand Skizzen heraus, in denen die Schwerpunkte der gewünschten Vorträge bereits formuliert waren. Thematisiert werden sollten die Ursachen des gegenwärtigen Weltkriegs, der Krieg als Chance, zu Glauben und Sittlichkeit zurückzukehren („Der Krieg als Volksmission"), die nationalen Frauenpflichten während der Kriegszeit sowie die sparsame Haushaltsführung, um angesichts der drohenden Hungerblockade die Versorgung aufrecht zu erhalten. Skizzen zu Vorträgen in Frauenversammlungen während der Kriegszeit, in: VK 1914, S. 77-84.
187 Vereinsarbeit, S. 60; Mitteilung des Zentralvorstandes an die Zweigvereine des Kath. Frauenbundes vom 15. 8. 1914, in: VK 1914, S. 62 f. Auf Anfrage des BDF trat der KFB mit dem Einverständnis des Kölner Kardinals von Hartmann (der die Kriegspolitik Wilhelms II. voll unterstützte) noch im August 1914 dem Nationalen Frauendienst (NFD) bei. Der KFB betonte allerdings, daß damit kein Anschluß an den BDF verbunden sei. Voraussetzung für die Mitarbeit war ferner, daß der NFD offiziell nicht unter die Leitung des BDF gestellt wurde. KFB-Arbeitsausschußprotokoll vom 24. 8. 1914 (1, 2). Der NFD war bereits vor Kriegsausbruch durch die Vorsitzende des BDF, Gertrud Bäumer (1873-1954), ins Leben gerufen worden. In enger Kooperation mit den kommunalen Ämtern organisierten die im NFD zusammengeschlossenen Frauenvereine die gesamte Wohlfahrtspflege während des Kriegs. Vgl. Kundrus, Kriegerfrauen, S. 98-123, passim. Zur kriegbejahenden Haltung des Kölner Kardinals

vgl. Norbert Trippen, Das Domkapitel und die Erzbischofswahlen in Köln 1821-1929, Köln/Wien 1972, S. 461 f.
188 Hedwig Dransfeld, Der Krieg und die Frauen, in: CF 12.1913/14, S. 347. Vgl. auch: Skizzen, S. 81.
189 So Hedwig Dransfeld, Internationale Frauenbeziehungen in: CF 13.1914/15, S. 139-143, hier: S. 142.
190 Dransfeld, Der Krieg und die Frauen, S. 344; M. Heßberger, Der Krieg und das sittliche Volksempfinden, in: Die Hebung der Volkssittlichkeit, hg. vom Zentralvorstand des Kath. Frauenbundes, Köln 1915, S. 1-5, hier: S. 3.
191 Mitteilung des Zentralvorstands an die Zweigvereine des Kath. Frauenbundes vom 1. 8. 1914, in: VK 1914, S. 61.
192 Dransfeld, Der Krieg und die Frauen, S. 344.
193 Ebd., S. 347.
194 Vgl. Günter Baadte, Katholischer Universalismus und nationale Katholizismen im Ersten Weltkrieg, in: Katholizismus, nationaler Gedanke und Europa seit 1800, hg. von Albrecht Langner, Paderborn u. a. 1985, S. 89-109, hier: S. 92.
195 So Max Scheler, zit. nach: ebd., S. 89. Vgl. auch: Richard van Dülmen, Religion und Gesellschaft. Beiträge zu einer Religionsgeschichte der Neuzeit, Frankfurt a. M. 1989, S. 172-203.
196 Gerhard, Unerhört, S. 308 ff. Lediglich 28 deutsche Frauen beteiligten sich an dem Kongreß, der insgesamt von etwa 2.000 Frauen besucht wurde. Es waren vorwiegend Pazifistinnen und „radikale Feministinnen" wie Anita Augspurg und Lida Gustava Heymann.
197 Dransfeld, Internationale Frauenbeziehungen, S. 139.
198 Ebd., S. 140, 142. Zur Haltung des BDF vgl. Gerhard, Unerhört, S. 308 ff.; Greven-Aschoff, Bürgerliche Frauenbewegung, S. 155.
199 Skizzen, S. 79 ff.
200 Eine Sitzung des Zentralausschusses des Kath. Frauenbundes, in: VK 1913, S. 25; Die Sitzung des Zentralausschusses des Katholischen Frauenbundes, in: VK 1913, S. 73-80, hier: S. 79 f.; Aufruf an die Zweigvereine des Katholischen Frauenbundes, in: VK 1914, S. 1-3.
201 Rückblick und Ausblick, in: VK 1913, S. 85 f.; Aufruf an die Zweigvereine des Katholischen Frauenbundes, in: VK 1914, S. 1.
202 Kopp hatte im April 1913 angeregt, gegen „die bedrohlichen Methoden der sexuellen Aufklärung" vorzugehen, was die obenerwähnte Resolution nach sich zog. Eine Sitzung des Zentralausschusses des Kath. Frauenbundes, in: VK 1913, S. 25.
203 Hirtenbrief der deutschen Bischöfe vom 20. August 1913 über christliche Ehe, christliche Familie und christliche Erziehung, in: Martin Fassbender (Hg.), Des deutschen Volkes Wille zum Leben, Freiburg i. Br. 1917, S. 814-822, hier: S. 818 ff.; Hedwig Dransfeld, Die Teilnahme des Katholischen Frauenbundes an der Bekämpfung gefährlicher und unsittlicher Bestrebungen, in: CF 12.1913/14, S. 109-114, 145-150, 181-188, hier: S. 113 f.
204 Dransfeld, Die Teilnahme, S. 111, passim. Zum Begriff der „Geschlechtsehre" vgl. den Aufsatz von Meyer-Renschhausen, Geschichte der Gefühle.
205 Dransfeld, Die Teilnahme, S. 181 f.
206 Ebd., S. 113, vgl. auch S. 111 f.
207 Rückblick und Ausblick, in: VK 1913, S. 86.
208 Dransfeld, Der Krieg und die Frauen, S. 345 ff. Vgl. auch: Heßberger, Volksempfinden, S. 1 und H. Blaschitz, Wie der Katholische Frauenbund im Kriege arbeitet, in: Kalender für unsere Frauen 1915, S. 13.

209 Helene Pagés, Mode und Sittlichkeit, in: Kalender für unsere Frauen 1915, S. 27-29, hier S. 29 (Hervorhebung im Original). Die in Boppard lebende Helene Pagés arbeitete in der Kommission für wissenschaftliche Bestrebungen mit. Hinweise in: Katholischer Frauenkalender 1911 ff., „Studienkommissionen". Vgl. auch die Ausführungen zu den Auseinandersetzungen zwischen deutschen und französischen Katholiken während des Ersten Weltkriegs: Baadte, Katholischer Universalismus, S. 94 ff.

210 Im August 1914 versuchte Kardinal von Hartmann nochmals, die Bemühungen gegen die „Frivolität der Frauenmode" zu verstärken. Danach sind entsprechende Einflußnahmen durch den Klerus nicht mehr dokumentiert. Ende 1914 befaßte sich der Arbeitsausschuß zum letzten Male ausführlich mit der Modethematik und plante eine Aktion in Kooperation mit den Handwerkskammern und Konfektionshäusern. Bemerkenswerterweise hatte der Arbeitsausschuß in einer vorhergehenden Sitzung betont, daß es nicht darum gehe, eine spezifisch deutsche Mode zu schaffen. Vielmehr müsse die Internationalität der Mode gewahrt bleiben. KFB-Arbeitsausschußprotokolle vom 24. 8. 1914 (3), 25. 11. 1914 (2), 16. 12. 1914 (1), 26. 1. 1915 (3). In der nachfolgenden Zeit wird die Modekampagne nur noch in beiläufiger Form erwähnt. Vgl. VK 1915, passim.

211 Vgl. dazu die zahlreichen Artikel während der Kriegsjahre in den Publikationen des KFB. Hinweise zur Ernährungsfrage finden sich vor allem in der volkstümlich gestalteten Zeitschrift „Frauenland" und im „Kalender für unsere Frauen". Zu den Versorgungsproblemen im Ersten Weltkrieg vgl. Kundrus, Kriegerfrauen, S. 124 ff.

212 Hedwig Dransfeld, Kriegsprobleme und Frauenarbeit, in: Frauenland 8.1915, S. 58-61, hier: S. 60 f.

213 Ute Daniel, Arbeiterfrauen in der Kriegsgesellschaft. Beruf, Familie und Politik im Ersten Weltkrieg, S. 139 ff. Zur bevölkerungspolitischen Diskussion aus christlich-katholischer Perspektive vgl. Fassbender (Hg.), Des deutschen Volkes Wille.

214 M. Liepmann, Krieg und Kriminalität in Deutschland, Stuttgart u. a. 1930, zit. nach Daniel, Arbeiterfrauen, S. 140.

215 Daniel hat auf den besonderen Stellenwert von Sexualität im Krieg hingewiesen. So wurde das Sexualverhalten der Soldaten und mögliche gesundheitliche Folgen durch Geschlechtskrankheiten als „Wehrkraftzersetzung" gesehen. Dies veranlaßte die Militärbehörden zu Prophylaxemaßnahmen, die sich jedoch als wenig erfolgreich erwiesen. Daniel, Arbeiterfrauen, S. 139 ff.

216 Protokoll der „Kommissionssitzung zur Hebung der Volkssittlichkeit" vom 6. 11. 1915, in: Akte „Sittlichkeitskommission", AKDFB.

217 Der KFB folgte nach Rücksprache mit Lausberg der Aufforderung des BDF, sich an der Eingabe zu beteiligen. KFB-Arbeitsausschußprotokoll vom 25. 11. 1914 (1).

218 Vgl. Generalbericht über die sechste Generalversammlung des Katholischen Frauenbundes Deutschlands am 6., 7. und 8. Januar 1916 im Reichstagsgebäude zu Berlin, in: CF 14.1916, S. 1-88. Auf der Generalversammlung wurde die Übereinstimmung in Sittlichkeitsfragen mit dem BDF betont. Gertrud Bäumer, die als Gast an der Generalversammlung teilnahm, hatte zur „unbedingten Einigkeit" in der Behandlung sittlicher Fragen aufgerufen und hervorgehoben, daß „die allgemeine Frauenbewegung mit den Vertretern der religiösen Weltanschauung" gemeinsam „den Wert des Lebens in geistigen Dingen, in Verantwortungen sucht, die über das Diesseits hinausgehen." Ebd., S. 26 f.

219 Ebd., S. 27 f. Zum Problem des Geburtenrückgangs vgl. auch: Hedwig Dransfeld, Bevölkerungsfrage und Frauenfrage, in: Fassbender (Hg.), Des deutschen Volkes Wille , S. 523-538.

220 Nach außen hatte die Tagung einen „streng geschlossenen Charakter". Die Zweigvereine durften maximal fünf Mitglieder entsenden. Vgl.: Erweiterte Sitzung der Kom-

mission zum Studium von Sittlichkeitsfragen im KFD, in: VK 1917, S. 15 f. Vier Schwerpunkte wurden auf der „erweiterten Sitzung" diskutiert: Der Geburtenrückgang, die Frage der Prostitution, die Bekämpfung der Geschlechtskrankheiten sowie die „vorbeugende und rettende Fürsorge und Erziehungsmaßnahmen im Kampf gegen die öffentliche Unsittlichkeit." Hedwig Dransfeld, Die Frühjahrssitzungen des Katholischen Frauenbundes Deutschlands (II.), in: CF 15.1917, S. 227-229, hier: S. 227; Klara Philipp, Maßnahmen zur Bekämpfung der öffentlichen Unsittlichkeit, in: CF 15.1917, S. 298-304.

221 Dransfeld, Die Frühjahrssitzungen, S. 227. Die Sittlichkeitskommission war im Anschluß an den Kriegsfrauentag erneut gegründet worden. Eine Sitzung des Zentralausschusses des Katholischen Frauenbundes, in: VK 1915, S. 102-110, hier: S. 105.

222 Philipp, Maßnahmen, S. 301.

223 1919 änderte sie kurzfristig ihre Haltung und zeichnete einen interfraktionellen Frauenantrag an die Nationalversammlung mit, mit dem die Aufhebung der Reglementierung gefordert wurde. Kurze Zeit später distanzierte sie sich jedoch wieder von der abolitionistischen Richtung. Wollasch, Der Katholische Fürsorgeverein, S. 233.

224 Protokoll der Kommission zum Studium von Sittlichkeitsfragen vom 3. 12. 1917, in: Akte „Sittlichkeitskommission", AKDFB; vgl. Philipp, Maßnahmen, S. 302 f.; Hedwig Dransfeld, Einige grundsätzliche Bemerkungen zur Prostitutionsfrage, in: CF 17.1919, S. 71-75, hier: S. 75.

225 Protokoll der Kommission zum Studium von Sittlichkeitsfragen vom 3. 12. 1917, in: Akte „Sittlichkeitskommission", AKDFB. 1916 hatte die Bischofskonferenz noch davon abgeraten, die bereits zur Diskussion stehenden Beratungsstellen in kirchlichen Vereinen zu diskutieren: „Die Einrichtung von Beratungsstellen für Geschlechtskranke ist zwar nützlich, doch soll diese Thematik in den katholischen Vereinen nicht öffentlich erörtert werden. Auch die zu frühe Information von Kindern ist abzulehnen. In der ganzen Sache ist überhaupt größte Diskretion angebracht. Die kirchlichen Vereine sollen wie bisher den Akzent auf die sittlich-religiöse Erziehung legen. Akten der Fuldaer Bischofskonferenz, III, 1900-1919, bearbeitet von Erwin Gatz, Mainz 1985, S. 274.

226 Zu einer gesetzlichen Neuregelung kam es erst 1927. Zur jahrelangen Kontroverse um die Durchsetzung des Gesetzes vgl. Wollasch, Der Katholische Fürsorgeverein, S. 226-256.

227 Mit der Eingabe forderte der KFB u. a. die Streichung des lange Jahre umstrittenen § 361,6 des Strafgesetzbuches. Ferner forderten die Katholikinnen, die gesundheitliche Beobachtung geschlechtskranker Personen unabhängig von Stand und Geschlecht durchzuführen sowie Prostituierte „einem verschärften System der gesundheitlichen Beobachtung und Überwachung, auch wenn sie nicht geschlechtskrank sind" zu unterstellen. Polizeiliche Maßnahmen sollten nur angewendet werden, wenn sich eine Prostituierte der Überwachung entziehen würde. Eingabe des Kath. Frauenbundes Deutschlands in Köln an den Hohen Reichstag betreffs des Gesetzentwurfs vom 16. 2. 1918, Köln, August 1918 (künftig zit.: Eingabe 1918); Vorschläge zur Änderung der Gesetze über die Prostitution (o. Verf. [KFB], maschinengetippte Fassung), o. J. (1918), beide in: SKF F.I.1 e, ADCV.

228 Eingabe 1918, in: SKF F.I.1 e, ADCV.

229 Vgl. Fassbender (Hg.), Des deutschen Volkes Wille.

230 Worauf Hedwig Dransfeld deutlich hinwies: Die unbefriedigende derzeitige Regelung werde mehr oder weniger von allen beteiligten Kreisen kritisiert, die Notwendigkeit einer Änderung stehe außer Frage. Dransfeld, Einige grundsätzliche Bemerkungen, S. 71.

Kapitel IV

1 Vgl. Thomas Olk, Abschied vom Experten. Sozialarbeit auf dem Weg zu einer alternativen Professionalität, Weinheim/München 1986; ders., Die professionelle Zukunft sozialer Arbeit. Zur Veränderung des beruflichen Selbstverständnisses in einem schwierigen Arbeitsfeld, in: Soziale Arbeit 2000, Bd. 2: Modernisierungskrise und soziale Dienste, Freiburg i. Br. 1986, S. 107-136; Christoph Sachße, Ehrenamtlichkeit, Selbsthilfe und Professionalität. Eine historische Skizze, in: Siegfried Müller/Thomas Rauschenbach (Hg.), Das soziale Ehrenamt. Nützliche Arbeit zum Nulltarif, Weinheim/München 1988, S. 51-55.
2 Als „Soziale Frauenschulen" wurden die Ausbildungsstätten für Sozialarbeiterinnen bezeichnet, um den Unterschied zu allgemeinbildenden Frauenschulen zu verdeutlichen.
3 „Relativ" deswegen, weil sich durchaus Konkurrenzen zwischen dem Caritasverband und dem KFB entwickelten. Siehe dazu Kap. IV, 3.
4 Ellen Ammann, Wertschätzung der Arbeit, ein Hülfsmittel zur Lösung der Frauenfrage, in: DKF 1.1907/08, S. 112 f.
5 Vgl. dazu die zahlreichen Artikel vor allem in „Die christliche Frau", die auch schon vor der Gründung des KFB Ausbildungs- und Erwerbsmöglichkeiten für Mädchen und Frauen erörterte.
6 Vgl. Elisabeth Gnauck-Kühne, Die Deutsche Frau um die Jahrhundertwende. Statistische Studie zur Frauenfrage, Berlin 1907^2.
7 Bedeutung und Ziele des Katholischen Frauenbundes. Rede zur Einführung des Frauenbundes, gehalten am 2. Dezember 1904 zu Münster i. W. von Professor Dr. Joseph Mausbach, Köln o. J. (1904), S. 12, 14. Vgl. Pauline Herber, Über unser Frauenstudium, in: CF 4.1905/06, S. 1-6.
8 Vgl. E. M. Hamann, Etwas zum Kapitel: Erwerbstätigkeit der Frau, in: Aus dem Katholischen Frauenbunde, 2.1905/06, in: CF 4.1905/06, S. 118-122; Gnauck-Kühne, Die Deutsche Frau, S. 136 ff.; Hedwig Dransfeld, Pflichten der Eltern gegen ihre heranwachsenden Töchter, in: CF 8.1909/10, S. 217-224; Fanny Imle, Der sittliche Wert der Arbeit, in: CF 10.1911/12, S. 1-5.
9 Hamann, Etwas zum Kapitel, S. 120 (Hervorhebung im Original); vgl. Margret Hendrichs, Schulentlassung und Berufswahl, in: DKF 6.1912/13, S. 84 f. Die Autorin stellte die Berufsausbildung auch in den Kontext einer prophylaktischen Arbeit. Ungelernte Jugendliche galten sittlich als besonders gefährdet, so daß eine Berufsausbildung auch angestrebt wurde, um Fürsorgemaßnahmen vorzubeugen. Ebd., S. 85.
10 Emy (von) Gordon, Berufliche Frauenarbeit, in: CF 1.1902/03, S. 26 f., hier: S. 27.
11 Hamann, Etwas zum Kapitel, S. 121.
12 Ebd.
13 Gnauck-Kühne, Die Deutsche Frau, S. 129, vgl. 117 ff., 126, 162.
14 Die Biographin Gnauck-Kühnes hielt die Forderung nach weiblichen Zünften in der „Gnauckschen Zuspitzung" für unhaltbar. Helene Simon, Elisabeth Gnauck-Kühne. Eine Pilgerfahrt (Bd. 1), M.Gladbach 1928, S. 232.
15 Der Schneiderberuf wurde hauptsächlich von Männern ausgeübt, während Frauen mehrheitlich in der schlechter bezahlten Näherei Arbeitsmöglichkeiten fanden. Elisabeth Gnauck-Kühne, Die soziale Lage der Frau. Vortrag, gehalten auf dem 6. Evangelisch-sozialen Kongresse zu Erfurt am 6. Juni 1895, Berlin 1895, S. 15.
16 Daß sich eine solche Berufsorganisation zwar am Zunftmodell orientierte, aber auch durch moderne Formen denkbar war, wird deutlich an der Diskussion um die Organisierung von Handwerkerinnen, die ab 1911 verstärkt im KFB geführt wurde. Die Zunft als Organisationsmodell stand zu diesem Zeitpunkt nicht mehr zur Diskussion.

Stattdessen wurde die Vereinsform gewählt, womit allerdings die von Gnauck-Kühne erwünschte Konkurrenzvermeidung nicht erreicht werden konnte. Der KFB unterstützte ferner die Gründung von Innungen, wobei kontrovers war, ob konfessionelle oder interkonfessionelle Innungen favorisiert werden sollten. KFB-Vorstandsprotokoll vom 20. 9. 1911 (2). Zur Gründung des „‚Vereins katholischer gewerblicher Gehilfinnen' (Handwerkerinnen)" im Jahr 1912 vgl. Katholischer Frauenkalender 1913, S. 88 f.

17 Gnauck-Kühne, Die soziale Lage, S. 14 ff.
18 Ebd., S. 15 f.
19 Hinweise über die Ausdifferenzierung des beruflichen Spektrums bei: Joh. (Johanna) Gillet-Wagner, Berufsmöglichkeiten für Absolventinnen höherer Mädchenbildungsanstalten in Preußen, in: Katholischer Frauenkalender 1911, S. 248-252; Berufsmöglichkeiten für Schülerinnen der Volksschule, in: ebd., S. 252-254; Amalie von Schalscha-Ehrenfeld, Frauen-Erwerbsberufe. Ratgeber bei der Berufswahl für kath. Mädchen, welche aus der Volksschule abgehen, sowie für ältere Berufs- und Stellung-Suchende, Berlin o. J. (1914; 2. Auflage). Diese Broschüre gab der „Verband katholischer Vereine erwerbstätiger Frauen und Mädchen Deutschlands" im Rahmen seiner Berufsberatung heraus.
20 Liane Becker, Die Frauenbewegung. Bedeutung, Probleme, Organisation, Kempten/München 1910, S. 48. Liane Becker (1855-1936) war angestellt beim Volksverein und aktives Mitglied im KFB. Sie gehörte dem Zentralausschuß des KFB an, arbeitete in der Studienkommission mit und war zugleich Mitglied im Vorstand des Zweigvereins Mönchengladbach. In früherer Zeit arbeitete Liane Becker 26 Jahre als Erzieherin in Spanien. Katholischer Frauenkalender 1911, S. 99 ff., 131; G.K., Liane Becker † zum Gedenken, in: CF 34.1936, S. 91.
21 Vgl. Gnauck-Kühne, Die Deutsche Frau, S. 124.
22 Becker, Frauenbewegung, S. 33.
23 Der KFB konkurrierte hier mit mehreren Organisationen: Die Christlichen Gewerkschaften beanspruchten ebenso die Organisation der Dienstmädchen wie der kirchliche „Verband katholischer Dienstmädchen" (gegründet 1907), der „Marianische Mädchenschutzverein" und der „Verband katholischer Vereine erwerbstätiger Frauen und Mädchen". Die Dienstbotenfrage wurde zwar in den Publikationen des KFB erörtert und war auch häufig Diskussionsgegenstand in Vorstandssitzungen, doch griff der KFB die Fragen eher mit mäßigem Elan auf. Dies dürfte durch Interessengegensätze der organisierten Frauen bedingt gewesen sein: Die Hausfrauen vertraten ihre Interessen als Arbeitgeberinnen der Dienstmädchen, während die Dienstmädchen an der Verbesserung ihrer sozialen und wirtschaftlichen Lage interessiert waren. - Die Behandlung der Dienstbotenfrage im KFB wird in der vorliegenden Arbeit nicht weiter thematisiert. Zahlreiche Hinweise über die Diskussion befinden sich in den KFB-Vorstandsprotokollen der Jahre 1907-1914. Vgl. auch Astrid Zurlinden-Liedhegener, Möglichkeiten und Grenzen der katholischen Frauenbewegung. Das Frauenbild der katholischen Frauenbewegung im Spiegel der Zeitschrift „Die christliche Frau" (1902-1918), Münster 1989 (unveröffentlichte Diplomarbeit), S. 111 ff.
24 Elisabeth Gnauck-Kühne, Einführung in die Arbeiterinnenfrage, M.Gladbach 1905, S. 31.
25 Angelika Willms zufolge verdoppelte sich der Anteil der Industriearbeiterinnen im Zeitraum von 1882-1925. Angelika Willms, Grundzüge der Entwicklung der Frauenarbeit von 1880 bis 1980, in: Walter Müller u. a., Strukturwandel der Frauenarbeit 1880-1980, Frankfurt/New York 1983, S. 49.
26 Rerum novarum (Leo XIII. 1891), in: Texte zur katholischen Soziallehre. Die sozialen Rundschreiben der Päpste und andere kirchliche Dokumente mit einer Einführung

von Oswald von Nell-Breuning SJ, hg. vom Bundesverband der Katholischen Arbeitnehmer-Bewegung Deutschlands - KAB, Kevelaer 1985, S. 31-68, hier: S. 56.
27 Zur Entwicklung der Arbeiterinnen- und Dienstmädchenfürsorge vgl. Alfred Kall, Katholische Frauenbewegung in Deutschland. Eine Untersuchung zur Gründung katholischer Frauenvereine im 19. Jahrhundert, Paderborn u. a. 1983, S. 99-171.
28 Ebd., S. 144. Die Angaben differieren zwischen 1867, 1868 und 1869. Ebd., Anm. 375; Otto Müller, Arbeiterinnen-Vereine, M.Gladbach 1905, S. 3.
29 Müller, Arbeiterinnen-Vereine, S. 4; W. Kulemann, Die Berufsvereine, Jena 1908, S. 202.
30 Michael Schneider, Die Christlichen Gewerkschaften 1894-1933, Bonn 1982, S. 142; Else Lüders, Arbeiterinnenorganisation und Frauenbewegung (1902), in: Frauenarbeit und Beruf, hg. von Gisela Brinker-Gabler, Frankfurt a. M. 1979, S. 173.
31 Der höhere Frauenanteil ist für die Jahre 1903-1908 zu verzeichnen. Ab 1909 stieg der Anteil weiblicher Mitglieder bei den Freien Gewerkschaften und lag bis 1913 höher als bei den Christlichen Gewerkschaften. Schneider, Die Christlichen Gewerkschaften, S. 140, Tabelle 19.
32 Müller, Arbeiterinnen-Vereine, S. 23. Müllers Engagement für die gewerkschaftliche Organisation der Arbeiterinnen erklärt sich damit, daß er 1906 die Diözesanleitung der gewerkschaftlich orientierten Arbeiterinnenvereine übernahm. Otto Müller, Erinnerungen an die Katholische Arbeiter-Bewegung, in: Texte zur katholischen Soziallehre II. Dokumente zur Geschichte des Verhältnisses von Kirche und Arbeiterschaft am Beispiel der KAB, hg. vom Bundesverband der Katholischen Arbeitnehmer-Bewegung (KAB) Deutschlands, 2. Halbband, Kevelaer 1976, S. 840-1026, hier: S. 930.
33 Clara Zetkin, Schwierigkeiten der gewerkschaftlichen Organisierung der Arbeiterinnen [1898/1901], in: Brinker-Gabler (Hg.), Frauenarbeit und Beruf, S. 149-168, hier: S. 153, 160.
34 Gnauck-Kühne, Einführung in die Arbeiterinnenfrage, S. 74, vgl. S. 72 f.; Müller, Arbeiterinnen-Vereine, S. 23 f.
35 Müller, Arbeiterinnen-Vereine, S. 25-27.
36 Müller, Erinnerungen, S. 842.
37 Müller, Arbeiterinnen-Vereine, S. 38 f. In einem 1905 in der Diözese Köln entworfenen Statut für katholische Arbeiterinnenvereine wurden folgende Zwecke des Vereins benannt: „Der Verein erstrebt ... Schutz und Förderung der Arbeiterin, insbesondere ihrer Religiösität und Sittlichkeit, ihrer wirtschaftlichen und geistigen Interessen, sowie Vorbereitung auf ihren künftigen Lebensberuf." Ebd., S. 87.
38 Johannes Giesberts, zit. nach: Schneider, Christliche Gewerkschaften, S. 159. Giesberts (1865-1938) war ab 1905 Abgeordneter des Zentrums im Deutschen Reichstag, ab 1909 auch im Preußischen Abgeordnetenhaus. 1919 vertrat er das Zentrum in der Nationalversammlung. Von 1919 bis 1925 war Giesberts Reichspostminister. Wilhelm Kosch, Biographisches Staatshandbuch. Lexikon der Politik, Presse und Publizistik, 2. Bd., Bern/München 1963, hier: Bd. 1, S. 391.
39 Müller, Arbeiterinnen-Vereine, S. 24.
40 KFB-Vorstandsprotokoll vom 13. 9. 1904, Bl. 29 f. Der Theologe Franz Hitze (1851-1921) war Professor für christliche Gesellschaftslehre an der Universität Münster. Als Zentrumsabgeordneter im Preußischen Landtag und Abgeordneter im Deutschen Reichstag (1884-1921) übte er großen Einfluß auf die Sozialpolitik aus. Hitze war zudem Mitbegründer des Volksvereins und gehörte dem Vorstand an. Horstwalter Heitzer, Der Volksverein für das Katholische Deutschland im Kaiserreich 1890-1918, Mainz 1979, S. 26, Anmerkung 26 a, passim.
41 Zumindest sind in den Quellen keine Hinweise auf Einwände bzw. auf eine kontroverse Diskussion mit Hitze dokumentiert.

42 KFB-Jahrbuch 1904, S. 15 f.
43 Zur Kontroverse zwischen dem KFB und den Josephschwestern vgl. Kall, Katholische Frauenbewegung, S. 299 ff.
44 KFB-Vorstandsprotokoll vom 13. 9. 1904, Bl. 31. Statt Mutter Gertrud referierte Elisabeth Gnauck-Kühne über die Arbeiterinnenfrage, was persönliche Konsequenzen nach sich zog: Die beiden Frauen brachen ihre enge freundschaftliche Beziehung ab. Kall, Katholische Frauenbewegung, S. 303 f.
45 KFB-Vorstandsprotokoll vom 26. 10. 1904, Bl. 38; von Carnap an Mutter Gertrud vom 31. 10. 1904, in: Akte F 7.5, AJTr.
46 Anna Schmidt an Mutter Gertrud vom 5. 11. 1904, in: Akte F 7.6, vom 7. 11. 1904, in: Akte F 7.5, beide: AJTr. - Zum Begriff der Arbeitersekretärin bzw. des Arbeitersekretärs vgl.: Sozial-charitatives ABC für Frauen, hg. von der Zentralstelle des Volksvereins für das katholische Deutschland, M.Gladbach 1907, S. 8 f. Danach übernahmen Mitarbeiter/innen in Arbeitersekretariaten die rechtliche Beratung in Fragen der Sozialversicherung, organisierten Informationsveranstaltungen zu Rechtsfragen und betreuten zuwandernde Arbeitskräfte.
47 Offener Brief an den katholischen Frauenbund anläßlich der bevorstehenden ersten Generalversammlung in Frankfurt a. M. Von einer katholischen Frau. Als Manuskript gedruckt, Würzburg o. J. (1904).
48 Mutter Gertrud an Dompfarrer Dr. Braun vom 17. 10. 1904 (Abschrift), in: Akte F 7.5, AJTr.
49 Redekonzept von Emy von Gordon 1905 (Abschrift), in: Akte F 7.6, AJTr.
50 Offener Brief an den katholischen Frauenbund, S. 5.
51 Ebd., passim. Hinweise über die Fortbildungsschule siehe Kap. IV, 4.
52 Mutter Gertrud an Frau Bergrat (Marie Le Hanne) vom 18. 2. 1904 (vermutlich Abschrift), in: Akte F 7.6, AJTr.
53 Domvikar Dr. Dahm, Ergänzungen zu dem Bericht über die 1. Generalversammlung des Katholischen Frauenbundes zu Frankfurt, o. D., in: Akte F 7.6, AJTr.
54 Ebd.; Anna Schmidt an Mutter Gertrud vom 7. 11. 1904, in: Akte F 7.5, AJTr. - Öffentliche oder auch interne Stellungnahmen des KFB sind nicht dokumentiert. Lediglich eine Vorstandssitzung deutet vage auf den Konflikt hin: „nach allem Erlebten" hielten einige Frauen es für unangebracht, in Trier so bald einen Zweigverein zu gründen, da Mutter Gertrud dort „fast alle Fäden der verschiedenen Vereine in der Hand" halte. KFB-Vorstandsprotokoll vom 25. 11. 1904, Bl. 67. Der Zweigverein Trier wurde dennoch schon im April 1905 gegründet. KFB-Vorstandsprotokoll vom 14. 4. 1905, Bl. 92.
55 Protokoll der Mitglieder-Versammlung auf der General-Versammlung des Kath. Frauenbundes zu Frankfurt a. M. am 7. 11. 1904, in: Protokollbuch I, Bl. 55, AKDFB.
56 KFB-Vorstandsprotokoll vom 14. 4. 1905, Bl. 88.
57 Kulemann, Berufsvereine, S. 204.
58 Frauenarbeit. Organ des Verbandes von kath. Vereinen der erwerbstätigen Frauen und Jungfrauen Deutschlands, 1.1905.
59 Kulemann, Berufsvereine, S. 204.
60 Emy (von) Gordon, An die lieben Leserinnen, in: Frauenarbeit, 1.1905, S. 174; Emy Gordon, in: CF 7.1908/09, S. 207-209, hier: S. 209.
61 Anna Schmidt, Der Verband katholischer Vereine erwerbstätiger Frauen und Mädchen Deutschlands, in: Frauenarbeit, 1.1905, S. 98.
62 Redekonzept von Emy von Gordon 1905 (Abschrift), in: Akte F 7.6, AJTr.
63 Gründungsaufruf des Verbandssekretariats der kath. Arbeiterinnen-Vereine, Trier: „Organisation kath. erwerbstätiger Frauen und Mädchen", o. J. (Oktober 1904?), in: Akte F 7.8, AJTr.

64 In den folgenden Jahren schlossen sich diese Vereine gleichfalls zu Verbänden zusammen. Am 12. 2. 1906 wurde der „Verband süddeutscher katholischer Arbeiterinnenvereine" gegründet, dessen Leitung der Geistliche Carl Walterbach übernahm. In Westdeutschland vereinigten sich die Arbeiterinnenvereine unter der Leitung von Otto Müller im „Verband der katholischen Arbeiterinnenvereine der Erzdiözese Köln". Kulemann, Berufsvereine, S. 202 f.
65 Ebd., S. 206.
66 Carl Trimborn erwartete auch offensichtlich dieses private Engagement. Domvikar Dahm erwähnte jedenfalls in seinem Bericht über die 1. Generalversammlung des KFB, daß Trimborn die „Frauenbündlerinnen" aufgefordert habe, privat die Mitglieder der Arbeiterinnenvereine für die Christliche Gewerkschaft zu agitieren. Vgl. Domvikar Dr. Dahm, Ergänzungen zu dem Bericht über die 1. Generalversammlung des Katholischen Frauenbundes zu Frankfurt, o. D., in: Akte F 7.6, AJTr.
67 Der Katholikentag in Essen, in: Aus dem Katholischen Frauenbunde, 3.1906/07, in: CF 5.1906/07, S. 35-40, hier: S. 35 f.; Verhandlungen der 53. Generalversammlung der Katholiken Deutschlands in Essen vom 19. bis 23. August 1906, S. 91, 363 ff.
68 „Die christliche Arbeiterin" war das Publikationsorgan des Verbandes der katholischen Arbeiterinnenvereine der Erzdiözese Köln. Kulemann, Berufsvereine, S. 203.
69 Der „Gewerkverein" gehörte dem Gesamtverband der Christlichen Gewerkschaften an. Vgl. Schneider, Die Christlichen Gewerkschaften, S. 133.
70 KFB-Vorstandsprotokoll vom 12. 2. 1908, Bl. 83 f.
71 KFB-Vorstandsprotokoll vom 12. 9. 1906, Bl. 152.
72 KFB-Jahrbuch 1907, S. 29.
73 Vgl. ebd., S. 30.
74 Grundidee der Patronagen war, jeder Arbeiterin eine Beschützerin, eine „Patronesse", zur Seite zu stellen, so die Idee des französischen Begründers dieser Vereinigungen, Vicomte A. de Melun. Die Patronagen wurden explizit für die Betreuung berufstätiger Mädchen gegründet, was die Abgrenzungsbedürfnisse gegenüber dem KFB nachvollziehbar macht. 1907 wurde in München der „Verband süddeutscher Patronagen für jugendliche katholische Arbeiterinnen" gegründet, dessen Vorsitz Fürstin Oettingen-Spielberg übernahm. Zahlenmäßig blieben die Patronagen bedeutungslos. Für 1908 werden 2.200 Mitglieder angegeben. Da sich das System der Patronagen als unzulänglich und unhaltbar erwies, wurden die Patronagen 1909 in „moderne Jugendvereine für Erwerbstätige" umgestaltet. C. (Carl) Walterbach, Die Organisation der katholischen Frauen, München 1913, S. 8; Kall, Katholische Frauenbewegung, S. 209 ff. Nach der Umwandlung der Patronagen in Jugendvereine blieb die Fürstin Präsidentin des neugegründeten Verbandes (Verband süddeutscher katholischer Jugendvereine für die im Erwerbsleben stehenden Mädchen). Katholischer Frauenkalender 1911, S. 157 f.
75 KFB-Jahrbuch 1907, S. 30. - Der katholische Priester Carl Walterbach (1870- ?) war seit 1903 Vorsitzender des Verbandes süddeutscher katholischer Arbeitervereine und Redakteur des Verbandsorgans „Der Arbeiter". Von 1907-1924 war er Abgeordneter des bayerischen Landtages, zunächst für das Zentrum und nach der Abspaltung des bayerischen Zentrums für die neugegründete Bayerische Volkspartei. Kosch, Biographisches Staatshandbuch, 2. Bd., S. 1173.
76 KFB-Vorstandsprotokoll vom 10. 6. 1908, Bl. 111-113.
77 KFB-Vorstandsprotokoll vom 29. 6. 1908, Bl. 116 ff. Anträge einbringen wollten der Zweigverein Würzburg und der Zentralvorstand des KFB. Vgl. KFB-Vorstandsprotokoll vom 10. 6. 1908, Bl. 111-113.

78 Verband der katholischen Arbeitervereine der Erzdiözese Köln an ? (KFB) vom 8. 7. 1908 (ohne Unterschrift, möglicher Verfasser Otto Müller als Präses des Verbandes), in: Akte „Volksverein, Allgemeine Korrespondenz", AKDFB.
79 KFB-Vorstandsprotokoll vom 14. 10. 1908, Bl. 138.
80 KFB-Jahrbuch 1909, S. 43; Antrag der KFB-Zentrale auf der Generalversammlung 1908, ebd. Vgl. auch: Ellen Ammann, „Unsere Generalversammlung", in: DKF 2.1908/09, S. 19.
81 KFB-Vorstandsprotokoll vom 11. 11. 1908, Bl. 145 f.
82 KFB-Vorstandsprotokolle vom 13. 1. 1909, Bl. 161, 10. 2. 1909, Bl. 17. Im Juli 1910 griff von Schalscha die Kölner Zentrale erneut scharf an und beschuldigte diese, Propaganda für die Christliche Gewerkschaft der Heimarbeiterinnen gemacht zu haben. Von Schalscha an den Vorstand des Katholischen Frauenbundes vom 23. Juli 1910, in: Akte F. 7.5, AJTr.
83 Wilfried Loth, Katholiken im Kaiserreich. Der politische Katholizismus in der Krise des wilhelminischen Deutschlands, Düsseldorf 1984, S. 161 f.
84 Martin Spahn, Glossen zur katholischen Literaturbewegung, in: Hochland, 6.1909, S. 600-605, hier: S. 601 f.
85 „Klarheit und Wahrheit", in: Germania vom 27. 11. 1909; Loth, Katholiken im Kaiserreich, S. 237; Horstwalter Heitzer, Kardinal Kopp und der Gewerkschaftsstreit 1900-1914, Köln/Wien 1983, S. 130 ff.
86 „Zur Abwehr", in: DKF 3.1909/10, S. 29; KFB-Vorstandsprotokoll vom 11. 12. 1909, Bl. 252.
87 Kopp an von Schalscha vom 12. 1. 1910 (Abschrift), in: Akte F 8.11, AJTr.
88 A. Hesse, Vierte Generalversammlung des Katholischen Frauenbundes zu Düsseldorf vom 23. bis 27. Oktober, in: DKF 4.1910/11, S. 14-32, hier: S. 15. Auch Kardinal Fischer aus Köln kritisierte die Preisgabe eines Privatbriefes, was „schärfste Rüge" verdiene. Ebd., S.18 f.
89 Drei bedeutsame Tagungen, in: CF 9.1910/11, S. 65-68, hier: S. 67. - Der Artikel ist namentlich nicht gezeichnet.
90 Hesse, Vierte Generalversammlung, S. 15 (Hervorhebungen im Original).
91 Ebd. Die „massive Unterstützung" des KFB durch die Kirche ab 1910, die Baumann in Anlehnung an Beckers Ausführungen konstatiert (Hildegund Becker, Der Katholische Frauenbund in der Katholisch-Sozialen Bewegung, Zulassungsarbeit, Freiburg 1966), war also nur um den Preis einer defensiven Politik zu erhalten - eine Erfahrung, die der KFB wiederholt machen mußte. Vgl.: Ursula Baumann, Religion und Emanzipation: Konfessionelle Frauenbewegung in Deutschland 1900-1933, in: Tel Aviver Jahrbuch für deutsche Geschichte 1992. Neuere Frauengeschichte, hg. vom Institut für Deutsche Geschichte, Universität Tel Aviv, S. 171-206, hier: S. 176.
92 Elisabeth Gnauck-Kühne, Die Arbeiterinnenfrage, in: KFB-Jahrbuch 1904, S. 20-33; hier: S. 25. Vgl. auch: Emy (von) Gordon, Erste Generalversammlung des Katholischen Frauenbundes zu Frankfurt a. M. vom 6. bis 8. November 1904, in: CF 3.1904/05, S. 108-113 und Anhang 5 dieser Arbeit.
93 Gnauck-Kühne, Die Arbeiterinnenfrage, S. 31 f.
94 Ebd., S. 34.
95 Ebd., S. 33 f.
96 Gnauck-Kühne, Einführung in die Arbeiterinnenfrage, S. 10.
97 Ebd., S. 11, 44 ff.
98 Hedwig Dransfeld, Ein Beitrag zur Psychologie und sozialen Aufwärtsentwicklung der Fabrikarbeiterin, in: CF 3.1904/05, S. 426.
99 Zum Beispiel wurde die von Otto Müller herausgegebene Zeitschrift „Die christliche Arbeiterin" den „gebildeten Frauen" zur Selbstschulung empfohlen, obgleich der

Vorstand des KFB befürchtete, mit der Werbung für ein gewerkschaftlich orientiertes Blatt den Neutralitätsbeschluß zu verletzen. Von Carnap betonte daher, daß sie die Propaganda für die neue Zeitschrift nur als Privatperson betreibe. KFB-Vorstandsprotokoll vom 12. 12. 1905, Bl. 123; CF 4. 1905/06, „Aus Frauenkreisen", S. 275.

100 Etliche Hinweise befinden sich in den Jahrgängen der „Christlichen Frau" (häufig in Kurzform unter der Rubrik „Aus Frauenkreisen"), in dem bis 1907 bestehenden Vereinsorgan „Aus dem katholischen Frauenbunde" und ab 1907 in „Der katholische Frauenbund".

101 Beispielsweise berichtete Isabella von Carnap auf der 2. Generalversammlung des KFB von 13 Koch-, Näh- und Flickkursen, die in verschiedenen Zweigvereinen durchgeführt wurden. Isabella von Carnap, Bericht über die Tätigkeit des Katholischen Frauenbundes, in: KFB-Jahrbuch 1907, S. 10-29, hier: S. 23.

102 Aus dem katholischen Frauenbunde, 2.1905/06, in: CF 4.1905/06, S. 38 ff.; KFB-Jahrbuch 1907, S. 18.

103 „Wanderkurse des Katholischen Frauenbundes". Aus dem Katholischen Frauenbunde, 2.1905/06, in: CF 4.1905/06, S. 84, 118, 164.

104 Zum Schulungsprogramm gehörten z. B. Kurse über den Sozialismus, die Gewerkschaftsfrage, die Fabrikinspektorin, aber auch über die „soziale Befähigung und Berechtigung der Kirche."„Ein Besuch im Seminar für soziale Praxis". Aus dem katholischen Frauenbunde, 3.1906/07, in: CF 5.1906/07, S. 73 f. Aus dem „Seminar" ging später die erste katholische soziale Frauenschule hervor. Zur Gründung des Zweigvereins vgl. Kall, Katholische Frauenbewegung, S. 315 ff.

105 Otto Müller, Die soziale Arbeit im katholischen Frauenbunde, Köln o. J. (1905), S. 5 ff.

106 Jedenfalls lassen die Programme bzw. Berichte über die Tagungen der Studienkommission diesen Eindruck entstehen.

107 Zu dieser Schulungstätigkeit hatte sich der KFB im Rahmen eines Arbeitsplans verpflichtet, der zur Koordination der Arbeiterinnenfürsorge von verschiedenen katholischen Organisationen aufgestellt worden war. Aus dem Katholischen Frauenbunde Deutschlands, in: CF 15.1917, S. 139 f.; Ein Kursus zur Einführung in die Arbeiterinnenfürsorge, in: VK 1917, S. 3 ff.; An die Frauenarbeitsstelle bei der Kriegsamtsstelle in Münster i. W., in: ebd., S. 45 f.; KFB-Arbeitsausschußprotokoll vom 12. 12. 1916 (2).

108 Gnauck-Kühne, Arbeiterinnenfrage, S. 26, 33.

109 Müller, Arbeiterinnen-Vereine, S. 7.

110 Stenographische Protokolle der Generalversammlung 1908, Heft VIII, in: AKDFB.

111 Ebd.

112 Von Carnap an Gnauck-Kühne vom 13. 4. 1912, zit. nach: Helene Simon, Elisabeth Gnauck-Kühne, Bd. 2, M.Gladbach 1929, S. 87. „Mönchengladbach" steht für den Volksverein, der dort seine Zentrale hatte.

113 Vgl. dazu die Ausführungen bei Barbara Greven-Aschoff, Die bürgerliche Frauenbewegung in Deutschland 1894-1933, Göttingen 1981, S. 98 ff.

114 Die Zentralstelle war 1903 vom Verband fortschrittlicher Frauenvereine gegründet worden. Nach dem Beitritt zum BDF schloß sich die „Zentralstelle" mit der „Kommission für Arbeiterinneninteressen" (1898 im BDF eingerichtet) unter dem Namen „Zentralverein für Arbeiterinneninteressen" zusammen. Ebd., S. 100, 102.

115 KFB-Vorstandsprotokoll vom 13. 2. 1907, Bl. 180.

116 Vgl. Alice Salomon, Ein Rückblick auf die Konferenz zur Förderung der Arbeiterinneninteressen, in: CF 5.1906/07, S. 254-260.

117 Vgl. KFB-Vorstandsprotokolle vom 8. 4. 1908, Bl. 95, 12. 5. 1908, Bl. 103, 22. 4. 1909, Bl. 191 f., 13. 10. 1909, Bl. 237, 9. 2. 1910, Bl. 279; KFB-Ausschußprotokoll

vom 29. 4. 1909 (7). Der KFB war mit drei Stimmen und sechs Sitzen im „Ständigen Ausschuß" vertreten. KFB-Ausschußprotokoll vom 26. 10. 1910 (1) (Ergebnisprotokoll). Über das Engagement des KFB im „Ständigen Ausschuß" fehlen Hinweise. Lediglich die Berichte über die „Zweite deutsche Konferenz zur Förderung von Arbeiterinnen-Interessen" weisen darauf hin, daß der KFB die auf der Konferenz erhobene Forderung, Frauen verstärkt in der Gewerbeinspektion einzustellen, mittrug. CF 8.1909/10, „Aus Frauenkreisen", S. 286 f.; „Kongreßberichte", in: DKF 3.1909/10, S. 80 f.

118 KFB-Ausschußprotokoll vom 22. 4. 1911, in: VK 1911, S. 25-28, hier: S. 27.

119 Agnes Zahn-Harnack, Die Frauenbewegung. Geschichte, Probleme, Ziele, Berlin 1928, S. 213-228, hier: 219 ff. Vgl. KFB-Ausschußprotokoll vom 24./25. 10. 1905, in: Aus dem Katholischen Frauenbunde 2.1905/06, in: CF 4.1905/06, S. 73-82; KFB-Ausschußprotokoll vom 3. 8. 1909; KFB-Vorstandsprotokolle vom 16. 6. 1909, Bl. 216, 8. 9. 1909, Bl. 233, 12. 1. 1910, Bl. 261 f., 22. 2. 1911, 3. 5. 1911 (2).; Elise Stoffels, Die allgemeine weibliche Fortbildungsschule, in: CF 4.1905/06, S. 85-92; Heinrich Abel, Von der Fortbildungsschule zur Berufsschule - die Lehrplandiskussion der neunziger Jahre, in: Die Berufsschule in der industriellen Gesellschaft, hg. von Hermann Röhrs, Frankfurt a. M. 1968, S. 99-110.

120 KFB-Vorstandsprotokoll vom 3. 5. 1911 (2).

121 Georg Kerschensteiner, Staatsbürgerliche Erziehung der deutschen Jugend, Erfurt 1909 (4. verbesserte und erweiterte Auflage); Wolfgang Scheibe, Die Reformpädagogische Bewegung. Eine einführende Darstellung, Weinheim u. a. 1971, S. 180, 286 f.; Hermann Röhrs, Die Reformpädagogik. Ursprung und Verlauf unter internationalem Aspekt, Weinheim 1991^3, S. 326 f.

122 Kerschensteiner, Staatsbürgerliche Erziehung, S. 32; Abel, Fortbildungsschule, S. 108.

123 Preußen verschob sogar noch während der Weimarer Republik die Einführung des Fortbildungsschulzwangs aus Kostengründen. Ablehnend verhielten sich auch die Abgeordneten der Konservativen und des Zentrums, die eine Schädigung der Wirtschaft befürchteten, wenn der Schulunterricht während der Arbeitszeit durchgeführt würde. Zahn-Harnack, Die Frauenbewegung, S. 226.

124 Vgl. die zahlreichen Hinweise in den Rubriken: Übersicht über die Zweigvereine des KFB und ihre Tätigkeit, in: Katholischer Frauenkalender 1911 ff.; Aus der praktischen Tätigkeit der Zweigvereine, in: DKF, vor allem ab 5.1911/12.

125 Am 1. 11. 1909 richtete die Zentrale eine Stellenvermittlung für Hausangestellte ohne formale Berufsabschlüsse ein (Hausdamen, Gesellschafterinnen etc.). Die stellungssuchenden Frauen wurden in katholische Familien und Institutionen vermittelt. Katholischer Frauenbund - Zentrale, Abteilung Stellenvermittlung, in: DKF 3.1909/10, S. 17; Zentrale Stellenvermittlungseinrichtungen katholischer Frauenorganisationen, in: Katholischer Frauenkalender 1911, S. 259 ff.

126 Der Verein wurde am 29. 10. 1911 mit Sitz in Köln gegründet. Er verstand sich als Berufsorganisation mit dem Ziel, die wirtschaftlichen und religiös-sittlichen Interessen katholischer Hausbeamtinnen zu fördern. Bericht der Kommission für die Beratung eines Organisationsplans zur Gründung eines katholischen Hausbeamtinnenvereins, in: VK 1911, S. 28-32, 60 f.; Katholischer Frauenkalender 1913, S. 169. Zur Vorbereitung der Gründung vgl. auch KFB-Vorstandsprotokolle vom 24. 9. 1910, Bl. 54, 14. 10. 1910, Bl. 61; KFB-Ausschußprotokoll vom 28. 10. 1911 (7). Als Hausbeamtinnen galten in Abgrenzung zu Dienstmädchen Hausangestellte in höherer sozialer Stellung (Hausdamen, Wirtschafterinnen, Kinderfräulein etc.). Bericht der Kommission (s.o.), S. 29. Frau Trimborn stimmte gegen die Vereinsgründung, da sie eine Konkurrenz zu den Stellenvermittlungen der Mädchenschutzvereine, deren Vorsitzende

sie war, befürchtete. Ebd. Vgl. auch: Ein Tag im Büro des Vereins kath. Hausbeamtinnen, in: Kalender für unsere Frauen 1915, S. 29 f. Auf überkonfessioneller Seite bestand bereits seit 1894 ein „Verein für Hausbeamtinnen" (1905 umbenannt in: Allgemeiner deutscher Verein für Hausbeamtinnen), der dem ADF angeschlossen war. Kulemann, Berufsvereine, S. 426 f.
127 Der KFB wurde von Johanna Gillet-Wagner aus Aachen vertreten. KFB-Vorstandsprotokoll vom 25. 10. 1911 (4).
128 Margret Hendrichs, Berufsberatung für Mädchen und Frauen, in: DKF 6.1912/13, S. 67 f. Zu Josephine Levy-Rathenau vgl. Zahn-Harnack, Frauenbewegung, S. 238 ff. und Hannelore Faulstich-Wieland, Josephine Levy-Rathenau und die Geschichte der Berufsberatung, in: Ilse Brehmer (Hg.), Mütterlichkeit als Profession? Lebensläufe deutscher Pädagoginnen in der ersten Hälfte dieses Jahrhunderts, Bd. 1, Pfaffenweiler 1990, S. 197-203.
129 KFB-Ausschußprotokoll vom 28. 4. 1912, in: VK 1912, S. 25-30, hier: S. 29; vgl. KFB-Vorstandsprotokolle vom 25. 10. 1911, 29. 11. 1911 (8 b); KFB-Ausschußprotokoll vom 28. 10. 1911 (2 b), in: VK 1911, S. 67-72, hier: S. 68 f. Der KFB ließ keinen Zweifel daran, daß er die Fachkompetenz von Josephine Levy-Rathenau schätzte und bat seine Zweigvereine, die Vorsitzende des Kartells durch Übermittlung von Informationen und Material über katholische Ausbildungsstätten entsprechend zu unterstützen. Die deutsche Frau im Beruf, in: VK 1912, S. 50 f.
130 KFB-Vorstandsprotokoll vom 25. 10. 1911 (4).
131 KFB-Ausschußprotokoll vom 28. 4. 1912, in: VK 1912, S. 29. Zum Verhältnis konfessioneller und „paritätischer" (d. h. überkonfessioneller) Berufsberatungen vgl.: Berufsberatung. Prinzipielle Fragen der Berufsberatung, in: VK 1913, S. 38 f.
132 KFB-Vorstandsprotokoll vom 21. 1. 14 (5); KFB-Arbeitsausschußprotokolle vom 16. 12. 1914 (4), 4. 7. 1915 (4).
133 KFB-Arbeitsausschußprotokoll vom 16. 12. 1914 (4).
134 Eine Besprechung über die gegenwärtigen Aufgaben der Berufsberatung, in: VK 1915, S. 59-63, hier: S. 60. Die Besprechung fand am 4. 7. 1915 statt. Die ausgewerteten Quellen lassen keine eindeutige Aussage darüber zu, ob es zu einem Ausschluß des KFB aus dem Kartell kam. Wahrscheinlicher scheint, daß es einen vorübergehenden Aufnahmestop der Berufsberatungsstellen der KFB-Zweigvereine gab. Jedenfalls wurden die Zweigvereine angewiesen, eine Aufnahme in das Kartell nicht mehr zu beantragen, solange das Verhandlungsergebnis mit dem Kartell offen sei. Der Arbeitsausschuß des Zentralvorstands beschloß noch am 4. 7. 1915, den Antrag zu stellen, daß die Berufsberatungsstellen des KFB in Zukunft wieder in das Kartell aufgenommen werden sollten. KFB-Arbeitsausschußprotokoll vom 4. 7. 1915 (4); Eine Sitzung des Arbeitsausschusses des Zentralvorstandes (4. 7. 1915), in: VK 1915, S. 57-59, hier: S. 58 f.
135 KFB-Arbeitsausschußprotokoll vom 16. 12. 1914 (4).
136 KFB-Arbeitsausschußprotokolle vom 21. 7. 1915 (2), 29. 9. 1915 (3); Protokoll der Besprechung vom 15. 9. 1915 (Das Protokoll ist den KFB-Vorstandsprotokollen beigeheftet); KFB-Vorstandsprotokoll vom 4. 11. 1915 (6); Richtlinien für die Zusammenarbeit der Berufsberatungsstellen des Kath. Frauenbundes, Zentrale Köln, mit dem Kartell der Auskunftsstellen f. Frauenberufe, Geschäftsleitung Berlin, in: VK 1915, S. 116 f.
137 6. Mitteilungen des Katholischen Frauenbundes Deutschlands, Abteilung Berufsberatung vom 30. 4. 1916, in: SKF F.I.1 a, ADCV. Allerdings gab der Frauenbund seine vorsichtige Haltung gegenüber dem überkonfessionellen Verband nicht auf. Als von seiten des Kartells Kritik wegen „mangelhafter Arbeit einiger katholischer Berufsberatungsstellen" geäußert wurde, riet der KFB zur „Vorsicht im Verkehr mit dem Kar-

tell", um ähnliche unangenehme Vorfälle zu vermeiden, obgleich er die Kritik für berechtigt hielt. 8. Mitteilungen des Katholischen Frauenbundes Deutschlands, Abteilung Berufsberatung vom 7. 11. 1916, in: SKF F.I.1 e, ADCV (künftig zit.: 6., 8. Mitteilungen Berufsberatung).

138 Vgl. General-Versammlung (Fünfte ordentliche Mitgliederversammlung) des Katholischen Frauenbundes, in: DKF 6. 1912/13, S. 1-15, hier: S. 11.

139 KFB-Vorstandsprotokolle vom 24. 11. 1912 (9), 13./14. 6. 1913 (10); KFB-Arbeitsausschußprotokoll vom 18. 12. 1912 (8); Aus der Zentralvorstandssitzung am 24. 11. 1912, in: VK 1912, S. 107; Informationskursus in Berufsberatung und Lehrstellenvermittlung in Köln vom 15. bis 20. September, in: DKF 6.1912/13, S. 163; Eine Zentralstelle für Berufsberatung, in: VK 1913, S. 7 f. Die Tätigkeit einer „Sekretärin" umfaßte inhaltliche, konzeptionelle und organisatorische Aufgaben und entsprach nicht dem Berufsbild einer Sekretärin im heutigen Sinne.

140 Vgl. Margret Hendrichs, Die Berufsberatung für Mädchen und Frauen in der Kriegszeit, in: CF 13.1915, S. 177-183; Klara Philipp, Vom Frauenarbeitsmarkt, in: Frauenland 8.1915, S. 36-39; Amalie Lauer, Volkswirtschaftliche Kriegspflichten der Frauen, in: Kriegskalender für unsere Frauen 1916, S. 20-24; Ute Daniel, Arbeiterfrauen in der Kriegsgesellschaft. Beruf, Familie und Politik im Ersten Weltkrieg, Göttingen 1989.

141 KFB-Arbeitsausschußprotokoll vom 16. 12. 1914 (5). Das Schreiben der Generalsekretärin zog erhebliche Unstimmigkeiten zwischen Hendrichs und dem Vorstand nach sich. Die Sekretärin für Berufsberatung hatte aufgrund von Carnaps Zugeständnis, „während des Krieges zu Hause zu arbeiten", andere Verpflichtungen in Berlin übernommen, die sie nun nicht kurzfristig absagen konnte oder wollte. Hendrichs an Dransfeld vom 10. 12. 1914 (Abschrift), in: SKF F.I.1 a, ADCV. Die Kündigung Margret Hendrichs zum 1. 1. 1916 stand möglicherweise im Zusammenhang mit diesem Konflikt, obgleich sie die Kündigung ihres Arbeitsvertrages offiziell damit begründete, daß sie weiterstudieren wolle. KFB-Arbeitsausschußprotokoll vom 29. 9. 1915 (3). Die Leitung der Berufsberatung übernahm daraufhin Frau Braschke aus Münster. KFB-Vorstandsprotokoll vom 8. 11. 1915; KFB-Arbeitsausschußprotokoll vom 2. 12. 1915 (2).

142 „Ergänzung zu dem Aufsatz Frauenarbeitsmarkt im Aprilhefte", in: Frauenland 8.1915, S. 76. Hinweise über den Umfang der Beratungsarbeit sind in den 8. (?) Mitteilungen vom 20. 7. 1916 enthalten (offenbar versehentlich als 8. anstatt richtig als 7. bezeichnet). Danach bearbeitete der Berliner Zweigverein in einem Zeitraum von Oktober 1915 - Mai 1916 nur 95 Fälle, München dagegen im Jahr 1915, einschließlich der Vermittlung von Arbeitsstellen, 458 Fälle. Die starke Differenz dürfte darin begründet liegen, daß in Berlin die überkonfessionelle Auskunftsstelle angesiedelt war, die vermutlich einen stärkeren Zulauf hatte. 8. (?) Mitteilungen des Katholischen Frauenbundes Deutschlands, Abteilung Berufsberatung vom 20. 7. 1916, in: SKF F.I. 1 e, ADCV (künftig zit.: 8 (?) Mitteilungen Berufsberatung).

143 11 Zweigvereine gaben an, daß sie Lehrstellen- bzw. Arbeitstellen im handwerklichen, kaufmännischen und häuslichen Bereich vermittelten. Sechs Zweigvereine hatten eine Stellenvermittlung ohne Berufsberatung eingerichtet, überwiegend für Dienstmädchen. Die Zahlen basieren auf den Angaben von 184 Zweigvereinen (für 1916 ist die genaue Zahl der Zweigvereine nicht bekannt, 1915 betrug sie 215). Arbeiten der Zweigvereine des Katholischen Frauenbundes Deutschlands in der Jugendfürsorge, April 1916 (maschinengetippte Übersicht, ohne Verf.), in: SKF F.I.1 a, ADCV.

144 Richtlinien für die Gründung von Berufsberatungsstellen in den Zweigvereinen des K.F.D., ferner für ihren Verkehr mit der Zentrale und mit andern Organisationen, in: CF 15.1917, S. 49 f., hier: S. 50 (künftig zit.: Richtlinien Berufsberatung).
145 Eine Sitzung des Arbeitsausschusses des Zentralvorstands (4. 7. 1915), in: VK 1915, S. 59; An die Berufsberatungsstellen des Katholischen Frauenbundes, in: VK 1915, S. 63; 8. Mitteilungen Berufsberatung; Richtlinien Berufsberatung, S. 50. Die Mitteilungen wurden etwa alle 2 Monate, oft aber in unregelmäßigen Abständen, „streng vertraulich" herausgegeben.
146 Die Mitglieder des Arbeitsausschusses entschieden sich für Else von Mallinckrodt. KFB-Arbeitsausschußprotokoll vom 23. 2. 1916 (5); 6. Mitteilungen Berufsberatung.
147 Eine Sitzung des Zentralausschusses des Katholischen Frauenbundes (1. 6. 1915), in: VK 1915, S. 51-56, hier: S. 55; Eine Sitzung der leitenden Kräfte unserer Berufsberatungsstellen (10. 1. 1916), in: VK 1916, S. 18 f., hier: S. 19; Die Gründung von Berufsberatungsstellen und Lehrstellenvermittlungen, in: ebd., S. 71; 6. und 8. Mitteilungen Berufsberatung. An einem mehrtägigen Informationskursus nahmen täglich ca. 150 Personen teil. 8. Mitteilungen Berufsberatung.
148 Hendrichs, Berufsberatung, S. 67 f., dies., Schulentlassung und Berufswahl, in: DKF 6.1912/13, S. 84 f; Eine Zentralstelle für Berufsberatung, in: VK 1913, S. 7 f.
149 Richtlinien Berufsberatung, S. 50.
150 Vgl. vor allem die Artikel von Hendrichs: Schulentlassung; Berufsberatung; Berufsberatung und Akademisches Frauenstudium, in: Katholischer Frauenkalender 1914, S. 246-254; Ein Blick in die Zukunft, in: Kalender für unsere Frauen 1914, S. 34-36.
151 Neuhaus an Dransfeld vom 23. 11. 1915 (Abschrift), in: SKF F.I.1 a, ADCV.
152 Die Protokolle des Arbeitsausschusses und des Vorstands enthalten jedenfalls keine Hinweise dazu. Lediglich personelle Fragen wurden noch im Arbeitsausschuß erörtert: KFB-Arbeitsausschußprotokolle vom 30. 7. 1916, 14. 3. 1917, 1. 8. 1917.
153 Nachrichtenblatt 1919, S. 27.
154 Berufsberatungserlaß für Preußen, in: Nachrichtenblatt 1920, S. 5 f. (künftig zit.: Berufsberatungserlaß). Zuständig für die Errichtung der Berufsämter waren die Stadt- und Landkreise (§ 1). Darüber hinaus sollte jede Provinz ein Provinzialberufsamt errichten (§ 8). Vgl. Vorschläge für die Mitarbeit des KFD in der neuen Organisation der Berufsberatung in Preußen, in: Nachrichtenblatt 1919, S. 27 f. (künftig zit: Vorschläge Berufsberatung). „KFD" ist gebräuchliche Abkürzung für den Frauenbund ab 1916.
155 Vorschläge Berufsberatung, S. 27. Nur in Ausnahmefällen hielt man die Berufsberatungsstellen der Zweigvereine für überlebensfähig. Weiter ausgeübt werden sollte jedoch die Berufsberatung in Kloster- und Privatschulen. Eine Konferenz über Berufsberatung, in: Nachrichtenblatt 1919, S. 49.
156 Berufsberatungserlaß, § 5.
157 Vorschläge Berufsberatung, S. 28. Zur Informations- und Fortbildungsarbeit vgl. Nachrichtenblatt 1919 ff., vor allem die Rubrik „Mitteilungen der Abteilung Berufsberatung".
158 Vorschläge Berufsberatung, S. 28. Jedes Berufsamt hatte einen Beirat einzurichten. Dem Beirat sollten „Vertreter von Handwerk, Handel, Großgewerbe und Landwirtschaft, von Berufsvereinen, von Behörden und staatlichen Betrieben, von Schulen sowie Vertreter der Ärzteschaft und der Jugendpflege" beitreten. Berufsberatungserlaß, § 6.
159 Eingabe des KFD betreffend die Organisation der Berufsberatung, in: Nachrichtenblatt 1920, S. 37.
160 Ebd.

161 Richtlinien Berufsberatung, S. 49; Studienzirkel zur Berufsberatung und Frauenarbeit, in: Nachrichtenblatt 1919, S. 67.
162 Helene Weber übernahm bis zum Herbst 1918 die Leitung der Schule. Die Helene Weber zugeschriebene aktive Rolle im Gründungsprozeß der Schule trifft nicht zu. Weber kam als Leiterin der Schule erst ins Gespräch, nachdem Verhandlungen mit mehreren anderen Frauen gescheitert waren. Die Nachfolgerin, Oberlehrerin Maria Brinkmann, blieb nur bis März 1920, danach übernahm Hedwig Vonschott die Leitung bis April 1921. Höhere Fachschule für Sozialarbeit. Soziale Frauenschule Aachen 1916-1966, Aachen o. J. (1966), S. 14; 1918-1978. 60 Jahre Katholische Ausbildungsstätte für Sozialarbeit in Aachen, hg. von der Pressestelle der Katholischen Fachhochschule Nordrhein-Westfalen, Köln o. J. (1978), S. 9; Die Organisation der Berufsberatung, in: Nachrichtenblatt 1920, S. 25; Über die Ausbildung und Fortbildung von Berufsberaterinnen, in: Nachrichtenblatt 1920, S. 42. Zur Frage der Leitung der Sozialen Frauenschule vgl. KFB-Vorstandsprotokoll vom 10. 5. 1916 (3); KFB-Arbeitsausschußprotokolle vom 23. 2. 1916 (2), 30. 7. 1916 (1), 13. 9. 1916 (1), 9. 3. 1918 (4); Charlotte Rieden, Helene Weber als Gründerin der katholischen Schule für Sozialarbeit in Köln und als Sozialpolitikerin, in: Sozialarbeit und soziale Reform. Zur Geschichte eines Berufs zwischen Frauenbewegung und öffentlicher Verwaltung, hg. von Rüdeger Baron, Weinheim/Basel 1983, S. 110-143, hier: S. 118 f.
163 Die sozialdemokratische Frauenbewegung war bezüglich der Mitarbeit im Nationalen Frauendienst gespalten. Besonders der Kreis um Clara Zetkin lehnte die Mitarbeit im Nationalen Frauendienst ab. Vgl. Richard J. Evans, Sozialdemokratie und Frauenemanzipation im deutschen Kaiserreich, Berlin/Bonn 1979, S. 272 ff.
164 Vgl. Birthe Kundrus, Kriegerfrauen. Familienpolitik und Geschlechterverhältnisse im Zweiten Weltkrieg, Hamburg 1995 ff. Zur Bedeutung des Ersten Weltkriegs für die Veränderung des Fürsorgesystems vgl. auch: Rolf Landwehr, Funktionswandel der Fürsorge vom Ersten Weltkrieg bis zum Ende der Weimarer Republik, in: Rolf Landwehr/Rüdeger Baron (Hg.), Geschichte der Sozialarbeit. Hauptlinien ihrer Entwicklung im 19. und 20. Jahrhundert, Weinheim/Basel 1983, S. 73-138; Christoph Sachße/Florian Tennstedt, Geschichte der Armenfürsorge in Deutschland. Band 2: Fürsorge und Wohlfahrtspflege 1871-1929, Stuttgart u. a. 1988, S. 46-67.
165 Die Leitung der Frauenarbeitszentrale übernahm Marie-Elisabeth Lüders (1878-1966), die spätere FDP Politikerin und Alterspräsidentin des Bundestages. Da sich Lüders durch die „sachliche Inkompetenz der Militärs" in ihrer Arbeit behindert fühlte, legte sie die Leitung bereits zum 1. 12. 1917 nieder. Ihre Nachfolgerin wurde Agnes Zahn-Harnack, die spätere Vorsitzende des BDF. Daniel, Arbeiterfrauen, S. 84. Zur Organisation der Frauenarbeit durch das Kriegsamt vgl. Marie-Elisabeth Lüders, Das unbekannte Heer. Frauen kämpfen für Deutschland 1914-1918, Berlin 1936; Charlotte Lorenz, Die gewerbliche Frauenarbeit während des Krieges, in: Paul Umbreit/Charlotte Lorenz, Der Krieg und die Arbeitsverhältnisse, S. 307-391, hier: S. 323 f.; Daniel, Arbeiterfrauen, S. 74 ff.
166 Daniel, Arbeiterfrauen, S. 79.
167 Lorenz, Frauenarbeit während des Krieges, S. 323 f.
168 Arbeitsplan für die Frauenarbeitszentrale, in: VK 1917, S. 6 f.
169 Eingerichtet werden sollten Pflegestellen, Krippen, Bewahranstalten, Kindergärten, Horte und Stillstuben. Vgl. ebd., S. 6. Eine knappe, aber gut überschaubare Darstellung der komplexen Struktur des Kriegsamtes befindet sich bei Sachße/Tennstedt, Geschichte der Armenfürsorge, S. 60 ff.
170 Die Organisation der Frauenarbeit durch das Kriegsamt, in: VK 1916, S. 97-100. Groener hatte seinen Aufruf vom 12. 12. 1916 allgemein an „alle großen Organisationen, die sich in erster Linie mit den Angelegenheiten der weiblichen Bevölkerung und

der Kinder jeden Alters" befassen, gerichtet. Ebd. S. 98. Daher waren neben den Frauenorganisationen auch Organisationen wie der Caritasverband (DCV) und das Generalsekretariat der Christlichen Gewerkschaften vertreten. Erster Vierteljahresbericht der Frauenarbeitszentrale beim Kriegsamt, Stab., 1. Februar bis 1. Mai 1917, Berlin 1917, S. 11 f.

171 Die Auflösung des Nationalen Ausschusses für Frauenarbeit im Kriege, in: VK 1918, S. 7. Daniel zufolge lag die Bedeutung des Nationalen Ausschusses vor allem in seiner propagandistischen Wirkung. Die konkreten Kontakte zwischen den Kriegsamtsstellen und den Frauen- und Fürsorgevereinen wurden dagegen auf lokaler Ebene geknüpft. Daniel, Arbeiterfrauen, S. 85.

172 Der „Zentralrat der Frauenorganisationen im Katholischen Frauenbund Deutschlands" wurde anläßlich der „Kriegstagung" des KFB 1916 gegründet.

173 Hedwig Dransfeld, Der Vaterländische Hilfsdienst der Frauen, in: CF 15.1917, S. 37-44, hier: S. 43 f. Vgl. auch: Die Organisation der Frauenarbeit durch das Kriegsamt, in: VK 1916, S. 97-100; Zur Sache der vaterländischen Hilfsarbeit der Frauen, in: VK 1917, S. 5-12. Bereits vor der Verabschiedung des „Hilfsdienstgesetzes" hatte der KFB seine Bereitschaft zum freiwilligen Hilfsdienst bekundet. Vgl.: An den Präsidenten des Kriegsamtes in Berlin, in: VK 1916, S. 89.

174 KFD Zentralstelle, „An die dem Zentralrat angeschlossenen Verbände" vom 19. 1. 1917, in: SKF F.I.1 a, ADCV; Eine Sitzung des Zentral-Arbeitsausschusses, in: VK 1917, S. 2. Auf Veranlassung von Hedwig Dransfeld legte Kardinal von Hartmann wegen der Nichtberücksichtigung des KFB im Rheinland beim Kriegsamt Beschwerde ein: Dransfeld an von Hartmann vom 15. 2. 1917, von Hartmann an Groener vom 16. 2. 1917, Groener an von Hartmann vom 21. 2. 1917, Groener an von Hartmann vom 9. 3. 1917, sämtlich in: HAEBK, Akte XXIII 36; vgl. auch: Dransfeld an Lüders vom 15. 2. 1917, in: ebd.; KFB-Arbeitsausschußprotokoll vom 31. 1. 1917 (1). - In Berlin arbeitete Anna Weltmann, Leiterin der dortigen katholischen Sozialen Frauenschule und aktives Mitglied im KFB, in der Frauenarbeitszentrale mit. Anna Weltmann war dort zuständig für den Bereich „Ausbildung sozialer Berufsarbeiterinnen und Heranziehung noch nicht berufstätiger Frauen", eine von Levy-Rathenau geführte Abteilung. Erster Vierteljahresbericht, S. 25. Anna Weltmann (1881-1946) studierte in Münster und legte das Oberlehrerinnenexamen ab. 1919 heiratete sie den Wirtschaftswissenschaftler Goetz Briefs, mit dem sie während des Nationalsozialismus auswanderte. Hans Muthesius (Hg.): Alice Salomon. Die Begründerin des sozialen Frauenberufs in Deutschland. Ihr Leben und ihr Werk, Köln/Berlin 1958, S. 246.

175 Siehe dazu die Berichte der ostdeutschen Zweigvereine vom 12. 2. 1915, in denen hervorgehoben wird, daß „das Ansehen des Kath. Frauenbundes durch diese Mitarbeit bedeutend gewonnen habe". Der Ostdeutsche Landesverband (Diözesanverband Breslau und Delegaturbezirk), in: VK 1915, S. 8 f. In Berlin waren in allen 23 Hilfskommissionen des Nationalen Frauendienstes katholische Frauen tätig, vermittelt durch den KFB. Eine Zusammenkunft der Vorsitzenden der Zweigvereine des Katholischen Frauenbundes mit dem Zentralvorstand, in: VK 1915, S. 46.

176 Eine Sitzung des Arbeitsausschusses des Zentralvorstandes, in: VK 1915, S. 59. Die Stellenvermittlung ging später in eine eigene Abteilung über. Vgl. Die Gründung einer Abteilung: Stellenvermittlung für Sozialbeamtinnen, in: VK 1917, S. 120; Eine Abteilung: Auskunft über Fragen der sozialen Fürsorge, in: CF 14.1916, S. 336 f.; Die Soziale Frauenschule an der Zentrale des Katholischen Frauenbundes, in: CF 14.1916, S. 334 f. - Die Schule wurde am 8. 11. 1916 in den Räumen der Kölner-KFB-Zentrale eröffnet. Noch kurze Zeit zuvor schien dies wegen der mangelnden Unterstützung der Stadt Köln in Frage gestellt. Der damalige Oberbürgermeister, Konrad Adenauer, teilte dem KFB mit, daß die Stadt beabsichtige, selbst eine Soziale Frauenschule ein-

zurichten. Der KFB sollte deswegen auf eine eigene Schule verzichten und stattdessen an der städtischen Schule „religiös-sittliche" Lehrfächer übernehmen. Der KFB lehnte dies ab, plante aber eine Zusammenarbeit mit der neuen Verwaltungshochschule, die Frauen eine akademische Ausbildung für soziale Berufe bot. Die Soziale Frauenschule des KFB wurde 1918 nach Aachen verlegt, da man sich der Konkurrenz mit der Kölner Verwaltungshochschule nicht gewachsen fühlte. KFB-Vorstandsprotokoll vom 10. 5. 1916 (3); KFB-Arbeitsausschußprotokolle vom 30. 7. 1916 (1), 13. 9. 1916 (1), 5. 2. 1918 (4), 19. 4. 1918 (5). Vgl. (Fritz) Stier-Somlo, Frauen-Hochschulstudium für soziale Berufe an der Hochschule für kommunale und soziale Verwaltung, Cöln, Köln 1916.
177 Ein Kriegssekretariat, in: VK 1917, S. 28.
178 KFB-Arbeitsausschußprotokolle vom 5. 7. 1916 (5), 13. 9. 1916 (3 g, i); Eine Versammlung kath. Sozialbeamtinnen, in: VK 1916, S. 68-71; Die Gründungsversammlung des Vereins katholischer Sozialbeamtinnen Deutschlands, in: VK 1916, S. 100-102; Hedwig Dransfeld, Der Verein katholischer Sozialbeamtinnen Deutschlands, in: CF 14.1916, S. 337-342. Am 28. 11. 1916 wurde die überkonfessionelle Berufsorganisation gegründet, der „Deutsche Verband der Sozialbeamtinnen", unter dem Vorsitz von Adele Beerensson. Peter Reinicke, Die Berufsverbände der Sozialarbeit und ihre Geschichte. Von den Anfängen bis zum Ende des zweiten Weltkrieges, Frankfurt a. M. 1990, S. 5; 10 Jahre Soziale Berufsarbeit, hg. vom „Deutschen Verband der Sozialbeamtinnen" anläßlich seines zehnjährigen Bestehens, Berlin 1926, hier: S. 13 f. Im Oktober 1918 schloß sich die katholische Organisation mit der überkonfessionellen und der evangelischen Berufsorganisation für Sozialbeamtinnen zu einer Arbeitsgemeinschaft zusammen. Ebd., S. 17. Über das Datum des Zusammenschlusses besteht Unklarheit. Sachße gibt 1919 an, Reinicke 1920. Christoph Sachße, Mütterlichkeit als Beruf. Sozialarbeit, Sozialreform und Frauenbewegung 1871-1929, Frankfurt a. M. 1986, S. 290; Reinicke (s. o.), S. 182. Zur Entwicklung der evangelischen Organisation, die bereits 1903 im Rahmen der Inneren Mission entstand, vgl. Brigitte Kerchner, Beruf und Geschlecht. Frauenberufsverbände in Deutschland. 1848-1908, Göttingen 1992, S. 206 ff.
179 Dransfeld, Verein katholischer Sozialbeamtinnen, S. 341.
180 § 2 der Satzung nach: ebd., S. 338.
181 Ebd., S. 339 f.; Eine Versammlung kath. Sozialbeamtinnen, in: VK 1916, S. 69.
182 So das Ergebnis einer Erhebung, die in 45 Großstädten durchgeführt wurde. Hedwig Dransfeld, Die Sozialbeamtin, in: CF 14.1916, S. 289-293, hier: S. 290. Auch wenn sich das Verhältnis zwischen ehrenamtlicher Sozialarbeit und bezahlter, professioneller Arbeit längst zugunsten der letzteren verschoben hat, gewinnt die Diskussion darüber von Zeit zu Zeit an Aktualität. So zuletzt im Zusammenhang mit den expandierenden Selbsthilfeansätzen in der sozialen Arbeit während der 1980er Jahre. Dazu: Gisela Notz, Frauen im sozialen Ehrenamt. Ausgewählte Handlungsfelder: Rahmenbedingungen und Optionen, Freiburg i. Br. 1989.
183 Helene Weber an Caritas-Verband vom 7. 11. 1919, in: 219.3, Mappe 1917-1959, ADCV.
184 Die Gründungsversammlung des Vereins katholischer Sozialbeamtinnen, in: VK 1916, S. 102.
185 Dransfeld, Verein katholischer Sozialbeamtinnen, S. 341 f.
186 (Werthmann) an Heßberger vom 5. 3. 1917, in: CA VIII d B 144, ADCV. Dabei mag eine Rolle gespielt haben, daß sich der Caritasverband durch die Bischofskonferenz indirekt ermuntert fühlen konnte. Diese hatte 1915 dem Caritasverband den Vorrang eingeräumt: „Einer dritten Zentrale (gemeint ist neben Volksverein und Caritasverband der KFB, G.B.), die seit einiger Zeit sich zu bilden sucht, in alle Gebiete hinein-

redet und doch zu keiner rechten Entwicklung gelangen kann, dem katholischen Frauenbund, wäre der rechte Platz angewiesen. Der Frauenbund müßte sich eingliedern in die kath. Caritasorganisation, die notwendig weibliche Kräfte braucht, und es dürfte nicht schwer sein, den fähigen Leiterinnen des Frauenbundes die entsprechende Betätigung zu geben." Organisation der katholischen Caritas [Fulda, 17. 8. 1915], in: Akten der Fuldaer Bischofskonferenz, III, 1900-1919, bearbeitet von Erwin Gatz, Mainz 1985, S. 252 f.
187 Heßberger an Hochwürdigster Herr Prälat (Werthmann) vom 2. 3. 1917, in: CA VIII d B 144, ADCV.
188 (Werthmann) an Heßberger vom 5. 3. 1917, in: ebd.
189 Erzberger an Werthmann vom 7. 3. 1917, in: ebd.
190 Katholische Arbeitsgemeinschaft für den vaterländischen Frauendienst im Kriege, in: VK 1917, S. 1 f.
191 Protokoll des Zentralrates vom 17. 7. 1917 (2), in: Akte „Zentralrat", AKDFB.
192 Vgl. die zahlreichen Hinweise in den Akten CA VIII d 146, R 581, R 582, ADCV. Auch zwischen dem DCV und dem Katholischen Fürsorgeverein (KFV) bestand ein Konkurrenzverhältnis, das sich ebenfalls 1916 zuspitzte. Der KFV sprach dem DCV die fachlichen Kompetenzen für die praktische Fürsorgearbeit ab und wandte sich gegen die „exklusiven Ansprüche" des DCV auf die Arbeitsgebiete des KFV. Andreas Wollasch, Der Katholische Fürsorgeverein für Mädchen, Frauen und Kinder (1899-1945). Ein Beitrag zur Geschichte der Jugend- und Gefährdetenfürsorge in Deutschland, S. 91 ff.
193 Die Soziale Frauenschule an der Zentrale des Katholischen Frauenbundes Deutschlands, in: CF 14.1916, S. 334 f. Der jahrelange Diskussionsprozeß um die Gründung der Schule ist vor allem ab 1910 in zahlreichen Protokollen des KFB-Vorstands und ab 1913 in den Protokollen des Arbeitsausschusses belegt.
194 Erika Glaenz, Die geschichtliche Entwicklung der deutschen Frauenschulen für Volkspflege im Rahmen des weiblichen Bildungswesens, Würzburg o. J. (1937), S. 20. Vgl. Wilhelmine Zeiss, Entstehung und Entwicklung der Sozialen Frauenschulen in Deutschland, Heidelberg 1923 (Dissertation); Sachße, Mütterlichkeit als Beruf, S. 252 ff.
195 1918 führte der Caritasverband einen ersten Lehrgang durch, weshalb dieses Jahr als Gründungsjahr gewertet wird. Die „eigentliche" Gründung als Soziale Frauenschule erfolgte am 10. 3. 1920. Hans-Josef Wollasch, Beiträge zur Geschichte der Deutschen Caritas in der Zeit der Weltkriege. Zum 100. Geburtstag von Benedict Kreutz (1879-1949), hg. vom Deutschen Caritasverband e. V., Freiburg i. Br. 1978, S. 104-153, hier: S. 107; Festschrift zum 50jährigen Jubiläum. Höhere Fachschule für Sozialarbeit, Freiburg o. J. (1968), S. 6. Vgl. Die Soziale Frauenschule (Caritasschule) des Deutschen Caritasverbandes e. V., in: Caritas 30.1925, S. 313-316. Zu den weiteren Schulgründungen siehe: Soziale und caritative Frauenschule des Kath. Frauenbundes in Bayern. 1909-1918, o. O. (München) o. J. (1918), S. 10; Eine Ausschußsitzung des Bayr. Landesverbandes des Kath. Frauenbundes Deutschlands, in: VK 1916, S. 67; Eine Sitzung des Zentralausschusses, in: ebd., S. 76; Susanne Zeller, Maria von Graimberg. Vierzig Jahre Sozialarbeiterinnenausbildung in Heidelberg, Freiburg i. Br. 1989, S. 45; Soziale Frauenschule des Kath. Frauenbundes Deutschlands. Zweigverein Berlin, Berlin 1917; Ursula Ried, Zur Geschichte der kathol. Sozialen Frauenschulen, in: Caritas 30.1925, S. 175-180, 216-220, hier: S. 218 f. Die Dortmunder Schule bot nur eine einjährige Ausbildung an und galt deswegen nur bedingt als Soziale Frauenschule, die im Regelfall eine zweijährige Ausbildungszeit hatte. Zur Dortmunder Schule vgl. Wollasch, Der Katholische Fürsorgeverein, S. 152 ff.
196 Vgl. Sachße, Mütterlichkeit als Beruf, S. 250.

197 Dransfeld, Verein katholischer Sozialbeamtinnen, S. 342.
198 So sollte der katholische Berufsverband den Sozialarbeiterinnen „den Aufstieg in gehobene und leitende Stellungen" vermitteln. Ebd., S. 339.
199 Dransfeld charakterisierte den Beruf als Eliteberuf, der höchste Anforderungen an die Sozialarbeiterin stelle: „Die Sozialbeamtin muß nicht nur technisch, sondern vor allem auch ethisch eine Qualitätsarbeiterin sein, wenn sie auf ihrem Betätigungsfelde des lebendigen Menschentums vollwertige Leistungen erzielen will." Dransfeld, Die Sozialbeamtin, S. 289, 290.
200 Ebd., S. 289.

Kapitel V

1 Hedwig Dransfeld, Ziele und Aufgaben des Katholischen Frauenbundes, in: DKF 6.1912/13, S. 21-23, hier: S. 21.
2 C. (Carl) Walterbach, Die Organisation der katholischen Frauen, München 1913, S. 26. Synonyme Bezeichnungen waren: die „erwerbstätigen Klassen" (S. 24), die „erwerbstätigen Massen" (S. 31) oder die „erwerbstätige Frauenwelt" (S. 43). Vgl. auch: Unser IX. Verbandstag, in: Frauenarbeit 9.1913, S. 81-87.
3 Walterbach, Organisation, S. 28, 30, 42.
4 Das war für die süddeutschen Arbeiterinnenvereine Carl Walterbach, für die westdeutschen Arbeiterinnenvereine der Verbandspräses Otto Müller. Für den Berliner „Verband katholischer Vereine erwerbstätiger Frauen und Mädchen" trat dagegen deren Vorsitzende Amalie von Schalscha stärker in die Öffentlichkeit.
5 Vgl. Ute Gerhard, Unerhört. Die Geschichte der deutschen Frauenbewegung, Reinbek 1990, S. 60 ff.; vgl. auch: dies., Verhältnisse und Verhinderungen. Frauenarbeit, Familie und Rechte der Frauen im 19. Jahrhundert. Mit Dokumenten, Frankfurt a. M. 1978, S. 443 f.
6 Vgl. Richard J. Evans, Sozialdemokratie und Frauenemanzipation im deutschen Kaiserreich, Berlin/Bonn 1979, S. 63, 93.
7 Besondere Aufmerksamkeit erregte diesbezüglich, daß Helene Simon gesetzlich verboten wurde, ein Referat über Fabrikarbeiterinnen zu halten, wozu die Deutsche Gesellschaft für soziale Reform sie eingeladen hatte. Das Reichsvereinsgesetz, in: CF 6.1907/08, S. 257-259, hier: S. 258.
8 Vgl. ebd., S. 257 ff. Das Gesetz trat am 15. 5. 1908 in Kraft. Es ist abgedruckt in: Ernst Rudolf Huber (Hg.), Dokumente zur deutschen Verfassungsgeschichte, Bd. 2: Deutsche Verfassungsdokumente 1851-1918, Stuttgart 1964, S. 374-378.
9 Pieper an Brem vom 1. 9. 1908, in: VV Archiv, Akte 223, ZStAPots.
10 So vermerkt im Protokoll des Gesamtvorstands des Volksvereins vom 15. 10. 1908, in: VV Archiv, Akte 13, Bl. 84-90, ZStAPots. In einer 2. Protokollfassung gleichen Datums fehlt der Hinweis auf die „wohlhabenden Frauen". Ebd., Bl. 91-95.
11 Pieper an Brem vom 1. 9. 1908, in: VV Archiv, Akte 223, ZStAPots.
12 Der Stimmenanteil des Zentrums ging von 19,4 % auf 16,4 % zurück. Der Stimmenanteil unter der katholischen Bevölkerung sank von 63,8 auf 54,6 % und die Mandate reduzierten sich von 105 auf 91. Wilfried Loth, Katholiken im Kaiserreich. Der politische Katholizismus in der Krise des wilhelminischen Deutschlands, Düsseldorf 1984, S. 198.
13 Protokolle des engeren VV-Vorstands vom 6. 5. 1912, 11. 7. 1912, in: NL Hohn, Akte 157, StadtAMö.
14 Als neue Stände bezeichnete der Volksverein vor allem „Beamte, sowohl im öffentlichen als privaten Bereich, Arbeiter und Techniker": Neue Aufgaben des Volksver-

eins, o. D. (1912), in: NL Hohn, Akte 157, StadtAMö. Als Privatbeamte galten die Angestellten im Bankgewerbe, Handel und Verkehr. Horstwalter Heitzer, Der Volksverein für das katholische Deutschland im Kaiserreich 1890-1918, Mainz 1979, S. 164, Anm. 190.

15 Neue Aufgaben des Volksvereins, o. D.; Protokoll des engeren VV-Vorstands vom 6. 5. 1912 , beide in: NL Hohn, Akte 157, StadtAMö.

16 Volksverein (ohne Unterschrift) an Schofer vom 20. 3. 1913, in: VV Archiv, Akte 223, Bl. 158-160, ZStAPots. Siehe dazu auch das Schreiben des Volksvereinsdirektors Dr. H. Brauns an Bischof Schulte, mit dem erneut die Stagnation der Mitgliederzahl im Industrierevier beklagt wurde: Brauns an Bischof Schulte vom 7. 5. 1913, Bl. 21-24, in: ebd.

17 1909 bestand zwischen dem Volksverein und der Sozialdemokratischen Partei noch eine ähnliche Mitgliederstärke, die jedoch zunehmend auseinanderklaffte. Loth zufolge wies die SPD 1909 einen Mitgliederbestand von 633.000 auf, der Volksverein 625.000. Bis 1914 stieg die Mitgliederzahl beim Volksverein auf 776.000, bei den Sozialdemokraten dagegen auf rd. 1.086.000 an. Loth, Katholiken im Kaiserreich, S. 274. Zu beachten ist dabei auch, daß sich durch die Agitationsorganisation der Partei, der „Sozialdemokratische Verein" - gegründet auf dem Jenaer Parteitag von 1905 -, der Organisationsgrad der Sozialdemokraten weiter verdichtete: Von 1905 bis 1910 stieg die Mitgliederzahl des Sozialdemokratischen Vereins von 0 auf 720.038. Der Volksverein hatte dagegen 20 Jahre gebraucht, um 625.645 Mitglieder zu gewinnen. Heitzer, Volksverein, S. 186. Der Zahlenvergleich zwischen dem Volksverein und der Sozialdemokratischen Partei sagt allerdings nichts über die Klientel aus und kann lediglich als Indikator für die zunehmende Attraktivität der SPD gelten. Da das Zentrum keine Mitgliederpartei war, ist ein direkter Zahlenvergleich zwischen Zentrum und SPD nicht möglich.

18 Loth, Katholiken im Kaiserreich, S. 274 f. - Loth führt hier die katholischen kaufmännischen Vereinigungen an und - bezogen auf die Versuche der Christlichen Gewerkschaften, eigene Jugendabteilungen zu gründen - die Präsides der Jünglings- und Gesellenvereine, die „hinhaltenden Widerstand" leisteten.

19 So der Hinweis, daß die Zechenarbeiter überhaupt nicht mehr für den Volksverein und das Zentrum ansprechbar seien, wohl aber weibliche Mitglieder im Revier gewonnen werden konnten. Volksverein (ohne Unterschrift) an Schofer vom 20. 3. 1913, in: VV Archiv, Akte 223, Bl. 158 - 160, ZStAPots.

20 Hitze an Brandts (Abschrift) vom 20. 9. 1913, in: NL Trimborn, Akte 368, HAStK. Der finanzielle Aspekt spielte im übrigen auch zwischen den Standesvereinen und dem KFB eine Rolle. Aufgabenerweiterung und Einstellung von bezahlten Kräften mache den KFB zunehmend abhängig von Beiträgen persönlicher Mitglieder - so Hedwig Dransfeld, die gegen Walterbachs Idee, eine Doppelmitgliedschaft von Frauen in Standesvereinen und im KFB auszuschließen, Protest erhob. Hedwig Dransfeld, Probleme der katholischen Frauenbewegung, in: CF 11.1912/13, S. 325-332, 362-385, hier: S. 382 ff.; Walterbach, Organisation, S. 29 ff., 37, 41.

21 Thomas Nipperdey, Die Organisation der deutschen Parteien vor 1918, Düsseldorf 1961, S. 281; „Seine (des Volksvereins, G.B.) staatsbürgerliche Schulung mußte erziehen und schulen auch für die Betätigung in den Parteien" resümierte August Pieper in seinen Erinnerungen, zit. nach: Heitzer, Volksverein, S. 140.

22 Heitzer, Volksverein, S. 144-149. Zum Zusammenhang von Volksvereinstätigkeit und Wahlerfolgen des Zentrums vgl. ebd., S. 156 f.; Nipperdey, Organisation, S. 281.

23 Heitzer, Volksverein, S. 158.

24 Loth, Katholiken im Kaiserreich, S. 183 ff.

25 Vgl. ebd., S. 177 ff., 199 ff. Der „schwarz-blaue Block" bezeichnet das 1909 eingegangene Bündnis des Zentrums mit den Konservativen im Zuge des Scheiterns der Bülowschen Sammlungspolitik.
26 Heitzer, Volksverein, S. 143.
27 Ebd., S. 162, 169 f., 183.
28 Pieper kritisierte z. B. wiederholt die mangelnde Präsenz der Zentrumspolitiker an der Basis. Ebd., S. 151, 159. Heftig kritisiert wurde auch, sowohl von Pieper als auch von Heinrich Brauns, daß den Arbeitern kaum Zugang zu den Wahlkomitees der Partei ermöglicht wurde. Ebd., S. 161; Nipperdey, Organisation, S. 269 ff.
29 Heitzer, Volksverein, S. 159.
30 Loth, Katholiken im Kaiserreich, S. 276 f.
31 Heitzer, Volksverein, S. 139 ff.
32 So in bezug auf den mangelnden Einsatz für die Reform des preußischen Wahlrechts, verbunden mit dem grundsätzlichen Festhalten am Dreiklassenwahlrecht, um die politische Emanzipation der Arbeiter zu verhindern. Siehe dazu: Loth, Katholiken im Kaiserreich, S. 221 ff.
33 Beispielsweise gab es noch bei den Reichstagswahlen 1907 zwischen SPD und Zentrum Unterstützungsabsprachen für die Stichwahlen. Ebd., S. 194 ff.; Nipperdey, Organisation, S. 278. Punktuell kam es im Reichstag allerdings auch nach 1909 zu einem gemeinsamen Abstimmungsverhalten mit der SPD. Loth, Katholiken im Kaiserreich, S. 101, 199 ff.
34 Loth, Katholiken im Kaiserreich, S. 185.
35 Ebd., S. 194.
36 Heitzer, Volksverein, S. 174 f.
37 Loth, Katholiken im Kaiserreich, S. 224.
38 Heitzer, Volksverein, S. 150, 152, 154, 171. - Der Priester Heinrich Brauns (1868-1939) arbeitete im Volksverein als Direktor der Organisationsabteilung mit. 1919 wurde der katholische Sozialpolitiker in die Weimarer Nationalversammlung gewählt. Von 1920-1928 war Brauns Reichsarbeitsminister. Hubert Mockenhaupt, Heinrich Brauns (1868-1939), in: Zeitgeschichte in Lebensbildern. Aus dem deutschen Katholizismus des 20. Jahrhunderts, hg. von Rudolf Morsey, Mainz 1973, S. 148-159.
39 Heitzer, Volksverein, S. 51.
40 Protokoll des engeren VV-Vorstands vom 11. 7. 1912, in: NL Hohn, Akte 157, StadtAMö.
41 Protokolle des engeren VV-Vorstands vom 6. 5. 1912, 11. 7. 1912, in: NL Hohn, Akte 157, StadtAMö.
42 Protokoll des VV-Gesamtvorstands vom 30. 9. 1912, in: NL Hohn, Akte 157, Bl. 38 f., StadtAMö. Ursprünglich war geplant, Frauengruppen einzurichten. Dieser Plan war aufgegeben worden, weil der KFB entschieden dagegen protestierte, wie noch näher aufgezeigt wird.
43 Satzung des Volksvereins von 1906, § 4, in: Heitzer, Volksverein, S. 301-304.
44 Protokoll des VV-Gesamtvorstands vom 30. 9. 1912, in: NL Hohn, Akte 157, Bl. 38 f., StadtAMö.
45 Mitteilungen an die Geschäftsführer und Förderer des Volksvereins für das kathol. Deutschland, hg. von der Zentralstelle, M.Gladbach, Oktober 1912, S. 1-16, hier: S. 3 (künftig zit.: Mitteilungen an die Geschäftsführer), in: VV Archiv, Akte 4, Bl. 311-318, ZStAPots.
46 Ebd., S. 3 f.
47 Siehe hierzu das Schreiben des Volksvereins an „Sehr geehrter Herr Pfarrer" vom Dezember 1912, in: Akte „Volksverein, Allgemeine Korrespondenz", AKDFB.

48 Arbeitsprogramm des Volksvereins für das katholische Deutschland, 9. Brief, An die Geschäftsführer und Vertrauensmänner, Frauen im Volksverein, Januar 1913, (künftig zit.: Arbeitsprogramm, 9. Brief), in: Akte „Volksverein, Material", AKDFB. - Auf die Bedeutung, die der Klerus für die Mitgliederwerbung hatte, weist auch Heitzer hin: Die Mitgliederkonzentration des Volksvereins im Rheinland und in Westfalen sei einerseits durch die räumliche Nähe zur Zentralstelle des Volksvereins bedingt gewesen, andererseits aber auch auf die Unterstützung des Kölner Erzbischofs, Kardinal Fischer, und den niederen Klerus zurückzuführen. In der Diözese Trier und in Schlesien war dagegen die ablehnende Haltung der integral gesinnten Bischöfe Korum und Kopp Ursache für die schwache Mitgliederentwicklung des Volksvereins. Heitzer, Volksverein, S. 55.
49 Arbeitsprogramm, 9. Brief, S. 4.
50 Ebd., S. 2 f.
51 Mitteilungen an die Geschäftsführer, S. 6.
52 Ebd.
53 Arbeitsprogramm, 9. Brief, S. 6.
54 Ebd.
55 Ebd. S. 8.
56 Walterbach, Organisation, S. 31 (Hervorhebungen im Original). Den „erwerbstätigen Massen" ordnete Walterbach vor allem Berufe der gewerblichen und dienstleistenden Bereiche zu (Handwerkerinnen, Ladnerinnen, Dienstmädchen), wobei die Arbeiterinnen im Mittelpunkt des Interesses standen. Ebd., S. 26 ff. Wenn also im folgenden von erwerbstätigen Frauen und Mädchen die Rede ist, dann ist damit auch die Standeszugehörigkeit angesprochen. Es ging Walterbach nicht um die erwerbstätigen Frauen der mittleren und gehobenen Stände.
57 Ebd., S. 40, 44.
58 Ebd., S. 17 f. Die Anlehnung Walterbachs an die marxistisch/sozialdemokratische Terminologie bedeutet nicht, daß er auch deren Ideologie (Theorie) teilte. Walterbach verfolgte nicht das Ziel einer klassenlosen Gesellschaft. Eine Verbesserung der sozialen und wirtschaftlichen Lage war - wie auch für die Frauen des KFB - nur im Rahmen der bestehenden Gesellschaftsordnung denkbar.
59 Ebd., S. 17, 31, 43 f.
60 Dominikus vom 5. 6. 1908 (Manuskript; dem KFB zur Kenntnis gegeben), in: DALim, Akte 353 D/1. Die Äußerung des Bischofs stand im Zusammenhang mit dessen Einschätzung, daß die Kölner KFB-Zentrale auf der Seite der „Kölner" stehe und auf jeden Fall verhindert werden müsse, daß der KFB in die gewerkschaftliche Arbeit einbezogen würde. Ein ähnlich bedrohliches Bild von der politisch arbeitenden Frau baute auch der Volksverein am Beispiel der Sozialdemokratinnen auf: „Und die sozialdemokratische Frau und Mutter wird ganz andere Leidenschaften im Kampfe gegen Gesellschaft, Staat und Kirche entfalten wie der Mann." Mitteilungen an die Geschäftsführer, S. 5.
61 Politische Frauenorganisationen?, in: KV Nr. 1101 vom 15. 12. 1912; vgl. Hilde Lion, Zur Soziologie der Frauenbewegung. Die sozialistische und die katholische Frauenbewegung, Berlin 1926, S. 131. Daß der namentlich nicht gekennzeichnete Artikel - wie Lion vermutet - dem „offiziellen Zentrum" zuzurechnen sei, ist wohl zutreffend. In der Vorbemerkung der Redaktion zum Gegenartikel Hedwig Dransfelds ist die Rede davon, daß der strittige Artikel vom „Standpunkt der Zentrumspartei" ausgeht. Hedwig Dransfeld, Der Katholische Frauenbund, in: KV Nr. 1132 vom 27. 12. 1912, hier: Anm. der Redaktion.
62 Lion, Soziologie der Frauenbewegung, S. 164, Anm. 16. Die Rede wurde am 22. 10. 1912 gehalten. Dransfeld, Der Katholische Frauenbund, in: KV Nr. 1132.

63 Brauns an Trimborn vom 23. 6. 1913, in: NL Trimborn, Akte 368, Bl. 9-11, HAStK.
64 Politische Frauenorganisationen?, in: KV Nr. 1101.
65 Ebd.; vgl. auch Anm. 89 in diesem Kapitel. - Zum parteipolitischen Engagement der im DEF organisierten Frauen vgl. Ursula Baumann, Protestantismus und Frauenemanzipation in Deutschland 1850-1920, Frankfurt/New York 1992, S. 216 ff., 272.
66 Barbara Greven-Aschoff, Die bürgerliche Frauenbewegung in Deutschland 1894-1933, Göttingen 1981, S. 142 ff.; Angelika Schaser, Bürgerliche Frauen auf dem Weg in die linksliberalen Parteien (1908-1933), in: Historische Zeitschrift, 263.1996, S. 641-680, hier: S. 658 ff. Vgl. auch: Gabriele Bremme, Die politische Rolle der Frau in Deutschland. Eine Untersuchung über den Einfluß der Frauen bei Wahlen und ihre Teilnahme in Partei und Parlament, Göttingen 1956, S. 117 ff.
67 Handschriftliche Notizen o. D. (Trimborn, vermutlich Juni/Juli 1913), in: NL Trimborn, Akte 368, Bl. 6, HAStK.
68 Diese Position vertrat auch Heinrich Brauns: Brauns an Hitze vom 2. 8. 1913, in: VV Archiv, Akte 223, Bl. 120 - 123, ZStAPots. - Angesichts der bis 1918 anhaltenden Versuche, Frauenorganisationen im Zentrum zu verhindern, kann der Feststellung Baumanns, das Zentrum habe sich „seit 1912 zu einer Integration von Frauen durchgerungen", nur bedingt zugestimmt werden. Vgl. Baumann, Protestantismus und Frauenemanzipation, S. 216
69 Handschriftliche Notizen o. D. (Trimborn, vermutlich Juni/Juli 1913), in: NL Trimborn, Akte 368, Bl. 5, 6. Zur Gründung des Zentrumsfrauenvereins siehe auch: Erika Münster-Schröer, Frauen in der Kaiserzeit. Arbeit, Bildung, Vereinswesen, Politik und Konfession. Eine sozialgeschichtliche Untersuchung am Beispiel einer rheinischen Kleinstadt, Bochum 1992, S. 264 ff. Zur Organisation der „Zentrumsfrauen" vgl. Anhang 7 der vorliegenden Studie.
70 Handschriftliche Notizen o. D. (Trimborn, vermutlich Juni/Juli 1913), in: NL Trimborn, Akte 368, Bl. 7.
71 Brauns an Hitze vom 2. 8. 1913, in: VV Archiv, Akte 223, Bl. 123; vgl. Volksverein (ohne Unterschrift) an Schofer vom 20. 3. 1913, in: ebd., Bl. 159, ZStAPots.
72 Das Aufstellen der Kandidaten der Zentrumspartei erfolgte durch Komitees, in denen auch Mitglieder des Volksvereins vertreten waren. Nipperdey, Organisation, S. 266 ff.
73 Entwurf o. D. (Dezember 1912), o. Verf. (Jörg) an „Sehr geehrter Herr Parteichef", in: NL Trimborn, Akte 367, Bl. 11-13; vgl. den inhaltlich gleichen Entwurf von Dr. Jörg, Generalsekretär des Rheinischen Zentrums „An die Herren Vorsitzenden der Provinzial- resp. Landesverbände der Centrumspartei" vom 20. 12. 1912, in: NL Trimborn, Akte 114-117, Bl. 3-5, beide HAStK. Auch der große Provinzialausschuß des Rheinischen Zentrums vertrat die Auffassung, daß die „Aufklärungsarbeit" unter den Frauen Sache des Volksvereins sei. Frauen im Volksverein. Volksverein und Frauenbund o. D. (1913), in: VV Archiv, Akte 223, Bl. 87-90, ZStAPots; vgl. auch: Walterbach, Organisation, S. 14.
74 Das betraf allerdings auch andere Parteien. Greven-Aschoff weist darauf hin, daß die Skepsis bezüglich eines parteipolitischen Engagements auch darin wurzelte, daß die Frauen befürchteten, mit „minderwertigen" Arbeiten abgespeist zu werden. Greven-Aschoff, Bürgerliche Frauenbewegung, S. 144.
75 Politische Frauenorganisationen?, in: KV Nr. 1101. Wahlhilfe hatten katholische Frauen bereits anläßlich der Kölner Stadtverordnetenwahl 1911 geleistet. Im Zusammenhang mit der Wahl fand in Köln eine politische Frauenversammlung des Zentrums statt, an der etwa 3.000 Personen teilnahmen. Redner waren der Zentrumspolitiker Giesberts und einige Pfarrer. CF 10.1911/12, „Aus Frauenkreisen", S. 108. Auch in der SPD, den liberalen und konservativen Parteien unterstützten Frauen den Wahlkampf durch aktive Mitarbeit, vgl. dazu: Schaser, Bürgerliche Frauen, S. 651 f.

76 KFB-Vorstandsprotokoll vom 2. 3. 1913 (2).
77 Vgl. Brauns an Trimborn von 23. 6. 1913, in: NL Trimborn, Akte 368, Bl. 9-11; Anlage II zum Schreiben: Brandts an von Hartmann vom 19. 12. 1913, in: NL Trimborn, Akte 369, Bl. 77-79, beide HAStK.
78 Dransfeld, Probleme, S. 369.
79 KFB-Vorstandsprotokoll vom 1. 8. 1912 (1); VK 1912, S. 50.
80 KFB-Vorstandsprotokoll vom 29. 9. 1912 (4).
81 Bericht über eine Konferenz zwischen dem Katholischen Frauenbund und der Volksvereinszentrale in M.Gladbach am 25. September 1912, in: NL Trimborn, Akte 369, Bl. 72-80, HAStK.
82 KFB-Vorstandsprotokoll vom 29. 9. 1912 (4).
83 Zentralstelle des Volksvereins an Zentralvorstand des KFB o. D. (1912), in: VV Archiv, Akte 223, Bl. 9-14, ZStAPots. Bestätigende Quellen waren im ausgewerteten Material des KDFB-Archivs nicht auffindbar.
84 KFB-Vorstandsprotokoll vom 29. 9. 1912 (4).
85 Bericht über die V. Generalversammlung des Katholischen Frauenbundes in Straßburg vom 13.-16. Oktober 1912, in: NL Korum, Bl. 22-40, hier: Bl. 27, BATr. Der Bericht ist namentlich nicht gekennzeichnet. Sprache und Stimmungsbild lassen jedoch darauf schließen, daß die Berichterstatterin aus dem Kreis der „Erwerbstätigen" bzw. der „Berlin-Trierer Richtung" kam.
86 So erklärt, nachdem der Verband der Windthorstbunde beschlossen hatte, auch Frauen aufzunehmen. KFB-Vorstandsprotokoll vom 29. 6. 1908, Bl. 132 f. Die Bemühungen der Windthorstbunde zeigten jedoch nur mäßige Erfolge. 1912 waren von 1.700 Mitgliedern nur 65 Frauen. Lion, Soziologie der Frauenbewegung, S. 130. Auf welche Windthorstbunde sich Lion bezieht, ist unklar. Für den Gesamtverband sind jedenfalls andere Zahlen bekannt. So waren 1910 etwa 13.000 Mitglieder im Verband organisiert, 1914 waren es etwa 20.000. Für 1912 sind bei Morsey keine Zahlen angegeben: Rudolf Morsey, Die Deutsche Zentrumspartei 1917-1923, Düsseldorf 1966, S. 592 f.
87 KFB-Vorstandsprotokoll vom 10. 2. 1909, Bl. 169.
88 Hedwig Dransfeld, Wichtige Aufgaben der katholischen Frauen der Gegenwart, in: A. Hesse, Vierte Generalversammlung des Katholischen Frauenbundes zu Düsseldorf vom 23. bis 27. Oktober, in: DKF 4.1910/11, S. 13-32, hier: S. 24 f.
89 Im Januar 1911 wurde in der Kölnischen Volkszeitung mit Blick auf die Sozialdemokraten darauf hingewiesen, daß die bürgerlichen Parteien sich stärker mit der Frage der politischen Mitarbeit von Frauen befassen müßten, wollte man den „roten internationalen Massen" wirksam entgegentreten. Politische Frauenorganisation, o. Verf., (Rubrik: Aus der Frauenwelt), in: KV Nr. 84 vom 28. 1. 1911. In der katholischen Zeitschrift „Hochland" erfolgte in den Jahren 1911/12 eine Auseinandersetzung zum Frauenstimmrecht durch einen Artikel von Elisabeth Gnauck-Kühne: Staat und Frau, Hochland 8.1911, S. 129-145; Bernarda von Nell, Frauenstimmrecht? Erwägungen zu Frau E. Gnauck-Kühnes Essay: ‚Staat und Frau', Hochland 8.1911, S. 583-601; M., Der Staat und die Frauen, Hochland 9.1912, S. 760-763.
90 Allerdings gestattete er den Düsseldorfer KFB-Mitgliedern, sich als Privatpersonen zu beteiligen. KFB-Vorstandsprotokoll vom 27. 6. 1911 (5).
91 KFB-Vorstandsprotokoll vom 25. 10. 1911 (6); Zentral-Ausschuß-Sitzung vom 28. Oktober 1911, in: VK 1911, S. 67-72, hier: S. 71. Thematisiert wurde die Frage der politischen Schulung auch in der wissenschaftlichen Studienkommission. Vgl. Einladung, VK 1911, S. 57.
92 Vgl. Korrespondenz zur Planung des Kurses, in: Akte 11722, AKDFB; Arbeits- und Studienkursus der Zentrale, in: VK 1912, S. 9 f. Diese Situation änderte sich bald und

Vorträge zu politischen Themen wurden auch von Frauen übernommen. Siehe dazu Anm. 107. Nach dem Kriege wurden Vorträge im Rahmen der staatsbürgerlichen Schulung fast ausschließlich von Frauen gehalten. Vgl. dazu: „Themen und Referenten der Veranstaltung der Staatsbürgerlichen Abteilung (1919-1925), in: Akte 11723, AKDFB.
93 KFB-Ausschußprotokoll vom 17. 10. 1912 (224, 231).
94 Ebd. (145).
95 Ebd. (228, 230, 238).
96 Ebd. (232).
97 Ebd. (234); der Redebeitrag wurde von Frau Krass gehalten.
98 Ebd. (240 ff.). Der Kurs wurde erstmals von 14.-19. 4. 1913 in Köln durchgeführt und vom 2.-7. 6. 1913 in Essen wiederholt. VK 1913, S. 29 f.; KFB-Arbeitsausschußprotokoll vom 30. 4. 1913 (8).
99 KFB-Ausschußprotokoll vom 17. 10. 1912 (127, 142, 146, 148, 173).
100 Ebd. (116).
101 Ebd. (158). Daß der Klerus den Volksverein in den Industriegebieten unterstützte, belegen folgende Schreiben: Brauns an Trimborn vom 5. 8. 1913, in: NL Trimborn, Akte 368, Bl. 17-19, HAStK; Brauns an Bischof Schulte vom 7. 5. 1913, in: VV Archiv, Akte 223, ZStAPots.
102 KFB-Ausschußprotokoll vom 17. 10. 1912 (142). Obwohl der Volksverein erklärt hatte, keine Frauengruppen zu gründen, waren gelegentlich Frauengruppen - so in Essen und München - entstanden. Der KFB argwöhnte daher, daß die Volksvereinsleitung es nicht in der Hand habe, weitere Gründungen zu vermeiden. KFB-Ausschußprotokoll vom 17. 10. 1912 (116); KFB-Vorstandsprotokoll vom 16. 10. 1912 (2). - Für Heinrich Brauns waren die angeführten Beispiele jedoch „agitatorische Entgleisungen" und „augenblickliche Fehler" einzelner Geschäftsführer, die die generellen Vorwürfe des KFB keineswegs rechtfertigten. Brauns an Trimborn vom 5. 8. 1913, in: NL Trimborn, Akte 368, Bl. 17-19, HAStK.
103 KFB-Ausschußprotokoll vom 17. 10. 1912 (157). Gemeint sind wohl „Gefahren des Sozialismus".
104 Ebd. (178).
105 Sitzung des Zentralausschusses am 17. Oktober 1912 in Straßburg, in: VK 1912, S. 94 f.
106 Das Winterprogramm des Katholischen Frauenbundes, in: VK 1912, S. 89 f., 102-104, hier: S. 90.
107 Beklagt wurde auch die geringe Resonanz. So beteiligten sich am ersten Kurs nur 30 bis 40 Frauen, am Wiederholungskurs nahmen ca. 50 Frauen teil. Kursus zum Studium des Sozialismus, in: DKF 6.1912/13, S. 113 f.; Die Wiederholung des Kursus zum Studium des Sozialismus, in: ebd., S. 132; Der Kursus zum Studium des Sozialismus, in: VK 1913, S. 29 f. Hervorhebenswert ist dennoch, daß sich an den beiden Kursen Hedwig Dransfeld, Dr. Fanny Imle und Helene Weber als Referentinnen beteiligten. Vgl. ebd. Die Protokolle der Redebeiträge sind nicht überliefert.
108 Vgl. Liane Becker, Der Sozialismus, in: DKF 6.1912/13, S. 65-67; Marie Buczkowska, Das rote Gespenst, in: Kalender für unsere Frauen 1913, S. 12-14; Albertine Badenberg, Der Wolf im Schafspelz, in: Kalender für unsere Frauen 1914, S. 26-29.
109 Vgl. dazu die Berichte im Publikationsorgan „Der Katholische Frauenbund" bzw. ab Oktober 1913 in der Zeitschrift „Frauenland" unter der Rubrik: Aus der praktischen Tätigkeit der Zweigvereine. Die Berichte lassen nur bedingt Rückschlüsse auf das tatsächliche Engagement zu, da sie in äußert knapper und allgemeiner Form abgehalten sind und nur wenige konkrete Informationen über die politische Arbeit enthalten, was allerdings auf die schwierige Realisierung der Pläne hindeuten mag.

110 Kath. Grasser, Eine Jahresarbeit des Katholischen Frauenbundes, in: Kalender für unsere Frauen 1914, S. 12-14, hier: S. 12. Die Angaben stimmen nicht exakt mit den Zeiträumen der Mitgliederstatistik überein. Der starke Mitgliederzuwachs zwischen 1912 und 1914 ist jedoch deutlich erkennbar. Vgl. Anhang 3 dieser Arbeit.
111 Siehe dazu den Artikel einer namentlich nicht genannten Autorin, die ihre Bewunderung für die sozialdemokratischen Frauen deutlich formuliert: „Man fragt sich oft: ‚Woher haben die Frauen, die ohne Religion und oft gegen jede Religion arbeiten, diesen unerschöpflichen Opfermut und Arbeitsgeist? Und wir katholischen Frauen haben ihn nicht?" N.N., Wacht auf!, in: DKF 6.1912/13, S. 52-54, hier: S. 53, Sp. 2.
112 Dransfeld, Probleme, S. 364, 370.
113 Die Vereinbarungen waren in Leitsätzen festgelegt worden, auf die sich Hedwig Dransfeld und Carl Walterbach verständigt hatten. Eine Delegiertenkonferenz, in: VK 1914, S. 53 f. Walterbach nahm damit Abstand von seinem Vorschlag, ein Kartell zu gründen, das dem KFB die Führungsposition genommen hätte.
114 Dransfeld, Probleme, S. 326 f., passim; dies.: Ziele und Aufgaben, S. 22.
115 Dransfeld, Probleme, S. 329, 376.
116 Ebd., S. 330.
117 Ebd., S. 367.
118 Darauf hatte Dransfeld bereits in ihrem Aufsatz „Ziele und Aufgaben" hingewiesen: „Unter seinen eigentlichen Mitgliedern kennt er keinen Unterschied des Berufes und der sozialen Stellung. Ob verheiratet oder unverheiratet, ob Heimarbeiterin, Hausmädchen, Ärztin oder Lehrerin, ob Handwerkerfrau oder Dame der Gesellschaft: als Mitglieder des Katholischen Frauenbundes haben sie alle die gleichen Rechte, und sie sind in gleicher Weise zu den höchsten Stellen des Bundes wählbar." Dransfeld, Ziele und Aufgaben, S. 22.
119 Die ausgewerteten Quellen lassen diesbezüglich keine Schlußfolgerungen zu.
120 A. von Tieschowitz, Volkspropaganda!, in: DKF 6.1912/13, S. 116, Sp. 2.
121 Dransfeld, Probleme, S. 367.
122 Dransfeld, Ziele und Aufgaben, S. 23; vgl. Dransfeld, Probleme, S. 377.
123 Dransfeld, Der Katholische Frauenbund, in: KV Nr. 1132.
124 Anmerkung der Redaktion zu: Dransfeld, Der Katholische Frauenbund, in: KV Nr. 1132.
125 Michael Faulhaber (1869-1952) wurde 1892 zum Priester geweiht. Von 1903 bis zu seiner Ernennung zum Bischof von Speyer 1910 lehrte Faulhaber an der Katholisch-Theologischen Fakultät der Universität Straßburg. Während des Nationalsozialismus übte Faulhaber, der seit 1917 Erzbischof, ab 1921 Kardinal von München war, moderate Kritik am Nationalsozialismus, nachdem die Mißachtung des Konkordats offenkundig war. Dennoch verhielt er sich bis zum Ende der nationalsozialistischen Herrschaft indifferent und scheute vor allem klare Position gegen Hitler, verwurzelt in der Überzeugung der „gottgesetzten Obrigkeit", wie Ludwig Volk interpretiert: Ludwig Volk SJ, Michael Kardinal von Faulhaber (1869-1952), in: Zeitgeschichte in Lebensbildern, Bd. 2, Aus dem deutschen Katholiszismus des 20. Jahrhunderts, hg. von Rudolf Morsey, Mainz 1975, S. 101-113. Während der Straßburger Zeit war Faulhaber Geistlicher Beirat des dortigen Zweigvereins des KFB.
126 M. (Michael) Faulhaber, Moderne Frauentätigkeit im Lichte des katholischen Glaubens, Köln 1913, S. 7.
127 Ebd.
128 Dransfeld, Der Katholische Frauenbund, in: KV Nr. 1132.
129 Dransfeld, Probleme, S. 378.
130 Ebd., S. 378 f.

131 Denkschrift des KFB vom 3. 3. 1913, veröffentlicht im Rundschreiben des Vorsitzenden der Fuldaer Bischofskonferenz, Kardinal Kopp, vom 16. 3. 1913, S. 3, in: DaLim, Akte 353 D/1 (künftig zit.: Rundschreiben der Bischofskonferenz vom 16. 3. 1913); Dransfeld, Der Katholische Frauenbund, in: KV Nr. 1132. Eine ähnliche Auffassung war auch in der überkonfessionellen Frauenbewegung zu finden. Helene Lange war überzeugt davon, daß „nur in gemeinsamer Arbeit das Vertrauen der Männer zu dem politischen Können der Frau erwachen und erwachsen kann." Helene Lange, zit. nach: Schaser, Bürgerliche Frauen, S. 655.

132 Vgl. Dransfeld, Der Katholische Frauenbund, in: KV 1132. Möglicherweise wurzelt diese Naivität in dem Bemühen, die neutrale Haltung des KFB zur gewerkschaftlichen Organisation nicht zu verletzen.

133 Dransfeld, Der Katholische Frauenbund, in: KV Nr. 1132.

134 Dransfeld, Ziele und Aufgaben, S. 23.

135 Brauns an Hitze vom 2. 8. 1913, in: VV Archiv, Akte 223, Bl. 120-123, ZStAPots.

136 Mitteilungen an die Geschäftsführer, S. 6; Heitzer, Volksverein, S. 148; Vgl. Schaser, Bürgerliche Frauen, S. 642 f.

137 Vgl. Volksverein an Schofer vom 12. 4. 1913, in: VV Archiv, Akte 223, Bl. 169-171, hier: Bl. 169, ZStAPots. Da § 2 der KFB-Satzungen die politische Arbeit zwar nicht nannte, aber auch nicht explizit ausschloß, konnte dem KFB mithin auch nicht der Vorwurf gemacht werden, er arbeite nicht satzungsgemäß.

138 Beschlossen während der Verhandlung des KFB mit dem Beirat des Rheinischen Zentrums am 3. 1. 1913. Vom Frauenbund hatten Hedwig Dransfeld, Minna Bachem-Sieger und Albertine Badenberg teilgenommen. Brauns an Hitze vom 4. 1. 1913, in: VV Archiv, Akte 223, Bl. 85 f., ZStAPots. Das Protokoll der Verhandlung konnte nicht aufgefunden werden. - Als ziemlich unverfroren empfand (vermutlich) Heinrich Brauns die Forderung des KFB, ihm ein Exemplar dieses Protokolls auszuhändigen. Die Aussprache habe eher „provisorischen Charakter" gehabt und zudem seien Bemerkungen gefallen, „die vielleicht beide Teile auf die Dauer nicht aufrechterhalten" wollten. „Begründungen" o. D. (Februar 1913), o. Verf. (vermutlich Brauns), in: NL Trimborn, Akte 123, Bl. 6 f., HAStK.

139 Ein Vergleich der Entwürfe ist nicht möglich, weil der Entwurf Hedwig Dransfelds, der für den KFB vorgelegt wurde, nicht archiviert ist. Es stehen lediglich das vom Volksverein gefertigte Protokoll der neuen Verhandlungsrunde vom 11. 2. 1913 und der Entwurf von Heinrich Brauns zur Verfügung. Das Protokoll enthält keine Hinweise darüber, ob die Vertreterinnen des KFB versucht hatten, ihren Entwurf durchzusetzen. An der Sitzung nahmen vom Frauenbund teil: Hedwig Dransfeld, Minna Bachem-Sieger und Isabella von Carnap. Für den Volksverein waren anwesend: Dr. Heinrich Brauns, Dr. Jörg und Dr. Julius Bachem. Julius Bachem gehörte nicht dem Volksverein an, hatte aber auf Wunsch des Frauenbundes den Vorsitz übernommen. Protokoll des Volksvereins über die „Konferenz mit den Vorstandsdamen des kath. Frauenbundes im Konferenzzimmer der K.V. am 11. Februar 1913", in: NL Trimborn, Akte 123, Bl. 2-5 (künftig zit.: Konferenzprotokoll vom 11. 2. 1913); Anlage III zum Schreiben Brandts an von Hartmann vom 19. 12. 1913, in: NL Trimborn, Akte 369, Bl. 80, beide HAStK.

140 „Entwurf Dr. Brauns", Anlage zum Konferenzprotokoll vom 11. 2. 1913; vgl. auch Arbeitsprogramm, 9. Brief, S. 7.

141 Konferenzprotokoll vom 11. 2. 1913; KFB-Ausschußprotokoll vom 29. 1. 1913 (4).

142 Denkschrift des KFB vom 3. 3. 1913, S. 4.

143 KFB-Vorstandsprotokoll vom 2. 3. 1913 (2).

144 Dransfeld, Der Katholische Frauenbund, in: KV Nr. 1132.

145 Eine Konferenz der westdeutschen Zweigvereine, in: VK 1913, S. 9 f. hier: S. 10; KFB-Vorstandsprotokoll vom 2. 3. 1913 (2).
146 34 Zweigvereine hatten am „Westdeutschen Frauentag" teilgenommen. Nur drei der anwesenden Frauen sprachen sich bedingungslos für den Kompromiß aus. Hedwig Dransfeld wies darauf hin, daß sich auch unter einigen Geistlichen Beiräten eine „tiefgehende Erregung" bemerkbar machte und eine Diskussion um den ausgehandelten Kompromiß nicht zu vermeiden war. Dransfeld an (Brauns) vom 24. 2. 1913 (Abschrift), in: VV Archiv, Akte 223, Bl. 99 f. hier: Bl. 99, ZStAPots; Eine Konferenz der westdeutschen Zweigvereine, in: VK 1913, S. 9 f.
147 KFB-Vorstandsprotokoll vom 2. 3. 1913 (2).
148 Zentralvorstand KFB an (Brauns) vom 8. 3. 1913 (Abschrift), in: VV Archiv, Akte 223, Bl. 104 f., ZStAPots.
149 Ebd; Protokoll des engeren VV-Vorstands vom 10. 3. 1913, in: NL Hohn, Akte 157, Bl. 46, StadtAMö.
150 Volksverein an Schofer vom 12. 4. 1913, in: VV Archiv, Akte 223, Bl. 169, ZStAPots. Quellen, die die Aussagen des Volksvereins bestätigen könnten, waren nicht auffindbar.
151 Die von Hedwig Dransfeld verfaßte Denkschrift wurde von folgenden Mitgliedern des Zentralvorstands unterzeichnet: Hedwig Dransfeld, Minna Bachem-Sieger, Isabella von Carnap, Emilie Hopmann als Ehrenvorsitzende, Gräfin Mirbach-Thun, Jeanne Trimborn, Albertine Badenberg, Agnes Neuhaus, Maria Lantz, Therese Pelzer, Ellen Ammann und Msgr. Lausberg als Geistlicher Beirat der Zentrale. Denkschrift des KFB vom 3. 3. 1913, S. 1. Die Denkschrift enthält im wesentlichen die bereits bekannten Informationen und Argumente zur Kontroverse, so daß auf eine nähere Darstellung verzichtet wird.
152 Horstwalter Heitzer, Krisen des Volksvereins im Kaiserreich. Gründe und Hintergründe zum Rücktritt von August Pieper als Generaldirektor im Dezember 1918, in: Historisches Jahrbuch, 99.1979, S. 213-254, hier: S. 215.
153 Ebd., S. 215 f.
154 Ebd., S. 221.
155 Offenbar auf Anregung Korums hatte der Bischof von Metz, Benzler, vorgeschlagen, einen Vertreter des Kölner Erzbischofs in den Vorstand des Volksvereins aufzunehmen. Der Volksverein lehnte dies u. a. mit der Begründung ab, daß er kein kirchlicher Verein sei. Ebd., S. 217 f.
156 Ebd., S. 218.
157 Leitsätze vom 6. 8. 1909, zit. nach dem Rundschreiben der Bischofskonferenz vom 16. 3. 1913, S. 8; vgl. Heitzer, Krisen, S. 223.
158 Loth, Katholiken im Kaiserreich, S. 162.
159 Ebd., S. 162 f., Anm. 65.
160 Rudolf Brack, Deutscher Episkopat und Gewerkschaftsstreit 1900-1914, Köln/Wien 1976, S. 152. Die Ankündigung unterblieb allerdings.
161 Ebd., S. 152 ff.; vgl. auch Kopp an Frau General-Oberin (Mutter Gertrud) vom 3. 11. 1909, in: Akte F 7.9, AJTr.
162 Brack, Deutscher Episkopat, S. 157; vgl. Heitzer, Georg Kardinal Kopp und der Gewerkschaftsstreit 1900-1914, Köln/Wien 1983, S. 139 f., 142.
163 Brack, Deutscher Episkopat, S. 159.
164 Heitzer, Georg Kardinal Kopp, S. 152; vgl. Michael Schneider, Die Christlichen Gewerkschaften 1894-1933, Bonn 1982, S. 210.
165 Heitzer, Georg Kardinal Kopp, S. 143.
166 Heitzer, Krisen, S. 241 ff.
167 Ebd., S. 244 f.

168 Gefordert wurde 1918, wie schon 1908, daß der Episkopat an Vorstandssitzungen des Volksvereins teilnehmen könne, daß der Volksverein seine Arbeit auf das „Übernatürliche" konzentriere und im „Einvernehmen" der Bischöfe handele. Gefordert wurde auch, die Verbandszentrale der westdeutschen Arbeitervereine, die eng mit dem Volksverein zusammenarbeiteten, zu verlegen. Ebd., S. 248 ff. Zum Rücktritt Piepers siehe ebd. und S. 214 f.
169 Ebd., S. 213, Anm. 4.
170 Die Sitzung des Zentralausschusses des Katholischen Frauenbundes, in: VK 1913, S. 73-80, hier: S. 75; von Hartmann an Pieper vom 25. 9. 1913, in: NL Trimborn, Akte 368, Bl. 50 f.
171 Ausführlich dazu: Norbert Trippen, Das Domkapitel und die Erzbischofswahlen in Köln 1821-1929, Köln/Wien, S. 414 ff.; Loth, Katholiken im Kaiserreich, S. 263.
172 Von Hartmann an (Trimborn) vom 31. 3. 1913 (Abschrift), in: VV Archiv, Akte 161, Bl. 18 f., ZStAPots. Vgl. Loth, Katholiken im Kaiserreich, S. 271, Anm. 102.
173 Von Hartmann an Kopp vom 10. 11. 1913, zit. nach Heitzer, Krisen, S. 230.
174 Ebd.; von Hartmann forderte daher eine engere Zusammenarbeit ebenso wie eine Finanzkontrolle und die Mitbestimmung in Personalfragen. Ebd., S. 226, 230; Loth, Katholiken im Kaiserreich, S. 263.
175 „Zur persönlichen Information", o. D., o. Verf., in: NL Trimborn, Akte 367-371, Bl. 23, HAStK; vgl. Heitzer, Krisen, S. 226.
176 Nähere Ausführungen zu dieser Konferenz bei Heitzer, Krisen, S. 227 f.
177 Gutachten der Sozialen Kommission zum zeitigen Stande der Differenz zwischen Frauenbund und Volksverein, betreffend politische Schulung und Werbung von Frauen seitens des Volksvereins, in: Rundschreiben der Bischofskonferenz vom 16. 3. 1913, S. 6-8.
178 Ebd., S. 6; vgl. Brack, Deutscher Episkopat, S. 223, Anm. 63.
179 Gutachten der Sozialen Kommission, S. 8.
180 Ebd., S. 7.
181 Ebd., S. 8.
182 Heitzer, Georg Kardinal Kopp, S. 225.
183 Loth, Katholiken im Kaiserreich, S. 259.
184 Die „Essener Interpretation" der Enzyklika wurde zunächst von Kardinal Kopp mitgetragen. Er zog jedoch bald nach dem Kongreß seine Zustimmung zurück. Heitzer, Georg Kardinal Kopp, S. 220 ff. Die Integralen provozierten die Christlichen Gewerkschaften nach dem Kongreß dergestalt, daß sie behaupteten, die Christlichen Gewerkschaften hätten sich „vollständig katholisiert". Ebd., S. 225. Die daraufhin in der Presse erhobenen Vorwürfe, die Christlichen Gewerkschaften hätten ein „Doppelspiel" getrieben, führte dazu, daß die Gewerkschaft Beleidigungsklagen erhob, die im „Kölner Gewerkschaftsprozeß" im Dezember 1913 zugunsten der Christlichen Gewerkschaften entschieden wurden. Zum Konflikt um die Interpretation der Enzyklika Singulari quadam vgl. ebd., S. 208 ff.
185 Daß Kopp die Arbeit der Kommission nicht schätzte, hat Heitzer nachgewiesen: „Diese unsere Kommission arbeitet nur für München-Gladbach." Kopp vom 11. 4. 1913, zit. nach Heitzer, Georg Kardinal Kopp, S. 225.
186 Der Gegenvorschlag Kopps ist dem Gutachten der Sozialen Kommission hinzugefügt. Vgl. Rundschreiben der Bischofskonferenz vom 16. 3. 1913, S. 8-10, hier: S. 10 (künftig zit.: Gegenvorschlag Kopp).
187 Ebd., S. 9.
188 Benachrichtigung vom 3. 4. 1913, G. Kard. Kopp, in: DaLim, Akte 353. Der Benachrichtigung zufolge stimmte die Diözese Paderborn Kopps Vorschlag zu. Die Gründe sind nicht nachvollziehbar, da angenommen werden kann, daß der Paderborner Bi-

schof Schulte die Position des Volksvereins stützen würde. Zur Unterstützung des Volksvereins durch Bischof Schulte vgl. Heitzer, Krisen, S. 247; ders., Volksverein, S. 28 f.
189 Gegenvorschlag Kopp, S. 10.
190 Brauns an Pieper vom 17. 6. 1913, in: VV Archiv, Akte 223, Bl. 108, ZStAPots; Brauns an Trimborn vom 16. 9. 1913, in: NL Trimborn, Akte 368, Bl. 61-63, HAStK.
191 Brandts an Trimborn vom 17. 9. 1913, in: NL Trimborn, Akte 368, Bl. 64, HAStK; vgl. auch diverse Hinweise in: VV Archiv, Akte 223, ZStAPots. Das Engagement Carl Trimborns für den Volksverein dürfte nicht konfliktfrei gewesen sein, war doch seine Frau Jeanne seit 1903 in führenden Positionen des KFB. So deuten auch zwei Briefe Trimborns an seine Frau darauf hin, daß es - vermutlich im Zusammenhang mit der Organisierungsfrage - Schwierigkeiten zwischen Jeanne und dem Frauenbund gab. Carl Trimborn an Jeanne vom 2. 1. 1913, 22. 1. 1913, in: NL Trimborn, Akte 65, Bl. 29, 32, 33, HAStK.
192 KFB-Arbeitsausschußprotokolle vom 30. 4. 1913, S. 4, 25. 7. 1913 (6).
193 Pieper an Hitze vom 15. 7. 1913, in: VV Archiv, Akte 223, Bl. 111-113, ZStAPots.
194 Brauns an Trimborn vom 5. 8. 1913, in: NL Trimborn, Akte 368, Bl. 17-19, HAStK.
195 „Vorschläge für die Verständigung zwischen Volksverein und Frauenbund. Resultat einer Besprechung mit Seminarpräses Lausberg auf Grund von dessen Schreiben vom 21. Juni 1913 an die Zentralstelle", 11. 7. 1913, in: NL Trimborn, Akte 368, Bl. 14, HAStK. Der Volksverein distanzierte sich später von dieser Möglichkeit, auch aufgrund seiner Satzung. Diese lasse eine Aufnahme als Teilnehmerinnen nicht zu. Leitsätze o. D. (nach dem 25. 8. 1913), in: NL Trimborn, Akte 370, Bl. 46 f., HAStK.
196 KFB-Arbeitsausschußprotokoll vom 28. 6. 1913 (1).
197 Von Hartmann an Pieper vom 25. 9. 1913, NL Trimborn, Akte 368, Bl. 50 f., HAStK; vgl. Heitzer, Krisen, S. 225 f.
198 Heitzer verweist darauf, daß von Hartmann wahrscheinlich aus dem Kreis des VV-Vorstands darüber informiert worden war, daß „von den ‚Herren der Zentralstelle ein recht scharfer Ton gegen die bischöflichen Einmischungen' angeschlagen worden sei." Heitzer, Krisen, S. 226, Anm. 71.
199 Schreiben des Gesamtvorstands des Volksvereins, in: Protokoll über die Sitzung des Gesamtvorstandes am 6. 10. 1913, in: NL Hohn, Akte 157, S. 2 f., StadtAMö.
200 KFB-Arbeitsausschußprotokoll vom 28. 11. 1913 (1).
201 KFB-Arbeitsausschußprotokoll vom 17. 12. 1913 (5).
202 Von Hartmann an Brandts vom 12. 12. 1913, in: VV Archiv, Akte 223, Bl. 34, ZStAPots.
203 Brandts an von Hartmann vom 19. 12. 1913, in: NL Trimborn, Akte 369, Bl. 64-71, HAStK. Das Antwortschreiben Brandts wurde nachträglich vom engeren Vorstand gebilligt. Protokoll des engeren VV-Vorstands vom 31. 12. 1913, in: NL Hohn, Akte 157, StadtAMö. In einer Anlage zu diesem Schreiben ist erwähnt, daß eine entsprechende Benachrichtigung an die Geschäftsführer und Vertrauensmänner nicht beabsichtigt war, weil dies „zu große Unzuträglichkeiten herbeiführen, Verwirrung bringen und von den Gegnern des Katholizismus zur Hetze ... benutzt werden" würde. Erörterung der Frage: Volksverein und Mitgliedschaft katholischer Frauen in der Sitzung des Gesamtvorstandes des Volksvereins zu Frankfurt a. M. am 6. Oktober 1913, als Anlage II zum oben erwähnten Schreiben; vgl. auch: Leitsätze o. D. (nach dem 25. 8. 1913), in: NL Trimborn, Akte 370, Bl. 46 f., HAStK.
204 Lausberg an Brauns vom 12. 12. 1913 (Abschrift), in: NL Trimborn, Akte 369, Bl. 60 f., HAStK.
205 Neben dem zentralen Aspekt, auf die Mitgliedschaft zu verzichten, verlangte der KFB in seinen „Ausgleichsvorschlägen", die Kardinal von Hartmann übrigens genehmigt

hatte, daß der Volksverein dem KFB die Einberufung von Frauenversammlungen überlasse. Der KFB beanspruchte ferner das Recht, auf Volksvereinsversammlungen für den KFB zu werben. In gemischten Versammlungen wollte der Frauenbund dem Volksverein das Recht einräumen, den Vorsitz zu führen. In Frauenversammlungen dagegen, auch wenn sie gemeinsam mit dem Volksverein durchgeführt würden, beanspruchte der KFB den Vorsitz. Sollte es zu einer Einigung auf dieser Grundlage kommen, erklärte sich der KFB bereit, das Frauenheft des Volksvereins zu verteilen. Allerdings behielt sich der KFB vor, „einzelne Hefte zu refusieren, falls der Inhalt den Zielen und Aufgaben des KFB nicht" entspräche. Ausgleichsvorschläge (Abschrift), in: NL Trimborn, Akte 368, HAStK. Der KFB hatte die Ausgleichsvorschläge bereits im Juni beschlossen, doch standen sie wegen des unterbrochenen Kontakts zunächst nicht zur Diskussion. KFB-Arbeitsausschußprotokoll vom 28. 6. 1913 (1).

206 Protokoll der Konferenz vom 2. 3. 1914, in: NL Hohn, Akte 157, Bl. 77-79, StadtAMö.
207 Protokoll des engeren VV-Vorstands vom 27. 4. 1914, in: NL Hohn, Akte 157, Bl. 74-76, StadtAMö; Heitzer, Volksverein, S. 35 f. - Heinrich Brauns informierte Prälat Lausberg darüber, daß im Vorstand „nicht geringe Bedenken" gegen die vorläufigen Abmachungen bestanden hätten. Es bestünde die Auffassung, die Delegierten des Volksvereins seien zu weit gegangen. Brauns an Lausberg vom 1. 5. 1914, in: NL Trimborn, Akte 370, Bl. 97 f., HAStK.
208 Ellen Ammann lehnte z. B. weibliche Vertrauenspersonen im Volksverein ab und forderte, daß der Volksverein keine Frauenversammlungen durchführe. KFB-Vorstandsprotokoll vom 23. 4. 1914 (2).
209 Ebd.; KFB-Arbeitsausschußprotokoll vom 25. 3. 1914 (1).
210 KFB-Arbeitsausschußprotokoll vom 5. 10. 1914 (1).
211 Protokoll des engeren VV-Vorstands vom 27. 4. 1914, in: NL Hohn, Akte 157, Bl. 74-76, StadtAMö; Brauns an Lausberg vom 1. 5. 1914, in: NL Trimborn, Akte 370, Bl. 97 f., HAStK.
212 Die nicht anwesenden Vorstandsmitglieder Ellen Ammann und Tina Koerner wurden telegrafisch um Zustimmung gebeten, so daß mit der Zustimmung des Arbeitsausschusses die Vereinbarungen endgültig anerkannt wurden. KFB-Arbeitsausschußprotokoll vom 5. 10. 1914 (1). Die endgültigen Vereinbarungen wurden in der Vorstandskorrespondenz bekanntgegeben. Der Volksverein für das kath. Deutschland und der Katholische Frauenbund, in: VK 1914, S. 69 f.; vgl. Anhang 8 dieser Arbeit.
213 KFB-Vorstandsprotokoll vom 10./11. 10. 1918 (2).
214 Der KFB bat am 25. 10. 1918 den Reichsausschuß der Zentrumspartei um einen Termin zur Besprechung der anstehenden Fragen. Vgl. Die politischen Umwälzungen der Oktoberwochen, in: VK 1918, S. 103 f.
215 KFB-Vorstandsprotokoll vom 30./31. 1. 1919, S. 1.
216 Vgl. Daniela Weiland, Geschichte der Frauenemanzipation in Deutschland und Österreich, Düsseldorf 1983, S. 97.
217 Die politischen Umwälzungen der Oktoberwochen, in: VK 1918, S. 104.
218 Abmachungen mit dem Reichsausschuß der Zentrumsfraktion betr. die Vorbereitung der katholischen Frauen auf die Wahlen, in: Nachrichtenblatt 1918, S. 64.
219 Vgl. Hedwig Dransfeld, Unsere politischen Leitsätze, in: Frauenland 11.1918, S. 41-43 (Hervorhebungen im Original). Die Flugblätter sprachen die katholischen Frauen als neue Wählergruppe an, differenzierten aber auch nach spezifischen Interessen, vgl. exemplarisch: KFD-Flugblatt Nr. 27: Katholische deutsche Frau! Dein Volk ruft dich!; Nr. 28: Heiligste Güter sind in Gefahr! Landfrauen! Helft sie schützen!; Nr. 33: Mütter, was gibt euch das Zentrum?, in: Akte „Nationalversammlung" (Schreiben an die Zweigvereine), AKDFB.

220 Dransfeld, Unsere politischen Leitsätze, S. 41 f. - Ungewöhnlich war die Verbindung, weil seit der Gründung des KFB das Verhältnis zu den kirchlichen Müttervereinen äußerst distanziert war. Anders verhielt es sich mit den Jungfrauenvereinen, die auch zeitweilig im „Zentralrat" vertreten waren und gelegentlich mit dem KFB zusammenarbeiteten.

221 Die „Vereinigung" hatte sich am 14. 6. 1918 konstituiert. Sie repräsentierte fast alle evangelischen Frauenvereine. Vgl. Baumann, Protestantismus und Frauenemanzipation, S. 254.

222 Grundsätze der Vereinigung ev. Frauenverbände Deutschlands und der Politischen Arbeitsgemeinschaft kath. Frauenverbände Deutschlands, o. J. (Dezember 1912), in: Akte „Nationalversammlung" (Organisatorisches und Methodisches), AKDFB; vgl. Heßberger (?) an Dransfeld vom 16. 12. 1918, in: ebd.

223 Vgl. Eine Sitzung des Arbeitsausschusses des KFD, in: VK 1918, S. 34-36; Vereinbarung, in: VK 1918, S. 73 f. Anlaß für die Bündnissuche des DEF war dessen Trennung vom BDF. Vgl. Baumann, Protestantismus und Frauenemanzipation, S. 253 ff.

224 Eine Ursache für die Bedeutungslosigkeit der Abkommen dürfte - wie Baumann überzeugend vertritt - in der „Einbindung in unterschiedliche politische Lager" begründet liegen. Baumann, Protestantismus und Frauenemanzipation, S. 254.

225 KFB-Vorstandsprotokoll vom 30./31. 1. 1919, S. 3; VK 1919, S. 1 f.

226 An der Schwelle einer neuen Zeit, in: Nachrichtenblatt 1918, S. 55 (Hervorhebungen im Original); vgl. K.F.D. Politische Pflichten des Tages für die Frauenwelt, in: Frauen-Korrespondenz vom 15. 12. 1918. Maria Heßberger knüpfte gar an die Erinnerungen des Kulturkampfes an und beschwor die Vorstände der Zweigvereine, „mit ganzer Macht" zu arbeiten: „Wenn aber die katholischen Frauen sich jetzt restlos einsetzen, dann ist noch alles zu retten. Es muss nur auch hier sein, wie in dem Kulturkampf der 70er Jahre, dass eben die letzte Stimmberechtigte aus dem entferntesten Dorf herangeholt wird und ihre Wahlpflicht erfüllt. Nur so ist Deutschland in dieser furchtbarsten Krisis, die es je erlebt hat, zu retten, nur so können wir unseren Kindern ein christliches Staatswesen erhalten." Heßberger an „Sehr geehrter Vorstand!", o. D. (vermutlich Dezember 1918), in: Akte „Nationalversammlung" (Organisatorisches und Methodisches), AKDFB.

227 Siehe dazu die zahlreichen Hinweise im Nachrichtenblatt, vor allem in den Jahrgängen 1919 und 1920. Die Mitarbeiterinnen der Zweigvereine wurden angehalten, die Mustervorträge als eigenes Skript niederzuschreiben und auf die regionalen Besonderheiten abzustimmen. Mustervorträge wurden z. B. zu folgenden Themenbereichen entwickelt: Wahlvortrag für Volksversammlungen, besonders für ländliche Verhältnisse; Vortragsmaterial für Schulungsabende: Das alte und das neue deutsche Reich; Die Erziehung unserer weiblichen Jugend; Die Wahlpflicht der deutschen Frau. Vgl. Akte „Nationalversammlung" (Schreiben an die Zweigvereine), AKDFB.

228 Mitteilungen der Zentralstelle, in: Nachrichtenblatt 1919, S. 31.

229 Siehe dazu die Akten zur Staatsbürgerlichen Schulung, 11720-11723, AKDFB.

230 Julia Dünner, Schriften zur staatsbürgerlichen Schulung, o. O. (Köln) o. J. (1919); vgl. ferner Heft 1 der Schriftenreihe: dies., Die rechtliche Stellung der Frau gemäß der deutschen Reichsverfassung, Köln 1919.

231 Unterstützung erhielt der KFB durch den Zentrumspolitiker Matthias Erzberger, der sich dafür aussprach, dem KFB die (partei-)politische Schulung zu überlassen. Heßberger (?) an Dransfeld vom 7. 12. 1918 und vom 16. 12. 1918, in: Akte „Nationalversammlung" (Organisatorisches und Methodisches), AKDFB; KFB-Vorstandsprotokolle vom 30./31. 1. 1919, S. 4, 17.-19. 7. 1919, S. 6, 31. 10. 1919, S. 2.

232 VK 1919, S. 2 f.

233 Ebd.; Dransfeld an Heßberger vom 4. 1. 1919, in: Akte „Nationalversammlung" (Organisatorisches und Methodisches), AKDFB; KFB-Vorstandsprotokoll vom 25./26. 4. 1920 (2).
234 In die Nationalversammlung wurden gewählt: Hedwig Dransfeld, Agnes Neuhaus, Maria Schmitz, Christine Teusch, Helene Weber und Maria Zettler. 1920 wurden Dransfeld, Neuhaus und Teusch wieder gewählt. Vgl. Jahrhundertwende. Jahrhundertmitte. Der Katholische Deutsche Frauenbund auf dem Wege, 1903-1953, hg. von der Zentrale des Katholischen Deutschen Frauenbundes, Köln 1953, S. 33.
235 (Dransfeld) an Trimborn vom 9. 6. 1920, in: Akte „H. Dransfeld" (Politische Korrespondenz), AKDFB.
236 Ebd. - Eine öffentliche Erklärung erreichte Dransfeld nicht. Trimborn brachte sein Bedauern lediglich in persönlichen Schreiben an Weber und Schmitz zum Ausdruck. Trimborn an Dransfeld vom 30. 6. 1920, in: Akte „H. Dransfeld" (Politische Korrespondenz), ADKFB.
237 Anna Briefs-Weltmann, Frauenbewegung und Frauenparlamentarismus in Deutschland, in: Hochland 25.1928, S. 66-82, hier: S. 67 f.
238 Politische Leitsätze kath. Frauenorganisationen Deutschlands, in: VK 1918, S. 115-119.

Verzeichnis der Abkürzungen

ADCV	Archiv des Deutschen Caritasverbandes, Freiburg
ADF	Allgemeiner Deutscher Frauenverein
AJTr	Archiv der Schwestern vom hl. Josef, Trier
AKDFB	Archiv des Katholischen Deutschen Frauenbundes, Köln
BATr	Bistumsarchiv Trier
BDF	Bund deutscher Frauenvereine
BfMS	Bund für Mutterschutz
CF	Die christliche Frau
DaLim	Diözesanarchiv Limburg
DEF	Deutsch-Evangelischer Frauenbund
DGBG	Deutsche Gesellschaft zur Bekämpfung der Geschlechtskrankheiten
DKF	Der Katholische Frauenbund
Gen	Genesis
GG	Geschichte und Gesellschaft
HAEBK	Historisches Archiv des Erzbistums Köln
HAStK	Historisches Archiv der Stadt Köln
KAB	Katholische Arbeitnehmer-Bewegung
KDF	Katholischer Deutscher Frauenbund
KFB	Katholischer Frauenbund
KFD	Katholischer Frauenbund Deutschlands
KFV	Katholischer Fürsorgeverein für Mädchen, Frauen und Kinder
KV	Kölnische Volkszeitung
LThK	Lexikon für Theologie und Kirche
NFD	Nationaler Frauendienst
NL	Nachlaß
RStGB	Strafgesetzbuch des Deutschen Reiches
SJ	Societas Jesu
SKF	Sozialdienst katholischer Frauen
SPD	Sozialdemokratische Partei Deutschlands
StadtAMö	Stadtarchiv Mönchengladbach
VK	Vorstandskorrespondenz
VV	Volksverein für das katholische Deutschland
ZStAPots	Zentrales Staatsarchiv Potsdam

Quellen- und Literaturverzeichnis

I. Archivalische Quellen

Archiv des Deutschen Caritasverbandes, Freiburg (ADCV)

219,3	Berufsverband kath. Fürsorgerinnen, vorm. Verein kath. Sozialbeamtinnen
581	Frauenfrage (1892-1950)
599 d	Katholische Persönlichkeiten, Laien: Dransfeld, Hedwig
WA 39	Korrespondenzen, Ha - Hen
CA I 258	Frau Justizrat Carl Trimborn
CA III 33 A	„Christl. Frau" 1896-1905
CA III 33 B	„Christl. Frau" 1908-1927
CA VIII 13 B	Frau in der Politik. Zeitungsausschnittsammlung
CA VIII 14	Frauenfragen - Rechtsfragen
CA VIII c 34	Interkonfessionelle soziale Frauenschulen
CA VIII c 64	Weibliche Berufwahl - Berufsberatung
CA VIII d 141	Kath. Frauenbund (Hauptstelle) 1904-1914
CA VIII d 142 B	Katholischer Frauenbund
CA VIII d 144 A	KDF, Zweigvereine A - K
CA VIII d 144 B	KDF, Zweigvereine M - Z
CA VIII d 146	Katholischer Frauenbund und CV - Caritas (ca. 1917-1933)
CA XXII 19	Volksverein für das katholische Deutschland

Sonderbestand ADCV 319.4 (SKF):
Archivbestand des Sozialdienstes katholischer Frauen, Dortmund:

F.I.1 a, Fasz. 1	KDF 1903-1918
F.I.1 b, Fasz. 1	Zentralvorstand des KDF 1905-1928
F.I.1 c, Fasz. 1	Arbeitsausschuß des Zentralvorstandes des KDF 1913-1952
F.I.1 d, Fasz. 1	Zentralrat des KDF 1915-1920
F.I.1 e	Sittlichkeitskommission des KDF 1908-1948
F.I.1 f	Rechtskommission des KDF 1911-1932
F.I.1 g	Landes- und Zweigvereine des KDF, Bayerischer Landesverband
F.I.1 k	Jugendabteilungen des KDF 1917-1963

Erzbischöfliches Archiv Freiburg

B 2-55.15   Arbeiterinnenvereine 1906-1920
B 2-55.69, Vol 1   Katholischer Deutscher Frauenbund, Landesausschuß
            Baden 1912-1940

Archiv des Katholischen Deutschen Frauenbundes, Köln (AKDFB)

Nachlaß Elisabeth Gnauck-Kühne:

Mappe   Frauenstimmrecht
Mappe VIII   Zeitungsartikel u. Buchbesprechungen 1896-1917
                   Katholischer Deutscher Frauenbund 1903-1929
Mappe XV - XVIII   Korrespondenz

Bestand AKDFB:

Copir-Buch 1904-1912
Geschichte des katholischen deutschen Frauenbundes
Protokollbuch I, Protokolle über die Vorstandssitzungen 1903-1905
Protokollbuch II, Protokolle der Vorstandssitzungen 1907-1910
Protokolle des Arbeitsausschusses der Zentrale des KFB 1912-1919 (zit.: KFB-Arbeitsausschußprotokoll)
Protokolle des Zentralausschusses des KFB 1905-1920 (zit.: KFB-Ausschußprotokoll)
Protokolle des Zentralvorstands des KFB 1911-1925 (zit.: KFB-Vorstandsprotokoll)
Stenographische Protokolle der Generalversammlungen 1908 ff.

Einzelakten:

Eingaben 1918-1930
Frauenstimmrecht, Staatsbürgerliche und politische Einzelfragen
Frau und Politik
Friedensfrage, Staatsbürgerliche und politische Einzelfragen
H. Dransfeld:
    Politische Korrespondenz, Zentrum u. a. 1919-1925
    Diverses
    Frauenbundskorrespondenz u. a. mit Amerika, politische
    Korrespondenz, Zentrumspartei u. a.
    Reichsschulkonferenz
Hedwig Dransfeld. Unterlagen für ein Lebensbild. Gesammelt von Dr. Helene Weber
    1931-1934
Katholikentage 1905-1925
Korrespondenz mit kirchlicher Behörde 1903-1924
Nationalversammlung:
    Organisatorisches und Methodisches zur Wahlvorbereitung der
    Frauenorganisationen

Nationalversammlung 1919, Drucksachen der Zentrumspartei, Volksverein etc.
Schreiben an die Zweigvereine
Organisationen mit nationalen Zielsetzungen
Sittlichkeitskommission
Staatsbürgerliche Schulung:
    Staatsbürgerliche Kommissionen, Sitzungsprotokolle
    Staatsbürgerliche Kommission, Korrespondenz mit der Vorsitzenden
Verschiedene Manuskripte, Akte „Hedwig Dransfeld"
Volksverein, Allgemeine Korrespondenz
Volksverein, Material betr. Erfassung der Frauen durch den V.V.
Zentralrat
Zentralvorstand. Korrespondenz mit Geistlichem Beirat

103	Artikel und Vorträge. Propaganda
114	Sozialpolitische und wohlfahrtspflegerische Fragen
1040	Propaganda
1041	Propaganda, Vorträge
1042	Landpropaganda
1142	Mutterschutz
1143 b	Jugendwohlfahrt
1144	Psychopathenfürsorge
1145	Altershilfe
1146	Mittelstandshilfe
1147	Wohnungsfürsorge
1148	Sozialversicherungen
1149 (?)	Kleinrentnerfürsorge
11710	Frauen in ehrenamtlich tätigen Körperschaften. Allgemeines und Grundsätzliches
11711	Zulassung der Frauen zur Schulverwaltung
11712	Die Frauen in ehrenamtlich tätigen Körperschaften
11720	Staatsbürgerliche Schulungsarbeit durch den KDF, Grundsätzliches
11721	Staatsbürgerliche Schulungsarbeit durch den KDF, Tagungen und Veranstaltungen
11722	Staatsbürgerliche Schulungsarbeit durch den KDF, Kurse (Korrespondenz, Programme und Berichte)
11723	Staatsbürgerliche Schulungsarbeit durch den KDF, Drucksachen, Rundschreiben etc.

Historisches Archiv der Stadt Köln (HAStK)

1187 Nachlaß Christine Teusch:

K 31/5	Schriftwechsel als Reichstagsabgeordnete 1920
K 32/2	Schriftwechsel als Abgeordnete der Nationalversammlung betr. Gesuche 1919-1920
K 32/5	Schriftwechsel als Abgeordnete der Nationalversammlung betr. Partei- und Fraktionssachen 1919-1920
K 39/11	Wohlfahrtspflege 1914-1917

1256 Nachlaß Carl Trimborn:

A II, 1,2   Schriftwechsel Karl - Jeanne, Jeanne - Karl

114-117
118-126
132-148
211-220
226-230
356-366
367-371
373-376
393-404
405-407

Historisches Archiv des Erzbistums Köln (HAEBK)

| 23,15 | Arbeiterinnenvereine 1906-1937 |
| XXIII 36 | Kath. Frauenbund und Soziale Frauenschule 1904-1938 |

Diözesanarchiv Limburg (DALim)

353 D/1	Kath. Frauenbund 1904-1937
355 BD/I	Volksverein für das katholische Deutschland
180/C1	Verein katholischer deutscher Lehrerinnen

Stadtarchiv Mönchengladbach (StadtAMö)

Nachlaß Wilhelm Hohn:

133, 134	Kath. Frauenbund - Korrespondenzen
153	Informationskursus für Leiter von weiblichen Fortbildungsschulen; Hauswirtschaftliche Ausbildung
157	Protokolle der Sitzungen des Gesamtvorstandes und des engeren Vorstands sowie der Generalversammlungen 1892-1915

Zentrales Staatsarchiv Potsdam (ZStAPots)

Archiv des Volksvereins für das katholische Deutschland (VV Archiv)
(Abt. 74V01):

| 6 | Satzungen und Jahresberichte, Protokolle und Vorstandssitzungen (1907-1913) |
| 126 | Zentrum und Volksverein |

137	Geheime Organisation der römischen Integralen durch Msgr. Benigni
223	Frauenarbeit des Volksvereins und sein Verhältnis zum Katholischen Frauenbund. Sept. 1908 - Mai 1914; 1917
224	Organisation katholischer Arbeiterinnen (Fachabteilungen)

Bischöfliches Zentralarchiv Regensburg

OA 588	Arbeiterinnenvereine
OA 613	Kath. Frauenbund, Die örtlichen Vereine
OA 614	Kath. Frauenbund, Allgemeines 1913-1932
OA 615	Kath. Frauenbund, Allgemeines 1917-1953

Diözesanarchiv Rottenburg

Abt. G 1.1, C 16.2b	Katholischer Deutscher Frauenbund, 1916-1935

Archiv der Schwestern vom hl. Josef, Trier (AJTr)

Werke der Kongregation

E 6.1	Chronik, Jubiläumsschriften, Briefe 1903-1919, Drucksachen, Notizen
E 6.2	Verein der kath. kaufm. Gehülfinnen (Ladengehilfinnen)
E 6.4	Verband erwerbstätiger Frauen und Mädchen
F 3	Kath. Bewegung
F 6	Kath. Bewegung
F 7.5	Kath. Frauenbund 1902-1919
F 7.6	Kath. Frauenbund 1902-1906-1919
F 7.8	Zeitungsausschnitte 1903-1907
F 7.9	Frauenbund, Correspondenzen 1906-1909
F 8.3-10	Kath. Bewegung, Gewerkschaftsfragen 1900-1910
F 8.11	Schriftstücke 1910
F 8.12	Schriftstücke ohne Datum

Bistumsarchiv Trier (BATr)

Abt. 108 Nachlaß Bischof Korum:

B V, Nr. 378	Arbeitervereine, Gewerkschaften, Volksverein
B VIII, Nr. 471	Frauen- und Müttervereine, christliche, 1882-1917
B VIII, Nr. 474	Kath. Deutscher Frauenbund 1908-1919

II. Gedruckte Quellen, zeitgenössische Darstellungen (bis 1945)

Achenbach, Hermann: Die konfessionelle Arbeitervereins-Bewegung unter besonderer Berücksichtigung ihrer sozialen und sozialpolitischen Problematik, Siegen i. W. 1935
Acken van, Rektor: Die Stellung des Seelsorgers zum Katholischen Frauenbund Deutschlands. (Sonderdruck des KFD), o. O. (Köln) 1919
Altmann-Gottheiner: Elisabeth: Fabrikpflegerinnen, in: CF 5.1906/07, S. 382-387
Ammann, Ellen: „Unsere Generalversammlung", in: DKF 2.1908/09, S. 17-20, 33-38
Ammann, Ellen: Wertschätzung der Arbeit, ein Hülfsmittel zur Lösung der Frauenfrage, in: DKF 1.1907/08, S. 112 f.
Arbeitsprogramm des Volksvereins für das katholische Deutschland, 9. Brief, An die Geschäftsführer und Vertrauensmänner, Frauen im Volksverein, o. O. (M.Gladbach) 1913
Auracher, Benno: Die Frauenfrage, in: Reden, gehalten in den öffentlichen Versammlungen der 52. Generalversammlung der Katholiken Deutschlands in Straßburg 20.-24. August 1905, Straßburg i. E. 1906, S. 66-93
Auracher, Benno: Die katholische Frauenbewegung und die caritative und soziale Arbeit, in: KFB-Jahrbuch 1907, S. 66-87
Bachem, Julius: Wir müssen aus dem Turm heraus!, 1. März 1906, in: Rudolf Morsey (Hg.): Katholizismus, Verfassungsstaat und Demokratie. Vom Vormärz bis 1933, Paderborn/München/Wien/Zürich 1988, S. 82-89
Bachem-Sieger, M. (Minna): Erste Kämpfe und Ziele, in: KV Nr. 789 vom 10. 10. 1924
Bachem-Sieger, M. (Minna): Frau Emilie Hopmann, in: CF 24.1926, S. 259 f.
Bachem-Sieger, Minna: Dem Andenken Hedwig Dransfelds, in: KV Nr. 282 vom 8. 4. 1925
Badenberg, A. (Albertine): Bericht der Kommission zum Studium der Rechtsschutzstellen, o. O. 1911
Badenberg, Albertine: Der Wolf im Schafspelz, in: Kalender für unsere Frauen 1914, S. 26-29
Bäumer, Gertrud (Hg.): Der Deutsche Frauenkongreß Berlin, 27. Februar bis 2. März 1912. Sämtliche Vorträge herausgegeben im Auftrage des Vorstandes des Bundes Deutscher Frauenvereine, Leipzig/Berlin 1912
Bäumer, Gertrud: Die Geschichte der Frauenbewegung in Deutschland, in: Handbuch der Frauenbewegung, Bd. 1, S. 1-166
Bebel, August: Die Frau und der Sozialismus, Berlin (DDR) 1979
Becker, Liane: Der Sozialismus, in: DKF 6.1912/13, S. 65-67
Becker, Liane: Die Frauenbewegung. Bedeutung, Probleme, Organisation, Kempten/ München 1910
Becker, Liane: Stellung und Mitarbeit der Frauen in der Zentrumspartei, in: Gertrud Bäumer (Hg.): Der Deutsche Frauenkongreß, S. 188-192
Bericht über die Gründung des „Ausschusses deutscher Frauenverbände für vaterländische Frauenarbeit in Belgien", o. O. o. J. (1917)
Berufsberatungserlaß für Preußen, in: Nachrichtenblatt 1920, S. 5 f.
Bestimmungen über die Neuordnung des höheren Mädchenschulwesens in Preußen vom 18. August 1908 nebst den Bestimmungen über die Zulassung der Frauen zum Universitätsstudium, Halle 1908
Blaschitz, H.: Wie der Katholische Frauenbund im Kriege arbeitet, in: Kalender für unsere Frauen 1915, S. 13 f.
Braun, Carl: Organisation oder Schablone? Vorfragen über gemeinschaftliche Selbsthilfe erwerbstätiger Frauen und Mädchen mit Rücksicht auf die allgemeine Frauenfrage, Würzburg 1906

Bré, Ruth: Ika Freudenberg, in: CF 10.1911/12, S. 180 (Rubrik: Aus Frauenkreisen)

(Briefs-)Weltmann, A. (Anna): Idee und Verwirklichung der Sozialen Frauenschule des K.F.D. Berlin, zugleich erster Jahresbericht, Berlin 1918

Briefs-Weltmann, Anna: Frauenbewegung und Frauenparlamentarismus in Deutschland, in: Hochland 25.1927/28, S. 66-82

Brinker-Gabler, Gisela (Hg.): Frauenarbeit und Beruf, Frankfurt a. M. 1979

Buchner, Felicitas: Zur Frage der Reglementierung der Prostitution, o. O. o. J. (1908)

Buczkowska, Marie: Das rote Gespenst, in: Kalender für unsere Frauen 1913, S. 12-14

Buczkowska, Marie: Die Jugendabteilungen des Katholischen Frauenbundes Deutschlands, in: Hedwig Dransfeld, Marie Buczkowska: Die Ausbreitung des Katholischen Frauenbundes, S. 17-23

Carnap, Isabella von: Der Katholische Frauenbund, in: Allgemeine Rundschau 3.1906, S. 519 f.

Cathrein, Viktor: Die Frauenfrage, Freiburg i. Br. 1909 (Dritte, umgearbeitete und vermehrte Auflage)

Cauer, Minna: Die Frau im 19. Jahrhundert, Berlin 1898

Chronik der sozialen Frauenschule. Wohlfahrtsschule Pestalozzi-Fröbelhaus III, 1899-1929, o. O. (Berlin) 1929

Cosack, Elisabeth: Die Gründung des Katholischen Frauenbundes, in: Fünfundzwanzig Jahre Katholischer Deutscher Frauenbund, S. 13-29

Denkschrift des KFB vom 3. 3. 1913, in: Rundschreiben des Vorsitzenden der Fuldaer Bischofskonferenz, S. 1-5

Denkschrift über die Gründung eines Katholischen Frauenbundes, o. O. (Köln) o. J. (1903)

Der Katholikentag in Essen, in: Aus dem Katholischen Frauenbunde, 3.1906/07, in: CF 5.1906/07, S. 35-40

Der Katholische Frauenbund. Organ des über ganz Deutschland verbreiteten Katholischen Frauenbundes, Jahrgänge 1907/08-1912/13 (zit.: DKF)

Der Volksverein. Jahresbericht des Volksvereins für 1912/13, hg. von der Zentralstelle des Volksvereins für das katholische Deutschland, M.Gladbach o. J. (1913)

Die christliche Frau, Zeitschrift für höhere Bildung und christliche Frauentätigkeit in Familie und Gesellschaft, hg. vom Caritasverband für das katholische Deutschland (ab 1921: Die christliche Frau. Zeitschrift im Dienste katholischen Frauenstrebens, hg. vom Kath. Frauenbund Deutschlands), Jahrgänge 1902/03-1939 (zit.: CF)

Die Frauen des Zentrums als Wählerinnen und als Gewählte, in: KV Nr. 473 vom 25. 6. 1920

Die Frauenfrage auf dem diesjährigen Katholikentage, in: CF 9.1910/11, S. 24-26

Die Gesamtorganisation der kath. deutschen Frauenverbände, Paderborn o. J. (1916)

Die Inferiorität der katholischen Frauen, in: CF 6.1907/08, S. 299-301

Dransfeld, Hedwig: Schattenseiten der modernen Frauenbewegung, in: CF 3.1904/05, S. 369-374

Dransfeld, Hedwig: Ein Beitrag zur Psychologie und sozialen Aufwärtsentwicklung der Fabrikarbeiterin, in: CF 3.1904/05, S. 425-429

Dransfeld, Hedwig: Der gegenwärtige Stand der Frauenstimmrechtsfrage, in: CF 4.1905/06, S. 405-411

Dransfeld, H. (Hedwig): Der Anteil der Frau an der Kultur der Gegenwart, in: Allgemeine Rundschau 3.1906, S. 522 f.

Dransfeld, Hedwig: Entwicklung und gegenwärtiger Stand der deutschen Frauenbewegung, in: CF 5.1906/07, S. 77-81, 121-126, 161-168

Dransfeld, H. (Hedwig): Röslers „Frauenfrage" im Lichte der Kritik, Teil II, in: CF 6.1907/08, S. 149-153
Dransfeld, Hedwig: Die diesjährige Heerschau der deutschen Katholiken, in: CF 6.1907/08, S. 401-403
Dransfeld, Hedwig: Elisabeth Gnauck-Kühne (Teil II), in: CF 8.1909/10, S. 122-126
Dransfeld, Hedwig: Pflichten der Eltern gegen ihre heranwachsenden Töchter, in: CF 8.1909/10, S. 217-224
Dransfeld, Hedwig: Bedeutung des akademischen Frauenstudiums für die Gegenwart, Kempten/München 1910 (Sonderdruck)
Dransfeld, Hedwig: Die katholischen Frauen und die Mutterschutzbewegung, in: Katholischer Frauenkalender 1911, S. 189-199
Dransfeld, Hedwig: Die Frau im kirchlichen und religiösen Leben, in: Gertrud Bäumer (Hg.): Der Deutsche Frauenkongreß, S. 228-237
Dransfeld, Hedwig: Ziele und Aufgaben des Katholischen Frauenbundes, in: DKF 6.1912/13, S. 21-23
Dransfeld, Hedwig: Probleme der katholischen Frauenbewegung, in: CF 11.1912/13, S. 325-332, 362-385
Dransfeld, Hedwig: Der Katholische Frauenbund, in: KV Nr. 1132 vom 27. 12. 1912
Dransfeld, Hedwig: Organisationsprobleme der katholischen Frauenwelt, Freiburg i. Br. 1913
Dransfeld, Hedwig: Die Teilnahme des Katholischen Frauenbundes an der Bekämpfung gefährlicher und unsittlicher Bestrebungen, in: CF 12.1913/14, S. 109-114, 145-150, 181-188
Dransfeld, Hedwig: Der Krieg und die Frauen, in: CF 12.1913/14, S. 343-347
Dransfeld, Hedwig: Internationale Frauenbeziehungen, in: CF 13.1914/15, S. 139-143
Dransfeld, Hedwig: Kriegsprobleme und Frauenarbeit, in: Frauenland 8.1915, S. 58-61
Dransfeld, Hedwig: Vorträge in Frauenversammlungen während der Kriegszeit, Köln 1915 (Sammlung sozialer Vorträge, Heft 26/27)
Dransfeld, Hedwig: Das biblische Marienbild und die Katholikin der Gegenwart, in: CF 14.1916, S. 173-179, 209-213, 261-268
Dransfeld, Hedwig: Die Gründungsversammlung des Vereins katholischer Sozialbeamtinnen Deutschlands, in: VK 1916, S. 100-102
Dransfeld, Hedwig: Die Sozialbeamtin, in: CF 14.1916, S. 289-293
Dransfeld, Hedwig (für den Zentralvorstand des Katholischen Frauenbundes Deutschlands): Die Ausbildung katholischer Sozialbeamtinnen, o. O. (Köln) o. J. (1917)
Dransfeld, Hedwig: Bevölkerungsfrage und Frauenfrage, in: Martin Fassbender (Hg.): Des deutschen Volkes Wille, S. 523-538
Dransfeld, Hedwig: Frauenberuf und Frauenarbeit, in: Max Meinertz, Hermann Sacher (Hg.): Deutschland und der Katholizismus S. 257-270
Dransfeld, Hedwig/Buczkowska, Marie: Die Ausbreitung des Katholischen Frauenbundes Deutschlands, Köln 1918 (Zeitfragen der katholischen Frauenbewegung, Heft 3)
Dransfeld, Hedwig: Die Zweigvereine des Katholischen Frauenbundes Deutschlands, in: ebd., S. 3-16
Dransfeld, Hedwig: Der Eintritt der katholischen Frauen in die Politik, Köln 1918
Dransfeld, Hedwig: Generalbericht über die siebte Generalversammlung des K.F.D., Köln 1918 (Zeitfragen der katholischen Frauenbewegung, Heft 4)
Dransfeld, Hedwig: Die Aufgaben der Zukunft und die äußere und innere Ausgestaltung des KFD, Köln 1918 (Zeitfragen der katholischen Frauenbewegung, Heft 5)
Dransfeld, Hedwig: Unsere politischen Leitsätze, in: Frauenland 11.1918, S. 41-43

Dransfeld, Hedwig: Der Eintritt der Frauen in die Zentrumspartei, in: KV vom 24. 1. 1919
Dransfeld, Hedwig: Frauen, die nicht zur Wahlurne kamen, in: KV vom 25. 1. 1919
Dransfeld, Hedwig: Einige grundsätzliche Bemerkungen zur Prostitutionsfrage, in: CF 17.1919, S. 71-75
Dünner, Julia: Die Bedeutung der Gemeindewahlen, Köln o. J.
Dünner, Julia: Die rechtliche Stellung der Frau gemäß der deutschen Reichsverfassung, Köln 1919 (Schriften zur staatsbürgerlichen Schulung, Heft 1)
Dünner, Julia: Schriften zur staatsbürgerlichen Schulung, o. O. o. J. (1919)
Dünner, Julia: Staatsformen und ihre politische Würdigung, o. O. (Köln) o. J. (1919)
Dünner, Julia: Zur Verfassung und Verwaltung der Gemeinden mit besonderer Berücksichtigung des rheinischen Gemeinderechts, des Gemeindewahlrechts und der Mitarbeit der Frau in der Gemeinde, o. O. (Köln) o. J. (1919)
Emminghaus, A. (Hg.): Das Armenwesen und die Armengesetzgebung in europäischen Staaten, Berlin 1870
Emy Gordon, in: CF 7.1908/09, S. 207-209
Erdmann, August: Die Christliche Arbeiterbewegung in Deutschland, Stuttgart 1908
Erster Vierteljahresbericht der Frauenarbeitszentrale beim Kriegsamt, Stab., 1. Februar bis 1. Mai 1917, Berlin 1917
Fassbender, Martin (Hg.): Des deutschen Volkes Wille zum Leben. Bevölkerungspolitische und volkspädagogische Abhandlungen über Erhaltung und Förderung deutscher Volkskraft, Freiburg i. Br. 1917
Faulhaber, M. (Martin): Moderne Frauentätigkeit im Lichte des katholischen Glaubens, Köln 1913 (Sammlung sozialer Vorträge, Heft 22)
Fleischer, Paul: Die Teilnahme der Frau an den öffentlichen Angelegenheiten. Erweiterte Wiedergabe des auf dem ersten allgemeinen österreichischen katholischen Frauentage in Wien am 30. März 1910 gehaltenen Vortrags. Berlin 1910 (Separatdruck aus Nr. 4/5 des „Arbeiterpräses", Jahrgang 1910)
Förster, Fr. W.: Die hl. Elisabeth und die modernen Frauen, in: CF 6.1907/08, S. 66-69
Frauen-Berufe. Beiträge zur Berufskunde. Vorträge aus den Berufsberatungskursen des Katholischen Frauenbundes 1922, hg. vom Bayerischen Landesverband des Katholischen Frauenbundes, München o. J. (1922)
Frauen-Korrespondenz, hg. vom Zentralvorstande des Kath. Frauenbundes Deutschlands, Köln, Jahrgänge 1915-1921
Frauenarbeit. Organ des Verbandes katholischer Vereine erwerbstätiger Frauen und Mädchen Deutschlands, Berlin, Jahrgänge 1905-1913
Frauenbewegung und Sexualethik. Beiträge zur modernen Ehekritik von Gertrud Bäumer u. a., Heilbronn 1909
Frauenland. Organ des Katholischen Frauenbundes, Jahrgänge 1913/14-1918
Frauenvorträge für die Wahlen zur Nationalversammlung, M.Gladbach 1918
Fünfundzwanzig Jahre Katholischer Deutscher Frauenbund, hg. vom Katholischen Deutschen Frauenbund, Köln o. J. (1928)
G.K.: Liane Becker † zum Gedenken: in: CF 34.1936, S. 91
Generalbericht über die sechste Generalversammlung des Katholischen Frauenbundes Deutschlands am 6., 7. und 8. Januar 1916 im Reichstagsgebäude zu Berlin, in: CF 14.1916, S. 1-88
Geschäftsordnung für den Zentralrat der Frauenorganisationen im Katholischen Frauenbunde Deutschlands, o. O. o. J. (1916)
Gillet-Wagner, Joh. (Johanna): Berufsmöglichkeiten für Absolventinnen höherer Mädchenbildungsanstalten in Preußen, in: Katholischer Frauenkalender 1911, S. 248-252

Glaenz, Erika: Die geschichtliche Entwicklung der deutschen Frauenschulen für Volkspflege im Rahmen des weiblichen Bildungswesens, Würzburg o. J. (1937)
Gnauck-Kühne, Elisabeth: Die soziale Lage der Frau, Berlin 1895
Gnauck-Kühne, Elisabeth: Die Arbeiterinnenfrage, in: KFB-Jahrbuch 1904, S. 20-33
Gnauck-Kühne, Elisabeth: Einführung in die Arbeiterinnenfrage, M.Gladbach 1905
Gnauck-Kühne, Elisabeth: Die Deutsche Frau um die Jahrhundertwende, Berlin 1907[2]
Gnauck-Kühne, Elisabeth: Staat und Frau, in: Hochland 8.1911, S. 129-145
Gnauck-Kühne, Elisabeth: Frauenemanzipation, in: KV Nr. 613 vom 12. 7. 1912
Gnauck-Kühne: Das soziale Gemeinschaftsleben im Deutschen Reich. Leitfaden der Wirtschafts- und Bürgerkunde, M.Gladbach 1914 (15.-20., stark vermehrte Auflage)
Godin M.A. von: Ellen Ammann. Ein Lebensbild, München o. J. (1933)
Gordon, Emy (von): Berufliche Frauenarbeit, in: CF 1.1902/03, S. 26 f.
Gordon, Emy von: Fingerzeige, welche uns der Deutsch-evangelische Frauenbund bietet, in: CF 1.1902/03, S. 231
Gordon, Emy von: Das Katholische Frauenvereinsleben, KV Nr. 495 vom 14. 6. 1903, in: Vor der Gründung des Katholischen Frauenbundes, in: Fünfundzwanzig Jahre Katholischer Deutscher Frauenbund, S. 7-10
Gordon, Emy (von): Die Stellung der katholischen Frau zu der Frauenbewegung, in: Mitteilungen des Gauverbandes der Windthorstbunde Berlin-Brandenburg, 1.1904, S. 37-39
Gordon, Emy (von): Erste Generalversammlung des Katholischen Frauenbundes zu Frankfurt a. M. vom 6. bis 8. November 1904, in: CF 3.1904/05, S. 108-113
Gordon, Emy (von): Die Fabrikarbeiterin als Mutter und Hausfrau, in: CF 5.1906/07, S. 303-307, 328-331
Grasser, Kath.: Eine Jahresarbeit des Katholischen Frauenbundes, in: Kalender für unsere Frauen 1914, S. 12-14
Gründung des Verbandes süddeutscher katholischer Arbeiterinnen-Vereine, in: Mitteilungen des Verbandes süddeutscher katholischer Arbeiterinnen-Vereine, hg. von der Verbandsleitung (Carl Walterbach), 1906, S. 2-7
Gutachten der Sozialen Kommission zum zeitigen Stande der Differenz zwischen Frauenbund und Volksverein, betreffend politische Schulung und Werbung von Frauen seitens des Volksvereins, in: Rundschreiben des Vorsitzenden der Fuldaer Bischofskonferenz, S. 6-8
Hamann, E. M. (Elisabeth Margareta): Etwas zum Kapitel: Erwerbstätigkeit der Frau, in: Aus dem Katholischen Frauenbund 2.1905/06, in: CF 4.1905/06, S. 118-122
Hamel, Frl. (Casimira): Wie fassen wir katholische Frauen die Frauenbewegung auf und warum arbeiten wir darin?, in: KFB-Jahrbuch 1907, S. 88-99
Handbuch der Frauenbewegung, hg. von Helene Lange und Gertrud Bäumer, 5 Bde., Berlin 1901-1906
Hasse, Else: Soziale Hilfsarbeit und Arbeiterschaft, in: CF 7.1908/09, S. 117-123
Hauff, Lily: Die Entwicklung der Frauenberufe in den letzten drei Jahrzehnten, Berlin 1911
Hedwig Dransfeld zum Gedächtnis. Zum 2. Jahrestag ihres Todes, hg. vom Katholischen Deutschen Frauenbund, Köln o. J. (1927)
Hendrichs, Margret: Schulentlassung und Berufswahl, in: DKF 6.1912/13, S. 84 f.
Hendrichs, Margret: Berufsberatung für Mädchen und Frauen, in: DKF 6.1912/13, S. 67 f.
Hendrichs, Margret: Berufsberatung und Akademisches Frauenstudium, in: Katholischer Frauenkalender 1914, S. 246-254
Hendrichs, Margret: Ein Blick in die Zukunft, in: Kalender für unsere Frauen 1914, S. 34-36

Hendrichs, Margret: Die Berufsberatung für Mädchen und Frauen in der Kriegszeit, in: CF 13.1915, S. 177-183

Herber, Pauline: Geistig gesund, in: CF 1.1902/03, S. 30-34

Herber, Pauline: Eindrücke von der 5. Generalversammlung des Bundes deutscher Frauenvereine zu Wiesbaden, in: CF 1.1902/03, S. 109-111

Herber, Pauline: Zusammenschluß katholischer Frauen betreffs der Frauenbewegung unserer Zeit, in: CF 2.1903/04, S. 113-119

Herber, Pauline: Über unser Frauenstudium, in: CF 4.1905/06, S. 1-6

Hesse, A.: Vierte Generalversammlung des Katholischen Frauenbundes zu Düsseldorf vom 23. bis 27. Oktober, in: DKF 4.1910/11, S. 14-32

Heßberger, M. (Maria): Der Krieg und das sittliche Volksempfinden, in: Die Hebung der Volkssittlichkeit, Köln 1915 (Sammlung sozialer Vorträge, Heft 28)

Heymann, Lida Gustava: Das kommunale Wahlrecht der Frauen im Deutschen Reiche, München 1910

Heymann, Lida Gustava: Wird die Mitarbeit der Frauen in den politischen Parteien das Frauenstimmrecht fördern?, Gautzsch b. Leipzig 1911

Heymann, Lida Gustava/Augspurg, Anita: Erlebtes - Erschautes. Deutsche Frauen kämpfen für Freiheit, Recht und Frieden. 1850-1940, hg. von Margrit Twellmann, Meisenheim am Glan 1977

Hirschfeld, Dorothea: Die Mitwirkung der Frauen in der Armen- und Wohlfahrtspflege in Deutschland, in: Recueil des Travaux du V. Congrès International D'Assistance Publique et Privée a Copenhague 9.-13. Août 1910, Copenhague 1911, S. 5-66

Hirtenbrief der deutschen Bischöfe vom 20. August 1913 über christliche Ehe, christliche Familie und christliche Erziehung, in: Martin Fassbender (Hg.): Des deutschen Volkes Wille, S. 814-822

Hitz, Luise: Die neuere Frauenbewegung nach ihrer idealen Seite, in: CF 1.1902/03, S. 360-263, 393-396

Hitze, (Franz): Ehrwürdige Frau Oberin! (= Schaffgotsch, G.B.), Münster 1904

Hoeber, Karl: Minna Bachem-Sieger und die Deutsche Frauenbewegung, Köln 1940

Hopmann, M. Maria Victoria: Marie Le Hanne-Reichensperger. „Die Frau Bergrat". 1848-1921, Mainz o. J. (1939)

Hüllen, Prof.: Über den Anschluß des Vereins katholischer deutscher Lehrerinnen an den Katholischen Frauenbund, Trier 1916

Imle, Fanny: Der sittliche Wert der Arbeit, in: CF 10.1911/12, S. 1-5

Jahrbuch des Katholischen Frauenbundes, hg. von der Zentrale Köln, Köln 1907 (zit.: KFB-Jahrbuch 1907)

Jahrbuch des Katholischen Frauenbundes, hg. von der Zentrale Köln, Köln 1909 (zit.: KFB-Jahrbuch 1909)

Jahrbuch des Katholischen Frauenbundes Deutschlands 1918/1919, hg. im Auftrage des Zentralvorstandes, Köln (zit.: KFB-Jahrbuch 1918/19)

Jahrbuch des Katholischen Frauenbundes 1921, hg. im Auftrage des Zentralvorstandes, Köln (zit.: KFB-Jahrbuch 1921)

Janssen-Jurreit, Marielouise (Hg.): Frauen und Sexualmoral, Frankfurt a. M. 1986

Joos, B. (Barbara): Die Stärkung des mütterlichen Verantwortungsgefühls, in: Die Hebung der Volkssittlichkeit, hg. vom Zentralvorstand des Kath. Frauenbundes Köln 1915, S. 6-12 (Sammlung sozialer Vorträge, Heft 28)

Joos, Josef: Wohnungsnot und Wohnungsfürsorge, in: CF 15.1917, S. 130-138

Kaldewey, Paula: Im Kriegsdienst der Heimat: der Katholische Frauenbund Deutschlands, in: Die Woche 1918, S. 125-130

Kalender für unsere Frauen, hg. im Auftrage des Zentralvorstandes des Katholischen Frauenbundes Köln a. Rhein, 1913 bis 1917 (1916 f. = Kriegskalender für unsere Frauen, zit.: Kalender für unsere Frauen)
Katholische, erwerbstätige Frauen und Mädchen!, hg. vom Verband kathol. erwerbstätiger Frauen und Mädchen, Berlin o. J.
Katholischer Frauenbund Deutschlands, Satzungen, in: VK 1916, S. 2-6
Katholischer Frauenkalender, hg. im Auftrage des Zentralvorstandes des Katholischen Frauenbundes, Cöln am Rhein, Jahrgänge 1911-1916
Katholischer Frauenkalender 1925, hg. von Ina Neundörfer unter Mitarbeit der Zentralstelle des Katholischen Deutschen Frauenbundes, Mainz
Kerschensteiner, Georg: Staatsbürgerliche Erziehung der deutschen Jugend, Erfurt 1909 (4. verbesserte und erweiterte Auflage)
Ketteler, Wilhelm Emmanuel: Sozialcaritative Fürsorge der Kirche für die Arbeiterschaft, in: Texte zur Katholischen Soziallehre II, 1, S. 255-239
KFB-Flugblatt: Katholischer Frauenbund, in: CF 2.1903/04, S. 152 f.
KFB-Flugblatt Nr. 2: Was will die Frauenbewegung, o. J. (etwa 1904)
KFB-Flugblatt Nr. 3: Was will die katholische Frauenbewegung?, o. J. (etwa 1904)
KFB-Flugblatt Nr. 5: Flugblatt über Jugendbund, o. J.
KFB-Flugblatt Nr. 11: Flugblatt über Vormundschaften, o. J.
KFB-Flugblatt Nr. 14: Unser Katholischer Frauenbund!, o. J. (etwa 1912/13)
KFB-Flugblatt Nr. 15: Was hat die kathol. Frau von der Sozialdemokratie zu halten?, o. J. (etwa 1912)
KFB-Flugblatt Nr. 16: Was sagt der deutsche Episkopat über den Katholischen Frauenbund?, o. J. (1912)
KFB-Jahrbuch 1904, siehe: Verhandlungen 1904
KFB-Jahrbuch 1907 ff., siehe: Jahrbuch 1907 ff.
KFD-Merkblatt 2: Die Hausfrauenabteilungen des Katholischen Frauenbundes Deutschlands, o. J. (1916)
KFD-Merkblatt über die Organisation zur politischen Schulung der katholischen Frauen, Köln o. J. (1918)
KFD-Vortrag zur Einführung in den Katholischen Frauenbund Deutschlands, o. J. (1919)
Konferenz zur Beratung über die Fragen der Ausbildung zur sozialen Beratung, veranstaltet von der Reichsgemeinschaft von Hauptverbänden der freien Wohlfahrtspflege vom 24.-26. Oktober 1921 in Weimar, o. O. o. J. (1921)
Kosch, Wilhelm: Das Katholische Deutschland. Biographisch-bibliographisches Lexikon, Bd. 1-3, Augsburg 1933-1938
Kriegstagung des Katholischen Frauenbundes Deutschlands im Reichstagsgebäude zu Berlin 1916, Referate und Vorträge, Köln o. J. (1916)
Kulemann, W.: Die Berufsvereine, Bd. 2, Jena 1908
Lauer, Amalie: Volkswirtschaftliche Kriegspflichten der Frauen, in: Kalender für unsere Frauen 1916, S. 20-24
Liese, Dr. (Wilhelm): Soziale Hilfsarbeit der Frauen, in: CF 2.1903/04, S. 18 f.
Lion, Hilde: Zur Soziologie der Frauenbewegung. Die sozialistische und die katholische Frauenbewegung, Berlin 1926²
Lorenz, Charlotte: Die gewerbliche Frauenarbeit während des Krieges, in: Paul Umbreit, Charlotte Lorenz: Der Krieg und die Arbeitsverhältnisse, S. 307-391
Lüders, Else: Arbeiterinnenorganisation und Frauenbewegung (1902), in: Gisela Brinker-Gabler (Hg.): Frauenarbeit und Beruf, S. 169-176

Lüders, Marie-Elisabeth: Das unbekannte Heer. Frauen kämpfen für Deutschland 1914-1918, Berlin 1936

M.: Der Staat und die Frauen, in: Hochland 9.1912, S. 760-763

Mair, Franz: Der Redemptoristenpater Dr. Augustin Rösler, in: Theologisch-praktische Quartalschrift, 75.1922, S. 367-384, 543-558

Mausbach, Joseph: Die katholische Moral, ihre Methoden, Grundsätze und Aufgaben. Ein Wort zur Abwehr und zur Verständigung, Köln 1901

Mausbach, Joseph: Bedeutung und Ziele des Katholischen Frauenbundes. Rede zur Einführung des Frauenbundes, gehalten am 2. Dezember 1904 zu Münster i. W., Köln o. J. (1904)

Mausbach, Joseph: Die Stellung der Frau im Menschheitsleben. Eine Anwendung katholischer Grundsätze auf die Frauenfrage, M.Gladbach 1906

Mausbach, Joseph: Der christliche Familiengedanke im Gegensatz zur modernen Mutterschutzbewegung, in: KFB-Jahrbuch 1909, S. 84-101

Mausbach, Joseph: Der Eid wider den Modernismus und die theologische Wissenschaft, Köln 1911

Mausbach, Joseph: Der Kampf gegen die moderne Sittenlosigkeit. Rede, gehalten auf dem Katholikentag zu Aachen 1912, Warendorf o. J. (1914)

Mausbach, Joseph: Katholische Moraltheologie, Münster 1914-1918

Mausbach, Joseph: Das Wahlrecht der Frau, Münster 1919

Mausbach, Joseph: Katholische Moraltheologie, Erster Band: Die allgemeine Moral, Neunte verbesserte Auflage von Gustav Ermecke, Münster 1959

Mausbach, Joseph: Katholische Moraltheologie, Dritter Band: Die spezielle Moral, zehnte, neubearbeitete Auflage von Gustav Ermecke, Münster 1961

Mausbach, Joseph: Kernfragen christlicher Welt- und Lebensanschauung, M.Gladbach 1921

Meinertz, Max/Sacher, Hermann (Hg.): Deutschland und der Katholizismus. Gedanken zur Neugestaltung des deutschen Geistes- und Gesellschaftslebens, Bd. 2.: Das Gesellschaftsleben, Freiburg i. Br. 1918

Mirbach, Freiin von: Die Frau in der ländlichen Wohlfahrtspflege, Bonn 1913

Mitteilungen an die Geschäftsführer und Förderer des Volksvereins für das kathol. Deutschland, hg. von der Zentralstelle, M.Gladbach, Oktober 1912

Mitteilungen aus der Arbeit der Frauengruppe beim Kriegs-Ersatz- und Arbeits-Departement, erstattet zur 3. Tagung des Nationalen Ausschusses für Frauenarbeit im Kriege am 22. und 23. April 1918, Berlin 1918

Mitteilungen des Vereins katholischer Sozialbeamtinnen Deutschlands, Jahrgänge 1917-1924 (ab November 1922: Mitteilungen des Vereins katholischer deutscher Sozialbeamtinnen)

Mleinek, Elisabeth (Hg.): Pauline Herber. Ein Lebensbild der Gründerin des Vereins katholischer deutscher Lehrerinnen, Paderborn 1922

Müller, Maria: Frauen im Dienste Fröbels, Leipzig 1928

Müller, Otto: Arbeiterinnen-Vereine, M.Gladbach 1905

Müller, Otto: Die soziale Arbeit im katholischen Frauenbunde, Köln o. J. (1905)

Müller, Otto: Erinnerungen an die Katholische Arbeiter-Bewegung, in: Texte zur katholischen Soziallehre II, 2. Halbband, S. 840-1026

Müller-Simonis, P.: Frauenfrage und Katholischer Frauenbund, o. O. (Straßburg) o. J. (1904)

N.N.: Wacht auf!, in: DKF 6.1912/13, S. 52-54

Nachrichtenblatt für die Zweigvereine des Katholischen Frauenbundes Deutschlands, hg. von der Zentralstelle des KFD, Jahrgänge 1917-1925 (zit.: Nachrichtenblatt)

Nachtrag zum Jahrbuch des Katholischen Frauenbundes Deutschlands 1918/19 für das Jahr 1920, Köln 1920

Nell, Bernarda von: Frauenstimmrecht? Erwägungen zu Frau E. Gnauck-Kühnes Essay: ‚Staat und Frau', in: Hochland 8.1911, S. 583-601

Neundörfer, Ina: Ein Ausschnitt aus den Erinnerungen von Frau Emilie Hopmann über die Gründung der ersten Jahre des Katholischen Frauenbundes, in: Fünfundzwanzig Jahre Katholischer Deutscher Frauenbund, S. 36-53

Offener Brief an den katholischen Frauenbund anläßlich der bevorstehenden ersten Generalversammlung in Frankfurt a. M. Von einer katholischen Frau. Als Manuskript gedruckt, Würzburg o. J. (1904)

Organisation kath. erwerbstätiger Frauen und Mädchen: Katholische Frauen und Jungfrauen!, Trier o. J. (1905)

P., H. (Helene Pagés): Erinnerungen an Hedwig Dransfeld, in: Lehrerinnen-Kalender 1926, hg. vom Verein katholischer deutscher Lehrerinnen, Paderborn 1926

Pagés, Helene: Mode und Sittlichkeit, in: Kalender für unsere Frauen 1915, S. 27-29

P.M.W.: Nationale Frauenpflichten in ernster Zeit, in: VK 1912, S. 118 f.

Philipp, Klara: Rückblick auf den Berliner Frauenkongreß, in: DKF 5.1911/12, S. 73-76

Philipp, Klara: Vom Frauenarbeitsmarkt, in: Frauenland 8.1915, S. 36-39

Philipp, Klara: Maßnahmen zur Bekämpfung der öffentlichen Unsittlichkeit, in: CF 15.1917, S. 298-304

Pichlmair, Anton: Kurzer Wegweiser zur Gründung und Leitung von kathol. Arbeiterinnen-Vereinen, München 1912

Plothow, Anna: Die Begründerinnen der deutschen Frauenbewegung, Leipzig 1907

Politische Frauenorganisationen?, in: KV Nr. 1101 vom 15. 12. 1912

Politische Pflichten des Tages für die Frauenwelt, in: Frauen-Korrespondenz, Nr. 19, 1918

Radomski, Hildegard: Die Frau in der öffentlichen Armenfürsorge, Berlin 1917

Raesfeldt, C. v.: Beteiligung der gebildeten und besitzenden Frauen am Waisenrat, in: CF 1.1902/03, S. 212

Renz, Barbara Klara: Gerechtigkeit im Familienkreise, in: CF 3.1904/05, S. 409-413

Retzbach, Anton: Leitfaden für die soziale Praxis, Freiburg 1910

Retzbach, Anton: Die Frau und der Sozialismus, Köln 1912 (Sammlung sozialer Vorträge, Heft 14/15)

Richtlinien für die Gründung von Berufsberatungsstellen in den Zweigvereinen des K.F.D., ferner für ihren Verkehr mit der Zentrale und mit andern Organisationen, in: CF 15.1917, S. 49

Richtlinien über das Vorgehen der Frauenvereine bei der Vorbereitung der Frauen für die Nationalversammlung, Berlin o. J.

Ried, Ursula: Zur Geschichte der kathol. Sozialen Frauenschulen, in: Caritas 30.1925, S. 175-180, 216-220

Rommel, Febronia: Mädchenschulen und Frauenbildung, in: CF 1.1902/03, S. 134-136

Rösler, P. A. (Augustin): Die Bedeutung und die Aufgabe der gebildeten Frau für die Gegenwart, in: CF 1.1902/03, S. 4-9, 41-45, 81-87

Rösler, Augustin: Die Frauenfrage vom Standpunkte der Natur, der Geschichte und der Offenbarung, Freiburg i. Br. 1907 (Zweite, gänzlich umgearbeitete Auflage)

Rost, Hans: Die Kulturkraft des Katholizismus, Paderborn 1919 (Zweite, vermehrte und verbesserte Auflage)

Rundschreiben des Vorsitzenden der Fuldaer Bischofskonferenz, Kardinal Kopp, vom 16. 3. 1913, Breslau 1913

Rupfle, Georg: Katholische Arbeiterinnenvereine. Ein praktisches Handbüchlein für die Vereinsarbeit, München 1910

Salomon, Alice: Ein Rückblick auf die Konferenz zur Förderung der Arbeiterinneninteressen, in: CF 5.1906/07, S. 254-260

Salomon, Alice: Die deutschen Arbeiterinnenschutzgesetze, Leipzig 1906

Sammlung sozialer Vorträge, hg. vom Zentralvorstand des Kath. Frauenbundes, Köln 1905 ff.

Satzungen des Katholischen Deutschen Frauenbundes, o. J. (1921)

Satzungen des Katholischen Frauenbundes 1903

Satzungen des Katholischen Frauenbundes 1904

Satzungen des Katholischen Frauenbundes (1908), in: KFB-Jahrbuch 1909, S. 46-49

Schaffgotsch, Gertrud von: Zur Organisation der kathol. Arbeiterinnen. Eine Erwiderung an Herrn Professor Dr. Franz Hitze, Trier 1904

Schalscha-Ehrenfeld, Amalie von: Die Arbeiterinnenfrage, Berlin 1910 (Separatabdruck aus Arbeiterpräses Nr. 4/5, 1910)

Schalscha-Ehrenfeld, Amalie von: Frauen-Erwerbsberufe. Ratgeber bei der Berufswahl kath. Mädchen, welche aus der Volksschule abgehen, sowie für ältere Berufs- und Stellung-Suchende, Berlin o. J. (1914²)

Schmidt, Anna: Der Verband katholischer Vereine erwerbstätiger Frauen und Mädchen, in: Frauenarbeit 1.1905, S. 89 f., 97 f.

Schneider, Camillo Karl: Die Prostituierte und die Gesellschaft. Eine soziologisch-ethische Studie, Leipzig 1908

Schneider, G.: Die I. Versammlung der Jugendabteilungen des K.F.B. zu Köln am 23. und 24. Juli 1913, in: DKF 6.1912/13, S. 161 f.

Scholastica: Generalversammlung des Allgemeinen Deutschen Frauenvereins, in: CF 2.1903/04, S. 74 f.

Schwenke, Elsbeth: Die Grundzüge der Verfassungsformen, Berlin o. J. (1918)

Schweter, Joseph: P. Dr. Augustin Rösler C.ss.R. 1851-1922. Ein Bild seines Lebens und Schaffens im großen Gemälde der religiösen, wissenschaftliche, sozialen und politischen Geistesströmungen der Zeit vom Vatikanischen Konzil bis zum Beginn des Pontifikats Pius' XI., Schweidnitz 1929

Simon, Helene: Elisabeth Gnauck-Kühne, 2. Bde., M.Gladbach 1928/1929

Skizzen zu Vorträgen in Frauenversammlungen während der Kriegszeit, in: VK 1914, S. 77-84

Sonnenschein, Carl: Elisabeth Gnauck-Kühne (Teil I), in: CF 8.1909/10, S. 117-121

Sozial-charitatives ABC für Frauen, hg. von der Zentralstelle des Volksvereins für das katholische Deutschland, M.Gladbach 1907

Soziale Frauenschule des Kath. Frauenbundes Deutschlands. Zweigverein Berlin, Berlin 1917

Soziale und caritative Frauenschule des Kath. Frauenbundes in Bayern. 1909-1918, o. O. (München) o. J. (1918)

Spahn, Martin: Glossen zur katholischen Literaturbewegung, in: Hochland 6.1909, S. 600-605

Spreti, Gräfin: Die Propaganda des Katholischen Frauenbundes auf dem Lande, Köln 1914 (Sammlung sozialer Vorträge, Heft 25)

Staatslexikon, hg. von Julius Bachem im Auftrag der Görres-Gesellschaft zur Pflege der Wissenschaft im katholischen Deutschland, 5 Bde., Freiburg im Breisgau 1909-1912

Stand der Frauenstimmrechtsfrage, in: Aus dem Katholischen Frauenbunde 3.1906/07, in: CF 5.1906/07, S. 63-68

Stier-Somlo, (Fritz): Frauen-Hochschulstudium für soziale Berufe an der Hochschule für kommunale und soziale Verwaltung, Cöln, Köln 1916

Stöcker, Helene: Zur Reform der sexuellen Ethik (1905), in: Marielouise Janssen-Jurreit (Hg.): Frauen und Sexualmoral, S. 110-118

Stoffels, Elise: Die allgemeine weibliche Fortbildungsschule, in: CF 4.1905/06, S. 85-92

Texte zur Katholischen Soziallehre II. Dokumente zur Geschichte des Verhältnisses von Kirche und Arbeiterschaft am Beispiel der KAB, hg. vom Bundesverband der Katholischen Arbeitnehmer-Bewegung (KAB) Deutschlands, Kevelaer 1976

Texte zur Katholischen Soziallehre. Die sozialen Rundschreiben der Päpste und andere kirchliche Dokumente mit einer Einführung von Oswald von Nell-Breuning SJ, hg. vom Bundesverband der Katholischen Arbeitnehmer-Bewegung Deutschlands - KAB, Kevelaer 1985[6]

Tieschowitz, A. von: Volkspropaganda!, in: DKF 6.1912/13, S. 116

Troeltsch, Ernst: Gesammelte Schriften, Bd. 1: Die Soziallehren der christlichen Kirchen und Gruppen, Tübingen 1923[3]

Umbreit, Paul/Lorenz, Charlotte: Der Krieg und die Arbeitsverhältnisse, Stuttgart/Berlin/Leipzig 1928

Unser IX. Verbandstag, in: Frauenarbeit. Organ des Verbandes katholischer Vereine erwerbstätiger Frauen und Mädchen Deutschlands, 9.1913, S. 81-87

Vereinsarbeit während der Kriegszeit, in: VK 1914, S. 56-60

Verhandlungen der 1. Generalversammlung des Katholischen Frauenbundes in Frankfurt a. M. vom 6. bis 8. November 1904, o. O. o. J. (1904) (zit.: KFB-Jahrbuch 1904)

Verhandlungen der Generalversammlungen der Katholiken Deutschlands, hg. vom Zentralkomitee der deutschen Katholiken, 1904-1921

Verhandlungen des sozialdemokratischen Parteitages [1896], in: Heinz Niggemann (Hg.): Frauenemanzipation und Sozialdemokratie, Frankfurt a. M. 1981, S. 69-93

Verzeichnis der in Deutschland erscheinenden Frauenzeitschriften und außerhalb des Bundes deutscher Frauenvereine organisierten Frauenvereine, hg. vom Propagandaausschuß des Deutschen Frauenstimmrechtsbundes, München 1917

Vorschläge für die Mitarbeit des KFD in der neuen Organisation der Berufsberatung in Preußen, in: Nachrichtenblatt 1919, S. 27 f.

Vorstandskorrespondenz, hg. vom Zentralvorstand des katholischen Frauen-Bundes, Köln, Jahrgänge 1911-1918 (zit.: VK)

Walterbach, C. (Carl): Die Organisation der katholischen Frauen, München 1913

Walterbach, C. (Carl): Statistik des Verbandes süddeutscher katholischer Arbeiterinnen-Vereine, in: Mitteilungen des Verbandes süddeutscher katholischer Arbeiterinnen-Vereine 1907, S. 1-3

Weber, H. (Heinrich): Sozial-caritative Frauenberufe, Freiburg i. Br. 1919

Weber, Heinrich: Die Wohlfahrtspflegerin, Berlin-Wilmersdorf o. J. (1922)

Weber, Helene: Der Wert des geistigen Schaffens der Frau im öffentlichen Leben, in: Geist und Leben. Gedanken aus dem katholischen Frauenstudium der Gegenwart, Köln 1921, S. 44 f.

Welche Partei wählen die christlichen Frauen?, hg. von der Zentralstelle des Volksvereins für das katholische Deutschland, M.Gladbach, o. J. (1919)

Winke zur staatsbürgerlichen und politischen Schulung der Frauen in der Kleinstadt und auf dem Lande, hg. von der Landkommission des KFD, Köln o. J.

Wolff, Emmy (Hg.): Frauengenerationen in Bildern, Berlin 1928

Zahn-Harnack, Agnes: Die Frauenbewegung. Geschichte, Probleme, Ziele, Berlin 1928

Zehn Jahre Soziale Berufsarbeit, hg. vom „Deutschen Verband der Sozialbeamtinnen" anläßlich seines zehnjährigen Bestehens, Berlin 1926

Zeiss, Wilhelmine: Entstehung und Entwicklung der Sozialen Frauenschulen in Deutschland, Phil. Diss. Heidelberg 1923

Zeitfragen der katholischen Frauenbewegung, hg. vom Zentralvorstand des Katholischen Frauenbundes Deutschlands, Köln 1913 ff.

Zetkin, Clara: Die Arbeiterinnen- und Frauenfrage der Gegenwart [1889], in: Gisela Brinker-Gabler (Hg.): Frauenarbeit und Beruf, S. 134-146

Zetkin, Clara: Schwierigkeiten der gewerkschaftlichen Organisierung der Arbeiterinnen (1898/1901), in: Gisela Brinker-Gabler (Hg.): Frauenarbeit und Beruf, S. 149-168

Zetkin, Clara: Zur Geschichte der proletarischen Frauenbewegung Deutschlands, Frankfurt a. M. 1971

III. Darstellungen

Abel, Heinrich: Von der Fortbildungsschule zur Berufsschule - die Lehrplandiskussion der neunziger Jahre, in: Hermann Röhrs (Hg.): Die Berufsschule, S. 99-110

Akten der Fuldaer Bischofskonferenz, III, 1900-1919, bearbeitet von Erwin Gatz, Main 1985

Alice Salomon in ihren Schriften. Bibliographie, zusammengestellt von Renate Orywa und Annette Dröge im Auftrag der Rektorin der Fachhochschule für Sozialarbeit und Sozialpädagogik Berlin, Berlin 1989

Altermatt, Urs: Katholizismus und Moderne. Zur Sozial- und Mentalitätsgeschichte der Schweizer Katholiken im 19. und 20. Jahrhundert, Zürich 1991[2]

Amery, Carl: Die Kapitulation oder Deutscher Katholizismus heute, Reinbek 1963

Andresen, Carl/Denzler, Georg: Wörterbuch der Kirchengeschichte, München 1984[2]

Ariès, Philippe/Béjin, André (Hg.): Die Masken des Begehrens und die Metamorphosen der Sinnlichkeit. Zur Geschichte der Sexualität im Abendland, Frankfurt a. M. 1993

Aubert, Roger: Die modernistische Krise, in: Hubert Jedin (Hg.): Handbuch der Kirchengeschichte, Bd. VI/2, S. 435-500

August 1914. Ein Volk zieht in den Krieg, hg. von der Berliner Geschichtswerkstatt, Berlin 1989

Aus der Wurzel leben. 75 Jahre Katholischer Deutscher Frauenbund, Köln 1979

Baadte, Günter: Katholischer Universalismus und nationale Katholizismen im Ersten Weltkrieg, in: Albrecht Langner (Hg.): Katholizismus, S. 89-109

Bamberg, Corona: Hedwig Dransfeld (1871-1925). Die Gründerin der deutschen katholischen Frauenbewegung, in: Paul Imhof (Hg.): Frauen des Glaubens, S. 209-222

Baron, Rüdeger (Hg.): Sozialarbeit und Soziale Reform. Zur Geschichte eines Berufs zwischen Frauenbewegung und öffentlicher Verwaltung, Weinheim/Basel 1983

Baron, Rüdeger: Die Entwicklung der Armenpflege in Deutschland vom Beginn des 19. Jahrhunderts bis zum Ersten Weltkrieg, in: Rolf Landwehr, Rüdeger Baron (Hg.): Geschichte der Sozialarbeit, S. 11-71

Baron, Rüdeger/Landwehr, Rolf: Von der Berufung zum Beruf. Zur Entwicklung der Ausbildung für die soziale Arbeit, in: Rüdeger Baron (Hg.): Sozialarbeit und Soziale Reform, S. 1-36

Bauer, Clemens: Deutscher Katholizismus. Entwicklungslinien und Profile, Frankfurt 1964
Baumann, Ursula: Protestantismus und Frauenemanzipation in Deutschland 1850-1920, Frankfurt a. M./New York 1992
Baumann, Ursula: Religion und Emanzipation: Konfessionelle Frauenbewegung in Deutschland 1900-1933, in: Tel Aviver Jahrbuch für Deutsche Geschichte 1992, Neuere Frauengeschichte, hg. vom Institut für Deutsche Geschichte, Universität Tel Aviv, S. 171-206
Baumeister, Martin: Parität und katholische Inferiorität. Untersuchungen zur Stellung des Katholizismus im Deutschen Kaiserreich, Paderborn/München/Wien/Zürich 1987
Beer, Ursula (Hg.): Klasse Geschlecht. Feministische Gesellschaftsanalyse und Wissenschaftskritik, Bielefeld 1989[2]
Blochmann, Maria W.: „Laß dich gelüsten nach der Männer Weisheit und Bildung". Frauenbildung als Emanzipationsgelüste 1800-1918, Pfaffenweiler 1990
Bock, Gisela: Historische Frauenforschung: Fragestellungen und Perspektiven, in: Karin Hausen (Hg.): Frauen suchen ihre Geschichte, S. 24-62
Bock, Gisela: Geschichte, Frauengeschichte, Geschlechtergeschichte, in: GG 14.1988, S. 364-391
Böckenförde, Ernst-Wolfgang: Zum Verhältnis von Kirche und Moderner Welt. Aufriß eines Problems, in: Reinhart Koselleck (Hg.): Studien, S. 154-177
Böckle, Franz (Hg.): Menschliche Sexualität und kirchliche Sexualmoral. Ein Dauerkonflikt?, Düsseldorf 1980[3]
Bogerts, Hildegard: Bildung und berufliches Selbstverständnis lehrender Frauen in der Zeit von 1885-1920, Frankfurt a. M. 1977
Brack, Rudolf: Deutscher Episkopat und Gewerkschaftsstreit 1900-1914, Köln/Wien 1976
Brehmer, Ilse (Hg.): Mütterlichkeit als Profession? Lebensläufe deutscher Pädagoginnen in der ersten Hälfte dieses Jahrhunderts, Bd. 1, Pfaffenweiler 1990
Brehmer, Ilse/Ehrich, Karin: Mütterlichkeit als Profession? Lebensläufe deutscher Pädagoginnen in der ersten Hälfte dieses Jahrhunderts, Bd. 2: Kurzbiographien, Pfaffenweiler 1993
Bremme, Gabriele: Die politische Rolle der Frau in Deutschland. Eine Untersuchung über den Einfluß der Frauen bei Wahlen und ihre Teilnahme in Partei und Parlament, Göttingen 1956
Breuer, Gisela: Zwischen Emanzipation und Anpassung: Der Katholische Frauenbund im Kaiserreich, in: Rottenburger Jahrbuch für Kirchengeschichte, hg. vom Geschichtsverein der Diözese Rottenburg-Stuttgart, Bd. 10, Sigmaringen 1991, S. 111-120
Brinker-Gabler, Gisela (Hg.): Frauenarbeit und Beruf, Frankfurt a. M. 1979
Brooten, Bernadotte/Greinacher, Norbert (Hg.): Frauen in der Männerkirche, München/Mainz 1982
Brunner, Otto/Conze, Werner/Koselleck, Reinhart (Hg.): Geschichtliche Grundbegriffe. Historisches Lexikon zur politisch-sozialen Sprache in Deutschland, Stuttgart 1972-1992
Buchheim, Karl: Ultramontanismus und Demokratie. Der Weg der deutschen Katholiken im 19. Jahrhundert, München 1963
Bussemer, Herrad-Ulrike: Frauenemanzipation und Bildungsbürgertum. Sozialgeschichte der Frauenbewegung in der Reichsgründungszeit, Weinheim/Basel 1985
Clemens, Bärbel: „Menschenrechte haben kein Geschlecht!" Zum Politikverständnis der bürgerlichen Frauenbewegung, Pfaffenweiler 1988
Clemens, Bärbel: Der Kampf um das Frauenstimmrecht in Deutschland, in: Christl Wickert (Hg.): „Heraus mit dem Frauenwahlrecht", S. 51-123

Conzemius, Victor: Das I. Vatikanum im Bannkreis der päpstlichen Autorität, in: Erika Weinzierl (Hg.): Die päpstliche Autorität, S. 53-83
Dalhoff, Jutta/Frey, Uschi/Schöll, Ingrid (Hg.): Frauenmacht in der Geschichte. Beiträge des Historikerinnentreffens 1985 zur Frauengeschichtsforschung, Düsseldorf 1986
Daniel, Ute: Arbeiterfrauen in der Kriegsgesellschaft. Beruf, Familie und Politik im Ersten Weltkrieg, Göttingen 1989
Davis, Natalie Zemon: Frauen und Gesellschaft am Beginn der Neuzeit, Berlin 1986
Die Radikalen in der alten Frauenbewegung, Feministische Studien 3.1984, Heft 1
Die ungeschriebene Geschichte. Historische Frauenforschung. Dokumentation des 5. Historikerinnentreffens in Wien, 16. bis 19. April 1984, hg. von: Wiener Historikerinnen, Himberg bei Wien 1984
Duden, Barbara/Meyer-Renschhausen, Elisabeth: Landarbeiterinnen, Dienstmädchen, Hausfrauen. Frauenarbeit in Preußen, in: Preußen. Zur Sozialgeschichte eines Staates. Eine Darstellung in Quellen, bearbeitet von Peter Brandt, Reinbek 1981, S. 265-285
Dülmen, Richard van: Religion und Gesellschaft. Beiträge zu einer Religionsgeschichte der Neuzeit, Frankfurt a. M. 1989
Dülmen, Richard van (Hg.): Arbeit, Frömmigkeit und Eigensinn. Studien zur historischen Kulturforschung, Frankfurt a. M. 1990
Durkheim, Emile: Die elementaren Formen des religiösen Lebens, Frankfurt a. M. 1981
Ebertz, Michael N.: Herrschaft in der Kirche. Hierarchie, Tradition und Charisma im 19. Jahrhundert, in: Karl Gabriel, Franz-Xaver Kaufmann (Hg.): Soziologie des Katholizismus, S. 89-111
Eicher, Peter (Hg.): Neues Handbuch theologischer Grundbegriffe, 4 Bde., München 1984/1985
Eifert, Christiane/Rouette, Susanne (Hg.): Unter allen Umständen. Frauengeschichte(n) in Berlin, Berlin 1986
Elias, Norbert: Über den Prozeß der Zivilisation. Soziogenetische und psychogenetische Untersuchungen, Bd. 1: Wandlungen des Verhaltens in den weltlichen Oberschichten des Abendlandes, Frankfurt a. M. 1989
Ernte eines Lebens: Blätter der Erinnerung zum 80. Geburtstag von Dr. h. c. Helene Weber am 17. 3. 1961, hg. von der Zentrale des Katholischen Deutschen Frauenbundes Köln, Köln o. J. (1961)
Etzioni, Amitai: Soziologie der Organisationen, München 1969^2
Etzioni, Amitai: Die aktive Gesellschaft. Eine Theorie gesellschaftlicher und politischer Prozesse, Opladen 1975
Evans, Richard J.: Frauenemanzipation im deutschen Kaiserreich, Berlin 1979
Fassbinder, Heinrich: Mutter Gertrud. Gründerin der Schwestern vom hl. Joseph von Trier, Trier 1954
Fassl, Reinhilde: Katholischer Deutscher Frauenbund in der Diözese Augsburg, Augsburg 1984
Faulstich-Wieland, Hannelore: Josephine Levy-Rathenau und die Geschichte der Berufsberatung, in: Ilse Brehmer (Hg.): Mütterlichkeit als Profession?, Bd. 1, S. 197-203
Festschrift zum 50jährigen Jubiläum. Höhere Fachschule für Sozialarbeit - Soziale Frauenschule des DCV, Freiburg o. J. (1968)
Filthaut, E. (Ephrem): Deutsche Katholikentage und Soziale Frage 1848-1958, Essen 1960
Frevert, Ute (Hg.): Bürgerinnen und Bürger. Geschlechterverhältnisse im 19. Jahrhundert, Göttingen 1988
Frevert, Ute: Traditionale Weiblichkeit und moderne Interessenorganisation: Frauen im Angestelltenberuf 1918-1933, in: GG 7.1981, S. 507-533

Gabriel, Karl/Kaufmann, Franz-Xaver (Hg.): Zur Soziologie des Katholizismus, Mainz 1980
Gabriel, Karl: Die neuzeitliche Gesellschaftsentwicklung und der Katholizismus als Sozialform der Christentumsgeschichte, in: ebd., S. 201-225
Geiger, Theodor: Die soziale Schichtung des deutschen Volkes. Soziographischer Versuch auf statistischer Grundlage, Stuttgart 1987 (Faksimile-Nachdruck der 1. Auflage von 1932 mit einem Geleitwort von Bernhard Schäfers)
Geller, Helmut: Sozialstrukturelle Voraussetzungen für die Durchsetzung der Sozialform „Katholizismus" in Deutschland in der ersten Hälfte des 19. Jahrhunderts, in: Karl Gabriel, Franz-Xaver Kaufmann (Hg.): Soziologie des Katholizismus, S. 66-88
Gellott, Laura/Phayer, Michael: Dissenting Voices: Catholic Women in Opposition to Fascism, in: Journal of Contemporary History 1987, S. 91-114
Gerhard, Ute: Verhältnisse und Verhinderungen. Frauenarbeit, Familie und Recht der Frauen im 19. Jahrhundert, Frankfurt a. M. 1978
Gerhard, Ute: ‚Bis an die Wurzeln des Übels'. Rechtskämpfe und Rechtskritik der Radikalen, in: Feministische Studien 3.1984, S. 77-97
Gerhard, Ute: Unerhört. Die Geschichte der deutschen Frauenbewegung, Reinbek 1990
Götz von Olenhusen, Irmtraud: Die Ultramontanisierung des Klerus. Das Beispiel der Erzdiözese Freiburg, in: Wilfried Loth (Hg.): Deutscher Katholizismus, S. 46-75
Götz von Olenhusen, Irmtraud u. a.: Frauen unter dem Patriarchat der Kirchen. Katholikinnen und Protestantinnen im 19. und 20. Jahrhundert, Stuttgart/Berlin/Köln 1995
Grebing, Helga (Hg.): Geschichte der sozialen Ideen in Deutschland, München/Wien 1969
Grebing, Helga: Geschichte der deutschen Arbeiterbewegung. Ein Überblick, München 1980
Greiffenhagen, Martin: Das Dilemma des Konservatismus in Deutschland, München 1977
Greschat, Martin (Hg.): Das Papsttum II, Stuttgart/Berlin/Köln/Mainz 1985
Greschat, Martin: Das Zeitalter der industriellen Revolution. Das Christentum vor der Moderne, Stuttgart 1980
Greven-Aschoff, Barbara: Die bürgerliche Frauenbewegung in Deutschland 1894-1933, Göttingen 1981
Greven-Aschoff, Barbara: Sozialer Wandel und Frauenbewegungen, in: GG 7.1981, S. 328-346
Gründel, Johannes: Die eindimensionale Wertung der menschlichen Sexualität. Zur Geschichte der christlich-abendländischen Sexualmoral, in: Franz Böckle (Hg.): Menschliche Sexualität, S. 74-105
Habermas, Jürgen: Strukturwandel der Öffentlichkeit. Untersuchungen zu einer Kategorie der bürgerlichen Gesellschaft, Darmstadt/Neuwied 1987[17]
Hafeneger, Benno: Jugendarbeit als Beruf. Geschichte einer Profession in Deutschland, Opladen 1992
Hafner, Helmut: Frauenemanzipation und Katholizismus im zweiten deutschen Kaiserreich, Phil. Diss. Saarbrücken 1983
Hausen, Karin: Die Polarisierung der „Geschlechtscharaktere". Eine Spiegelung der Dissoziation von Erwerbs- und Familienleben, in: Seminar: Familie und Gesellschaftsstruktur. Materialien zu den sozioökonomischen Bedingungen von Familienformen, hg. von Heidi Rosenbaum, Frankfurt a. M. 1980, S. 161-191
Hausen, Karin (Hg.): Frauen suchen ihre Geschichte. Historische Studien zum 19. und 20. Jahrhundert, München 1983
Hausen, Karin: Mütter, Söhne und der Markt der Symbole und Waren. Der deutsche Muttertag 1923-1933, Hans Medick, David Sabean (Hg.): Emotionen und materielle Interes-

sen. Sozialanthropologische und historische Beiträge zur Familienforschung, Göttingen 1984, S. 473-523

Hausen, Karin: Frauenräume, in: Karin Hausen, Heide Wunder (Hg.): Frauengeschichte - Geschlechtergeschichte, Frankfurt/New York 1992, S. 21-24

Hausen, Karin: Öffentlichkeit und Privatheit - Gesellschaftspolitische Konstruktionen und die Geschichte der Geschlechterbeziehung, in: Journal Geschichte 1989, S. 16-25

Hausmann, Christian: Leitbilder in der katholischen Frauenbewegung der Bundesrepublik, Phil. Diss. Freiburg 1973

Heberle, Rudolf: Hauptprobleme der politischen Soziologie, Stuttgart 1967

Heiler, Friedrich: Die Frau in den Religionen der Menschheit, Berlin/New York 1976

Heinzelmann, Gertrud: Frau und Konzil. Hoffnung und Erwartung. Eingabe an die Hohe Vorbereitende Kommission des Vatikanischen Konzils über Wertung und Stellung der Frau in der römisch-katholischen Kirche, Zürich 1962

Heitzer, Horstwalter: Der Volksverein für das katholische Deutschland im Kaiserreich 1890-1918, Mainz 1979

Heitzer, Horstwalter: Krisen des Volksvereins im Kaiserreich. Gründe und Hintergründe zum Rücktritt von August Pieper als Generaldirektor im Dezember 1918, in: Historisches Jahrbuch 99.1979, S. 213-254

Heitzer, Horstwalter: August Pieper (1866-1942), in: Zeitgeschichte in Lebensbildern, Bd. 4, S. 114-132

Heitzer, Horstwalter: Georg Kardinal Kopp und der Gewerkschaftsstreit 1900-1914, Köln/Wien 1983

Helene-Weber-Schule. 1917-1967. 50 Jahre Katholische Schule für Sozialarbeit, hg. von der Helene-Weber-Schule, o. O. (Berlin) o. J. (1967)

Hering, Sabine: Die Kriegsgewinnlerinnen. Praxis und Ideologie der deutschen Frauenbewegung im Ersten Weltkrieg, Pfaffenweiler 1990

Höfer, Josef/Rahner, Karl (Hg.): Lexikon für Theologie und Kirche, 10 Bde., Freiburg i. Br. 1957-1965 (2., völlig neu bearbeitete Auflage)

Höhere Fachschule für Sozialarbeit. Soziale Frauenschule Aachen 1916-1966, Aachen o. J. (1966)

Hohorst, Gerd/Kocka, Jürgen/Ritter Gerhard A.: Sozialgeschichtliches Arbeitsbuch. Materialien zur Statistik des Kaiserreichs 1870-1914, München 1975

Hopmann, Maria Victoria: Agnes Neuhaus. Leben und Werk, Mainz 1949

Hoppe, Ulrike: Katholische Studentinnenvereine (1909-1933) - Ihr Selbstverständnis und ihre Vorstellungen vom weiblichen Lebenszusammenhang, Dortmund 1988

Horion, Emma: Marie Buczkowska, gestorben am 16. Oktober in München, CF 1968, S. 174-176

Horstmann, Johannes: Katholizismus und moderne Welt. Katholikentage, Wirtschaft, Wissenschaft - 1848 bis 1914, München/Paderborn/Wien 1976

Hradil, Stefan: Sozialstrukturanalyse in einer fortgeschrittenen Gesellschaft, Opladen 1987

Huber, Ernst Rudolf (Hg.): Dokumente zur deutschen Verfassungsgeschichte, Bd. 2: Deutsche Verfassungsdokumente 1851-1918, Stuttgart 1964

Huber, Ernst Rudolf: Deutsche Verfassungsgeschichte seit 1789, Bd. 5: Weltkrieg, Revolution und Reichserneuerung 1914-1919, Stuttgart/Berlin/Köln/Mainz 1978

Hürten, Heinz: Katholische Verbände, in: Anton Rauscher (Hg.): Der soziale und politische Katholizismus, Bd. 2, S. 215-277

Hull V., Isabel: >Sexualität< und bürgerliche Gesellschaft, in: Ute Frevert (Hg.): Bürgerinnen und Bürger, S. 49-66

Imhof, Paul (Hg.): Frauen des Glaubens, Würzburg 1985

Iserloh, Erwin: Die soziale Aktivität der Katholiken im Übergang von caritativer Fürsorge zu Sozialreform und Sozialpolitik, dargestellt an den Schriften Wilhelm Emmanuel v. Kettelers, Mainz 1975

Jahrhundertwende. Jahrhundertmitte. Der Katholische Deutsche Frauenbund auf dem Wege, 1903-1953, hg. von der Zentrale des Katholischen Deutschen Frauenbundes, Köln 1953

Janssen-Jurreit, Marielouise (Hg.): Frauen und Sexualmoral, Frankfurt a. M. 1986

Jedin, Hubert (Hg.): Handbuch der Kirchengeschichte, Bd. VI, 1/2, Freiburg/Basel/Wien 1973

Kall, Alfred: Katholische Frauenbewegung in Deutschland. Eine Untersuchung zur Gründung katholischer Frauenvereine im 19. Jahrhundert, Paderborn/München/ Wien/Zürich 1983

Kaplan, Marion: Die jüdische Frauenbewegung in Deutschland. Organisation und Ziele des Jüdischen Frauenbundes 1904-1938, Hamburg 1981

Katz, Heiner: Katholizismus zwischen Kirchenstruktur und gesellschaftlichem Wandel, in: Karl Gabriel, Franz-Xaver Kaufmann (Hg.): Soziologie des Katholizismus, S. 112-144

Kaufmann, Doris: Frauen zwischen Aufbruch und Reaktion. Protestantische Frauenbewegung in der ersten Hälfte des 20. Jahrhunderts, München 1988

Kaufmann, Doris: Katholisches Milieu in Münster 1928-1933. Politische Aktionsformen und geschlechtsspezifische Verhaltensräume, Düsseldorf 1984

Kaufmann, Doris: Vom Vaterland zum Mutterland. Frauen im katholischen Milieu der Weimarer Republik, in: Karin Hausen (Hg.): Frauen suchen ihre Geschichte, S. 250-274

Kerchner, Brigitte: Beruf und Geschlecht. Frauenberufsverbände in Deutschland 1848-1908, Göttingen 1992

Klemperer, Klemens von: Konservative Bewegungen zwischen Kaiserreich und Nationalsozialismus, München/Wien 1962

Klöcker, Michael/Tworuschka, Udo (Hg.): Ethik der Religionen - Lehre und Leben, Bd. 1: Sexualität, Göttingen 1984

Knapp, Gudrun-Axeli: Die vergessene Differenz, in: Feministische Studien 7.1988, S. 12-31

Knapp, Ulla: Frauenarbeit in Deutschland, Bd. 2: Hausarbeit und geschlechtsspezifischer Arbeitsmarkt im deutschen Industrialisierungsprozeß. Frauenpolitik und proletarischer Frauenalltag zwischen 1800 und 1933, München 1986

Kocka, Jürgen: Sozialgeschichte: Begriff, Entwicklung, Probleme, Göttingen 1977

Kocka, Jürgen: Bürgertum im 19. Jahrhundert. Deutschland im europäischen Vergleich, Bd. 1, München 1988

Kocka, Jürgen: Bürgertum und bürgerliche Gesellschaft im 19. Jahrhundert. Europäische Entwicklungen und deutsche Eigenarten, in: ders. (Hg.), Bürgertum im 19. Jahrhundert. Bd. 1, S. 11-76

Köhler, Oskar: Die Ausbildung der Katholizismen in der modernen Gesellschaft, in: Hubert Jedin (Hg.): Handbuch der Kirchengeschichte, Bd. VI/2, S. 195-264

Köhler, Oskar: Leo XIII., in: Martin Greschat (Hg.): Das Papsttum II, S. 203-223

Kokulla, Ilse: Der linke Flügel der Frauenbewegung als Plattform des Befreiungskampfes homosexueller Frauen und Männer, in: Jutta Dalhoff u. a. (Hg.): Frauenmacht in der Geschichte, S. 46-64

Kosch, Wilhelm: Biographisches Staatshandbuch. Lexikon der Politik, Presse und Publizistik, fortgeführt von Eugen Kuri, 2. Bde., Bern/München 1963

Koselleck, Reinhart (Hg.): Studien zum Beginn der modernen Welt, Stuttgart 1977

Krabbel, Gerta (Hg.): Selig sind des Friedens Wächter. Katholische deutsche Frauen aus den letzten hundert Jahren, Regensburg/Münster 1949

Kreckel, Reinhard: Klasse und Geschlecht. Die Geschlechtsindifferenz der soziologischen Ungleichheitsforschung und ihre theoretischen Implikationen, in: Leviathan 17.1989, S. 305-321

Krüger, Marlis: Überlegungen und Thesen zu einer feministischen (Sozial-)Wissenschaft, in: Ursula Beer (Hg.): Klasse Geschlecht, S. 67-94

Kundrus, Birthe: Kriegerfrauen. Familienpolitik und Geschlechterverhältnisse im Ersten und Zweiten Weltkrieg, Hamburg 1995

Landwehr, Rolf: Alice Salomon und ihre Bedeutung für die soziale Arbeit. Ein Beitrag zur Entwicklung der sozialen Berufsarbeit und Ausbildung anläßlich des 10jährigen Bestehens der FHSS Berlin, (Veröffentlichungen der FHSS Berlin) Berlin 1981

Landwehr, Rolf/Baron, Rüdeger (Hg.): Geschichte der Sozialarbeit. Hauptlinien ihrer Entwicklung im 19. und 20. Jahrhundert, Weinheim/Basel 1983

Landwehr, Rolf: Funktionswandel der Fürsorge vom Ersten Weltkrieg bis zum Ende der Weimarer Republik, in: ebd., S. 73-138

Langner, Albrecht (Hg.): Katholizismus, nationaler Gedanke und Europa seit 1800, Paderborn/München/Wien/Zürich 1985

Lepsius, Rainer M.: Parteiensystem und Sozialstruktur: zum Problem der Demokratisierung der deutschen Gesellschaft, in: Gerhard A. Ritter (Hg.): Deutsche Parteien, S. 56-80

Lepsius, Rainer M.: Soziologische Theoreme über die Sozialstruktur der „Moderne" und die „Modernisierung", in: Reinhart Koselleck (Hg.): Studien, S. 10-29

Lerner, Gerda: Welchen Platz nehmen Frauen in der Geschichte ein? Alte Definitionen und neue Aufgaben, in: Elisabeth List, Herlinde Studer (Hg.): Denkverhältnisse, S. 334-352

Lexikon der Frau in zwei Bänden, Zürich 1954

Liedhegener, Antonius: Der deutsche Katholizismus um die Jahrhundertwende (1890-1914). Ein Literaturbericht, in: Jahrbuch für Christliche Sozialwissenschaften 1991, S. 361-392

Lill, Rudolf: Die Anfänge der katholischen Bewegung in Deutschland, in: Hubert Jedin (Hg.): Handbuch der Kirchengeschichte Bd. VI/1, S. 259-271

Lill, Rudolf: Der deutsche Katholizismus zwischen Kulturkampf und 1. Weltkrieg, in: Hubert Jedin (Hg.): Handbuch der Kirchengeschichte, Bd. VI/2, S. 515-527

Lill, Rudolf: Reichskirche, Säkularisation, Katholische Bewegung, in: Anton Rauscher (Hg.): Der soziale und politische Katholizismus, Bd. 1, S. 15-45

Lipp, Carola (Hg.): Schimpfende Weiber und patriotische Jungfrauen. Frauen im Vormärz und in der Revolution 1848/49, Bühl-Moos 1986

List, Elisabeth/Studer, Herlinde (Hg.): Denkverhältnisse. Feminismus und Kritik, Frankfurt a. M. 1989

Loth, Wilfried: Katholiken im Kaiserreich. Der politische Katholizismus in der Krise des wilhelminischen Deutschlands, Düsseldorf 1984

Loth, Wilfried: Der Katholizismus - eine globale Bewegung gegen die Moderne?, in: Heiner Ludwig, Wolfgang Schroeder (Hg.): Sozial- und Linkskatholizismus. Erinnerung, Orientierung, Befreiung, Frankfurt a. M. 1990, S. 11-31

Loth, Wilfried (Hg.): Deutscher Katholizismus im Umbruch zur Moderne, Stuttgart/Berlin/Köln 1991

Loth, Wilfried: Integration und Erosion. Wandlungen des katholischen Milieus, in: ders. (Hg.), Deutscher Katholizismus, S. 266-281

Loth, Wilfried: Soziale Bewegungen im Katholizismus des Kaiserreichs, in: GG 17.1991, S. 279-310

Lutz, Heinrich: Demokratie im Zwielicht. Der Weg der deutschen Katholiken aus dem Kaiserreich in die Republik 1914-1925, München 1963

Mannheim, Karl: Konservatismus. Ein Beitrag zur Soziologie des Wissens, hg. von David Kettler/Volker Meja/Nico Stehr, Frankfurt a. M. 1984
Mayreder, Rosa: Zur Kritik der Weiblichkeit. Essays (1905 und 1923). Zusammengestellt und eingeleitet von Hanna Schnedl, München 1982
McLeod, Hugh: Weibliche Frömmigkeit - männlicher Unglaube? Religion und Kirchen im bürgerlichen 19. Jahrhundert, in: Ute Frevert (Hg.): Bürgerinnen und Bürger. S. 134-156
Mergel, Thomas: Zwischen Klasse und Konfession. Katholisches Bürgertum im Rheinland 1794-1914, Göttingen 1994
Meiwes, Relinde: Religiosität und Arbeit als Lebensform für katholische Frauen. Kongregationen im 19. Jahrhundert, in: Irmtraud Götz von Olenhusen u. a., Frauen, S. 69-88
Meyer-Renschhausen, Elisabeth: Radikal, weil sie konservativ sind? Überlegungen zum „Konservatismus" und zur „Radikalität" der deutschen Frauenbewegung vor 1933 als Frage nach der Methode der Frauengeschichtsforschung, in: Die ungeschriebene Geschichte, S. 20-36
Meyer-Renschhausen, Elisabeth: Weibliche Kultur und soziale Arbeit. Eine Geschichte der Frauenbewegung am Beispiel Bremens 1810-1927, Köln/Wien 1989
Meyer-Renschhausen, Elisabeth: Zur Geschichte der Gefühle. Das Rede von „Scham" und „Ehre" innerhalb der Frauenbewegung um die Jahrhundertwende, in: Christiane Eifert, Susanne Rouette (Hg.): Unter allen Umständen, S. 99-122
Mickel, Wolfgang W. (Hg.): Handlexikon zur Politikwissenschaft, München 1983
Mittmann, Ursula: Fraktion und Partei. Ein Vergleich von Zentrum und Sozialdemokratie im Kaiserreich, Düsseldorf 1976
Mleinek, Elisabeth: Albertine Badenberg 1865-1958, in: Else Schmücker, Marilone Emmerich (Hg.): Lebendige Tradition, S. 26-31
Mockenhaupt, Hubert: Franz Hitze - Ein Pionier der Sozialpolitik, in: Das soziale Seminar, Oktober 1971
Mockenhaupt, Hubert: Heinrich Brauns (1868-1939), in: Zeitgeschichte in Lebensbildern, Bd. 1, S. 148-159
Moltmann-Wendel, Elisabeth (Hg.): Frau und Religion. Gotteserfahrungen im Patriarchat, Frankfurt a. M. 1989
Monzel, Nikolaus: Die katholische Kirche in der Sozialgeschichte. Von den Anfängen bis zur Gegenwart, hg. von Trude Herweg, Karl Heinz Grenner, München/Wien 1980
Mooser, Josef: Arbeiter, Bürger und Priester in den konfessionellen Arbeitervereinen im deutschen Kaiserreich, 1880-1914, in: Jürgen Kocka (Hg.): Arbeiter und Bürger im 19. Jahrhundert, München 1986, S. 79-106
Morsey, Rudolf: Die Deutsche Zentrumspartei 1917-1923, Düsseldorf 1966
Morsey, Rudolf: Karl Trimborn (1854-1921), in: Rheinische Lebensbilder, Bd. 3. Im Auftrag der Gesellschaft für Rheinische Geschichtskunde herausgegeben von Bernhard Poll, Düsseldorf 1968, S. 235-248
Morsey, Rudolf (Hg.): Katholizismus, Verfassungsstaat und Demokratie. Vom Vormärz bis 1933, Paderborn/München/Wien/Zürich 1988
Müller, Siegfried/Rauschenbach, Thomas (Hg.): Das soziale Ehrenamt. Nützliche Arbeit zum Nulltarif, Weinheim/München 1988
Müller, Walter/Willms, Angelika/Handl, Johann: Strukturwandel der Frauenarbeit 1880-1980, Frankfurt/New York 1983
Münster-Schröer, Erika: Frauen in der Kaiserzeit. Arbeit, Bildung, Vereinswesen, Politik und Konfession. Eine sozialgeschichtliche Untersuchung am Beispiel einer rheinischen Kleinstadt, Bochum 1992

Muthesius, Hans (Hg.): Alice Salomon. Die Begründerin des sozialen Frauenberufs in Deutschland. Ihr Leben und ihr Werk, Köln/Berlin 1958

Neboisa, Marianne: Ellen Ammann. 1870-1932. Diakonin der katholischen Aktion, München o. J. (1981)

Nell-Breuning, Oswald von/Lutz, Hans: Katholische und evangelische Soziallehre. Ein Vergleich, hg. von Heinz Budde, Recklinghausen 1967

Nell-Breuning, Oswald von: Soziallehre der Kirche. Erläuterungen der lehramtlichen Dokumente, Wien 1977

Nell-Breuning, Oswald von: Katholizismus, in: Karl Gabriel, Franz-Xaver Kaufmann (Hg.): Soziologie des Katholizismus, S. 24-38

1918-1978. 60 Jahre Katholische Ausbildungsstätte für Sozialarbeit in Aachen. Hg. von der Pressestelle der Katholischen Fachhochschule Nordrhein-Westfalen, Köln o. J. (1978)

Niggemann, Heinz: Emanzipation zwischen Sozialismus und Feminismus. Die sozialdemokratische Frauenbewegung im Kaiserreich, Wuppertal 1981

Niggemann, Heinz: Frauenemanzipation und Sozialdemokratie, Frankfurt a. M. 1981

Nipperdey, Thomas: Verein als soziale Struktur in Deutschland im späten 18. und frühen 19. Jahrhundert. Eine Fallstudie zur Modernisierung I, in: ders., Gesellschaft, Kultur, Theorie. Gesammelte Aufsätze zur neueren Geschichte, Göttingen 1976, S. 174-205

Nipperdey, Thomas: Die Organisation der deutschen Parteien vor 1918, Düsseldorf 1961

Nipperdey, Thomas: Religion im Umbruch. Deutschland 1870-1918, München 1988

Notz, Gisela: Frauen im sozialen Ehrenamt. Ausgewählte Handlungsfelder: Rahmenbedingungen und Optionen, Freiburg i. Br. 1989

Olk, Thomas: Abschied vom Experten. Sozialarbeit auf dem Weg zu einer alternativen Professionalität, Weinheim 1986

Olk, Thomas: Die professionelle Zukunft sozialer Arbeit. Zur Veränderung des beruflichen Selbstverständnisses in einem schwierigen Arbeitsfeld, in: Hubert Oppl, Arnold Tomaschek (Hg.): Soziale Arbeit 2000, Bd. 2: Modernisierungskrise und soziale Dienste. Chancen für gesellschaftlichen Stellenwert, Profession und Ausbildung, Freiburg i. Br. 1986, S. 107-136

Otto, Bertram: 100 Jahre Nacht und Tag. Geschichte des deutschen Katholizismus zwischen 1868 und 1968, Bonn 1968

Paletschek, Sylvia: Frauen und Dissens. Frauen im Deutschkatholizismus und in den freien Gemeinden 1841-1852, Göttingen 1990

Pankoke-Schenk, Monika: Agnes Neuhaus (1854-1944), in: Zeitgeschichte in Lebensbildern, Bd. 4, S. 133-142

Pankoke-Schenk, Monika: Katholizismus und Frauenfrage, in: Anton Rauscher (Hg.): Der soziale und politische Katholizismus, Bd. 2, S. 278-311

Peyser, Dora: Alice Salomon. Ein Lebensbild, in: Hans Muthesius (Hg.): Alice Salomon, S. 9-121

Phayer, Michael: Protestant and Catholic Women in Nazi Germany, Detroit 1990

Prégardier, Elisabeth: Elisabeth Gnauck-Kühne. Die Begründerin der christlichen Frauenbewegung, in: Prisma der Frau, 56.1975, S. 103-105

Prégardier, Elisabeth: Die Frau um die Jahrhundertwende. Das Leben von Elisabeth Gnauck-Kühne II, in: Prisma der Frau, 57.1976, S. 22-26

Prégardier, Elisabeth/Mohr, Anne: Politik als Aufgabe. Engagement christlicher Frauen in der Weimarer Republik. Aufsätze - Dokumente - Notizen - Bilder, Annweiler/Essen 1990

Pünder, Marianne: Hedwig Dransfeld, in: Westfälische Lebensbilder, Bd. XII, Münster 1979, S. 144-161

Raming, Ida: Von der Freiheit des Evangeliums zur versteinerten Männerkirche, in: Bernadotte Brooten, Norbert Greinacher (Hg.): Frauen in der Männerkirche, S. 9-21
Ranke-Heinemann, Uta: Eunuchen für das Himmelreich. Katholische Kirche und Sexualität, Hamburg 1988
Raschke, Joachim: Soziale Bewegungen. Ein historisch-systematischer Grundriß, Frankfurt/New York 1985
Raschke, Joachim: Zum Begriff der sozialen Bewegung, in: Roland Roth, Dieter Rucht (Hg.): Neue soziale Bewegungen in der Bundesrepublik Deutschland, S. 31-39
Rauscher, Anton (Hg.): Der soziale und politische Katholizismus. Entwicklungslinien in Deutschland 1803-1963, 2 Bde., München/Wien 1981/1982
Rauscher, Anton: Viktor Cathrein (1845-1931), in: Zeitgeschichte in Lebensbildern, Bd. 4, S. 103-113
Reinicke, Peter: Die Berufsverbände der Sozialarbeit und ihre Geschichte. Von den Anfängen bis zum Ende des zweiten Weltkrieges, Frankfurt a. M. 1990 (2., überarbeitete und erweiterte Auflage)
Richartz, Maria: Hedwig Dransfeld (Lebensschule der Gottesfreunde Nr. 57), Meitingen bei Augsburg 1949
Rieden, Charlotte: Helene Weber als Gründerin der katholischen Schule für Sozialarbeit in Köln und als Sozialpolitikerin, in: Rüdeger Baron (Hg.): Sozialarbeit und Soziale Reform, S. 110-143
Ritter, Gerhard A. (Hg.): Deutsche Parteien vor 1918, Köln 1973
Rivinius, Karl Josef: Integralismus und Reformkatholizismus. Die Kontroverse Hermann Schell, in: Wilfried Loth (Hg.): Deutscher Katholizismus, S. 199-218
Röhrs, Hermann (Hg.): Die Berufsschule in der industriellen Gesellschaft, Frankfurt a. M. 1968
Röhrs, Hermann: Die Reformpädagogik. Ursprung und Verlauf unter internationalem Aspekt, Weinheim 1991[3]
Rosenberg, Arthur: Entstehung und Geschichte der Weimarer Republik, hg. und eingeleitet von Kurt Kersten, Frankfurt a. M. 1983
Roth, Roland/Rucht, Dieter (Hg.), Neue soziale Bewegungen in der Bundesrepublik Deutschland, Bonn 1991 (2. überarbeitete und erweiterte Auflage)
Rüschemeyer, Dietrich: Partielle Modernisierung, in: Wolfgang Zapf (Hg.): Theorien des sozialen Wandels, S. 382-396
Sachße, Christoph: Mütterlichkeit als Beruf. Sozialarbeit, Sozialreform und Frauenbewegung 1871-1929, Frankfurt a. M. 1986
Sachße, Christoph: Ehrenamtlichkeit, Selbsthilfe und Professionalität. Eine historische Skizze, in: Siegfried Müller, Thomas Rauschenbach (Hg.): Das soziale Ehrenamt, S. 51-55
Sachße, Christoph/Tennstedt, Florian: Bd. 1: Geschichte der Armenfürsorge in Deutschland. Vom Spätmittelalter bis zum Ersten Weltkrieg, Bd. 2: Fürsorge und Wohlfahrtspflege 1871 bis 1929, Stuttgart/Berlin/Köln/Mainz 1980-1988
Salomon, Alice: Charakter ist Schicksal. Lebenserinnerungen, Weinheim/Basel 1983
Saurer, Edith: Frauen und Priester. Beichtgespräche im frühen 19. Jahrhundert, in: Richard van Dülmen (Hg.): Arbeit, Frömmigkeit und Eigensinn, S. 141-170
Schäfers, Bernhard: Gesellschaftlicher Wandel in Deutschland. Ein Studienbuch zur Sozialstruktur und Sozialgeschichte der Bundesrepublik, Stuttgart 1990 (5., völlig neu bearbeitete und erweiterte Auflage)
Schaser, Angelika: Bürgerliche Frauen auf dem Weg in die linksliberalen Parteien (1908-1933), in: Historische Zeitschrift 263.1996, S. 641-680

Schauff, J.: Das Wahlverhalten der deutschen Katholiken im Kaiserreich und in der Weimarer Republik. Untersuchungen aus dem Jahr 1928, hg. von Rudolf Morsey, Mainz 1975

Schenk, Herrad: Die feministische Herausforderung. 150 Jahre Frauenbewegung in Deutschland, München 1983[3]

Scherer, Alice (Hg.): Wörterbuch der Politik, Heft VI: Die Frau. Wesen und Aufgaben, Freiburg 1951

Scherzberg, Lucia: Die katholische Frauenbewegung, in: Wilfried Loth (Hg.): Deutscher Katholizismus, S. 143-163

Schieder, Wolfgang/Sellin, Volker: Sozialgeschichte in Deutschland. Entwicklungen und Perspektiven im internationalen Zusammenhang, Bd. 3: Soziales Verhalten und soziale Aktionsformen in der Geschichte, Göttingen 1987

Schieder, Wolfgang: Religion in der Sozialgeschichte, in: ebd., S. 9-31

Schiffler, Lotte: Die Antwort der Frau in der sich ändernden Welt, Münster 1966

Schloßmacher, Norbert: Antiultramontanismus im Wilhelminischen Deutschland. Ein Versuch, in: Wilfried Loth (Hg.): Deutscher Katholizismus, S. 164-198

Schlüpmann, Heide: Radikalisierung der Philosophie. Die Nietzsche-Rezeption und die sexualpolitische Publizistik Helene Stöckers, in: Feministische Studien 3. 1984, S. 10-34

Schmidt, Ute: Zentrum oder CDU. Politischer Katholizismus zwischen Tradition und Anpassung, Opladen 1987

Schmücker, Else/Emmerich, Marilone (Hg. im Auftrag des Vereins katholischer deutscher Lehrerinnen): Lebendige Tradition im Wirken führender Frauen des Vereins katholischer deutscher Lehrerinnen, Bochum o. J. (1960)

Schmücker, Else: Frauen in sozialer Verantwortung, Paderborn 1962

Schmücker, Else: Hedwig Dransfeld, in: dies.: Frauen in sozialer Verantwortung, S. 44-50

Schnabel, Franz: Deutsche Geschichte im neunzehnten Jahrhundert, Bd. 4: Die religiösen Kräfte, München 1987 (Nachdruck der Ausgabe Freiburg i. Br. 1937)

Schneider, Michael: Die Christlichen Gewerkschaften 1894-1933, Bonn 1982

Schneider, Michael: Kleine Geschichte der Gewerkschaften. Ihre Entwicklung in Deutschland von den Anfängen bis heute, Bonn 1989

Schreiner, Klaus: Maria. Jungfrau, Mutter, Herrscherin, München 1996

Schulte, Regina: Sperrbezirke. Tugendhaftigkeit und Prostitution in der bürgerlichen Welt, Frankfurt a. M. 1979

Schwaiger, Georg (Hg.): Aufbruch ins 20. Jahrhundert. Zum Streit um Reformkatholizismus und Modernismus, Göttingen 1976

Sieben Jahrzehnte Katholischer Deutscher Frauenbund, hg. von der Zentrale des KDFB, Köln 1973

Simmel, Monika: Erziehung zum Weibe. Mädchenbildung im 19. Jahrhundert, Frankfurt a. M. 1980

Soltau, Heide: Erotik und Altruismus - Emanzipationsvorstellungen der Radikalen Helene Stöcker, in: Jutta Dalhoff u. a. (Hg.): Frauenmacht in der Geschichte, S. 65-82

Spael, Wilhelm: Das katholische Deutschland im 20. Jahrhundert. Seine Pionier- und Krisenzeiten 1890-1945, Würzburg 1964

Staatslexikon. Recht, Wirtschaft, Gesellschaft, hg. von der Görres-Gesellschaft, 5 Bde., Freiburg/Basel/Wien 1985-1989 (7. völlig neu bearbeitete Auflage)

Stegmann, Dirk/Wendt, Bernd-Jürgen/Witt, Peter-Christian (Hg.): Deutscher Konservatismus im 19. und 20. Jahrhundert. Festschrift für Fritz Fischer zum 75. Geburtstag und zum 50. Doktorjubiläum, Bonn 1983

Stegmann, Franz Josef: Geschichte der sozialen Ideen im deutschen Katholizismus, in: Helga Grebing (Hg.): Geschichte der sozialen Ideen in Deutschland, S. 325-560

Stoehr, Irene: „Organisierte Mütterlichkeit". Zur Politik der deutschen Frauenbewegung um 1900, in: Karin Hausen (Hg.): Frauen suchen ihre Geschichte, S. 221-249

Texte zur Katholischen Soziallehre II. Dokumente zur Geschichte des Verhältnisses von Kirche und Arbeiterschaft am Beispiel der KAB, hg. vom Bundesverband der Katholischen Arbeitnehmer-Bewegung (KAB) Deutschlands, Kevelaer 1976

Texte zur Katholischen Soziallehre. Die sozialen Rundschreiben der Päpste und andere kirchliche Dokumente mit einer Einführung von Oswald von Nell-Breuning SJ, hg. vom Bundesverband der Katholischen Arbeitnehmer-Bewegung Deutschlands - KAB, Kevelaer 1985[6]

Trippen, Norbert: Das Domkapitel und die Erzbischofswahlen in Köln 1821-1929, Köln/Wien 1972

Trzaskalik, Friedrich: Katholizismus in: Michael Klöcker, Udo Tworuschka (Hg.): Ethik der Religionen, Bd. 1, S. 35-64.

Twellmann, Margrit: Die deutsche Frauenbewegung. Ihre Anfänge und ihre erste Entwicklung 1843-1889, 2 Bde., Frankfurt a. M. 1972

Volk, Ludwig: Michael Kardinal von Faulhaber (1869-1952), in: Zeitgeschichte in Lebensbildern, Bd. 2, S. 101-113

Volland, Eva Maria/Bauer, Reinhard (Hg.): München - Stadt der Frauen. Kampf für Frieden und Gleichberechtigung 1800-1945. Ein Lesebuch, München/Zürich 1991

Waach, Hildegard: Gerader Weg auf krummen Linien. Weg und Werk der Mutter Gertrud, geborene Gräfin Schaffgotsch, Trier 1968

Wassenberg, Hedwig: Von der Volksschullehrerin zur Volkslehrerin. Die Pädagogin Hedwig Dransfeld (1871-1925), Frankfurt a. M. 1994

Weber, Christoph: Kirchengeschichte, Zensur und Selbstzensur, Köln/Wien 1984

Weber, Christoph: Ultramontanismus als katholischer Fundamentalismus, in: Wilfried Loth (Hg.): Deutscher Katholizismus, S. 20-45

Weber, Helene: Die Katholische Frauenbewegung in Deutschland [Geschichtliche Entwicklung; Gegenwartsfragen], in: Alice Scherer (Hg.): Wörterbuch der Politik, Sp. 193-198

Weber, Helene: Hedwig Dransfeld 1871-1925, in: Lotte Schiffler (Hg.): Die Antwort der Frau, S. 83-89

Weber, Helene: Hedwig Dransfeld, in: Gerta Krabbel (Hg.): Selig sind des Friedens Wächter, S. 1-27

Weber, Max: Wirtschaft und Gesellschaft. Grundriß der verstehenden Soziologie. Studienausgabe hg. von Johannes Winckelmann, 2 Bde., Köln/Berlin 1964

Weber, Max: Die protestantische Ethik. Bd. 1: Eine Aufsatzsammlung hg. von Johannes Winckelmann, 1981[6]

Wehler, Hans-Ulrich: Modernisierungstheorie und Geschichte, Göttingen 1975

Wehler, Hans-Ulrich: Historische Sozialwissenschaft und Geschichtsschreibung. Studien zu Aufgaben und Traditionen deutscher Geschichtswissenschaft, Göttingen 1980

Wehler, Hans-Ulrich (Hg.): Geschichte und Soziologie, Königstein/Ts. 1984

Wehler, Hans-Ulrich: Das Deutsche Kaiserreich 1871-1918, Göttingen 1988[6]

Wehling, Hans-Georg (Hg.): Konfession - eine Nebensache? Politische, soziale und kulturelle Ausprägungen religiöser Unterschiede in Deutschland, Stuttgart/Berlin/Köln/Mainz 1984

Weiland, Daniela: Geschichte der Frauenemanzipation in Deutschland und Österreich. Biographien. Programme. Organisation, Düsseldorf 1983

Weinzierl, Erika (Hg.): Die päpstliche Autorität im katholischen Selbstverständnis des 19. und 20. Jahrhunderts, Salzburg/München 1970

Weinzierl, Erika: Pius X., in: Martin Greschat (Hg.): Das Papsttum II, S. 224-239

Wickert, Christl (Hg.): „Heraus mit dem Frauenwahlrecht". Die Kämpfe der Frauen in Deutschland und England um die politische Gleichberechtigung, Pfaffenweiler 1990

Wickert, Christl: Helene Stöcker 1869-1943. Frauenrechtlerin, Sexualreformerin und Pazifistin. Eine Biographie, Bonn 1991

Wierling, Dorothee: Mädchen für alles. Arbeitsalltag und Lebensgeschichte städtischer Dienstmädchen um die Jahrhundertwende, Berlin/Bonn 1987

Willms, Angelika: Grundzüge der Entwicklung der Frauenarbeit von 1880 bis 1980, in: Walter Müller u. a., Strukturwandel der Frauenarbeit, S. 25-54

Wobbe, Theresa: Die Frau als Zoon politikon - Überlegungen zur historischen Rekonstruktion der Politik der deutschen bürgerlichen Frauenbewegung um 1900, in: Jutta Dalhoff u. a. (Hg.): Frauenmacht in der Geschichte, S. 326-337

Wobbe, Theresa: Gleichheit und Differenz. Politische Strategien von Frauenrechtlerinnen um die Jahrhundertwende, Frankfurt a. M./New York 1989

Wollasch, Andreas: Der Katholische Fürsorgeverein für Mädchen, Frauen und Kinder (1899-1945). Ein Beitrag zur Geschichte der Jugend- und Gefährdetenfürsorge in Deutschland, Freiburg i. Br. 1991

Wollasch, Hans-Josef: Beiträge zur Geschichte der Deutschen Caritas in der Zeit der Weltkriege. Zum 100. Geburtstag von Benedict Kreutz (1879-1949), hg. vom Deutschen Caritasverband e. V., Freiburg i. Br. 1978

Wollasch, Hans-Josef: Lorenz Werthmann (1858-1921), in: Zeitgeschichte in Lebensbildern, Bd. 4, S. 79-91

Zapf, Wolfgang (Hg.): Theorien des sozialen Wandels, Königstein/Ts. 1979

Zeitgeschichte in Lebensbildern. Aus dem deutschen Katholizismus des 19. und 20. Jahrhunderts, hg. von Rudolf Morsey u. a., 6 Bde., Mainz 1973-1984

Zeller, Susanne: Maria von Graimberg. Vierzig Jahre Sozialarbeiterinnenausbildung in Heidelberg, Freiburg i. Br. 1989

Zurlinden-Liedhegener, Astrid: Möglichkeiten und Grenzen der Katholischen Frauenbewegung. Das Frauenbild der katholischen Frauenbewegung im Spiegel der Zeitschrift „Die christliche Frau" (1902-1918), Diplomarbeit am Fachbereich Katholische Theologie, Münster 1989

Anhang

Anhang 1: Antrag betr. Mitgliedschaft der Frauen (1910)

Anhang 2: Übersicht über die Zusammensetzung des Zentralvorstands in den Jahren 1903-1918

Anhang 3: Mitgliederentwicklung im KFB 1904-1932

Anhang 4: Zentralrat der Frauenorganisationen im Katholischen Frauenbund Deutschlands (1915 ff.)

Anhang 5: Leitsätze für die Beschäftigung mit der Arbeiterinnenfrage (1904)

Anhang 6: KFB-Flugblatt Nr. 15: Was hat die kathol. Frau von der Sozialdemokratie zu halten? (1913)

Anhang 7: Grundsätze für die Frauenorganisation der Zentrumspartei für Düsseldorf-Stadt und -Land (1912)

Anhang 8: Der Volksverein für das kath. Deutschland und der Katholische Frauenbund (1914)

Anhang 1

Köln, den 12. Januar 1910

Antrag betr. Mitgliedschaft der Frauen.

An das
Centralkomitee der Katholikenversammlungen Deutschlands z. H. des Vorsitzenden Herrn Grafen Droste zu Vischering Erbdroste.

Ew. Hochgeboren!

Die ergebenst Unterzeichneten richten im Namen vieler kath. Frauen die Bitte an das hochlöbliche Centralkomitee, den Frauen das Recht zu gewähren, die ständige Mitgliedschaft bei den Generalversammlungen der Katholiken Deutschlands erwerben zu können, wie sie diese schon bei den Eucharistischen Kongressen in Metz und Köln hatten.
Nicht äusserliche Gründe oder die Sucht sich hervorzutun drängt uns zu dieser Bitte, sondern allein das grosse Interesse an den Gegenständen die dort zur Verhandlung kommen, lässt es uns wünschenswert erscheinen, auch den geschlossenen Versammlungen beizuwohnen. Auf fast allen Gebieten sozialer und charitativer Arbeit, die dort besprochen werden, stehen die Frauen neben den Männern als eifrige Mitarbeiterinnen, so dass ein Austausch oder wenigstens ein Zuhören bei den Beratungen unsererseits uns neue Anregungen und Begeisterungen bringen und manchen lehrreichen Wink geben würde.

Mit vorzüglicher Hochachtung

zeichnen ergebenst

Freiin v. Carnap, Cöln, Frau Geh. Hopmann, Cöln, Frau Bachem-Sieger, Cöln, ?, Trier, Frau Prof. Meyer-Bachem, Cöln, Frau Direktor Niessen, Viersen, Frau Gnauck-Kühne, Blankenburg i. Harz, Freifrau v. Huene, Kreuzung ?, Frl. E. M. Hamann, ?, Frau Justizrat K. Trimborn, Cöln, Frau von ?, ?, Frau Prof. Dr. Schleußner, Mainz, Frl. Dr. Barbara K. (Klara) Renz, Breslau, Gräfin Marie Stolberg, ?, Frl. Hedwig Dransfeld, Werl, Frau Joh. Gillet-Wagner, Aachen, Gräfin P. Montgelas, geb. Gräfin ?, Würzburg, Frau Schulrat Dr. Kraß, Münster, Frau Gräfin Zieten, Neisse, Frau Kellner, Deutz, Frl. Heyermann, Bonn, Frl. L. Contzen, Würzburg, Frau Bankier Oehninger, Würzburg, Frau Oberlandgerichtsrat Kl. Schmidt, Karlsruhe, Frau Th. Lantz, Lohausen, Frl. Badenberg, Steele, Frau Prof. Gehr, Bamberg, Freifrau Ada v. Gebsattel, Bamberg, Frau Oberbürgermeister Wallraff, Cöln, Baronin E. v. Biegeleben, Darmstadt, Gräfin Preysing Kronwinkel, Landshut, Frl. Liane Bekker, M.Gladbach, ?

Quelle: Akte „Katholikentage 1905-1925", AKDFB
Hinweis: ? = Namen nicht lesbar oder nicht eindeutig

Anhang 2

Übersicht über die Zusammensetzung des Zentralvorstands in den Jahren 1903-1918

1903
Erste Vorsitzende: Emilie Hopmann, Köln
Zweite Vorsitzende: Minna Bachem-Sieger, Köln

Beisitzerinnen: Frl. van Gülpen, Köln
Maria Lantz, Lohausen b. Düsseldorf
Marita Loersch, Aachen
Agnes Neuhaus, Dortmund
Jeanne Trimborn, Köln

Schatzmeisterin: Frau Schellen, Köln

1904
Erste Vorsitzende: Emilie Hopmann
Zweite Vorsitzende: Minna Bachem-Sieger

Beisitzerinnen: Emilie Heyermann, Bonn
Maria Lantz
Marita Loersch
Freifrau von Schorlemer, Lieser a. d. Mosel
Jeanne Trimborn

Generalsekretärin: Isabella von Carnap, Köln (Ungarn)
Schatzmeisterin: nicht bekannt
Geistlicher Beirat: Peter Lausberg

1906 und 1908
Ehrenpräsidentin: Freifrau von Schorlemer (Rücktritt 1910)
Erste Vorsitzende: Emilie Hopmann
Zweite Vorsitzende: Minna Bachem-Sieger

Beisitzerinnen: Emilie Heyermann
Maria Lantz
Marita Loersch

	Gräfin Mirbach, Harff
	Agnes Neuhaus
	Jeanne Trimborn
Generalsekretärin:	Isabella von Carnap
Schatzmeisterin:	nicht bekannt
Geistlicher Beirat:	Peter Lausberg

1910
Ehrenpräsidentin:	keine
Erste Vorsitzende:	Emilie Hopmann
Zweite Vorsitzende:	Minna Bachem-Sieger
Beisitzerinnen:	Hedwig Dransfeld, Werl
	Maria Lantz
	Marita Loersch
	Gräfin Mirbach
	Agnes Neuhaus
	Jeanne Trimborn
Generalsekretärin:	Isabella von Carnap
Schatzmeisterin: (seit 1909)	Albertine Badenberg, Steele/Ruhr
Geistlicher Beirat:	Peter Lausberg

1912
Ehrenpräsidentin:	Emilie Hopmann
Erste Vorsitzende:	Hedwig Dransfeld
Zweite Vorsitzende:	Minna Bachem-Sieger
Beisitzerinnen:	Maria Lantz
	Gräfin Mirbach
	Agnes Neuhaus
	Therese Pelzer, Aachen
	Jeanne Trimborn
Vorsitzende der Landesverbände:	Ellen Ammann, München
	Tina Koerner, Breslau
Generalsekretärin:	Isabella von Carnap
Schatzmeisterin:	Albertine Badenberg
Geistlicher Beirat:	Peter Lausberg

1914 und 1916	unverändert

1918
Ehrenpräsidentin: Emilie Hopmann
Erste Vorsitzende Hedwig Dransfeld
Stellvertretende
Vorsitzende: Minna Bachem-Sieger
Ellen Ammann
Maria Heßberger, Berlin

Beisitzerinnen: Marie Buczkowska, München
Isabella von Carnap
Gräfin Henckel-Donnersmarck, Schlesien
Baronin Kerkerink, Haus Borg
Maria Lantz
Agnes Neuhaus
Frau Schmidt, Karlsruhe
Jeanne Trimborn
Helene Weber, Elberfeld

Generalsekretärin: vakant
Schatzmeisterin: Albertine Badenberg
Geistlicher Beirat: Subregens Bornewasser (ab 1917)

Quelle: Eigene Zusammenstellung

Anhang 3

Mitgliederentwicklung im KFB 1904-1932*

Jahr	Zweigvereine	Mitglieder	angeschlossene Vereine
1904 (Nov.)	8	1.478[1]	10[2]
1905 (Okt.)[3]	25	7.765	14
1906[4]	30	11.677	kein Hinweis
1907 (Okt.)[5]	43	16.850	kein Hinweis
1908[6]	50	18.000	171
1909		keine Hinweise	
1910 (Mai)[7]	67	25.246	207
1910[8]	75	27.000	kein Hinweis
1911 (Juni)[9]	77	30.316	301
1912 (Juli)[10]	100	36.000	402
1912[11]	104	40.000	419
1913[12]	150	60.000	kein Hinweis
1914 (Dez.)[13]	210	77.443	329
1915[14]	215	81.000	348
1916[15]	225	90.000	350
1917 (20. 7.)[16]	348	103.233	kein Hinweis
1918 (15. 5.)[17]	396	110.694	kein Hinweis
1919 (1. 1.)[18]	420	120.000	650
1920	700	210.000	kein Hinweis
1921	750	220.000	kein Hinweis
1922	950	230.000	kein Hinweis
1923-1925		keine Hinweise	
1926	880	204.000	kein Hinweis
1927	900	198.000	kein Hinweis
1928[19]	1.010	204.000	kein Hinweis
1929-1931		keine Hinweise	
1932[20]	kein Hinweis	194.000	kein Hinweis

Quellen:

1 Katholischer Frauenkalender 1911, S. 93
2 KFB-Jahrbuch 1904, S. 15

3 Ausschußsitzung des Katholischen Frauenbundes, in: Aus dem Katholischen Frauenbunde 2.1905/06, in: CF 4.1905/06, S. 11
4 Katholischer Frauenkalender 1911, S. 93
5 KFB-Ausschußsitzung vom 15. 10. 1907
6 Die dritte Generalversammlung des Katholischen Frauenbundes , in: CF 7.1908/09, S. 39
7 Katholischer Frauenkalender 1911, S. 93
8 General-Versammlung des Katholischen Frauenbundes, in: DKF 6.1910/11, S. 2
9 Katholischer Frauenkalender 1912, S. 87
10 Ebd.
11 Siehe Anm. 8
12 Hedwig Dransfeld, Probleme der katholischen Frauenbewegung, in CF 11.1912/13, S. 326
13 Katholischer Frauenkalender 1915, S. 87
14 Katholischer Frauenkalender 1916, S. 81 f.
15 Generalbericht über die sechste Generalversammlung des Katholischen Frauenbundes Deutschlands am 6., 7. und 8. Januar 1916 im Reichstagsgebäude zu Berlin, in: CF 14.1916, S. 12
16 Hedwig Dransfeld/Marie Buczkowska, Die Ausbreitung des Katholischen Frauenbundes Deutschlands, Köln 1918, S. 11
17 Ebd., S. 15
18 Hedwig Dransfeld, Die Aufgaben der Zukunft und die äußere und innere Ausgestaltung des KFD, Köln 1918, S. 30
19 Die Zahlen für die Jahre 1920-1926 folgen den graphischen Darstellungen in: Fünfundzwanzig Jahre Katholischer Deutscher Frauenbund, Köln o. J. (1928), S. 119, 121
20 Doris Kaufmann, Vom Vaterland zum Mutterland. Frauen im katholischen Milieu der Weimarer Republik, in: Karin Hausen (Hg.), Frauen suchen ihre Geschichte, München 1983, S. 250-274, hier: S. 266

* Aufgrund fehlender Quellenangaben konnten keine exakten Zahlen ermittelt werden. Bei den angeführten Quellen bestehen außerdem folgende Abweichungen:
- teilweise sind die Zahlen genau angegeben, teilweise sind sie geschätzt
- die Stichtage variieren
- bei den Mitgliederzahlen handelt es sich überwiegend um die Mitglieder der Zweigvereine. Einzelmitglieder der Zentrale sind teilweise enthalten, teilweise fehlen Angaben darüber, ob Einzelmitglieder der Zentrale bei den Zahlen berücksichtigt wurden
- uneinheitlich sind auch die Angaben über die angeschlossenen Vereine. Es handelt sich sowohl um Vereine, die den Zweigvereinen angeschlossen waren, als auch um Vereine, die direkt der KFB-Zentrale angehörten.
In den Mitgliederzahlen sind die Mitglieder der angeschlossenen Vereine nicht enthalten.

Anhang 4

Zentralrat der Frauenorganisationen im Katholischen Frauenbund Deutschlands

I. Teilnehmende Personen und Vereine an der Beratung über einen Zusammenschluß katholischer Frauenorganisationen:

Frl. Dransfeld	I. Vorsitzende des Katholischen Frauenbundes
Frau Bachem	II. Vorsitzende des Katholischen Frauenbundes
Frl. Badenberg	Zentralrat des Kath. Frauenbundes, zugleich Vertretung von Frl. Mittweg für den Verband kath. Handwerksgehilfinnen
Frau Bappert	Hildegardisverein
Frau Bontant	Nationalverband der kath. Mädchenschutzvereine
Herr Pfarrer von Haehling	Diözesanverband der Jungfrauenvereine in den Diözesen Münster und Paderborn
Frau Liertz	in Vertretung von Frl. Schynse für die Missionsvereinigung kath. Frauen und Jungfrauen
Frl. Moeger	Verein kath. Hausbeamtinnen
Herr Kuratus Nafe	Verband kath. Vereine erwerbstätiger Frauen und Mädchen Deutschlands
Frau Neuhaus	Kath. Fürsorgeverein für Mädchen, Frauen und Kinder
Frl. Pelzer	Zentralvorstand des Kath. Frauenbundes
Frl. Vildhaut Lehrerin, Essen	in Vertretung für Herrn P. Syring, Bund kath. abstinenter Frauen
Herr Generalpräses Walterbach	Verband süddeutscher kath. Arbeiterinnenvereine
	Süddeutsche kath. Jugendvereine für die im Erwerbsleben stehenden Mädchen

343

Verband südd. kath. kaufm. Gehilfinnen und Beamtinnen

Verband kath. Dienstbotenvereine in Deutschland

II. Mitgliedsvereine des Zentralrats

1. Katholischer Frauenbund Deutschlands, Köln
2. Verband katholischer Vereine erwerbstätiger Frauen und Mädchen, Berlin
3. Verband süddeutscher katholischer Arbeiterinnenvereine, München
4. Deutscher Nationalverband der katholischen Mädchenschutzvereine, Frankfurt am Main
5. Katholischer Fürsorgeverein für Mädchen, Frauen und Kinder, Dortmund
6. Gesamtverband katholischer kaufmännischer Gehilfinnen und Beamtinnen Deutschlands, Köln
7. Süddeutscher Verband der Vereine katholischer kaufmännischer Gehilfinnen und Beamtinnen, München
8. Verband katholischer Dienstmädchenvereine in Deutschland, München
9. Verband süddeutscher katholischer Jugendvereine, München
10. Gesamtverband katholischer Jungfrauenvereinigungen Deutschlands, Bochum (Austritt 1920)
11. Verein katholischer Sozialbeamtinnen Deutschlands, Köln (ab Juli 1917)
12. Verein katholischer Hausbeamtinnen Deutschlands, Köln (ab Januar 1918)
13. Katholischer Verband der weiblichen kaufmännischen Angestellten und Beamtinnen Deutschlands, Berlin (ab April 1918)

Quellen: Bericht über die Sitzung des Zentralvorstands des katholischen Frauenbundes mit Vertretern katholischer deutscher Frauenorganisationen, Sonntag, den 12. Dezember 1915; Zentralrat der Frauenorganisationen im Katholischen Frauenbund Deutschlands (Dransfeld) An das Kriegsernährungsamt vom 1. 2. 1917; Protokolle des Zentralrates vom 17. 7. 1917 (1 c), 17. 1. 1918 (I, 2), 25. 4. 1918 (1), 13. 9. 1920, sämtlich in: Akte „Zentralrat", AKDFB

Anhang 5

Leitsätze für die Beschäftigung mit der Arbeiterinnenfrage (1904)

1. Unter der Arbeiterinnenfrage verstehen wir die Schwierigkeiten, die die zentralisierte (maschinelle) Gütererzeugung für die Klasse der Lohnarbeiterinnen mit sich bringt.
2. Die Beschäftigung mit der Arbeiterinnenfrage muß eine theoretische und praktische sein.
3. Die theoretische Beschäftigung erfolgt tunlichst an der Hand von Kursen, deren Leitung in die bewährten Hände der Führer vom Volksverein zu legen sein würde. Dringend anzuraten ist den Bundesmitgliedern regelmäßiger Besuch von Arbeiterinnenvereins-Sitzungen.
4. Der Zweck der Kurse würde ein dreifacher sein. Erstens: Schulung geeigneter Bundesmitglieder zu Führerinnen in der sozialen Arbeit durch Vermittlung der nötigen Kenntnisse auf volkswirtschaftlich-sozialpolitischem Gebiete durch Gelegenheit zu der unerläßlichen Übung im mündlichen Ausdruck. Zweitens: Einführung in den persönlichen Verkehr mit Arbeiterinnen. Drittens: Erweckung und Förderung des sozialen Geistes.
5. Der Bund betrachtet es als seine Aufgabe, den sozialen Geist in der katholischen Frauenwelt durch Wort, Schrift und Beispiel zu wecken und zu fördern.
6. Der Bund will aber den sozialen Geist auch in *praktischer Arbeit* betätigen.
7. Das Feld für diese praktische Tätigkeit erscheint zunächst gegeben in den vom Vorstand des Vereins „Arbeiterwohl" gegründeten Arbeiterinnenvereinen.
8. Berufliche (gewerkschaftliche) Organisierung zwecks wirtschaftlicher Förderung der Arbeiterinnen unternimmt der Bund im Bewußtsein ungenügender Vorbildung *vorläufig* nicht.
9. Dagegen scheint der Bund berufen, an der gemütlich-sittlichen Pflege der Arbeiterinnen und Bewahrung der „Jugendlichen" (und dadurch indirekt auch an ihrer wirtschaftlichen Hebung) mitzuwirken.
10. Der Bund strebt zunächst, den Arbeiterinnen Anschluß, Rückhalt und menschenwürdige Erholung zu bieten.
11. Die beste Anleitung zu praktischer Tätigkeit bildet das Organ des Vereins „Arbeiterwohl"...

Quelle: Elisabeth Gnauck-Kühne, Die Arbeiterinnenfrage, in: KFB-Jahrbuch 1904, S. 20-34, hier: S. 33 f. (Hervorhebungen im Original)

Anhang 6

Flugblatt Nr. 15.

KFB **Was hat die kathol. Frau von der Sozialdemokratie zu halten?**

Katholische Frauen und Mädchen, werdet euch eurer hohen Aufgabe bewußt, die ihr habt im

Kampfe gegen die Sozialdemokratie!

Mit geradezu unheimlicher Schnelligkeit nimmt die sozialistische Bewegung unter dem weiblichen Geschlecht zu.

In der richtigen Erkenntnis, durch Gewinnung der Frau einen sicheren Rückhalt für ihre Ideen zu finden, hat sich die Sozialdemokratie schon seit langer Zeit um die Frauenwelt bemüht.

130000 Frauen in der Partei! 190000 Frauen in den freien d. h. sozialdemokratischen Gewerkschaften!

Das ist das Ergebnis ihrer Werbearbeit!

Dürfen wir Katholikinnen angesichts dieser Zahlen ruhig bleiben und zusehen, wie Tausende unserer Mitschwestern dieser **religions- und vaterlandsfeindlichen** Bewegung anheimfallen?!

Nein, das dürfen wir nicht!

Wir deutschen katholischen Frauen müssen, geradeso wie unsere deutschen katholischen Männer, den Kampf aufnehmen um unsere heiligsten Güter: **Kirche, Familie und Vaterland.**

Wie verhält sich die Sozialdemokratie zur Religion!

Mit dem Satz: **Religion ist Privatsache,** sucht die Sozialdemokratie die Leichtgläubigen und Unwissenden über ihren wahren Charakter hinweg zu täuschen.

In Wirklichkeit aber ist es mit dieser „Privatsache" sehr schlecht bestellt, denn die Sozialdemokratie, ob sie es eingesteht oder nicht, fördert die Religionslosigkeit und bekämpft alles, was Christentum heißt.

Darum fordert die Sozialdemokratie die Trennung von Kirche und Staat. Sie will den Religionsunterricht aus der Schule entfernen und das Kind ohne religiöse Erziehung aufwachsen lassen. **Ohne Religion aber ist jede Erziehung überhaupt unmöglich.**

Die Religion ist der Urgrund aller sittlichen Kraft, das Fundament, auf dem allein sich feste Charaktere entwickeln können. Sie ist der Grund- und Eckpfeiler jedes bürgerlichen Gemeinschaftslebens. Ohne die versöhnenden Grundsätze der Religion ist kein geordnetes Staatsgebilde möglich. Auch der Staat hat also ein erhebliches Interesse an ihr. Darum ist die Religion nicht Privatsache, sondern eine öffentliche Sache, die der Staat schützen und unterstützen muß. Nur wer die Zusammenhänge nicht erfaßt oder nicht erfassen will, kann in der Abschaffung der Religion, in der Trennung von Staat und Kirche einen erstrebenswerten Zustand sehen.

Wie verhält sich die Sozialdemokratie zur Ehe und Familie?

Die lebenslängliche Einehe ist ihr eine überlebte Institution. Sie fordert das Recht der freien Liebe. Kommt es zwischen zwei Menschen, die einen Bund geschlossen haben, zur Unverträglichkeit, Enttäuschung oder Abneigung, so ist es nach Ansicht der Sozialdemokratie erlaubt, ja geboten, die Verbindung zu lösen. Damit sind die Eheleute von vornherein von der Pflicht losgesprochen, Selbstverleugnung zu üben und alles zu tun, was in ihrer Kraft steht, um ihr Zusammenleben zu veredeln, ein beginnendes Zerwürfnis rechtzeitig auszuheilen und auszugleichen. Wo man die heiligen Fesseln der Ehe lockert, da muß der Verlust stets auf Seiten der Frau sein, weil sie die Schwächere ist. Sie wird schließlich völlig der Willkür des Mannes preisgegeben.

Die Sozialdemokratie reißt unbedenklich die Schranken nieder, welche die Frau vor Brutalität und Schmach schützen.

Arme Frauen, die sich von solchen Grundsätzen leiten lassen! Traurig ist es um sie bestellt!

Hinreichenden Schutz und Anerkennung ihrer weiblichen Würde findet die Frau nur in der lebenslänglichen Einehe, wie sie das Christentum geschaffen hat. Nur die Einehe ist der Boden, auf dem ein gesundes und starkes Geschlecht heranwachsen kann; nur sie ist die Grundlage für ein glückliches Familienleben. Aber das Familienleben wird bei der Sozialdemokratie nicht allzuhoch bewertet. Anstatt die Frau, die Gattin, die Mutter dem Hause, ihrem natürlichsten Wirkungskreis, zurückzugeben, stellt sie dieselbe erst recht in das Erwerbsleben hinein.

Da man bekanntlich nicht zwei Herren dienen kann, fordert sie für die verheiratete Frau nicht möglichste Befreiung von der Erwerbsarbeit, sondern Befreiung von der häuslichen Arbeit. Sie will, daß zu diesem Zweck große gemeinsame Einküchenhäuser errichtet werden. Für die Kinder verlangt sie Schulkantinen, wo sie abgespeist, und öffentliche Erziehungsanstalten, wo sie, fern von den Eltern, im sozialistischen Geiste erzogen werden.

Damit wäre den Eltern jede Verantwortung für die Erziehung ihrer Kinder abgenommen. Das Familienleben wäre zerstört, das traute Heim, das so viel Glück und Frieden in sich birgt, müßte überhaupt verschwinden.

Was aber dann?

Ohne Familienleben, ohne seinen hohen sittlichen und erziehlichen Einfluß, würde das Leben der meisten Menschen sehr arm an Freude sein und schließlich jeden Halt verlieren. Und gerade die Frau kann die Familie nicht entbehren. Sie empfindet es am härtesten, wenn sie ohne den schützenden Kreis des Hauses sich allein im Leben zurechtfinden muß. Und welch ein Segen erwächst dem ganzen Volke aus dem stillen, treuen Walten einer pflichtbewußten Gattin und Mutter! Die Frau soll deshalb soviel wie möglich ihren „Königsthron im Hause behalten und dort ihrer königlichen Aufgabe gerecht werden."

Wie verhält sich die Sozialdemokratie zum Vaterlande?

Wenn ein sozialdemokratischer Abgeordneter zu einer Zeit, als schwere Krisen unser Vaterland bedrohten, in Paris sagen konnte: „Die deutschen Sozialdemokraten werden nicht auf ihre französischen Brüder schießen", und wenn anderseits für den Fall eines Krieges mit der Revolution gedroht wird, so wissen wir deutlich genug, wohin die Fahrt geht.

Eine vaterlandstreue deutsche Frau, besonders eine christlich-gesinnte Frau, wird niemals diese volksverräterische Bewegung unterstützen.

Für sie ist der Staat eine gottgewollte Einrichtung, die sich im Laufe der Zeit als eine Notwendigkeit im Völkerleben herausgebildet hat.

Kein Staatsgebilde kann ohne Autorität bestehen, wie keine Gesellschaft ohne Oberhaupt auskommen kann.

Darum ist es unsere Pflicht, den Staat und seine Autorität zu stützen, soviel wir nur können.

Was müssen die katholischen Frauen also tun, um sich gegen die Gefahren der Sozialdemokratie zu schützen?

Sie müssen zunächst einmal fest und treu auf dem Boden der katholischen Weltanschauung stehen.

Sie müssen ihre Kinder zu tüchtigen Menschen heranziehen und so für einen geeigneten Nachwuchs sorgen.

Sie müssen alles fördern, was die Autorität der Kirche und des Staates befestigt.

Sie müssen die katholischen Vereine und die gute Presse unterstützen und auch die Männer dazu veranlassen.

Sie müssen auf ihre Mitschwestern einwirken, damit sie nicht der Sozialdemokratie anheimfallen.

Sie müssen sich selber mehr schulen und aufklären lassen über die schwebenden Tagesfragen, damit sie gegen alle Gefahren, die ihnen von sozialdemokratischer Seite drohen, gewappnet sind.

Die katholische Frau findet dazu reichlich Gelegenheit im

Katholischen Frauenbund.

Neben der sozialpolitischen Schulung bietet er den Frauen auch eine große Anzahl praktischer Vorteile.

Es ist darum Ehrensache unserer Frauen, den Katholischen Frauenbund zu fördern, indem sie ihm als Mitglieder beitreten und in ihren Bekanntenkreisen nach Möglichkeit für ihn werben.

Keine katholische Frau, kein katholisches Mädchen, darf dem Katholischen Frauenbund fern bleiben.

Darum auf zur eifrigen Werbearbeit für den

Katholischen Frauenbund,

damit wir im engen Anschluß an Zehntausende von Mitschwestern fähig werden, den großen Kampf unserer Zeit für Religion, Familie und Vaterland zu bestehen.

<small>Man wende sich um nähere Auskunft an die Zentralstelle des Katholischen Frauenbundes in Köln a. Rh., Roonstraße 9.</small>

Anhang 7

Grundsätze für die Frauenorganisation der Zentrumspartei für Düsseldorf-Stadt und -Land

§ 1 Der Zweck der Frauenorganisation ist die Schulung der Frauen auf politischem und sozialpolitischem Gebiete.

§ 2 Die Frauenorganisation gliedert sich in die Gesamtorganisation der Zentrumspartei in der Weise ein, daß in den einzelnen Parteibezirken neben der Männerabteilung eine Frauenabteilung gebildet wird. An der Spitze der beiden Abteilungen steht der Bezirksvorsitzende, der für beide Abteilungen die volle Verantwortung der Partei wie auch der Öffentlichkeit gegenüber trägt.

§ 3 Mitglied der Frauenabteilung kann jede auf dem Boden der Zentrumspartei stehende Frau werden.

§ 4 Jede Frauenabteilung wählt alljährlich, und zwar regelmäßig im ersten Vierteljahr, zur Erledigung der laufenden Arbeiten einen eigenen Bezirksvorstand, der aus einer Geschäftsführerin, Kassiererin, Schriftführerin und 1-5 Beisitzerinnen besteht.

§ 5 Zwecks reger Agitation findet durchschnittlich alle zwei Monate in jedem Parteibezirke eine Versammlung der Frauenabteilung statt. In dieser Versammlung führt der Bezirksvorsitzende oder dessen Stellvertreter den Vorsitz, oder bei Verhinderung beider, die Geschäftsführerin der Frauenabteilung. Ohne Vorwissen der Bezirksvorsitzenden darf die Versammlung nicht abgehalten werden.

§ 6 Die Geschäftsführerin der Frauenabteilung hat in der Sitzung des Bezirksvorstandes Sitz und Stimme und ist zu allen Sitzungen eingeladen. Zu dem jetzt bestehenden Arbeitsausschuß der Zentrumspartei werden drei Mitglieder der Frauenorganisationen zu gewählt. Die Wahl geschieht durch die Frauen auf dem Frauentag.

§ 7 In jedem Jahr findet ein Frauentag statt. Die Bezirksvorstände der Frauen sind hierzu eingeladen. Den Vorsitz führt der Parteichef oder dessen Stellvertreter. Sollte sich das Bedürfnis herausstellen, so ist der Parteichef berechtigt, auch in einem Jahre mehrere Frauentage abzuhalten.

§ 8 Abgesehen von diesen Frauentagen können die Vorstände sämtlicher Frauenabteilungen zwecks beratender Aussprache unter dem Vorsitz eines Mitgliedes der Geschäftsleitung eine gemeinsame Sitzung abhalten. Wünsche dieser Art sind an das Parteisekretariat zu richten. Die Berufung solcher Gesamtsitzungen der Frauenabteilungen darf nur von der Geschäftsleitung ausgehen.

§ 9 Die Frauenorganisation hat eine Vertreterin mit Stimmberechtigung in der Geschäftsleitung; ebenso hat sie das Recht, zwei Vertreterinnen zum geschäftsführenden Ausschuß mit vollem Stimmrecht zu entsenden. Die Wahl der Vertreterinnen erfolgt jährlich auf dem Frauentage.

§ 10 Bei der Aufnahme der Frauen in die Organisation wird keine Einschreibegebühr erhoben, doch ist mindestens der erste Beitrag bei der Aufnahme zu entrichten.

§ 11 Die Adressen der aus einem Bezirk in den anderen verziehenden Mitglieder sind behufs weiterer Beförderung dem Parteisekretariate mitzuteilen.

§ 12 Die von der Frauenabteilung gesammelten Beiträge sind von der Kassiererin des betreffenden Bezirkes zu verwalten. Diese ist berechtigt, je nach Bedürfnis bis zu 20 % der gesammelten Beiträge für Aufwendungen der Frauenabteilung zurückzubehalten und zu verausgaben. 80 % der Beiträge müssen an den Schatzmeister der Partei abgeliefert werden. Die Abrechnung mit dem Schatzmeister erfolgt vierteljährlich. Ebenso müssen am Ende des Jahres die Beiträge abgeliefert werden, welche von vorläufig einbehaltenen 20 % der gesammelten Beiträge für die laufenden Ausgaben der Frauenabteilung nicht verwendet werden. Dem Bezirksvorsitzenden sowie dem Schatzmeister der Partei steht das Recht jederzeitiger Kontrolle zu.

Genehmigt vom Geschäftsführenden Ausschuß für Düsseldorf-Stadt in der Sitzung vom 13. Mai 1912.

Quelle: NL Trimborn, Akte 367, Bl. 21 f., HAStK

Anhang 8

Der Volksverein für das kath. Deutschland und der Katholische Frauenbund

Die Zentralstellen des Volksvereins für das katholische Deutschland und des Katholischen Frauenbundes machen den Ortsgruppen und Zweigvereinen der beiden Organisationen gleichlautend folgende Mitteilung:
Die vom Volksverein für das kath. Deutschland in den letzten Jahren getätigte Abwehr der sozialdemokratischen Propaganda unter den Frauen, zumal die Herausgabe eines besonderen Frauenheftes für die dem V.V. angeschlossenen Frauen (ab Januar 1913), hat in den Kreisen des K.F.B. die Besorgnis erregt, daß dadurch die wesentlichen Grenzen zwischen den beiden Organisationen verwischt werden könnten. Um derartige Besorgnisse auszuräumen, hat nach gegenseitigem Austausch der Vorstand des Volksvereins der Leitung des K.F.B. gegenüber seine Stellungnahme wie folgt umschrieben:

1. Der Volksverein für das katholische Deutschland bezweckt mit seiner Arbeit unter den Frauen die Abwehr derjenigen sozialdemokratischen Propaganda, die meist unter Anknüpfung an politische Tagesfragen die Frauenwelt und durch diese die jungen und erwachsenen Männer für sozialistische Ideale gewinnen will.
2. Der V.V. hält seinen Gesamtcharakter als Männer-Organisation aufrecht. Er erblickt im K.F.B. die gegebene Gesamtorganisation der kath. Frauen. Die allgemein geistige Aufklärung und Schulung der Frauenwelt, insbesondere in wirtschaftlichen, sozialpolitischen und staatsbürgerlichen Dingen (Bürgerkunde), sowie die wissenschaftliche Behandlung dieser Fragen, soweit sie in die Interessensphäre der Frauen treten, werden vom V.V. grundsätzlich als Aufgaben des Frauenbundes anerkannt. Diese „grundsätzliche Anerkennung" der Aufgaben des K.F.B. ist aber nicht zu verstehen als ein gänzlicher Ausschluß des V.V. von den gedachten Gebieten. Insbesondere muß die bisher vom V.V. speziell und in Verbindung mit dem Verband „Arbeiterwohl" geübte Pflege der allgemeinen Volkswohlfahrt (Pflege der Volksgesundheit, einer guten Verwendung des Einkommens, Wirtschaftlichkeit usw.), auch soweit sie das Frauengeschlecht betrifft, vom V.V. fortgesetzt werden.
3. Der V.V. wird daher davon absehen, eine systematische Agitation zur Gewinnung von Frauen als Mitglieder zu entfalten. Die gelegentliche Aufforderung an einzelne Frauen, dem V.V. als Mitglieder beizutreten, und die Entgegennahme von Einzelanmeldungen der Mitgliedschaft bleibt unbenommen.
4. Als Mitglieder werden Frauen nur aufgenommen unter den gleichen Bedingungen wie Männer. Insbesondere wird auf Grund der Mitgliedschaft den Frauen das rote Vereinsheft und nicht etwa irgend eine Frauenzeitschrift als Vereinsgabe verabfolgt werden.
5. Der Regel nach hält der V.V. keine besonderen Frauenversammlungen ab. Unter die Ausnahmen sind zu rechnen: Gegenversammlungen des V.V. gegen öffentliche sozialdemokratische Frauenversammlungen, die sich mit allgemeinen politischen Fragen agitatorisch befaßt haben; ferner etwaige Versammlungen zur Einführung der unter Nr. 7 genannten Zeitschrift.

6. Der V.V. sieht davon ab, zur Behandlung des Gesamtkomplexes der Frauenfragen eine besondere Abteilung an seiner Zentrale einzurichten und daran Frauen anzustellen.
7. Die seit Januar 1913 vom V.V. herausgegebene Zeitschrift für Frauen erscheint vom 1. Januar 1915 ab nicht mehr als Mitgliederheft, sondern ist nur im Abonnement durch Vermittlung der örtlichen Geschäftsführer zu beziehen. Der Abonnementspreis beträgt Mk 1,- pro Jahr.
8. Durch geeignete Kundgebungen der Zentrale des V.V. werden alle Ortsgeschäftsführer und Vertrauensmänner, sowie alle Bezieher der Zeitschrift darüber besonders unterrichtet, daß das Abonnement auf die Zeitschrift keinerlei Mitgliederrechte beim Volksverein verleiht.
9. Der V.V. wird den K.F.B., soweit wie irgend möglich, empfehlen und fördern. Er wird insbesondere allen örtlichen Maßnahmen entgegentreten, welche das Abonnement auf die vorgenannte Frauenzeitschrift als Ersatz für die Mitgliedschaft zum Frauenbund darstellen. Gegen eine gelegentliche angemessene Empfehlung des K.F.B. und seiner Einzelaufgaben und Unternehmungen durch dessen Vertreter in den Versammlungen des V.V., speziell in Frauenversammlungen, besteht keinerlei Bedenken. Die Leitung des K.F.B. erklärt ihr Einverständnis mit diesen Feststellungen und erachtet damit das gegenseitige Verhältnis der beiden Organisationen für genügend geklärt. V.V. und K.F.B. bitten die Leitung ihrer Ortsgruppen und Zweigvereine, im Rahmen dieser beiderseitigen Vereinbarung auf ein einträchtiges Verhältnis Bedacht zu nehmen. Damit ist die beste Gewähr geboten, daß örtliche Differenzen zwischen den beiden Organisationen vermieden werden.

Quelle: Vorstandskorrespondenz 1914, S. 69 f.

Personenregister

Addams, Jane 129
Adenauer, Konrad 288
Ammann, Ellen 85, 89 f., 92, 133, 137, 157, 192, 202, 211 f., 255 f., 259, 269, 271, 300, 303
Augspurg, Anita 30, 273
Augustinus 113
Auracher, Benno 43, 260

Bachem, Julius 234, 299
Bachem, Robert 61
Bachem-Sieger, Minna 58, 60 f., 72, 76, 79, 81, 83, 90, 92 f., 188, 191, 210, 212, 246, 250, 257 f., 269, 299, 300
Badenberg, Albertine 55, 72, 167, 188 f., 192 f., 210-212, 243, 250, 253, 299 f.
Bäumer, Gertrud 30, 185, 232, 242, 265, 272, 274
Bebel, August 48
Becker, Liane 140 f., 259, 277
Beemelmanns, Frau 271
Beerensson, Adele 289
Behm, Margarete 105
Beyer, Geistlicher Kuratus 147
Bieber-Böhm, Hanna 120 f., 126
Bismarck, Otto von 12
Bornewasser, Subregens 212
Brandts, Franz 34, 176, 188, 210
Braschke, Frau 285
Braun, Karl 232
Brauns, Heinrich 178, 184, 188, 200, 209-211, 235 f., 293, 295, 297, 299, 303
Bré, Ruth 266
Brentano, Lujo 39
(Briefs-)Weltmann, Anna 216, 288
Brinkmann, Maria 287

Buchner, Felicitas 123, 269-271
Buczkowska, Marie 81, 92, 193, 254, 258
Butler, Josephine 120

Cardauns, Hermann 38
Carnap, Isabella von 57, 59, 64, 69-77, 84, 97, 145 f., 148, 156, 167, 188, 210, 243, 253-256, 258 f., 282, 285, 299 f.
Cathrein, Viktor 47, 49, 50, 54, 241-243
Cauer, Minna 40, 268
Cosack, Elisabeth 250

Dahm, Domvikar 146, 280
Donders, Domprediger 69 f., 249
Dransfeld, Hedwig 15, 27 f., 31, 49, 53 f., 56, 62-64, 67, 70-72, 84, 89, 92 f., 98-104, 107, 115-117, 130 f., 133, 155, 166, 168-171, 173, 187, 190 f., 194-210, 212, 216 f., 246-248, 254 f., 259, 261, 266 f., 275, 288, 291 f., 294, 297-300, 305
Droste zu Vischering, Clemens August Graf von 69, 71
Düsterwald, Franz 57

Ehrhard, Albert 33
Elisabeth, Sr. 41
Erzberger, Matthias 168, 304
Faulhaber, Michael 197 f., 298
Feldmann, Frl. von 30
Fischer, Antonius 57-59, 61, 63, 204 f., 243, 281, 294
Freudenberg, Ika 30
Freytag, Baronin 272
Fröbel, Friedrich 28, 233

Giesberts, Johannes 144, 237, 278, 295
Gillet-Wagner, Johanna 284
Gnauck, Rudolf 104, 261
Gnauck-Kühne, Elisabeth 22, 28, 47, 49, 54, 58, 60, 104-109, 138-140, 143, 153-156, 220 f., 241 f., 259, 261-263, 276 f., 279, 296
Gordon, Emy von 24 f., 145-149, 231, 257
Graimberg, Maria von 170
Graß, Barbara 65, 148
Gregor XVI. 44
Gröber, Adolf 68, 248
Groener, Wilhelm 166, 287
Guillaume-Schack, Gertrud 120, 268
Gülpen, Frl. van 60

Hamann, Elisabeth 60, 63, 139, 238, 245
Hamel, Casimira 110, 116, 263 f., 266
Hartmann, Felix von 161, 205-210, 272, 274, 288, 301 f.
Hartmann, Frl. 252
Hellraeth, Clara 271
Hendrichs, Margret 161-163, 276, 285
Herber, Pauline 25, 74, 76, 96, 232, 243
Heßberger, Maria 86, 90, 92, 168, 256, 304
Heymann, Lida Gustava 30, 273
Hitze, Franz 34, 39, 41, 145, 154, 237, 278
Hohn, Wilhelm 22, 188
Hopmann, Emilie 25 f., 55-61, 72, 77, 85, 89, 146, 153, 244-246, 250, 269, 300

Keiter, Therese 238
Kerschensteiner, Georg 159
Ketteler, Wilhelm Emmanuel von 33
Koeppen, Marie 268
Koerner, Tina 89 f., 303
Kopp, Georg 37, 46, 70 f., 85-88, 130, 151-153, 202-205, 207 f., 236, 256 f., 271, 273, 294, 301
Korum, Felix Michael 22, 46, 64, 85 f., 151, 203 f., 239, 244, 294, 300
Krabbel, Gerta 93
Krass, Frau 255, 297
Kraus, Franz-Xaver 33

Lange, Helene 31, 299
Lantz, Maria 60, 72, 89, 257 f., 300
Lassalle, Ferdinand 227
Lausberg, Peter 58, 64-73, 76 f., 85, 138, 161, 189, 210 f., 244, 247, 255, 269, 274, 300, 302 f.
Le Hanne, Marie 58, 244, 271
Leo XIII. 44, 47, 142, 240
Levy-Rathenau, Josephine 160 f., 284, 288
Lieber, Ernst 235
Liese, Wilhelm 40
Liesen, Heinrich Hubert Johann 142
Lion, Hilde 13, 103, 294, 296
Loersch (-Beaucamp), Marita 60, 76, 85, 255, 271
Lüders, Marie-Elisabeth 287

Maistre, Joseph de 65
Mallinckrodt, Else von 286
Mausbach, Joseph 49-53, 110, 138, 241-243, 247, 260 f., 265 f., 271
Miebach, Frau 252
Mirbach, Gräfin 89, 269, 300
Möbius, Paul Julius 52, 242
Montgelas, Gräfin Pauline 191, 269, 271
Müller, Otto 35, 58, 142-144, 156, 235, 278, 280 f., 291
Müller, Paula 98
Müller-Simonis, Paul 41, 61, 99
Muth, Carl 33, 151 f., 234
Mutter Gertrud
(= Schaffgotsch, Gertrud von) 59, 86 f., 145 f., 159, 244, 279

Neuhaus, Agnes 60, 72, 84, 87, 89, 93, 124-127, 133, 163, 191, 245, 250, 269-273, 300, 305
Nietzsche, Friedrich 114 f.

OCist, Dominikus Willi 183, 256
Oettingen-Spielberg, Fürstin Sophie zu 280
Otto-Peters, Louise 159

Pagés, Helene 131, 274
Pappenheim, Berta 98, 228
Pappritz, Anna 121, 268

353

Pelzer, Therese 89, 300
Philipp, Klara 133 f.
Pieper, August 35, 42, 88, 175-177, 188, 203, 205, 209, 211, 235, 238, 292 f.
Pius IX. 44, 101
Pius X. 149, 240, 245
Pius XII. 101
Porsch, Felix 69
Preysing-Walterskirchen, Gräfin Hedwig (Kronwinkel) 69, 133, 249

Renz, Klara 109, 263
Rösler, Augustin 40, 42, 47-50, 53 f., 107, 109 f., 123 f., 240-242, 263, 270

Salomon, Alice 157, 170, 237
Schäfers, Geistlicher Rat 211
Schalscha, Amalie von 87, 122, 124, 151 f., 257, 271, 281, 291
Schell, Hermann 33
Schellen, Frau 60
Scheven, Katharina 268, 270
Schmidt, Anna 63, 145-147
Schmidt, Frau 93
Schmitz, Maria 215 f., 305
Schmoller, Gustav 39 f., 104
Schorlemer, Baronin von 85
Schrader-Breymann, Henriette 28, 233
Schulte, Karl Joseph 202, 302
Schwerin, Jeanette 40, 237
Spahn, Martin 151-153
Stöcker, Adolf 105
Stöcker, Helene 28, 114-116, 222, 232, 265 f.

Teusch, Christine 22, 305
Thomas von Aquin 46-49, 240
Tieschowitz, A. von 196
Treitz, Jakob 36
Trimborn, Carl 22, 34, 37, 61, 86, 96, 146, 176, 184 f., 197, 205, 208 f., 211, 216 f., 234, 244 f., 248, 257, 280, 302, 305
Trimborn, Jeanne 60 f., 72, 76, 89, 235, 245 f., 250, 257, 269, 283, 300, 302

Vonschott, Hedwig 163, 287

Walterbach, Carl 91, 149 f., 155, 173, 182 f., 218 f., 251, 280, 291 f., 294, 298
Weber, Helene 11, 92 f., 167, 215 f., 226, 258, 287, 297, 305
Weber, Marianne 53
Werthmann, Lorenz 41 f., 78 f., 168, 238
Wessenberg, Heinrich Ignaz von 239
Windthorst, Ludwig 34, 235

Zahn-Harnack, Agnes von 287
Zetkin, Clara 143, 253, 287
Zettler, Marie 249, 305

Sachregister

Abolitionistische Bewegung (Föderation) 120-124, 126 f., 268-270, 275
Äbtissin 103
Allgemeiner Deutscher Frauenverein (ADF) 24, 26, 267, 284
Apologetik 98, 259 f.
Arbeiterinnenfrage 21 f., 74, 104 f., 136, 141-149, 153-159
Arbeiterinnenfürsorge 142 f., 154, 156, 282
Arbeiterinnenorganisation 21 f., 142-146, 149-151, 154, 157, 194, 201
Arbeiterinnenschutz 136, 153
Arbeiterinnensekretärin 145, 147
Arbeiterinnenvereine 10, 69, 142-145, 148 f., 151, 154, 156, 173, 182, 218, 253, 278, 280
Augustinus-Verein 78
Autorität
- kirchliche 33, 36, 43, 45, 47, 57 f., 64, 68, 130, 152, 156, 203, 205-207, 209, 219 f.
- klerikale 54, 64, 94, 109, 124, 152 f., 192
- männliche 30, 107, 109, 143, 192, 221
- staatliche 125 f.

Bayerischer Landesverband 88 f., 170, 202, 215, 254, 256
Berliner Frauenkongreß (1912) 98 f., 103, 194, 259, 262
Berlin-Trierer Richtung 34, 37, 61, 85 f., 146-148, 151, 231, 296
Berufsamt 163 f., 164
Berufsberatung 21, 136, 159-164
Berufswahl 159, 163 f.

(Berufs-)Ausbildung 48, 67, 75, 136-140, 156, 163 f., 166, 168, 170, 276
Bevölkerungspolitik 131-134, 222
Bildung (Mädchen-, Frauen-) 9, 25 f., 33, 49, 56, 63, 66 f., 73-75, 79, 97-99, 136, 159, 199, 214 f.
Volksbildung (Volksverein) 35
Bülow-Block 177
Bund Deutscher Frauenvereine (BDF) 9, 20, 24-32, 98, 112, 120-125, 127 f., 130, 133, 157-160, 185, 221-225, 231 f., 233, 265, 272, 274, 282, 287, 304
Bund für Mutterschutz (BfMS) 112, 116 f., 222, 266

Caritasverband 22, 24, 39, 41, 68, 168-170, 237, 253, 276, 288-290
Christliche Gewerkschaften 16, 34, 36 f., 43, 46, 61, 85, 87, 136, 141 f., 144-156, 203 f., 207, 235 f., 241, 256, 277, 280 f., 288, 292, 301

Deutscher Verein für Armenpflege und Wohltätigkeit 39, 271
Deutsch-evangelischer Frauenbund (DEF) 24, 27, 30, 105, 118, 121, 123, 127, 133, 213, 221, 225, 268, 295
Die christliche Frau 42, 79, 95, 238, 245, 252 f.
Dienstmädchen 10, 77, 141 f., 196, 277, 283, 285
Doppelmoral 21, 111, 116, 119

Ehe 27, 48, 50-52, 67, 103, 106-108, 112-118, 135, 138, 141, 162, 222, 266 f.
Elberfelder System 40

Emanzipation 9-12, 14, 21, 26 f., 30, 42, 48, 51, 62, 95-97, 101, 103, 108, 140, 187, 220, 223 f., 266
Episkopat 44-46, 56 f., 69 f., 146, 176, 187, 201-210, 218, 220, 301
Erster Weltkrieg 21, 32, 37, 63, 71, 81, 89 f., 127-135, 137, 156, 162, 165-171, 178, 211 f., 223, 225, 272
Evangelisch-soziale Frauengruppe 105
Evangelisch-sozialer Kongreß 105, 108, 263

Fachabteilungen 36 f., 145-147, 149
Fachverbände 70, 73, 77, 124, 148
Familie 10, 28, 42, 46-50, 52 f., 59-61, 65-67, 73 f., 79, 93, 98 f., 103, 106 f., 109-118, 123, 130-132, 135, 138, 141 f., 171, 180, 194, 199, 201, 221 f.
Fortbildungsschule 146, 159
Fortschrittliche Volkspartei 185
Frauenarbeitszentrale 165 f., 168, 287
Frauenberuf 136, 139, 160 f., 171
Frauenbewegung
 - bürgerliche (überkonfessionelle) 9, 12 f., 17, 19-21, 24-31, 39 f., 43, 51, 53, 57, 96-99, 111 f., 115, 118-121, 124, 126 f., 132-134, 137, 140, 157, 160, 165, 195, 221, 224, 226, 231 f., 262, 299
 - evangelische 13, 24, 98, 104, 112, 221, 225, 228
 - jüdische 13, 98, 228
 - sozialdemokratische 13, 28, 96, 105, 140, 143, 231, 253, 287
Frauenerwerbsarbeit 21, 26, 49, 105, 132, 136-138, 140, 142, 147, 163
„Frauenfrage" 9, 11, 13 f., 20, 22, 24 f., 27-29, 32, 38, 47-51, 53 f., 60, 73 f., 77, 96, 99, 101, 103-105, 136, 209, 248
„Frauenfragen" 91, 173, 194 f., 200, 216, 218 f., 220, 223
Frauenstimmrecht 27, 66 f., 184, 190, 197 f., 205, 212, 296
Fuldaer Bischofskonferenz 69-71, 82, 130, 203-211, 220, 236 f.
Fuldaer Pastorale 37
Fürsorgearbeit 21, 81, 136, 140, 165-171, 206

Gefährdetenhilfe 125
Geistige Mütterlichkeit 17, 28 f., 95, 104, 263
Geistlicher Beirat 10, 56-58, 63-69, 76, 89, 161, 189, 210, 212, 247
Geschlechter (-ordnung, -verhältnis etc.) 10, 20, 29, 38, 42-54, 96-98, 104, 106-116, 134 f., 139 f., 143, 164, 199, 221
Geschlechtskrankheiten 111, 114, 118-120, 123, 127, 132-134, 267, 274 f.
Gesellschaft für Soziale Reform 39, 293
Gewerkschaftsstreit 12, 20-22, 32-37, 46, 58, 77, 84-86, 92, 142, 144, 148, 156, 172, 175, 227, 231, 235 f., 244
Glaube 10, 12, 16, 30-33, 36, 40, 45, 47, 51 f., 97-100, 104 f., 108, 110, 114, 131, 151, 175, 198, 204, 272

Handwerkerinnen 141, 159, 195, 276
Hausbeamtinnen 160, 283
Hausfrauen 90, 180, 257, 277

Inferiorität 33, 49
Interkonfessionalität 34, 36, 58, 87, 146, 206, 213, 223, 225-227, 271

Josephschwestern 59, 63, 86, 145
Jugendabteilung (-bund) 81 f., 254, 292
Jugendfürsorge 124
Jugendpflege (-erlaß) 81, 254 f.
Jungfräulichkeit 100, 103, 108, 113, 141, 261, 266

Kathedersozialisten 39
Katholikentag 14, 20, 43, 47, 49, 63, 65, 68-72, 77, 110, 148, 204, 247-249, 271
Katholische Bewegung 11 f., 14, 16 f., 44, 227
Katholische Einheit 12, 32, 222
Katholische (und kirchliche) Frauenvereine 10 f., 13 f., 17, 25, 55-59, 68, 73, 76 f., 91, 141, 144, 146, 179 f., 194, 210, 216, 218 f., 222 f.
Katholische Ordnungs- und Autoritätsvorstellungen 10, 12, 44, 96 f., 108, 172, 187

356

Katholische Weltanschauung 9, 32, 67, 81, 99, 135, 152, 195, 197, 214, 222, 225
Katholisches Milieu 12, 17-19, 32, 45, 55, 60, 92, 96 f., 180 f., 185, 218
Katholizismus (sozialer, politischer) 9-24, 32-34, 38, 43, 46 f., 55, 62, 85, 92 f., 137, 141, 144, 152, 172 f., 175, 181, 186, 189, 191 f., 200 f., 206 f., 218 f., 224, 229
Katholischer Fürsorgeverein (KFV) 11, 22, 60, 87, 117, 124 f., 169 f., 270 f., 290
Klerus 12, 14-16, 20, 44-46, 60, 96, 113 f., 117, 144, 158, 177, 192, 203, 223 f., 294
Kölnische Volkszeitung 25, 38, 57, 61, 109, 146, 185, 197, 236
Köln-Mönchengladbacher Richtung 34, 37, 58, 61, 85, 146, 148, 158, 218, 223, 235
Konferenz zur Förderung der Arbeiterinneninteressen 157, 282
Kriegsamt 165 f.
Kriegssekretariat 167, 250
Kultur 52 f., 105, 115, 129, 130 f., 135, 152, 171
Kulturaufgaben 74, 164
Kulturbewegung 25, 29, 171
Kulturkampf 12, 18, 33, 227, 241, 304

Literaturstreit 32

Mädchen- und Frauengruppen für soziale Hilfsarbeit 40
Mädchenhandel 122
Mainzer Kreis 44
Maria (Marienkult, -verehrung) 15, 100-104, 106, 261
Mischehen 117, 147, 267
Mitgliederentwicklung (KFB) 77, 80
Modekampagne 131 f., 274
Mütter-, Jungfrauenvereine 10, 78 f., 91, 213, 253, 304
Mütterlichkeit 28 f., 49, 100, 103, 105 f., 261
Mutterschaft 27 f., 50 f., 106, 108, 116 f., 140, 222, 224
Mutterschutz 21, 67, 116 f.

Nationaler Frauendienst 128, 165 f., 213, 225, 272, 287
Nationalversammlung 63, 212-215, 241, 245, 275, 278, 293, 305
Neue Ethik 21, 27, 111 f., 115, 117, 131, 222
Neuthomismus 50, 240

Ostdeutscher Landesverband 88 f., 90, 92, 202

Patronagen 149, 156, 280
Politische Arbeitsgemeinschaft 213
Politische Schulung 21 f., 67, 190, 192, 194, 199, 208, 212, 214 f., 217-220, 225, 304
Politisierung 12, 15, 21, 89, 112, 130, 171, 174, 183-187, 193, 208, 216 f., 220, 223
Professionalisierung 89, 136 f., 159 f., 163, 170

Reichstagswahl (1912) 175, 177 f.
Reichsvereinsgesetz (1908) 35, 68, 174, 217
Religion 9, 21, 37, 44, 50 f., 67, 98-100, 109, 130, 147, 148, 161, 181, 220, 298
Rerum novarum 33, 44, 142
Säkularisierung 11, 15, 33, 101, 117, 220, 227, 240
Sammelvereine 82, 255
Seminar für soziale Praxis 155, 282
Sexualmoral 27, 111-114, 222
Singulari quadam 207
Sittengesetz 112-115, 123, 126, 221, 270
Sittenpolizei 111, 119, 121, 125, 133, 134
Sittlichkeit 17, 21, 51 f., 67, 74, 95, 103, 110-114, 126-135, 221, 272
Sittlichkeitsbewegung 63, 111 f., 115, 118-121, 268
Sittlichkeitskommission 126, 133 f., 269, 272, 275
Sozialdemokratie 34, 173, 176-181, 185, 189-193, 208, 213
Sozialdemokratische Partei (SPD) 175, 177 f., 184 f., 217, 292

357

Soziale Arbeit 39-41, 66, 154 f., 159 f., 166, 168 f., 171, 201
Soziale Bewegung 19 f., 43, 230
Soziale Frauenschule 84, 137, 164, 167, 169 f., 226, 237, 288
Soziale Kommission 206 f.
Sozialreform 34 f., 38-41, 117, 119 f., 129, 153, 155, 176, 179, 235
Staatliche Reglementierung der Prostitution 27, 111-127, 133 f., 221 f., 268-271, 275
Staatsbürgerliche Schulung 36, 192, 201, 211, 214 f., 292, 297
Standesbewegung 173, 182 f., 195, 218 f.
Standesfragen 194, 200
Standesverein 21, 132, 173, 182 f., 194 f., 199, 206, 218 f., 292
Stellenvermittlung 159 f., 162, 166, 283, 285
Studienkommission 65, 75 f., 156

Ultramontanismus 16, 44 f., 65, 238 f.

Vaterländischer Hilfsdienst 165-168, 213, 225
Verband fortschrittlicher Frauenvereine 157, 232, 282
Verband katholischer Vereine erwerbstätiger Frauen und Mädchen (= Erwerbstätige) 11, 69, 87, 147 f., 231, 257, 277, 291, 296
Verbandskatholizismus 19, 22 f., 92, 136, 141, 151, 158, 172-174, 218 f., 224
Verein katholischer deutscher Lehrerinnen 10 f., 25, 42, 50, 62, 76, 91, 154, 215
Verein katholischer Sozialbeamtinnen 167, 170, 226, 289
Vereinigung Evangelischer Frauenverbände 213, 225
„Verseuchung des Westens" 87, 152
Volkspropaganda 78, 252
Volksverein für das katholische Deutschland 10, 12, 16, 21-23, 32, 34-43, 46, 61, 65, 74, 78, 129, 145 f., 152, 154 f., 157, 173-212, 215, 217-220

Wahlhilfe 176, 186, 213 f., 225, 297
Wahlrecht 48, 64, 69, 71, 110, 185 f., 196-198, 205, 212, 225
Wanderkurse 74, 155
Weiblichkeit 21, 28 f., 52, 93, 95, 97, 100 f., 104-110, 135, 140, 221
Windthorstbunde 215, 296

Zentralrat der Frauenorganisationen im KFB 90-92, 166, 169, 213, 223
Zentrumsfrauenverein 190, 217
Zentrumspartei 15, 17, 34, 38 f., 43, 61, 63, 93, 112, 152, 155, 173, 175-178, 180 f., 184-187, 208, 212, 214-217, 225
Zentrumspolitiker 34, 38, 61, 144, 158, 168, 184-186, 198, 201, 217
Zentrumsstreit 32, 234
Zunft 139, 276
Zustimmungsadresse 71, 76, 249
Zweigvereine (KFB) 31, 50, 56, 63 f., 73 f., 81-85, 87, 90, 122, 124, 127 f., 149 f., 153, 155, 159-162, 164, 166, 168 f., 191, 193, 196, 202, 214
Zweigverein Berlin 86, 168, 170, 285
Zweigverein Breslau 85-88, 122, 150 f., 256
Zweigverein Kattowitz 64
Zweigverein Köln 80
Zweigverein Mönchengladbach 78, 277
Zweigverein München 110, 122-124, 126, 149, 155, 157, 170, 252, 256, 285
Zweigverein Straßburg 85
Zweigverein Trier 279
Zweigverein Würzburg 78, 149, 231, 280
Zölibat 113, 133, 141, 262